Mankiw · Makroökonomik

N. Gregory Mankiw

Makroökonomik

GABLER

Prof. Dr. N. Gregory Mankiw lehrt an der Harvard Universität Wirtschaftswissenschaften. Bekannt ist er durch zahlreiche Publikationen sowie als Mitherausgeber der Zeitschriften Review of Economics and Statistics und Journal of Economic Perspectives. 1991 erhielt Prof. Mankiw den Galbraith-Preis, mit dem er von seinen Studenten für seine Lehrqualitäten ausgezeichnet wurde.

Der Übersetzer, **Prof. Dr. Klaus Dieter John**, ist Inhaber des Lehrstuhls für Wirtschaftspolitik an der Technischen Universität Chemnitz-Zwickau.
Die Originalausgabe erschien unter dem Titel „Macroeconomics" bei Worth Publishers, New York.

Die Deutsche Bibliothek – CIP-Einheitsaufnahme

> **Mankiw, N. Gregory :**
> Makroökonomik / N. Gregory Mankiw. Übers. aus dem
> Amerikan. von Klaus Dieter John. - Wiesbaden : Gabler, 1993
>   Einheitssacht.: Macroeconomics <dt.>
>   ISBN 3-409-16013-2

1. Auflage 1993
Durchgesehener Nachdruck 1994

Der Gabler Verlag ist ein Unternehmen der Verlagsgruppe Bertelsmann International.
© 1992 by Worth Publishers, Inc., 33 Irving Place New York, New York 10003.
© Betriebswirtschaftlicher Verlag Dr. Th. Gabler GmbH, Wiesbaden 1993
Lektorat: Barbara Marks

Das Werk einschließlich aller seiner Teile ist urheberrechtlich geschützt. Jede Verwertung außerhalb der engen Grenzen des Urheberrechtsgesetzes ist ohne Zustimmung des Verlages unzulässig und strafbar. Das gilt insbesondere für Vervielfältigungen, Übersetzungen, Mikroverfilmungen und die Einspeicherung und Verarbeitung in elektronischen Systemen.

Höchste inhaltliche und technische Qualität unserer Produkte ist unser Ziel. Bei der Produktion und Verbreitung unserer Bücher wollen wir die Umwelt schonen: Dieses Buch ist auf säurefreiem und chlorfrei gebleichtem Papier gedruckt.

Die Wiedergabe von Gebrauchsnamen, Handelsnamen, Warenbezeichnungen usw. in diesem Werk berechtigt auch ohne besondere Kennzeichnung nicht zu der Annahme, daß solche Namen im Sinne der Warenzeichen- und Markenschutz-Gesetzgebung als frei zu betrachten wären und daher von jedermann benutzt werden dürften.

Druck und Buchbinder: Lengericher Handelsdruckerei, Lengerich / Westf.
Printed in Germany

ISBN 3-409-16013-2

Vorwort des Übersetzers

Die Übersetzung eines Lehrbuchs (noch dazu eines solch voluminösen) ist im allgemeinen eine ziemlich undankbare Aufgabe, die viel Arbeit macht und nichts zur eigenen wissenschaftlichen Reputation beiträgt. Warum also trotzdem diese deutsche Ausgabe? Es gibt einen guten Grund: Das Werk von Mankiw ist nicht nur nach meiner Auffassung eines der besten makroökonomischen Lehrbücher, die zur Zeit existieren. Es informiert mit einem modernen Konzept auf leicht faßliche Weise und trotzdem auf hohem Niveau über den derzeitigen Stand und die aktuellen Entwicklungen der Makroökonomik.

Die Resonanz meiner Studenten in Mainz und Chemnitz, denen einzelne Kapitel dieses Buches als Arbeitsunterlagen zur Verfügung standen, war so positiv, daß ich mich gerne zur Übersetzung des Gesamtwerkes entschlossen habe. Als einziger Punkt wurde von einigen Studenten moniert, daß das Buch auf amerikanische, nicht auf deutsche Verhältnisse abstellt. In Abstimmung mit dem Autor habe ich dem Rechnung getragen und bei der Übersetzung an einigen Stellen entsprechende Anpassungen vorgenommen. Dies gilt etwa für eine Reihe von statistischen Angaben, für die Konzepte der Volkswirtschaftlichen Gesamtrechnung, die Messung der Arbeitslosigkeit und ähnliches mehr.

Für ihre hilfreiche Unterstützung möchte ich mich bei meinen Studenten in Mainz und Chemnitz bedanken sowie namentlich bei meinen Mitarbeitern Bianca Meyer, Christoph Meyer, Christoph Nawratil und Marlene Pippig. Mein Dank gilt auch Frau Barbara Marks vom Verlag Dr. Th. Gabler für ihren freundlichen Rat bei der Gestaltung der deutschen Ausgabe.

Chemnitz   Klaus Dieter John

Vorwort

Warum schreibt man ein Lehrbuch?

Diese Frage wurde mir während der drei Jahre, in denen ich an diesem Buch gearbeitet habe, immer wieder gestellt. Manchmal, wenn ich mich durch die Berge von Hinweisen durcharbeitete, die ich von Kollegen und Lektoren bekommen hatte, fragte ich mich das selbst. Meine Antwort war immer die gleiche: Obwohl es bereits eine Reihe guter Lehrbücher zur Makroökonomik gibt, stellte ich mir ein Buch vor, das ganz anders war und – wie ich glaubte – besser.

Nachdem ich nun soviel Zeit in dieses Buch investiert habe, bin ich nicht objektiv genug, um zu beurteilen, ob es wirklich besser ist. Das müssen andere tun. Ohne zu zögern kann ich aber sagen, daß es anders ist. Obwohl der Ansatz, dem ich in diesem Buch folge, in einigen Aspekten dem traditionellen Vorgehen entspricht, soll er in anderen den Weg zur Vermittlung makroökonomischen Wissens neu definieren – oder zumindest neu weisen.

Erstens versuche ich, ein ausgeglichenes Verhältnis zwischen kurz- und langfristiger Makroökonomik zu erreichen. In makroökonomischen Veranstaltungen wird immer die Theorie kurzfristiger wirtschaftlicher Schwankungen vorgestellt, weil sie die Basis für das Verstehen der meisten geld- und fiskalpolitischen Diskussionen liefert. Sollen Studenten jedoch wirklich lernen, die Implikationen wirtschaftspolitischer Maßnahmen zu verstehen, dann müssen Lehrveranstaltungen auch langfristigen Fragen breite Aufmerksamkeit schenken, unter anderem dem Wirtschaftswachstum, der natürlichen Arbeitslosenquote, anhaltender Inflation und der Staatsverschuldung. Als ob wir einen Hinweis benötigt hätten, hat uns die vergangene Dekade daran erinnert, daß es wichtig ist, die Konsequenzen der Wirtschaftspolitik bei unterschiedlichen Zeithorizonten zu begreifen: jede intelligente Diskussion der anhaltenden Haushaltsdefizite setzt eine ausgeglichene Berücksichtigung von kurz- und langfristigen Aspekten voraus.

Zweitens integriere ich die Erkenntnisse sowohl der keynesianischen als auch der klassischen Lehre. Die zentrale Rolle des keynesianischen Ansatzes für die Erklärung wirtschaftlicher Schwankungen in diesem und den meisten anderen Lehrbüchern legt Zeugnis ab für den Einfluß und die Bedeutung von Keynes' *General Theory*. Im Gefolge der keynesianischen Revolution haben viele Ökonomen jedoch vergessen, daß die klassische Lehre auf viele fundamentale Fragen die richtigen Antworten gibt. In diesem Buch berücksichtige ich viele der Beiträge der klassischen Ökonomen vor Keynes und der neuklassischen Ökonomen der vergangenen beiden Dekaden. Viel

Aufmerksamkeit wird beispielsweise der Loanable-Funds-Theorie des Zinssatzes geschenkt, der Quantitätstheorie des Geldes und dem Problem der Zeitinkonsistenz. Gleichzeitig ist mir jedoch klar, daß die Kenntnis zahlreicher Gedanken von Keynes und den Neukeynesianern notwendig ist, um das Phänomen gesamtwirtschaftlicher Schwankungen verstehen zu können. Große Aufmerksamkeit finden daher auch das IS/LM-Modell der Gesamtnachfrage, der kurzfristige Tradeoff zwischen Inflation und Arbeitslosigkeit sowie moderne Theorien der Lohn- und Preisstarrheit.

Drittens stelle ich die Makroökonomik unter Verwendung einer Vielzahl einfacher Modelle vor. Anstatt vorzugeben, daß ein einzelnes Modell existiert, das vollständig genug ist, um alle Facetten der Wirtschaft erklären zu können, ermuntere ich die Studenten, zu lernen, wie man verschiedene wichtige Modelle nutzen und miteinander in Beziehung setzen kann. Dieser Ansatz weist den pädagogischen Vorteil auf, daß jedes Modell relativ einfach gehalten und in einem oder zwei Kapiteln dargestellt werden kann. Noch wichtiger ist, daß dieses Vorgehen von den Studenten verlangt, wie Ökonomen zu denken, die stets eine Reihe verschiedener Modelle im Kopf haben müssen, wenn sie das Wirtschaftsgeschehen oder wirtschaftspolitische Maßnahmen analysieren.

Viertens hebe ich hervor, daß die Makroökonomik eine empirische Disziplin ist, die durch ein breites Spektrum historischer Erfahrungen motiviert und geleitet wird. Dieses Buch enthält viele Fallstudien, in denen die makroökonomische Theorie angewendet wird, um reale wirtschaftliche Daten und Ereignisse zu beleuchten. Ich habe die Fallstudien so ausgewählt, daß die breite Anwendbarkeit der grundlegenden Theorie deutlich wird. Der Leser lernt, wie die Politik von John F. Kennedy, Henry Ford und Alexander Hamilton analysiert werden kann, und wie sich ökonomische Prinzipien auf europäische Probleme des 14. Jahrhunderts, auf die Insel Yap und auf das Land Oz anwenden lassen.

In Hinblick auf diese vier Punkte unterscheidet sich dieses Buch deutlich von denen, die ich als Student benutzt habe. Nach meinen Erfahrungen werden diese Änderungen von der gegenwärtigen Studentengeneration sehr positiv aufgenommen. Während der Jahre, die ich an diesem Buch geschrieben habe, benutzen Studenten in Berkely, Brown, Harvard, Illinois, Michigan, Michigan State, Rochester, Smith, Vanderbilt und Yale frühe Fassungen des Manuskripts in ihren Vorlesungen. Ihre Reaktionen waren ermutigend. Das Feedback, das ich persönlich oder durch Fragebögen erhielt, ermunterte mich während des langen Prozesses des Schreibens und Überarbeitens weiterzumachen.

Die Reihenfolge der Themen

Wenn ich diese Vorlesung halte, besteht meine grundlegende Strategie darin, daß ich zunächst die langfristige Analyse durchführe, in der die Preise flexibel sind. Erst danach kommt die kurzfristige Analyse, in der die Preise unflexibel sind. Ich beginne also mit klassischen Modellen der Wirtschaft und erkläre umfassend das langfristige Gleichgewicht, bevor ich die Abweichungen von diesem Gleichgewicht diskutiere. Dieses Vorgehen weist verschiedene Vorteile auf:

- Die Studenten beschäftigen sich zunächst mit dem Material, das unter Ökonomen weniger umstritten ist.

- Dadurch, daß Markträumungsmodelle am Anfang der Betrachtung stehen, wird die Verbindung zwischen Makro- und Mikroökonomik deutlicher.

- Wenn ich mich den kurzfristigen Schwankungen zuwende, ist den Studenten der Charakter des langfristigen Gleichgewichts deutlich, um das die Wirtschaft schwankt.

- Weil die klassische Dichotomie die Trennung von realer und monetärer Sphäre erlaubt, ist das langfristige Material für die Studenten leichter verständlich.

Das Buch folgt dieser organisatorischen Strategie. Es besteht aus vier Teilen (die insgesamt 18 Kapitel umfassen) und einem Nachwort. Hier kommt ein Schnelldurchgang:

Teil I: Einführung

Ich habe das einführende Material so kurz wie möglich gehalten, um schnell zu den zentralen Punkten zu gelangen. In Kapitel 1 werden die breit gestreuten Fragen diskutiert, mit denen sich Makroökonomen beschäftigen, sowie das Vorgehen der Ökonomen bei der Konstruktion von Modellen, mit denen die Realität erklärt werden soll. Kapitel 2 stellt die zentralen makroökonomischen Kennzahlen vor. Dabei stehen das Bruttosozialprodukt, der Preisindex der Lebenshaltung und die Arbeitslosenquote im Vordergrund.

Teil II: Die Volkswirtschaft bei langfristiger Betrachtung

In Teil II wird die langfristige Periode, in der die Peise flexibel sind, untersucht. Kapitel 3 dient der Präsentation des grundlegenden klassischen Modells des Volkseinkommens. In diesem Modell bestimmen die Produktionsfaktoren und die Produktionstechnologie das Einkommensniveau. Die Faktorgrenzprodukte determinieren die Verteilung des Einkommens auf die Haushalte. Darüber hinaus zeigt das Modell, wie fiskalpolitische Maßnahmen die Allokation der volkswirtschaftlichen Ressourcen zwischen Konsum, Investitionen und Staatsausgaben beeinflussen. Ferner macht es deutlich, wie der reale Zinssatz Güterangebot und Güternachfrage ins Gleichgewicht bringt.

Kapitel 4 bietet eine dynamisierte Formulierung der klassischen Analyse der Volkswirtschaft. Das Solow-Wachstumsmodell wird eingeführt, um die zeitliche Entwicklung der Wirtschaft zu untersuchen. Es liefert die Basis für die Diskussion, warum der Lebensstandard zwischen unterschiedlichen Ländern so stark streut und wie die Wirtschaftspolitik Niveau und Wachstum des Lebensstandards beeinflußt.

Die Vollbeschäftigungsannahme der vorangegangenen Artikel wird in Kapitel 5 durch Diskussion von Arbeitsmarktdynamik und natürlicher Arbeitslosenquote gelockert. Es werden verschiedene Ursachen der Arbeitslosigkeit unter Berücksichtigung von Suchzeit, Mindestlohnvorschriften, Gewerkschaftsmacht und Effizienzlöhne behandelt. Es stellt auch einige wichtige Fakten bezüglich der Arbeitslosigkeitsmuster vor.

Geld und Preisniveau werden in Kapitel 6 eingeführt.Weil die Preise als völlig flexibel angenommen werden, präsentiert dieses Kapitel wichtige Ideen der klassischen Geldtheorie. Es liefert Einsichten in die Quantitätstheorie des Geldes, die Inflationssteuer, den Fisher-Effekt, die Gründe für Hyperinflationen und die sozialen Kosten der Inflation.

Die makroökonomische Analyse offener Volkswirtschaften beginnt in Kapitel 7. Unter Beibehaltung der Vollbeschäftigungsannahme werden in diesem Kapitel Modelle behandelt, die die Leistungsbilanz, die Kapitalbilanz sowie den realen und den nominalen Wechselkurs erklären sollen. Es beschäftigt sich mit verschiedenen Aspekten der Wirtschaftspolitik: der Beziehung zwischen Haushaltsdefizit und dem Leistungsbilanzdefizit, der makroökonomischen Wirkung protektionistischer Handelspolitik und den Konsequenzen der Geldpolitik für den Wert einer Währung auf dem Devisenmarkt.

Teil III: Die Volkswirtschaft bei kurzfristiger Betrachtung

Teil III umfaßt die Analyse der kurzfristigen Periode, in der die Preise starr sind. Kapitel 8 stellt mit einer Einführung in das Gesamtangebots-Gesamtnachfrage-Modell und die Rolle der Stabilisierungspolitik den Ausgangspunkt dar. Die nachfolgenden Kapitel bauen die hier vorgestellten Ideen aus.

Kapitel 9 und 10 befassen sich genauer mit der Gesamtnachfrage. Kapitel 9 handelt von dem einfachen keynesianischen Gütermarktmodell, dem keynesianischen Kreuz und der Liquiditätspräferenztheorie. Diese Modelle dienen als Bausteine des IS/LM-Modells. Kapitel 10 greift auf das IS/LM-Modell zurück, um wirtschaftliche Schwankungen und die Gesamtnachfragekurve zu erklären. Es schließt mit einer größeren Fallstudie über die Weltwirtschaftskrise.

Kapitel 11 beschäftigt sich näher mit der Gesamtangebotskurve. Die verschiedenen Ansätze zur Erklärung der kurzfristigen Gesamtangebotskurve werden vorgestellt und der kurzfristigen Tradeoff zwischen Inflation und Arbeitslosigkeit diskutiert. Auch einige aktuelle neukeynesianische Entwicklungen im Bereich der Theorie des Gesamtangebots werden erörtert.

Nachdem das Gesamtangebots-Gesamtnachfrage-Modell vollständig entwickelt wurde, wendet sich Kapitel 12 der heiß diskutierten Frage zu, wie diese Modelle auf die Wirtschaftspolitik angewendet werden sollten. Zwei breite Fragen stehen im Mittelpunkt. Sollten sich die Entscheidungsträger der Geld- und Fiskalpolitik aktiv oder passiv verhalten? Sollte die Politik auf Regeln oder auf diskretionären Entscheidungen basieren? In diesem Kapitel werden die Argumente beider Seiten der Politikkontroverse vorgestellt.

Die makroökonomische Analyse offener Volkswirtschaften wird in Kapitel 13 mit der Diskussion kurzfristiger Schwankungen in der offenen Volkswirtschaft fortgesetzt. Das Mundell-Fleming-Modell wird dargestellt, und es wird gezeigt, wie Geld- und Fiskalpolitik die Wirtschaft bei flexiblen und festen Wechselkursen beeinflussen. Auch auf die Diskussion, ob feste oder flexible Wechselkurse vorzuziehen sind, wird eingegangen.

Schließlich stellt Kapitel 14 die Theorie realer Konjunkturzyklen als alternative Sichtweise für das Phänomen gesamtwirtschaftlicher Schwankungen vor. Hier werden die Grundelemente dieses neuklassischen Ansatzes sowie die Argumente von Befürwortern und Kritikern diskutiert.

Teil IV: Mehr zu den mikroökonomischen Grundlagen der Makroökonomik

Nach der Entwicklung der lang- und kurzfristigen Modelle wird eine Reihe von Punkten diskutiert, die unser Verständnis von den volkswirtschaftlichen Zusammenhängen durch eine genauere Diskussion der hinter der Makroökonomik stehenden mikroökonomischen Grundlagen vertieft. In Kapitel 15 werden die verschiedenen Theorien des Konsumentenverhaltens vorgestellt. Dabei wird auf die keynesianische Konsumfunktion, Fishers Modell der intertemporalen Entscheidung, Modiglianis Lebenszyklushypothese und Friedmans Hypothese des permanenten Einkommens eingegangen. In Kapitel 16 werden die traditionelle und die ricardianische Sicht der Staatsverschuldung diskutiert. Dabei wird besonders hervorgehoben, daß es sich bei dieser Diskussion letztlich um die Frage des Konsumentenverhaltens dreht. In Kapitel 17 wird die hinter der Investitionsfunktion stehende Theorie geliefert, Kapitel 18 bietet zusätzliche Informationen über den Geldmarkt. Dabei wird unter anderem auf die Rolle des Bankensystems bei der Bestimmung des Geldangebots sowie auf das Baumol-Tobin-Modell der Geldnachfrage eingegangen.

Epilog

Das Buch endet mit einem kurzen Epilog, in dem nochmals kurz auf die grundlegenden Ergebnisse eingegangen wird, denen die meisten Makroökonomen zustimmen würden. Darüber hinaus werden auch die wichtigsten bislang ungelösten Fragen noch einmal angesprochen. Wie im gesamten Buch stelle ich auch in diesem abschließenden Kapitel heraus, daß trotz der offenen Streitpunkte ein breites Wissen hinsichtlich des Wirtschaftsgeschehens besteht.

Cambridge, Massachusetts   N. Gregory Mankiw

Inhaltsübersicht

Vorwort des Übersetzers vii
Vorwort des Autors ix

Teil I Einführung 1
Kapitel 1 Makroökonomik als Wissenschaft 3
Kapitel 2 Empirische Beobachtungen und Makroökonomik 19

Teil II Die Volkswirtschaft bei langfristiger Betrachtung 53
Kapitel 3 Das Bruttosozialprodukt: Entstehung, Verteilung und Verwendung ... 55
Kapitel 4 Wachstum 103
Kapitel 5 Arbeitslosigkeit 159
Kapitel 6 Inflation 189
Kapitel 7 Die offene Volkswirtschaft 233

Teil III Die Volkswirtschaft bei kurzfristiger Betrachtung 281
Kapitel 8 Einführung in das Problem wirtschaftlicher Schwankungen 283
Kapitel 9 Gesamtwirtschaftliche Nachfrage I 311
Kapitel 10 Gesamtwirtschaftliche Nachfrage II 347
Kapitel 11 Gesamtwirtschaftliches Angebot 377
Kapitel 12 Kontroverse Positionen zur makroökonomischen Politik 424
Kapitel 13 Die offene Volkswirtschaft in kurzfristiger Betrachtung 453
Kapitel 14 Die Theorie realer Konjunkturzyklen 489

**Teil IV Mehr zu den mikroökonomischen Grundlagen der
Makroökonomik** 512
Kapitel 15 Konsum 513
Kapitel 16 Zwei Sichtweisen der Staatsverschuldung 553
Kapitel 17 Investitionen 575
Kapitel 18 Geldangebot und Geldnachfrage 605

Epilog 631
Glossar 641
Personenverzeichnis 660
Sachverzeichnis 662

Inhaltsverzeichnis

Vorwort des Übersetzers v
Vorwort des Autors vii

Teil I   Einführung 1

Kapitel 1   Makroökonomik als Wissenschaft 3
1.1   Warum Makroökonomik? 3
        Fallstudie 1-1: Wahlergebnisse und wirtschaftliche Lage 6
1.2   Ökonomische Denkweise 7
    Die Verwendung von Modellen 7
        Zusatzinformation: Die Verwendung von Funktionen zur
          Beschreibung der Beziehungen zwischen Variablen 11
    Die Bedeutung der Mikroökonomik für die Makroökonomik 13
    Makroökonomischer Eklektizismus 14
    Flexible versus starre Preise 14
1.3   Das weitere Vorgehen 15

Kapitel 2   Empirische Beobachtungen und Makroökonomik 19
2.1   Die Erfassung des Wertes der ökonomischen Aktivitäten:
      Das Bruttosozialprodukt 20
    Einkommen, Produktion und wirtschaftlicher Kreislauf 20
        Zusatzinformation: Strom- und Bestandsgrößen 22
    Einige Regeln für die Berechnung des BSP 24
        Die Behandlung der Investitionen 24
        Wie man Äpfel und Birnen zusammenzählt 25
        Zwischenprodukte und Wertschöpfung 25
        Selbstgenutzter Wohnraum und andere unterstellte Größen 26
    Reales versus nominales BSP 27
        Fallstudie 2-1: Das reale Sozialprodukt in der
          Bundesrepublik Deutschland 29
    Der BSP-Deflator 30
    Andere Maßzahlen der Volkswirtschaftlichen Gesamtrechnung 31
        Die Ausgabenkomponenten 31
        Fallstudie 2-2: Das Bruttosozialprodukt und seine
          Komponenten 1990 34
        Alternative Einkommenskonzepte 35
        Fallstudie 2-3: Saisonale Schwankungen und ihre Bereinigung ... 37
2.2   Die Erfassung der Lebenshaltungskosten: Der Preisindex
      der Lebenshaltung aller privaten Haushalte 38
    Der Preis eines Warenkorbs 38
    Preisindex der Lebenshaltung versus BSP-Deflator 39

	Fallstudie 2-4: Die Inflation in den Vereinigten Staaten	
	zwischen 1978 und 1981	42
2.3	Erfassung der Unterbeschäftigung:	
	Die Arbeitslosenquote	43
	Fallstudie 2-5: Unterbeschäftigung, BSP und das	
	Okunsche Gesetz	46
2.4	Schlußfolgerung: Von Wirtschaftsstatistiken	
	zu Wirtschaftsmodellen	48

Teil II Die Volkswirtschaft bei langfristiger Betrachtung 53

Kapitel 3 Das Bruttosozialprodukt: Entstehung, Verteilung und Verwendung 55

3.1	Die Produktion von Waren und Dienstleistungen	58
	Die Produktionsfaktoren	58
	Die Produktionsfunktion	59
	Das gegebene Angebot an Waren und Dienstleistungen	60
3.2	Die Aufteilung des Gesamteinkommens	
	auf die Produktionsfaktoren	60
	Faktorpreise	61
	Das Entscheidungsproblem eines Wettbewerbsunternehmens	62
	Die Faktornachfrage der Unternehmung	64
	Das Grenzprodukt der Arbeit	64
	Vom Grenzprodukt der Arbeit zur Arbeitsnachfrage	66
	Das Grenzprodukt des Kapitals und die Kapitalnachfrage	67
	Die Verteilung des Gesamteinkommens	68
	Fallstudie 3-1: Pest und Faktorpreise	70
	Fallstudie 3-2: Der Senator, der Mathematiker	
	und die Konstanz der Faktoranteile	71
3.3	Die Nachfrage nach Waren und Dienstleistungen	74
	Konsum	75
	Fallstudie 3-3: Die Konsumfunktion für die Vereinigten Staaten	77
	Investitionen	79
	Zusatzinformation: Was sind Investitionen?	81
	Staatsausgaben	81
3.4	Gleichgewicht und Zinssatz	83
	Gleichgewicht am Gütermarkt: Das Angebot und die Nachfrage	
	für den Output einer Volkswirtschaft	83
	Gleichgewicht auf den Finanzmärkten:	
	Angebot und Nachfrage für Kredite	84
	Veränderungen der Ersparnis: Die Wirkungen der Fiskalpolitik	87
	Eine Zunahme der Staatsausgaben	87
	Fallstudie 3-4: Kriege und Zinssätze in	
	Großbritannien (1730-1920)	89
	Eine Verminderung der Steuern	91

	Fallstudie 3-5: Die Fiskalpolitik in den achtziger Jahren 91
	Änderungen der Investitionsnachfrage 92
	Zusatzinformation: Identifikation der Investitionsfunktion 95
3.5	Schlußfolgerungen 98

Kapitel 4 Wachstum 103
4.1   Kapitalakkumulation 106
      Güterangebot und Güternachfrage 105
            Güterangebot und Produktionsfunktion 106
            Güternachfrage und Konsumfunktion 108
      Das Steady state-Niveau des Kapitalstocks 109
      Die Annäherung an den Steady state 112
      Annäherung an den stationären Zustand: Ein numerisches Beispiel 113
            Fallstudie 4-1: Das Nachkriegswachstum in Japan
            und Deutschland 116
      Änderungen der Sparquote 116
            Fallstudie 4-2: Ersparnis in reichen und armen Ländern 118
4.2   Das „Golden Rule"-Niveau des Kapitalstocks 119
      Der Vergleich zwischen verschiedenen stationären Zuständen 119
      Der Vergleich verschiedener stationärer Zustände:
            Ein numerisches Beispiel 122
      Der Weg zum Steady state der Goldenen Regel 124
            Der Kapitalstock ist höher als es der
            Goldenen Regel entspricht 125
            Der Kapitalstock ist geringer als es der
            Goldenen Regel entspricht 126
4.3   Bevölkerungswachstum 128
      Der stationäre Zustand bei Wachstum der Bevölkerung 128
      Die Konsequenzen des Bevölkerungswachstums 131
            Fallstudie 4-3: Bevölkerungswachstum in reichen und
            armen Ländern 132
4.4   Technologischer Fortschritt 133
      Die Arbeitseffizienz 134
      Der stationäre Zustand bei technologischem Fortschritt 134
      Die Wirkungen des technologischen Fortschritts 136
            Fallstudie 4-4: Steady state-Wachstum in den
            Vereinigten Staaten 137
4.5   Ersparnis, Wachstum und Wirtschaftspolitik 138
      Die wirtschaftspolitische Bedeutung der Sparquote 138
      Wirtschaftspolitische Maßnahmen zur Veränderung der Sparquote 140
            Fallstudie 4-5: Sozialversicherung und Ersparnis 141
      Förderung des technologischen Fortschritts 142
            Fallstudie 4-6: Die weltweite Verlangsamung des
            Wirtschaftswachstums 142
4.6   Schlußfolgerung: Über das Solow-Modell hinaus 144
      Zurechnung der Wachstumsursachen 151

    Vermehrung der Produktionsfaktoren 151
        Vermehrung des Kapitals 151
        Vermehrung der Arbeit 152
        Vermehrung von Arbeit und Kapital 153
    Technologischer Fortschritt 154
    Die Wachstumsquellen in den Vereinigten Staaten 156

Kapitel 5 Arbeitslosigkeit 159
5.1 Arbeitsmarktdynamik und natürliche Arbeitslosenquote 161
5.2 Arbeitsplatzsuche und friktionelle Arbeitslosigkeit 163
    Wirtschaftspolitik und friktionelle Arbeitslosigkeit 165
        Fallstudie 5-1: Unterbeschäftigung in Großbritannien
        zwischen den beiden Weltkriegen 166
        Fallstudie 5-2: Arbeitslosenversicherung und neue
        Arbeitsverhältnisse 167
5.3 Reallohnstarrheit und Wartearbeitslosigkeit 169
    Mindestlohngesetzgebung 170
        Fallstudie 5-3: Mindestlohnvorschriften und Armut
        bei Beschäftigten in den USA 171
    Gewerkschaften und Tarifverhandlungen 172
        Fallstudie 5-4: Gewerkschaftlicher Organisationsgrad und
        Arbeitslosigkeit in den Vereinigten Staaten und Kanada 174
    Effizienzlöhne 175
        Fallstudie 5-5: Henry Fords 5-Dollar-Arbeitstag 176
5.4 Arbeitslosigkeitsmuster 177
    Die Dauer der Arbeitslosigkeit 177
    Unterschiede in der Arbeitslosenquote verschiedener demographischer
    Gruppen 179
    Die trendmäßige Erhöhung der Arbeitslosenquote 180
    Zugänge und Abgänge bei den Erwerbspersonen 183
5.5 Schlußfolgerungen 184

Kapitel 6 Inflation 189
6.1 Was ist Geld? 191
    Die Funktionen des Geldes 191
    Geldformen 192
        Fallstudie 6-1: Geld in einem Kriegsgefangenenlager 192
    Wie sich Nominalgeld entwickelt 193
        Fallstudie 6-2: Geld auf der Insel Yap 194
    Wie die Geldmenge gesteuert wird 195
    Wie die Geldmenge gemessen wird 196
6.2 Die Quantitätstheorie des Geldes 198
    Transaktionen und die Quantitätsgleichung 198
    Von den Transaktionen zum Einkommen 199
    Geldnachfragefunktion und Quantitätsgleichung 200
    Die Annahme einer konstanten Umlaufgeschwindigkeit 201

		Geld, Preise und Inflation 202
		Zusatzinformation: Produkte und prozentuale Änderungen 203
		Fallstudie 6-3: Geldmengenwachstum und Inflation über ein Jahrhundert 204
6.3		Seigniorage: Der Ertrag aus dem Drucken von Geld 205
		Fallstudie 6-4: Finanzierung der Amerikanischen Revolution 206
6.4		Inflation und Zinssätze 207
		Realer und nominaler Zinssatz 207
		Der Fisher-Effekt 208
		Fallstudie 6-5: Inflation und Nominalzinssätze 209
		Zwei Realzinssätze: ex-ante und ex-post 210
		Fallstudie 6-6: Nominalzinssätze im 19. Jahrhundert 211
6.5		Der Nominalzinssatz und die Nachfrage nach Geld 212
		Die Kosten der Geldhaltung 212
		Zukünftiges Geldangebot und heutige Preise 213
		Die Beendigung einer Hyperinflation 214
		Fallstudie 6-7: Hyperinflation in Deutschland zwischen den beiden Weltkriegen 216
6.6		Die sozialen Kosten der Inflation 218
		Erwartete Inflation 219
		Fallstudie 6-8: Das Leben während der bolivianischen Hyperinflation 221
		Unerwartete Inflation 222
		Fallstudie 6-9: Die „Free Silver"-Bewegung, die Wahl von 1896 und der Zauberer von Oz 224
		Niveau und Variabilität der Inflation 225
6.7		Schlußfolgerungen: Die klassische Dichotomie 225
		Die Wirkungen des gegenwärtigen und des zukünftigen Geldangebots auf das Preisniveau 230

Kapitel 7 Die offene Volkswirtschaft 233

7.1	Volkswirtschaftliche Gesamtrechnung für eine offene Volkswirtschaft 236
	Die Rolle der Nettoexporte 236
	Bruttosozialprodukt versus Bruttoinlandsprodukt 238
	Die Kapitalbilanz und die Leistungsbilanz 240
7.2	Die internationalen Kapital- und Güterströme 242
	Ein Modell der kleinen offenen Volkswirtschaft 242
	Der Einfluß der Wirtschaftspolitik auf Kapital- und Leistungsbilanzsaldo 245
	Fiskalpolitik im Inland 246
	Fallstudie 7-1: Das doppelte Defizit der achtziger Jahre 247
	Fiskalpolitik im Ausland 248
	Verschiebungen der Investitionsnachfrage 249
	Bewertung der Wirtschaftspolitik 250
7.3	Wechselkurse 251
	Nominaler und realer Wechselkurs 252

	Der nominale Wechselkurs	252
	Fallstudie 7-2: Der Wechselkurs im Wirtschaftsteil einer Zeitung	252
	Der reale Wechselkurs	253
	Realer Wechselkurs und Nettoexport	255
	Fallstudie 7-3: Wie Unternehmen auf den Wechselkurs reagieren	256
	Stahlexport steigt bei sinkendem Dollar	256
	Die Bestimmungsgründe des realen Wechselkurses	257
	Der Einfluß der Wirtschaftspolitik auf den realen Wechselkurs	258
	Fiskalpolitik im Inland	258
	Fiskalpolitik im Ausland	259
	Verschiebungen der Investitionsnachfrage	259
	Die Wirkungen der Handelspolitik	261
	Die Determinanten des nominalen Wechselkurses	263
	Fallstudie 7-4: Inflation und nominaler Wechselkurs	264
	Das Kaufkraftparitäten-Theorem	265
	Fallstudie 7-5: Der "Big Mac" rund um den Erdball	267
7.4	Schlußfolgerung: Die Vereinigten Staaten als große offene Volkswirtschaft	269
	Ein Modell der großen offenen Volkswirtschaft	274
	Der Kapitalzustrom aus dem Ausland	274
	Die Bestandteile des Modells	276
	Die Wirkungen wirtschaftspolitischer Maßnahmen	277

Teil III Die Volkswirtschaft bei kurzfristiger Betrachtung 281

Kapitel 8 Einführung in das Problem wirtschaftlicher Schwankungen 283

8.1	Die Unterschiede zwischen kurz- und langfristiger Betrachtung	285
	Fallstudie 8-1: Das Rätsel starrer Zeitschriftenpreise	286
8.2	Die Gesamtnachfrage	287
	Die Quantitätsgleichung als Gesamtnachfragefunktion	288
	Warum die Gesamtnachfragekurve abwärts geneigt ist	289
	Verschiebungen der Gesamtnachfragekurve	289
8.3	Gesamtangebot	291
	Langfristige Betrachtung: Die vertikale Gesamtangebotskurve	292
	Kurzfristige Betrachtung: Die horizontale Angebotskurve	294
	Von der kurzfristigen zur langfristigen Betrachtung	295
	Fallstudie 8-2: Gold, „Greenbacks" und die Kontraktion der 1870er Jahre in den Vereinigten Staaten	297
8.4	Stabilisierungspolitik	298
	Nachfrageschocks	299
	Fallstudie 8-3: Umlaufgeschwindigkeit und die Rezession von 1982 in den Vereinigten Staaten	301

Angebotsschocks 302
    Fallstudie 8-4: Der Beitrag der OPEC zur Stagflation
    in den siebziger Jahren und zum Aufschwung in
    den achtziger Jahren 305
8.5 Schlußfolgerungen 307

Kapitel 9 Gesamtwirtschaftliche Nachfrage I 311
9.1 Der Gütermarkt und die IS-Kurve 314
    Das keynesianische Kreuz 314
        Geplante Ausgaben 314
        Das Gleichgewicht auf dem Gütermarkt 316
        Fiskalpolitik und Multiplikator: Staatliche Güterkäufe ... 318
        Fiskalpolitik und Multiplikator: Steuern 321
        Fallstudie 9-1: Kennedy, Keynes und die Steuersenkung in den
        Vereinigten Staaten von 1964 322
    Zinssatz, Investitionen und IS-Kurve 324
    Verschiebungen der IS-Kurve durch die Fiskalpolitik 325
    Eine kredittheoretische Interpretation der IS-Kurve 327
    Eine lineare Version der IS-Kurve 329
9.2 Der Geldmarkt und die LM-Kurve 331
    Die Liquiditätspräferenztheorie 331
        Fallstudie 9-2: Paul Volcker, knappes Geld und
        steigende Zinssätze 335
    Einkommen, Geldnachfrage und LM-Kurve 336
    Verschiebungen der LM-Kurve durch die Geldpolitik 338
    Eine quantitätstheoretische Interpretation der LM-Kurve .. 339
    Eine lineare Version der LM-Kurve 340
9.3 Schlußfolgerung: Das kurzfristige Gleichgewicht 341

Kapitel 10 Gesamtwirtschaftliche Nachfrage II 347
10.1 Die Erklärung wirtschaftlicher Schwankungen
     im Rahmen des IS/LM-Modells 348
    Fiskalpolitische Maßnahmen 348
    Geldpolitische Maßnahmen 350
    Das Zusammenwirken von Geld- und Fiskalpolitik 351
        Fallstudie 10-1: Analyse der Wirtschaftspolitik mit Hilfe von
        makroökonometrischen Modellen 353
    Schocks im IS/LM-Modell 355
10.2 IS/LM als Theorie der Gesamtnachfrage 356
    Vom IS/LM-Modell zur Gesamtnachfragekurve 356
    Eine einfach algebraische Betrachtung der Gesamtnachfragekurve ... 359
        Fallstudie 10-2: Die Wirksamkeit von Geld- und Fiskalpolitik 361
    Das IS/LM-Modell bei kurzfristiger und langfristiger Betrachtung .. 362
10.3 Die Weltwirtschaftskrise 364
    Die Ausgabenhypothese: Störungen, die die IS-Kurve trafen 365
    Die Geldhypothese: Eine Störung, die die LM-Kurve traf? 367

Nochmals die Geldhypothese: Die Effekte sinkender Preise 368
  Die stabilisierenden Wirkungen der Deflation 369
  Die destabilisierenden Wirkungen der Deflation 369
  Könnte sich die Weltwirtschaftskrise wiederholen? 371
10.4 Schlußfolgerungen 372

Kapitel 11 Gesamtwirtschaftliches Angebot 377
11.1 Vier Modelle des Gesamtangebots 378
  Das Modell der Lohnstarrheit 379
  Das Arbeitnehmer-Fehleinschätzungs-Modell 382
    Fallstudie 11-1: Das zyklische Verhalten des Reallohnsatzes 385
  Das Modell unvollkommener Informationen 387
  Das Preisstarrheiten-Modell 389
    Fallstudie 11-2: Internationale Unterschiede in der
      Gesamtangebotsfunktion 392
  Zusammenfassung und Implikationen 394
11.2 Inflation, Arbeitslosigkeit und die Phillips-Kurve 396
  Vom Gesamtangebot zur Phillips-Kurve 397
    Zusatzinformation: Die Geschichte der Phillips-Kurve 399
  Erwartungen und Inflationsträgheit 399
  Die zwei Gründe für steigende und sinkende Inflationsraten 400
    Fallstudie 11-3: Inflation und Arbeitslosigkeit in den
      Vereinigten Staaten 401
  Der kurzfristige Tradeoff zwischen Inflation und Arbeitslosigkeit 403
  Disinflation und das Opferverhältnis 405
  Rationale Erwartungen und schmerzlose Disinflation 406
    Fallstudie 11-4: Die Kosten von Paul Volckers Disinflation 408
11.3 Aktuelle Entwicklungen: Neukeynesianische Theorie 409
  Geringe "Speisekarten-Kosten" und Gesamtnachfrage-Externalitäten 410
  Die Staffelung von Löhnen und Preisen 412
  Rezessionen als Koordinations-Versagen 413
    Fallstudie 11-5: Experimentelle Ergebnisse
      von Koordinationsspielen 415
  Hysteresis und die Anfechtung der "Natural-Rate"-Hypothese 416
    Fallstudie 11-6: Arbeitslosigkeit in Großbritannien
      in den achtziger Jahren 417
11.4 Schlußfolgerungen 418

Kapitel 12 Kontroverse Positionen zur makroökonomischen Politik 424
12.1 Aktive oder passive Wirtschaftspolitik? 424
  Zeitliche Verzögerungen bei der Implementierung und bei der
    Wirkung von wirtschaftspolitischen Maßnahmen 425
    Fallstudie 12-1: Gewinnbeteiligung als
      automatischer Stabilisator 427
  Ökonomische Prognosen: Eine schwierige Aufgabe 443
    Fallstudie 12-2: Zwei Episoden von ökonomischen Prognosen 446

Unwissenheit, Erwartungen und die Lucas-Kritik 431
Die Entwicklung in der Vergangenheit 432
    Fallstudie 12-3: Nochmalige Überprüfung der
    Stabilisierungspolitik 433
12.2 Ökonomische Politik: Regelbindung oder Einzelfallentscheidung? 434
Mißtrauen gegenüber den Wirtschaftspolitikern
und dem politischen Prozeß 435
    Fallstudie 12-4: Die Wirtschaft der Vereinigten Staaten
    unter republikanischen und demokratischen Präsidenten 436
Zeitinkonsistenz und diskretionäre Politik 437
    Fallstudie 12-5: Alexander Hamilton versus Zeitinkonsistenz 440
Geldpolitische Regeln 441
Fiskalpolitische Regeln 443
    Fallstudie 12-6: Das Schulden-BSP Verhältnis für die USA
    während der letzten 200 Jahre 444
12.3 Schlußfolgerung: Politik in einer unsicheren Welt 445
Zeitinkonsistenz und Tradeoff zwischen Inflation und
Arbeitslosigkeit 449

Kapitel 13 Die offene Volkswirtschaft in kurzfristiger Betrachtung 453
13.1 Das Mundell-Fleming-Modell 454
Die Bestandteile des Modells 454
Das Modell in einer (Y, r)-Darstellung 455
Das Modell in einer (Y, e)-Darstellung 458
13.2 Die kleine offene Volkswirtschaft bei flexiblen Wechselkursen 462
Fiskalpolitik 462
Geldpolitik 463
    Fallstudie 13-1: Die Aufwertung des US-Dollars
    von 1979 bis 1982 464
Handelspolitik 465
13.3 Die kleine offene Vokswirtschaft bei festen Wechselkursen 467
Die Funktionsweise eines Systems fester Wechselkurse 467
    Fallstudie 13-2: Der internationale Goldstandard 470
Fiskalpolitik 471
Geldpolitik 472
Handelspolitik 473
Zusammenfassung des Mundell-Fleming-Modells 474
13.4 Feste oder flexible Wechselkurse? 475
    Fallstudie 13-3: Das Europäische Währungssystem 477
13.5 Ein abschließender Hinweis 477
Ein kurzfristiges Modell der großen offenen
Volkswirtschaft 482
Fiskalpolitik 484
Geldpolitik 485
Eine Daumenregel 485

Kapitel 14 Die Theorie realer Konjunkturzyklen 489
14.1 Ein Rückblick auf die Wirtschaft bei flexiblen Preisen 490
14.2 Ein Modell realer Konjukturzyklen 493
    Intertemporale Substitution und Arbeitsangebot 493
    Reales Gesamtangebot und reale Gesamtnachfrage 495
    Änderungen der Fiskalpolitik 496
    Technologische Schocks 497
14.3 Die Debatte um die Theorie realer Konjunkturzyklen 499
    Die Bedeutung technologischer Schocks 499
        Fallstudie 14-1: Technologische Schocks
        und Konjunkturzyklen 500
    Die Interpretation der Arbeitslosigkeit 502
        Fallstudie 14-2: Zur Relevanz der intertemporalen
        Substitution 503
    Die Neutralität des Geldes 504
    Lohn- und Preisflexibilität 504
        Zusatzinformation: Was ist neuklassische Lehre? 505
14.4 Schlußfolgerungen 506

Teil IV Mehr zu den mikroökonomischen Grundlagen der Makroökonomik 511

Kapitel 15 Konsum 513
15.1 John Maynard Keynes und die Konsumfunktion 514
    Die Keynesschen Vermutungen 514
    Frühe empirische Erfolge 517
    Säkulare Stagnation, Simon Kuznets und das Konsumrätsel 517
15.2 Irving Fisher und die intertemporale Wahl 519
    Die intertemporale Budgetbeschränkung 520
    Präferenzen 523
    Optimierung 525
    Die Wirkung von Einkommensänderungen auf den Konsum 526
    Die Wirkungen von Änderungen des realen Zinssatzes
    auf den Konsum 528
        Fallstudie 15-1: Konsum und realer Zinssatz 529
    Kreditbeschränkungen 531
        Fallstudie 15-2: Eine Erklärung für die hohe
        japanische Sparquote 534
15.3 Franco Modigliani und die Lebenszyklus-Hypothese 535
    Die Hypothese 535
    Implikationen 537
        Fallstudie 15-3: Konsum und Ersparnis älterer Personen 539
        Fallstudie 15-4: Ersparnis und die Angst vor einem
        atomaren Krieg 540

15.4 Milton Friedman und die Hypothese des permanenten Einkommens 542
    Die Hypothese 543
    Implikationen 544
        Fallstudie 15-5: Die Steuersenkung von 1964 und der
            Steuerzuschlag von 1968 545
    Rationale Erwartungen und Konsum 546
        Fallstudie 15-6: Antizipieren die Haushalte
            künftiges Einkommen? 548
15.5 Schlußfolgerungen 549

Kapitel 16   Zwei Sichtweisen der Staatsverschuldung 553
16.1 Die traditionelle Sicht der Staatsverschuldung 554
16.2 Die ricardianische Sicht der Staatsverschuldung 556
    Der Grundgedanke der ricardianischen Äquivalenz 557
    Die Budgetbeschränkung des Staates 558
16.3 Haushalte und zukünftige Steuern 561
    Kurzsichtigkeit 561
    Kreditrestriktionen 562
    Künftige Generationen 564
        Fallstudie 16-1: Warum hinterlassen Eltern Erbschaften? 565
16.4 Schlußfolgerung 566
    Wird das staatliche Budgetdefizit richtig gemessen? 569
    Meßproblem Nr. 1: Inflation 569
    Meßproblem Nr. 2: Vermögensbestände 570
    Meßproblem Nr. 3: Unberücksichtigte Verbindlichkeiten 571
    Das Haushaltsdefizit: Was nun? 572

Kapitel 17   Investitionen 575
17.1 Ausrüstungsinvestitionen 578
    Der Mietzins des Kapitals 578
    Die Kosten des Kapitals 580
    Die Determinanten der Investitionen 582
    Steuern und Investitionen 586
        Fallstudie 17-1: Das schwedische Investitionsfonds-System 587
    Der Aktienmarkt und Tobins q 588
    Finanzierungsbeschränkungen 590
17.2 Wohnungsbauinvestitionen 591
    Das Bestandsgleichgewicht und das Stromangebot 591
    Veränderungen der Wohnungsnachfrage 593
        Zusatzinformation: Welchen Preis für eine Wohnung
            können Sie sich leisten? 594
        Fallstudie 17-2: Steuern, Babies und der Wohnungsbau-Boom
            in den siebziger Jahren 595

17.3 Lagerinvestitionen 597
    Gründe für die Lagerhaltung 597
        Fallstudie 17-3: Saisonale Schwankungen und
            Produktionsglättung 598
    Das Akzelerator-Modell der Lagerbestände 599
        Fallstudie 17-4: Die empirische Relevanz des
            Akzelerator-Modells 600
    Lagerbestände und der reale Zinssatz 601
17.4 Schlußfolgerungen 601

Kapitel 18 Geldangebot und Geldnachfrage 605
18.1 Geldangebot 605
    Ein Bankensystem mit hundertprozentiger Reservehaltung 606
    Ein Bankensystem mit anteiliger Reservehaltung 607
    Ein Modell des Geldangebots 610
    Drei Instrumente der Geldpolitik 613
        Fallstudie 18-1: Bankzusammenbrüche und das Geldangebot
            in den Vereinigten Staaten in den dreißiger Jahren 614
18.2 Geldnachfrage 617
    Portfolio-Theorien der Geldnachfrage 618
        Fallstudie 18-2: Bargeld und die Schattenwirtschaft 619
    Transaktionstheorien der Geldnachfrage 620
    Das Baumol-Tobin-Modell der Kassenhaltung 621
        Fallstudie 18-3: Empirische Untersuchungen zur
            Geldnachfrage 624
18.3 Schlußfolgerung: Mikroökonomische Modelle und Makroökonomik 626

Was wir wissen, was wir nicht wissen 631
    Die vier wichtigsten Erkenntnisse der Makroökonomik 631
    Die vier wichtigsten ungeklärten Fragen der Makroökonomik 635

Epilog 631
Glossar 641
Personenverzeichnis 660
Stichwortverzeichnis 662

Teil I:

Einführung

Kapitel 1

Makroökonomik als Wissenschaft

> *The whole of science is nothing more than the refinement of everyday thinking.*
>
> Albert Einstein

1.1 Warum Makroökonomik?

Warum sind die Einkommen heute höher als 1950? Warum waren sie 1950 höher als 1900? Warum weisen einige Länder hohe Inflationsraten auf, andere hingegen stabile Preise? Warum kommt es zu Rezessionen und Depressionen, d.h. zu anhaltenden Phasen sinkender Einkommen und steigender Unterbeschäftigung? Wie lassen sich solche Entwicklungen durch wirtschaftspolitische Maßnahmen verhindern? Die **Makroökonomik**, die Wissenschaft von den gesamtwirtschaftlichen Vorgängen, versucht diese und viele verwandte Fragen zu beantworten.

Um die Bedeutung der Makroökonomik einschätzen zu können, reicht es aus, Zeitung zu lesen oder Nachrichten zu hören: Kein Tag vergeht, ohne daß die Medien über makroökonomische Sachverhalte berichten. Schlagzeilen wie „Sozialprodukt um 5 Prozent gewachsen", „Bundesbank verschärft Maßnahmen zur Inflationsbekämpfung" oder „Furcht vor Rezession führt zu Kurseinbrüchen am Aktienmarkt" sind nichts außergewöhnliches.

Makroökonomische Ereignisse berühren alle Mitglieder einer Gesellschaft: Manager, die die Nachfrage nach ihren Produkten prognostizieren wollen, müssen eine Vorstellung davon haben, wie schnell die Masseneinkommen zunehmen werden. Rentner sind im besonderen Maße von Preissteigerungen betroffen, da ihre Einkommen nur mit einer zeitlichen Verzögerung angepaßt werden. Arbeitslose wünschen sich einen kräftigen Wirtschaftsaufschwung herbei, weil dann ihre Chancen auf eine neue Beschäftigung steigen. Alle werden durch die wirtschaftliche Lage betroffen.

Es ist daher kaum verwunderlich, daß makroökonomische Fragen eine zentrale Rolle in der wirtschaftspolitischen Debatte spielen. In den siebziger Jahren rangen die amerikanischen Präsidenten Nixon, Ford und Carter vergeblich mit einer steigenden Inflationsrate. In den achtziger Jahren kämpften die Präsidenten Reagan und Bush mit großen Haushaltsdefiziten. In der Bundesrepublik muß der Regierungswechsel des Jahres 1982 im Zusammenhang mit den makroökonomischen Problemen gesehen werden, denen sich die Regierung unter Bundeskanzler Helmut Schmidt gegenübersah. Die Popularität eines Regierungschefs fällt während einer Rezession und steigt während eines Aufschwungs. Die Wähler achten sehr genau auf die makroökonomische Entwicklung, und die Politiker sind sich der Bedeutung der Wirtschaftspolitik bewußt.

Makroökonomische Fragen spielen auch bei den internationalen Beziehungen eine ganz wesentliche Rolle. In den fünfziger und sechziger Jahren galt für die meisten bedeutenden Industrieländer ein System fester Wechselkurse, das jeweils ein ganz bestimmtes Austauschverhältnis zwischen der eigenen Währung und den Währungen anderer Länder fixierte. In den frühen siebziger Jahren brach dieses System fester Wechselkurse zusammen, und es begann eine Zeit flexibler, zum Teil stark schwankender Währungsrelationen. In Europa wurde das Europäische Währungssystem gegründet, um die als wohlfahrtsmindernd angesehenen starken Wechselkursschwankungen zwischen den beteiligten Ländern zu reduzieren. Im Jahr 1992 verließen jedoch Großbritannien und Italien den Währungsverbund, weil die vereinbarten Wechselkursrelationen sich nicht gegen den Markt verteidigen ließen. Die Vereinigten Staaten importierten in den achtziger Jahren sehr viel mehr Güter als sie exportierten und finanzierten diese Importe durch eine entsprechend umfangreiche Inanspruchnahme der Weltfinanzmärkte. Weltwirtschaftliche Entwicklungen wie diese sind oft eine Quelle von Spannungen, sogar zwischen engen Verbündeten.

Makroökonomen sind diejenigen Wissenschaftler, die die Funktionsweise der Gesamtwirtschaft erforschen. Sie sammeln Daten über Einkommen, Preise, Arbeitslosigkeit, die sich auf unterschiedliche Zeiträume und unterschiedliche Länder beziehen. Sie versuchen dann, allgemeine Theorien aufzustellen, welche die beobachteten Entwicklungen erklären können.

Abbildung 1-1 zeigt drei makroökonomische Datenreihen für die Bundesrepublik Deutschland: die jährliche Veränderung des realen Sozialproduktes, die Inflationsrate und die Arbeitslosenquote. Jede dieser Variablen erfaßt einen Aspekt der wirtschaftlichen Situation. Das Bruttosozialprodukt mißt das Gesamteinkommen aller am Wirtschaftsleben Beteiligten; die Inflationsrate erfaßt die Geschwindigkeit, mit der sich die Preise ändern; die Arbeitslosenquote schließlich erfaßt den Anteil der Arbeitslosen an den Erwerbspersonen. Makroökonomen untersuchen, wodurch diese Variablen bestimmt werden, warum sie sich im Zeitverlauf verändern und wie sie sich gegenseitig beeinflussen.

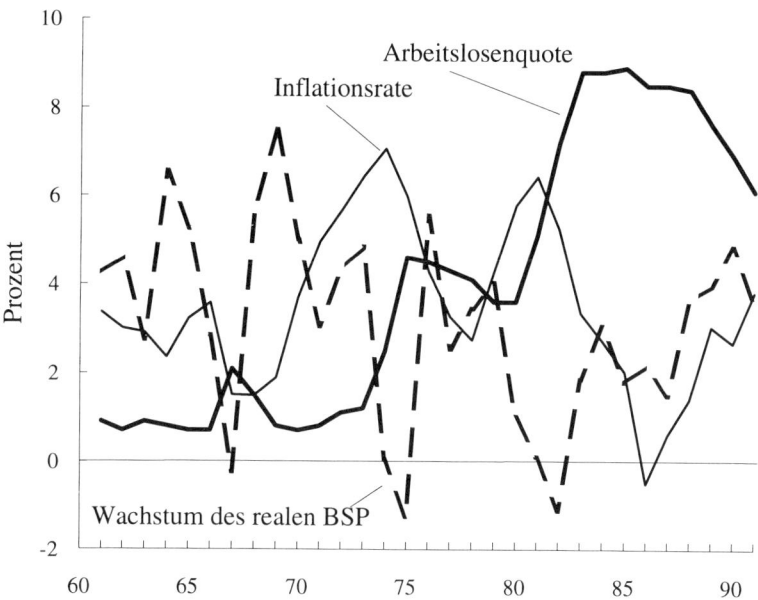

Abbildung 1-1: **Drei makroökonomische Schlüsselvariablen.** Diese Abbildung zeigt das Wachstum des realen Bruttosozialproduktes, die Inflationsrate (gemessen durch die Veränderung des impliziten Preisindex des Bruttosozialproduktes) und die Arbeitslosenquote für die Wirtschaft der Bundesrepublik Deutschland seit 1960. In den folgenden Kapiteln wird diskutiert, wie diese Variablen gemessen werden können und welche Theorien von Makroökonomen entwickelt wurden, um sie zu erklären.

Ganz ähnlich wie Astronomen, die die Entwicklung des Weltalls erforschen, oder wie Biologen, die sich mit der Entstehung der Arten beschäftigen, können Makroökonomen keine kontrollierten Experimente durchführen – Experimente mit der gesamten Volkswirtschaft sind nicht möglich oder wären zu teuer. Sie müssen sich daher mit „natürlichen" Experimenten begnügen: Die einzelnen Volkswirtschaften unterscheiden sich voneinander und sie verändern sich im Zeitablauf. Diese Beobachtung liefert sowohl die Motivation für makroökonomische Theoriebildung als auch das Datenmaterial, mit dem die Theorien überprüft werden können.

Man darf nicht vergessen, daß die Makroökonomik eine noch relativ junge und unvollkommene Disziplin ist. Makroökonomische Prognosen über die künftige wirtschaftliche Entwicklung weisen eine ebenso eingeschränkte Verläßlichkeit auf wie z.B. die langfristigen Wettervorhersagen der Meteorologen.

Das Ziel der makroökonomischen Forschung besteht jedoch nicht nur darin, das ökonomische Geschehen zu begreifen, sondern gleichzeitig soll auch die Wirksamkeit der Wirtschaftspolitik verbessert werden. Geld- und fiskalpolitische Maßnahmen können die ökonomische Situation eines Landes nachhaltig beeinflussen; neben einer Verbesserung der wirtschaftlichen Lage kann aber auch eine Verschlechterung die Folge sein. Makroökonomische Erkenntnisse sind daher notwendig, um die Wirkungen alternativer wirtschaftspolitischer Maßnahmen abschätzen zu können. Neben der Erklärung des tatsächlichen gesamtwirtschaftlichen Geschehens fällt der Makroökonomik folglich auch die Aufgabe zu, Aussagen über mögliche Entwicklungen zu machen.

Fallstudie 1-1: Wahlergebnisse und wirtschaftliche Lage

Der Einfluß der wirtschaftlichen Lage eines Landes auf die politische Situation wird alle vier Jahre bei den Wahlen besonders deutlich. Wirtschaftspolitische Fragen stehen nicht nur häufig im Zentrum des Wahlkampfes, die wirtschaftliche Lage hat offenbar auch große Bedeutung für den Ausgang der Wahlen. Für die Vereinigten Staaten stellte der amerikanische Ökonom Fair fest, daß sich die Wahlergebnisse der Präsidentschaftswahlen mit verblüffender Genauigkeit anhand einiger wichtiger Kennziffern der Wirtschaftssituation prognostizieren lassen. Ein zentrales Ergebnis seiner Untersuchungen besteht darin, daß steigende Einkommen die Wiederwahl des Präsidenten fördern, während steigende Preise diese behindern.

Fair benutzte Beobachtungen aus der Vergangenheit, um eine Gleichung zur Vorhersage der Wahlergebnisse aufzustellen, die folgende Informationen verwendet:

- die an der Macht befindliche Partei,
- Neuwahl oder Wiederwahl,
- das Einkommenswachstum in den letzten sechs Monaten vor einer Wahl sowie
- die Preissteigerungsrate in den letzten beiden Jahren vor einer Wahl.

Fairs Prognosegleichung hätte die Ergebnisse von 13 der 16 Präsidentschaftswahlen zwischen 1916 und 1976 korrekt vorhergesagt. Die drei Wahlen, die falsch prognostiziert worden wären, waren Kennedy-Nixon (1960), Humphrey-Nixon (1968) und Carter-Ford (1976). In allen drei Fällen fiel das Wahlergebnis jedoch sehr knapp aus.

Fair hat sein Prognoseverfahren 1978 vorgestellt. Auch für die drei folgenden Präsidentschaftswahlen, nämlich Carter - Reagan (1980), Mondale - Reagan (1984) und Dukakis - Bush (1988), sagte Fair alle Ergebnisse richtig voraus. Er prognostizierte 1988 sogar zu dem Zeitpunkt einen knappen Sieg von Bush, als dieser in den Umfragen weit hinten lag.[1]

1.2 Ökonomische Denkweise

Die Volkswirtschaftslehre unterscheidet sich von anderen Fächern nicht nur durch die Fragen, mit denen sie sich beschäftigt, sondern auch durch die Hilfsmittel, derer sie sich bedient – durch die Terminologie, durch das empirische Material und durch die Denkweise. Wie jede Wissenschaft kann auch die Volkswirtschaftslehre auf den Uneingeweihten zunächst befremdlich wirken. Am leichtesten wird man mit dem ökonomischen Denken vertraut, wenn man es selbst praktiziert. Dazu will dieses Buch reichlich Gelegenheit geben. Um den Zugang jedoch etwas zu erleichtern, wollen wir im folgenden einige Elemente des ökonomischen Denkens näher diskutieren.

Die Verwendung von Modellen

Ökonomen versuchen, die Wirtschaft durch die Verwendung vereinfachter Theorien zu verstehen, die als **Modelle** bezeichnet werden. Diese fassen, oft in mathematischer Form, die Beziehungen zwischen wichtigen ökonomischen Variablen zusammen. Modelle sind deswegen hilfreich, weil sie es uns ermöglichen, von unwichtigen Details zu abstrahieren und die wesentlichen Verbindungen genauer zu erfassen.

Modelle enthalten zwei Arten von Variablen: exogene und endogene. **Exogene Variablen** werden außerhalb des Modells bestimmt und stellen den Input eines Modells dar. **Endogene Variablen** werden innerhalb des Modells bestimmt und stellen den Output des Modells dar. Mit anderen Worten sind exogene Variablen in dem Augenblick, in dem sie in das Modell eingebracht werden, fest vorgegeben, während die endogenen Variablen im Modell selbst bestimmt werden. Wie Abbildung 1-2 zeigt, besteht die Aufgabe eines Modells darin, die Wirkung der exogenen auf die endogenen Variablen zu zeigen.

---

1 Ray C. Fair, "The Effect of Economic Events on Votes for President", The Review of Economics and Statistics 60 (Mai 1978): 159 - 173; Ray C. Fair, "The Effect of Economic Events on Votes for President: 1984 Update", Political Behavior 10, Nr. 2 (1988): 168 - 179.

Abbildung 1-2: **Wie Modelle funktionieren.** Modelle sind vereinfachte Theorien und zeigen die wesentlichen Beziehungen zwischen ökonomischen Variablen. Die exogenen Variablen sind diejenigen Größen, die außerhalb des Modells bestimmt werden. Die endogenen Variablen werden durch das Modell erklärt. Das Modell zeigt, wie sich die Veränderung einer exogenen Variablen auf alle endogenen Variablen auswirkt.

Die Konstruktion eines ökonomischen Modells soll an einem einfachen Beispiel erläutert werden. Es sei angenommen, daß ein Volkswirt den Markt für Brot modellieren will. Er geht davon aus, daß die von den Konsumenten nachgefragte Brotmenge Q^d vom Brotpreis P_b und vom aggregierten Einkommen Y abhängt. Dies läßt sich formal schreiben als

$$Q^d = D(P_b, Y).$$

Weiter geht der Ökonom davon aus, daß das Brotangebot Q^s der Bäcker vom Brotpreis P_b, aber auch vom Mehlpreis P_f abhängt, weil Mehl für die Herstellung von Brot benötigt wird:

$$Q^s = S(P_b, P_f).$$

Schließlich nimmt er noch an, daß der Brotpreis sich auf ein solches Niveau einstellt, daß Angebot und Nachfrage gleich sind:

$$Q^s = Q^d.$$

Diese drei Gleichungen bilden zusammen ein Modell des Brotmarktes. Der Wirtschaftswissenschaftler illustriert das Modell mit dem bekannten Angebots-Nachfrage-Diagramm (vgl. Abbildung 1-3). Die Nachfragekurve zeigt den Zusammenhang zwischen nachgefragter Brotmenge und Brotpreis unter der Annahme eines konstanten Gesamteinkommens. Sie weist eine negative Steigung auf, weil mit steigendem Brotpreis immer mehr Konsumenten den Kauf von Brot einschränken und stattdessen andere Lebensmittel erwerben. Die Angebotskurve zeigt den Zusammenhang zwischen der angebotenen Brotmenge und dem Brotpreis unter der Annahme eines gegebenen Mehlpreises. Die Angebotskurve hat eine positive Steigung, weil die Bäcker mit steigendem Brotpreis bereit sind, ihren Arbeitseinsatz auszudehnen. Das Gleichgewicht am Brotmarkt wird durch den Preis und die Menge bestimmt, bei denen sich Angebots- und Nachfragekurve schneiden.

Das vorgestellte Modell des Brotmarktes umfaßt zwei exogene und zwei endogene Variablen. Die exogenen Variablen sind das Gesamteinkommen und der Mehlpreis. Das Modell versucht nicht, diese zu erklären, sondern nimmt sie als gegeben. (Das schließt nicht aus, daß diese exogenen Variablen in einem anderen Modell erklärt werden. Dort wären sie dann allerdings endogen.) Die endogenen Variablen des vorliegenden Modells sind der Brotpreis und die getauschte Brotmenge. Diese Variablen will das Modell erklären.

Das Modell zeigt, wie die Veränderung einer der exogenen Variablen die beiden endogenen Variablen beeinflußt. Wird beispielsweise angenommen, daß das Gesamteinkommen steigt, dann nimmt die Nachfrage nach Brot zu (vgl. Abbildung 1-4). Man erkennt, daß sowohl der Gleichgewichtspreis als auch die Gleichgewichtsmenge steigen. Geht man in analoger Weise davon aus, daß der Mehlpreis steigt, dann nimmt das Brotangebot ab (vgl. Abbildung 1-5). Aus dem Modell läßt sich ablesen, daß in diesem Fall der Gleichgewichtspreis steigt und die Gleichgewichtsmenge sinkt. Das Modell zeigt auf sehr einfache Weise, wie Veränderungen des Gesamteinkommens oder des Mehlpreises den Brotmarkt beeinflussen.

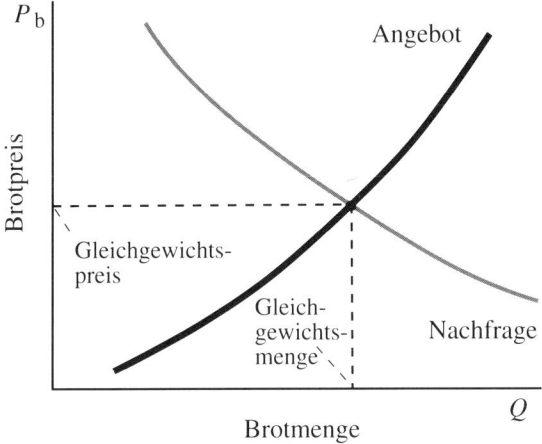

Abbildung 1-3: **Angebots- und Nachfragekurve.** Das bekannteste ökonomische Modell ist das Angebots-Nachfrage-Modell für ein Gut – in diesem Fall Brot. Die Nachfragekurve verläuft mit negativer Steigung und zeigt den Zusammenhang zwischen Brotpreis und der von den Konsumenten nachgefragten Brotmenge. Die Angebotskurve verläuft mit positiver Steigung und stellt eine Beziehung zwischen Brotpreis und der durch die Bäcker angebotenen Brotmenge her. Der Brotpreis paßt sich solange an, bis Angebot und Nachfrage übereinstimmen. Der Schnittpunkt der beiden Kurven beschreibt das Marktgleichgewicht und gibt den Gleichgewichtspreis sowie die Gleichgewichtsmenge wieder.

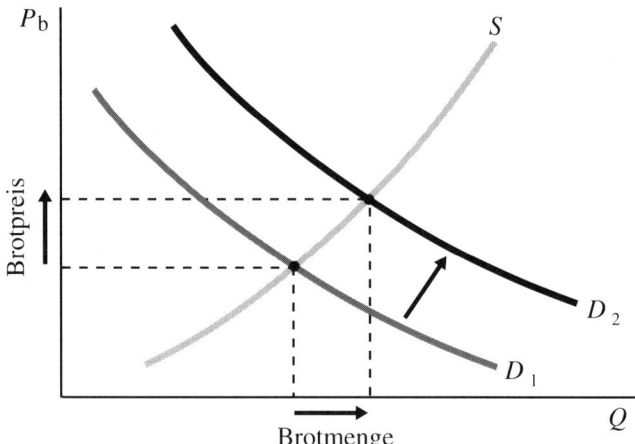

Abbildung 1-4: **Eine Verschiebung der Nachfragekurve.** Eine Zunahme des Gesamteinkommens führt zu einer Zunahme der Brotnachfrage – zu jedem gegebenen Preis wollen die Konsumenten nun mehr Brot kaufen. In der graphischen Darstellung führt dies zu einer Außenverschiebung der Nachfragekurve. Der Brotpreis steigt, bis Angebot und Nachfrage wieder übereinstimmen. Gleichgewichtspreis und Gleichgewichtsmenge haben zugenommen.

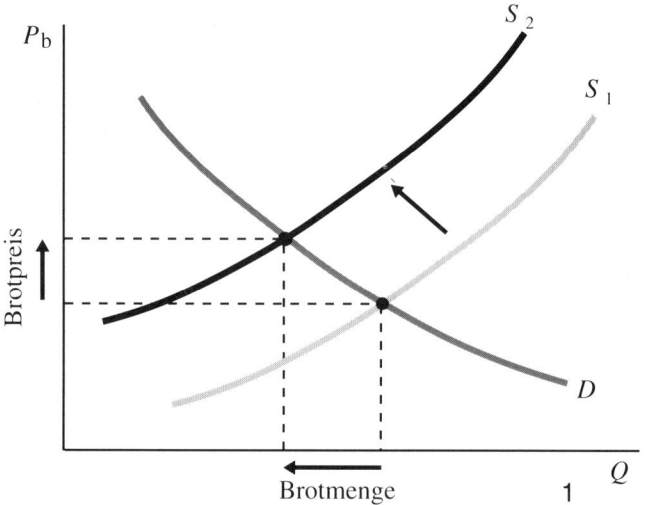

Abbildung 1-5: **Eine Verschiebung der Angebotskurve.** Falls der Mehlpreis steigt, geht das Brotangebot zurück – zu jedem gegebenen Preis lohnt sich das Verkaufen von Brot nun weniger als zuvor, daher wird weniger Brot produziert. In der graphischen Darstellung führt dies zu einer Innenverschiebung der Angebotskurve. Der Markt bewegt sich auf den neuen Schnittpunkt von Angebots- und Nachfragekurve zu. Der Gleichgewichtspreis steigt und die Gleichgewichtsmenge sinkt.

Dieses Modell des Brotmarktes trifft jedoch – wie alle Modelle – eine Vielzahl von vereinfachenden Annahmen. So bleibt beispielsweise unberücksichtigt, daß sich jede Bäckerei an einem anderen Ort befindet. Für jeden einzelnen Kunden dürfte aus diesem Grund eine Präferenz für eine bestimmte Bäckerei bestehen. Jede Bäckerei verfügt daher in Grenzen über die Möglichkeit zur eigenen Preissetzung. Obwohl das Modell von einem einzigen Preis für Brot ausgeht, ist es denkbar, daß für jede Bäckerei ein anderer Preis gilt.

Welche Folgerungen sollten aus diesem offenkundigen Realitätsmangel gezogen werden? Sollte das einfache Modell von Brotangebot und Brotnachfrage verworfen werden? Oder sollte der Versuch unternommen werden, ein komplexeres Modell zu entwerfen, das der Existenz unterschiedlicher Brotpreise Rechnung trägt? Die Antwort auf diese Fragen hängt von dem Ziel ab, das mit der Modellbildung verfolgt wird. Falls das Untersuchungsziel darin besteht, zu verstehen, wie der Mehlpreis den durchschnittlichen Brotpreis und die umgesetzte Brotmenge beeinflußt, dann ist die in der Realität zu beobachtende Unterschiedlichkeit der Brotpreise vermutlich unbedeutend. Das skizzierte einfache Modell stellt dann einen angemessenen Ansatz dar. Besteht das Untersuchungsziel jedoch darin, eine Antwort auf die Frage zu finden, warum Ortschaften mit drei Bäckereien niedrigere Brotpreise aufweisen als Ortschaften mit nur einer, ist das Modell weniger brauchbar.

Die „Kunst" in der Volkswirtschaftslehre besteht darin, zu beurteilen, wann eine Annahme klärend wirkt und wann sie in die Irre führt. Ein Modell, das versuchen wollte, die Realität vollkommen zu erfassen, wäre notwendigerweise so kompliziert, daß niemand es verstehen könnte. Vereinfachungen sind daher notwendig. Werden jedoch in Hinblick auf das Untersuchungsziel wichtige Eigenschaften der Wirklichkeit außer acht gelassen, so ergeben sich zwangsläufig falsche Schlußfolgerungen. Welche Eigenschaften als wichtig zu betrachten sind, läßt sich jedoch meist nicht so leicht sagen: Eine Annahme, die bei der Untersuchung bestimmter Fragestellungen hilfreich und sinnvoll ist, kann sich bei anderen als irreführend erweisen. Die Konstruktion ökonomischer Modelle erfordert daher große Sorgfalt und ein gutes Maß an Fingerspitzengefühl.

Zusatzinformation: Die Verwendung von Funktionen zur Beschreibung der Beziehungen zwischen Variablen

Alle ökonomischen Modelle beschreiben Beziehungen zwischen ökonomischen Variablen. Häufig werden diese Beziehungen durch Funktionen ausgedrückt. Eine Funktion ist ein mathematisches Konzept, das die Abhängigkeit einer Menge von

Variablen von einer Menge anderer Variablen zeigt. So sagten wir beispielsweise im Modell des Brotmarktes, daß die nachgefragte Brotmenge vom Brotpreis und vom aggregierten Einkommen abhängt. Um dies zu beschreiben, formulierten wir folgende Beziehung:

$$Q^d = D(P_b, Y).$$

Diese Gleichung besagt, daß die nachgefragte Brotmenge Q^d eine Funktion des Brotpreises P_b und des Gesamteinkommens Y ist. Bei der Funktionsschreibweise bezeichnet das den Klammern vorausgehende Symbol die Funktion. Im vorliegenden Fall ist also $D(\ )$ eine Funktionsvorschrift der in Klammern stehenden Variablen.

Im Modell des Brotmarktes drückt die Schreibweise $Q^d = D(P_b, Y)$ die Determinanten der Brotnachfrage aus. Wüßten wir mehr über die Brotnachfrage, könnten wir möglicherweise schreiben

$$Q^d = 60 - 10P_b + 2Y.$$

In diesem Fall lautet die Nachfragefunktion

$$D(P_b, Y) = 60 - 10P_b + 2Y.$$

Für jede Höhe des Brotpreises und des aggregierten Einkommens liefert diese Funktion die zugehörige Höhe der Brotnachfrage. Hat das aggregierte Einkommen beispielsweise eine Höhe von 10 und beträgt der Brotpreis 2, dann beträgt die Brotnachfrage 60; steigt der Brotpreis auf 3, dann sinkt die nachgefragte Menge auf 50.

Die Funktionsschreibweise erlaubt es uns, eine Beziehung zwischen Variablen selbst dann auszudrücken, wenn die genaue numerische Beziehung unbekannt ist. So könnten wir beispielsweise zwar wissen, daß die nachgefragte Brotmenge sinkt, wenn der Preis von 2 auf 3 steigt, aber wir wissen vielleicht nicht, um wieviel er sinkt. In einer solchen Situation ist die Funktionsschreibweise sehr nützlich: Solange wir wissen, daß eine Beziehung zwischen den Variablen besteht, können wir sie durch die Verwendung der Funktionsschreibweise ausdrücken.

Die Bedeutung der Mikroökonomik für die Makroökonomik

Als **Mikroökonomik** bezeichnet man die einzelwirtschaftliche Betrachtung der Wirtschaft. Hier wird untersucht, wie Konsumenten und Produzenten ihre Entscheidungen treffen und wie sie sich auf den einzelwirtschaftlichen Märkten verhalten. Die fundamentale Annahme der Mikroökonomik ist das ökonomische Prinzip. Es besagt, daß Konsumenten und Produzenten sich als Optimierer verhalten. In mikroökonomischen Modellen wird daher davon ausgegangen, daß die Konsumenten diejenigen Kaufentscheidungen treffen, die ihren Nutzen maximieren und die Produzenten ihre Produktionsmenge so wählen, daß ihre Gewinne maximal sind.

Da makroökonomische Ereignisse letztlich aus dem Zusammenwirken einer sehr großen Anzahl von Konsumenten und Unternehmen resultieren, sind Makroökonomik und Mikroökonomik untrennbar miteinander verbunden. Beschäftigen wir uns mit gesamtwirtschaftlichen Fragestellungen, dürfen wir die einzelwirtschaftlichen Entscheidungen nicht außer acht lassen. Um beispielsweise die Determinanten der aggregierten Konsumnachfrage zu verstehen, müssen wir uns überlegen, wie ein Haushalt darüber entscheidet, wieviel er heute ausgeben und wieviel er für die Zukunft sparen will. Um die Determinanten der Investitionsnachfrage zu verstehen, muß man sich ein Unternehmen vor Augen halten, das vor der Entscheidung steht, ob eine neue Fabrik errichtet werden soll oder nicht. Weil die aggregierten Variablen oft einfach die Summe der Variablen sind, die die individuellen Entscheidungen beschreiben, basiert die Makroökonomik unzweifelhaft auf der Mikroökonomik.

Ökonomischen Modellen liegen immer mikroökonomische Entscheidungen zugrunde. Das Optimierungsverhalten von Haushalten und Unternehmen wird jedoch nicht immer unmittelbar sichtbar, weil es häufig nur implizit, nicht aber explizit im Modell enthalten ist. Das oben diskutierte Modell des Brotmarktes ist hierfür ein Beispiel. Hinter der Brotnachfrage stehen die Entscheidungen einzelner Haushalte über den Umfang ihrer Brotkäufe. Hinter dem Brotangebot stehen die Entscheidungen der einzelnen Bäckereien über den Umfang ihrer Brotproduktion. Vermutlich treffen die Haushalte und die Bäckereien ihre Entscheidungen so, daß sie ihren Nutzen bzw. ihren Gewinn maximieren. Diese mikroökonomischen Entscheidungen waren jedoch nicht zentraler Gegenstand des Modells; sie blieben im Hintergrund. Ähnlich gilt in weiten Bereichen der Makroökonomik, daß das Optimierungsverhalten von Haushalten und Unternehmen nur implizit erfaßt wird.

Makroökonomischer Eklektizismus

Die Makroökonomik beschäftigt sich mit einer Vielzahl unterschiedlicher Fragen. So werden die Auswirkungen der Fiskalpolitik auf die gesamtwirtschaftliche Ersparnis, die Bedeutung der Arbeitslosenversicherung auf die Arbeitslosenquote und die Rolle der Geldpolitik für die Sicherung der Preisniveaustabilität analysiert. Die Makroökonomik ist so vielgestaltig wie ihr Untersuchungsgegenstand – die Wirtschaft – selbst.

Da kein Modell alle Fragen beantworten kann, verwenden Makroökonomen eine Vielzahl von unterschiedlichen Modellen. Eine der wichtigsten Aufgaben eines Studenten, der sich mit Makroökonomik befaßt, ist es daher, sich stets vor Augen zu halten, daß es nicht ein einziges „richtiges" Modell gibt. Stattdessen gibt es eine Vielzahl von Modellen, die für unterschiedliche Fragestellungen unterschiedlich gut geeignet sind.

Dieses Buch stellt daher eine ganze Reihe von Modellen vor, die verschiedenen Fragen nachgehen und unterschiedliche Annahmen treffen. Wie schon oben dargelegt, kann ein Modell nur so gut sein wie seine Annahmen, und eine Annahme, die in einem bestimmten Zusammenhang sehr nützlich ist, kann in einem anderen völlig irreführend sein. Benutzt man ein Modell, um eine bestimmte Fragestellung zu verfolgen, muß man sich stets die zugrundeliegenden Prämissen vor Augen halten und sich Klarheit darüber verschaffen, ob diese Annahmen haltbar sind oder nicht.

Flexible versus starre Preise

Unter allen Annahmen, die in makroökonomischen Modellen getroffen werden, zählen Lohn- und Preisanpassungshypothesen zu den wichtigsten. Ein großer Teil der Auffassungsunterschiede zwischen Makroökonomen hängt mit diesem Punkt zusammen.

Ökonomen gehen üblicherweise davon aus, daß sich der Preis eines Gutes so anpaßt, daß Angebot und Nachfrage übereinstimmen. Mit anderen Worten: Es wird angenommen, daß zum herrschenden Preis die Nachfrager die gewünschten Mengen kaufen und die Anbieter verkaufen konnten. Diese Annahme wird als Markträumung bezeichnet und war zentrales Element des bereits diskutierten Modells des Brotmarktes. In den meisten Fällen benutzen Ökonomen solche **Markträumungsmodelle.**

Die Annahme ständiger Markträumung ist jedoch nicht völlig realistisch. Damit Märkte ständig geräumt werden, müssen sich die Preise verzögerungslos an Veränderungen von Angebot und Nachfrage anpassen. Tatsächlich passen sich viele Löhne und Preise jedoch nur langsam an. Tarifverträge legen die Löhne bis zu drei Jahre im voraus fest. Viele Unternehmen lassen ihre Preise für größere Zeiträume unverändert. So passen etwa Verlage die Zeitschriftenpreise lediglich in Abständen von drei bis vier

Jahren an. Während Markträumungsansätze davon ausgehen, daß alle Löhne und Preise **flexibel** sind, sieht es so aus, als ob in der Realität einige Löhne und Preise starr bzw. träge sind. Die offenkundige Trägheit von Preisen bedeutet jedoch nicht notwendigerweise, daß Markträumungsmodelle nutzlos sind. Schließlich sind die Preise nicht für alle Zeiten starr; letztlich passen sie sich im Zeitablauf doch an Veränderungen von Angebot und Nachfrage an. Markträumungsmodelle beschreiben die Wirtschaft vielleicht nicht zu jedem Zeitpunkt, aber sie beschreiben das Gleichgewicht, auf das sich die Wirtschaft langsam zubewegt. Aus diesem Grunde vertreten die meisten Makroökonomen die Ansicht, daß Preisflexibilität eine vernünftige Annahme darstellt, wenn es um langfristige Fragen geht, wie etwa das ökonomische Wachstum von Jahrzehnt zu Jahrzehnt.

Für kurzfristige Fragen, wie beispielsweise die jährlichen wirtschaftlichen Schwankungen, ist die Annahme flexibler Preise jedoch weniger plausibel. Über kurze Zeitperioden betrachtet verharren viele Preise auf ihrem festgelegten Niveau. Daher vertreten viele Makroökonomen die Auffassung, daß die Annahme von Preisstarrheiten besser für die Analyse des kurzfristigen Verhaltens der Wirtschaft geeignet ist.

1.3 Das weitere Vorgehen

Das Buch gliedert sich in vier Teile. Dieses und das folgende Kapitel bilden die Einleitung. Kapitel 2 erläutert, wie makroökonomische Variablen – z.B. Gesamteinkommen, Inflationsrate, Arbeitslosenquote – erfaßt werden.

Der zweite Teil „Langfristige Makroökonomik" stellt das klassische Modell der Wirtschaft vor. Das wesentliche Merkmal des klassischen Modells besteht darin, daß es – bis auf wenige Ausnahmen – von flexiblen Preisen ausgeht, welche die Märkte stets ins Gleichgewicht bringen. Es wird also permanente Markträumung angenommen. Aus den oben erläuterten Gründen erscheint der klassische Ansatz am ehesten geeignet, das langfristige Verhalten der Wirtschaft zu beschreiben.

Der dritte Teil „Kurzfristige Makroökonomik" betrachtet den Zeithorizont, in dem die Preise starr sind. Er beschreibt ein Nicht-Markträumungsmodell der Wirtschaft und zeigt auf, daß viele der Folgerungen, die aus dem klassischen Modell gezogen wurden, modifiziert werden müssen, wenn man Preisstarrheiten zuläßt. Dieser Ansatz mit inflexiblen Preisen ist dazu gedacht, kurzfristige Probleme zu analysieren, etwa die Ursachen konjunktureller Schwankungen oder die Rolle von Geld- und Fiskalpolitik für die Stabilisierung.

Das letzte Kapitel des dritten Teils stellt eine alternative Interpretation konjunktureller Schwankungen vor. Es betrachtet eine „neuklassische" Theorie, die versucht, das kurzfristige Verhalten der Wirtschaft zu erklären, ohne auf die Annahme von Preisstarrheiten zurückzugreifen. Dieser Ansatz unterscheidet sich ganz wesentlich von dem mehrheitlich akzeptierten Ansatz, der davon ausgeht, daß die Hypothese von Preisstarrheit und Nicht-Markträumung von zentraler Bedeutung ist, um die in der Realität beobachtbaren Schwankungen verstehen zu können.

Der vierte Teil „Mehr über den mikroökonomischen Hintergrund der Makroökonomik" befaßt sich mit einigen mikroökonomischen Modellen, die hilfreich für das Verständnis makroökonomischer Fragen sind. So werden z.B. die Konsum- und Geldhaltungsentscheidungen der Haushalte sowie die Investitionsentscheidungen der Unternehmen näher analysiert. Die betrachteten mikroökonomischen Entscheidungen formen in ihrer Gesamtheit das makroökonomische Bild. Eine Vertiefung des Verständnisses für die makroökonomischen Zusammenhänge ist das Ziel dieser Beschäftigung mit der Entscheidungsbildung auf Mikroebene.

Zusammenfassung

1. Als Makroökonomik bezeichnet man die Analyse der Gesamtwirtschaft. Dies umfaßt Problemkreise, wie wirtschaftliches Wachstum, Preisstabilität und Beschäftigung. Die Makroökonomik versucht, sowohl das makroökonomische Geschehen zu erklären als auch geeignete wirtschaftspolitische Instrumente zu entwickeln.

2. Um das wirtschaftliche Geschehen analysieren und verstehen zu können, verwenden Ökonomen Modelle. Modelle sind vereinfachte Theorien, die die Wirkung der exogenen auf die endogenen Variablen sichtbar machen. Die Kunst besteht darin, zu beurteilen, ob ein Modell in geeigneter Weise die relevanten Beziehungen der Wirklichkeit erfaßt.

3. Als Mikroökonomik bezeichnet man die Analyse der einzelwirtschaftlichen Entscheidungen von Haushalten und Unternehmen sowie die Untersuchung des Zusammenwirkens dieser Entscheidungsträger. Da das makroökonomische Geschehen letztlich das Ergebnis einer Vielzahl mikroökonomischer Handlungen ist, liegt es nahe, daß in der Makroökonomik häufig auf Hilfsmittel aus der Mikroökonomik zurückgegriffen wird.

4. Kein Modell kann alle Fragen beantworten. In der Makroökonomik werden daher verschiedene Modelle benutzt, um unterschiedlichen Fragestellungen nachzugehen.

5. Ob Preise flexibel oder starr sind, ist eine der zentralen Annahmen eines makroökonomischen Modells. Die meisten Makroökonomen gehen davon aus, daß Markträumungsansätze das langfristige Verhalten der Wirtschaft in geeigneter Weise beschreiben, kurzfristig die Preise aber starr sind.

Schlüsselbegriffe

Makroökonomik
Modelle
Exogene Variablen
Endogene Variablen

Mikroökonomik
Markträumung
Flexible und starre Preise

Wiederholungsfragen

1. Erklären Sie den Unterschied zwischen Makro- und Mikroökonomik. In welcher Beziehung stehen diese beiden Gebiete zueinander?

2. Warum werden ökonomische Modelle entwickelt?

3. Erklären Sie, was mit dem Begriff „Markträumungsansatz" gemeint ist. Unter welchen Umständen erscheint die Annahme der Markträumung angemessen?

Aufgaben und Anwendungen

1. Welche makroökonomischen Ereignisse wurden in der letzten Zeit in den Nachrichten behandelt?

2. Welche Merkmale charakterisieren eine Wissenschaft? Weist die Analyse des wirtschaftlichen Geschehens diese Merkmale auf? Sind Sie der Auffassung, daß man die Makroökonomik als Wissenschaft bezeichnen sollte? Begründung!

3. Wie häufig ändert ihr Friseur die Preise für einen Haarschnitt? Welche Implikationen hat Ihre Antwort in bezug auf die Brauchbarkeit des Markträumungsansatzes zur Analyse des Marktes für Haarschnitte?

Kapitel 2

Empirische Beobachtungen und Makroökonomik

*It is a capital mistake to theorize before one has data.
Insensibly one begins to twist facts to suit theories,
instead of theories to fit facts.*

Sherlock Holmes

Wie alle Wissenschaften beruht auch die Makroökonomik auf dem Zusammenspiel von Theorie und Beobachtung. Da es das Ziel der Makroökonomik ist, zu verstehen, wie die Wirtschaft funktioniert, liefert die Beobachtung der Wirtschaft die Basis für unsere Theorien. Sind diese Theorien einmal aufgestellt, so muß man sich wieder der empirischen Beobachtung zuwenden, um sie zu überprüfen.

Beiläufige Beobachtung stellt eine Informationsquelle dar. Durch das Einkaufen erhält man einen Eindruck davon, wie schnell die Preise steigen. Ist man auf Arbeitssuche, merkt man, ob die Unternehmen Arbeitskräfte einstellen. Da wir alle am wirtschaftlichen Geschehen teilnehmen, gewinnen wir im Alltagsleben einen Eindruck von der wirtschaftlichen Lage.

Eine systematischere und objektivere Quelle von Informationen stellen jedoch die verschiedenen Wirtschaftsstatistiken dar. Von amtlicher Seite werden regelmäßig statistische Erhebungen bei Haushalten und Unternehmen durchgeführt, deren Ziel in der Gewinnung von Informationen über die jeweiligen ökonomischen Aktivitäten besteht. Dazu gehört etwa die Erfassung der Haushalts- und Unternehmenseinkommen oder der Umsatz- und Preisentwicklung, um nur einige wenige Beispiele zu nennen. Auf der Grundlage solcher Erhebungen wird dann eine Vielzahl von statistischen Kennzahlen errechnet, die die wirtschaftliche Lage in zusammengefaßter Form beschreiben. Diese statistischen Reihen liefern das Datenmaterial, das die Makroökonomen bei ihrer Analyse der Wirtschaft verwenden. Darüber hinaus dienen sie der Wirtschaftspolitik zur Beobachtung der Wirtschaft und stellen eine wichtige Entscheidungsgrundlage für wirtschaftspolitische Maßnahmen dar.

Dieses Kapitel erläutert und diskutiert drei ökonomische Kennzahlen, die sowohl für die Wirtschaftspolitik als auch für die makroökonomische Analyse eine ganz zentrale

Rolle spielen. Das **Bruttosozialprodukt** (BSP) beschreibt gleichzeitig das Gesamteinkommen der betrachteten Volkswirtschaft und die Höhe der Produktion von Waren und Dienstleistungen. Der **Preisindex der Lebenshaltung** mißt das Preisniveau. Die **Arbeitslosenquote** macht Aussagen darüber, welcher Anteil der Erwerbspersonen ohne Beschäftigung ist. Wir wollen zeigen, wie diese Kennzahlen ermittelt werden und welche Aussagen über die wirtschaftliche Lage sich aus ihnen ableiten lassen.

2.1 Die Erfassung des Wertes der ökonomischen Aktivitäten: Das Bruttosozialprodukt

Das Bruttosozialprodukt (BSP) wird häufig als das beste Maß zur Erfassung der wirtschaftlichen Lage betrachtet. Diese Größe, die vom Statistischen Bundesamt berechnet wird, versucht, den DM-Wert der ökonomischen Aktivitäten einer Volkswirtschaft in einer einzigen Kennzahl auszudrücken. Genauer gesagt mißt das BSP zwei Dinge:

- die Gesamtheit der Einkommen, die in einer Volkswirtschaft entstehen, und
- die Summe aller Ausgaben, die für den Erwerb der produzierten Waren und Dienstleistungen anfallen.

Das BSP kann deshalb als Maß für die ökonomische Situation angesehen werden, weil ein höheres Gesamteinkommen einem niedrigeren vorgezogen wird. Dem entspricht die Feststellung, daß eine Wirtschaft, die viel Output produziert, die Bedürfnisse von Haushalten, Unternehmen und Staat besser befriedigen kann.

Das BSP kann sowohl das Einkommen einer Volkswirtschaft messen als auch die Ausgaben für ihren Output, weil beides zwei Seiten derselben Medaille sind: für die Volkswirtschaft als Ganzes müssen Einkommen und Produktion notwendigerweise gleich sein. Um diese Aussage nachvollziehen zu können, ist es zweckmäßig, sich kurz mit der **Volkswirtschaftlichen Gesamtrechnung** zu beschäftigen, dem Rechnungssystem, welches das BSP und viele damit verbundene Statistiken erfaßt.

Einkommen, Produktion und wirtschaftlicher Kreislauf

Es sei eine Wirtschaft betrachtet, die ein einziges Gut – Brot – unter Einsatz eines einzigen Produktionsfaktors – Arbeit – produziert. Abbildung 2-1 illustriert alle wirtschaftlichen Transaktionen, die zwischen den Haushalten und Unternehmen dieser Volkswirtschaft stattfinden.

Der innere Kreis gibt den Strom von Gütern und Arbeitsleistungen wieder. Die Haushalte verkaufen ihre Arbeitsleistungen an die Unternehmen. Die Unternehmen setzten die Arbeitsleistungen ihrer Beschäftigten ein, um Brot herzustellen, das seinerseits an die Haushalte verkauft wird. Folglich fließen Arbeitsleistungen von den Haushalten zu den Unternehmen und Brot von den Unternehmen zu den Haushalten.

Der äußere Kreis stellt die zu den eben beschriebenen Strömen korrespondierenden Geldstrom dar. Die Haushalte kaufen Brot von den Unternehmen. Die Unternehmen verwenden einen Teil der erzielten Erlöse zur Lohnzahlung. Der restliche Teil der Erlöse stellt den Gewinn der Unternehmenseigentümer dar, die selbst wieder Teil des Haushaltssektors sind. Insgesamt fließen also die Ausgaben für Brot von den Haushalten zu den Unternehmen, und Löhne und Gewinne fließen von den Unternehmen zu den Haushalten.

Das BSP mißt den Geldstrom der betrachteten Wirtschaft. Seine Höhe läßt sich auf zwei Wegen ermitteln. Das BSP stellt einmal das gesamte bei der Produktion des Brotes entstandene Einkommen dar, das der Summe aller Löhne und Gewinne entspricht und in Abbildung 2-1 durch den oberen Halbkreis des Geldstroms veranschaulicht wird. Das BSP stellt aber auch gleichzeitig die Summe aller Ausgaben für Brot dar; dem entspricht der untere Halbkreis des Geldstroms in Abbildung 2-1. Man kann also sowohl den Geldstrom von den Unternehmen zu den Haushalten betrachten als auch den Geldstrom von den Haushalten zu den Unternehmen.

Die Gleichheit von Einkommen und Ausgaben ergibt sich aus einer buchhalterischen Regel: alle Ausgaben für Güterkäufe stellen zwangsläufig Einnahmen für die Produzenten dieser Güter dar. Es ist daher zwingend, daß jede Transaktion, die die Ausgabenseite berührt, auch die Einkommensseite tangiert und umgekehrt. Ein Beispiel soll diese Feststellung verdeutlichen. Es sei angenommen, daß eines der Unternehmen einen Laib Brot zusätzlich produziert und verkauft. Offenbar werden dadurch die Ausgaben für Brot erhöht. Es muß sich jedoch auch ein entsprechender Effekt auf der Einkommensseite des Wirtschaftskreislaufs ergeben. Falls der zusätzliche Laib Brot dadurch produziert wird, daß eine zusätzliche Arbeitskraft beschäftigt wird, erhöht sich das Lohneinkommen. Wird das zusätzliche Brot jedoch ohne Ausdehnung der Beschäftigung produziert – etwa durch Verwendung einer effizienteren Technologie – dann erhöht sich das Gewinneinkommen. In jedem Fall ist der Zuwachs von Einkommen und Ausgaben identisch.

Einkommen (DM)

Arbeit

Haushalte   **Unternehmen**

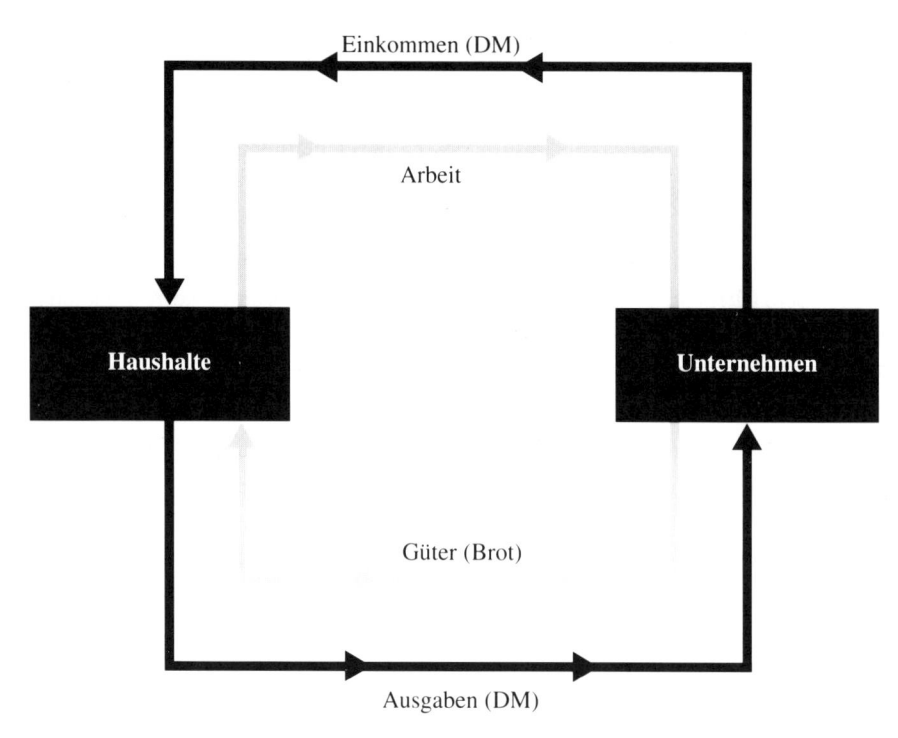

Güter (Brot)

Ausgaben (DM)

Abbildung 2-1: **Der Wirtschaftskreislauf.** Diese Abbildung illustriert die Ströme, die zwischen Haushalten und Unternehmen in einer Wirtschaft fließen, die ein einziges Gut – Brot – mit einem einzigen Faktor – Arbeit – produziert. Der innere Kreislauf repräsentiert den Strom von Brot und Arbeitsleistungen: die Haushalte verkaufen ihre Arbeitsleistung an die Unternehmen, und die Unternehmen verkaufen ihr Brot an die Haushalte. Der äußere Kreis stellt die korrespondierenden Geldströme dar: die Haushalte leisten Zahlungen für Brot an die Unternehmen, und die Unternehmen leisten Lohn- und Gewinnzahlungen an die Haushalte. In dieser Wirtschaft beschreibt das BSP sowohl die gesamten Ausgaben für Brot als auch das gesamte Einkommen, das im Zuge der Produktion von Brot entstanden ist.

Zusatzinformation: Strom- und Bestandsgrößen

Viele ökonomische Variablen beschreiben Mengengrößen, z.B. eine Menge von Geld, Gütern u.ä. In der Ökonomie werden zwei Arten von Mengengrößen unterschieden: Stromgrößen und Bestandsgrößen. Ein **Bestand** ist eine Menge, die zu einem bestimmten Zeitpunkt gemessen wird, ein **Strom** ist dagegen eine Menge pro Zeiteinheit.

Die in Abbildung 2-2 gezeigte Badewanne ist das klassische Beispiel, um das Konzept von Strömen und Beständen zu illustrieren. Die Wassermenge in der Wanne ist eine Bestandsgröße: es ist diejenige Wassermenge, die zu einem bestimmten Zeitpunkt gemessen wird. Die Wassermenge, die aus dem Hahn fließt, ist eine Stromgröße: es ist die Wassermenge, um die der Wasserbestand in der Badewanne pro Zeiteinheit zunimmt. Die Einheiten, in denen Ströme und Bestände gemessen werden, unterscheiden sich daher. Man sagt, die Wanne enthält 100 *Liter* Wasser, aber das Wasser strömt mit 10 *Litern pro Minute* aus dem Hahn.

Wenn man ökonomische Theorien entwickelt, um das Verhalten von Variablen zu erklären, trifft man häufig auf den Fall, daß zwischen bestimmten Strömen und Beständen Beziehungen bestehen. In dem Beispiel mit der Badewanne ist die Beziehung zwischen Strom und Bestand leicht erkennbar. Der Wasserbestand in der Wanne ist nichts anderes als der gesamte Zustrom aus dem Hahn. Umgekehrt kann man den Zustrom aus dem Hahn durch die Veränderung des Wasserbestands in der Badewanne ausdrücken. Wenn man sich mit ökonomischen Variablen beschäftigt, ist es oft nützlich, sich klar zu machen, ob es sich um Ströme oder Bestände handelt und ob es Beziehungen zwischen diesen gibt.

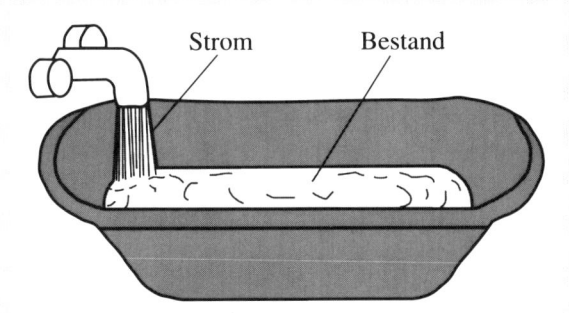

Abbildung 2-2: **Ströme und Bestände.** Die in einer Badewanne befindliche Wassermenge ist eine Bestandsgröße, denn es handelt sich um eine Mengengröße, die zu einem bestimmten Zeitpunkt gemessen wird. Die aus dem Hahn strömende Wassermenge ist dagegen eine Stromgröße, denn es handelt sich um eine Mengengröße, die in einem bestimmten Zeitraum gemessen wird.

Wir wollen einige Beispiele für Bestands- und Stromgrößen nennen, mit denen wir uns in den kommenden Kapiteln beschäftigen werden:

- Das Vermögen eines Haushaltes ist ein Bestand; sein Einkommen und seine Ausgaben sind Ströme.
- Die Anzahl der Arbeitslosen ist ein Bestand; die Anzahl derjenigen, die ihre Arbeit verlieren, ist ein Strom.

- Der Kapitalstock einer Volkswirtschaft ist ein Bestand; das Investitionsvolumen ist ein Strom.
- Die Staatsschulden sind ein Bestand; das Haushaltsdefizit ist ein Strom.

Einige Regeln für die Berechnung des BSP

In der hypothetischen Wirtschaft, in der nur Brot produziert wird, läßt sich das BSP durch einfaches Aufaddieren der gesamten Ausgaben für Brot ermitteln. Im Gegensatz hierzu ist die Berechnung des BSP für die Wirtschaft der Bundesrepublik eine sehr schwierige Aufgabe. Weil die Wirtschaft groß und komplex ist, erweist sich die Zusammenfassung aller Ausgaben für die produzierten Waren und Dienstleistungen als problematisch. Obwohl in diesem Buch nicht auf alle Einzelheiten der Sozialproduktsberechnung eingegangen werden kann, sollen zumindest diejenigen Punkte angesprochen werden, die für eine korrekte Interpretation des BSP unverzichtbar sind.

Die Behandlung der Lagerinvestitionen Angenommen, ein Unternehmen unserer oben vorgestellten Ein-Gut-Wirtschaft stellt zusätzliche Arbeiter ein, um mehr Brot zu erzeugen. Es bezahlt die entsprechenden Löhne, kann das Brot aber nicht verkaufen. Wie berührt diese Transaktion das BSP?

Die Antwort hängt davon ab, was mit dem nicht verkauften Brot geschieht. Falls das Brot verdirbt, vermindert sich der Gewinn des Unternehmens genau im Umfang der zusätzlichen Lohnzahlungen. Das Unternehmen hat nämlich eine höhere Lohnsumme gezahlt, ohne dafür einen Vorteil zu erlangen. Weil die beschriebene Transaktion weder die Ausgaben berührt noch das Gesamteinkommen verändert, bleibt das Sozialprodukt konstant. (Es ändert sich aber selbstverständlich das Verhältnis von Löhnen und Gewinnen.) Falls das Brot nicht verdirbt, sondern auf Lager genommen wird, um zu einem späteren Zeitpunkt verkauft zu werden, wird die Transaktion entsprechend den Gepflogenheiten der Volkswirtschaftlichen Gesamtrechnung anders behandelt. In diesem Fall vermindert sich der Gewinn des betrachteten Unternehmens nicht. Es wird so getan, als ob die Eigner des Unternehmens das Brot für die Lagerhaltung kaufen. Nunmehr steigt das Sozialprodukt: das Einkommen steigt wegen der höheren Löhne, denen nun keine Gewinnreduzierung gegenübersteht, und die Ausgaben steigen wegen der Erhöhung der Lagerhaltung.

Die allgemeine Regel lautet: Wenn eine Unternehmung ihre Bestände an Gütern vergrößert, werden diese Lagerinvestitionen sowohl als Teil der Ausgaben als auch als Teil des Einkommens gezählt. Die Produktion, die für eine Erhöhung der Lagerhaltung bestimmt ist, trägt daher genauso zu einem höheren BSP bei wie die Produktion, die unmittelbar abgesetzt wird.

Wie man Äpfel und Birnen zusammenzählt Bislang wurde das Konzept des BSP so diskutiert, als ob Brot das einzige Gut wäre, das in einer Wirtschaft erzeugt wird. In Wirklichkeit wird in einer Volkswirtschaft jedoch eine Vielzahl von Gütern produziert – Brot, Bratwürste, Autos, Haarschnitte usw. Das BSP faßt die Werte dieser unterschiedlichen Waren und Dienstleistungen in einer summarischen Größe zusammen. Die Verschiedenartigkeit der Güter erschwert die Berechnung des BSP ganz erheblich, weil unterschiedliche Güter unterschiedliche Werte aufweisen.

Die Problematik läßt sich leicht anhand eines Beispiels erläutern. Es sei angenommen, daß eine Wirtschaft vier Äpfel und drei Birnen produziert. Wie läßt sich für diese Wirtschaft das BSP ermitteln? Eine Möglichkeit bestünde darin, einfach Äpfel und Birnen zusammenzuzählen und daraus zu folgern, daß das BSP eine Höhe von sieben Früchten hat. Dies wäre jedoch nur dann sinnvoll, wenn Äpfel und Birnen genau den gleichen Wert hätten. Im allgemeinen wird das jedoch nicht der Fall sein. (Das würde noch deutlicher, wenn die Wirtschaft vier Wassermelonen und drei Weintrauben produziert hätte.)

Um verschiedenartige Güter zusammenzählen zu können, bedient man sich ihres Marktpreises als Wertmaßstab. Der Marktpreis wird verwendet, weil er zeigt, wieviel die Menschen für ein bestimmtes Gut zu zahlen bereit sind. Kosten Äpfel 0,50 DM pro Stück und Birnen 1 DM pro Stück, so ergibt sich ein BSP von

$$\begin{aligned} \text{BSP} &= (\text{Apfelpreis} \times \text{Apfelmenge}) + (\text{Birnenpreis} \times \text{Birnenmenge}) \\ &= (0{,}50 \text{ DM/Stück} \times 4 \text{ Stück}) + (1 \text{ DM/Stück} \times 3 \text{ Stück}) \\ &= 5 \text{ DM}. \end{aligned}$$

Das BSP hat eine Höhe von 5 DM – der Wert aller produzierten Äpfel (2 DM) plus der Wert aller produzierten Birnen (3 DM).

Zwischenprodukte und Wertschöpfung Viele Produkte werden in Produktionsstufen erzeugt: Rohstoffe werden bei einem Unternehmen zu Zwischenprodukten verarbeitet, die dann an ein anderes weiterverkauft werden, das daraus Endprodukte herstellt. Wie sollten solche Produkte bei der Ermittlung des BSP behandelt werden? Nimmt man z.B. an, daß ein Rinderzüchter an McDonald's ein viertel Pfund Fleisch für 1 DM verkauft und der „Viertelpfünder" für 3 DM verkauft wird, sollte dann das BSP sowohl den Wert des Fleisches als auch den des Hamburgers enthalten (zusammen 4 DM) oder nur den des Hamburgers (3 DM).

Die Antwort lautet, daß das BSP nur den Wert der in einer Periode erzeugten Endprodukte, nicht aber den der Zwischenprodukte enthalten darf. Daher wird nur der Wert des Hamburgers, nicht aber der des Fleisches im BSP erfaßt, d.h. das Sozialprodukt erhöht sich nur um 3 DM. Der Grund für diese Berechnungsweise besteht darin, daß der Wert der Zwischenprodukte im Wert der Endprodukte bereits enthalten ist. Würde man den Wert der Zwischenprodukte gesondert berücksichtigen, so läge eine Doppelzählung vor. Im betrachteten Beispiel würde der Wert des Fleisches zweimal gezählt werden. Das BSP stellt daher den Wert aller in einer Periode erzeugten Endprodukte dar.

Eine Möglichkeit, den Wert aller Endprodukte zu ermitteln, besteht darin, die Wertschöpfungen auf den einzelnen Produktionsstufen zu erfassen und zusammenzuzählen. Die **Wertschöpfung** eines Unternehmens entspricht dabei dem Wert der Produktion abzüglich dem Wert der eingesetzten Vorleistungen, die das Unternehmen von anderen Unternehmen kauft. Im Hamburger-Beispiel beträgt die Wertschöpfung des Rinderzüchters 1 DM (vorausgesetzt dieser benötigt seinerseits keine Vorprodukte). Die Wertschöpfung von McDonald's ergibt sich zu 3 DM - 1 DM = 2 DM. Die gesamte Wertschöpfung beträgt somit 1 DM + 2 DM = 3 DM. Für die Wirtschaft insgesamt muß die Summe aller Wertschöpfungen mit dem Marktwert aller Endprodukte übereinstimmen. Folglich entspricht das BSP der gesamten Wertschöpfung einer Volkswirtschaft.

Selbstgenutzter Wohnraum und andere unterstellte Größen Die meisten Waren und Dienstleistungen können bei der Berechnung des BSP mit ihren Marktpreisen bewertet werden. Es gibt jedoch einige Güter, die nicht am Markt gehandelt werden und für die folglich auch keine Marktpreise existieren. Will man den Wert dieser Produkte in das BSP einbeziehen, so ist man auf eine Schätzung des Marktwertes angewiesen. Man spricht in diesem Zusammenhang von imputierten, kalkulatorischen bzw. **unterstellten Größen**.

Ein Bereich, in dem unterstellte Werte eine große Rolle spielen, ist die Haus- und Wohnungsnutzung. Jemand, der eine Wohnung mietet, kauft „Wohnungsnutzung" und schafft Einkommen für den Vermieter. Die Miete ist ein Teil des BSP – sowohl als Ausgabe des Mieters als auch als Einkommen des Vermieters. Viele Menschen wohnen jedoch in ihren eigenen Wohnungen. Obgleich sie keine Miete an einen Hauseigentümer bezahlen, nutzen sie ihre Wohnung ganz ähnlich wie ein Mieter. Um die Leistungen zu erfassen, die Haus- oder Wohnungseigentümern zufließen, wird die „Miete", die diese Eigentümer sich selbst „bezahlen", im BSP berücksichtigt. Natürlich zahlen die Eigentümer in Wirklichkeit keine Miete an sich selbst. Es wird jedoch eine Schätzung des Betrages vorgenommen, der als Miete erforderlich wäre, und dieser Betrag wird als unterstellte Miete dem BSP zugerechnet. Diese kalkulatorische Miete steckt sowohl in den Ausgaben des Haus- oder Wohnungseigentümers als auch in seinem Einkommen.

Ein anderer Bereich, in dem unterstellte Größen eine bedeutende Rolle spielen, ist der Staat. So liefern beispielsweise Polizisten, Feuerwehrleute und Abgeordnete Dienstleistungen für die Öffentlichkeit. Die Erfassung der Werte dieser Dienstleistungen ist jedoch sehr schwierig, weil sie nicht am Markt verkauft werden und daher keinen Marktpreis haben. Das BSP erfaßt diese Dienstleistungen durch Bewertung mit den Kosten ihrer Erstellung. Die Löhne von Polizisten, Feuerwehrleuten und Abgeordneten dienen folglich als Maß für die Bewertung ihrer Leistung.

In vielen Fällen wäre ein unterstellter Wert prinzipiell erforderlich, wird in der Praxis jedoch nicht berechnet. Da das BSP die kalkulatorischen Mieten von selbstgenutzten Wohnungen erfaßt, könnte man erwarten, daß es ebenfalls die imputierten Werte von Autos, Rasenmähern, Juwelen und anderen den Haushalten gehörenden dauerhaften Gütern berücksichtigt. Der Wert, der sich aus der Nutzung dieser Güter ergibt, wird im BSP jedoch nicht erfaßt. Darüber hinaus wird ein Teil der Produktion einer Volkswirtschaft in den Haushalten erzeugt und am Markt weder angeboten noch nachgefragt. So besteht beispielsweise kein prinzipieller Unterschied zwischen einer Mahlzeit, die zu Hause zubereitet wird, und einem Essen, das im Restaurant gekocht wird. Die Wertschöpfung, die bei der Zubereitung eines Essens im Haushalt entsteht, wird im BSP jedoch nicht berücksichtigt. Schließlich enthält das BSP auch nicht den Wert von Gütern, die illegal produziert und verkauft werden (beispielsweise Drogen).

Weil die für die Ermittlung des BSP notwendigen Unterstellungen mit Mängeln behaftet sind, und weil der Wert vieler Waren und Dienstleistungen überhaupt nicht berücksichtigt wird, ist das BSP nur ein unvollkommenes Maß für die ökonomische Aktivität. Diese Schwächen müssen die Brauchbarkeit des BSP jedoch nicht notwendigerweise beeinträchtigen. Solange sich die Struktur der bei der Berechnung des BSP auftretenden Mängel im Zeitverlauf nicht oder nur wenig ändert, läßt sich das BSP sinnvoll verwenden, um die ökonomischen Aktivitäten zwischen verschiedenen Jahren zu vergleichen.

Reales versus nominales BSP

Nachdem einige Regeln betrachtet wurden, die bei der Ermittlung des BSP berücksichtigt werden müssen, wollen wir zu der Frage zurückkehren, ob das BSP ein geeignetes Maß für die ökonomische Wohlfahrt ist. Dazu soll nochmals die Wirtschaft betrachtet werden, die nur Äpfel und Birnen erzeugt. In dieser Ökonomie ist das BSP die Summe der Werte aller produzierten Äpfel und Birnen, d.h. es gilt

$$BSP = (Apfelpreis \times Apfelmenge) + (Birnenpreis \times Birnenmenge).$$

Das BSP kann entweder steigen, weil die Preise gestiegen sind oder weil die Mengen zugenommen haben.

Das so ermittelte BSP ist kein geeignetes Maß für die ökonomische Wohlfahrt. Es gibt nicht präzise wieder, in welchem Umfang die Wirtschaft in der Lage ist, die Nachfrage von Konsumenten, Unternehmen und öffentlichem Sektor zu befriedigen. Würden sich bei gegebenen Mengen alle Preise verdoppeln, käme es zu einer Verdoppelung des BSP. Die Behauptung, daß sich die Fähigkeit der betrachteten Wirtschaft zur Erfüllung von Nachfragewünschen verdoppelt hat, wäre aber offensichtlich falsch, denn die produzierten Mengen blieben ja unverändert. Wirtschaftswissenschaftler bezeichnen den in laufenden Preisen gemessenen Wert der Waren und Dienstleistungen als **nominales BSP.**

Ein geeigneteres Maß der ökonomischen Wohlfahrt würde nur auf die erzeugten Waren und Dienstleistungen abstellen und dürfte nicht durch Preisveränderungen beeinflußt werden. Ein solches Maß stellt das **reale BSP** dar, das den Wert von Waren und Dienstleistungen zu konstanten Preisen mißt. Um das reale BSP zu berechnen, wird ein Basisjahr gewählt, beispielsweise 1985. Die Güter werden dann unter Verwendung der Preise des Basisjahrs zum realen BSP zusammengefaßt. In unserer Beispielwirtschaft ergäbe sich das reale BSP für 1990 folgendermaßen:

Reales BSP = (Apfelpreis 1985 × Apfelmenge 1990) + (Birnenpreis 1985 × Birnenmenge 1990).

In analoger Weise ergäbe sich für das reale BSP des Jahres 1991:

Reales BSP = (Apfelpreis 1985 × Apfelmenge 1991) + (Birnenpreis 1985 × Birnenmenge 1991).

Weil die Preise konstant gehalten werden, ändert sich das reale BSP im Zeitverlauf nur, wenn sich die Mengen ändern. Das reale BSP beschreibt daher die Produktionsleistung einer Wirtschaft, bewertet zu den Preisen eines Basisjahres (in diesem Fall 1985). Da die Fähigkeit einer Gesellschaft, die ökonomischen Bedürfnisse ihrer Mitglieder zu befriedigen, letztlich auf der Menge der produzierten Gütern beruht, ist das reale BSP ein besseres Maß für die ökonomische Wohlfahrt als das nominale.

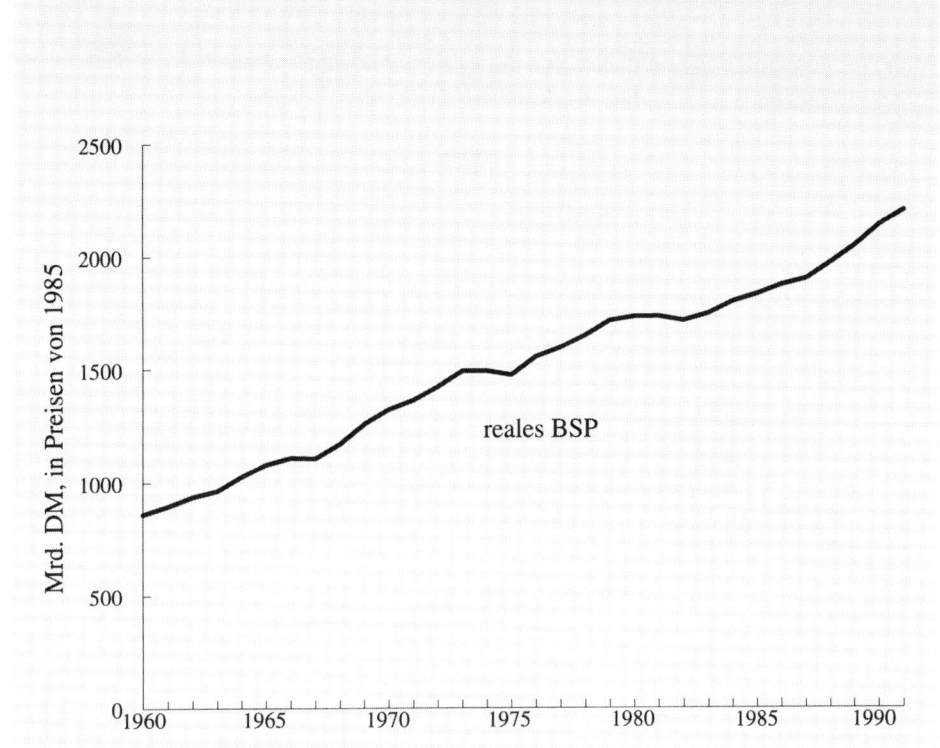

Kapitel 2   Empirische Beobachtungen und Makroökonomik   29

Fallstudie 2-1: Das reale Sozialprodukt in der Bundesrepublik Deutschland

Abbildung 2-3: **Das reale BSP in der Bundesrepublik Deutschland.** Diese Darstellung der Entwicklung des realen BSP in der Bundesrepublik Deutschland zeigt, daß die Produktion im Zeitverlauf steigt. Sie zeigt aber auch, daß dieses Wachstum öfters von Perioden sinkender Produktion unterbrochen wird, die man als Rezessionen bezeichnet. *Quelle:* Sachverständigenrat

Was kann man aus der Betrachtung des realen BSP über die Entwicklung der wirtschaftlichen Situation eines Landes lernen? Abbildung 2-3 zeigt das reale Sozialprodukt in der Bundesrepublik Deutschland seit 1960. Zwei Dinge fallen auf. Erstens wächst das reale BSP im Zeitverlauf. Im Vergleich zum Jahr 1960 ist der Output heute mehr als zweimal so hoch. Zweitens zeigt sich, daß das Wachstum des realen BSP nicht gleichmäßig verläuft. Wiederholt treten Perioden auf, in denen das reale BSP sinkt. Im betrachteten Zeitraum war dies der Fall in den Jahren 1967, 1975 und 1982. Diese Zeiträume bezeichnet man als **Rezessionen.** In den folgenden Kapiteln werden wir Modelle entwickeln, um sowohl das langfristige Wachstum als auch die kurzfristigen Schwankungen des realen BSP zu erklären.

Der BSP-Deflator

Unter Verwendung des nominalen und des realen BSP läßt sich eine dritte statistische Kennzahl berechnen, die häufige Verwendung findet: der BSP-Deflator. Der BSP-Deflator, der auch als impliziter Preisindex des BSP bezeichnet wird, ist definiert als

$$\text{BSP-Deflator} = \frac{\text{Nominales BSP}}{\text{Reales BSP}}.$$

Der BSP-Deflator ist also das Verhältnis von nominalem zu realem BSP.

Die Konzepte von nominalem BSP, realem BSP und BSP-Deflator sollen wieder anhand des Beispiels einer Wirtschaft verdeutlicht werden, die nur Brot erzeugt. Für jedes Jahr ist das nominale BSP in dieser Wirtschaft die Gesamtsumme an D-Mark, die in dem jeweiligen Jahr für Brot ausgegeben wird. Das reale BSP entspricht der Anzahl der hergestellten Brotlaibe, multipliziert mit dem Brotpreis eines Basisjahres. Der BSP-Deflator ist schließlich das Verhältnis von laufendem Brotpreis zu dem Brotpreis des Basisjahres.

In einer realen Wirtschaft gibt es im Gegensatz zu diesem Beispiel eine Vielzahl von Gütern. Nominales BSP, reales BSP und der BSP-Deflator bilden daher Aggregate vieler verschiedener Preise und Mengen. Die Berechnung des BSP-Deflators für den einfachsten Fall einer Mehrgutwirtschaft kann man durch das Äpfel-und-Birnen-Beispiel illustrieren. Bezeichnet man den Preis eines Gutes mit P, die Menge mit Q und benutzt man ferner die Hochstellung „85", um das Basisjahr 1985 zu kennzeichnen, dann gilt für den BSP-Deflator:

$$\text{BSP-Deflator} = \frac{(P_{\text{Apfel}} \times Q_{\text{Apfel}}) + (P_{\text{Birne}} \times Q_{\text{Birne}})}{(P^{85}_{\text{Apfel}} \times Q_{\text{Apfel}}) + (P^{85}_{\text{Birne}} \times Q_{\text{Birne}})}.$$

Der Zähler dieses Ausdrucks ist das nominale BSP, der Nenner das reale BSP. Sowohl nominales als auch reales BSP können als Preis eines Warenkorbs betrachtet werden. In diesem Fall besteht der Warenkorb aus den Mengen von Äpfeln und Birnen, die im betrachteten Jahr produziert wurden. Der BSP-Deflator vergleicht den aktuellen Preis dieses Warenkorbs mit dem Preis desselben Warenkorbs im Basisjahr. Die Definition des BSP-Deflators erlaubt es, das nominale BSP in zwei Bestandteile aufzuspalten: in einen Teil, der die Mengen erfaßt, und einen Teil, der die Preise erfaßt. Es gilt:

$$\text{Nominales BSP} = \text{Reales BSP} \times \text{BSP-Deflator}.$$

Das nominale BSP erfaßt den D-Mark-Wert der Produktion einer Volkswirtschaft. Das reale BSP mißt die produzierte Menge, d.h. den Output, bewertet zu konstanten Preisen. Der BSP-Deflator gibt den Preis einer typischen produzierten Einheit – relativ zum Preis eines Basisjahres – wieder.

Andere Maßzahlen der Volkswirtschaftlichen Gesamtrechnung

Wie oben gezeigt wurde, mißt das BSP sowohl die Gesamtausgaben als auch das Gesamteinkommen einer Volkswirtschaft, d.h. die beiden Hälften des Wirtschaftskreislaufs. Die meisten anderen Maßzahlen der Volkswirtschaftlichen Gesamtrechnung liefern detailliertere Informationen über diese beiden Ströme. Wir können diese Maßzahlen in jeweils eine von zwei Kategorien einordnen, nämlich in Komponenten der Ausgaben einerseits und alternative Einkommenskonzepte andererseits.

Die Ausgabenkomponenten Für Ökonomen und Wirtschaftspolitiker ist nicht nur die Gesamtproduktion von Gütern und Dienstleistungen von Interesse, sondern auch die Aufteilung dieses Outputs auf die verschiedenen Verwendungszwecke. Die Volkswirtschaftliche Gesamtrechnung teilt die im BSP erfaßten Ausgaben in vier große Kategorien ein:

- Konsum (C),
- Investitionen (I),
- Staatsausgaben (G) und
- Nettoexporte (NX).

Bezeichnet man das BSP mit dem Symbol Y, dann gilt:

$$Y = C + I + G + NX.$$

Das BSP ist die Summe von Konsum, Investitionen, Staatsausgaben und Nettoexporten. Jede im BSP erfaßte Ausgabe ist definitorisch einer dieser Kategorien zugeordnet. Deshalb stellt die obige Beziehung eine Identität dar, eine Gleichung also, die aufgrund der Definition ihrer Variablen immer erfüllt sein muß. Daher wird sie auch als **Identität der Sozialproduktsberechnung** bezeichnet.

Die Identität der Sozialproduktsberechnung gibt uns Anlaß, darauf hinzuweisen, daß zwischen den einzelnen nationalen Systemen der Volkswirtschaftlichen Gesamtrechnung wichtige Unterschiede hinsichtlich der Abgrenzung bestimmter ökonomischer Aktivitäten bestehen. Wir wollen im folgenden daher zunächst für die Vereinigten Staaten zeigen, welche Teilkomponenten in den vier oben genannten Kategorien enthalten sind. Danach wollen wir uns ansehen, welche definitorischen Zusammenhänge für die Bundesrepublik Deutschland gelten.

Allgemein besteht der Konsum aus den Ausgaben der Haushalte für Waren und Dienstleistungen. In den Vereinigten Staaten unterscheidet man drei Unterkategorien: Verbrauchsgüter, dauerhafte Konsumgüter und Dienstleistungen. Verbrauchsgüter haben nur eine kurze Haltbarkeit, so z.B. Essen und Kleidung. Dauerhafte Konsumgüter sind langlebiger Natur und können über einen großen Zeitraum genutzt werden. Typische Beispiele für diese Kategorie sind Autos und Waschmaschinen. Dienstleistungen sind Güter, die überhaupt nicht aufbewahrt werden können, sondern in dem Augenblick untergehen, in dem sie produziert werden. Als Beispiele lassen sich das Haarschneiden durch einen Friseur, ärztliche Untersuchungen oder die Beratung durch einen Rechtsanwalt nennen.

Die Investitionen bestehen aus Gütern, die gekauft werden, um sie in künftigen Perioden zu nutzen. In den Vereinigten Staaten werden die Investitionen ebenfalls in drei Unterkategorien eingeteilt: Anlageinvestitionen ohne Wohnbauten, Wohnbauinvestitionen und Lagerinvestitionen. Als Anlageinvestitionen ohne Wohnbauten bezeichnet man die Käufe von neuen Bauten und Ausrüstungen der Unternehmen. Wohnbauinvestitionen sind die Käufe von neuen Häusern durch Haushalte und Vermieter. Als Lagerinvestitionen bezeichnet man die Zunahme der Lagerbestände der Unternehmen. (Falls die Lagerbestände sinken, sind die Lagerinvestitionen negativ.)

Die Staatsausgaben (genauer: Transformationsausgaben) ergeben sich aus den Käufen von Waren und Dienstleistungen durch den Bund, die Einzelstaaten und die Gemeinden. Im Rechnungssystem der Vereinigten Staaten enthält diese Kategorie unter anderem die Ausgaben für militärische Güter, Straßen und Dienstleistungen, welche durch die im öffentlichen Dienst Beschäftigten erbracht werden. Transferzahlungen, etwa im Rahmen von „Social Security" und „Welfare", gehören jedoch nicht dazu. Da diese Ausgaben nicht im Zusammenhang mit dem Austausch von Waren und Dienstleistungen stehen, stellen sie auch keinen Teil des BSP dar.

Im letzten Bestandteil des BSP, den Nettoexporten, findet der Handel mit anderen Ländern seinen Niederschlag. Die Nettoexporte stellen den Wert aller Waren und Dienstleistungen dar, die in andere Länder exportiert werden, vermindert um den Wert der Güter, die aus anderen Ländern bezogen werden. Wäre der Handel immer ausgeglichen, so daß der Wert der heimischen Exporte genau dem Wert der aus dem Ausland bezogenen Güter entsprechen würde, dann wären die Nettoexporte immer gleich null.

In diesem Fall entspräche das BSP genau der Summe der inländischen Ausgaben ($C + I + G$). Wenn jedoch mehr exportiert als importiert wird, dann kauft das Ausland per Saldo einen Teil der im Inland produzierten Güter. In diesem Fall übersteigt das BSP die Summe der inländischen Ausgaben. Gilt umgekehrt, daß das Inland mehr importiert als exportiert, dann sind die Nettoexporte negativ, und die inländischen Ausgaben übersteigen die inländische Produktion. Nur die letzte Kategorie, die der Nettoexporte, ist im System der bundesdeutschen Sozialproduktsberechnung nahezu identisch abgegrenzt. Für die anderen Kategorien – Konsum, Investitionen und Staatsausgaben – ergeben sich einige wichtige Abweichungen, auf die wir jetzt eingehen wollen.

Zu den Konsumausgaben (letzter Verbrauch) zählt in der Bundesrepublik neben dem privaten Verbrauch auch der Staatsverbrauch. Der private Verbrauch wird ähnlich abgegrenzt wie der Konsum in den Vereinigten Staaten. Allerdings verzichtet das Statistische Bundesamt auf eine gesonderte Ausweisung der Ausgaben für dauerhafte und nichtdauerhafte Waren sowie der Ausgaben für Dienstleistungen. Zum privaten Konsum gehört bei dem in der Bundesrepublik Deutschland verwendeten System auch der Eigenverbrauch der privaten Organisationen ohne Erwerbszweck. Hierzu zählen Verbände, Vereine usw., die ihre Leistungen unentgeltlich oder zu nicht kostendeckenden Preisen überwiegend an die privaten Haushalte abgeben. Der Eigenverbrauch dieser Organisationen ist derjenige Teil ihres Produktionswertes, der ohne spezielles Entgelt zur Verfügung gestellt wird. Die zweite Komponente des Konsums, der Staatsverbrauch, entspricht den ohne direktes Entgelt zur Verfügung gestellten Dienstleistungen des Staates.

Die Investitionen umfassen im System der bundesdeutschen Volkswirtschaftlichen Gesamtrechnung die Investitionen privater Unternehmen und die Investitionen des Staates. Private Haushalte nehmen dagegen definitionsgemäß keine Investitionen vor. Die Käufe von Wohnungen oder Häusern durch private Haushalte werden im Unternehmenssektor im Bereich „Wohnungsvermietung" erfaßt. Man unterscheidet bei den Investitionen zwischen Anlageinvestitionen und Vorratsinvestitionen. Die Anlageinvestitionen werden ihrerseits wieder in Ausrüstungsinvestitionen und Bauinvestitionen unterteilt. Zu den Ausrüstungsinvestitionen gehören beispielsweise die Käufe von Maschinen und Werkzeugen. Zu den Bauinvestitionen zählen die Käufe von neu errichteten Fabrikhallen, aber auch von Wohnhäusern, unabhängig davon, ob diese vermietet oder selbst genutzt werden. Die Lagerinvestitionen sind ganz ähnlich wie in den Vereinigten Staaten abgegrenzt und beziehen sich im wesentlichen auf die Vorratsveränderungen im Unternehmenssektor.

Die Unterscheidung in staatlichen Verbrauch und staatliche Investitionen wird im System der Vereinigten Staaten nicht vorgenommen. Die in der obigen Identität der

Sozialproduktsberechnung ausgewiesene Größe G umfaßt daher sowohl die Investitionen des Staates als auch den Staatsverbrauch. Eine der obigen Beziehung vergleichbare Identität der Sozialproduktsberechnung, die sich auf das bundesdeutsche System bezieht, gewinnt folgendes Aussehen:

$$Y = C^{pr} + C^{st} + I^{pr} + I^{st} + NX.$$

Hierin bezeichnet C^{pr} den privaten Konsum, C^{st} den staatlichen Konsum, I^{pr} die privaten Investitionen und I^{st} die staatlichen Investitionen. Faßt man den staatlichen Konsum (C^{st}) und die staatlichen Investitionen (I^{st}) zusammen, dann ergeben sich die gesamten staatlichen Transformationsausgaben (G). Es ist sehr wichtig, sich die gerade diskutierten Unterschiede zwischen dem amerikanischen und dem bundesdeutschen System der Sozialproduktsberechnung einzuprägen. Wir beziehen uns bei den theoretischen Überlegungen in den folgenden Kapiteln auf die amerikanische Abgrenzung, d.h. wir wollen vereinbaren, daß das Symbol G die Summe aus Staatsverbrauch und staatlichen Investitionen bezeichnet.

Fallstudie 2-2: Das Bruttosozialprodukt und seine Komponenten 1990

Im Jahr 1990 hatte das BSP der Bundesrepublik Deutschland eine Höhe von ca. 2,4 Billionen DM. Diese Zahl ist so groß, daß man sie sich kaum vorstellen kann. Sie wird leichter faßbar, wenn man sie durch die Anzahl der in der (alten) Bundesrepublik lebenden Einwohner (63 Millionen) dividiert. Auf diese Weise ergibt sich das Pro-Kopf-BSP – das Ausgabenvolumen des deutschen Durchschnittsbürgers –, das 1990 eine Höhe von 38.427 DM aufwies. Wie wurde das BSP verwendet? Tabelle 2-1 zeigt, daß über die Hälfte (bzw. 20.583 pro Kopf) für privaten Konsum ausgegeben wurde. Privater und staatlicher Konsum zusammen machen mehr als zwei Drittel des BSP aus. Der Anteil der Investitionen am Sozialprodukt lag 1990 etwas über zwanzig Prozent. Pro Kopf waren das 8.381 DM. Die staatlichen Transformationsausgaben, also staatlicher Konsum plus staatliche Investitionen, betrugen pro Kopf 7.915 DM.

Tabelle 2-1 **Bruttosozialprodukt und Ausgabenkomponenten im Jahr 1990**

	Insgesamt (Mrd. DM)	Je Einwohner (DM)
Bruttosozialprodukt	2.425,5	38.426
Konsum	1.742,3	27.602
privater Konsum	1.299,2	20.583
Staatsverbrauch	443,1	7.020
Investitionen	529,0	8.381
Ausrüstungen	234,5	3.715
Bauten	275,0	4.357
Vorratsveränderungen	19,5	309
Außenbeitrag	154,2	2.443
Ausfuhr	872,9	13.829
Einfuhr	718,7	11.386

Quelle: Statistisches Bundesamt.

Der Durchschnittsdeutsche kaufte Güter im Wert von 11.386 DM vom Ausland, und er produzierte Güter im Wert von 13.829 DM, die in andere Länder exportiert wurden. Die Nettoausfuhr war daher positiv. Da unsere Einnahmen aus dem Verkauf von Gütern an das Ausland größer waren als unsere Ausgaben für Käufe im Ausland, muß ein Teil der deutschen Einnahmen für Kredite an das Ausland bzw. für Käufe ausländischer Vermögensobjekte verwendet worden sein. Der durchschnittliche Deutsche lieh im Jahr 1990 dem Ausland einen Betrag von 2.443 DM.

Alternative Einkommenskonzepte Obwohl das BSP das gebräuchlichste Maß für die Messung des Gesamteinkommens einer Volkswirtschaft darstellt, weist die Sozialproduktsberechnung noch andere Einkommenskonzepte aus, die sich von der Definition des BSP etwas unterscheiden. Für makroökonomische Zwecke sind die Unterschiede zwischen diesen verschiedenen Konzepten oft nicht besonders bedeutend, da sie sich in ihrer zeitlichen Entwicklung kaum voneinander unterscheiden. Man sollte jedoch mit den verschiedenen Einkommensmaßen vertraut sein, weil Wirtschaftswissenschaftler und Medien sich oft auf sie beziehen.

Die Beziehung der verschiedenen Einkommensbegriffe untereinander läßt sich am leichtesten erkennen, wenn man vom BSP ausgehend einzelne Komponenten subtrahiert. Vermindert man das BSP um die Abschreibungen, d.h. um den Verschleiß des Produktivkapitalstocks, dann erhält man das Nettosozialprodukt zu Marktpreisen (NSPM):

$$NSPM = BSPM - Abschreibungen.$$

Die Höhe der Abschreibungen beträgt etwas mehr als 10 Prozent des BSP. Da der Kapitalverschleiß zu den Kosten der volkswirtschaftlichen Produktion gehört, zeigt die Differenz von BSP und Abschreibungen das Nettoergebnis der ökonomischen Aktivität. Aus diesem Grund vertreten einige Ökonomen die Auffassung, daß das NSPM ein besseres Maß für die ökonomische Wohlfahrt sei als das BSP.

In einem nächsten Schritt wird das NSPM um die Differenz aus indirekten Steuern und Subventionen bereinigt. Zu den indirekten Steuern gehören beispielsweise die Mehrwertsteuer und die Verbrauchssteuern. Diese Steuern, die eine Höhe von knapp 15 Prozent des NSPM erreichen, führen zu einer Diskrepanz zwischen dem Preis, den der Konsument für ein Gut bezahlen muß, und dem Preis, den das Unternehmen bekommt. Diese Diskrepanz stellt keinen echten Einkommensbestandteil für die Unternehmen dar. Auf der anderen Seite erhöht sich das Einkommen der Unternehmen durch den Empfang von Subventionen. Vermindert man das NSPM um den Saldo aus indirekten Steuern und Subventionen, so erhält man das Nettosozialprodukt zu Faktorkosten (NSPF), das auch als Volkseinkommen bezeichnet wird:

$$NSPF = NSPM - (indirekte\ Steuern - Subventionen).$$

Das Volkseinkommen zeigt das Gesamteinkommen der Volkswirtschaft nach Berücksichtigung der Abschreibungen und des Saldos aus indirekten Steuern und Subventionen.

Von der Verteilungsseite her betrachtet, läßt sich das Volkseinkommen in Bruttoeinkommen aus unselbständiger Arbeit und Bruttoeinkommen aus Unternehmertätigkeit und Vermögen aufteilen. Der Anteil des Bruttoeinkommens aus unselbständiger Arbeit am Volkseinkommen beträgt ungefähr 70 Prozent. Zieht man vom Bruttoeinkommen aus unselbständiger Arbeit die Arbeitgeberbeiträge zur Sozialversicherung ab, so erhält man die Bruttolohn- und -gehaltsumme. Subtrahiert man auch Lohnsteuer und tatsächliche Sozialbeiträge der Arbeitnehmer von der Bruttolohn- und -gehaltsumme, so ergibt sich die Nettolohn- und -gehaltsumme. Während das Bruttoeinkommen aus unselbständiger Arbeit ausschließlich dem Haushaltssektor zuzurechnen ist, gilt dies für das Bruttoeinkommen aus Unternehmertätigkeit und Vermögen nicht, weil auch der Staat und der Unternehmenssektor Einkommen aus Unternehmertätigkeit und Vermögen beziehen. Betrachtet man nur das Bruttoeinkommen aus Unternehmertätigkeit und Vermögen, das den privaten Haushalten zuzurechnen ist, und addiert hierzu das Bruttoeinkommen aus unselbständiger Arbeit, so erhält man das Erwerbs- und Vermögenseinkommen der privaten Haushalte. Durch Subtraktion der Zinsen auf Konsumentenkredite ergibt sich der Anteil der privaten Haushalte am Volkseinkommen. Zählt man zu diesem Betrag die empfangenen laufenden Übertragungen hinzu (größter Posten sind die Leistungen der Sozialversicherung) und zieht die geleisteten laufenden Übertragungen ab (die bedeutendsten Posten sind die direkten Steuern und die Beiträge zur Sozialversicherung), so erhält man das verfügbare Einkommen der privaten Haushalte. Das verfügbare Einkommen der privaten Haushalte ist der Betrag, der den Haushalten für Konsum und Ersparnis zur Verfügung steht.

Fallstudie 2-3: Saisonale Schwankungen und ihre Bereinigung

Betrachtet man das BSP oder andere Einkommensmaße über ein Jahr hinweg, so fällt ein regelmäßiges Muster auf, das auf die Jahreszeiten zurückzuführen ist. Auf ein Jahr bezogen erreicht die Produktion ihren Höhepunkt im vierten Quartal (Oktober, November, Dezember) und sinkt dann im ersten Quartal (Januar, Februar, März) ab. Diese saisonalen Veränderungen sind beträchtlich. Vom vierten zum ersten Quartal sinkt das reale Sozialprodukt im Schnitt um 8 Prozent.[1]

Es kann nicht überraschen, daß die Entwicklung des realen BSP saisonalen Schwankungen unterworfen ist. Ein Teil der Schwankungen ist auf jahreszeitlich bedingte Veränderungen in den Produktionsbedingungen zurückzuführen. So ist es beispielsweise im Winter oft notwendig, aufgrund von Frostperioden die Bautätigkeit zu unterbrechen. Hinzu kommen jahreszeitlich schwankende Präferenzen. Man denke in diesem Zusammenhang etwa an das Weihnachtsgeschäft, aber auch an die Auswirkungen von Schul- und Werksferien.

Wenn sich Ökonomen mit den Schwankungen des realen BSP und anderer ökonomischer Variablen beschäftigen, möchten sie oft den Teil der Fluktuationen eliminieren, der auf diese saisonale Komponente zurückzuführen ist. Auch die meisten ökonomischen Statistiken, die in Zeitungen veröffentlicht werden, sind

---

[1] Robert B. Barsky und Jeffrey A. Miron, "The Seasonal Cycle and the Business Cycle", Journal of Political Economy 97 (Juni 1989): 503 - 534.

> saisonbereinigt, d.h. die Statistiker haben die Daten transformiert, um die regelmäßigen saisonalen Schwankungen zu entfernen. Treten in einer saisonbereinigten Zeitreihe noch Schwankungen auf, dann muß eine Erklärung dieser Schwankungen außerhalb der normalen saisonalen Faktoren gesucht werden.

2.2 Die Erfassung der Lebenshaltungskosten: Der Preisindex der Lebenshaltung aller privaten Haushalte

Mit einer Mark kann man heute bei weitem nicht mehr soviel kaufen wie vor zehn Jahren. Fast alles ist in der Zwischenzeit teurer geworden. Diesen Anstieg des allgemeinen Preisniveaus bezeichnet man als **Inflation**. Die Inflation stellt eines der Hauptprobleme der Wirtschaftspolitik dar. An späterer Stelle werden Ursachen und Wirkungen der Inflation im einzelnen betrachtet. Hier soll zunächst nur diskutiert werden, wie Ökonomen die Veränderung der Lebenshaltungskosten erfassen.

Der Preis eines Warenkorbs

Das gebräuchlichste Maß zur Erfassung des Preisniveaus ist der Preisindex für die Lebenshaltung aller privaten Haushalte, den wir kurz als den **Preisindex für die Lebenshaltung** bezeichnen wollen. Der Preisindex für die Lebenshaltung wird vom Statistischen Bundesamt ermittelt. Zu diesem Zwecke werden die Preise einer großen Anzahl von Waren und Dienstleistungen erfaßt, die von Konsumenten gekauft werden. Wie das BSP die Mengen vieler Waren und Dienstleistungen in einer Zahl verdichtet, die den Wert der Gesamtproduktion erfaßt, so verdichtet der Preisindex für die Lebenshaltung die Preise einer Vielzahl von Gütern in einem Index, der das gesamtwirtschaftliche Preisniveau beschreibt.

Auf welche Weise sollten die vielen Preise, die in einer Volkswirtschaft zu beobachten sind, in einem einzigen Index des Preisniveaus verdichtet werden? Eine Möglichkeit bestünde darin, einfach das arithmetische Mittel aller Preise zu berechnen. Ein solcher Ansatz würde jedoch alle Güter völlig gleich behandeln. Da jedoch mehr Kartoffeln als Kaviar gegessen werden, sollte der Kartoffelpreis auch einen größeren Einfluß auf den Preisindex haben als der Kaviarpreis. Mit anderen Worten sollte also der Kartoffelpreis im Index ein höheres Gewicht aufweisen. Das Statistische Bundesamt

Kapitel 2   Empirische Beobachtungen und Makroökonomik   39

gewichtet die verschiedenen Güter, indem es den Preis eines Warenkorbs berechnet, der von einem durchschnittlichen Konsumenten gekauft wird. Der Preisindex stellt dann das Verhältnis aus dem aktuellen Preis des Warenkorbs und dem Preis des Warenkorbs in einem Basisjahr dar.

Nimmt man beispielsweise an, daß der durchschnittliche Konsument pro Monat fünf Äpfel und zwei Birnen kauft, dann besteht der dem Preisindex zugrundegelegte Warenkorb aus fünf Äpfeln und zwei Birnen. Für den Preisindex (PI) gilt:

$$PI = \frac{(5 \times \text{Apfelpreis}) + (2 \times \text{Birnenpreis})}{(5 \times \text{Apfelpreis}_{1985}) + (2 \times \text{Birnenpreis}_{1985})}$$

In diesem Preisindex ist 1985 das Basisjahr. Der Index besagt, wieviel im laufenden Jahr der Kauf von fünf Äpfeln und zwei Birnen relativ zum Kauf des gleichen Warenkorbes im Jahr 1985 kostet.

Der Preisindex der Lebenshaltung aller privaten Haushalte ist der meistbeachtete Preisindex, er ist aber nicht der einzige. Ein anderer wichtiger Preisindex ist z.B. der Großhandelspreisindex, der das Preisniveau auf einer dem Konsum vorgelagerten Handelsstufe erfaßt. Neben diesen umfassenden Preisindizes ermittelt das Statistische Bundesamt auch noch Preisindizes für spezielle Gütergruppen, wie z.B. Lebensmittel, Wohnungsnutzung und Energie.

Preisindex der Lebenshaltung versus BSP-Deflator

Weiter oben in diesem Kapitel wurde bereits ein anderer Preisindex diskutiert: der implizite Preisindex des BSP, also das Verhältnis aus nominalem und realem BSP. Der BSP-Deflator und der Preisindex der Lebenshaltung unterscheiden sich geringfügig in Hinblick auf ihre Aussage über das allgemeine Preisniveau einer Volkswirtschaft. Es gibt drei wichtige Unterschiede zwischen BSP-Deflator und Preisindex der Lebenshaltung.

Der erste besteht darin, daß der BSP-Deflator die Preise aller Güter erfaßt, während der Preisindex der Lebenshaltung die Preise von Waren und Dienstleistungen berücksichtigt, die von den privaten Haushalten gekauft wurden. Ein Anstieg der Preise von Gütern, die ausschließlich von Unternehmen oder öffentlichen Haushalten erworben werden, erhöht daher den BSP-Deflator, nicht aber den Preisindex der Lebenshaltung.

Der zweite Unterschied besteht darin, daß der BSP-Deflator nur die Güter enthält, die im Inland erzeugt worden sind. Aus dem Ausland importierte Güter sind kein Bestandteil des BSP und tauchen daher auch nicht im BSP-Deflator auf. Ein Preisanstieg japanischer Importwagen beispielsweise führt zwar zu einer Erhöhung des Preisindex der Lebenshaltung, weil diese von den inländischen Konsumenten gekauft werden, der BSP-Deflator bleibt jedoch unverändert.

Der dritte und subtilste Unterschied betrifft die Frage, wie die beiden Maße die vielen Preise der Volkswirtschaft aggregieren. Der Preisindex der Lebenshaltung weist den Preisen der verschiedenen Güter feste, der BSP-Deflator dagegen veränderliche Gewichte zu. Mit anderen Worten wird der Preisindex der Lebenshaltung unter Verwendung eines festen Warenkorbs berechnet, während der BSP-Deflator Veränderungen des Warenkorbs zuläßt, wenn sich die Zusammensetzung des BSP ändert. Als Beispiel soll nochmals ein Warenkorb betrachtet werden, der nur Äpfel und Birnen enthält. Für den BSP-Deflator gilt:

$$\text{BSP-Deflator} = \frac{\text{Nominales BSP}}{\text{Reales BSP}} = \frac{(P_{\text{Apfel}} \times Q_{\text{Apfel}}) + (P_{\text{Birne}} \times Q_{\text{Birne}})}{(P_{\text{Apfel}}^{85} \times Q_{\text{Apfel}}) + (P_{\text{Birne}}^{85} \times Q_{\text{Birne}})}.$$

Für den Preisindex der Lebenshaltung gilt:

$$\text{PI} = \frac{(P_{\text{Apfel}} \times Q_{\text{Apfel}}^{85}) + (P_{\text{Birne}} \times Q_{\text{Birne}}^{85})}{(P_{\text{Apfel}}^{85} \times Q_{\text{Apfel}}^{85}) + (P_{\text{Birne}}^{85} \times Q_{\text{Birne}}^{85})}$$

Diese beiden Gleichungen zeigen, daß sowohl der Preisindex der Lebenshaltung als auch der BSP-Deflator die Kosten eines Warenkorbs im laufenden Jahr mit den Kosten desselben Warenkorbs in einem Basisjahr vergleichen. Der Unterschied zwischen beiden Maßen besteht darin, ob sich der Warenkorb im Zeitverlauf ändert oder nicht. Der Preisindex der Lebenshaltung benutzt feste Gewichte (die Mengen von 1985), der BSP-Deflator dagegen veränderliche, die sich aus den jeweils aktuellen Mengen ergeben.

Die Konsequenzen der unterschiedlichen Konzepte zur Aggregation von Preisen lassen sich an einem Beispiel deutlich machen. Es sei angenommen, daß die Apfelernte durch Schädlinge vollständig zerstört wird. Dies hat zur Folge, daß die Menge der erzeugten Äpfel auf null absinkt. Der Preis der wenigen Äpfel, die sich noch im Handel befinden, steigt in schwindelerregende Höhe. Da die Äpfel nun nicht länger Bestandteil des BSP sind, hat der Anstieg des Apfelpreises keinen Effekt auf den BSP-Deflator. Weil der Preisindex der Lebenshaltung jedoch mit einem festen Warenkorb errechnet wird, der Äpfel enthält, führt die Zunahme des Apfelpreises zu einem deutlichen Anstieg des Preisindex der Lebenshaltung.

Ein Preisindex mit festem Gewichtungsschema gehört zur Klasse der **Laspeyres-Indizes**, ein Preisindex mit veränderlichem Gewichtungsschema zur Klasse der **Paa-**

sche-Indizes. In der ökonomischen Theorie wurden die Eigenschaften dieser verschiedenen Indizes untersucht, um herauszufinden, welcher Index-Typ besser ist. Dabei zeigte sich, daß beide Index-Klassen gewisse Vor- und Nachteile aufweisen.

Das Ziel eines jeden Preisindex ist es, die Lebenshaltungskosten zu erfassen, d.h. eine möglichst präzise Antwort auf die Frage zu geben, wieviel es kostet, einen bestimmten Lebensstandard aufrechtzuerhalten. Wenn sich die Preise verschiedener Güter in unterschiedlichem Maße erhöhen, weist ein Laspeyres-Index eine Tendenz zur Überschätzung, ein Paasche-Index dagegen eine Tendenz zur Unterschätzung des wahren Anstiegs der Lebenshaltungskosten auf. Ein Laspeyres-Index benutzt einen festen Warenkorb und berücksichtigt daher nicht, daß die Konsumenten die Möglichkeit haben, die teurer gewordenen Güter durch billigere zu substituieren. Im Gegensatz dazu berücksichtigt ein Paasche-Index diesen Substitutionsvorgang, er läßt jedoch außer acht, daß sich in der Regel das Wohlfahrtsniveau aufgrund dieses Substitutionsvorgangs vermindert.

Das oben vorgestellte Beispiel verdeutlicht die Schwächen von Laspeyres- und Paasche-Preisindizes. Weil der Preisindex der Lebenshaltung ein Laspeyres-Index ist, übertreibt er die Wirkung des Anstiegs des Apfelpreises auf die Konsumenten: durch die Verwendung eines festen Warenkorbs wird die Möglichkeit der Substitution von Äpfeln durch Birnen ignoriert. Im Gegensatz hierzu unterschätzt der BSP-Deflator, weil er ein Paasche-Index ist, die Wirkung auf die Konsumenten: der BSP-Deflator zeigt keine Preissteigerung an, gleichwohl verschlechtert der hohe Apfelpreis die Lage der Konsumenten.

Glücklicherweise sind die Unterschiede zwischen BSP-Deflator und Preisindex der Lebenshaltung in der Praxis meist nicht sehr groß. Die Entwicklung beider Preisindizes verläuft zum großen Teil nahezu parallel. Abbildung 2-4 zeigt die prozentualen Veränderungen von BSP-Deflator und Preisindex der Lebenshaltung seit 1950. Beide Maßzahlen geben gewöhnlich die gleiche Auskunft auf die Frage, wie schnell die Preise steigen.

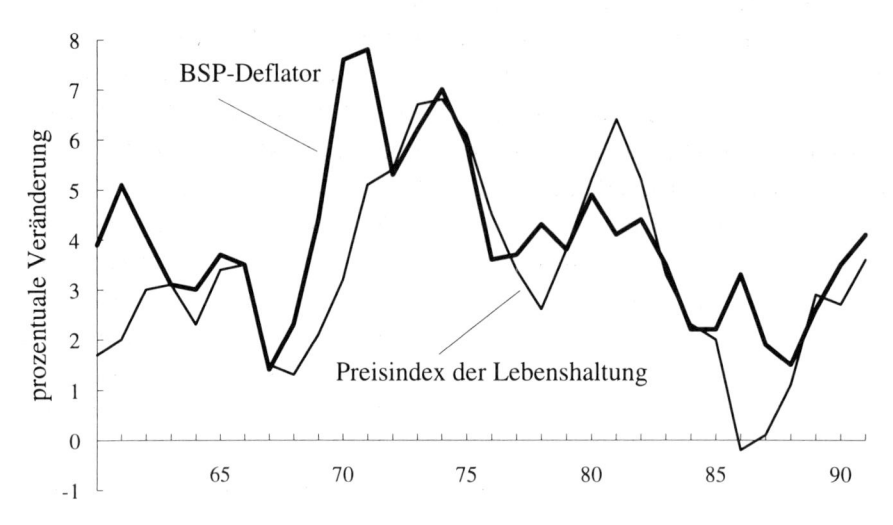

Abbildung 2-4: **BSP-Deflator und Preisindex der Lebenshaltung.** Diese Abbildung zeigt die prozentuale Veränderung des BSP-Deflators und des Preisindex der Lebenshaltung für die Jahre ab 1950. Es kommt zwar zu kleineren Abweichungen zwischen beiden Maßzahlen, jedoch geben beide normalerweise die gleiche Auskunft auf die Frage, wie schnell die Preise steigen. Beide Indizes zeigen, daß die Preise während der fünfziger und sechziger Jahre nur langsam stiegen, sich der Preisauftrieb in den siebziger Jahren beschleunigt und in den achtziger Jahren wieder verlangsamt hat.

Fallstudie 2-4: Die Inflation in den Vereinigten Staaten zwischen 1978 und 1981

Zwischen 1978 und 1981 stiegen die Preise in den Vereinigten Staaten stärker als in jeder anderen Periode der jüngeren Geschichte. Mit welcher Geschwindigkeit stiegen sie aber genau? Diese Frage wurde von den politischen Entscheidungsträgern gestellt, die die Bedeutung des Inflationsproblems einzuordnen hatten. Sie wurde aber auch von privaten Entscheidungsträgern gestellt, da viele Verträge, wie etwa Lohnabkommen oder Renten, implizit oder explizit eine Indexkomponente aufweisen, die den Effekt von Preissteigerungen berücksichtigen soll.

Der Umfang der Preissteigerung hängt vom verwendeten Berechnungsmaß ab. Legt man den BSP-Deflator zugrunde, stiegen die Preise während des betrachteten Drei-Jahres-Zeitraums um durchschnittlich 9,1 Prozent p.a. Legt man den Konsumentenpreisindex zugrunde, der mit unserem Preisindex der Lebenshaltung vergleichbar ist, dann stiegen die Preise um durchschnittlich 11,2 Prozent p.a. Die über drei Jahre kumulierte Differenz beträgt mehr als 6 Prozentpunkte.

Der Unterschied ist teilweise auf die starke Zunahme der Energiepreise zurückzuführen, die ihrerseits auf der starken Erhöhung der Rohölpreise durch die OPEC, dem internationalen Ölkartell, beruhte. Die Erhöhung der Energiepreise kann die Diskrepanz zwischen BSP-Deflator und Konsumentenpreisindex auf zwei Wegen erklären. Erstens spiegelt der BSP-Deflator die Anstrengungen zur Energieeinsparung sowie die Substitution von Mineralöl durch andere Energieträger wider. (Ein Preisindex mit festen Gewichten, der die Güter des BSP enthält, zeigte einen Anstieg des Preisniveaus von 9,7 Prozent p.a. an, 0,6 Prozentpunkte mehr als der BSP-Deflator.) Zweitens importieren die Vereinigten Staaten einen großen Teil ihres Mineralöls. Weil Importe keinen Teil des BSP darstellen, wirken sich Energiepreisveränderungen im Konsumentenpreisindex stärker aus als im BSP-Deflator.

Wenn sich die Entwicklung verschiedener Preisindizes unterscheidet, so wie dies in der Zeit von 1978 bis 1981 in den Vereinigten Staaten der Fall war, ist es in der Regel möglich, die Ursachen für diese Abweichungen zu identifizieren. Eine Entscheidung darüber zu fällen, welcher Index das geeignetere Maß für die Erhöhung der Lebenshaltungskosten darstellt, ist jedoch ungleich schwieriger. Darüber hinaus ist die Frage, welcher Index verwendet werden sollte, in der Praxis nicht nur eine Frage der Meßgenauigkeit, sondern auch des Verwendungszwecks.

2.3 Erfassung der Unterbeschäftigung: Die Arbeitslosenquote

Ein wichtiger Gesichtspunkt bei der Beurteilung der wirtschaftlichen Lage einer Nation ist die Frage, in welchem Ausmaß diese Nation ihre Ressourcen nutzt. Da die Arbeitskraft die wichtigste Ressource der Wirtschaft darstellt, gehört ein hoher Beschäftigungsstand zu den bedeutendsten wirtschaftspolitischen Zielen. Die Arbeitslosenquote ist diejenige statistische Maßzahl, die angibt, welcher Prozentsatz der Personen, die arbeiten möchten, keine Arbeit haben.

In der Bundesrepublik Deutschland wird die Höhe der Arbeitslosigkeit durch die Bundesanstalt für Arbeit in Nürnberg ermittelt. Als arbeitslos gilt eine Person, die vorübergehend nicht in einem Beschäftigungsverhältnis steht oder nur eine kurzzeitige Beschäftigung (weniger als 18 Stunden wöchentlich) ausübt. Nicht alle der nach dieser Definition Arbeitslosen tauchen in der Arbeitslosigkeitsstatistik auf. Erfaßt werden vielmehr nur diejenigen, die sich bei ihrem zuständigen Arbeitsamt als arbeitssuchend registrieren lassen und für die Arbeitsvermittlung zur Verfügung stehen (sogenannte registrierte Arbeitslosigkeit). Insbesondere werden in der Arbeitslosenstatistik also alle Personen berücksichtigt, die aus einer Tätigkeit als abhängig Beschäftigte, als Selbständige oder mithelfende Familienangehörige ausgeschieden und beim Arbeitsamt als arbeitssuchend registriert sind. Mitgezählt werden beispielsweise aber auch alle Schulabgänger, die sich erfolglos beim Arbeitsamt um eine Arbeitsstelle bzw. einen beruflichen Ausbildungsplatz beworben haben.

Als erwerbstätig gelten demgegenüber alle Personen, die einer Erwerbstätigkeit nachgehen, und zwar unabhängig von der Dauer der tatsächlich geleisteten oder vertragsmäßig zu leistenden Arbeitszeit. Die Erwerbstätigen lassen sich nach ihrer Stellung im Beruf gliedern in abhängig Beschäftigte sowie Selbständige und mithelfende Familienangehörige. Zu den abhängig Beschäftigten gehören alle, die in einem Arbeits- oder Dienstverhältnis stehen und überwiegend diese Tätigkeit ausüben, also beispielsweise Arbeiter, Angestellte, Beamte und Soldaten. Zu den Selbständigen zählt man beispielsweise tätige Eigentümer in Einzelunternehmen und Personengesellschaften, freiberuflich Tätige, Landwirte usw. In die Kategorie der mithelfenden Familienangehörigen fallen alle Personen, deren überwiegende Tätigkeit in einer regelmäßigen, unentgeltlichen Mitarbeit in einem Betrieb besteht, der von einem Familienmitglied als Selbständigem geleitet wird.

Arbeitslose und Erwerbstätige zusammen bilden die Gruppe der Erwerbspersonen, d.h.

$$\text{Erwerbspersonen} = \text{Arbeitslose} + \text{Erwerbstätige}.$$

Eine auch in der Öffentlichkeit stark beachtete statistische Maßzahl ist die Arbeitslosenquote. Sie ist definiert als prozentualer Anteil der Arbeitslosen an den Erwerbspersonen, d.h.

$$\text{Arbeitslosenquote} = \frac{\text{Arbeitslose}}{\text{Erwerbspersonen}} \times 100.$$

Dies ist nicht die einzige Definition der Arbeitslosenquote. Daneben wird als Arbeitslosenquote auch der prozentuale Anteil der Arbeitslosen an den abhängigen Erwerbspersonen betrachtet. Als abhängige Erwerbspersonen bezeichnet man die Summe aus Arbeitslosen und abhängig Beschäftigten. Internationalen Gepflogenheiten entsprechend werden im Nenner der Arbeitslosenquote oft auch nur die zivilen Erwerbspersonen (Erwerbspersonen abzüglich Soldaten) berücksichtigt. Bei der Analyse von Arbeitslosenquoten ist es daher sehr wichtig, sich stets klarzumachen, welcher Personenkreis im Nenner berücksichtigt wird.

Eine andere interessante statistische Maßzahl ist die Erwerbsquote, die den prozentualen Anteil der Erwerbspersonen an der Wohnbevölkerung beschreibt:

$$\text{Erwerbsquote} = \frac{\text{Erwerbspersonen}}{\text{Wohnbevölkerung}} \times 100.$$

Abbildung 2-5 zeigt für das Jahr 1990 die Aufgliederung der Wohnbevölkerung in die drei Kategorien Nichterwerbspersonen, Beschäftigte und Arbeitslose. Für die Erwerbspersonen galt (alle Angaben in Tsd.):

$$\text{Erwerbspersonen} = 1.883 + 28.495 = 30.378.$$

Die Arbeitslosenquote (Anteil der Arbeitslosen an allen Erwerbspersonen) ergab sich als

$$\text{Arbeitslosenquote} = (1.883/30.378) \times 100 = 6.2\%.$$

Die Erwerbsquote betrug

$$\text{Erwerbsquote} = (30.378/63.253) \times 100 = 48,0\%.$$

Knapp die Hälfte der Bevölkerung gehörte also zu den Erwerbspersonen und ungefähr 6 Prozent der Erwerbspersonen waren arbeitslos.

In anderen Ländern wird häufig ein anderes Erfassungssystem verwendet als bei uns. So beruht z.B. die Arbeitslosenstatistik der Vereinigten Staaten auf einem Umfragesystem. Dabei werden monatlich bei ca. 60.000 Haushalten arbeitsmarktrelevante Daten erhoben. Auf der Grundlage dieser Befragungen wird jede Person in eine von drei Kategorien eingeordnet: Beschäftigter, Arbeitsloser oder Nichterwerbsperson.

Eine Person gilt als beschäftigt, wenn sie den größten Teil der dieser Erhebung vorangehenden Woche an einem Arbeitsplatz beschäftigt war. Hierunter fallen nicht Hausarbeiten, Ausbildung u.ä. Eine Person gilt als arbeitslos, wenn sie in der Berichtswoche nicht beschäftigt war und entweder auf den Beginn einer neuen Tätigkeit wartet, vorübergehend arbeitslos oder arbeitsuchend ist. Fällt eine Person in keine der beiden Kategorien, gilt sie als Nichterwerbsperson. Eine solche Person hat keine Arbeit und möchte auch keine.

Nichterwerbspersonen
Erwerbstätige
31,8 Mio
29,3 Mio.
2 Mio.
Erwerbslose
Erwerbspersonen

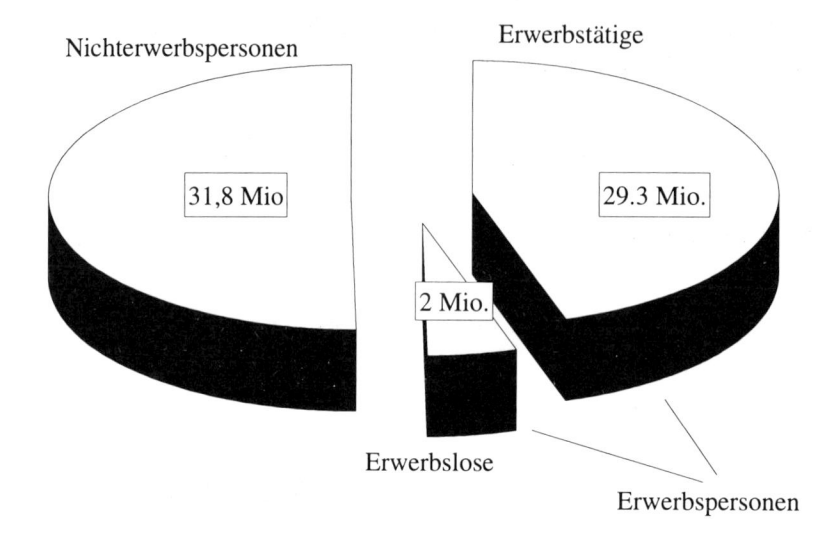

Abbildung 2-5: **Die Gliederung der Bevölkerung in drei Gruppen.** Die Wohnbevölkerung läßt sich in drei Kategorien unterteilen: Erwerbstätige, Arbeitslose und Nichterwerbspersonen. Die Abbildung zeigt für das Jahr 1990 die Anzahl der Personen in jeder der drei Kategorien. *Quelle:* Statistisches Bundesamt.

Fallstudie 2-5: Unterbeschäftigung, BSP und das Okunsche Gesetz

Welche Beziehung könnte zwischen Unterbeschäftigung und realem BSP bestehen? Da beschäftigte Arbeitnehmer dazu beitragen, Güter und Dienstleistungen zu erzeugen, Arbeitslose jedoch nicht, ist zu erwarten, daß ein Anstieg der Arbeitslosenquote eine Abnahme des realen Sozialprodukts impliziert. Diese tatsächlich zu beobachtende negative Beziehung zwischen Arbeitslosigkeit und BSP wird als **Okunsches Gesetz** bezeichnet. Der amerikanische Ökonom Arthur Okun war der erste, der sich mit diesem Zusammenhang explizit beschäftigte.

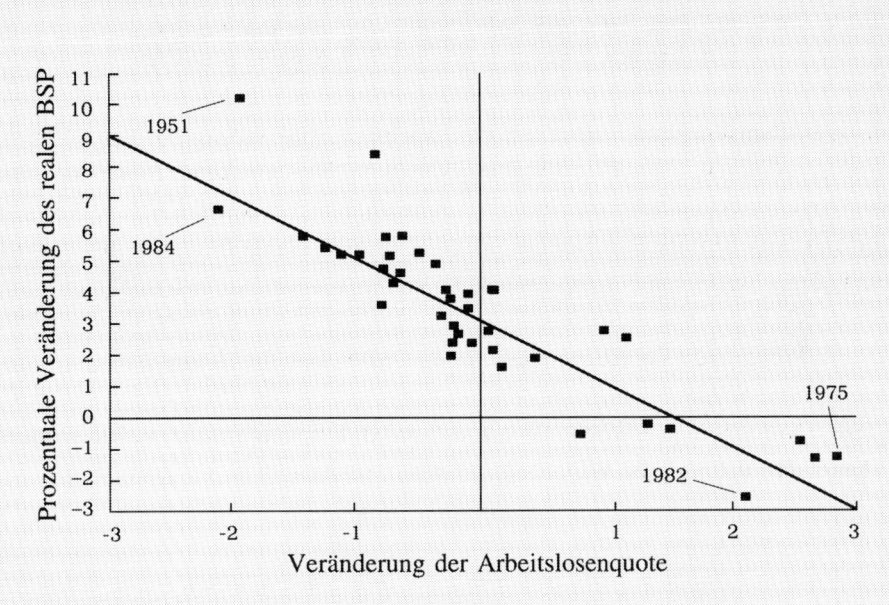

Kapitel 2 Empirische Beobachtungen und Makroökonomik   47

Abbildung 2-6: **Das Okunsche Gesetz.** Die Abbildung stellt ein Streudiagramm dar. An der horizontalen Achse ist die jährliche Veränderung der Arbeitslosenquote, an der vertikalen Achse die jährliche prozentuale Veränderung des realen BSP dargestellt. Jeder Punkt repräsentiert ein Jahr. Die negative Beziehung zeigt, daß eine steigende Arbeitslosenquote mit einem Rückgang des realen BSP verbunden ist.

Abbildung 2-6 illustriert das Okunsche Gesetz anhand von Jahresdaten für die Vereinigten Staaten. Bei der Darstellung handelt es sich um ein Streudiagramm, in dem jeder Punkt eine Beobachtung repräsentiert – im vorliegenden Fall die Daten für jeweils ein Jahr. An der horizontalen Achse ist die Veränderung der Arbeitslosenquote gegenüber dem jeweiligen Vorjahr abgetragen. An der vertikalen Achse ist die prozentuale Veränderung des BSP dargestellt. Abbildung 2-6 zeigt deutlich, daß ein Zusammenhang zwischen der jährlichen Veränderung der Arbeitslosenquote und der jährlichen Veränderung des BSP besteht.

Der durch das Okunsche Gesetz beschriebene Zusammenhang kann noch präziser herausgearbeitet werden. Würde man eine Linie so in das Streudiagramm einzeichnen, daß sie sich den Punkten insgesamt möglichst gut anpaßt, dann ergäbe sich für diese Linie folgende Beziehung:

$$\text{Prozentuale Veränderung des realen BSP} = 3\% - 2 \times \text{Veränderung der Arbeitslosenquote}.$$

Bleibt die Arbeitslosenquote unverändert, so wächst das BSP um etwa 3 Prozent. Dieses „normale" Wachstum ist auf Bevölkerungswachstum, Kapitalakkumulation und technischen Fortschritt zurückzuführen. Für jeden Prozentpunkt, um den die Arbeitslosenquote steigt, sinkt das BSP im Durchschnitt um ca. 2 Prozent. Steigt daher die Arbeitslosenquote beispielsweise von 6 auf 8 Prozent, so ergibt sich für das reale BSP:

$$\text{Prozentuale Veränderung des realen BSP} = 3 - 2 \times (8-6) = -1\%.$$

In diesem Fall sagt das Okunsche Gesetz, daß das BSP um ein Prozent sinken wird, ein Zeichen dafür, daß sich die Wirtschaft in einer rezessiven Phase befindet.

2.4 Schlußfolgerung: Von Wirtschaftsstatistiken zu Wirtschaftsmodellen

Die drei in diesem Kapitel diskutierten statistischen Maßzahlen – Bruttosozialprodukt, Preisindex der Lebenshaltung und Arbeitslosenquote – erlauben eine quantitative Beschreibung der wirtschaftlichen Lage. Öffentliche und private Entscheidungsträger benutzen diese Maßzahlen, um Veränderungen der wirtschaftlichen Situation erkennen und darauf reagieren zu können. Ökonomen verwenden diese Maßzahlen, um Theorien über wirtschaftliche Zusammenhänge aufzustellen und zu überprüfen.

In den folgenden Kapiteln sollen einige dieser Theorien näher betrachtet werden. Kapitel 3 und 4 befassen sich mit dem BSP, Kapitel 5 analysiert das Problem der Unterbeschäftigung und Kapitel 6 ist dem Inflationsproblem gewidmet. In allen Kapiteln werden Modelle entwickelt, die dazu beitragen sollen, die Bestimmungsgründe dieser Variablen sowie die Wirkungen von wirtschaftspolitischen Maßnahmen zu verstehen. Nachdem also im vorliegenden Kapitel gezeigt wurde, wie man die wirtschaftliche Lage mit Hilfe von statistischen Maßzahlen beschreiben kann, soll in den folgenden Kapiteln gezeigt werden, wie man sie theoretisch erklären kann.

Zusammenfassung

1. Das Bruttosozialprodukt (BSP) mißt sowohl das Gesamteinkommen einer Wirtschaft als auch die Gesamtausgaben für die in dieser Wirtschaft produzierten Güter und Dienstleistungen.

2. Das nominale BSP bewertet Güter und Dienstleistungen zu laufenden Preisen; das reale BSP bewertet Güter und Dienstleistungen zu konstanten Preisen. Daher nimmt das reale BSP nur dann zu, wenn die Menge der produzierten Güter und Dienstleistungen gestiegen ist. Das nominale BSP kann sich dagegen sowohl aufgrund einer Zunahme der Produktion als auch aufgrund einer allgemeinen Preissteigerung erhöhen.

3. Das BSP ist die Summe von vier Ausgabenkategorien: Konsum, Investitionen, Staatsausgaben und Nettoexporten.

4. Der Preisindex der Lebenshaltung aller privaten Haushalte mißt den Preis eines Warenkorbes, der von einem durchschnittlichen privaten Haushalt gekauft wird. Wie der BSP-Deflator, der als Verhältnis von nominalem zu realem BSP definiert ist, mißt der Preisindex der Lebenshaltung die Höhe des allgemeinen Preisniveaus.

5. Die Arbeitslosenquote gibt Auskunft über den Anteil derjenigen, die arbeiten wollen, aber keine Arbeit haben. Eine Zunahme der Arbeitslosenquote geht typischerweise mit einer Verringerung des realen BSP einher.

Schlüsselbegriffe

Bruttosozialprodukt (BSP)
Nominales BSP
Reales BSP
BSP-Deflator
Verfügbares persönliches Einkommen
Rezession
Preisindex der Lebenshaltung
Arbeitslosenquote
Volkswirtschaftliche Gesamtrechnung

Stromgröße
Bestandsgröße
Mehrwert
Inflation
Laspeyres-Index
Erwerbspersonen
Erwerbsquote
Okunsches Gesetz

Wiederholungsfragen

1. Nennen Sie die beiden Größen, die das BSP beschreibt. Wie kann das BSP zwei Größen gleichzeitig beschreiben?

2. Was mißt der Preisindex der Lebenshaltung aller privaten Haushalte?

3. Wie sind die folgenden Begriffe definiert: Erwerbstätige, Arbeitslose, abhängig Beschäftigte, Arbeitslosenquote?

4. Erläutern Sie das Okunsche Gesetz.

Aufgaben und Anwendungen

1. Sehen Sie sich die Tageszeitungen der letzten Tage an. Welche ökonomischen Kennzahlen wurden veröffentlicht? Wie interpretieren Sie diese Kennzahlen?

2. Ein Bauer baut Weizen an und verkauft diesen für 1 DM an einen Müller. Dieser mahlt den Weizen zu Mehl und verkauft es für 3 DM an einen Bäcker. Der Bäcker backt aus dem Mehl Brot und verkauft es einem Ingenieur für 6 DM. Der Ingenieur ißt das Brot. Wie groß ist die Wertschöpfung, die jede Person hervorbringt? Wie groß ist der Beitrag zum BSP?

3. Eine Frau heiratet ihren Butler. Nachdem sie verheiratet sind, bedient sie ihr Mann wie zuvor und sie gibt ihm ein Taschengeld in Höhe seines früheren Lohns. Welche Auswirkung hat die Heirat auf das BSP? Wie sollte sich die Heirat auf das BSP auswirken?

4. Suchen Sie Daten für das BSP und seine Komponenten und berechnen Sie die Anteile der folgenden Komponenten am BSP für die Jahre 1950, 1970, 1990
    a. privater Konsum,
    b. private Bruttoinvestitionen,
    c. Staatsausgaben,
    d. Nettoexporte,
    e. Importe.
Zeigen sich in den Daten stabile Relationen? Können Sie irgendwelche Trends erkennen? (*Hinweis*: Wichtige volkswirtschaftliche Daten finden sich im Anhang des regelmäßig erscheinenden Jahresgutachtens des Sachverständigenrates. Die amtliche Quelle für Daten zu den Volkswirtschaftlichen Gesamtrechnungen ist die Fachserie 18, Reihe 1 des Statistischen Bundesamtes.)

5. Man betrachte eine Volkswirtschaft, in der Brot und Autos hergestellt werden. In der untenstehenden Tabelle sind Daten für die Jahre 2000 und 2010 gegeben:

   a. Berechnen Sie unter Verwendung des Jahres 2000 als Basisjahr folgende Größen für beide Jahre: nominales BSP, reales BSP, impliziter Preisindex des BSP, einen Preisindex mit festem Gewichtsschema (analog dem Preisindex der Lebenshaltung).

   b. Um wieviel sind die Preise zwischen 2000 und 2010 gestiegen? Vergleichen Sie die Antworten, die sich aus der Verwendung des Laspeyres- bzw. des Paasche-Index ergeben. Erklären Sie den Unterschied.

c. Nehmen Sie an, Sie seien ein Bundestagsabgeordneter, der einen Vorschlag zur Indexierung der Sozialversicherungsrenten ausarbeitet, d.h. Sie sollen vorschlagen, wie die Rentenzahlungen an die Entwicklung der Lebenshaltungskosten angepaßt werden sollten. Würden Sie sich eher am BSP-Deflator oder am Preisindex der Lebenshaltung orientieren? Begründung?

	Jahr 2000	Jahr 2010
Autopreis	DM 50.000	DM 60.000
Brotpreis	DM 10	DM 20
Anzahl Autos	100	120
Anzahl Brotlaibe	500.000	400.000

6. Als Senator Robert Kennedy sich 1968 um die Präsidentschaft der Vereinigten Staaten bewarb, sagte er in einer Rede u.a. folgendes: „Das Bruttosozialprodukt erfaßt nicht die Gesundheit unserer Kinder, nicht die Qualität ihrer Ausbildung und nicht die Freude ihres Spielens. Es enthält nicht die Schönheit unserer Dichtung und nicht die Stärke unserer ehelichen Bindungen, es enthält nicht die Intelligenz der politischen Diskussionen und nicht die Integrität der öffentlichen Verwaltung. Es mißt weder unseren Mut, noch unsere Weisheit, noch unsere Hingabe zu unserem Land. Kurz gesagt, mißt es alles, bis auf die Dinge, die das Leben lebenswert machen, und es kann uns alles über Amerika sagen, bis auf die Tatsache, warum wir stolz darauf sind, Amerikaner zu sein."

Stimmen die Aussagen von Kennedy? Wenn ja, warum beschäftigt man sich mit dem BSP?

Teil II:

Die Volkswirtschaft bei langfristiger Betrachtung

Kapitel 3

Das Bruttosozialprodukt: Entstehung, Verteilung und Verwendung

> *A large income is the best recipe for happiness I ever heard of.*
>
> Jane Austen

Die in Kapitel 2 eingeführten makroökonomischen Größen erlauben es Ökonomen und Wirtschaftspolitikern, verschiedene Aspekte der wirtschaftlichen Lage zu messen. Eine solche Messung ermöglicht den Vergleich der wirtschaftlichen Situation zwischen verschiedenen Jahren und verschiedenen Ländern. Das Ziel dieses Buches besteht jedoch nicht nur darin, die ökonomische Situation einer Volkswirtschaft zu erfassen, sondern auch, sie zu erklären. Wir wollen daher im folgenden ökonomische Modelle entwickeln, die dazu dienen sollen, das Wirtschaftsgeschehen, die Beziehungen zwischen verschiedenen ökonomischen Variablen und die Wirkungen der Wirtschaftspolitik zu verstehen.

Die möglicherweise wichtigste ökonomische Größe ist das BSP, das sowohl die Produktionsleistung als auch das Einkommen einer Volkswirtschaft erfaßt. Das vorliegende Kapitel greift vier Fragestellungen bezüglich der Quellen und der Nutzung des BSP auf:

- Wie groß ist die Produktionsleistung der Unternehmen einer Volkswirtschaft? Welches sind die Bestimmungsgründe des Gesamteinkommens?

- Wie wird das bei der Produktion entstehende Einkommen verteilt? Wieviel fließt an die Arbeitnehmer, wieviel fließt an die Kapitaleigentümer?

- Wer kauft den Output der Volkswirtschaft? Wieviel kaufen die Haushalte für Konsumzwecke, wieviel die Unternehmen für Investitionszwecke und wieviel kauft der Staat für öffentliche Zwecke?
- Durch welchen Mechanismus wird sichergestellt, daß die Nachfrage nach Waren und Dienstleistungen mit dem Angebot übereinstimmt? Wie wird erreicht, daß die Summe aus Konsum, Investitionen und Staatsausgaben[1] mit der produzierten Menge übereinstimmt?

Um diese Frage beantworten zu können, muß geprüft werden, wie die verschiedenen Teile der Wirtschaft zusammenwirken.

Ein geeigneter Startpunkt ist das Kreislaufdiagramm. In Kapitel 2 wurde der monetäre Kreislauf einer hypothetischen Wirtschaft diskutiert, die unter Einsatz von Arbeitsleistungen ein Gut (Brot) herstellt. Abbildung 3-1 zeigt ein komplexeres Kreislaufdiagramm, das reale Volkswirtschaften genauer beschreibt. Es gibt die Verbindungen zwischen den verschiedenen Sektoren – Haushalten, Unternehmen und Staat – wieder und macht deutlich, wie die monetären Ströme zwischen diesen Sektoren über die verschiedenen Märkte einer Volkswirtschaft fließen.

Die monetären Ströme sollen aus dem Blickwinkel der einzelnen Sektoren betrachtet werden. Die Haushalte empfangen Einkommen und verwenden sie für drei Zwecke: sie bezahlen Steuern an den Staat, sie bilden über die Finanzmärkte Ersparnisse, und sie konsumieren Waren und Dienstleistungen. Die Unternehmen erhalten Erlöse aus dem Verkauf von Waren und Dienstleistungen und verwenden diese, um die Produktionsfaktoren zu entlohnen. Der Staat erhält das Steueraufkommen, er bestreitet die Staatsausgaben und nimmt Kredite an den Finanzmärkten auf, falls die Ausgaben die Einnahmen übersteigen.

In diesem Kapitel werden die im Kreislaufdiagramm dargestellten ökonomischen Zusammenhänge im Detail betrachtet. Wir beginnen mit den Unternehmen und fragen, wodurch deren Produktionsniveau, das der Höhe des Gesamteinkommens entspricht, bestimmt wird. Danach wird analysiert, wie dieses Einkommen über die Faktormärkte an die Haushalte verteilt wird. Anschließend wollen wir diskutieren, welchen Teil des Einkommens die Haushalte konsumieren und welchen Teil sie sparen. Neben der Konsumgüternachfrage der Haushalte wird auch die Investitionsnachfrage der Unternehmen und die staatliche Güternachfrage betrachtet. Schließlich wird der Kreis dadurch geschlossen, daß das Zusammenspiel von Güternachfrage und Güterangebot betrachtet

---

1 Wir verwenden im folgenden den Begriff Staatsausgaben im Sinne staatlicher Ausgaben für Waren und Dienstleistungen (= Transformationsausgaben). Die Abgrenzung gegenüber anderen staatlichen Ausgaben erläutern wir weiter unten.

Kapitel 3 Das Bruttosozialprodukt: Entstehung, Verteilung und Verwendung 57

wird. Die Nachfrage ergibt sich als Summe aus Konsum, Investitionen und Staatsausgaben, das Angebot ergibt sich aus dem Produktionsvolumen.

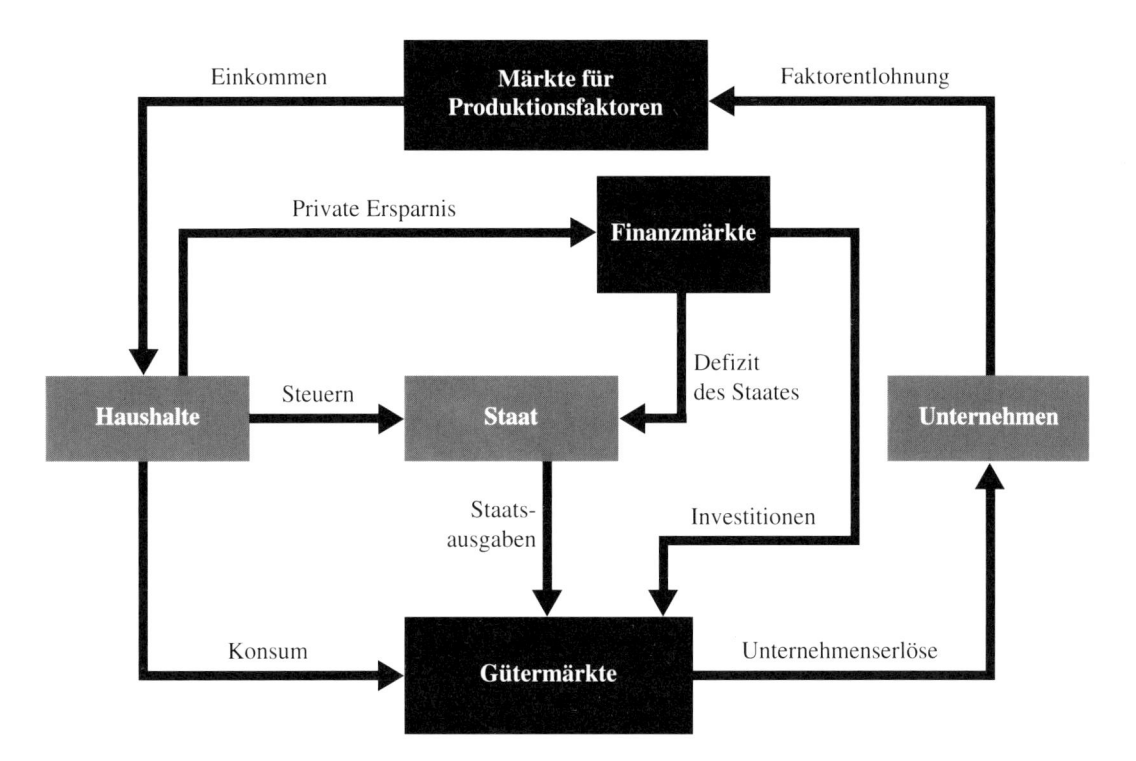

Abbildung 3-1: **Der Kreislaufstrom des Geldes durch die Wirtschaft.** Diese Abbildung stellt eine detailliertere und realistischere Version des Kreislaufdiagramms aus Kapitel 2 dar. Die am Wirtschaftsleben Teilnehmenden – Haushalte, Unternehmen und Staat – werden durch die drei auf halber Höhe nebeneinander stehenden Kästen repräsentiert. Die Märkte der Volkswirtschaft – Güter-, Faktor- und Finanzmärkte – werden durch die übrigen Kästen dargestellt. Die eingezeichneten Pfeile zeigen die Geldströme, die zwischen den Akteuren über die drei verschiedenen Markttypen fließen.

3.1 Die Produktion von Waren und Dienstleistungen

Die Höhe der Waren- und Dienstleistungsproduktion einer Wirtschaft – ihr BSP – hängt von zwei Elementen ab: den Produktionsfaktoren und der Produktionsfunktion. Beide Elemente sollen der Reihe nach diskutiert werden.

Die Produktionsfaktoren

Als **Produktionsfaktoren** bezeichnet man die Inputs, die für die Produktion von Waren und Dienstleistungen benötigt werden. Die beiden wichtigsten Produktionsfaktoren sind Kapital und Arbeit. Unter **Kapital** versteht man im vorliegenden Zusammenhang alle produzierten Produktionsmittel, die bei der Gütererzeugung eingesetzt werden: den Kran des Bauarbeiters, das Büro des Buchhalters und den PC des Autors dieses Buches. Unter **Arbeit** wird die Zeit verstanden, die der einzelne arbeitend verbringt. Mit dem Symbol K bezeichnen wir das Kapitalvolumen, mit dem Symbol L das Arbeitsvolumen.

In diesem Kapitel werden die Produktionsfaktoren als gegeben angenommen. Mit anderen Worten wird also vereinfachend davon ausgegangen, daß das Volumen des eingesetzten Kapitals und der eingesetzten Arbeit konstant ist. Wir schreiben dies als:

$$K = \bar{K},$$
$$L = \bar{L}.$$

Ein Querstrich über den Variablen bedeutet, daß diese einen festen Wert aufweisen. Realistischerweise muß man allerdings davon ausgehen, daß die Faktormengen sich im Zeitablauf ändern. Dieses Phänomen wird in Kapitel 4 untersucht, für den Augenblick wollen wir jedoch gegebene Faktormengen zugrunde legen.

Es wird in diesem Kapitel auch angenommen, daß die Produktionsfaktoren im vollen Umfang genutzt werden, d.h. daß keine Ressourcen vergeudet werden. In der Realität ist jedoch immer ein Teil des Arbeitskräftepotentials unbeschäftigt und ein Teil des Kapitalstocks liegt brach. In Kapitel 5 werden die Gründe für Unterbeschäftigung näher untersucht. Im Augenblick soll jedoch davon ausgegangen werden, daß Kapital und Arbeit vollbeschäftigt sind.

Die Produktionsfunktion

Die verfügbare Produktionstechnologie bestimmt, wieviel Output sich mit einem gegebenem Kapital- und Arbeitsvolumen erzeugen läßt. Ökonomen drücken die verfügbare Produktionstechnologie mit Hilfe einer Produktionsfunktion aus, die zeigt, wie die Produktionsfaktoren die produzierte Menge bestimmen. Bezeichnet man mit Y die produzierte Menge, dann gilt für die Produktionsfunktion:

$$Y = F(K, L).$$

Diese Gleichung besagt, daß der Output eine Funktion der eingesetzten Mengen von Kapital und Arbeit ist.

Die Produktionsfunktion repräsentiert die verfügbare Produktionstechnologie. Sie zeigt, wieviel Output mit einer gegebenen Menge von Kapital und Arbeit erzeugt werden kann. Falls irgend jemand einen besseren Weg zur Produktion eines bestimmten Gutes erfindet, kann mit dem gleichen Einsatz von Kapital und Arbeit eine größere Gütermenge erzeugt werden. Der technische Fortschritt verändert also die Produktionsfunktion.

Viele Produktionsfunktionen haben eine Eigenschaft, die man als **konstante Skalenerträge** bezeichnet. Eine Produktionsfunktion weist konstante Skalenerträge auf, wenn eine Erhöhung des Einsatzes aller Produktionsfaktoren um einen bestimmten Prozentsatz zu einer Erhöhung des Outputs um den gleichen Prozentsatz führt. Hat eine Produktionsfunktion konstante Skalenerträge, dann ergibt sich beispielsweise aus einer Erhöhung des Kapital- und Arbeitseinsatzes um je 10 Prozent eine Zunahme des Outputs um ebenfalls 10 Prozent. Mathematisch weist eine Produktionsfunktion dann die Eigenschaft konstanter Skalenerträge auf, wenn

$$zY = F(zK, zL)$$

für jede positive Zahl z gilt. Diese Gleichung besagt, daß bei einer Erhöhung sowohl der eingesetzten Kapitalmenge als auch der eingesetzten Arbeitsmenge um einen Prozentsatz z auch die produzierte Menge um diesen Prozentsatz z zunimmt. Im nächsten Abschnitt wird sich zeigen, daß die Annahme konstanter Skalenerträge eine wichtige Implikation für die Verteilung des im Zuge der Produktion enstandenen Einkommens aufweist.

Als Beispiel für eine Produktionsfunktion kann die Produktion in einer Bäckerei betrachtet werden. Die Backstube und ihre Ausstattung stellen den Kapitalstock der Bäckerei dar, Bäckermeister, Gesellen, Lehrlinge und Hilfskräfte bilden den Faktor

Arbeit, die gebackenen Brotlaibe stellen den Output dar. Die Produktionsfunktion der Bäckerei beschreibt, in welcher Weise die Anzahl der hergestellten Brotlaibe von dem Umfang der Ausstattung und der Anzahl der Beschäftigten abhängt. Liegen konstante Skalenerträge vor, dann führen eine Verdoppelung der Ausstattung und eine Verdoppelung der Anzahl der Beschäftigten zu einer Verdoppelung der Broterzeugung.

Das gegebene Angebot an Waren und Dienstleistungen

Das Angebot an Waren und Dienstleistungen kann nach vorangegangenen Überlegungen erklärt werden: Produktionsfaktoren und Produktionsfunktion bestimmen zusammen die Höhe der Produktion einer Volkswirtschaft. Formal läßt sich dies ausdrücken als

$$Y = F(\bar{K}, \bar{L})$$
$$= \bar{Y}.$$

Zu jedem Zeitpunkt ist der Output der Wirtschaft eine konstante Größe, weil das Angebot an Kapital und Arbeit sowie die zur Verfügung stehende Produktionstechnik fixiert sind. Im Zeitablauf ändert sich die Produktionsmenge, wenn sich das Faktorangebot oder die Produktionstechnik ändern. Je größer der Einsatz von Kapital oder Arbeit, desto größer ist auch die produzierte Menge. Je besser die durch die Produktionsfunktion beschriebene Technologie, desto größer ist die Ausbringung bei gegebenem Faktoreinsatz.

3.2 Die Aufteilung des Gesamteinkommens auf die Produktionsfaktoren

Wie in Kapitel 2 erörtert, stimmen aggregierter Output und aggregiertes Einkommen notwendigerweise überein. Weil der Faktoreinsatz und die Produktionsfunktion zusammen den Gesamtoutput bestimmen, bestimmen sie auch das Gesamteinkommen. Betrachtet man den in Abbildung 3-1 dargestellten Wirtschaftskreislauf, so kann man erkennen, daß das Gesamteinkommen über die Faktormärkte an die Haushalte fließt.

In dem vorliegenden Abschnitt werden diese Faktormärkte näher betrachtet. Um die Verteilung des Einkommens erklären zu können, haben sich die Wirtschaftswissenschaftler schon seit langem mit den Faktormärkten beschäftigt. (So hat beispielsweise im 19. Jahrhundert Karl Marx viel Zeit darauf verwandt, die Einkommen von Kapital und Arbeit zu erklären. In Teilen basiert die kommunistische Philosophie auf dieser heute wenig überzeugenden Theorie.) Wir befassen uns hier mit der modernen Theorie der Aufteilung des Gesamteinkommens auf die Produktionsfaktoren. Diese Theorie wird als *neoklassische Verteilungstheorie* bezeichnet und heute von der Mehrheit der Ökonomen akzeptiert.

Faktorpreise

Die Einkommensverteilung wird durch die Faktorpreise bestimmt. Als **Faktorpreis** bezeichnet man den Betrag, den die Produktionsfaktoren für die abgegebene Leistung erhalten, also den Lohnsatz des Arbeitnehmers und den Zinssatz des Kapitaleigentümers. Wie Abbildung 3-2 zeigt, bestimmen Angebot und Nachfrage den Preis, den der jeweilige Produktionsfaktor für seine Leistung erhält. Aufgrund der Annahme einer fest vorgegebenen Faktormenge verläuft die Faktorangebotskurve in Abbildung 3-2 vertikal. Der gleichgewichtige Faktorpreis wird durch den Schnittpunkt von fallend verlaufender Faktornachfragekurve und vertikaler Faktorangebotskurve bestimmt.

Um das Zustandekommen der gleichgewichtigen Faktorpreise und damit die Verteilung des Gesamteinkommens auf die Faktoren zu verstehen, ist es erforderlich, die Nachfrage nach Produktionsfaktoren genauer zu analysieren. Diese Nachfrage wird durch die Vielzahl der einzelnen Unternehmen einer Volkswirtschaft entfaltet. Im folgenden soll daher das Entscheidungsproblem betrachtet werden, dem sich eine einzelne, für alle Unternehmen aber typische Unternehmung gegenübersieht.

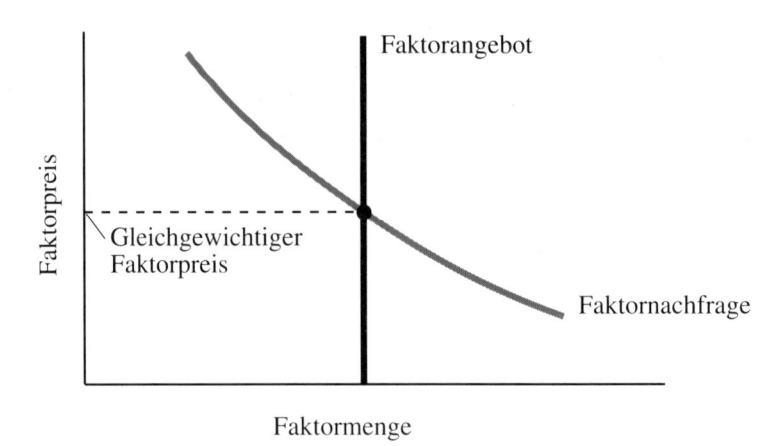

Abbildung 3-2: **Die Entlohnung eines Produktionsfaktors.** Der Preis für die Leistung eines Produktionsfaktors hängt von Faktorangebot und -nachfrage ab. Da ein fest vorgegebenes Faktorangebot vorausgesetzt wurde, verläuft die Faktorangebotskurve senkrecht. Der gleichgewichtige Faktorpreis ergibt sich aus dem Schnittpunkt der fallend verlaufenden Faktornachfragekurve mit der senkrechten Faktorangebotskurve.

Das Entscheidungsproblem eines Wettbewerbsunternehmens

Die einfachste Annahme bezüglich eines typischen Unternehmens ist die, daß es im **Wettbewerb** steht. Das wesentliche Merkmal einer wettbewerblichen Unternehmung ist ein derart kleiner Marktanteil, daß die Unternehmung nicht in der Lage ist, den Marktpreis zu beeinflussen. Um diese Aussage zu verdeutlichen, kann man sich eine Unternehmung vorstellen, die ein bestimmtes Gut produziert und zum Marktpreis verkauft. Weil sie nur eine von vielen Unternehmungen ist, die dieses Gut produzieren, kann sie ihre Verkäufe beliebig erhöhen, ohne daß als Konsequenz daraus der Marktpreis sinken würde. Umgekehrt kann sie ihre Verkäufe auch vollständig einstellen, ohne daß sich der Preis des Gutes deswegen erhöht. Auf dem Arbeitsmarkt wird eine wettbewerbliche Unternehmung Arbeitnehmer zum Marktpreis einstellen und entlohnen. Weil sie nur eine unter vielen Unternehmungen ist, die Arbeitnehmer einstellen, kann sie keinen großen Einfluß auf den Marktlohn ausüben. Die Unternehmung hat keine Veranlassung, einen Lohn zu bezahlen, der über dem Gleichgewichtslohn angesiedelt ist. Versucht sie andererseits, eine geringere Entlohnung durchzusetzen, kündigen die Arbeitnehmer, um sich woanders eine Beschäftigung zum (höheren) Marktlohn zu suchen. Im Ergebnis bedeutet dies also, daß eine wettbewerbliche Unternehmung sich sowohl auf den Güter-

als auch auf den Faktormärkten als Preisnehmer verhält, d.h. sie betrachtet die Marktpreise als gegeben.

Die Unternehmung benötigt zwei Produktionsfaktoren, Kapital und Arbeit, um ihr Produkt herstellen zu können. Wie im Falle der aggregierten Betrachtung, soll der produktionstechnische Zusammenhang durch folgende Produktionsfunktion wiedergegeben werden:

$$Y = F(K, L),$$

wobei Y für die Anzahl der hergestellten Produkte (= Output), K für die Anzahl der verwendeten Maschinen (= Kapitaleinsatz) und L für die Anzahl der von den Arbeitskräften geleisteten Arbeitsstunden (= Arbeitseinsatz) stehen soll. Der Output kann erhöht werden, wenn mehr Maschinen eingesetzt werden oder die Anzahl der geleisteten Arbeitsstunden steigt.

Die Unternehmung verkauft ihre Produkte zu einem Preis P, sie stellt Arbeitnehmer zu einem Lohnsatz W ein und leiht sich Kapital zu einem Satz R aus. Mit dieser Aussage wird angenommen, daß der Kapitalstock der Volkswirtschaft einzelnen Personen bzw. den Haushalten gehört und daß die Unternehmen das zur Produktion notwendige Kapital von diesen ausleihen.[2]

Dieses analytische Vorgehen hat zur Folge, daß die Haushalte nicht nur ihre Arbeitskraft verkaufen, sondern in völlig analoger Weise ihr Kapital an die Unternehmungen verleihen. Die Unternehmungen ihrerseits beziehen beide Produktionsfaktoren von den Haushalten, in deren Besitz sie sich befinden.

Das Ziel der Unternehmung ist die Gewinnmaximierung. Der **Gewinn** ergibt sich als Differenz von Erlös und Kosten. Es handelt sich dabei um die Summe, die für die Eigentümer der Unternehmung verbleibt, nachdem die Produktionskosten bezahlt worden sind. Der **Erlös** ergibt sich aus dem Produkt von Güterpreis und produzierter Menge ($P \times Y$). Die **Kosten** umfassen die Arbeitskosten ($W \times L$) und die Kapitalkosten ($R \times K$). Der Gewinn kann daher geschrieben werden als

---

[2] Realistischer wäre es, anzunehmen, daß der Kapitalbesitz indirekter Natur ist, weil das Kapital den Unternehmungen gehört. diese aber im Besitz von Personen sind. Eigentlich haben Unternehmungen zwei Funktionen: Kapitalbesitz und Güterproduktion. Um das Wesen der Faktorentlohnung deutlich herauszuarbeiten, ist es jedoch hilfreich anzunehmen, daß das Kapital einzelnen Personen direkt gehört. Auf diese Weise werden der Besitz von Kapital und die Produktion von Sachgütern und Dienstleistungen voneinander getrennt.

$$\text{Gewinn} = \text{Erlös} - \text{Arbeitskosten} - \text{Kapitalkosten}$$
$$= PY - WL - RK.$$

Um zu zeigen, wie der Gewinn von den Produktionsfaktoren abhängt, benutzen wir die Produktionsfunktion $Y = F(K, L)$, um Y in dieser Gleichung zu substituieren:

$$\text{Gewinn} = PF(K,L) - WL - RK.$$

Diese Gleichung besagt, daß der Gewinn vom Produktpreis P von den Faktorpreisen W und R und von den eingesetzten Faktormengen L und K abhängt. Die betrachtete wettbewerbliche Unternehmung ist Preisnehmerin bezüglich des Produktpreises und der Faktorpreise und wählt die Mengen von Arbeit und Kapital, die ihren Gewinn maximieren.

Die Faktornachfrage der Unternehmung

Es soll nun genauer untersucht werden, wie eine Unternehmung darüber entscheidet, wieviel Arbeitskräfte eingestellt werden und wieviel Kapital geliehen werden soll.

Das Grenzprodukt der Arbeit Je mehr Arbeiter die Unternehmung beschäftigt, desto mehr Output kann sie erzeugen. Das **Grenzprodukt der Arbeit** (MPL – marginal product of labor) ist die zusätzliche Outputmenge, die eine Unternehmung durch den Einsatz einer zusätzlichen Einheit Arbeit erzielen kann. Anders ausgedrückt erhöht sich die Produktion um MPL Einheiten, wenn der Arbeitseinsatz um eine Stunde ausgedehnt wird. Das Grenzprodukt der Arbeit kann unter Verwendung der Produktionsfunktion algebraisch wie folgt ausgedrückt werden:

$$MPL = F(K, L+1) - F(K, L).$$

Der erste Term auf der rechten Seite dieses Ausdrucks ist die Menge, die mit K Einheiten Kapital und $L+1$ Einheiten Arbeit hergestellt werden kann. Der zweite Term gibt an, welche Menge durch den Einsatz von K Einheiten Kapital und L Einheiten Arbeit produziert werden kann. Die Gleichung besagt insgesamt, daß das Grenzprodukt der Arbeit der Differenz aus der mit $L+1$ Arbeitseinheiten und der mit L Arbeitseinheiten hergestellten Gütermenge entspricht.

Die meisten gebräuchlichen Produktionsfunktionen weisen **abnehmende Grenzprodukte** auf. Diese Eigenschaft bedeutet, daß das Grenzprodukt der Arbeit um so

Kapitel 3   Das Bruttosozialprodukt: Entstehung, Verteilung und Verwendung   65

geringer ist, je höher die eingesetzte Arbeitsmenge bereits ist. Als Beispiel kann man wieder die Produktion in einer Bäckerei betrachten. Wenn eine Bäckerei mehr Arbeitnehmer einstellt, kann sie mehr Brot herstellen. Das MPL ist die zusätzliche Menge Brot, die erzeugt werden kann, wenn eine zusätzliche Einheit Arbeit beschäftigt wird. Mit jeder weiteren Einheit Arbeit nimmt das MPL jedoch ab. Es werden weniger zusätzliche Brote gebacken, weil sich die Produktivität der Beschäftigten vermindert, wenn die Backstube voller wird. Dies läßt sich auch so ausdrücken, daß bei gegebener Größe der Backstube jede zusätzliche Arbeitskraft weniger zusätzliche Brotlaibe herstellen kann.

Abbildung 3-3 stellt die Produktionsfunktion dar. Sie zeigt den Effekt einer Variation der Arbeitsmenge auf die Höhe der Produktion bei konstantem Kapitaleinsatz. Sie zeigt auch, daß das Grenzprodukt der Arbeit der Steigung der Produktionsfunktion entspricht. Mit zunehmendem Arbeitseinsatz verläuft die Produktionsfunktion immer flacher, was gleichbedeutend ist mit einem abnehmendem Grenzprodukt der Arbeit.

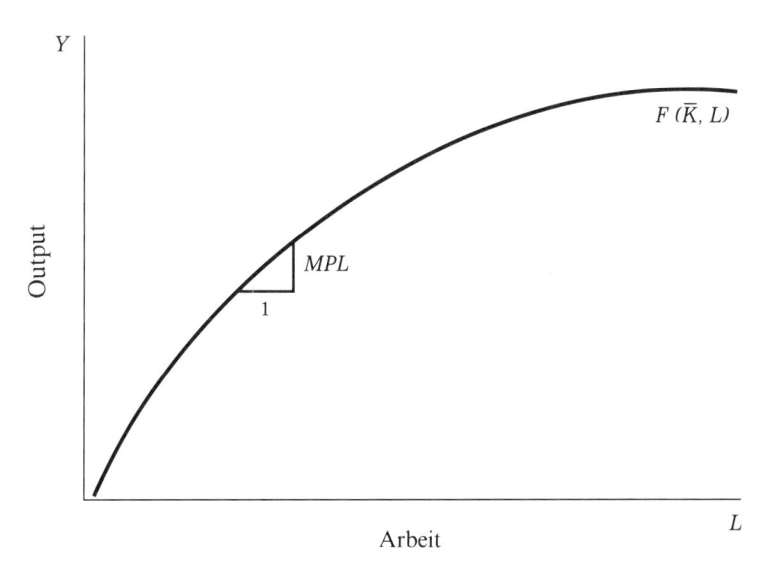

Abbildung 3-3: **Die Produktionsfunktion.** Die dargestellte Kurve zeigt, wie die produzierte Menge unter der Annahme eines konstanten Kapitalbestandes vom eingesetzten Arbeitsvolumen abhängt. Das Grenzprodukt der Arbeit (MPL) bezeichnet die Veränderung der produzierten Menge aufgrund einer Erhöhung des Arbeitseinsatzes um eine Einheit. Es gilt also MPL = $F(K, L + 1) - F(K, L)$. Mit zunehmendem Arbeitseinsatz verläuft die Produktionsfunktion flacher, was einer Abnahme des Grenzprodukts der Arbeit entspricht.

Vom Grenzprodukt der Arbeit zur Arbeitsnachfrage Wenn die wettbewerbliche, gewinnmaximierende Unternehmung vor der Entscheidung steht, ob sie eine zusätzliche Arbeitseinheit beschäftigen soll, überlegt sie, welche Auswirkung dies auf den Gewinn hätte. Sie vergleicht den zusätzlichen Erlös, den die Produktionsausdehnung hervorruft, mit den zusätzlichen Lohnkosten, die anfallen. Die durch Ausdehnung des Arbeitseinsatzes um eine Einheit erzielbare Erlössteigerung hängt sowohl vom Grenzprodukt der Arbeit als auch vom Produktpreis ab. Eine weitere Arbeitseinheit erzeugt MPL Einheiten Output, und jede Einheit Output kann für P DM verkauft werden. Der Erlöszuwachs beträgt daher $P \times$ MPL. Die zusätzlichen Kosten einer weiteren Einheit Arbeit entsprechen dem Lohnsatz W. Die aus der Beschäftigung einer zusätzlichen Arbeitseinheit resultierende Gewinnveränderung beträgt daher:

$$\Delta \text{ Gewinn} = \Delta \text{ Erlös} - \Delta \text{ Kosten} = (P \times \text{MPL}) - W.$$

Das Symbol Δ (der große griechische Buchstabe Delta) bezeichnet die Veränderung einer Variablen.

Wir können nun die am Anfang des Abschnitts gestellte Frage beantworten: Wieviel Arbeitskräfte wird die Unternehmung beschäftigen? Die Unternehmensleitung weiß, daß eine zusätzliche Arbeitskraft den Gewinn erhöhen wird, solange der Erlöszuwachs $P \times$ MPL den Lohnsatz W übersteigt. Es werden daher so viele Arbeitskräfte eingestellt, daß die Beschäftigung eines weiteren Arbeitnehmers keinen Gewinn mehr erbringt. Dies ist dann der Fall, wenn das MPL soweit gesunken ist, daß der zusätzliche Erlös gerade dem Lohnsatz entspricht. Die Arbeitsnachfrage der Unternehmung wird daher durch folgende Gleichung beschrieben:

$$P \times \text{MPL} = W.$$

Diese Beziehung kann auch als

$$\text{MPL} = W/P$$

geschrieben werden. Den Quotienten W/P bezeichnet man als **Reallohn**. Der Reallohn gibt die Entlohnung der Arbeit nicht in Geldeinheiten (z.B. Deutsche Mark, Dollar, Pfund), sondern in Kaufkraft wieder. Um den Gewinn zu maximieren, stellt die Unternehmung so lange Arbeitskräfte ein, bis das Grenzprodukt der Arbeit mit dem Reallohn übereinstimmt.

Kapitel 3 Das Bruttosozialprodukt: Entstehung, Verteilung und Verwendung

Als Beispiel läßt sich wieder eine Bäckerei betrachten. Wir wollen annehmen, daß der Preis eines Brotes 2 DM beträgt und daß ein Arbeiter einen Lohn von 20 DM pro Stunde bezieht. Der Reallohn W/P hat dann eine Höhe von 10 Broten pro Stunde. In diesem Beispiel stellt die Unternehmung solange Arbeiter ein, bis ein zusätzlicher Arbeiter den Output nur um 10 Brote pro Stunde erhöht.

Abbildung 3-4 illustriert, wie die Unternehmung ihre Entscheidung über die Beschäftigungshöhe trifft. Die Abbildung zeigt, in welcher Weise das Grenzprodukt der Arbeit von der beschäftigten Arbeitsmenge – unter der Annahme eines konstanten Kapitalstocks – abhängt. Die Abnahme des Grenzproduktes bewirkt, daß die Kurve mit negativer Steigung verläuft. Für jede Reallohnhöhe stellt die Unternehmung so viele Arbeitnehmer ein, bis das MPL mit dem Reallohn übereinstimmt. Daher gibt diese Darstellung des MPL auch die Arbeitsnachfragekurve der Unternehmung wieder.

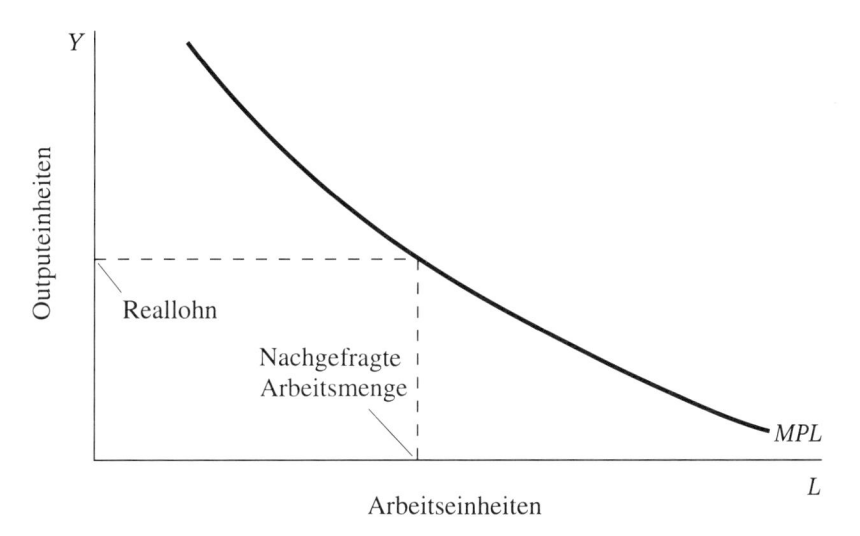

Abbildung 3-4: **Darstellung des Grenzprodukts der Arbeit.** Diese Kurve zeigt die Abhängigkeit des Grenzprodukts der Arbeit (MPL) von dem eingesetzten Arbeitsvolumen. Sie ist abwärts geneigt, weil das MPL abnimmt, wenn L zunimmt. Die Unternehmung stellt so lange Arbeitskräfte ein, bis der Reallohn (W/P) mit dem MPL übereinstimmt. Daher zeigt diese Darstellung des MPL gleichzeitig die Arbeitsnachfragekurve der Unternehmung.

Das Grenzprodukt des Kapitals und die Kapitalnachfrage Die Unternehmung trifft die Entscheidung über die Höhe des Kapitaleinsatzes in völlig analoger Weise wie die Entscheidung über die Höhe des Arbeitseinsatzes. Das **Grenzprodukt des Kapitals** (MPK – marginal product of capital) ist die zusätzliche Produktionsmenge, die aus dem

Einsatz einer zusätzlichen Kapitaleinheit resultiert, falls der Arbeitseinsatz unverändert bleibt:

$$\text{MPK} = F(K+1, L) - F(K, L).$$

Das Grenzprodukt des Kapitals ist also die Differenz zwischen dem Output, der mit $K+1$ Kapitaleinheiten erzeugt werden kann, und dem, der mit K Kapitaleinheiten hergestellt werden kann. Für das Kapital wird ebenfalls eine Abnahme des Grenzproduktes angenommen.

Der Gewinnzuwachs, der mit dem Ausleihen und Einsetzen einer zusätzlichen Maschine verbunden ist, ergibt sich aus der Differenz von Erlössteigerung und Mietpreis:

$$\Delta\text{Gewinn} = \Delta\text{Erlös} - \Delta\text{Kosten} = (P \times \text{MPK}) - R.$$

Um den Gewinn zu maximieren, fährt die Unternehmung solange damit fort, Kapital auszuleihen, bis das MPK auf den realen Mietpreis abgesunken ist:

$$\text{MPK} = R/P.$$

Der **reale Mietpreis** gibt den Mietpreis in Gütereinheiten anstelle von Geldeinheiten (Mark, Dollar, Pfund) wieder.

Die soweit durchgeführte Analyse der wettbewerblichen, gewinnmaximierenden Unternehmung läßt sich zu einer einfachen Regel bezüglich des Umfangs der Beschäftigung von Arbeit und Kapital zusammenfassen: *Die Unternehmung dehnt ihre Nachfrage nach dem jeweiligen Produktionsfaktor soweit aus, bis dessen Grenzprodukt auf den realen Faktorpreis abgesunken ist.*

Die Verteilung des Gesamteinkommens

Nachdem die Faktornachfrage einer einzelnen Unternehmung analysiert worden ist, widmen wir uns nun wieder der gesamtwirtschaftlichen Betrachtung und gehen der Frage nach, wie das Einkommen der Volkswirtschaft verteilt wird. Handelt es sich bei allen Unternehmungen der Volkswirtschaft um Wettbewerbsunternehmen, die ihre Gewinne maximieren, erhält jeder Produktionsfaktor seinen marginalen Beitrag zum Produktionsprozeß. Mit anderen Worten entspricht der Reallohn, der den Beschäftigten ausgezahlt wird, gerade dem Grenzprodukt der Arbeit, und der reale Mietpreis, der an

Kapitel 3 Das Bruttosozialprodukt: Entstehung, Verteilung und Verwendung

die Kapitaleigner entrichtet wird, entspricht gerade dem Grenzprodukt des Kapitals. Die gesamte reale Lohnsumme hat daher eine Höhe von MPL × L und der gesamte reale Kapitalertrag eine Höhe von MPK × K.

Der Teil des Gesamteinkommens, der übrig bleibt, nachdem die Produktionsfaktoren entlohnt wurden, wird als **ökonomischer Profit** oder **Unternehmergewinn** bezeichnet und fließt den Eigentümern der Unternehmungen zu. Der reale Unternehmergewinn wird definiert als

$$\text{Unternehmergewinn} = Y - (MPL \times L) - (MPK \times K).$$

Dies kann auch als

$$Y = (MPL \times L) + (MPK \times K) + \text{Unternehmergewinn}$$

geschrieben werden. Das Gesamteinkommen wird also in Arbeitseinkommen, Kapitaleinkommen und Unternehmergewinn aufgeteilt.

Der Unternehmergewinn ist jedoch gleich null, wenn die Produktionsfunktion konstante Skalenerträge aufweist. Bei Vorliegen konstanter Skalenerträge bleibt nichts mehr übrig, nachdem die Produktionsfaktoren ihr Entgelt erhalten haben! Dieses überraschende Ergebnis folgt aus einem wichtigen mathematischen Satz, dem *Eulerschen Theorem*. Das Eulersche Theorem besagt, daß im Falle einer Produktionsfunktion mit konstanten Skalenerträgen

$$F(K, L) = (MPK \times K) + (MPL \times L)$$

gilt.[3] Falls jeder Faktor gerade in Höhe seines Grenzproduktes entlohnt wird, entspricht die Summe der Faktorentlohnungen genau der Gesamtproduktion. Anders ausgedrückt kann man also sagen, daß eine Produktionsfunktion mit konstanten Skalenerträgen, die Zielsetzung der Gewinnmaximierung und vollkommener Wettbewerb zusammen einen Unternehmergewinn von null implizieren.

Wenn der Unternehmergewinn gleich null ist, wie läßt sich dann die Existenz von „Gewinn" in der Wirtschaft erklären? Die Antwort lautet, daß der übliche Gewinnbegriff sich vom Begriff des Unternehmergewinns unterscheidet. In der vorliegenden Analyse wurde angenommen, daß es drei Arten von Wirtschaftssubjekten gibt: Arbeit-

---

3 *Mathematischer Hinweis*: Um das Eulersche Theorem zu beweisen, geht man von der Definition konstanter Skalenerträge
$$zY = F(zK, zL)$$
aus. Nun ist die Ableitung nach z zu bilden und an der Stelle $z = 1$ zu betrachten.

nehmer, Kapitaleigentümer und Unternehmenseigentümer. Das Gesamteinkommen teilt sich daher auf Löhne, Kapitalerträge und Unternehmergewinne auf. In der Realität sind die Unternehmungen typischerweise jedoch auch die Kapitaleigentümer. Die Eigentümer der Unternehmungen sind daher auch die Eigentümer des Kapitals. Der Ausdruck "Gewinn" umfaßt daher gewöhnlich sowohl den Unternehmergewinn als auch den Ertrag des Kapitals. Bezeichnet man diesen umfassenden Gewinn als **buchhalterischen Gewinn**, dann gilt:

$$\text{Buchhalterischer Gewinn} = \text{Unternehmergewinn} + (MPK \times K).$$

Unter den von uns getroffenen Annahmen – konstante Skalenerträge, Gewinnmaximierung und Wettbewerb – ist der Unternehmergewinn gleich null. Beschreiben diese Annahmen die Realität einigermaßen genau, dann stehen hinter dem Gewinnbegriff der Volkswirtschaftlichen Gesamtrechnung zum größten Teil Kapitalerträge.

Nach diesen Überlegungen kann die am Anfang dieses Kapitels aufgeworfene Frage beantwortet werden, wie das im Unternehmenssektor entstandene Gesamteinkommen der Volkswirtschaft auf die Haushalte verteilt wird. Jeder Produktionsfaktor wird mit seinem Grenzprodukt entlohnt, und die Faktoreinkommen schöpfen insgesamt gerade das Gesamteinkommen aus. *Die Gesamtproduktion wird daher in Abhängigkeit von den jeweiligen Grenzprodukten auf die Entlohnung von Kapital und Arbeit aufgeteilt.*

Fallstudie 3-1: Pest und Faktorpreise

Aus der eben angestellten Analyse der Verteilung des volkswirtschaftlichen Einkommens folgt, daß die Faktorpreise dem Grenzprodukt der Produktionsfaktoren entsprechen. Weil die Grenzprodukte von der Höhe der Faktoreinsätze abhängen, muß eine Veränderung in der Einsatzmenge eines Faktors die Grenzprodukte aller Faktoren verändern. Daraus folgt dann auch, daß eine Veränderung der Angebotsmenge eines Faktors zu einer Veränderung aller gleichgewichtigen Faktorpreise führen muß.

Die Erfahrungen Europas im 14. Jahrhundert belegen eindringlich den Einfluß von Veränderungen des Faktorangebots auf die Faktorpreise. Der Ausbruch der Pest im Jahre 1348 raffte innerhalb von wenigen Jahren etwa ein Drittel der Bevölkerung dahin. Weil das Grenzprodukt der Arbeit steigt, wenn der Arbeitseinsatz sinkt, führte die massive Verminderung der Anzahl der Erwerbspersonen zu einem Anstieg des Grenzprodukts der Arbeit. Die Reallöhne erhöhten sich daher beträchtlich - einigen Schätzungen zufolge verdoppelten sie sich. Für die

Landarbeiter - zumindest für jene, die überlebten - verbesserte sich die wirtschaftliche Lage beträchtlich.

Die Verringerung der Erwerbspersonenzahl hatte auch Konsequenzen für den Bodenertrag, den anderen wichtigen Produktionsfaktor des mittelalterlichen Europas. Mit der Verringerung der für die Feldarbeit zur Verfügung stehenden Arbeitskräfte ging eine Verminderung des zusätzlichen Outputs einher, der durch die Verwendung einer zusätzlichen Einheit Bodens erzielbar war. Diese Verringerung des Grenzproduktes des Bodens führte zu einer Abnahme der realen Pachten von 50 Prozent und mehr. Während sich also die ökonomische Lage der Landarbeiter deutlich verbesserte, mußte die Klasse der Grundbesitzer erhebliche Einkommenseinbußen hinnehmen.[4]

Fallstudie 3-2: Der Senator, der Mathematiker und die Konstanz der Faktoranteile

Im Jahr 1927 fiel Paul Douglas, einem Wirtschaftswissenschaftler, der später Senator von Illinois wurde (1949-1966), auf, daß die Verteilung des Sozialprodukts zwischen Kapital und Arbeit über einen langen Zeitraum betrachtet weitgehend konstant war. Anders ausgedrückt bedeutet dies, daß Arbeitnehmer und Kapitaleigner gleichermaßen am Produktionszuwachs der Wirtschaft beteiligt waren, also beide Gruppen am Wirtschaftswachstum partizipierten. Douglas fragte sich, wodurch die beobachtete Konstanz der Faktoranteile hervorgerufen wurde.

Douglas wandte sich an Charles Cobb, einen Mathematiker, und wollte von ihm wissen, welche Produktionsfunktion, falls es überhaupt eine gäbe, zu konstanten Faktoranteilen führt, wenn die Faktoren immer mit ihrem Grenzprodukt entlohnt werden. Diese Produktionsfunktion müßte die Eigenschaft haben, daß gilt:

$$\text{Kapitaleinkommen} = MPK \times K = \alpha\, Y,$$
$$\text{Arbeitseinkommen} = MPL \times L = (1-\alpha)\, Y.$$

Hierin bezeichnet α eine Konstante zwischen null und eins, die den Anteil des Kapitals am Einkommen mißt. Die Größe von α bestimmt also, welcher Teil des

---

[4] Carlo M. Cipolla, Before the Industrial Revolution: European Society and Economy, 1000 - 1700, 2nd edition (New York, 1980), 200-202.

Einkommens auf das Kapital und welcher auf die Arbeit entfällt. Cobb zeigte, daß die Funktion

$$Y = F(K, L) = AK^\alpha L^{1-\alpha}$$

die geforderten Eigenschaften aufweist. Dabei ist *A* ein Parameter, der größer ist als null und die Produktivität der verfügbaren Technologie beschreibt. Diese Funktion wurde als *Cobb-Douglas-Produktionsfunktion* bekannt.

In einer Vielzahl von Studien wurde festgestellt, daß die Cobb-Douglas-Produktionsfunktion eine recht gute Beschreibung für die Transformation von Arbeit und Kapital in Sozialprodukt liefert. Aus diesem Grunde sollen ihre Eigenschaften im folgenden etwas näher betrachtet werden.

Zunächst einmal weist die Cobb-Douglas-Produktionsfunktion konstante Skalenerträge auf. Wenn Kapital und Arbeit im selben Verhältnis erhöht werden, steigt auch die Produktionsmenge in eben diesem Verhältnis.[5]

Als nächstes sollen die Grenzprodukte der Cobb-Douglas-Produktionsfunktion betrachtet werden. Für das Grenzprodukt der Arbeit gilt[6]:

$$MPL = (1-\alpha) AK^\alpha L^{-\alpha}$$

und für das Grenzprodukt des Kapitals:

---

5 *Mathematischer Hinweis*: Um zu zeigen, daß die Cobb-Douglas-Produktionsfunktion konstante Skalenerträge aufweist, soll geprüft werden, was passiert, wenn Kapital und Arbeit mit einer Konstanten *z* multipliziert werden:
$$F(zK, zL) = A (zK)^\alpha (zL)^{1-\alpha}$$
Ausmultiplizieren der rechten Seite liefert:
$$F(zK, zL) = A z^\alpha K^\alpha z^{1-\alpha} L^{1-\alpha}$$
Umformung ergibt:
$$F(zK, zL) = z^\alpha z^{1-\alpha} A K^\alpha L^{1-\alpha}$$
Da $z^\alpha z^{1-\alpha} = z$, folgt:
$$F(zK, zL) = zAK^\alpha L^{1-\alpha}$$
Es gilt aber $AK^\alpha L^{1-\alpha} = F(K, L)$, daher:
$$F(zK, zL) = zF(K, L) = zY.$$
Folglich nimmt der Output *Y* ebenfalls um den Faktor *z* zu. Damit ist gezeigt, daß die Cobb-Douglas-Produktionsfunktion konstante Skalenerträge aufweist.

6 *Mathematischer Hinweis*: Um die Formeln für die Grenzprodukte aus der Produktionsfunktion abzuleiten sind elementare Kenntnisse der Differentialrechnung notwendig. Um das Grenzprodukt der Arbeit zu ermitteln, ist die Produktionsfunktion partiell nach *L*, um das Grenzprodukt des Kapitals zu ermitteln, partiell nach *K* abzuleiten.

$$MPK = \alpha AK^{\alpha-1}L^{1-\alpha}.$$

Unter der Annahme, daß α zwischen null und eins liegt, folgt aus diesen Gleichungen, daß eine Zunahme des Kapitaleinsatzes das *MPL* erhöht und das *MPK* vermindert. Analog führt eine Erhöhung des Arbeitseinsatzes zu einer Verminderung des *MPL* und einer Erhöhung des *MPK*. Technologischer Fortschritt, der sich in einer Zunahme des Parameters *A* äußert, erhöht die Grenzprodukte beider Faktoren proportional.

Die Grenzprodukte der Cobb-Douglas-Funktion können auch als

$$MPL = (1-\alpha)Y/L$$
$$MPK = \alpha Y/K$$

geschrieben werden[7]. Das *MPL* ist proportional zur Produktion je Beschäftigten, und das *MPK* ist proportional zur Produktion je Kapitaleinheit. *Y/L* heißt Durchschnittsproduktivität der Arbeit und *Y/K* Durchschnittsproduktivität des Kapitals. Für eine Produktionsfunktion vom Cobb-Douglas-Typ ist die Grenzproduktivität eines Faktors proportional zu seiner Durchschnittsproduktivität.

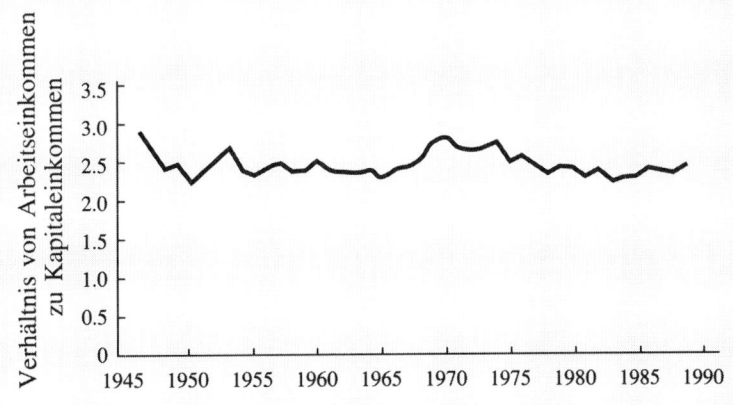

Abbildung 3-5: **Das Verhältnis von Arbeits- und Kapitaleinkommen.** Diese Abbildung zeigt, daß das Arbeitseinkommen in den Vereingten Staaten seit 1948 das Zwei- bis Dreifache des Kapitaleinkommens betragen hat. Diese annähernde Konstanz in den Faktoranteilen kann als Hinweis auf die Richtigkeit der Cobb-Douglas-Produktionsfunktion angesehen werden.
Quelle: U.S. Department of Commerce.

---

7 *Mathematischer Hinweis*: Um diese Ausdrücke für die Grenzprodukte zu überprüfen, muß man sie in die Produktionsfunktion für Y einsetzen. Es zeigt sich dann, daß die Ausdrücke den weiter oben abgeleiteten entsprechen.

Es läßt sich nun zeigen, daß der Parameter α tatsächlich angibt, welcher Teil des Einkommens an die Beschäftigten und welcher Teil an die Kapitaleigentümer geht, wenn die Faktoren nach ihrem Grenzprodukt entlohnt werden. Die gesamte Lohnsumme, die wie gezeigt durch $MPL \times L$ gegeben ist, entspricht gerade $(1-\alpha)Y$. Der Anteil des Faktors Arbeit ist daher $(1-\alpha)$. Völlig analog ergibt sich die gesamte Kapitalentlohnung, $MPK \times K$, zu αY, und der Anteil des Faktors Kapital beträgt α. Das Verhältnis von Arbeitseinkommen und Kapitaleinkommen ist eine Konstante, nämlich $(1-\alpha)/\alpha$, genau wie Douglas es beobachtet hatte. Die Faktoranteile am Einkommen hängen nur vom Parameter α ab. Die Faktoranteile hängen weder von der Menge des eingesetzten Kapitals noch der Menge der eingesetzen Arbeit noch vom Stand der Technologie ab, der durch den Parameter A erfaßt wird.

Neuere Daten zeigen, daß die Cobb-Douglas-Produktionsfunktion immer noch eine gute Beschreibung der Produktionsverhältnisse liefert. Abbildung 3-5 zeigt das Verhältnis von Arbeitseinkommen zu Kapitaleinkommen für die Vereinigten Staaten von 1948 bis 1989. Trotz der vielen Veränderungen, die die Volkswirtschaft der Vereinigten Staaten in den letzten vier Jahrzehnten erfahren hat, ist dieses Verhältnis immer zwischen 2 und 3 geblieben. Diese Verteilung des Einkommens kann einfach durch eine Cobb-Douglas-Produktionsfunktion erklärt werden, in der der Kapitalanteil α ungefähr 0,3 beträgt.

3.3 Die Nachfrage nach Waren und Dienstleistungen

Bisher wurde überlegt, welche Faktoren die Höhe des Produktionsniveaus bestimmen und wie das im Zuge der Produktion entstehende Einkommen auf Arbeit und Kapital verteilt wird. Nunmehr soll die Reise durch das Kreislaufdiagramm der Abbildung 3-1 fortgesetzt und geprüft werden, wie der Output verwendet wird.

In Kapitel 2 wurden vier Komponenten des Sozialprodukts diskutiert:

- Konsum (C),
- Investitionen (I),
- Staatsausgaben (G) und
- Nettoexporte (NX).

Im Kreislaufdiagramm der Abbildung 3-1 sind nur die ersten drei Komponenten dargestellt. Das ist darauf zurückzuführen, daß aus Vereinfachungsgründen in diesem Kapitel eine geschlossene Volkswirtschaft betrachtet wird. Eine Volkswirtschaft heißt geschlossen, wenn sie mit keinem anderen Land Handel treibt. In diesem Fall sind die Nettoexporte notwendigerweise immer gleich null. In Kapitel 7 wird diese Annahme aufgehoben und eine makroökonomische Analyse der offenen Volkswirtschaft durchgeführt.

In der geschlossenen Volkswirtschaft gibt es nur drei Verwendungsmöglichkeiten für die erzeugten Waren und Dienstleistungen. Diese drei Komponenten des BSP finden sich in der Sozialproduktsidentität:

$$Y = C + I + G.$$

Die Haushalte konsumieren einen Teil der Produktion; einen Teil der Produktion verwenden die Unternehmen für Investitionen; schließlich verwendet der Staat einen Teil des Outputs für öffentliche Zwecke. Im folgenden soll analysiert werden, wie das BSP auf diese drei Verwendungszwecke aufgeteilt wird.

Konsum

Der größte Teil der Produktion wird für Konsumzwecke verwendet. Wenn man ißt, Kleidung trägt oder in das Kino geht - immer wird ein Teil der volkswirtschaftlichen Produktion konsumiert. Zusammengenommen machen alle Formen des Konsums zwei Drittel des BSP aus. Weil der Konsum ein solch großer Bestandteil des BSP ist, stellt die Analyse der Konsumentscheidung einen der wichtigsten Punkte in der volkswirtschaftlichen Betrachtung dar. In Kapitel 15 wird eine eingehende Betrachtung der Konsumentscheidung vorgenommen. Im Augenblick soll eine sehr stark vereinfachte Analyse genügen.

Die Haushalte beziehen Einkommen aus ihrer Arbeit und aus dem Besitz von Kapital. Sie entrichten Steuern an den Staat und entscheiden dann, welchen Teil ihres Nettoeinkommens sie für Konsumzwecke verwenden und welchen Teil sie sparen wollen. Wie in Abschnitt 3.2 erläutert wurde, entspricht das Gesamteinkommen, das die Haushalte beziehen, der Produktion Y. Der Staat erhebt von den Haushalten Steuern in Höhe von T. Obwohl der Staat in Wirklichkeit eine ganze Anzahl verschiedener Steuern erhebt, wie z.B. Einkommen- und Körperschaftsteuern, Grundsteuer, Vermögensteuer und Verbrauchsteuern, soll aus Vereinfachungsgründen angenommen werden, daß insgesamt eine bestimmte Summe erhoben wird. Das Einkommen nach Abzug der Steuern wird als **verfügbares Einkommen** ($Y-T$) bezeichnet. Die Haushalte teilen ihr verfügbares Einkommen auf Konsum und Ersparnis auf.

Es wird angenommen, daß der Konsum direkt von der Höhe des verfügbaren Einkommens abhängt. Je höher das verfügbare Einkommen, desto höher ist der Konsum:

$$C = C(Y-T).$$

Diese Gleichung besagt, daß der Konsum eine Funktion des verfügbaren Einkommens ist. Die Beziehung zwischen Konsum und verfügbarem Einkommen heißt **Konsumfunktion**.

Den Zuwachs des Konsums bei einer Erhöhung des Einkommens um eine Mark bezeichnet man als **marginale Konsumneigung** (*MPC* - marginal propensity to consume). Die marginale Konsumneigung wird in der Regel zwischen null und eins liegen, weil eine Erhöhung des Einkommens um eine Mark zwar auch zu einem Zuwachs des Konsums führen wird, dieser aber kleiner als der Einkommenszuwachs sein wird. Anders ausgedrückt sparen die Haushalte einen Teil des zusätzlichen Einkommens. Beträgt die marginale Konsumneigung beispielsweise 0,7, dann geben die Haushalte von jeder zusätzlichen Mark Einkommen 70 Pfennige für Konsumgüter aus und sparen 30 Pfennige.

Abbildung 3-6 illustriert die Konsumfunktion. Die Steigung der Konsumfunktion zeigt, um welchen Betrag der Konsum zunimmt, wenn das verfügbare Einkommen um eine Mark steigt. Die Steigung der Konsumfunktion entspricht also der marginalen Konsumneigung.

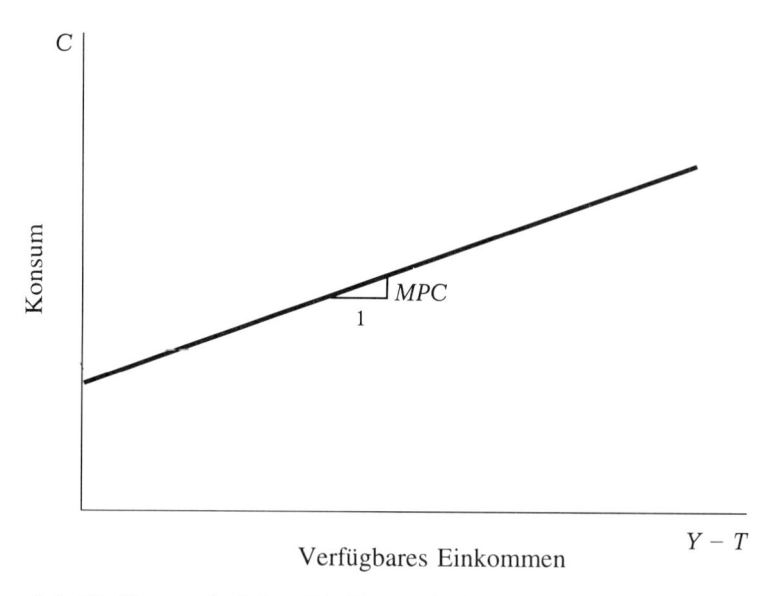

Abbildung 3-6: **Die Konsumfunktion.** Die Konsumfunktion setzt Konsum (*C*) und verfügbares Einkommen (*Y-T*) zueinander in Beziehung. Die marginale Konsumneigung ist der Betrag, um den der Konsum steigt, wenn das Einkommen um eine Mark zunimmt.

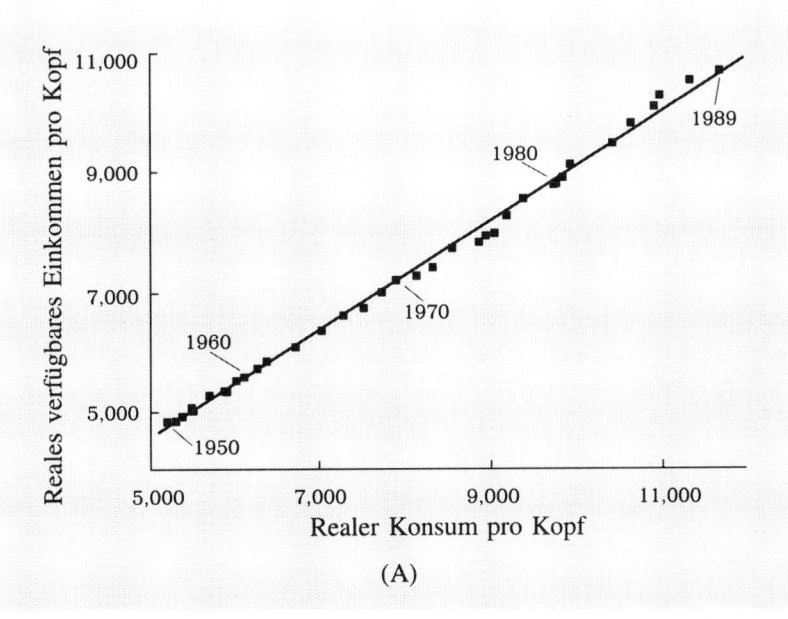

Fallstudie 3-3: Die Konsumfunktion für die Vereinigten Staaten

Es ist leicht, aus den entsprechenden Daten (hier für die Vereinigten Staaten) die Konsumfunktion zu entnehmen. Abbildung 3-7A und Abbildung 3-7B liegen Jahresdaten der Volkswirtschaftlichen Gesamtrechnungen der Vereinigten Staaten zugrunde. Verwendet wurden Konsum und verfügbares Einkommen in Pro-Kopf-Größen, um die Konsumfunktion auf zwei verschiedene Weisen darzustellen.

Das Streudiagramm in Abbildung 3-7A zeigt an der horizontalen Achse das Einkommensniveau und an der vertikalen Achse das Konsumniveau. Diese Art der Darstellung betont den langfristigen Zusammenhang zwischen den beiden Größen.

(B)

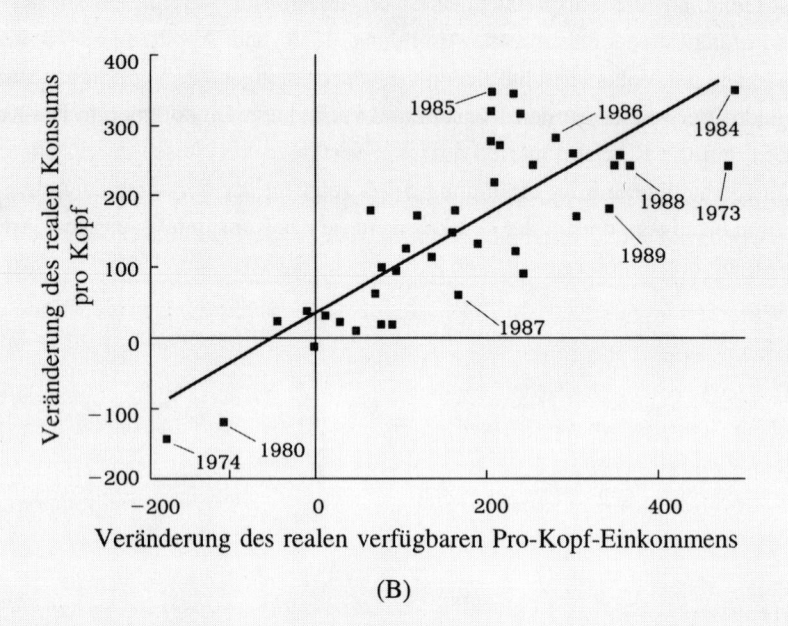

Abbildung 3-7: **Die Konsumfunktion für die Vereinigten Staaten.** Die beiden Streudiagramme zeigen die Beziehung zwischen Konsum und verfügbarem Einkommen unter Verwendung von Jahresdaten aus dem Zeitraum 1950-1987. (Beide Variablen zu Preisen von 1982.)
Quelle: U.S. Department of Commerce.

Mit der langfristigen Zunahme des Einkommens steigt auch der Konsum. Das Streudiagramm in Abbildung 3-7B zeigt dagegen die jährliche Veränderung des verfügbaren Pro-Kopf-Einkommens und des Pro-Kopf-Konsums. Hier wird nun der kurzfristige Zusammenhang hervorgehoben. In den Jahren, in denen das Einkommen um einen großen Betrag zunahm, wuchs auch der Konsum um einen großen Betrag. In den Jahren, in denen sich das Einkommen kaum erhöhte oder sogar sank, erhöhte sich auch der Konsum kaum oder sank. Auf welche Weise man auch die Daten betrachtet, es zeigt sich immer eine enge Beziehung zwischen Einkommen und Konsum, eine Beziehung, die durch die Konsumfunktion beschrieben wird.

Investitionen

Investitionsgüter werden von Unternehmungen gekauft. Diese erwerben Investitionsgüter, um ihren Kapitalstock zu vergrößern oder um verschlissene Kapitalgüter zu ersetzen. Kauft ein Haushalt ein neu gebautes Haus, dann stellt zwar auch diese Transaktion eine Investition dar, trotzdem investieren die Haushalte nicht. Der in dieser Aussage enthaltene scheinbare Widerspruch wird dadurch aufgelöst, daß die Haushalte in bezug auf den Erwerb von Häusern in der Volkswirtschaftlichen Gesamtrechnung dem Unternehmenssektor zugerechnet werden. Der Anteil der gesamten Investitionen am BSP beträgt ungefähr 20 Prozent.

Die Höhe der Investitionsgüternachfrage hängt vom Zinsniveau ab. Damit ein Investitionsprojekt Gewinne abwirft, müssen die damit erzielten Erlöse die Kosten übersteigen. Die Kosten eines Investitionsprojekts werden durch den Zinssatz bestimmt. Folglich sind um so weniger Investitionsprojekte rentabel, je höher der Zinssatz ist, und desto geringer wird auch die Nachfrage nach Investitionsgütern sein.

Als Beispiel kann man den Fall betrachten, daß eine Unternehmung überlegt, ob sie für 1 Mio. DM eine Fabrik bauen soll, mit der sie einen Erlös von 80.000 DM pro Jahr (= 8 Prozent) erzielen kann. Die Unternehmung vergleicht diesen Erlös mit den Kosten eines Kredits über 1 Mio. DM. Liegt der Kreditzins unter acht Prozent, dann wird die Unternehmung sich Geld zur Durchführung dieses Projektes leihen. Liegt der Marktzinssatz dagegen über acht Prozent, dann wird sie das Projekt nicht durchführen und die Fabrik nicht bauen.

Als weiteres Beispiel kann man die Entscheidung eines Haushaltes betrachten, der überlegt, ob er ein Haus bauen soll oder nicht. Je höher der Zinssatz ist, desto größer ist die Belastung durch Hypotheken. Eine Hypothek über 100 000 DM kostet bei einem Zinssatz von acht Prozent 8 000 DM pro Jahr. Sie kostet 10 000 DM, wenn der Zinssatz zehn Prozent beträgt. Mit steigendem Zinssatz nehmen also die Baukosten zu. Die Nachfrage nach Neubauten wird daher mit steigendem Zinssatz abnehmen.

Ökonomen unterscheiden zwischen **realem Zinssatz** und **nominalem Zinssatz.** Diese Unterscheidung wird in von Inflation und Deflation begleiteten Zeiten erforderlich, also dann, wenn die Preise nicht stabil sind. Mit dem Ausdruck „nominaler Zinssatz" ist der Begriff des Zinssatzes in seiner üblichen Bedeutung gemeint: es handelt sich dabei um den Zinssatz, den Investoren zu entrichten haben, wenn sie Geld leihen. Als realen Zinssatz bezeichnet man den um Inflationseffekte korrigierten nominalen Zinssatz.

Um zu sehen, wie sich nominaler und realer Zinssatz unterscheiden, soll eine Unternehmung betrachtet werden, die sich entscheidet, eine neue Fabrik zu bauen, und die das dafür notwendige Geld bei einer Bank zu einem Zinssatz von acht Prozent ausleiht.

Der nominale Zinssatz beträgt in diesem Fall also acht Prozent, denn der Betrag, den die Unternehmung insgesamt an die Bank zurückzahlen muß, wächst jährlich mit einer Rate von acht Prozent. Steigen die Preise jedoch beispielsweise um fünf Prozent pro Jahr, dann verliert das Geld, das an die Bank zurückgezahlt wird, jährlich fünf Prozent seines Wertes. Jedes Jahr erhöht sich der insgesamt zurückzuzahlende DM-Betrag um acht Prozent, aber gleichzeitig verringert sich der Wert der Mark um fünf Prozent. Der reale Zinssatz beträgt daher drei Prozent, nämlich genau die Differenz zwischen nominalem Zinssatz und Inflationsrate.

In Kapitel 6 wird die Beziehung zwischen realer und nominaler Inflationsrate eingehender diskutiert. Hier ist es zunächst nur wichtig, zu verstehen, daß der reale Zinssatz die wahren Kosten der Verschuldung erfaßt. Man muß daher davon ausgehen, daß die Investitionen vom realen und nicht vom nominalen Zinssatz abhängen.

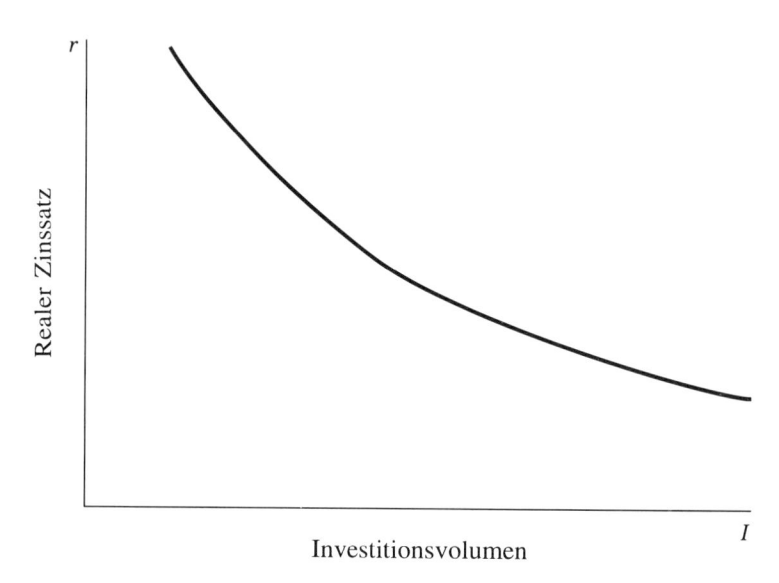

Abbildung 3-8: **Die Investitionsfunktion.** Die Investitionsfunktion setzt die erwünschte Menge an Investitionsgütern (I) und den realen Zinssatz (r) zueinander in Beziehung. Die Investitionen hängen vom realen Zinssatz ab, weil der Zinssatz die Kreditkosten beschreibt. Die Investitionsfunktion verläuft mit negativer Steigung: je höher der Zinssatz, desto geringer ist die Zahl der gewinnbringenden Investitionsprojekte.

Der Zusammenhang zwischen realem Zinssatz (r) und Investitionen (I) läßt sich durch die Beziehung

$$I = I(r)$$

beschreiben. Diese Gleichung besagt, daß die Investitionen vom realen Zinssatz abhängen. Abbildung 3-8 zeigt die so beschriebene Investitionsfunktion. Sie verläuft mit negativer Steigung, weil die Nachfrage nach Investitionsgütern mit steigendem Zinssatz abnimmt.

> **Zusatzinformation: Was sind Investitionen?**
>
> Der Begriff "Investitionen" verursacht häufig bei denen Verwirrung, die sich erstmals mit makroökonomischen Fragen beschäftigen. Die Verwirrung entsteht deshalb, weil manche Dinge aus individueller Perspektive wie Investitionen aussehen, es aus makroökonomischer Sicht jedoch nicht sind.
> Es sei angenommen, daß die folgenden beiden Ereignisse zu beobachten sind:
>
> - Familie Schmidt kauft sich ein hundert Jahre altes, im klassizistischen Stil erbautes Haus.
> - Familie Müller baut sich ein neues Haus im postmodernen Stil.
>
> Wie groß ist die Gesamtinvestition? Ein Haus, zwei Häuser, kein Haus?
> Aus makroökonomischer Sicht stellt nur das Haus der Müllers eine Investition dar. Der Schmidtsche Hauskauf hat für die Volkswirtschaft insgesamt keinen neuen Wohnraum geschaffen, er hat lediglich bereits vorhandenen Wohnraum umverteilt. Der Schmidtsche Hauskauf stellt für Familie Schmidt eine Investition dar, er ist aber eine Desinvestition für denjenigen, der das Haus verkauft hat. Im Gegensatz hierzu erhöht der Hauskauf der Familie Müller den volkswirtschaftlichen Wohnraum und wird daher auch auf gesamtwirtschaftlicher Ebene als Investition gezählt.
> Als allgemeine Regel gilt, daß Käufe, die lediglich zu einer Umverteilung bestehender Vermögenswerte zwischen verschiedenen Personen führen, keine volkswirtschaftlichen Investitionen darstellen. Der makroökonomische Begriff der Investition bezieht sich auf die Schaffung neuen Kapitals.

Staatsausgaben

Die Käufe des Staates bilden die dritte Komponente der Nachfrage nach Waren und Dienstleistungen. Die Bundesregierung kauft Kanonen, Raketen und die Leistungen der im öffentlichen Dienst Beschäftigten. Die Gemeinden kaufen Bücher für Bibliotheken

Nun sollen diese Gleichungen, die Angebot und Nachfrage beschreiben, zusammengefaßt werden. Werden Konsumfunktion und Investitionsfunktion in die Kreislaufgleichung eingesetzt, ergibt sich

$$Y = C(Y\text{-}T) + I(r) + G.$$

Da die Variablen G und T politisch festgelegt werden und das Produktionsniveau Y durch den Einsatz der Produktionsfaktoren und die Produktionsfunktion bestimmt wird, gilt:

$$\bar{Y} = C(\bar{Y}\text{-}\bar{T}) + I(r) + \bar{G}.$$

Diese Gleichung besagt, daß das Angebot an Gütern mit seiner Nachfrage übereinstimmt, die sich als Summe aus den Konsum-, Investitions- und Staatsausgaben ergibt.

Nun wird deutlich, warum dem Zinssatz r hier eine Schlüsselrolle zufällt: er muß sich so anpassen, daß die Güternachfrage mit dem Angebot übereinstimmt. Je höher der Zinssatz, desto niedriger ist das Investitionsniveau, und desto niedriger ist die Nachfrage nach Waren und Dienstleistungen ($C+I+G$). Ist der Zinssatz zu hoch, dann sind die Investitionen zu gering, und die Nachfrage ist kleiner als das Angebot. Ist hingegen der Zinssatz zu niedrig, ist das Investitionsvolumen zu groß, und die Nachfrage übersteigt das Angebot. *Nur beim gleichgewichtigen Zinssatz stimmen Angebot und Nachfrage überein.*

Gleichgewicht auf den Finanzmärkten: Angebot und Nachfrage für Kredite

Weil der Zinssatz die Kosten der Kreditaufnahme und den Ertrag der Kreditvergabe an den Finanzmärkten darstellt, läßt sich die Rolle des Zinssatzes besser verstehen, wenn wir uns mit den Finanzmärkten beschäftigen. Dazu wird die Verwendungsgleichung des Einkommens als

$$Y - C - G = I$$

geschrieben. Der Ausdruck $Y - C - G$ beschreibt die Outputmenge, die verbleibt, nachdem die Nachfrage der Konsumenten und des Staates befriedigt ist. Sie wird als **volkswirtschaftliche Ersparnis** oder einfach als **Ersparnis** (S) bezeichnet. In dieser

Kapitel 3   Das Bruttosozialprodukt: Entstehung, Verteilung und Verwendung   85

Form besagt die Kreislaufgleichung, daß Ersparnis und Investitionen einer Volkswirtschaft übereinstimmen.

Die volkswirtschaftliche Ersparnis kann so zerlegt werden, daß die Ersparnis der Haushalte und die Ersparnis des Staates getrennt ausgewiesen werden:

$$(Y - T - C) + (T - G) = I.$$

Der Ausdruck Y-T-C stellt das verfügbare Einkommen abzüglich Konsum dar und entspricht daher gerade der privaten Ersparnis. Der Ausdruck $T - G$ symbolisiert die Differenz aus Einnahmen und Ausgaben des Staates, die als staatliche oder öffentliche Ersparnis bezeichnet wird.[8] (Falls die Staatsausgaben die Einnahmen übersteigen, liegt ein Haushaltsdefizit des Staates vor, und die öffentliche Ersparnis ist negativ.) Die volkswirtschaftliche Ersparnis ergibt sich als Summe der privaten und der öffentlichen Ersparnis. Betrachtet man noch einmal das als Abbildung 3-1 gezeigte Kreislaufdiagramm, wird die kreislaufanalytische Bedeutung dieser Gleichung sichtbar: Die Zu- und Abströme zu den Finanzmärkten müssen gleich groß sein.

Um die Rolle deutlich zu machen, die der Zinssatz dabei spielt, die Finanzmärkte ins Gleichgewicht zu bringen, werden zunächst die Konsum- und die Investitionsfunktion in die Verwendungsgleichung des Einkommens eingesetzt:

$$Y - C(Y-T) - G = I(r).$$

Im nächsten Schritt wird wieder angenommen, daß G und T durch die Wirtschaftspolitik und Y durch den vorgegebenen Einsatz der Produktionsfaktoren festgelegt werden:

$$\bar{Y} - C(\bar{Y} - \bar{T}) - \bar{G} = I(r),$$
$$\bar{S} = I(r).$$

Die linke Seite dieser Gleichung zeigt, daß die volkswirtschaftliche Ersparnis vom Einkommen sowie den fiskalpolitischen Variablen G und T abhängt. Für fest vorgegebene Werte von Y, G und T ist die Ersparnis ebenfalls fixiert. Die rechte Seite der Gleichung zeigt, daß die Investitionen vom Zinssatz abhängen.

---

8   Im deutschen System der Volkswirtschaftlichen Gesamtrechnung wird zwischen staatlichem Verbrauch und staatlichen Investitionen unterschieden. Die staatliche Ersparnis ist die Differenz aus Einkommen des Staates und nichtinvestiven Ausgaben ($T - C^{St}$). Die Differenz aus dem Einkommen des Staates und den gesamten staatlichen Ausgaben bezeichnet man als Finanzierungssaldo des Staates ($F^{St} = T - C^{St} - I^{St}$). Da im gesamtwirtschaftlichen Rechnungssystem der Vereinigten Staaten nicht zwischen laufenden und investiven Ausgaben des Staates unterschieden wird, sind hier Finanzierungssaldo und staatliche Ersparnis identisch. Dies ist bei den weiteren Überlegungen zu beachten, die auf der amerikanischen Systematik aufbauen.

Abbildung 3-9 zeigt Ersparnis und Investitionen als Funktionen des Zinssatzes. Der Graph der Sparfunktion ist eine einfache senkrechte Linie, weil die Ersparnis vom Zinssatz unabhängig ist. (Diese Annahme wird später jedoch gelockert.) Die Investitionsfunktion ist abwärts geneigt: je höher der Zinssatz, desto weniger Investitionsprojekte sind rentabel.

Wirft man nur einen kurzen Blick auf Abbildung 3-9, könnte man meinen, es handele sich um das Angebots-Nachfrage-Diagramm eines bestimmten Gutes. Und tatsächlich kann man Ersparnis und Investitionen auf diese Weise betrachten: das Gut sind die Kredite, und sein Preis ist der Zinssatz. Die Ersparnis stellt das Angebot an Krediten dar - die einzelnen Individuen gewähren den Unternehmen direkt aus ihrer Ersparnis Kredite, oder sie deponieren die Ersparnis auf einer Bank, die dann ihrerseits Kredite gewährt. Die Investitionen stellen die Kreditnachfrage dar - Investoren nehmen direkt durch den Verkauf von Anleihen beim Publikum Kredite auf, oder sie tun dies indirekt über das Bankensystem. Da die Investitionen vom Zinssatz abhängen, hängt die Kreditnachfrage ebenfalls vom Zinssatz ab.

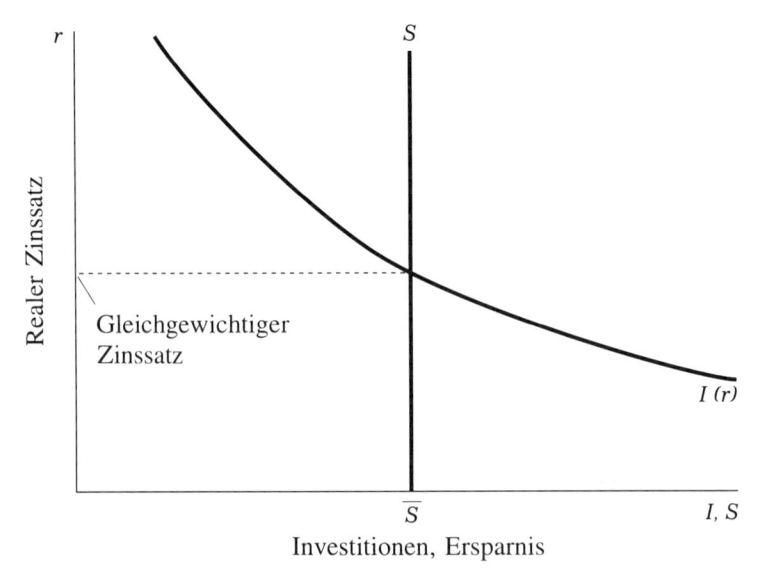

Abbildung 3-9: **Ersparnis, Investitionen und Zinssatz.** Der Zinssatz paßt sich so an, daß Ersparnis und gewünschte Investitionen übereinstimmen. Die vertikale Linie repräsentiert die Ersparnis - das Kreditangebot. Die abwärts geneigte Kurve gibt die gewünschten Investitionen wieder - die Kreditnachfrage. Beide Kurven schneiden sich beim gleichgewichtigen Zinssatz.

Der Zinssatz paßt sich so lange an, bis Investitionen und Ersparnis übereinstimmen. Ist der Zinssatz zu niedrig, wollen die Investoren einen größeren Anteil an der Produktion einer Volkswirtschaft als es den Sparwünschen entspricht. Dies ist gleichbedeutend mit einer Kreditnachfrage, die größer als das Kreditangebot ist. In diesem Fall werden die Investoren um das knappe Kreditangebot konkurrieren und den Zinssatz in die Höhe treiben. Ist umgekehrt der Zinssatz zu hoch, übersteigt die Ersparnis die Investitionen. Weil das Kreditangebot größer ist als die Kreditnachfrage, wird der Zinssatz sinken. Der gleichgewichtige Zinssatz liegt dort, wo sich Kreditangebots- und Kreditnachfragekurve schneiden. *Beim gleichgewichtigen Zinssatz stimmen Ersparnis und Investitionen sowie Kreditnachfrage und Kreditangebot überein.*

Veränderungen der Ersparnis: Die Wirkungen der Fiskalpolitik

Fiskalpolitische Maßnahmen berühren die gesamtwirtschaftliche Nachfrage. Sie berühren auch die Ersparnis, was wiederum Folgen für die Höhe der Investitionen und des gleichgewichtigen Zinssatzes hat. Das oben entwickelte Modell erweist sich als nützlich, um die Wirkungen einer Veränderung von Staatsausgaben und Steuern auf das ökonomische System abzuschätzen.

Eine Zunahme der Staatsausgaben Zunächst sollen die Wirkungen einer Erhöhung der Staatsausgaben um ΔG betrachtet werden. Die unmittelbare Folge ist einer Erhöhung der Nachfrage nach Waren und Dienstleistungen um ΔG. Da die Gesamtproduktion jedoch durch die vorhandenen Produktionsfaktoren festgelegt ist, muß die Erhöhung der Staatsnachfrage durch den Rückgang einer anderen Nachfragekomponente ausgeglichen werden. Da sich das verfügbare Einkommen ($Y-T$) nicht ändert, bleibt auch der Konsum (C) gleich. Die Zunahme der staatlichen Güternachfrage muß daher durch eine gleich hohe Abnahme der Investitionen kompensiert werden.

Damit die Investitionen sinken, muß der Zinssatz steigen. Die Zunahme der staatlichen Güterkäufe führt daher zu einem Anstieg des Zinssatzes und zu einem Rückgang der Investitionen. Die zusätzlichen Staatsausgaben verdrängen also die privaten Investitionen. Man spricht daher von einem **Verdrängungseffekt** oder in Übernahme des anglo-amerikanischen Sprachgebrauchs von **Crowding-out**.

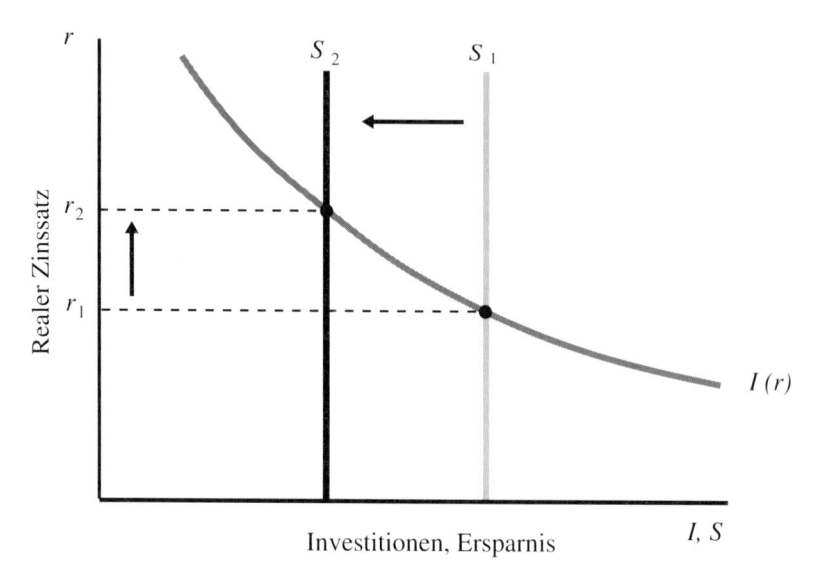

Abbildung 3-10: **Ein Rückgang der Ersparnis.** Jeder Rückgang der Ersparnis, möglicherweise verursacht durch eine Änderung der Fiskalpolitik, verschiebt die vertikale Linie, die sowohl die Ersparnis als auch das Kreditangebot repräsentiert, nach links. Das neue Gleichgewicht wird durch den Schnittpunkt der neuen Sparfunktion mit der Investitionsfunktion bestimmt. Ein Rückgang der Ersparnis führt zu einer Verminderung der Investitionen und zu einer Erhöhung des Zinssatzes. Man sagt, daß fiskalpolitische Maßnahmen, die die Ersparnis vermindern, einen Verdrängungseffekt in bezug auf die Investitionen auslösen.

Um die Folgen einer Erhöhung der Staatsausgaben zu begreifen, muß man sich die Wirkungen auf Ersparnis und Investitionen, d.h. die Wirkungen auf das den Investoren zur Verfügung stehende Kreditvolumen ansehen. Die Ersparnis war definiert durch:

$$\begin{aligned}\overline{S} &= \text{private Ersparnis} + \text{staatliche Ersparnis} \\ &= \overline{Y} - C(\overline{Y} - \overline{T}) - \overline{G} + (\overline{T} - \overline{G}) \\ &= (\overline{Y} - \overline{T} - C(\overline{Y} - \overline{T}).\end{aligned}$$

Da die Zunahme von *G* nicht mit einer Zunahme von *T* einhergeht, finanziert der Staat die zusätzlichen Ausgaben durch Verschuldung, d.h. durch eine Verminderung der staatlichen Ersparnis. Die Verschuldung vermindert daher die gesamtwirtschaftliche Ersparnis. Wie Abbildung 3-10 zeigt, kommt eine Verminderung der gesamtwirtschaftlichen Ersparnis in einer Linksverschiebung des Kreditangebotes, das für Investitionen verfügbar ist, zum Ausdruck. Beim ursprünglichen Zinssatz übersteigt die Kreditnachfrage nun das Kreditangebot. Der gleichgewichtige Zinssatz steigt bis zu dem Punkt, an dem die Investitionsfunktion die neue Sparfunktion schneidet. Eine Erhöhung der Staatsausgaben führt also zu einem Anstieg der Zinsen.

Fallstudie 3-4: Kriege und Zinssätze in Großbritannien (1730-1920)

Kriege sind traumatische Ereignisse - sowohl für die unmittelbar betroffenen Menschen als auch für die Wirtschaft eines Landes. Weil die kriegsbedingten ökonomischen Veränderungen häufig sehr groß sind, stellen in der Vergangenheit stattgefundene Kriege ein natürliches Experiment dar, mit dessen Hilfe sich ökonomische Theorien überprüfen lassen. Man kann Erkenntnisse über die Wirtschaft gewinnen, indem man analysiert, wie in Kriegszeiten die endogenen Variablen auf größere Veränderungen der exogenen Variablen reagieren.

Das Niveau der Staatsausgaben ist eine exogene Größe, die sich in Kriegszeiten drastisch verändert. Abbildung 3-11 zeigt den Anteil der Rüstungsausgaben am Bruttosozialprodukt Großbritanniens für die Zeit von 1730 bis 1919, als Großbritannien eine führende Weltmacht war. Wie zu erwarten war, zeigt diese Abbildung, daß die Staatsausgaben während der acht Kriege, die in diesem Zeitabschnitt stattfanden, plötzlich und dramatisch zunahmen.

Unser Modell der Wirtschaft prognostiziert, daß die kriegsbedingte Zunahme der Staatsausgaben zu einer Zunahme der Gesamtnachfrage und damit zu einer Erhöhung der Zinsen führt. Dieser Sachverhalt läßt sich völlig äquivalent auch dadurch beschreiben, daß die Zunahme der staatlichen Kreditaufnahme zur Finanzierung der Kriege eine Verminderung des Kreditangebots für private Investoren zur Folge hat und es daher zu einem Anstieg des Zinssatzes kommt.

Um diese Vorhersage überprüfen zu können, ist in Abbildung 3-11 auch der Zinssatz von langfristigen Staatsanleihen (die in Großbritannien *Consols* genannt werden) dargestellt. Es ist deutlich sichtbar, daß Rüstungsausgaben und Zinssatz positiv miteinander verknüpft sind. Das vorliegende Datenmaterial unterstützt somit die Vorhersage des Modells: Zinssätze steigen tendenziell, wenn die Staatsausgaben zunehmen.[9]

---

9   Robert J. Barro, "Government Spending, Interest Rates, Prices, and Budget Deficits in the United Kingdom, 1701-1918", Journal of Monetary Economics 20 (September 1987): 221-248; Daniel K. Benjamin und Levis A. Kochin, "War, Prices, and Interest Rates: A Martial Solution to Gibson's Paradox", in M.D. Bordo und A.J. Schwartz, Hrsg., A Retrospective on the Classical Gold Standard, 1821-1931 (Chicago 1984), 587-612.

Abbildung 3-11: **Rüstungsausgaben und Zinssatz in Großbritannien.** Diese Abbildung zeigt den prozentualen Anteil der Rüstungsausgaben am Bruttosozialprodukt Großbritanniens von 1730 bis 1919. Es kann kaum überraschen, daß die Rüstungsausgaben während jedes der acht Kriege dieses Zeitabschnitts deutlich zunahmen. Die Abbildung zeigt auch, daß der Zinssatz (hier der Zinssatz einer Staatsanleihe, die als *Consol* bezeichnet wird) tendenziell steigt, wenn die Rüstungsausgaben zunehmen.
Quelle: Die Zeitreihen wurden aus verschiedenen Quellen zusammengestellt, die beschrieben sind in: Robert J. Barro, "Government Spending, Interest Rates, Prices, and Budget Deficits in the United Kingdom, 1701-1918", Journal of Monetary Economics 20 (September 1987): 221-248.

Eines der Probleme, die sich ergeben, wenn man Daten aus Kriegszeiten zur Überprüfung von Theorien verwenden will, besteht darin, daß viele Dinge zur gleichen Zeit passieren können. So stiegen beispielsweise im zweiten Weltkrieg die Staatsausgaben dramatisch, gleichzeitig wurde durch Rationierung aber auch der Konsum vieler Güter eingeschränkt. Hinzu kommt, daß das betrachtete Land den Krieg verlieren kann. In diesem Fall wird der Staat seine Schulden nicht zurückzahlen. Dieses zusätzliche Risiko wird sich vermutlich in einem höheren Zinssatz niederschlagen, den der Staat für seine Kredite entrichten muß. Mit Hilfe unseres Modells können Prognosen darüber erstellt werden, was passiert, wenn sich eine exogene Variable ändert, alle anderen exogenen Größen aber konstant bleiben. In der Realität können sich jedoch viele exogene Variablen gleichzeitig ändern. Im Unterschied zu kontrollierten Laborexperimenten sind die natürlichen Experimente, auf die sich die Ökonomen stützen müssen, oft nicht leicht zu interpretieren.

Kapitel 3   Das Bruttosozialprodukt: Entstehung, Verteilung und Verwendung   91

Eine Verminderung der Steuern   Nun soll eine Verminderung der Steuern um ΔT betrachtet werden. Die direkte Wirkung besteht in einer Erhöhung des verfügbaren Einkommens und damit des Konsums. Das verfügbare Einkommen erhöht sich um ΔT. Der Konsum steigt um ΔT, multipliziert mit der marginalen Konsumquote. Je höher die marginale Konsumquote, desto größer ist die Wirkung der Steuerermäßigung auf den Konsum.

Da die gesamtwirtschaftliche Produktion durch die Produktionsfaktoren festgelegt ist und das Niveau der Staatsausgaben durch die Regierung bestimmt wird, muß die Erhöhung des Konsums mit einer Verminderung der Investitionen einhergehen. Damit die Investitionen sinken, muß der Zinssatz steigen. Folglich führt eine Verminderung der Steuern genau wie eine Erhöhung der Staatsausgaben zu einer Verdrängung der privaten Investitionen und zu einem Anstieg des Zinssatzes.

Wieder kann die Wirkung der Steuersenkung durch Betrachtung von Spar- und Investitionsfunktion analysiert werden. Da die Steuersenkung das verfügbare Einkommen um ΔT erhöht, steigt der Konsum um $MPC \times \Delta T$. Da die Ersparnis durch $Y - C - G$ definiert ist, sinkt sie um den gleichen Betrag, um den der Konsum steigt. Genau wie in Abbildung 3-10 verschiebt die Verminderung der Ersparnis die Kreditangebotskurve nach links. Dies führt zu einem Anstieg des gleichgewichtigen Zinssatzes und zu einer Verdrängung der privaten Investitionen.

Fallstudie 3-5: Die Fiskalpolitik in den achtziger Jahren

Eines der wichtigsten makroökonomischen Ereignisse in der jüngeren Geschichte ist die fundamentale Veränderung des fiskalpolitischen Kurses der Vereinigten Staaten im Jahr 1981. Ein Jahr zuvor war Ronald Reagan zum Präsidenten der USA gewählt worden. In seinem Wahlprogramm hatte er versprochen, die Verteidigungsausgaben zu erhöhen und die Steuern zu senken. Das Ergebnis dieser Politikkombination war, kaum überraschend, ein enormes Budgetdefizit. In den siebziger Jahren hatten die USA einen im Durchschnitt ungefähr ausgeglichenen Staatshaushalt - die Einnahmen entsprachen in etwa den Ausgaben. In den achtziger Jahren hatte das Defizit des Bundes eine Höhe von ungefähr 4 Prozent des Bruttosozialprodukts - die amerikanische Bundesregierung nahm Kredite in einem Maß auf, wie es zuvor in Friedenszeiten noch nie beobachtet worden war.[10]

---

10   Diese Zahlen für das Staatsdefizit wurden von Inflationseffekten bereinigt und unterscheiden sich deshalb von den amtlichen Zahlen. Im staatlichen Rechnungswesen werden die nominalen Zinszahlungen als Ausgaben angesehen. Bei den hier vorgelegten Zahlen - und dies gilt für alle Zahlen, die sich in diesem Buch auf Staatsdefizite beziehen - werden nur die realen Zinsen auf die Staatsverschuldung als

> Wie unser Modell vermuten läßt, führte dieser Wechsel in der Fiskalpolitik zu steigenden Zinssätzen und zu einer Verringerung der volkswirtschaftlichen Ersparnis. Der reale Zinssatz (gemessen als die Differenz zwischen der Verzinsung von Staatspapieren und der Inflationsrate) stieg von 0,4 Prozent in den siebziger Jahren auf 5,7 Prozent in den achtziger Jahren. Die nationale Bruttoersparnis in Prozent des BSP fiel von 16,7 Prozent in den siebziger Jahren auf 14,1 Prozent in den achtziger Jahren. Die fiskalpolitische Wende in den achtziger Jahren hatte also genau die Konsequenzen, die mit unserem einfachen Modell der Wirtschaft vorausgesagt werden würden.

Änderungen der Investitionsnachfrage

Bislang wurde die Frage diskutiert, auf welche Weise die Fiskalpolitik die gesamtwirtschaftliche Ersparnis beeinflussen kann. Unser Modell kann aber auch dazu verwendet werden, die andere Seite des Marktes, nämlich die Investitionsnachfrage zu analysieren. In diesem Abschnitt soll daher geprüft werden, warum sich die Investitionsnachfrage verändern könnte und welche Auswirkungen dies hätte.

Ein Grund, aus dem die Investitionsnachfrage zunehmen könnte, ist der technische Fortschritt. Nehmen wir beispielsweise an, jemand erfindet eine technologische Neuerung, etwa die Eisenbahn oder den Computer. Bevor ein Unternehmen (oder auch eine Einzelperson) diese Neuerung nutzen kann, muß sie Investitionsgüter kaufen. Die Erfindung der Eisenbahn war völlig nutzlos, solange keine Lokomotiven und Anhänger gebaut und solange keine Schienen gelegt wurden. Die Erfindung des Computers hatte keine wirtschaftlichen Folgen, bis er gebaut wurde. Technologische Innovationen führen daher zu einer Erhöhung der Investitionsnachfrage.

Die Investitionsnachfrage mag sich auch verändern, weil der Staat Investitionen durch eine entsprechende Steuergesetzgebung fördert oder behindert. So wäre beispielsweise vorstellbar, daß die Einkommensteuer erhöht wird und die zusätzlichen Steuereinnahmen dazu verwendet werden, die Steuern für diejenigen zu ermäßigen, die in neues Kapital investieren. (Diese Situation liegt dann vor, wenn der Staat Investitionszulagen gewährt, ein Punkt, der in Kapitel 17 genauer diskutiert wird.) Eine solche Veränderung der Steuergesetze führt dazu, daß eine größere Anzahl von Investitionsprojekten rentabel wird. Wie bei einer technologischen Innovation kommt es zu einer Zunahme der Investitionsnachfrage.

Ausgaben angesehen. Der Grund hierfür wird im Anhang zu Kapitel 16 erläutert.

Kapitel 3   Das Bruttosozialprodukt: Entstehung, Verteilung und Verwendung   93

Abbildung 3-12 zeigt die Wirkungen einer Erhöhung der Investitionsnachfrage. Bei jedem gegebenen Zinssatz ist die Nachfrage nach Investitionsgütern (und die Nachfrage nach Krediten) höher. Dies kommt durch eine Rechtsverschiebung der Investitionsfunktion zum Ausdruck. Die Wirtschaft bewegt sich vom alten Gleichgewicht E_1 zum neuen Gleichgewicht E_2.

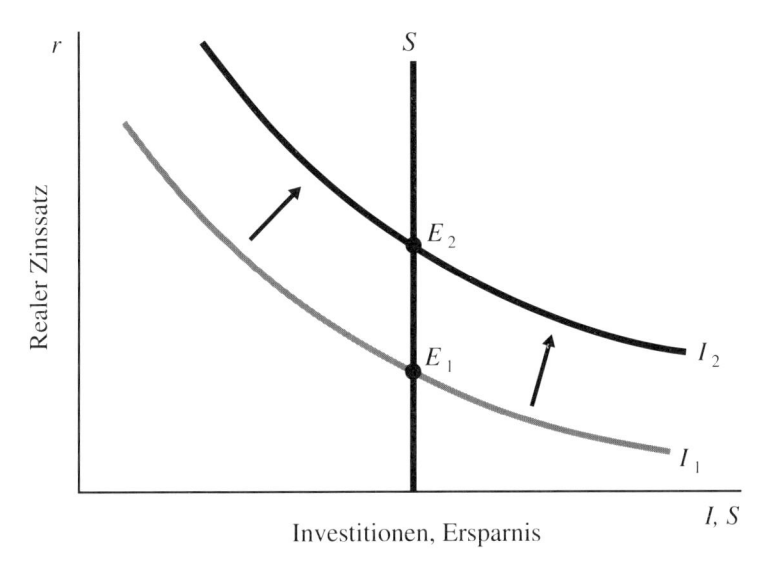

Abbildung 3-12: **Eine Zunahme der gewünschten Investitionen.** Eine Zunahme der Nachfrage nach Investitionsgütern, möglicherweise aufgrund einer technologischen Neuerung oder aufgrund eines steuerlichen Anreizes zur Investitionsförderung, verschiebt die Investitionsfunktion nach rechts. Bei jedem gegebenen Zinssatz ist das Volumen der gewünschten Investitionen vergleichsweise größer. Das neue Gleichgewicht ergibt sich aus dem Schnittpunkt der neuen Investitionsfunktion mit der vertikalen Linie, die die Ersparnis darstellt. Weil die Ersparnis auf einem bestimmten Niveau vorgegeben ist, führt die Zunahme der Investitionsnachfrage zu einer Erhöhung des Zinssatzes, während das gleichgewichtige Investitionsvolumen unverändert bleibt.

Die überraschende Folgerung, die man aus Abbildung 3-12 ziehen muß, ist die, daß das gleichgewichtige Investitionsvolumen sich nicht ändert. Unter den getroffenen Annahmen bestimmt die gegebene Höhe der Ersparnis das gleichgewichtige Niveau der Investitionen. Anders ausgedrückt: Das Kreditangebot ist konstant. Eine Zunahme der Investitionsnachfrage führt lediglich zu einer Erhöhung des gleichgewichtigen Zinssatzes.

Es wäre jedoch eine andere Schlußfolgerung zu ziehen, wenn die verwendete einfache Konsumfunktion so modifiziert würde, daß der Konsum vom Zinssatz abhängt. Da der Zinssatz den Ertrag des Sparens darstellt (genau wie die Kosten der Verschuldung), könnte ein höherer Zinssatz zu einer Verringerung des Konsums und zu einer Erhöhung der Ersparnis führen. In diesem Fall würde die Sparfunktion nicht vertikal, sondern mit einer endlichen positiven Steigung verlaufen, so wie es in Abbildung 3-13 dargestellt ist.

Bei einer mit positiver Steigung verlaufenden Sparfunktion führt eine Zunahme der Investitionsnachfrage sowohl zu einer Erhöhung des gleichgewichtigen Zinssatzes als auch zu einem Anstieg des gleichgewichtigen Investitionsvolumens. Abbildung 3-14 illustriert einen solchen Fall. Der Anstieg des Zinssatzes veranlaßt die Haushalte dazu, weniger zu konsumieren und mehr zu sparen. Die Verringerung des Konsums setzt die Ressourcen frei, die für eine Erhöhung der Investitionen benötigt werden.

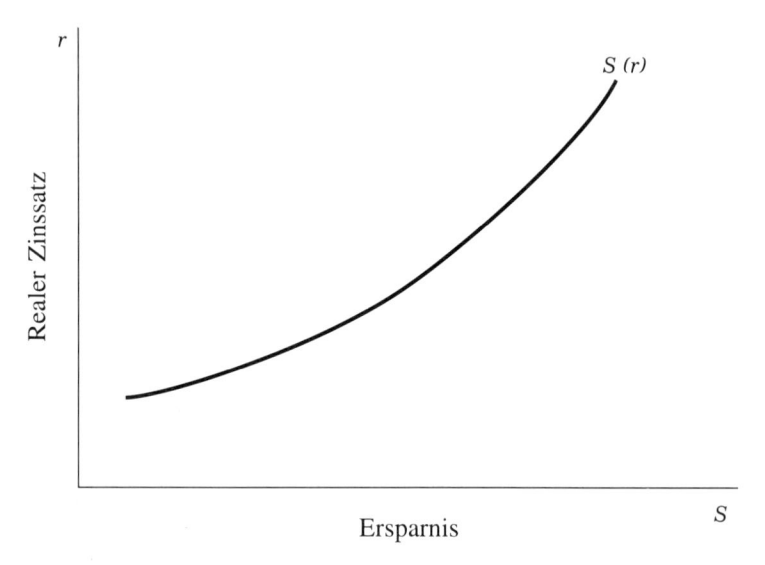

Abbildung 3-13: **Ersparnis als Funktion des Zinssatzes.** Im vorliegenden Fall besteht eine positive Beziehung zwischen Zinssatz und Ersparnis. Eine solche positive Beziehung liegt immer dann vor, wenn ein höherer Zinssatz dazu führt, daß mehr gespart und weniger konsumiert wird.

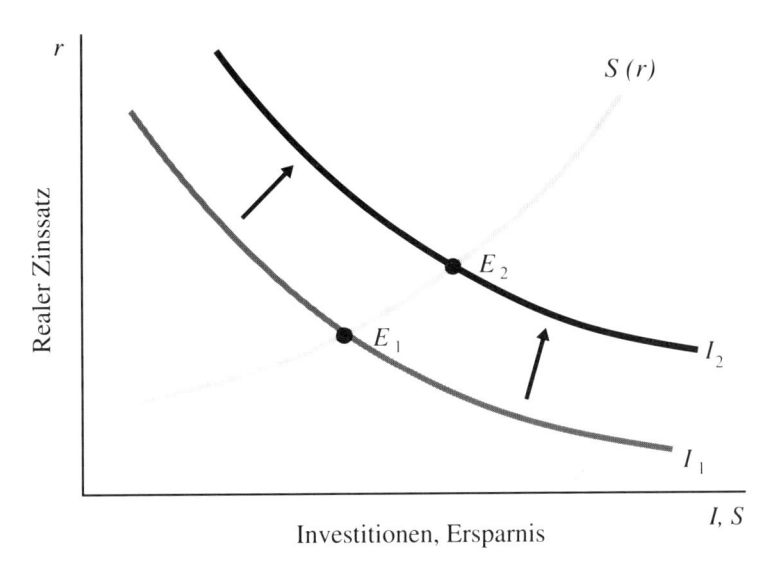

Kapitel 3   Das Bruttosozialprodukt: Entstehung, Verteilung und Verwendung

Abbildung 3-14: **Eine Zunahme der gewünschten Investitionen bei zinsabhängiger Ersparnis.** Falls die Ersparnis vom Zinssatz abhängt, führt eine Rechtsverschiebung der Investitionsfunktion zu einer Zunahme des Zinssatzes und des Investitionsvolumens. Der höhere Zinssatz induziert einen Anstieg der Ersparnis, der seinerseits eine Ausdehnung der Investitionen ermöglicht.

Zusatzinformation: Identifikation der Investitionsfunktion

Im vorliegenden Modell hängen die Investitionen vom Zinssatz ab. Je höher der Zinssatz, desto weniger Investitionsprojekte sind rentabel. Die Investitionsfunktion ist daher abwärts geneigt.

Ökonomen, die sich mit den entsprechenden makroökonomischen Daten beschäftigen, gelingt es gewöhnlich jedoch nicht, eine deutliche Beziehung zwischen Zinssatz und Investitionen nachzuweisen. In Zeiten mit hohem Zinssatz ist das Investitionsvolumen nicht immer niedrig. In Zeiten mit niedrigem Zinssatz ist das Investitionsvolumen nicht immer hoch.

Wie läßt sich dieses Ergebnis interpretieren? Bedeutet es, daß die Investitionen vom Zinssatz unabhängig sind? Allgemeiner gefragt: Bedeutet es, daß unser Modell mit dem tatsächlichen Wirtschaftsgeschehen inkonsistent ist?

Glücklicherweise ist eine solch weitgehende Schlußfolgerung nicht zwingend, und wir müssen das Modell deshalb verwerfen. Die Schwierigkeit, eine empirische Beziehung zwischen Zinssatz und Investitionen aufzuspüren, ist ein Beispiel für das sogenannte *Identifikationsproblem*. Das Identifikationsproblem tritt dann auf, wenn Variablen auf mehr als eine Weise miteinander verknüpft sind. Untersucht man die empirischen Daten, beobachtet man eine Kombination dieser verschiedenen Beziehungen, und es ist schwierig, eine einzelne dieser Beziehungen zu "identifizieren".

Um eine konkretere Vorstellung vom Identifikationsproblem zu bekommen, soll die Beziehung zwischen Ersparnis, Investitionen und Zinssatz betrachtet werden. Zunächst sei angenommen, daß alle Änderungen des Zinssatzes auf Änderungen der Ersparnis zurückzuführen seien, d.h. auf Verschiebungen der Sparfunktion. Die Änderungen würden dann eine Bewegung entlang der (unveränderten) Investitionsfunktion darstellen, wie die linke Hälfte von Teil A in Abbildung 3-15 zeigt. Zu beobachten wäre eine negative Beziehung zwischen Investitionen und Zinssatz. Aus der rechten Hälfte von Teil A der Abbildung ist ersichtlich, daß mit den Daten die Investitionsfunktion aufgespürt wird. Die Investitionsfunktion würde also "identifiziert" werden.

Nunmehr sei angenommen, daß alle Zinssatzänderungen die Folge technologischer Neuerungen seien, also aus Verschiebungen der Investitionsfunktion resultieren. Wie aus Teil B von Abbildung 3-15 hervorgeht, würden in diesem Fall alle Änderungen des Zinssatzes Bewegungen der Investitionsfunktion darstellen. Zu beobachten wäre eine positive Beziehung zwischen Investitionen und Zinssatz. Wie die rechte Hälfte von Teil B zeigt, würde man beim Abtragen der Datenpunkte nicht die Investitions-, sondern die Sparfunktion "identifizieren".

Realistischer als die beiden zuvor getroffenen Annahmen ist es, davon auszugehen, daß die sich die Zinssätze manchmal verändern, weil sich die Sparfunktion verschiebt, und daß sie sich manchmal ändern, weil sich die Investitionsfunktion verschiebt. In diesem gemischten Fall, der in Teil C von Abbildung 3-15 gezeigt wird, würde eine graphische Darstellung der Daten keine erkennbare Beziehung zwischen Zinssätzen und Investitionsvolumen enthüllen - genau wie Ökonomen es bei realen Daten beobachten. Die Moral dieser Geschichte ist einfach und auf viele andere Situationen übertragbar: Die empirische Beziehung, die wir aus den Daten herauslesen, hängt ganz zentral von unserer Auffassung ab, welche exogenen Variablen die beobachteten Änderungen hervorrufen.

A. Verschiebung der Sparfunktionen

Was geschieht — Was wir beobachten

B. Verschiebungen der Investitionsfunktionen

Was geschieht — Was wir beobachten

C. Verschiebungen von Spar- und Investitionsfunktion

Was geschieht — Was wir beobachten

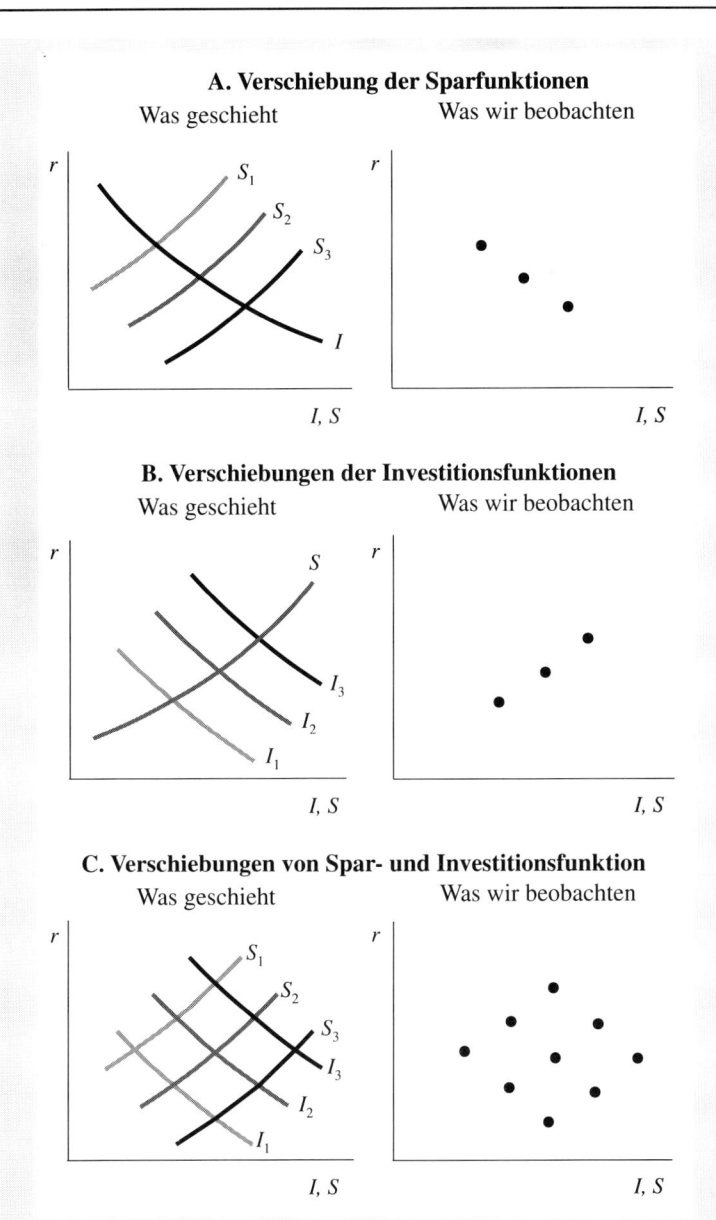

Abbildung 3-15: **Die Identifizierung der Investitionsfunktion.** Wenn wir Daten von Zinssätzen r und Investitionen I betrachten, hängt unser Ergebnis davon ab, welche exogenen Variablen sich ändern. In Schaubild A verschiebt sich die Sparfunktion, möglicherweise aufgrund von fiskalpolitischen Veränderungen. In diesem Fall wäre eine negative Beziehung zwischen r und I zu beobachten. In Teil B verschiebt sich die Investitionsfunktion, zum Beispiel aufgrund technologischer Neuerungen, und man könnte eine positive Korrelation zwischen r und I beobachten. Teil C stellt den realistischeren Fall dar, daß sich beide Funktionen verschieben. Hier liefern die beobachtbaren Daten keinen Aufschluß mehr über einen Zusammenhang zwischen r und I. Dies ist der Fall, der in der Praxis auch typischerweise angetroffen wird.

3.5 Schlußfolgerungen

In diesem Kapitel wurde ein Modell entwickelt, das die Entstehung, Verteilung und Verwendung der produzierten Waren und Dienstleistungen einer Volkswirtschaft erklärt. Weil das Modell all die wechselseitigen Beziehungen enthält, die im Kreislaufdiagramm der Abbildung 3-1 dargestellt sind, bezeichnet man es manchmal als ein *allgemeines Gleichgewichtsmodell*. Das Modell dient der Hervorhebung der Bedeutung des Preisanpassungsmechanismus, der für den Ausgleich von Angebot und Nachfrage sorgt. Die Faktorpreise bringen den Faktormarkt ins Gleichgewicht. Der Zinssatz paßt sich so an, daß Güterangebot und Güternachfrage übereinstimmen (oder, in äquivalenter Formulierung, daß Kreditnachfrage und Kreditangebot gleich groß sind).

In diesem Kapitel wurden auch verschiedene Anwendungen des Modells diskutiert. Das Modell ist in der Lage zu erklären, wie das Einkommen zwischen den Produktionsfaktoren verteilt wird und in welcher Weise die Faktorpreise vom Faktorangebot abhängen. Das Modell diente auch zur Diskussion der Frage, wie fiskalpolitische Maßnahmen die Aufteilung des Outputs auf seine verschiedenen Verwendungen - Konsum, Investitionen und staatliche Güterkäufe - verändern und welche Auswirkungen sich dadurch auf den Gleichgewichtszinssatz ergeben.

An diesem Punkt erscheint es sinnvoll, nochmals auf einige der vereinfachenden Annahmen einzugehen, die wir getroffen haben. In den folgenden Kapiteln wird ein Teil dieser Annahmen gelockert, so daß ein breiterer Kreis von Fragen angesprochen werden kann.

- Es wurde angenommen, daß der Kapitalstock, das Erwerbspersonenpotential und die Technologie einer Volkswirtschaft fest vorgegeben sind. In Kapitel 4 soll gezeigt werden, wie im Zeitverlauf auftretende Änderungen dieser Größen sich auf den ökonomischen Wachstumsprozeß auswirken.
- Es wurde angenommen, daß alle Erwerbspersonen auch beschäftigt sind. In Kapitel 5 sollen die Ursachen für Arbeitslosigkeit analysiert werden, und es soll gezeigt werden, welche Auswirkungen politische Maßnahmen auf die Unterbeschäftigung haben.
- Die Rolle des Geldes, des Vermögensbestandteils also, mit dem Güter und Dienstleistungen ge- und verkauft werden, wurde vernachlässigt. In Kapitel 6 sollen die Wirkungen des Geldes und der Einfluß der Geldpolitik diskutiert werden.
- Es wurde vom Handel mit anderen Ländern abstrahiert. In Kapitel 7 sollen die Konsequenzen einer Berücksichtigung der internationalen Wirtschaftsbeziehungen für die bislang gezogenen Schlußfolgerungen betrachtet werden.

- Es wurde die Rolle kurzfristiger Preisstarrheiten ignoriert. In den Kapiteln 8, 9, 10 und 11 soll ein Modell entwickelt werden, das Preisstarrheiten berücksichtigt und die kurzfristigen Schwankungen in den makroökonomischen Aggregaten abbildet. Dann soll auch erörtert werden, in welcher Beziehung ein solches Modell kurzfristiger Schwankungen mit dem in diesem Kapitel entwickelten Modell steht.

Bevor man sich der Lektüre dieser Kapitel zuwendet, sollte man jedoch an den Anfang dieses Kapitels zurückkehren und sich vergewissern, daß man die dort gestellten vier Fragen über das Sozialprodukt beantworten kann.

Zusammenfassung

1. Die Produktionsfaktoren und die verwendete Produktionstechnologie bestimmen die Höhe des Outputs an Waren und Dienstleistungen der betrachteten Volkswirtschaft. Eine Zunahme der Faktormengen oder das Auftreten von technologischem Fortschritt erhöht den Output.

2. Im Wettbewerb stehende, gewinnmaximierende Unternehmen stellen solange Arbeitskräfte ein, bis das Grenzprodukt der Arbeit (*MPL*) mit dem Reallohnsatz übereinstimmt. Auf analoge Weise wird solange zusätzliches Kapital beschäftigt, bis das Grenzprodukt des Kapitals (*MPK*) mit dem realen Mietpreis des Kapitals übereinstimmt. Jeder Produktionsfaktor wird daher mit seinem Grenzprodukt entlohnt. Weist die Produktionsfunktion konstante Skalenerträge auf, wird der gesamte Output für die Entlohnung der Faktoren verwendet.

3. Die Produktion der betrachteten Wirtschaft wird für Konsum, Investitionen und staatliche Güterkäufe verwendet. Der Konsum hängt positiv vom verfügbaren Einkommen ab. Die Investitionen hängen negativ vom realen Zinssatz ab. Staatsausgaben und Steuern stellen die exogenen fiskalpolitischen Variablen des Modells dar.

4. Der reale Zinssatz paßt sich so an, daß Güternachfrage und Güterangebot bzw. Ersparnis und geplante Investitionen ins Gleichgewicht kommen. Eine Verminderung der volkswirtschaftlichen Ersparnis, möglicherweise aufgrund einer Zunahme der Staatsausgaben oder einer Verringerung der Steuern, führt zu einem Rückgang des gleichgewichtigen Investitionsvolumens und zu einem Anstieg des Zinssatzes. Eine Zunahme der Investitionsnachfrage, möglicherweise aufgrund einer technologischen

Neuerung oder eines steuerlichen Investitionsanreizes, führt ebenfalls zu einem Anstieg des Zinssatzes. Eine Zunahme der Investitionsnachfrage führt aber nur zu einem Anstieg des Investitionsvolumens, wenn die höheren Zinssätze eine höhere Ersparnis hervorrufen.

Schlüsselbegriffe

Produktionsfaktoren
Produktionsfunktion
Konstante Skalenerträge
Faktorpreise
Wettbewerb
Grenzprodukt der Arbeit
Abnehmendes Grenzprodukt
Reallohn
Grenzprodukt des Kapitals
Realer Mietpreis des Kapitals
Ökonomischer Gewinn

Unternehmergewinn
Verfügbares Einkommen
Konsumfunktion
Marginale Konsumquote
Nominaler Zinssatz
Realer Zinssatz
Volkswirtschaftliche Ersparnis
Private Ersparnis
Staatliche Ersparnis
Verdrängungseffekt
Crowding out

Wiederholungsfragen

1. Wodurch wird das Output-Volumen bestimmt, das eine Volkswirtschaft produziert?

2. Erläutern Sie, wie eine wettbewerbliche, gewinnmaximierende Unternehmung entscheidet, welche Faktormengen nachgefragt werden sollen?

3. Welche Rolle spielen konstante Skalenerträge bei der Verteilung des Einkommens?

4. Wodurch werden Konsum und Investitionen bestimmt?

5. Erläutern Sie den Unterschied zwischen staatlichen Käufen und Transferzahlungen. Nennen Sie für beide Kategorien jeweils zwei Beispiele.

6. Wodurch wird gewährleistet, daß Gesamtnachfrage und Gesamtangebot übereinstimmen?

7. Erläutern Sie, welche Wirkungen sich auf Konsum, Investitionen und Zinssatz ergeben, wenn der Staat die Steuern erhöht.

Aufgaben und Anwendungen

1. Falls eine zehnprozentige Erhöhung von Kapital und Arbeit einen weniger als zehnprozentigen Zuwachs der Produktion bewirkt, sagt man, daß die Produktionsfunktion *sinkende Skalenerträge* aufweist. Wenn die Erhöhung zu einem mehr als zehnprozentigen Anstieg der Produk-

Kapitel 3   Das Bruttosozialprodukt: Entstehung, Verteilung und Verwendung   101

tion führt, spricht man von *steigenden Skalenerträgen*. Aus welchen Gründen könnte eine Produktionsfunktion sinkende oder steigende Skalenerträge aufweisen?

2. Es sei angenommen, daß die Produktionsfunktion einer Volkswirtschaft vom Cobb-Douglas-Typ sei, mit $\alpha = 0{,}3$.

    a. Welche Teile des Einkommens erhalten Kapital und Arbeit?
    b. Nehmen Sie an, daß die Zahl der Erwerbspersonen um zehn Prozent steigt (beispielsweise durch Zuzug von Aus- und Übersiedlern). Welche Wirkungen ergeben sich für die Höhe der volkswirtschaftlichen Produktion (in Prozent)? Welche für den Mietpreis des Kapitals? Welche für den Reallohn?

3. Der Staat erhöht die Steuern um 100 Mrd. DM. Wenn die marginale Konsumneigung gleich 0,6 ist, welche Folgen ergeben sich für:

    a. staatliche Ersparnis,
    b. private Ersparnis,
    c. gesamtwirtschaftliche Ersparnis,
    d. Investitionen?

4. Nehmen Sie an, daß die Konsumenten mehr Vertrauen in die Zukunft gewinnen, ein höheres Einkommen erwarten und deswegen schon heute mehr konsumieren wollen. Dies könnte man als eine Aufwärtsverschiebung der Konsumfunktion interpretieren. Welche Wirkungen ergeben sich für Investitionen und Zinssatz?

5. Nehmen Sie an, daß der Staat Steuern und staatliche Käufe in gleichem Maß erhöht. Mit welchen Wirkungen auf Zinssatz und Investitionen ist zu rechnen? Hängt Ihre Antwort von der marginalen Konsumquote ab?

6. Welche Konsequenzen ergäben sich für die in diesem Kapitel gezogenen Schlußfolgerungen hinsichtlich der Wirkungen der Fiskalpolitik, falls der Konsum vom Zinssatz abhängen würde?

Kapitel 4

Wachstum

> *The primary economic goal of my administration is to achieve the highest possible rate of sustainable economic growth. ... Growth is the key to raising living standards, to leaving a legacy of prosperity for our children, to uplifting those most in need, and to maintaining America's leadership in the world.*
>
> George Bush

Im Verlauf der deutschen Geschichte waren erhebliche Steigerungen des Lebensstandards zu beobachten: Verglichen mit ihren Eltern und Großeltern konnte sich jede Generation höherer Einkommen und größerer Konsummöglichkeiten erfreuen. Das höhere Konsumniveau führte zu einem höheren Lebensstandard.

Um die Verbesserung des Lebensstandards zu erfassen, greifen die Ökonomen auf das Wachstum des Sozialprodukts zurück. Das Bruttosozialprodukt mißt das Gesamteinkommen der betrachteten Wirtschaft. Betrachtet man die Daten zum Bruttosozialprodukt, so wird deutlich, daß das reale Bruttsozialprodukt der Bundesrepublik heute mehr als fünfmal so groß ist und daß das reale Bruttosozialprodukt pro Kopf mehr als viermal so groß ist wie im Jahr 1950.

Für jedes Jahr in diesem Zeitraum war auch zu beobachten, daß große Unterschiede im Lebensstandard zwischen verschiedenen Ländern bestehen. Tabelle 4-1 zeigt das Pro-Kopf-Einkommen von 1985 für die zwölf bevölkerungsreichsten Länder der Welt. Die Vereinigten Staaten stehen an der Spitze dieser Liste mit einem Einkommen von 16.217 Dollar pro Kopf. Mit einem Einkommen von lediglich 752 Dollar pro Kopf kommt Nigeria auf weniger als fünf Prozent des amerikanischen Pro-Kopf-Einkommens.

Tabelle 4-1 **Internationale Unterschiede im Lebensstandard 1985**

Land	Pro-Kopf-Einkommen (in US-$ von 1985)
Vereinigte Staaten	16 217
Bundesrepublik (West)	13 857
Japan	12 225
UdSSR	8 109
Mexico	5 161
Brasilien	4 247
China	3 163
Indonesien	1 624
Pakistan	1 492
Indien	971
Bangladesh	837
Nigeria	752

Datenquelle: Robert Summers und Alan Heston, "A New Set of International Comparisons of Real Product and the Price Levels: Estimates for 130 Countries", The Review of Income and Wealth (März 1988): 1-25. *Hinweis:* Viele Analytiker halten die Daten für die UdSSR und für China für äußerst ungenau.

Das Ziel dieses Kapitels ist es, diese zeitlichen und regionalen Unterschiede verstehen zu helfen. In Kapitel 3 haben wir die Produktionsfaktoren Kapital und Arbeit sowie die Produktionstechnologie als die Quellen der Produktion und des Einkommens einer Volkswirtschaft ausgemacht. Unterschiede im Einkommen müssen daher auf Unterschieden in dem eingesetzten Kapital- und Arbeitsvolumen sowie der verwendeten Produktionstechnologie beruhen.

Unser wichtigstes Ziel ist es, ein Modell ökonomischen Wachstums zu entwickeln, das als das **Solow-Modell** bezeichnet wird. Unsere Analyse in Kapitel 3 versetzte uns in die Lage, Produktion, Verwendung und Verteilung des Outputs einer Volkswirtschaft zu einem bestimmten Zeitpunkt zu beschreiben. Es handelte sich um eine statische Analyse - eine Momentaufnahme der Volkswirtschaft. Um steigenden Lebensstandard erklären zu können, muß unsere Analyse verfeinert werden, so daß sie in der Lage ist, die Veränderungen der Wirtschaft in der Zeit zu beschreiben. Es ist erforderlich, die Analyse zu dynamisieren, so daß sie eher mit einem Film als mit einer Fotografie vergleichbar ist. Das Wachstumsmodell von Solow wird zeigen, wie Ersparnis, Bevölkerungswachstum und technologischer Fortschritt das Wachstum der Produktion im Zeitverlauf beeinflussen. Das Modell wird auch einige der Gründe dafür aufzeigen, daß es so große Unterschiede im Lebensstandard zwischen verschiedenen Ländern gibt.[1]

Unsere zweite Aufgabe besteht darin, zu überprüfen, wie die ökonomische Politik Niveau und Wachstum des Lebensstandards beeinflußt. Das Solow-Modell liefert den Rahmen, um einer der wichtigsten Fragen der Makroökonomik nachzugehen: Welcher Teil der Produktion einer Volkswirtschaft sollte heute konsumiert werden und welcher Teil sollte für die Zukunft aufgespart werden? Da die Ersparnis einer Wirtschaft die gleiche Höhe hat wie ihre Investitionen, bestimmt die Ersparnis den Umfang des Kapitals, das einer Wirtschaft für die zukünftige Produktion zur Verfügung steht. Die Höhe der volkswirtschaftlichen Ersparnis wird direkt oder indirekt durch staatliche Politikmaßnahmen beeinflußt. Die Bewertung dieser Politikmaßnahmen setzt die Kenntnis der gesellschaftlichen Kosten und Nutzen verschiedener Sparquoten voraus.

4.1 Kapitalakkumulation

Wir wollen das Solow-Modell entwickeln, um herauszufinden, wie das Wachstum des Kapitalstocks, das Wachstum der Erwerbsbevölkerung und der technische Fortschritt zusammenwirken und wie dadurch der Output beeinflußt wird. Im ersten Schritt untersuchen wir, wie das Güterangebot und die Güternachfrage die Kapitalakkumulation bestimmen. Die Anzahl der Erwerbspersonen wird ebenso wie die verwendete Technologie als konstant betrachtet. Im weiteren Verlauf der Überlegungen werden wir diese Annahmen lockern und die Analyse dadurch realistischer gestalten, daß wir zunächst Änderungen in der Anzahl der Erwerbspersonen und dann Veränderungen im Stand der Technologie zulassen.

Güterangebot und Güternachfrage

Güterangebot und Güternachfrage, beides zentrale Elemente des statischen Modells aus Kapitel 3, stellen ebenfalls zentrale Bausteine des Solow-Modells dar. Wie in Kapitel 3 bestimmt das Güterangebot die Höhe der Produktion in jedem Zeitpunkt, und die

---

1 Das Solow-Wachstumsmodell ist nach Robert M. Solow benannt und wurde in den fünfziger und sechziger Jahren entwickelt. Robert Solow wurde 1987 für seine Leistungen auf dem Gebiet der Wachstumstheorie mit dem Nobelpreis geehrt. Das Modell wurde eingeführt in Robert M. Solow, "A Contribution to the Theory of Economic Growth", Quarterly Journal of Economics (Februar 1956): 65-94.

Nachfrage bestimmt, wie dieser Output auf alternative Verwendungsmöglichkeiten aufgeteilt wird.

Güterangebot und Produktionsfunktion Das Güterangebot im Solow-Modell basiert auf der schon bekannten Produktionsfunktion:

$$Y = F(K,L).$$

Die Produktion hängt vom Kapital- und Arbeitseinsatz ab. Solow geht in seinem Wachstumsmodell davon aus, daß die Produktionsfunktion konstante Skalenerträge aufweist. Es sei daran erinnert, daß eine Produktionsfunktion dann konstante Skalenerträge hat, wenn

$$zY = F(zK,zL)$$

für jede positive Zahl z gilt. Multiplizieren wir bei Vorliegen konstanter Skalenerträge sowohl Kapital- als auch Arbeitseinsatz mit z, müssen wir die produzierte Gütermenge ebenfalls mit z multiplizieren.

Um die Analyse zu vereinfachen, geben wir alle Mengen relativ zum Arbeitsvolumen an. Produktionsfunktionen mit konstanten Skalenerträgen besitzen die in diesem Zusammenhang angenehme Eigenschaft, daß die Produktion pro Arbeitnehmer lediglich vom Kapitalstock pro Arbeitnehmer abhängt. Um zu sehen, daß diese Aussage richtig ist, muß man in der obigen Definition der konstanten Skalenerträge nur $z = 1/L$ setzen. Man erhält dann

$$Y/L = F(K/L, 1).$$

Diese Gleichung besagt, daß die Produktion je Erwerbstätigen Y/L eine Funktion des Kapitals pro Erwerbstätigen K/L ist.

Zur Vereinfachung der Schreibweise sollen im weiteren kleine Buchstaben verwendet werden, wenn es sich um Mengen pro Arbeitnehmer handelt. Wir bezeichnen also mit $y = Y/L$ die Produktion je Erwerbstätigen und mit $k = K/L$ den Kapitaleinsatz je Erwerbstätigen.[2] Unter Verwendung dieser Schreibweise kann die Produktionsfunktion nunmehr als

---

2 Zwei Hinweise zum Sprachgebrauch: Den Quotienten aus Kapital- und Arbeitseinsatz bezeichnet man auch als Kapitalintensität. Der Kapitalinput in der Produktionsfunktion ist eine Stromgröße. Weil man ihn nicht direkt messen kann, verwendet man oft den Kapitalbestand als Näherungsgröße. Wir verwenden im folgenden die Begriffe Kapitaleinsatz, Kapitalstock und Kapital synonym.

$$y = f(k)$$

geschrieben werden. Dabei gilt $f(k) = F(k,1)$. Diese Schreibweise der Produktionsfunktion, in der Kapital je Erwerbstätigen und Produktion je Erwerbstätigen in Beziehung gesetzt werden, erleichtert die Analyse der Wirtschaft ungemein. In Abbildung 4-1 wird diese Produktionsfunktion graphisch dargestellt.

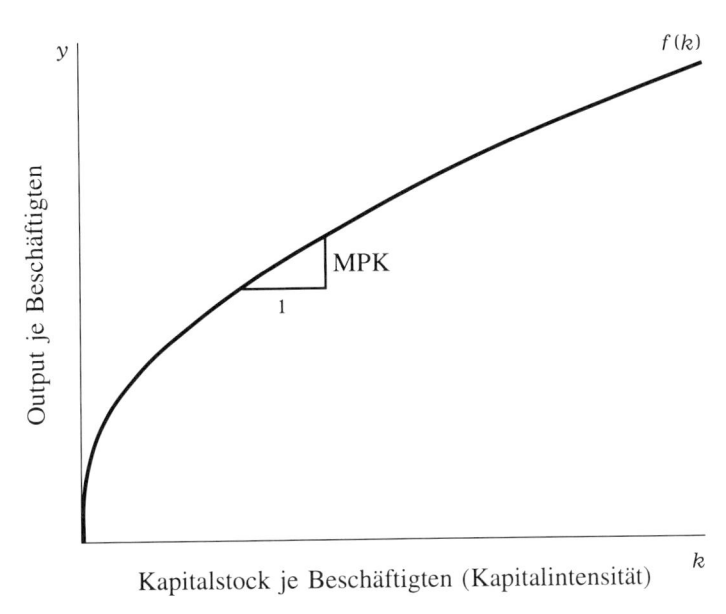

Abbildung 4-1: **Die Produktionsfunktion.** Die Produktionsfunktion zeigt, wie der Kapitalstock je Erwerbstätigen k die Höhe des Outputs je Erwerbstätigen $y = f(k)$ bestimmt. Die Steigung der Pro-Kopf-Produktionsfunktion entspricht dem Grenzprodukt des Kapitals (*MPK*). Die Steigung der Funktion nimmt mit zunehmendem k ab, was gleichbedeutend ist mit einem abnehmenden Grenzprodukt des Kapitals.

Die Steigung der Produktionsfunktion zeigt, um welchen Betrag die Pro-Kopf-Produktion steigt, wenn eine zusätzliche Einheit Kapital pro Kopf eingesetzt wird. Dieser Betrag ist das Grenzprodukt des Kapitals (*MPK*). Formal ausgedrückt bedeutet dies, daß

$$MPK = f(k+1) - f(k)$$

gilt. Man beachte, daß in Abbildung 4-1 die Produktionsfunktion mit steigendem Kapitaleinsatz flacher verläuft, ihre Steigung also kleiner wird. Die Produktionsfunktion weist ein abnehmendes Grenzprodukt des Kapitals auf: jede zusätzliche Einheit des

Kapitals führt zu einer geringeren Erhöhung des Outputs. Ist der Kapitalstock sehr klein, dann ist eine zusätzliche Einheit Kapital sehr nützlich und führt zu einer relativ hohen Steigerung des Produktionsniveaus. Ist der Kapitalstock bereits sehr groß, dann ist eine zusätzliche Einheit Kapital weniger nützlich und führt zu einem geringeren Anstieg der Produktion.

Güternachfrage und Konsumfunktion Im Solow-Modell setzt sich die Güternachfrage aus Konsum und Investitionen zusammen. Anders ausgedrückt wird die Pro-Kopf-Produktion (y) zwischen Pro-Kopf-Konsum (c) und Pro-Kopf-Investitionen (i) aufgeteilt:

$$y = c + i.$$

Diese Beziehung ist die Kreislaufgleichung für die betrachtete Wirtschaft. Sie unterscheidet sich geringfügig von der Kreislaufbeziehung in Kapitel 3, weil die Staatsausgaben vernachlässigt werden (für unsere augenblicklichen Zwecke ist das unproblematisch) und weil y, c und i jetzt als Pro-Kopf-Größen ausgedrückt werden.

Im Solow-Modell wird angenommen, daß die Konsumfunktion die einfache Form:

$$c = (1 - s)y$$

aufweist. Hierin bezeichnet s die Sparquote, die zwischen 0 und 1 liegt. Diese Konsumfunktion besagt, daß der Konsum proportional zum Einkommen ist. In jedem Jahr wird ein Teil ($1 - s$) des Einkommens konsumiert und ein Teil s gespart.

Um die Implikation dieser Konsumfunktion zu sehen, muß man nur den Ausdruck $(1 - s)y$ für c in der Kreislaufgleichung ersetzen:

$$y = (1 - s)y + i.$$

Durch Umformung ergibt sich

$$i = sy.$$

Diese Beziehung besagt, daß die Investitionen sich genauso wie der Konsum proportional zum Einkommen verhalten. Da die Investitionen mit der Ersparnis übereinstimmen, ist die Sparquote s gleichzeitig derjenige Teil der Produktion, der für Investitionen verwandt wird.

Das Steady state-Niveau des Kapitalstocks

Nachdem die beiden Hauptbestandteile des Solow-Modells – die Produktionsfunktion und die Konsumfunktion – vorgestellt worden sind, können wir uns nun der Analyse des ökonomischen Wachstums zuwenden, das sich aus der Zunahme des Kapitalstocks im Zeitverlauf ergibt. Der Kapitalstock ändert sich aus zwei Gründen:

- Investitionen erhöhen den Kapitalstock.
- Ein Teil des bestehenden Kapitalstocks wird in der betrachteten Periode durch Verschleiß unbrauchbar, das heißt er wird abgeschrieben.

Um zu verstehen, wie sich der Kapitalstock im Zeitverlauf entwickelt, müssen wir uns mit den Determinanten von Investitionen und Abschreibungen beschäftigen.

Weiter oben haben wir gesehen, daß die Investitionen einen Teil der Produktion (sy) darstellen. Durch Einsetzen der Produktionsfunktion für y können wir die Investitionen als Funktion des Kapitalstocks ausdrücken:

$$i = s\,f(k).$$

Je höher das Niveau des Kapitalstocks k, desto höher sind das Niveau der Produktion $f(k)$ und das Niveau der Investitionen i. Diese Gleichung, die sowohl die Produktions- als auch die Konsumfunktion enthält, setzt den bestehenden Kapitalstock k mit der Bildung von neuem Kapital i in Beziehung. Abbildung 4-2 zeigt, wie die Sparquote die Aufteilung des Outputs auf Konsum und Investitionen für jeden Wert von k bestimmt.

Um die Abschreibungen in das Modell einzubeziehen, nehmen wir an, daß ein bestimmter Teil δ des Kapitalstocks in jedem Jahr verschleißt. Das Symbol δ bezeichnet die *Abschreibungsrate*. Hält ein Kapitalgut beispielsweise im Durchschnitt 25 Jahre, dann beträgt die Abschreibungsrate 4 % im Jahr ($\delta = 0{,}04$). Die Höhe des Kapitalverschleißes beträgt dann in jedem Jahr δk. Abbildung 4-3 zeigt, wie die Höhe der Abschreibung von der Höhe des Kapitalstocks abhängt.

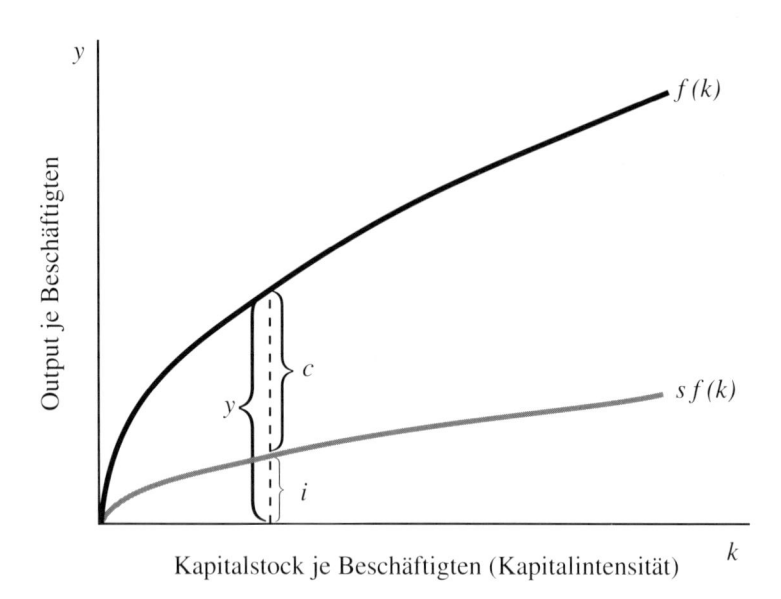

Abbildung 4-2: **Produktion, Konsum und Investitionen.** Die Sparquote s bestimmt die Aufteilung der Produktion auf Konsum und Investitionen. Für jede gegebene Höhe des Kapitalstocks k beträgt der Output $f(k)$. Die Investitionen haben eine Höhe von $sf(k)$, und der Konsum beträgt $f(k) - sf(k)$.

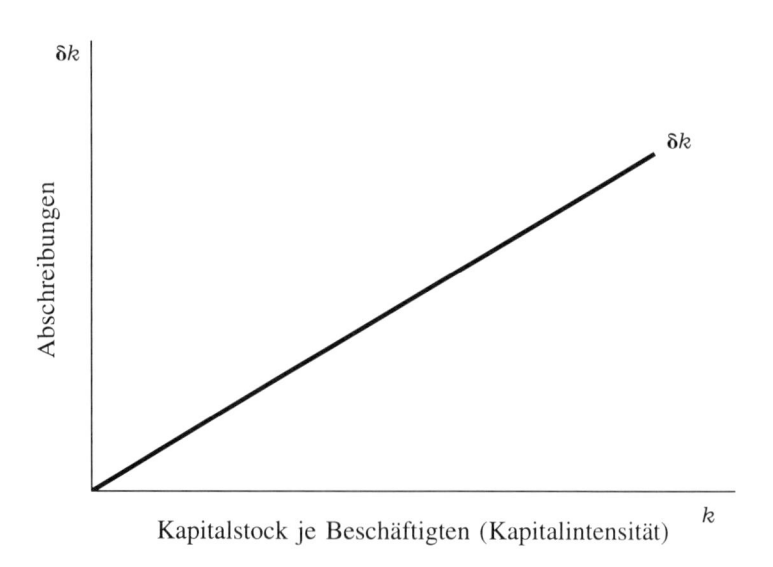

Abbildung 4-3: **Abschreibungen.** Ein konstanter Bruchteil δ des Kapitalstocks verschleißt in jedem Jahr. Die Abschreibung ist deshalb proportional zum existierenden Kapitalstock.

Die Auswirkungen der Investitionen und der Abschreibungen auf das Niveau des Kapitalbestands können durch folgende Anpassungsgleichung beschrieben werden:

Veränderung des Kapitalstocks = Investitionen − Abschreibungen
$$\Delta k = i - \delta k.$$

In dieser Gleichung bezeichnet Δk die Veränderung des Kapitalstocks zwischen zwei aufeinanderfolgenden Jahren. Da Investitionen und Ersparnisse übereinstimmen, können wir die Veränderungen des Kapitalstocks auch schreiben als

$$\Delta k = s\,f(k) - \delta k.$$

Diese Gleichung zeigt, daß die Veränderung des Kapitalstocks gleich der Differenz aus Investitionen $sf(k)$ abzüglich der Abschreibungen auf den bestehenden Kapitalstock δk ist.

Abbildung 4-4 zeigt die Investitionen und die Abschreibungen für verschiedene Höhen des Kapitalstocks k. Je höher der Kapitalstock ist, desto höher sind auch Produktion und Investitionen. Ein größerer Kapitalstock impliziert jedoch auch ein größeres Volumen der Abschreibungen.

Abbildung 4-4 macht deutlich, daß für genau eine Höhe des Kapitalstocks der Umfang der Investitionen gerade dem Umfang der Abschreibungen entspricht. Weist der Kapitalstock einer Wirtschaft genau diese Höhe auf, dann wird sich der Umfang des Kapitalstocks im Zeitablauf nicht verändern, weil sich die beiden Kräfte, die auf ihn einwirken – Investitionen und Abschreibungen – gerade ausgleichen. Diese Höhe des Kapitalstocks wird als **Steady state-Niveau** des Kapitalstocks bezeichnet und durch das Symbol k^* beschrieben.[3]

---

3 Statt Steady state-Niveau sagt man auch *stationäres Niveau* oder *Wachstumsgleichgewicht.*

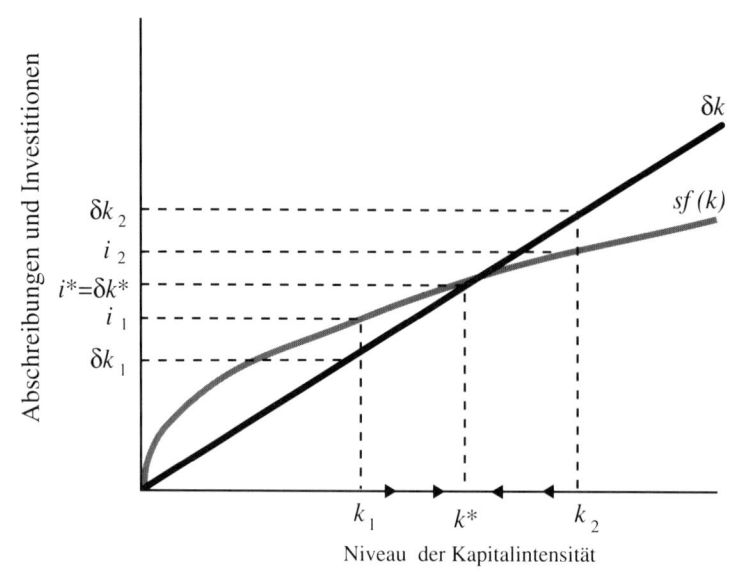

Abbildung 4-4: **Investitionen, Abschreibungen und stationärer Zustand.** Da die Sparquote s konstant ist und die Ersparnis mit den Investitionen übereinstimmt, beträgt die Höhe der Investitionen gerade $sf(k)$. Da das Kapital mit einer konstanten Rate δ verschleißt, ergibt sich die Höhe der Abschreibungen als δk. Das stationäre Niveau des Kapitalstocks k^* ist dasjenige Niveau, bei dem Ersparnis und Abschreibungen übereinstimmen. Die beiden Kurven schneiden sich bei k^*. Für Werte der Kapitalintensität k, die kleiner sind als k^*, übersteigen die Investitionen die Abschreibungen, so daß der Kapitalstock wächst. Für Werte der Kapitalintensität k, die größer sind als k^*, sind die Investitionen geringer als die Abschreibungen, so daß der Kapitalstock sinkt.

Die Annäherung an den Steady state

Der stationäre Zustand verkörpert das langfristige Gleichgewicht der Wirtschaft. Unabhängig vom Ausgangspunkt wird die betrachtete Ökonomie schließlich in den stationären Zustand gelangen.

Nehmen wir einmal an, daß die Kapitalintensität im Ausgangszeitpunkt unterhalb ihres stationären Niveaus liegt, eine Situation, wie sie etwa durch k_1 in Abbildung 4-4 beschrieben wird. In diesem Fall sind die Investitionen größer als die Abschreibungen. Im Zeitablauf wird der Kapitalstock daher zunehmen und solange weiterwachsen, bis er sein stationäres Niveau k^* erreicht hat. Wegen der Annahmen über die Produktionsfunktion gilt für den Output ein entsprechendes zeitliches Verhalten.

Nun wollen wir annehmen, daß die Kapitalintensität im Ausgangszeitpunkt über ihrem stationären Wert liegt, eine Situation, wie sie durch k_2 beschrieben wird. In diesem Fall sind die Investitionen geringer als die Abschreibungen: das Kapital verschleißt schneller als es erneuert wird. Daher wird der Kapitalstock im Zeitverlauf sinken und sich auch in diesem Fall seinem stationären Niveau nähern. Hat der Kapitalstock seine stationäre Höhe erreicht, stimmen Investitionen und Abschreibungen überein, und der Kapitalstock bleibt im Zeitverlauf konstant.

Annäherung an den stationären Zustand: Ein numerisches Beispiel

Wir wollen nun ein numerisches Beispiel betrachten, um das Solow-Modell zu veranschaulichen und um zu sehen, wie die Wirtschaft sich ihrem Wachstumsgleichgewicht nähert. Wir nehmen an, daß die Produktionsfunktion folgendes Aussehen aufweist:

$$Y = K^{1/2} L^{1/2}.$$

Es handelt sich um eine Produktionsfunktion vom Cobb-Douglas-Typ, in der der Parameter α den Wert 1/2 hat.

Die Pro-Kopf-Produktionsfunktion $f(k)$ läßt sich wie folgt ableiten. Ausgangspunkt ist die Definition des Pro-Kopf-Einkommens y:

$$y = \frac{Y}{L}.$$

Einsetzten der Produktionsfunktion für Y:

$$y = \frac{K^{1/2} L^{1/2}}{L}.$$

Umformung:

$$y = \left(\frac{K}{L}\right)^{1/2}.$$

Wegen $k = K/L$ gilt:

$$y = k^{1/2}.$$

Tabelle 4-2 **Annäherung an den Steady State: Ein numerisches Beispiel**

Annahmen: $y = \sqrt{k}$ $s = 0{,}3$ $\delta = 0{,}1$ Anfangswert $k = 4{,}0$

Jahr	k	y	c	i	δk	Δk
1	4,000	2,000	1,400	0,600	0,400	0,200
2	4,200	2,049	1,435	0,615	0,420	0,195
3	4,395	2,096	1,467	0,629	0,440	0,189
4	4,584	2,141	1,499	0,642	0,458	0,184
5	4,768	2,184	1,529	0,655	0,477	0,178
⋮						
10	5,602	2,367	1,657	0,710	0,560	0,150
⋮						
25	7,321	2,706	1,894	0,812	0,732	0,080
⋮						
100	8,962	2,994	2,096	0,898	0,896	0,002
⋮						
∞	9,000	3,000	2,100	0,900	0,900	0,000

Diese Gleichung kann man auch schreiben als

$$y = \sqrt{k}.$$

Der Pro-Kopf-Output ist in dem betrachteten Beispiel gleich der Qudratwurzel aus dem Pro-Kopf-Kapitalbestand.

Um das Beispiel zu vervollständigen, sei angenommen, daß 30 % der Produktion gespart werden ($s = 0{,}3$), 10 % des Kapitalstocks in jedem Jahr verschleißen ($\delta = 0{,}1$) und im Ausgangszeitpunkt jeder Erwerbstätige mit 4 Einheiten Kapital ausgestattet ist ($k = 4$). Wir können nun überprüfen, was mit der betrachteten Wirtschaft im Zeitverlauf passiert.

Zunächst wollen wir die Produktion und die Verwendung des Outputs im ersten Jahr betrachten. Aus der Produktionsfunktion ergibt sich, daß bei einer Pro-Kopf-Kapitalausstattung von 4 Einheiten genau 2 Einheiten Output pro Kopf hergestellt werden. Da 70 % der Produktion konsumiert und 30 % gespart und investiert werden, weist der Pro-

Kopf-Konsum eine Höhe von c = 1,4 Einheiten auf, und die Pro-Kopf-Investitionen betragen i = 0,6 Einheiten. Da 10 % des Kapitalstocks verschleißen, gilt δk = 0,4. Bei einer Höhe der Investitionen von 0,6 und der Abschreibungen von 0,4 beträgt die Veränderung des Kapitalstocks Δk = 0,2. Zu Beginn des zweiten Jahres verfügt die Ökonomie daher über 4,2 Einheiten Kapital pro Kopf.

Tabelle 4-2 zeigt, wie sich die Ökonomie Jahr für Jahr entwickelt. In jedem Jahr wird neues Kapital gebildet, und die Produktion wächst. Über einen sehr großen Zeitraum betrachtet, erreicht die Wirtschaft einen stationären Zustand mit 9 Einheiten Kapital pro Kopf. In diesem stationären Zustand heben sich die Investitionen in Höhe von 0,9 genau mit den Abschreibungen in Höhe von 0,9 auf, so daß der Kapitalstock und die Produktion nicht länger wachsen.

Eine Möglichkeit, den stationären Wert des Kapitalstocks zu finden, besteht darin, die zeitliche Entwicklung in der Wirtschaft über viele Jahre zu verfolgen. Es gibt jedoch auch einen kürzeren Weg. Dazu muß man sich in Erinnerung rufen, daß

$$\Delta k = sf(k) - \delta k$$

gilt. Diese Gleichung zeigt, wie sich die Kapitalintensität k im Zeitverlauf entwickelt. Da im stationären Zustand $\Delta k = 0$ gilt, folgt

$$0 = sf(k^*) - \delta k^*$$

oder

$$\frac{k^*}{f(k^*)} = \frac{s}{\delta}$$

Diese Gleichung für das Verhältnis von Kapital und Produktion ermöglicht es uns, den stationären Wert des Pro-Kopf-Kapitalstocks zu finden. Setzt man die Werte des Beispiels ein, erhält man:

$$\frac{k^*}{\sqrt{k^*}} = \frac{0,3}{0,1}$$

Durch Quadrieren beider Seiten kann man diese Gleichung lösen. Es ergibt sich, daß der stationäre Wert des Kapitalstocks 9 Einheiten pro Kopf beträgt, was mit der Berechnung des stationären Zustands in Tabelle 4-2 übereinstimmt.

Fallstudie 4-1: Das Nachkriegswachstum in Japan und Deutschland

Japan und Deutschland sind zwei Bilderbuchbeispiele für erfolgreiches wirtschaftliches Wachstum. Heute stellen beide Länder ökonomische Supermächte dar, aber im Jahr 1945, nach dem Ende des 2. Weltkrieges, schienen beide Ökonomien am Ende zu sein. Der Krieg hatte einen großen Teil ihres Kapitalstocks zerstört. In den Jahrzehnten nach dem Krieg erlebten jedoch beide Länder einen wirtschaftlichen Aufschwung ohnegleichen. Zwischen 1948 und 1972 wuchs die Pro-Kopf-Produktion in Japan pro Jahr um 8,2 %, in Deutschland waren es 5,7 %, während es in den Vereinigten Staaten lediglich 2,2 % waren.

Sind die Nachkriegserfahrungen von Japan und Deutschland aus der Sicht des Wachstumsmodells von Solow wirklich überraschend? Man stelle sich eine Ökonomie im stationären Zustand vor. Nun sei angenommen, daß ein Krieg einen Teil des Kapitalstocks zerstört. (In Abbildung 4-4 fällt der Kapitalstock von k^* auf k_1.) Als Folge dieser Kapitalstockverringerung vermindert sich auch die Höhe der Produktion sofort. Solange jedoch die Sparquote unverändert bleibt, wird die betrachtete Ökonomie schließlich wieder den alten stationären Zustand erreichen. Um dort hinzugelangen, ist eine Periode hohen ökonomischen Wachstums erforderlich. Dieses hohe Wachstum wird dadurch hervorgerufen, daß bei dem niedrigeren Kapitalstock die Investitionen größer sind als die Abschreibungen – der Output steigt also, weil die Investitionen mehr Kapital aufbauen als die Abschreibungen abbauen. Obwohl die Zerstörung eines Teils des Kapitalstocks die Produktion unmittelbar vermindert, ergibt sich in der Folgezeit ein überdurchschnittliches Wachstum. Das „Wunder" des schnellen Wachstums in Japan und Deutschland ist in vielfacher Hinsicht also genau das, was gemäß dem Solow-Modell für Länder, deren Kapitalstock durch einen Krieg in großem Umfang zerstört wurde, erwartet werden würde.

Die Erklärung des Wachstums in Japan und Deutschland ist jedoch nicht ganz so einfach wie gerade angedeutet. Beide Länder haben höhere Sparquoten als die Vereinigten Staaten und nähern sich daher unterschiedlichen stationären Zuständen an. Um die Unterschiede zwischen verschiedenen Ländern besser zu verstehen, muß der Effekt von Unterschieden in der Sparquote näher betrachtet werden.

Änderungen der Sparquote

Wir wollen eine Wirtschaft betrachten, die sich anfänglich im stationären Zustand befindet und überlegen, was passieren wird, wenn die Sparquote zunimmt. Abbildung

4-5 illustriert eine solche Änderung. Die Zunahme der Sparquote von s_1 nach s_2 verursacht eine Aufwärtsverschiebung der $sf(k)$ Kurve. Im ursprünglichen stationären Zustand (k^*_1) haben sich die Investitionen und die Abschreibungen in ihrer Wirkung gerade gegenseitig aufgehoben. Unmittelbar nach Erhöhung der Sparquote sind die Investitionen größer als vorher, der Kapitalstock – und damit die Abschreibungen – bleiben jedoch zunächst unverändert. Daher sind die Investitionen größer als die Abschreibungen. Der Kapitalstock wird langsam zunehmen, bis die Ökonomie ihren neuen stationären Zustand (k^*_2) erreicht hat, in dem der Kapitalstock und die Produktion höher sind.

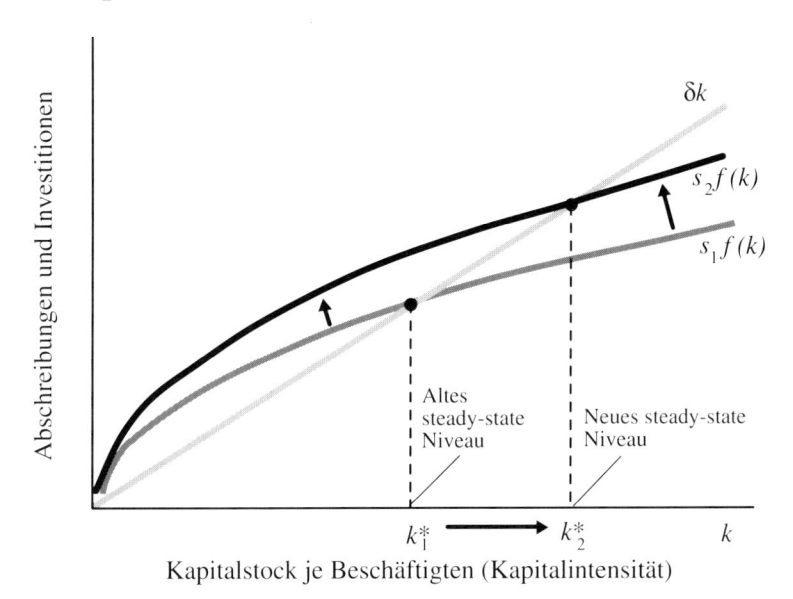

Abbildung 4-5: **Eine Zunahme der Sparquote.** Eine Zunahme der Sparquote s impliziert für jeden gegebenen Kapitalstock ein höheres Investitionsvolumen. Die Sparfunktion verschiebt sich daher aufwärts. Im ursprünglichen stationären Zustand sind die Investitionen nun höher als die Abschreibungen. Der Kapitalstock wächst, bis die Wirtschaft einen neuen stationären Zustand mit einem höheren Kapitalstock und einem höheren Niveau des Outputs erreicht hat.

Das Solow-Modell zeigt, daß die Sparquote eine Schlüsselgröße bei der Bestimmung des stationären Wertes des Kapitalstocks darstellt. Ist die Sparquote hoch, dann verfügt die betreffende Wirtschaft über einen hohen Kapitalstock, und die Produktion bewegt sich auf einem hohen Niveau. Ist die Sparquote niedrig, dann verfügt die betreffende Wirtschaft nur über einen kleinen Kapitalstock, und das Niveau des Outputs ist gering.

Welche Beziehung besteht zwischen Ersparnis und ökonomischem Wachstum? Höhere Ersparnis führt zu höherem Wachstum; aber nur in kurzfristiger Betrachtung. Eine Zunahme der Sparquote impliziert ein hohes wirtschaftliches Wachstum, bis die Ökonomie den neuen stationären Zustand erreicht hat. Falls die betreffende Wirtschaft eine hohe Sparquote aufrechterhält, wird sie auch einen hohen Kapitalstock und ein hohes Niveau der Produktion aufrechterhalten können, aber sie wird nicht auf Dauer hohe Wachstumsraten verzeichnen.

Fallstudie 4-2: Ersparnis in reichen und armen Ländern

Aus dem Solow-Modell folgt, daß ein Land, das einen großen Teil seines Einkommens spart, über einen hohen stationären Kapitalstock verfügt und daher auch ein hohes Niveau des Einkommens aufweist. Dies ist nicht nur eine theoretische Folgerung, sie wird auch durch empirische Daten unterstützt.

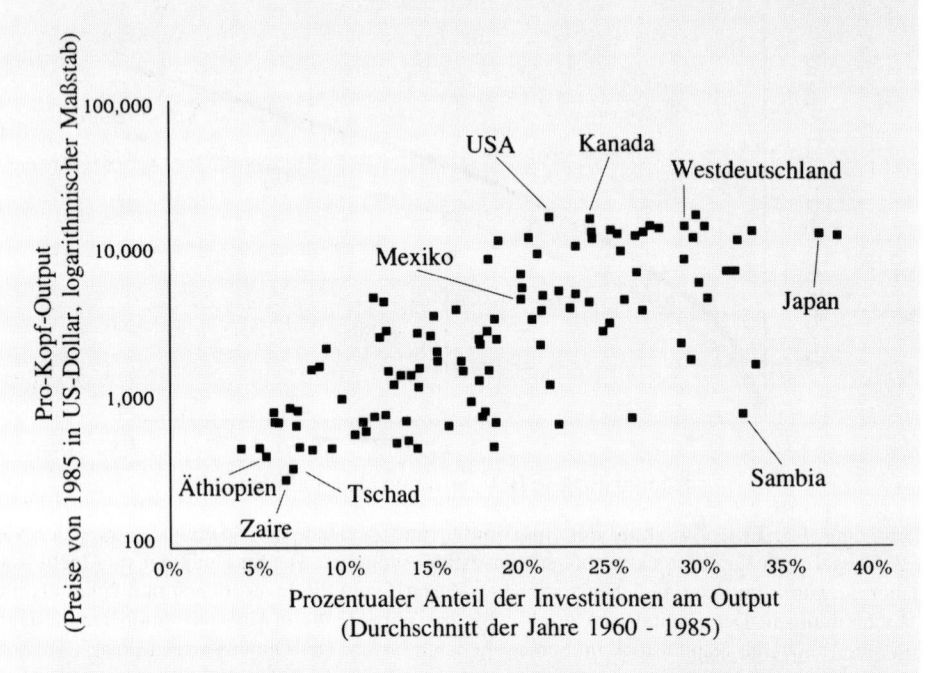

Abbildung 4-6: **Investitionsquoten und Pro-Kopf-Einkommen im internationalen Vergleich.** Dieses Streudiagramm zeigt die Erfahrungen von 112 Ländern. Jedes Land wird durch einen Punkt in der Abbildung repräsentiert. An der horizontalen Achse sind die Investitionsquoten der einzelnen Länder abgetragen. Die vertikale Achse zeigt die jeweiligen Pro-Kopf-Einkommen. Hohe Investitionsquoten sind mit hohen Werten des Pro-Kopf-Einkommens verbunden, wie es das Solow-Modell vermuten läßt.
Quelle: Mit Umrechnungen aus Robert Summers and Alan Heston, „A New Set of International Comparisons of Real Product and Price Levels: Estimates for 130 Countries", The Review of Income and Wealth (März 1988): 1-25.

Abbildung 4-6 zeigt ein Streudiagramm mit Daten für 112 Länder. Diese Abbildung umfaßt nahezu alle wichtigen Volkswirtschaften der Welt. (Nicht berücksichtigt werden die kommunistischen Länder und die größeren ölproduzierenden Länder.) Die Daten zeigen einen positiven Zusammenhang zwischen dem Anteil des Outputs, der für Investitionen verwendet wird, und dem Pro-Kopf-Einkommensniveau. Länder mit hohen Investitionsquoten, wie z.B. die Vereinigten Staaten, Kanada und Japan, weisen gewöhnlich hohe Einkommen auf, während Länder mit niedrigen Investitionsquoten, wie etwa Äthiopien, Zaire und Tschad, nur über niedrige Einkommen verfügen. Die Ergebnisse dieses internationalen Vergleichs sind daher konsistent mit der Aussage des Solow-Modells, daß die Sparquote eine wichtige Determinante des Reichtums eines Landes darstellt.

Abbildung 4-6 zeigt aber auch, daß der Zusammenhang zwischen Ersparnis und Einkommen bei weitem nicht vollkommen ist. Es muß noch andere Erklärungsgründe für das Pro-Kopf-Einkommen geben. Wir kommen nochmals auf die internationalen Einkommensunterschiede zurück, um zu sehen, welche anderen Variablen noch die Szene betreten.

4.2 Das „Golden Rule"-Niveau des Kapitalstocks

Nachdem der Zusammenhang zwischen Sparquote und stationärem Niveau von Kapitalstock und Einkommen analysiert wurde, können wir uns nun der Diskussion der optimalen Kapitalbildung zuwenden. Später, in Abschnitt 4.5, werden wir untersuchen, wie durch staatliche Politikmaßnahmen die Sparquote verändert werden kann und welchen Einfluß dies auf das Niveau von Kapital und Produktion hat. Im vorliegenden Abschnitt stellen wir zunächst die Theorie dar, die hinter diesen wirtschaftspolitischen Entscheidungen steht. Um unsere Analyse so einfach wie möglich zu gestalten, wollen wir annehmen, daß die Wirtschaftspolitik einfach eine bestimmte Sparquote wählen und damit den stationären Zustand bestimmen kann. Wir wollen überlegen, welchen stationären Zustand ein wirtschaftspolitischer Entscheidungsträger wählen sollte.

Der Vergleich zwischen verschiedenen stationären Zuständen

Bei der Wahl eines bestimmten stationären Zustandes ist es das Ziel des politischen Entscheidungsträgers, die ökonomische Wohlfahrt der einzelnen Mitglieder der Gesellschaft zu maximieren. Die einzelnen selbst machen sich keine Gedanken über die Größe des gesamtwirtschaftlichen Kapitalstocks oder die Höhe der gesamtwirtschaftlichen

Produktion. Sie machen sich vielmehr Gedanken über die Menge an Waren und Dienstleistungen, die sie konsumieren können. Ein an der ökonomischen Wohlfahrt interessierter politischer Entscheidungsträger wird daher den stationären Zustand wählen, der mit dem höchsten Konsumniveau verbunden ist. Dieser stationäre Zustand wird **Goldene Regel der Kapitalakkumulation** genannt und mit k** bezeichnet.[4]

Woher können wir wissen, daß sich die Wirtschaft auf dem Golden Rule-Niveau befindet? Um diese Frage beantworten zu können, müssen wir zunächst das stationäre Niveau des Pro-Kopf-Konsums bestimmen. Danach werden wir sagen können, welcher stationäre Zustand den größtmöglichen Konsum erlaubt.

Um den stationären Wert des Konsums zu finden, gehen wir von der Kreislaufgleichung

$$y = c + i$$

aus und formen sie um zu

$$c = y - i.$$

Der Konsum ist also gerade die Differenz von Produktion und Investitionen. Die Produktion ergibt sich aus $f(k)$. Im stationären Zustand verändert sich der Kapitalstock nicht, so daß die Investitionen gerade mit den Abschreibungen δk übereinstimmen. Setzt man nun $f(k^*)$ für y und δk^* für i ein, kann man den stationären Pro-Kopf-Konsum als

$$c^* = f(k^*) - \delta k^*$$

schreiben. Diese Gleichung besagt, daß der stationäre Konsum gerade die Differenz aus dem stationären Output und den stationären Abschreibungen ist. Sie zeigt, daß ein vermehrter Kapitalstock zwei Effekte auf den stationären Konsum hat: einerseits wird eine größere Produktion ermöglicht, andererseits muß ein größerer Teil des Outputs verwendet werden, um das verschlissene Kapital zu ersetzen.

Abbildung 4-7 stellt den stationären Output und die stationären Abschreibungen als Funktionen des stationären Kapitalstocks dar. Der stationäre Konsum ist die Differenz zwischen Output und Abschreibungen. Aus der Abbildung wird deutlich, daß genau ein Niveau des Kapitalstocks existiert (nämlich das Golden Rule-Niveau k^{**}), bei dem der Konsum maximal ist.

---

4 Edmund Phelps, "The Golden Rule of Accumulation: A Fable for Growthmen", American Economic Review 51 (September 1961): 638-643.

Kapitel 4 Wachstum

[Figur: Darstellung der Steady-state Werte von Produktion $f(k^*)$ und Abschreibung δk^* als Funktion der Steady-state Kapitalintensität k^*. Eingezeichnet sind k^{**}, c^{**} und die Steigung der Produktionsfunktion bei k^{**}.]

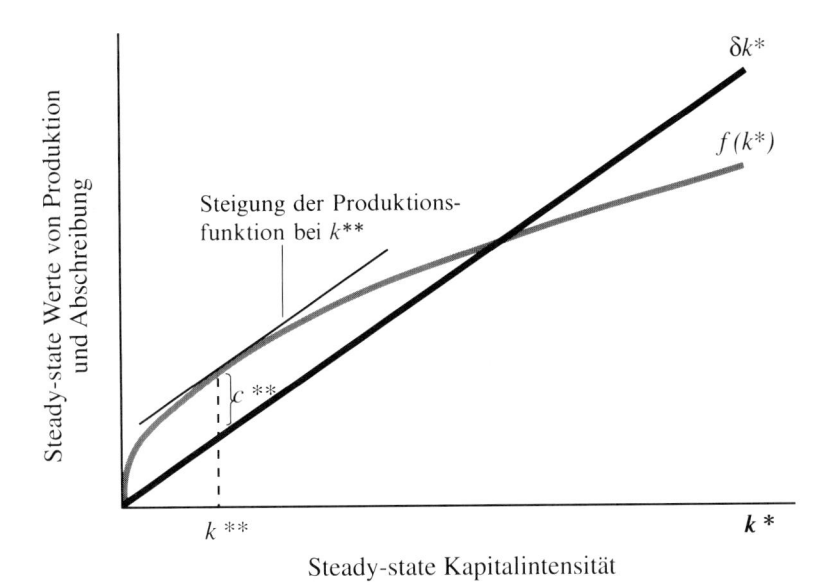

Abbildung 4-7: **Der Konsum im Steady-state.** Die Produktion der betrachten Wirtschaft wird für Konsum und Investitionen verwendet. Im stationären Zustand stimmen Investitionen und Abschreibungen überein. Daher ergibt sich der Konsum im stationären Zustand als Differenz zwischen Produktion $f(k^*)$ und Abschreibungen δk^*. Der Steady state, bei dem der stationäre Konsum maximal ist, wird als Steady state der Goldenen Regel bezeichnet. Der Kapitalstock der Goldenen Regel wird durch k^{**}, der Konsum der goldenen Regel durch c^{**} symbolisiert.

Vergleicht man verschiedene stationäre Zustände, so muß man sowohl den Effekt auf die Produktion als auch den Effekt auf die Abschreibungen in Betracht ziehen. Liegt der Kapitalstock unterhalb des Golden Rule-Niveaus, dann hat eine Vergrößerung des Kapitalstocks eine Zunahme des Outputs zur Folge, die die Abschreibungen übersteigt. Der stationäre Konsum wird dann zunehmen. In diesem Fall ist die Produktionsfunktion steiler als die δk^* Linie, so daß der Abstand zwischen diesen beiden Kurven, der dem Pro-Kopf-Konsum entspricht, mit steigendem k^* zunimmt. Liegt der Kapitalstock jedoch oberhalb des Golden Rule-Niveaus, dann hat eine Zunahme des Kapitalstocks eine Verminderung des Konsums zur Folge, weil die Erhöhung der Produktion kleiner ist als die Erhöhung der Abschreibungen. In diesem Fall verläuft die Produktionsfunktion flacher als die δk^* Linie, so daß der vertikale Abstand zwischen beiden Kurven mit zunehmendem k^* abnimmt. Für das Golden Rule-Niveau des Kapitalstocks weisen Produktionsfunktion und δk^*-Linie die gleiche Steigung auf.

Diese Überlegung läßt sich auch aus einem anderen Blickwinkel verdeutlichen. Dazu wollen wir annehmen, daß die Wirtschaft anfänglich mit einem Kapitalstock k^* ausgestattet ist und daß die politischen Entscheidungsträger in Betracht ziehen, den Kapitalstock auf $k^* + 1$ zu erhöhen. Die dadurch erzielbare Output-Erhöhung beträgt $f(k^*+1)$

Tabelle 4-3 zeigt die Berechnung des stationären Wertes des Kapitalstocks für verschiedene Sparquoten. Es wird deutlich, daß eine höhere Ersparnis zu einem höheren Kapitalstock führt, der seinerseits eine größere Produktion und höhere Abschreibungen impliziert. Der stationäre Konsum, der sich als Differenz aus Produktion und Abschreibungen ergibt, nimmt zunächst mit steigenden Sparquoten zu und danach ab. Der Konsum erreicht für eine Sparquote von 0,5 seinen höchsten Wert. In diesem stationären Zustand ist die Goldene Regel erfüllt.

Ein anderer Weg zur Identifizierung des Golden Rule Steady state führt über das Grenzprodukt des Kapitals. In Kapitel 3 wurde gezeigt, daß für eine Cobb-Douglas-Produktionsfunktion $MPK = \alpha y/k$ gilt. Unter Verwendung dieser Beziehung und unter Berücksichtigung der Tatsache, daß in unserem Beispiel $\alpha=1/2$ gilt, wird in den beiden letzten Spalten von Tabelle 4-3 die Differenz aus Grenzprodukt des Kapitals und Abschreibungsrate ($MPK\text{-}\delta$) berechnet. Es sei nochmals darauf hingewiesen, daß im stationären Zustand der Goldenen Regel das um die Abschreibung verminderte Grenzprodukt des Kapitals gleich 0 ist.

Der Weg zum Steady state der Goldenen Regel

Wir wollen nun die Aufgabe unseres Wirtschaftspolitikers etwas realistischer gestalten. Bislang hatten wir angenommen, daß die politischen Entscheidungsträger einfach den stationären Zustand wählen können. In diesem Fall würde der Wirtschaftspolitiker den Steady state mit dem höchsten Konsum wählen, also den Steady state der Goldenen Regel. Nun soll dagegen angenommen werden, daß sich die Ökonomie im Ausgangszeitpunkt in einem anderen stationären Zustand befindet. Es soll geprüft werden, welche Wirkungen auf Konsum, Investitionen und Kapitalstock sich beim Übergang der Ökonomie vom anfänglichen stationären Zustand zum Steady state der Goldenen Regel ergeben. Könnten die Wirkungen des Übergangs die wirtschaftspolitischen Entscheidungsträger möglicherweise davon abhalten, daß Golden Rule-Niveau anzustreben?

Zwei Fälle sind zu berücksichtigen: Die Wirtschaft kann im Ausgangszeitpunkt über einen höheren oder einen niedrigeren als den Golden Rule-Kapitalstock verfügen. Der zweite Fall, nämlich daß der Kapitalstock eine zu geringe Höhe aufweist, ist schwieriger zu behandeln, weil die politischen Entscheidungsträger die Vorteile gegenwärtigen gegen die Vorteile zukünftigen Konsums abwägen müssen. Wie sich in Abschnitt 4.5 zeigen wird, ist dieser Fall für tatsächliche Wirtschaftssysteme, wie z.B. das der Bundesrepublik, relevant.

Der Kapitalstock ist höher als es der Goldenen Regel entspricht Wir wollen zunächst den Fall betrachten, daß die Ökonomie in der Ausgangslage über einen höheren Kapitalstock verfügt als ihn die Goldene Regel erfordert. In diesem Fall sollten die wirtschaftspolitischen Entscheidungsträger Maßnahmen ergreifen, die zu einer Verminderung der Sparquote führen, um so den stationären Kapitalstock zu vermindern. Wir wollen annehmen, daß diese Politikmaßnahmen erfolgreich sind und daß zu einem bestimmten Zeitpunkt t_0 die Sparquote auf das Niveau absinkt, das schließlich zum Golden rule-Niveau des Kapitalstocks führt.

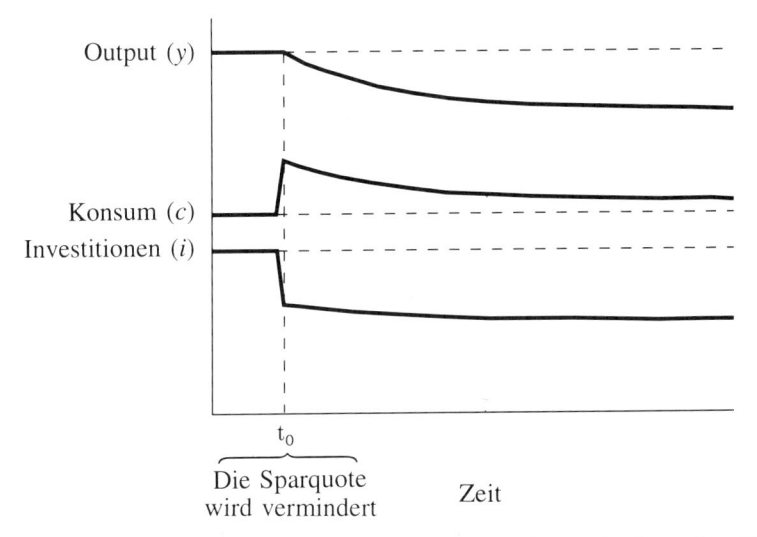

Abbildung 4-8: **Verminderung der Sparquote bei einem Kapitalstock, der anfänglich höher ist, als es der Goldenen Regel entspricht.** Diese Abbildung zeigt die Zeitpfade von Produktion, Konsum und Investitionen, die sich ergeben, falls der Kapitalstock in der Ausgangssituation höher ist, als es der goldenen Regel entspricht und die Sparquote daher vermindert wird. Die Verminderung der Sparquote (zum Zeitpunkt t_0) hat eine sofortige Erhöhung des Konsums und eine gleich große sofortige Verminderung der Investitionen zur Folge. Mit sinkendem Kapitalstock verringern sich im Zeitverlauf auch Produktion, Konsum und Investitionen. Da die Ökonomie im Ausgangszeitpunkt über einen zu hohen Kapitalstock verfügte, ist das Konsumniveau im neuen stationären Zustand höher als im ursprünglichen.

Abbildung 4-8 zeigt für diesen Fall die Zeitpfade von Produktion, Konsum und Investitionen. Die Verminderung der Sparquote führt zu einem sofortigen Anstieg des Konsumniveaus und zu einer entsprechenden Abnahme der Investitionen. Die Investitionen sind nun geringer als die Abschreibungen, so daß die Ökonomie sich nicht länger in einem stationären Zustand befindet. Mit sinkendem Kapitalstock verringern sich Produktion, Konsum und Investitionen allmählich bis auf ihre neuen stationären Werte. Weil der neue stationäre Zustand der Goldenen Regel entspricht, wissen wir, daß das

Konsumniveau trotz der Verringerung von Produktion und Investitionen nun höher ist als zum Zeitpunkt vor der Veränderung.

Es sei hervorgehoben, daß der Konsum im Vergleich zum alten stationären Zustand nicht nur im neuen stationären Zustand höher ist, sondern dies auch für den gesamten Anpassungspfad gilt. Falls der Kapitalstock das der Goldenen Regel entsprechende Niveau übersteigt, ist die Verminderung der Ersparnis also auf jeden Fall eine sinnvolle wirtschaftspolitische Maßnahme, weil sie die Konsummöglichkeiten für jeden Zeitpunkt erhöht.

Der Kapitalstock ist geringer als es der Goldenen Regel entspricht Falls der Kapitalstock im Ausgangszeitpunkt unterhalb des Golden Rule-Niveaus liegt, müssen die wirtschaftspolitischen Entscheidungsträger die Sparquote erhöhen, um den Kapitalstock der Goldenen Regel zu erreichen. Abbildung 4-9 zeigt, was passiert, wenn dieser Fall auftritt. Die Erhöhung der Sparquote zu einem bestimmten Zeitpunkt t_0 verursacht einen sofortigen Rückgang des Konsums und einen Anstieg der Investitionen. Im Zeitverlauf führen die höheren Investitionen dann zu einem Anstieg des Kapitalstocks. Mit steigendem Kapitalstock nehmen Produktion, Konsum und Investitionen allmählich zu und nähern sich schließlich den neuen stationären Werten. Weil der ursprüngliche stationäre Zustand unterhalb des Golden Rule-Niveaus lag, führt die Erhöhung der Ersparnis schließlich zu einem höheren Konsumniveau als in der Ausgangssituation.

Hat die Erhöhung der Ersparnis, die zum Golden Rule-Niveau führt, auch eine Erhöhung der ökonomischen Wohlfahrt zur Folge? Auf lange Sicht betrachtet ist dies der Fall, weil das stationäre Konsumniveau höher ist als zu Anfang. Um dieses neue stationäre Niveau zu erreichen, ist jedoch zu Beginn des Betrachtungszeitraums für eine gewisse Zeitperiode eine Verminderung des Konsums erforderlich. Es ist wichtig, den Unterschied zwischen diesem und dem Fall mit einem höheren Kapitalstock zu sehen. *Liegt der Kapitalstock in der Ausgangssituation über dem Niveau der Goldenen Regel, dann hat eine Annäherung an den Kapitalstock der Goldenen Regel zu jedem Zeitpunkt ein höheres Konsumniveau zur Folge. Liegt der anfängliche Kapitalstock jedoch unterhalb des Niveaus der Goldenen Regel, dann macht eine Annäherung an den stationären Wert der Goldenen Regel eine Verminderung des heutigen Konsums erforderlich, um einen Anstieg des zukünftigen Konsums zu ermöglichen.*

Im letzteren Fall ist die Entscheidung darüber, ob der stationäre Zustand der Goldenen Regel angesteuert werden soll, besonders schwierig, weil die Bevölkerungszusammensetzung sich im Zeitverlauf ändert. Das Erreichen des Golden Rule-Kapitalstocks ermöglicht den maximalen Steady state-Konsum und ist somit für die künftigen Generationen vorteilhaft. Befindet sich die Wirtschaft unterhalb des Golden Rule-Niveaus, dann ist zur Erreichung der Goldenen Regel eine Erhöhung der Investitionen erforderlich, und dies impliziert eine Verminderung des Konsums der gegenwärtigen Generationen.

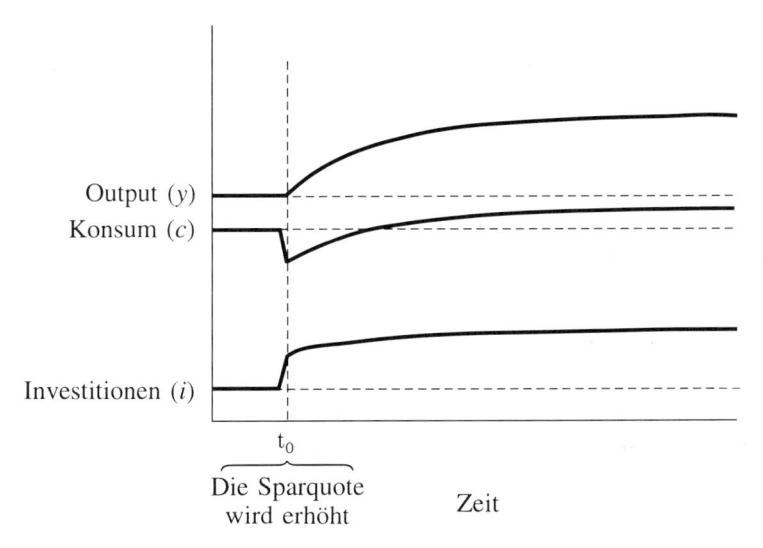

Abbildung 4-9: **Zunahme der Sparquote bei einem Kapitalstock, der anfänglich geringer ist, als es der Goldenen Regel entspricht.** Diese Abbildung zeigt die Zeitpfade von Produktion, Konsum und Investitionen, die sich ergeben, wenn die Ökonomie im Anfangszeitpunkt über einen geringeren Kapitalstock verfügt als der Goldenen Regel entspricht und die Sparquote daher erhöht wird. Die Zunahme der Sparquote (zu einem Zeitpunkt t_0) hat eine unmittelbare Verringerung des Konsums und eine entsprechende Zunahme der Investitionen zur Folge. Mit steigendem Kapitalstock nehmen auch Produktion, Konsum und Investitionen im Zeitverlauf zu. Da die Wirtschaft im Ausgangszeitpunkt über einen geringeren Kapitalstock verfügt, als es der goldenen Regel entspricht, ist der neue stationäre Zustand mit einem höheren Konsumniveau verbunden als der ursprüngliche.

Bei der Entscheidung, ob die Kapitalakkumulation erhöht werden soll, müssen die wirtschaftspolitischen Entscheidungsträger die Wohlfahrtssituation verschiedener Generationen vergleichen. Berücksichtigen die wirtschaftspolitischen Entscheidungsträger das Wohl der gegenwärtigen Generationen stärker als das der zukünftigen, kann es sein, daß keine Politik ergriffen wird, die die Goldene Regel erreichen will. Berücksichtigen die Entscheidungsträger dagegen alle Generationen in gleicher Weise, dann werden wirtschaftspolitische Maßnahmen zur Erreichung des Golden Rule-Niveaus ergriffen. Zwar werden die Konsummöglichkeiten der gegenwärtigen Generationen eingeschränkt, eine unendliche Anzahl künftiger Generationen profitiert jedoch von dem Wechsel zum Niveau der Goldenen Regel.

Die Frage der optimalen Kapitalakkumulation hängt daher ganz zentral davon ab, wie die Interessen der gegenwärtigen Generationen im Vergleich zu denen der künftigen gewichtet werden. Die biblische Goldene Regel sagt: „Alles nun, was ihr wollt, das euch die Leute tun sollen, das tut ihnen auch!" Folgen wir diesem Ratschlag, dann müssen alle Generationen gleich gewichtet werden. In diesem Fall ist es optimal, den Kapitalstock der Goldenen Regel zu erreichen - aus genau diesem Grund wird die Goldene Regel als solche bezeichnet.

4.3 Bevölkerungswachstum

Das einfache Solow-Modell zeigt, daß die Kapitalakkumulation allein ein dauerhaftes ökonomisches Wachstum nicht erklären kann. Hohe Sparquoten führen zu einem zeitweilig hohen Wachstum, schließlich nähert sich die Ökonomie jedoch einem stationären Zustand, in dem Kapitalstock und Produktion konstant sind. Um dauerhaftes ökonomisches Wachstum erklären zu können, das wir in fast allen Ländern der Welt beobachten, muß das Solow-Modell erweitert werden und zwei andere Quellen wirtschaftlichen Wachstums einbeziehen: Bevölkerungswachstum und technologischen Fortschritt. In diesem Abschnitt beziehen wir das Bevölkerungswachstum in das Modell ein.

Statt wie in den Abschnitten 4.1 und 4.2 davon auszugehen, daß die Bevölkerungshöhe konstant ist, soll nun angenommen werden, daß die Bevölkerung und die Zahl der Erwerbstätigen mit einer konstanten Rate n zunehmen. So wächst z.B. in den Vereinigten Staaten die Bevölkerung um ungefähr 1 % im Jahr, d.h. $n = 0,01$. Arbeiten in einem Jahr also 150 Millionen Menschen, dann arbeiten im nächsten Jahr 151,5 Millionen (1,01 x 150), im übernächsten Jahr 153,015 Millionen (1,01 x 151,5) usw.

Der stationäre Zustand bei Wachstum der Bevölkerung

Welche Konsequenzen hat das Bevölkerungswachstum für den stationären Zustand? Um diese Frage beantworten zu können, müssen wir überlegen, wie das Bevölkerungswachstum zusammen mit Investitionen und Abschreibungen die Kapitalintensität beeinflußt. Wie weiter oben festgestellt, erhöhen die Investitionen den Kapitalstock, und die Abschreibungen vermindern ihn. Aber nun wirkt sich eine dritte Kraft auf die Höhe des Kapitalstocks je Erwerbstätigen aus: die steigende Zahl der Erwerbstätigen läßt die Kapitalintensität sinken.

Auch in der weiteren Analyse sollen kleine Buchstaben Mengen pro Beschäftigten symbolisieren. Es ist also $k = K/L$ der Pro-Kopf-Kapitalstock, d.h. die Kapitalintensität, und $y = Y/L$ die Pro-Kopf-Produktion. Es ist nun jedoch zu beachten, daß die Anzahl der Beschäftigten im Zeitverlauf wächst.

Die Veränderung des Pro-Kopf-Kapitalstocks ergibt sich aus

$$\Delta k = i - \delta k - nk.$$

Die drei Ausdrücke auf der rechten Seite dieser Gleichung zeigen die Effekte von Investitionen, Abschreibungen und Bevölkerungswachstum auf den Pro-Kopf-Kapitalstock. Die Investitionen wirken tendenziell erhöhend, Abschreibungen und Bevölkerungswachstum dagegen tendenziell vermindernd auf den Pro-Kopf-Kapitalstock k. Die früher betrachtete Gleichung der Veränderung des Pro-Kopf-Kapitalstocks ist nichts anderes als ein Spezialfall der eben dargestellten Gleichung, für den $n = 0$ gilt.

Wir verwenden diese Gleichung, indem wir $sf(k)$ für i einsetzen und die Terme umsortieren. Es folgt:

$$\Delta k = sf(k) - (\delta + n)k.$$

In dieser Form werden die Effekte von Abschreibungen und Bevölkerungswachstum zusammengefaßt. Die Gleichung zeigt, daß das Bevölkerungswachstum die Akkumulation des Pro-Kopf-Kapitals in ähnlicher Weise wie die Abschreibungen vermindert. Die Abschreibungen vermindern die Pro-Kopf-Kapitalausstattung durch Verschleiß, das Bevölkerungswachstum vermindert die Pro-Kopf-Kapitalausstattung dadurch, daß ein gegebener Kapitalstock auf eine größere Anzahl von Erwerbstätigen verteilt werden muß. Man kann den Ausdruck $(\delta + n)k$ als *break-even* Investitionsvolumen ansehen: es handelt sich dabei um dasjenige Investitionsvolumen, das erforderlich ist, um den Pro-Kopf-Kapitalstock konstant zu halten. Das break-even Investitionsvolumen umfaßt einerseits die Investitionen, die notwendig sind, um das verschlissene und somit abgeschriebene Kapital zu ersetzen (δk). Es umfaßt andererseits die Investitionen, die erforderlich sind, um neue Erwerbstätige mit Kapital auszustatten. Diese zweite Komponente beträgt nk, weil zu jedem alten Erwerbstätigen n neue Erwerbstätige hinzukommen und weil k die Kapitalausstattung jedes Erwerbstätigen ist.

Um zu sehen, wodurch das stationäre Niveau der Kapitalintensität bestimmt wird, betrachten wir Abbildung 4-10, die die Darstellung von Abbildung 4-4 um die Berücksichtigung des Effekts einer wachsenden Bevölkerung erweitert. Eine Wirtschaft befindet sich im stationären Zustand, wenn die Kapitalintensität k konstant ist. Wir bezeichnen den stationären Wert von k mit k^*. Ist k kleiner als k^*, dann sind die

Investitionen größer als die break-even Investitionen, und k steigt. Ist k größer als k*, dann sind die Investitionen kleiner als die break-even Investitionen, und k sinkt. Im stationären Zustand halten sich die positiven Wirkungen der Investitionen gerade mit den negativen Wirkungen von Abschreibungen und Bevölkerungswachstum die Waage. Für k* gilt also Δk = 0 und i* = δk* + nk*. Die Investitionen haben im stationären Zustand zwei Funktionen: ein Teil von ihnen (δk*) ersetzt das verschlissene Kapital, der Rest (nk*) dient der Ausstattung der neuen Erwerbstätigen mit der für den stationären Zustand erforderlichen Menge an Kapital.

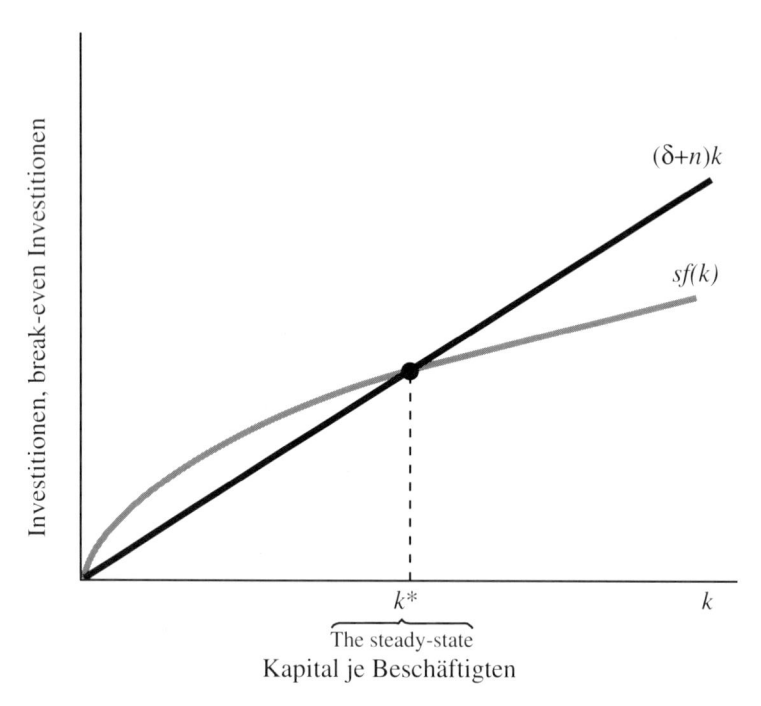

Abbildung 4-10: **Bevölkerungswachstum im Solow-Modell.** Genau wie die Abschreibungen ist das Bevölkerungswachstum ein Grund, aus dem der Pro-Kopf-Kapitalstock sinken kann. Bezeichnet n die Rate des Bevölkerungswachstums und δ die Rate der Abschreibungen, dann gibt (n+δ)k das Investitionsvolumen wieder, das notwendig ist, um den Pro-Kopf-Kapitalstock k konstant zu halten. Damit die Wirtschaft sich in einem stationären Zustand befindet, müssen die Investitionen sf(k) die Wirkungen des Bevölkerungswachstums und der Abschreibungen (n+δ)k ausgleichen. Diese Situation wird durch den Schnittpunkt der beiden Kurven wiedergegeben.

Die Konsequenzen des Bevölkerungswachstums

Bevölkerungswachstum verändert die Grundversion des Solow-Modells in dreierlei Hinsicht. Erstens führt es uns näher an eine Erklärung dauerhaften ökonomischen Wachstums heran. Im stationären Zustand bei wachsender Bevölkerung verändern sich Pro-Kopf-Kapitalstock und Pro-Kopf-Produktion nicht. Weil jedoch die Anzahl der Erwerbstätigen mit der Rate n wächst, nehmen auch der Gesamtkapitalstock und die Gesamtproduktion mit der gleichen Rate n zu. Das Bevölkerungswachstum kann nicht das dauerhafte Wachstum des Lebensstandards erklären, weil der Pro-Kopf-Output im Steady state konstant ist. Das Bevölkerungswachstum kann jedoch das dauerhafte Wachstum des Outputvolumens erklären.

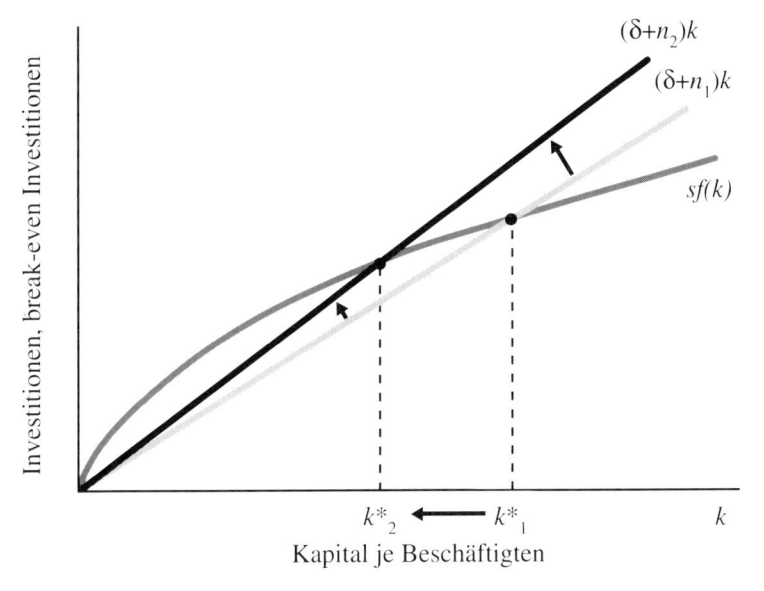

Abbildung 4-11: **Die Auswirkungen des Bevölkerungswachstums.** Eine Zunahme der Bevölkerungswachstumsrate n verschiebt die Linie, die Bevölkerungswachstum und Abschreibungen repräsentiert, aufwärts. Der neue stationäre Zustand ist mit einem geringeren Pro-Kopf-Kapital verbunden. Das Solow-Modell impliziert daher voraus, daß Volkswirtschaften mit höherem Bevölkerungswachstum einen geringeren Pro-Kopf-Kapitalstock und damit ein geringes Pro-Kopf-Einkommen aufweisen.

Zweitens erlaubt uns das Bevölkerungswachstum eine andere Erklärung für die Beobachtung, daß einige Länder reich, andere jedoch arm sind. Wir wollen dazu den Effekt einer Zunahme der Rate des Bevölkerungswachstums betrachten. Abbildung 4-11 macht deutlich, daß eine Zunahme des Bevölkerungswachstums von n_1 zu n_2 das stationäre Niveau der Kapitalintensität von k^*_1 auf k^*_2 reduziert. Da der Pro-Kopf-

Kapitalstock k^* nun geringer ist und weil $y^* = f(k^*)$ gilt, ist das Niveau der Pro-Kopf-Produktion y^* nun auch geringer. Das Solow-Modell prognostiziert daher, daß Länder mit einer hohen Bevölkerungswachstumsrate ein geringeres Niveau des Pro-Kopf-Einkommens aufweisen.

Schließlich wirkt sich das Bevölkerungswachstum auch auf das Golden Rule-Niveau der Kapitalakkumulation aus. Der Pro-Kopf-Konsum war durch

$$c = y - i$$

definiert. Da die Steady state-Produktion sich aus $f(k^*)$ ergibt und Steady state-Investitionen $(\delta + n)k^*$ betragen, können wir den stationären Konsum durch

$$c^* = f(k^*) - (\delta+n)k^*$$

beschreiben. Der konsummaximale Wert der Kapitalintensität k^* wird durch

$$MPK = \delta + n$$

beziehungsweise

$$MPK - \delta = n$$

gegeben. Im Steady state der Goldenen Regel entspricht also das um die Abschreibungen verminderte Grenzprodukt des Kapitals (Netto-Grenzprodukt des Kapitals) gerade der Rate des Bevölkerungswachstums.

Fallstudie 4-3: Bevölkerungswachstum in reichen und armen Ländern

Dem Solow-Modell zufolge weist ein Land mit hoher Wachstumsrate der Bevölkerung einen geringen stationären Pro-Kopf-Kapitalstock und damit ein relativ geringes Pro-Kopf-Einkommen auf. Mit anderen Worten führt also hohes Bevölkerungswachstum tendenziell zur Verarmung eines Landes, weil es schwierig ist, einen hohen Pro-Kopf-Kapitalstock zu realisieren, wenn die Bevölkerung schnell wächst. Um zu sehen, ob empirische Beobachtungen diese Folgerung unterstützen, soll nochmals internationales Datenmaterial betrachtet werden.

Abbildung 4-12 zeigt ein Streudiagramm für Daten derselben 112 Länder, die zuvor im Rahmen der Fallstudie 4-2 betrachtet wurden. Aus der Abbildung geht hervor, daß Länder mit hohem Bevölkerungswachstum tendenziell ein geringes Pro-Kopf-Einkommen aufweisen. Die internationalen empirischen Erfahrungen sind daher konsistent mit dem Ergebnis aus dem Solow-Modell, daß die Wachstumsrate der Bevölkerung einer der Bestimmungsgründe für den Lebensstandard eines Landes ist.

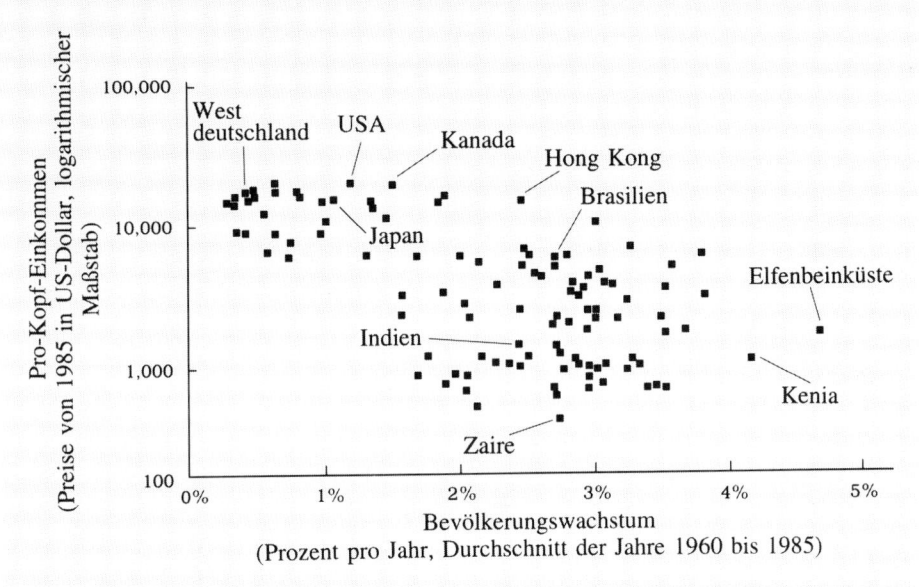

Abbildung 4-12: **Bevölkerungswachstum und Pro-Kopf-Einkommen im internationalen Vergleich.** Bei dieser Abbildung handelt es sich um ein Streudiagramm für 112 Länder, das belegt, daß Länder mit einer hohen Wachstumsrate der Bevölkerung tendenziell ein geringes Pro-Kopf-Einkommen aufweisen - genau wie es das Solow-Modell erwarten läßt.

4.4 Technologischer Fortschritt

Wir beziehen nun den technologischen Fortschritt, die dritte Quelle ökonomischen Wachstums, in das Solow-Modell ein. Bislang waren wir von einer gegebenen Beziehung zwischen dem Einsatz von Kapital und Arbeit und der Produktion von Waren und Dienstleistungen ausgegangen. Das Modell kann jedoch modifiziert werden, um eine exogene Steigerung der gesellschaftlichen Produktionsmöglichkeiten zu berücksichtigen.

Die Arbeitseffizienz

Um den technologischen Fortschritt in das Modell einzuführen, müssen wir auf die Version der Produktionsfunktion zurückgreifen, die den absoluten Kapitalstock K und das absolute Arbeitsvolumen L mit dem absoluten Output Y in Beziehung setzt. Diese Produktionsfunktion wurde durch

$$Y = F(K, L)$$

beschrieben. Wir schreiben nun die Produktionsfunktion als:

$$Y = F(K, L \times E).$$

Hierin stellt E eine neue Variable dar, die als **Arbeitseffizienz** bezeichnet wird. Die Arbeitseffizienz hängt von Faktoren, wie Gesundheit, Ausbildung, Fähigkeiten und Wissen der Erwerbspersonen ab.

Das Produkt $L \times E$ gibt den in **Effizienzeinheiten** gemessenen Arbeitseinsatz wieder. Das in Effizienzeinheiten gemessene Arbeitsvolumen berücksichtigt sowohl die Anzahl der Beschäftigten als auch die Effizienz jedes einzelnen Erwerbstätigen. Diese neue Produktionsfunktion besagt, daß die Gesamtproduktion Y von der Anzahl der Kapitaleinheiten K und der Anzahl der in Effizienzeinheiten gemessenen Arbeit ($L \times E$) abhängt.

Die einfachste Annahme bezüglich des technologischen Fortschritts ist die, daß er zu einem Zuwachs der Arbeitseffizienz E mit einer konstanten Rate g führt. Gilt beispielsweise $g = 0{,}02$, dann steigt die Effizienz jeder Arbeitseinheit um 2 % pro Jahr: die Produktion erhöht sich so, als ob das Arbeitsvolumen um 2 % angestiegen wäre. Diese Art des technologischen Fortschritts wird als **arbeitsvermehrend**, das Symbol g als Rate des arbeitsvermehrenden technologischen Fortschritts bezeichnet. Da das Arbeitsvolumen L mit einer Rate n, die Effizienz E jeder Arbeitseinheit mit einer Rate g steigt, erhöht sich das in Effizienzeinheiten gemessene Arbeitsvolumen L × E mit einer Rate von $n + g$.

Der stationäre Zustand bei technologischem Fortschritt

Der Umstand, daß der technologische Fortschritt als arbeitsvermehrend auftritt, erlaubt es, ihn analog zum Bevölkerungswachstum zu behandeln. Es ist naheliegend, die Ana-

Kapitel 4 Wachstum

lyse in Mengen pro Effizienzeinheit der Arbeit durchzuführen. Im weiteren soll daher $k = K/(L \times E)$ den Kapitalstock pro Effizienzeinheit und $y = Y/(L \times E)$ die Produktion pro Effizienzeinheit bezeichnen. Mit diesen Definitionen können wir die Produktionsfunktion wieder als $y = f(k)$ formulieren.

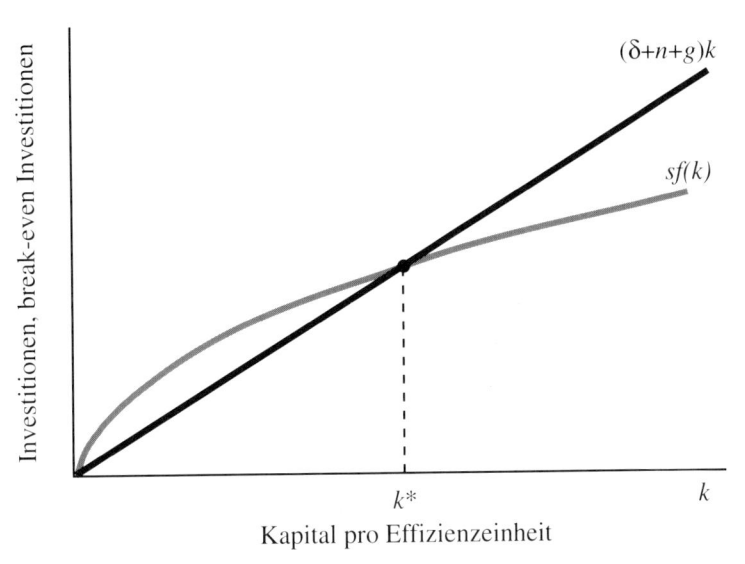

Abbildung 4-13: **Berücksichtigung des technologischen Fortschritts.** Die Einbeziehung von arbeitsvermehrendem technologischem Fortschritt mit der Rate g hat für unsere Analyse eine ganz ähnliche Bedeutung wie das Bevölkerungswachstum. Die Kapitalintensität wird jetzt definiert als Kapitalstock pro Effizienzeinheit der Arbeit. Eine durch den technologischen Fortschritt hervorgerufene Zunahme der Effizienzeinheiten führt tendenziell zu einer Verminderung von k. Im stationären Zustand gleichen die Investitionen $sf(k)$ gerade die Verminderung von k aus, die auf Abschreibungen, Bevölkerungswachstum und technologischen Fortschritt zurückzuführen ist.

Die weitere Analyse erfolgt dann völlig analog zum Fall des Bevölkerungswachstums. Die Gleichung, die die Entwicklung der Kapitalintensität im Zeitverlauf beschreibt, gewinnt nun folgendes Aussehen:

$$\Delta k = sf(k) - (\delta + n + g)k.$$

Der neue Ausdruck, der die Fortschrittsrate g enthält, tritt auf, weil k nunmehr den Kapitalstock je Effizienzeinheit der Arbeit symbolisiert. Ein großes g bedeutet, daß die Anzahl der Effizienzeinheiten schnell zunimmt und der Kapitalstock pro Effizienzeinheit daher tendenziell sinkt.

Wie Abbildung 4-13 belegt, führt die Einbeziehung des technologischen Fortschritts zu keiner grundsätzlichen Veränderung unserer Analyse des stationären Zustands. Es gibt ein Niveau der Kapitalintensität k, in Abbildung 4-13 mit k^* bezeichnet, bei dem der Kapitalstock pro Effizienzeinheit und daher auch die Produktion pro Effizienzeinheit konstant sind. Dieser stationäre Zustand stellt das langfristige Gleichgewicht der betrachteten Volkswirtschaft dar.

Die Wirkungen des technologischen Fortschritts

Tab. 4-4 zeigt das Verhalten einiger Modellvariablen im stationären Zustand für den Fall technologischen Fortschritts. Wie wir gerade gesehen haben, ist der Kapitalstock pro Effizienzeinheit k im stationären Zustand konstant. Weil $y = f(k)$ gilt, ist auch der Output je Effizienzeinheit konstant. Die Arbeitseffizienz eines durchschnittlichen Erwerbstätigen wächst jedoch mit der Rate g. Folglich steigt auch die Pro-Kopf-Produktion ($Y/L = y \times E$) mit der Rate g. Die gesamte Produktion ($Y = y \times (E \times L)$) wächst daher mit der Rate $n + g$.

Tabelle 4-4 **Steady-state-Wachstumsraten im Solow-Modell mit technologischem Fortschritt**

Variable	Symbol	Wachstumsrate
Kapital je Effizienzeinheit	$k = K/(E \times L)$	0
Output je Effizienzeinheit	$y = Y/(E \times L) = f(k)$	0
Output je Beschäftigtem	$Y/L = y \times E$	g
Gesamter Output	$Y = y \times (E \times L)$	$n + g$

Durch die Berücksichtigung des technologischen Fortschritts sind wir nun in der Lage, das anhaltende Wachstum des Lebensstandards, das wir in der Realität beobachten können, mit Hilfe unseres Modells zu klären. Wir haben also mit dem Modell gezeigt, daß technologischer Fortschritt zu dauerhaftem Wachstum der Pro-Kopf-Produktion führen kann. Dagegen führt eine hohe Sparquote nur so lange zu einer hohen Wachstumsrate, bis der stationäre Zustand erreicht ist. Befindet sich die Wirtschaft im stationären Zustand, dann hängt die Pro-Kopf-Wachstumsrate nur noch von der Rate des technologischen Fortschritts ab. *Das Solow-Modell zeigt, daß nur der technologische Fortschritt die anhaltende Zunahme des Lebensstandards erklären kann.*

Die Einführung des technologischen Fortschritts führt auch zu einer Veränderung der durch die Goldene Regel gegebenen Bedingung für konsumoptimales Wachstum. Das

Golden Rule-Niveau der Kapitalakkumulation ist als der stationäre Zustand definiert, der mit einem maximalen Konsum pro Effizienzeinheit der Arbeit verbunden ist. Verfolgt man den schon weiter oben benutzten Gedankengang, so kann man zeigen, daß der stationäre Konsum pro Effizienzeinheit der Arbeit durch

$$c^* = f(k^*) - (\delta + n + g)k^*$$

gegeben wird. Der steady-state Konsum wird maximal, wenn

$$MPK = \delta + n + g$$

bzw.

$$MPK - \delta = n + g$$

gilt. Das der Goldenen Regel entsprechende Niveau der Kapitalakkumulation entspricht daher dem Niveau, bei dem das Netto-Grenzprodukt des Kapitals (MPK-δ) der Wachstumsrate der Produktion ($n + g$) entspricht. Da in tatsächlichen Volkswirtschaften sowohl Bevölkerungswachstum als auch technologischer Fortschritt auftreten, müssen wir diese Bedingung verwenden, wenn wir wissen wollen, ob sie über mehr oder weniger Kapital verfügen als im Golden Rule Steady state.

Fallstudie 4-4: Steady-state Wachstum in den Vereinigten Staaten

Nachdem technologischer Fortschritt in das Solow-Modell eingeführt und dauerhaftes Wachstum des Lebensstandards erklärt worden ist, ist es an der Zeit, zu fragen, wie gut die entwickelte Theorie mit den Fakten übereinstimmt. Das Solow-Modell impliziert, daß der technologische Fortschritt dazu führt, daß viele ökonomische Variablen mit der gleichen Rate wachsen. Im Steady state wachsen sowohl die Pro-Kopf-Produktion als auch der Pro-Kopf-Kapitalstock mit der Rate des technologischen Fortschritts. Daten für die Entwicklung in den Vereinigten Staaten während der letzten 40 Jahre zeigen, daß die Pro-Kopf-Produktion und der auf Arbeitsstunden bezogene Kapitalstock tatsächlich mit ungefähr der gleichen Rate gewachsen sind – etwa 2 Prozent jährlich.

Der technologische Fortschritt beeinflußt auch die Höhe der Faktorpreise. Am Ende des Kapitels soll in Aufgabe 8(d) gezeigt werden, daß der Reallohn im Steady state mit der Rate des technologischen Fortschritts steigt. Der reale Kapitalkostensatz bleibt jedoch im Zeitverlauf konstant. Auch dieses Ergebnis des Solow-Modells erweist sich für die Vereinigten Staaten als zutreffend. In den letzten 40 Jahren hat der Reallohn um ca. 2 Prozent pro Jahr zugenommen und er stieg damit ungefähr im gleichen Maße wie das reale BSP pro Beschäftigtenstunde. Der reale Mietzins des Kapitals (gemessen durch das reale Kapitaleinkommen, dividiert durch den Kapitalstock) ist jedoch in etwa gleich geblieben.

Die aus dem Solow-Modell ableitbaren Vorhersagen in bezug auf die Faktorpreise – und ihr Erfolg – sind besonders bemerkenswert, wenn man sie der Marxschen Theorie der Entwicklung kapitalistischer Volkswirtschaften gegenüberstellt. Marx' Gesetz vom tendenziellen Fall der Profitrate sagte voraus, daß die Kapitalerträge im Zeitverlauf abnehmen und dies zu ökonomischen und politischen Krisen im Kapitalismus führen würde. Die historische Entwicklung hat die Vorhersagen von Marx nicht bestätigt, sicherlich ein Grund, warum wir uns heute mit der Wachstumstheorie von Solow und nicht mit der von Marx beschäftigen.

4.5 Ersparnis, Wachstum und Wirtschaftspolitik

Nachdem wir das Solow-Modell verwendet haben, um die Beziehungen zwischen den verschiedenen Quellen des ökonomischen Wachstums aufzudecken, soll es uns nun als Leitlinie für unsere Überlegungen zur Wirtschaftspolitik dienen. Wir wollen drei wirtschaftspolitische Fragen ansprechen. Erstens: Soll eine Gesellschaft mehr sparen oder weniger? Zweitens: Wie kann die Wirtschaftspolitik die Sparquote beeinflussen? Drittens: Wie kann die Wirtschaftspolitik die Rate des technologischen Fortschritts beeinflussen?

Die wirtschaftspolitische Bedeutung der Sparquote

Das Solow-Modell erklärt, auf welche Weise die Sparquote die steady-state Werte von Kapital und Produktion determiniert. Es gibt genau eine Sparquote, die mit einem Wachstumsgleichgewicht vereinbar ist, das der Goldenen Regel entspricht und für das der Pro-Kopf-Konsum und daher die ökonomische Wohlfahrt maximal sind. Dieses Ergebnis hilft uns bei der Beantwortung der ersten Frage, die sich der Wirtschaftspolitik stellt: Ist die Sparquote einer Volkswirtschaft zu niedrig, zu hoch oder gerade richtig?

Falls das Netto-Grenzprodukt des Kapitals größer ist als die Wachstumsrate, dann verfügt die betreffende Wirtschaft über einen Kapitalstock, der geringer ist als in einem Golden Rule-Wachstumsgleichgewicht. In diesem Fall führt eine Erhöhung der Sparquote schließlich zu einem Steady state mit höherem Konsum. Ist das Netto-Grenzprodukt des Kapitals andererseits geringer als die Wachstumsrate, dann verfügt die betreffende Volkswirtschaft über einen zu hohen Kapitalstock, und die Sparquote sollte vermindert werden. Um die Kapitalakkumulationsrate eines Landes beurteilen zu können, ist es erforderlich, die Wachstumsrate mit dem Netto-Grenzprodukt des Kapitals zu vergleichen.

Dieser Vergleich erfordert Schätzungen der Wachstumsrate ($n+g$) und des Netto-Grenzproduktes des Kapitals ($MPK-\delta$). Das reale Bruttosozialprodukt wächst in den Vereinigten Staaten mit einer durchschnittlichen Rate von 3 Prozent pro Jahr, so daß $n + g = 0,03$ gilt. Das Grenzprodukt des Kapitals läßt sich aus drei Beobachtungen ableiten:

1. Der Kapitalstock ist ungefähr 2,5 mal so groß wie das BSP eines Jahres.
2. Die Abschreibungen auf den Kapitalstock haben ungefähr eine Höhe von 10 Prozent des BSP.
3. Der Anteil des Kapitals am Gesamteinkommen beträgt ca. 30 Prozent.

Beobachtung 1 bedeutet, daß $k = 2,5\, y$ gilt. Beobachtung 2 besagt, daß $\delta k = 0,1\, y$ gilt. Faßt man beide Fakten zusammen, folgt

$$\begin{aligned}\delta &= (\delta k)/k \\ &= (0,1y)/(2,5y) \\ &= 0,04.\end{aligned}$$

Die Rate, mit der der Kapitalstock verschleißt, beträgt also ungefähr 4 Prozent pro Jahr. Um das Grenzprodukt des Kapitals mit Hilfe der Beobachtungen 1 und 3 zu ermitteln, wird auf das in Kapital 3 erzielte Ergebnis zurückgegriffen, nach dem das Kapital mit seinem Grenzprodukt entlohnt wird. Daher gilt:

$$\begin{aligned}\text{Anteil des Kapitaleinkommens} &= (MPK \times K)/Y \\ &= MPK \times (K/Y).\end{aligned}$$

Setzt man in diese Beziehung die Zahlen aus den Beobachtungen 1 und 3 ein, so folgt

$$0,3 = MPK \times 2,5$$

bzw.

$$MPK = 0{,}3/2{,}5 = 0{,}12.$$

Das Grenzprodukt des Kapitals hat daher ungefähr eine Höhe von 12 Prozent pro Jahr. Das Netto-Grenzprodukt des Kapitals ($MPK - \delta$) beträgt daher 8 Prozent pro Jahr und liegt damit deutlich über der durchschnittlichen Wachstumsrate von 3 Prozent pro Jahr.

Die hohen Kapitalerträge implizieren, daß der Kapitalstock in der Volkswirtschaft der Vereinigten Staaten deutlich unterhalb des durch die Goldenen Regel gegebenen Niveaus liegt. Dieses Ergebnis legt nahe, daß die wirtschaftspolitischen Entscheidungsträger daran interessiert sein sollten, die Spar- und die Investitionsquote zu erhöhen. In der Tat ist eine Erhöhung der Kapitalbildung seit langem ein wichtiges Ziel der Wirtschaftspolitik der Vereinigten Staaten.

Wirtschaftspolitische Maßnahmen zur Veränderung der Sparquote

Der Wirtschaftspolitik stehen zwei Möglichkeiten zur Erhöhung der volkswirtschaftlichen Ersparnis zur Verfügung: eine direkte in Form einer Erhöhung der Ersparnis der öffentlichen Hand und eine indirekte in Form einer Schaffung von Anreizen, um die Bildung privater Ersparnis zu stimulieren.

Die staatliche Ersparnis ist die Differenz aus Staatseinnahmen und Staatsausgaben. Wenn die Ausgaben die Einnahmen übersteigen, ergibt sich zwangsläufig ein Budgetdefizit, was einer negativen Ersparnis entspricht. Der Staat finanziert das Defizit durch die Ausgabe staatlicher Wertpapiere, durch Kreditaufnahme also. Wie in Kapitel 3 überlegt worden ist, verdrängt ein staatliches Defizit tendenziell private Investitionen. Der aus diesem Grund vergleichsweise kleinere Kapitalstock stellt einen Teil der aus der Staatsverschuldung resultierenden Last der künftigen Generationen dar. Übersteigen dagegen die Einnahmen die Ausgaben, dann liegt ein Budgetüberschuß des Staates vor. Der Staat kann dann einen Teil des bestehenden Schuldenbergs abbauen und private Investitionen stimulieren.

Die Bildung privater Ersparnis kann durch verschiedene Arten der Wirtschaftspolitik gefördert werden. Es wird im Solow-Modell zwar nicht berücksichtigt, doch könnte die Sparentscheidung der Haushalte von der Verzinsung abhängen. Je größer die Verzinsung, desto lohnender ist die Ersparnis. Steuerliche Anreize, wie z.B. die Steuerbefreiung der privaten Alterssicherung, würden die Erträge erhöhen und damit die private Ersparnis stimulieren.

Fallstudie 4-5: Sozialversicherung und Ersparnis

Es wird häufig behauptet, daß das Sozialversicherungssystem die Ersparnis beeinflußt. Die soziale Rentenversicherung ist ein Transfersystem, das die Erhaltung des Lebensstandards der Menschen im Alter zum Ziel hat. Durch den Generationenvertrag und den Zwangscharakter der Sozialversicherungsabgaben erfolgt ein Transfer von den sozialversicherten Erwerbstätigen zu den Sozialrentnern. Das Sozialversicherungssystem vermindert so für den einzelnen die Notwendigkeit, für das Alter Vorsorge zu treffen, und kann insofern einen negativen Effekt auf die Kapitalbildung haben.

Um der vermuteten Reduzierung der volkswirtschaftlichen Ersparnis durch das Sozialversicherungssystem zu begegnen, wurden mehrfach Reformen vorgeschlagen. Das Sozialversicherungssystem basiert im wesentlichen auf einem Umlageverfahren, d.h. der größte Teil der gegenwärtigen Einnahmen der Sozialversicherung fließt als Transfer zu den jetzt lebenden Sozialrentenempfängern. Ein Vorschlag besagt, daß das Sozialversicherungssystem wieder zu einem Kapitaldeckungsverfahren zurückkehren sollte. Bei diesem Verfahren wird aus den Beiträgen der arbeitenden Generationen ein Fond aufgebaut, dessen Einlagen und akkumulierte Zinserträge an dieselbe Generation zurückgegeben werden, wenn sie das Rentenalter erreicht hat. Bei einem solchen Kapitaldeckungsverfahren würde eine Zunahme der öffentlichen Ersparnis die durch die Zwangsabgaben hervorgerufene Verminderung der privaten Ersparnis ausgleichen.

Weil die Auswirkung verschiedener Sozialversicherungssysteme auf die volkswirtschaftliche Ersparnis potentiell von sehr großer Bedeutung ist, wurde vielfach der Versuch unternommen, den Effekt verschiedener Sozialversicherungssysteme abzuschätzen. Die Ergebnisse dieser Untersuchungen sind jedoch nicht eindeutig. Es besteht daher unter Wirtschaftswissenschaftlern kein Konsens darüber, ob das Sozialversicherungssystem tatsächlich die volkswirtschaftliche Ersparnis vermindert und wenn dies der Fall wäre, in welchem Ausmaß.[5]

---

[5] Einen Eindruck von der Debatte in den USA vermitteln Martin S. Feldstein,"Social Security, Induced Retirement, and Aggregate Capital Accumulation", Journal of Political Economy 82 (September/Oktober 1974): 905-926; Dean R. Leimer und Selig D. Lesnoy, "Social Security and Private Saving: New Time Series Evidence", Journal of Political Economy 90 (Juni 1982): 606-629; und Martin S. Feldstein, "Social Security and Private Saving: Reply", Journal of Political Economy 90 (Juni 1982): 630-642.

Förderung des technologischen Fortschritts

Das Solow-Modell zeigt, daß anhaltendes Wachstum des Pro-Kopf-Einkommens nur durch technologischen Fortschritt möglich ist. Im Solow-Modell ist der technologische Fortschritt jedoch nur als exogene Größe enthalten, er wir dort nicht erklärt. Unglücklicherweise kennen wir die Determinanten des technologischen Fortschritts nicht genau. Trotz dieser Kenntnislücken zielen viele politische Maßnahmen darauf ab, den technologischen Fortschritt durch Förderung der Forschung zu stimulieren. So gewährt beispielsweise das Patentrecht den Erfindern neuer Produkte ein zeitlich begrenztes Monopol. Auch in Steuergesetzen finden sich Regelungen, die Forschung und Entwicklung begünstigen. Ferner wird die Grundlagenforschung durch öffentliche oder öffentlich geförderte Einrichtungen unterstützt, wie z.B. das Bundesforschungsministerium, die Deutsche Forschungsgemeinschaft (DFG) oder die Max-Planck-Gesellschaft. Mit all diesen Maßnahmen soll der Einsatz von Ressourcen zur Entwicklung technologischer Neuerungen gefördert werden.

Fallstudie 4-6: Die weltweite Verlangsamung des Wirtschaftswachstums

Eins der verwirrendsten Probleme, denen sich die Wirtschaftspolitiker in den letzten 20 Jahren gegenübersahen, ist die weltweite Verlangsamung des Wirtschaftswachstums, die in den frühen siebziger Jahren begann. Tabelle 4-5 zeigt Daten zum Wachstum des realen Pro-Kopf-BSP für die sieben wichtigsten Industriestaaten. Das Wachstum in den Vereinigten Staaten ging von 2,2 auf 1,7 Prozent zurück. Das Wachstum in Deutschland verlangsamte sich von 5,7 auf 2,2 Prozent. Für andere Länder sind ähnliche Rückgänge festzustellen.

Untersuchungen haben gezeigt, daß der Wachstumsrückgang auf eine Verlangsamung der Rate zurückzuführen ist, mit der sich die Produktionsfunktion im Zeitablauf verbessert. Im Anhang zu diesem Kapitel wird erläutert, wie Ökonomen die Verbesserung der Produktionsfunktion mit Hilfe einer Variablen messen, die als *totale Faktorproduktivität* bezeichnet wird. Diese Variable ist eng mit Arbeitseffizienz verwandt, die wir im Solow-Modell kennengelernt haben. Das Wachstum der totalen Faktorproduktivität hat sich in den Vereinigten Staaten seit Anfang der siebziger Jahre um etwa ein Prozent pro Jahr verlangsamt. Selbst solch kleine Änderungen beeinträchtigen die ökonomische Wohlfahrt erheblich, wenn man den über viele Jahre akkumulierten Effekt berücksichtigt. Wegen dieser einprozentigen Abnahme des Produktivitätsfortschritts ist das Realeinkommen in den Vereinigten Staaten heute um ungefähr 20 Prozent geringer als es hätte sein können.

Tabelle 4-5 **Die weltweite Verlangsamung des Wachstums**

Land	Wachstums des Pro-Kopf-Einkommens (Prozent pro Jahr)	
	1948 - 72	1972 - 88
Kanada	2,9	2,6
Frankreich	4,3	2,1
Deutschland	5,7	2,2
Italien	4,9	2,8
Japan	8,2	3,3
United Kingdom	2,4	2,1
Vereinigte Staaten	2,2	1,7

Viele Ökonomen haben versucht, diese ungünstige Entwicklung zu erklären. Hier einige der Überlegungen:

- Die Zusammensetzung der Erwerbspersonen hat sich geändert. Mit dem Hinzutreten der Baby-Boom-Generation zu den Erwerbspersonen Anfang der siebziger Jahre verringerte sich das durchschnittliche Erfahrungsniveau und damit auch die Arbeitsproduktivität.

- Eine Zunahme gesetzlicher Regulierungen, wie z.B. Umweltauflagen, zwingt die Unternehmen zur Verwendung weniger produktiver Produktionsverfahren. Aufgrund dieser Regulierungen vermindert sich das Wachstum von Produktivität und Einkommen (selbst wenn die Regulierungen gesellschaftlich vorteilhaft sind).

- Die von der OPEC in den siebziger Jahren verursachten starken Preisänderungen führten zu einer vorzeitigen Obsolenz eines Teils des Kapitalstocks. Die Unternehmen könnten einen Teil ihrer energieintensiven Ausrüstungen stillgelegt haben.

- Weltweit gibt es weniger neue Ideen bezüglich der Produktionsweise. Wir sind in ein Zeitalter geringeren technologischen Fortschritts eingetreten.

> Welcher dieser Verdächtigen ist der Missetäter? Für alle spricht eine gewisse Plausibilität. Es ist jedoch schwierig, zweifelsfrei zu beweisen, daß einer von ihnen schuldig ist. Die weltweite Verlangsamung des wirtschaftlichen Wachstums bleibt weiterhin ein Rätsel.[6]

4.6 Schlußfolgerung: Über das Solow-Modell hinaus

Obwohl das Solow-Modell den geeignetsten Rahmen für eine Einführung in die Diskussion des Wirtschaftswachstums liefert, ist es nur ein Anfang. In diesem Modell werden viele Aspekte der Realität stark vereinfacht, andere bleiben völlig unberücksichtigt. Ökonomen, die sich mit dem Wirtschaftswachstum beschäftigen, versuchen, anspruchsvollere Modelle zu konstruieren, die es ihnen erlauben, ein breiteres Fragenspektrum zu bearbeiten.

Bei diesen Weiterentwicklungen wird gewöhnlich eine exogene Variable des Solow-Modells endogenisiert. So wird im Solow-Modell beispielsweise davon ausgegangen, daß die Sparquote exogen ist. Wie wir in Kapitel 15 sehen werden, ergibt sich das Konsumniveau aus der Entscheidung der Haushalte, wieviel sie heute konsumieren und wieviel sie für die Zukunft sparen wollen. Ausgefeiltere Modelle ersetzen die Konsumfunktion des Solow-Modells durch eine explizite Theorie des Haushaltsverhaltens.[7] Als weiteres Beispiel läßt sich anführen, daß im Solow-Modell die Rate des Bevölkerungswachstums als exogen angesehen wird. In einigen weiterentwickelten Modellen werden explizit Fertilitätsentscheidungen einbezogen, um zeigen zu können, wie Entscheidungen bezüglich der Familiengröße mit anderen Aspekten des Wirtschaftswachstums zusammenwirken.[8]

Am wichtigsten ist vielleicht, daß Wirtschaftswissenschaftler versucht haben, Modelle zu konstruieren, um Niveau und Wachstums der Arbeitseffizienz zu erklären.

---

6 Für verschiedene Sichtweisen der Wachstumsverlangsamung vgl. "Symposium: The Slowdown in Productivity Growth", The Journal of Economic Perspectives 2 (Herbst 1988): 3-98. Dieses Symposium besteht aus einer Sammlung von Arbeiten von Zvi Griliches, Dale W. Jorgenson, Mancur Olson und Michael J. Boskin sowie einer Zusammenfassung von Stanley Fischer.

7 Die Integration der Konsumentscheidung des Haushalts und des Modells der Kapitalakkumulation kann verschiedene Formen aufweisen. Um die verschiedenen Ansätze würdigen zu können, empfehlen sich als Lektüre die Kapitel 2 und 3 des folgenden Lehrbuchs für Fortgeschrittene: Olivier Jean Blanchard und Stanley Fischer, "Lectures on Macroeconomics" (Cambridge, Mass., 1989).

8 Robert J. Barro und Gary S. Becker, "Fertility Choice in a Model of Economic Growth", Econometrica (März 1989): 481-502.

Einige haben die Bedeutung des Wissens- und Fähigkeitserwerbs durch Bildung herausgestellt, also den Aufbau von *Humankapital*.[9] Andere haben behauptet, daß der technologische Fortschritt als positives Nebenprodukt bestimmter ökonomischer Aktivitäten anfällt. Ein solches Nebenprodukt wird als *Externalität* bezeichnet. So könnten sich beispielsweise neue und verbesserte Produktionsprozesse im Zuge der Kapitalakkumulation ergeben. Trifft dieser etwas spekulative Gedanke zu, dann können die gesellschaftlichen Vorteile der Kapitalakkumulation viel größer sein, als es das Solow-Modell vermuten läßt.[10]

Das Solow-Modell zeigt, daß dauerhaftes Wachstum des Lebensstandards nur aus technologischem Fortschritt resultieren kann. Unser Verständnis des Wirtschaftswachstums wird solange unvollständig bleiben, bis wir begreifen, wie private Entscheidungen und wirtschaftspolitische Maßnahmen auf den technologischen Fortschritt einwirken. In diesem Bereich sind noch viele Forschungsanstrengungen vonnöten.

Zusammenfassung

1. Das Solow-Modell zeigt, daß die Sparquote einer Wirschaft die Größe ihres Kapitalstocks und damit das Niveau ihrer Produktion bestimmt. Je höher die Sparquote, desto höher der Kapitalstock und desto höher das Outputniveau.

2. Eine Erhöhung der Sparquote führt zu einer Periode hohen Wachstums bis der neue Steady state erreicht ist. Langfristig hat die Sparquote keinen Einfluß auf die Wachstumsrate. Dauerhaftes Pro-Kopf-Wachstum ist nur bei technologischem Fortschritt möglich.

3. Das Kapitalvolumen, bei dem der Konsum ein Maximum annimmt, wird als Golden Rule-Niveau des Kapitalstocks bezeichnet. Bei diesem Kapitalniveau entspricht das Nettogrenzprodukt des Kapitals der Wachstumsrate des Outputs. Schätzungen für reale Wirtschaften, wie etwa für die Vereinigten Staaten, lassen vermuten, daß der Kapitalstock deutlich unterhalb des Golden Rule-Niveaus liegt. Um das Golden Rule-

---

9 Robert E. Lucas, Jr., "On the Mechanics of Economic Development", Journal of Monetary Economics 22 (1988): 3-42; N. Gregory Mankiw, David Romer and David N. Weil, "A Contribution to the Empirics of Economic Growth", Quarterly Journal of Economics (Mai 1992): 407-437.

10 Paul Romer, "Crazy Explanations for the Productivity slowdown", NBER Macroeconomics Annual 2 (1987): 163-201.

Niveau zu erreichen, sind höhere Investitionen und damit ein niedrigerer Konsum der gegenwärtig Lebenden erforderlich.

4. Wirtschaftspolitiker verlangen oft, daß die Rate der Kapitalakkumulation erhöht werden sollte. Erhöhte öffentliche Ersparnis und steuerliche Anreize zur Förderung der privaten Ersparnis stellen zwei Wege dar, um die Kapitalakkumulation anzuregen.

5. Das Solow-Modell zeigt, daß die Wachstumsrate der Bevölkerung eine weitere Determinante des Lebensstandards ist. Je höher die Rate des Bevölkerungswachstums, desto geringer ist das Niveau der Pro-Kopf-Produktion.

6. In den frühen siebziger Jahren gingen die Wachstumsraten in den meisten Industrieländern zurück. Die Ursachen für diese Verlangsamung sind bis heute nicht vollständig verstanden.

Schlüsselbegriffe

Solow-Modell
Steady state
Goldene Regel der Kapitalakkumulation

Arbeitseffizienz
Effizienzeinheiten der Arbeit
Arbeitsvermehrender technologischer Fortschritt

Wiederholungsfragen

1. Welchen Einfluß hat die Sparquote im Solow-Modell auf das Steady state-Niveau des Einkommens? Welchen Einfluß hat sie auf die Steady state-Wachstumsrate?

2. Warum könnte sich ein Wirtschaftspolitiker für das Kapitalstockniveau entscheiden, das sich aus der Goldenen Regel ergibt.

3. Könnte sich ein Wirtschaftspolitiker für einen Steady state entscheiden, der mit einem Kapitalstock verbunden ist, der höher ist als der, der sich nach der Goldenen Regel ergibt? Für einen, der mit einem niedrigeren Kapitalstock verbunden ist?

4. Wie beeinflußt die Wachstumsrate der Bevölkerung im Solow-Modell das Steady state-Niveau des Einkommens? Wie beeinflußt sie die steady-state Wachstumsrate?

5. Wodurch wird die steady-state Pro-Kopf-Einkommenswachstumsrate bestimmt?

6. Wie kann die Wirtschaftspolitik auf die Sparquote einwirken?

7. Wie hat sich die Wachstumsrate in den letzten 40 Jahren entwickelt?

Kapitel 4   Wachstum

Aufgaben und Anwendungen

1. Land A und Land B sind durch folgende Produktionsfunktion gekennzeichnet:

$$Y = F(K, L) = K^{1/2}L^{1/2}.$$

   a. Weist diese Produktionsfunktion konstante Skalenerträge auf? Erläuterung?

   b. Wie sieht die Pro-Kopf-Produktionsfunktion $y = f(k)$ aus?

   c. Nehmen Sie an, daß kein Land Bevölkerungswachstum oder technologischen Fortschritt zu verzeichnen hat und daß fünf Prozent des Kapitals in jedem Jahr verschleißen. Nehmen Sie weiter an, daß Land A 10 Prozent und Land B 20 Prozent seines jährlichen Outputs spart. Verwenden Sie Ihre Antwort aus Teil b und die steady-state Bedingung, daß die Investitionen mit den Abschreibungen übereinstimmen müssen, um für beide Länder das steady-state Niveau des Pro-Kopf-Kapitals zu bestimmen. Ermitteln Sie danach die steady-state Werte für das Pro-Kopf-Einkommen und den Pro-Kopf-Konsum.

   d. Nehmen Sie an, daß beide Länder in der Ausgangssituation über einen Pro-Kopf-Kapitalstock von 2 verfügen. Wie groß sind das Pro-Kopf-Einkommen und der Pro-Kopf-Konsum? Benutzen Sie einen Taschenrechner, um unter Berücksichtigung der Definition, daß die Kapitalstockänderung gleich den Investitionen abzüglich der Abschreibungen ist, zu zeigen, wie sich der Pro-Kopf-Kapitalstock in beiden Ländern zeitlich entwickelt. Ermitteln Sie für jedes Jahr auch das Pro-Kopf-Einkommen und den Pro-Kopf-Konsum. Wie lange dauert es, bis der Konsum in Land B höher ist als der Konsum in Land A?

2. Im Rahmen der Diskussion des Nachkriegswachstums in Deutschland und Japan beschreibt der Text, was geschieht, wenn ein Teil des Kapitalstocks durch einen Krieg zerstört wird. Nehmen Sie nun an, daß ein Krieg keinen unmittelbaren Einfluß auf den Kapitalstock hat, daß wegen der Kriegsopfer aber die Zahl der Erwerbspersonen sinkt.

   a. Welche unmittelbaren Auswirkungen ergeben sich für die Gesamtproduktion, welche für die Pro-Kopf-Produktion?

   b. Welche Auswirkungen ergeben sich in der Nachkriegswirtschaft für die Pro-Kopf-Produktion, wenn man davon ausgeht, daß die Sparquote sich nicht ändert und sich die Wirtschaft vor dem Krieg im Steady state befunden hat? Ist die Wachstumsrate der Pro-Kopf-Produktion nach dem Krieg kleiner oder größer als normalerweise?

3. Im *Economic Report of the President* von 1983 läßt sich folgende Aussage finden: „Die Verwendung eines größeren Teils des volkswirtschaftlichen Outputs für Investitionen würde zur Wiederherstellung des schnellen Produktivitätswachstums und zur Erhöhung des Lebensstandards beitragen." Stimmen Sie mit dieser Behauptung überein? Erläuterung?

4. Nehmen Sie an, daß folgende Produktionsfunktion gilt:

$$y = \sqrt{k}.$$

   a. Ermitteln Sie den steady-state Wert von y als Funktion von s, n, g und δ.

b. Ein entwickeltes Land weist eine Sparquote von 28 Prozent und eine Wachstumsrate der Bevölkerung von 1 Prozent pro Jahr auf. Ein unterentwickeltes Land weist eine Sparquote von 10 Prozent und eine Wachstumsrate der Bevökerung von 4 Prozent pro Jahr auf. Für beide Länder gilt $g = 0{,}02$ und $\delta = 0{,}04$. Ermitteln Sie für beide Länder jeweils den steady-state Wert von y.

c. Welche Politik könnte das unterentwickelte Land vefolgen, um sein Einkommensniveau zu erhöhen?

5. In den Vereinigten Staaten beträgt das Bruttokapitaleinkommen ungefähr 30 Prozent des BSP, die durchschnittliche Wachstumsrate der Produktion liegt bei ca. 3 Prozent pro Jahr, die Abschreibungsrate hat eine jährliche Höhe von ungefähr 4 Prozent und das Kapital-Output-Verhältnis beträgt etwa 2,5. Nehmen Sie an, daß die Produktionsbedingungen durch eine Cobb-Douglas-Funktion beschrieben werden können, so daß der Anteil des Kapitals am Einkommen konstant ist. Nehmen Sie weiter an, daß sich die Wirtschaft der Vereinigten Staaten im Steady state befindet.

a. Wie groß muß die Sparquote im ursprünglichen Steady state sein? (*Hinweis*: Verwenden Sie die steady-state Beziehung $sy = (\delta + n + g)k$.)

b. Wie groß ist die Grenzproduktivität des Kapitals im ursprünglichen Steady state?

c. Nehmen Sie an, daß sich die Sparquote aufgrund von wirtschaftspolitischen Maßnahmen so erhöht, daß die Wirtschaft das Golde Rule-Niveau des Kapitalstocks erreicht. Wie groß muß das Grenzprodukt des Kapitals im Steady state der Goldenen Regel sein? Vergleichen Sie diese Höhe des Grenzprodukts mit der in der Ausgangssituation. Erläuterung!

d. Wie groß ist das Kapital-Output-Verhältnis im Steady state der Goldenen Regel? (*Hinweis*: Für die Cobb-Douglas-Funktion gilt eine einfache Beziehung zwischen Kapital-Output-Verhältnis und Grenzprodukt des Kapitals. Vgl. hierfür die Diskussion der Cobb-Douglas-Funktion in Kapitel 3.)

e. Wie groß muß die Sparquote sein, damit der Steady state der Goldenen Regel erreicht wird?

6. Eine Vorstellung bezüglich der Konsumfunktion, die sich bei einigen marxistischen Ökonomen findet, ist die, daß Arbeiter hohe Konsumneigungen haben und Kapitalisten niedrige. Um die Implikationen dieser Sicht untersuchen zu können, wollen wir uns eine Wirtschaft denken, in der alle Lohneinkommen konsumiert und alle Kapitaleinkommen gespart werden. Zeigen Sie, daß diese Wirtschaft das Golden Rule-Niveau der Kapitalakkumulation erreicht, wenn die Produktionsfaktoren nach ihrem Grenzprodukt entlohnt werden. (*Hinweis*: Gehen Sie von der Identität aus, daß Ersparnis und Investitionen übereinstimmen. Benutzen Sie dann die steady-state Bedingung, daß die Investitionen gerade groß genug sind, um mit den Abschreibungen, dem Bevölkerungswachstum und dem technologischen Fortschritt Schritt zu halten. Benutzen Sie ferner die Tatsache, daß in dieser Wirtschaft Ersparnis und Kapitaleinkommen übereinstimmen.)

7. Viele Demographen prognostizieren für die Vereinigten Staaten im 21. Jahrhundert ein Nullwachstum der Bevölkerung. Im 20. Jahrhundert wird das durchschnittliche Bevölkerungswachstum dagegen bei etwa einem Prozent liegen. Verwenden Sie das Solow-Modell, um die

Kapitel 4   Wachstum

Wirkungen dieser Verlangsamung des Bevölkerungswachstums auf das Wachstum des Gesamtoutputs und des Pro-Kopf-Outputs zu prognostizieren. Berücksichtigen Sie dabei sowohl die Konsequenzen im Steady state als auch die Konsequenzen beim Übergang.

8. Beweisen Sie jede der folgenden Aussagen über den Steady state bei Bevölkerungswachstum und technologischem Fortschritt.

   a. Das Kapital-Output-Verhältnis ist konstant.

   b. Die Faktoranteile am Einkommen sind konstant. (*Hinweis*: Verwenden Sie die Definition $MPK = f(k + 1) - f(k)$.)

   c. Das Kapitalgesamteinkommen und das Arbeitsgesamteinkommen wachsen beide mit der Rate des Bevölkerungswachstums zuzüglich der Rate des technologischen Fortschritts ($n + g$).

   d. Der reale Mietzins des Kapitals ist konstant, und der Reallohn wächst mit der Rate des technologischen Fortschritts g. (*Hinweis*: Der reale Mietzins des Kapitals ist gleich dem Kapitalgesamteinkommen dividiert durch den Kapitalstock, und der Reallohn ist gleich dem Arbeitsgesamteinkommen dividiert durch das Arbeitsvolumen.)

9. Der Umfang der Ausbildung, der einer typischen Person zuteil wird, variiert deutlich zwischen den einzelnen Ländern. Nehmen Sie an, Sie müßten ein Land mit sehr gut ausgebildeten Erwerbspersonen mit einem Land mit weniger gut ausgebildeten Erwerbspersonen vergleichen. Nehmen Sie weiter an, daß beide Länder dieselbe Sparquote, dieselbe Rate des Bevölkerungswachstums und dieselbe Rate des technologischen Fortschritts aufweisen. Welche Voraussagen würden Sie für die folgenden Variablen machen, wenn Sie das Solow-Modell zugrundelegen?

   a. Wachstumsrate des gesamten Einkommens.

   b. Pro-Kopf-Einkommensniveau.

   c. Realer Mietzins des Kapitals.

   d. Reallohn.

10. Im Solow-Modell führt Bevölkerungswachstum zu einem Wachstum der Gesamtproduktion, nicht aber zu einem Wachstum der Pro-Kopf-Produktion. Meinen Sie, daß diese Aussage immer noch richtig wäre, wenn die Produktionsfunktion zunehmende oder abnehmende Skalenerträge aufweisen würde? Erläutern Sie Ihre Antwort. (Für die Definition zunehmender und abnehmender Skalenerträge vgl. Kapitel 3, Aufgaben und Anwendungen, Nr. 1.)

11. Nehmen Sie an, daß keine Produktionsfunktion mit abnehmendem Grenzprodukt des Kapitals betrachtet wird, sondern daß gilt:

$$y = Ak,$$

worin A eine positive Konstante ist.

a. Zeigen Sie, daß diese Produktionsfunktion ein konstantes Grenzprodukt des Kapitals impliziert.

b. Zeigen Sie, daß in diesem Fall eine höhere Sparquote zu einer dauerhaft höheren Wachstumsrate führt. (Es sei daran erinnert, daß das Wachstum einer Variablen X durch $\Delta X/X$ definiert ist.)

c. Warum unterscheidet sich dieses Ergebnis von dem des Solow-Modells?

d. Glauben Sie, daß es sich bei der obigen Beziehung um eine vernünftige Produktionsfunktion handelt? Erläutern sie Ihre Antwort.

Anhang

Zurechnung der Wachstumsursachen

Das reale BSP der Vereinigten Staaten ist während der letzten 40 Jahre im Durchschnitt mit einer Rate von 3 Prozent pro Jahr gestiegen. Worauf ist dieses Wachstum zurückzuführen? In Kapitel 3 setzen wir den Output einer Volkswirtschaft mit den Produktionsfaktoren – Arbeit und Kapital – und der Produktionstechnologie in Beziehung. Hier wollen wir das Produktionswachstum auf drei verschiedene Quellen zurückführen: Vermehrung des Kapitals, Vermehrung der Arbeit und Fortschritte in der Technologie. Diese Aufschlüsselung liefert uns ein Maß für die Rate der technologischen Änderung.

Vermehrung der Produktionsfaktoren

Wir untersuchen zuerst den Beitrag einer Vermehrung der Produktionsfaktoren für eine Erhöhung des Outputs und nehmen dazu an, daß es keinen technologischen Fortschritt gibt. Daher ändert sich die Produktionsfunktion nicht, die den Output Y mit dem Kapital K und der Arbeit L in Beziehung setzt:

$$Y = F(K, L).$$

In diesem Fall ändert sich das Outputvolumen nur, weil sich das Kapital- oder Arbeitsvolumen ändert.

Vermehrung des Kapitals Znächst soll eine Änderung des Kapitalvolumens betrachtet werden. Um wieviel erhöht sich das Outputvolumen, wenn sich das Kapitalvolumen um ΔK Einheiten erhöht? Um diese Frage beantworten zu können, müssen wir auf die Definition des Grenzprodukts des Kapitals MPK zurückgreifen:

$$MPK = F(K + 1, L) - F(K, L).$$

Das Grenzprodukt des Kapitals sagt uns, um wieviel der Output steigt, wenn das Kapital um eine Einheit zunimmt. Erhöht sich das Kapital um ΔK Einheiten, dann steigt der Output folglich um annäherungsweise $MPK \times \Delta K$ Einheiten.[11]

Als Beispiel wollen wir annehmen, daß das Grenzprodukt des Kapitals 1/5 beträgt. Eine zusätzliche Einheit Kapital erhöht also die Produktionsmenge um 1/5 Einheit. Erhöhen wir den Kapitaleinsatz um zehn Einheiten, dann läßt sich der zusätzliche Output folgendermaßen berechnen:

$$\begin{aligned} \delta Y &= MPK \times \delta K \\ &= 1/5 \frac{\text{Output}}{\text{Kapital}} \times 10 \text{ Kapital} \\ &= 2 \text{ Output}. \end{aligned}$$

Durch die Erhöhung des Kapitaleinsatzes um zehn Einheiten kann man also pro Jahr zwei zusätzliche Einheiten Output produzieren. Wir benutzen also das Grenzprodukt des Kapitals um Kapitaländerungen in Outputänderungen zu transformieren.

Vermehrung der Arbeit Als nächstes wollen wir Änderungen des Arbeitsvolumens betrachten. Um wieviel steigt der Output, wenn sich das Arbeitsvolumen um ΔL Einheiten erhöht? Wir beantworten diese Frage in der gleichen Weise, wie wir die Frage bezüglich des Kapitalstocks beantwortet haben. Das Grenzprodukt der Arbeit MPL sagt uns, wie sich der Output ändert, wenn das Arbeitsvolumen um eine Einheit steigt, d.h.:

$$MPL = F(K, L + 1) - F(K, L).$$

Erhöht sich das Arbeitsvolumen um ΔL Einheiten, steigt also der Output näherungsweise um $MPL \times \Delta L$ Einheiten.

Als Beispiel wollen wir annehmen, daß das Grenzprodukt der Arbeit zwei beträgt. Eine zusätzliche Einheit Arbeit erhöht also die Produktionsmenge um zwei Einheiten.

---

[11] Man beachte hier das Wort "annäherungsweise". Bei unserer Antwort handelt es sich nur um eine Approximation, weil sich das Grenzprodukt des Kapitals ändert. Es sinkt mit zunehmendem Kapitalvolumen. Eine präzise Antwort müßte berücksichtigen, daß jede Kapitaleinheit ein anderes Grenzprodukt aufweist. Ist die Änderung von K nicht zu groß, ist die Approximation durch ein konstantes Grenzprodukt jedoch hinreichend genau.

Erhöhen wir das Arbeitsvolumen um zehn Einheiten, läßt sich das zusätzliche Outputvolumen folgendermaßen berechnen:

$$\begin{aligned} \delta Y &= MPL \times \delta L \\ &= 2\frac{\text{Output}}{\text{Arbeit}} \times 10 \text{ Arbeit} \\ &= 20 \text{ Output}. \end{aligned}$$

Eine Erhöhung des Arbeitseinsatzes um zehn Einheiten führt pro Jahr zu zwanzig zusätzlichen Outputeinheiten. Wir benutzen also das Grenzprodukt der Arbeit, um Änderungen des Arbeitseinsatzes in Änderungen des Outputvolumens zu transformieren.

Vermehrung von Arbeit und Kapital Schließlich wollen wir den realistischeren Fall betrachten, daß sich beide Produktionsfaktoren ändern. Nehmen wir einmal an, daß sich das Kapitalvolumen um ΔK und das Arbeitsvolumen um ΔL erhöht. Die Zunahme der Produktion ist dann auf zwei Quellen zurückzuführen: mehr Arbeit und mehr Kapital. Wir können die Produktionszunahme unter Verwendung der Grenzprodukte der beiden Faktoren auf ihre Quellen aufteilen:

$$\Delta Y = (MPK \times \Delta K) + (MPL \times \Delta L).$$

Der erste Klammerausdruck beschreibt die Outputerhöhung, die auf die Vermehrung des Kapitals zurückzuführen ist, und der zweite Klammerausdruck beschreibt die Outputerhöhung aufgrund der Arbeitsvermehrung. Die Gleichung zeigt uns, wie das Wachstum den einzelnen Produktionsfaktoren zuzurechnen ist.

Wir wollen nun diese letzte Gleichung in eine Form bringen, die sich leichter interpretieren und leichter auf das verfügbare Datenmaterial anwenden läßt. Algebraische Umformung führt auf:[12]

---

12 *Mathematischer Hinweis*: Um zu sehen, daß dieser Ausdruck zu der vorherigen Gleichung äquivalent ist, brauchen wir nur beide Seiten mit Y zu multiplizieren, das damit aus der Gleichung verschwindet. Wir können K in Zähler und Nenner des ersten Ausdrucks auf der rechten Seite kürzen und L in Zähler und Nenner des zweiten. Dadurch erhält man die vorherige Gleichung.

$$\frac{\Delta Y}{Y} = \left(\frac{MPK \times K}{Y}\right) \frac{\Delta K}{K} + \left(\frac{MPL \times L}{Y}\right) \frac{\Delta L}{L}.$$

In dieser Form stellt die Gleichung eine Beziehung zwischen der Wachstumsrate der Produktion $\Delta Y/Y$, der Wachstumsrate des Kapitals $\Delta K/K$ und der Wachstumsrate der Arbeit $\Delta L/L$ her.

Als nächstes müssen wir einen Weg finden, wie man die Klammerausdrücke in der letzten Gleichung messen kann. In Kapitel 3 haben wir gezeigt, daß das Grenzprodukt des Kapitals seinem realen Mietzins entspricht. Daher ist $MPK \times K$ der gesamte Ertrag des Kapitals und $(MPK \times K)/Y$ der Anteil des Kapitals am Output. In analoger Weise entspricht das Grenzprodukt der Arbeit dem Reallohn. Daher ist $MPL \times L$ der gesamte Ertrag der Arbeit und $(MPL \times L)/Y$ der Anteil der Arbeit am Output. Unter der Annahme, daß die Produktionsfunktion konstante Skalenerträge aufweist, gilt wegen des Eulerschen Theorems, daß sich die Faktoranteile zu eins ergänzen. In diesem Fall können wir schreiben:

$$\frac{\Delta Y}{Y} = \alpha \frac{\Delta K}{K} + (1 - \alpha) \frac{\Delta L}{L}.$$

Hierin ist α der Anteil des Kapitals und $(1 - \alpha)$ der Anteil der Arbeit.

Diese letzte Gleichung liefert eine einfache Formel, um zu zeigen, wie Inputänderungen zu Outputänderungen führen: Wir müssen die Wachstumsraten der Inputs mit den Faktoranteilen gewichten. Bei unserer Diskussion in Kapitel 3 haben wir gesehen, daß der Kapitalanteil in den Vereinigten Staaten ungefähr 30 Prozent beträgt ($\alpha = 0,3$). Eine Zunahme des Kapitaleinsatzes um 10 Prozent ($\Delta K/K = 0,10$) führt also zu einer Erhöhung des Outputvolumens um 3 Prozent ($\Delta Y/Y = 0,03$). Ähnlich führt eine Zunahme des Arbeitseinsatzes um 10 Prozent ($\Delta L/L = 0,10$) zu einer Erhöhung des Outputvolumens um 7 Prozent ($\Delta Y/Y = 0,07$).

Technologischer Fortschritt

Bis jetzt haben wir bei unserer Analyse der Quellen des Wachstums angenommen, daß sich die Produktionsfunktion im Zeitablauf nicht ändert. In der Realität verbessert sich die Produktionsfunktion jedoch aufgrund des technologischen Fortschritts. Mit der gleichen Faktoreinsatzmenge läßt sich heute ein größeres Outputvolumen erzeugen als in der Vergangenheit. Wir erweitern nun unsere Analyse um den technologischen Fortschritt.

Wir beziehen die Wirkungen technologischer Änderungen ein, in dem wir die Produktionsfunktion als

$$Y = AF(K, L)$$

schreiben, wobei *A* ein Maß für das gegenwärtige Technologieniveau ist, das als *totale Faktorproduktivität* bezeichnet wird. Der Output erhöht sich jetzt nicht nur wegen einer Vermehrung von Arbeit und Kapital, sondern auch wegen einer Zunahme der totalen Faktorproduktivität. Steigt die totale Faktorproduktivität um ein Prozent und bleiben die Inputs unverändert, dann erhöht sich der Output um ein Prozent.

Die Berücksichtigung des technologischen Fortschritts erweitert unsere Gleichung zur Zurechnung des wirtschaftlichen Wachstums um einen zusätzlichen Ausdruck:

$$\frac{\Delta Y}{Y} = \alpha \frac{\Delta k}{K} + (1 - \alpha)\frac{\Delta L}{L} + \frac{\Delta A}{A}.$$

Produktions- = Beitrag + Beitrag + Wachstum der
wachstum   des   der   totalen Faktor-
             Kapitals   Arbeit   produktivität.

Dies ist die Schlüsselgleichung für die Zurechnung des Wachstums. Sie identifiziert die drei Quellen des Wachstums, Änderungen des Kapitalvolumens, des Arbeitsvolumens und der totalen Faktorproduktivität, und erlaubt ihre Messung.

Weil die totale Faktorproduktivität nicht direkt beobachtbar ist, wird sie indirekt gemessen. Wir verfügen über Daten bezüglich des Wachstums von Produktion, Kapital und Arbeit. Ferner verfügen wir über Daten bezüglich des Kapitalanteils am Output. Aus diesen Daten und der obigen Gleichung können wir die totale Faktorproduktivität ermitteln:

$$\frac{\Delta A}{A} = \frac{\Delta Y}{Y} - \alpha\frac{\Delta K}{K} - (1 - \alpha)\frac{\Delta L}{L}.$$

$\Delta A/A$ ist die Änderung des Outputs, die nicht durch Änderungen der Inputs erklärt werden kann. Das Wachstum der totalen Faktorproduktivität wird also als Residuum ermittelt, als Höhe des Outputwachstums also, die übrig bleibt, nachdem wir die Wachstumsdeterminanten berücksichtigt haben, die wir direkt erfassen können. Manchmal wird der Ausdruck $\Delta A/A$ als *Solow-Residuum* bezeichnet, benannt nach Robert Solow, der als erster zeigte, wie man es berechnet.[13]

Die totale Faktorproduktivität kann sich aus vielen Gründen ändern. Am häufigsten dürften Änderungen wegen einer Zunahme des Wissens über Produktionsmethoden sein. Das Solow-Residuum wird daher häufig als Maß für den technologischen Fortschritt betrachtet. Andere Faktoren, wie z.B. Ausbildung und gesetzliche Vorschriften, können die totale Faktorproduktivität jedoch ebenfalls beeinflussen. Führen beispielsweise höhere öffentliche Ausgaben zu einer Verbesserung der Ausbildungsqualität, könnte es sein, daß die Arbeitnehmer produktiver werden und der Output steigt, was eine höhere totale Faktorproduktivität impliziert. Als weiteres Beispiel läßt sich der Fall betrachten, daß gesetzliche Vorschriften die Unternehmen dazu zwingen, Kapital zu kaufen, um die Umweltverschmutzung zu verringern oder die Arbeitssicherheit zu erhöhen. In diesem Fall könnte der Kapitalstock steigen, ohne daß sich der gemessene Output erhöht. Dies würde eine Verringerung der totalen Faktorproduktivität implizieren. *Die totale Faktorproduktivität erfaßt daher alles, was die Beziehung zwischen gemessenen Inputs und gemessenem Output ändert.*

Die Wachstumsquellen in den Vereinigten Staaten

Nachdem wir gesehen haben, wie man die Wachstumsquellen messen kann, wollen wir uns den statistischen Daten zuwenden. In Tabelle 4-1A wird das Wirtschaftswachstum in den Vereinigten Staaten für die Zeit von 1950 bis 1985 nach den jeweiligen Beiträgen der drei Wachstumsquellen aufgeschlüsselt.

Diese Tabelle zeigt, daß das reale BSP seit 1950 im Durchschnitt um 3,2 Prozent pro Jahr gewachsen ist. Von diesen 3,2 Prozent sind 1,1 Prozentpunkte auf Erhöhungen des Kapitalstocks zurückzuführen, 0,9 Prozentpunkte auf Erhöhungen der insgesamt geleisteten Arbeitsstunden und 1,2 Prozentpunkte auf Erhöhungen der totalen Faktorproduktivität. Diese Zahlen zeigen, daß Erhöhungen von Kapital, Arbeit und Produktivität in ungefähr gleichem Ausmaß zum Wirtschaftswachstum in den Vereinigten Staaten beigetragen haben.

Tabelle 4-1A zeigt auch, daß sich das Wachstum der totalen Faktorproduktivität um 1970 herum deutlich verlangsamt hat. In Fallstudie 4-6 wurden einige Hypothesen zur Erklärung dieser Produktivitätsverlangsamung diskutiert.

---

13 Robert M. Solow, "Technical Change and the Aggregate Production Function", Review of Economics and Statistics 39 (1957): 312-320. Man könnte sich fragen, in welcher Beziehung das Wachstum der Arbeitseffizienz E zum Wachstum der totalen Faktorproduktivität steht. Es läßt sich zeigen, daß $\Delta A/A = (1 - \alpha)\Delta E/E$ gilt, wobei α den Kapitalanteil am Einkommen bezeichnet.

Tabelle 4-1A **Zurechnung des ökonomischen Wachstums in den Vereinigten Staaten**

Jahr	Produktions-wachstum	Quellen des Wachstums		
		Kapitalbeitrag	Arbeitsbeitrag	totale Faktor-produktivität
1950 - 1960	3,3	1,2	0,5	1,6
1960 - 1970	3,8	1,2	1,0	1,6
1970 - 1980	2,8	0,8	1,3	0,7
1980 - 1985	2,5	1,1	0,9	0,5
1950 - 1985	3,2	1,1	0,9	1,2

Weitere Aufgaben und Anwendungen

1. In der Wirtschaft von Solovia fallen den Kapitalbesitzern zwei Drittel des Volkseinkommens zu und den Arbeitern ein Drittel.

a. Die Männer von Solovia bleiben zu Hause und machen die Hausarbeit, während die Frauen von Solovia in den Fabriken arbeiten. Was würde mit dem gemessenen Output dieser Wirtschaft geschehen, wenn einige der Männer beschließen würden, berufstätig zu werden, so daß die Zahl der Erwerbspersonen um 5 Prozent steigen würde? Würde die Arbeitsproduktivität – definiert als Produktion je Beschäftigten – steigen, sinken oder gleich bleiben? Würde die totale Faktorproduktivität steigen, sinken oder gleich bleiben?

b. Im ersten Jahr hatte der Kapitalstock eine Höhe von 6, der Arbeitseinsatz betrug 3 und der Output 12. Im zweiten Jahr hatte der Kapitalstock eine Höhe von 7, der Arbeitseinsatz betrug 4 und der Output 14. Wie änderte sich die totale Faktorproduktivität zwischen diesen beiden Jahren?

2. Die Arbeitsproduktivität ist definiert als *Y/L*, also als Verhältnis von Produktionsvolumen dividiert durch Arbeitseinsatzvolumen. Gehen Sie von der oben entwickelten Zurechnungsgleichung des Wachstums aus, und zeigen Sie, daß das Wachstum der Arbeitsproduktivität vom Wachstum der totalen Faktorproduktivität und dem Wachstum des Kapital-Arbeits-Verhältnisses (Arbeitsintensität) abhängt. Zeigen Sie insbesondere, daß gilt:

$$\frac{\Delta(Y/L)}{Y/L} = \frac{\Delta A}{A} + \alpha \frac{\Delta(K/L)}{K/L}.$$

Hinweis: Vielleicht finden Sie folgenden mathematischen Trick hilfreich. Falls $z = wx$ gilt, dann ist die Wachstumsrate von z näherungsweise gleich der Wachstumsrate von w plus der Wachstumsrate von x. In Zeichen:

$$\Delta z/z = \Delta w/w + \Delta x/x.$$

3. Nehmen Sie an, daß eine Wirtschaft, die durch das Solow-Modell beschrieben wird, sich im Wachstumsgleichgewicht befindet. Das jährliche Bevölkerungswachstum n hat eine Höhe von 1,0 Prozent und die Rate des technologischen Fortschritts g beträgt 2,0 Prozent. Die Gesamtproduktion und der Gesamtkapitalstock wachsen daher mit 3,0 Prozent pro Jahr. Nehmen Sie nun weiter an, daß der Anteil des Faktors Kapital am Output 0,3 beträgt. In welchem Ausmaß trägt jede der drei Wachstumsquellen – Kapital, Arbeit und totale Faktorproduktivität – unter Verwendung der obigen Zurechnungsgleichung zum Wachstum bei? Vergleichen Sie Ihre Ergebnisse mit den Zahlen für die Vereinigten Staaten in Tabelle 4-1A.

Kapitel 5

Arbeitslosigkeit

Die Arbeitslosigkeit ist das makroökonomische Problem, das den einzelnen am unmittelbarsten und am nachhaltigsten betrifft. Für die meisten Menschen hat der Verlust des Arbeitsplatzes eine Verminderung ihres Lebensstandards und psychische Probleme zur Folge. Es kann daher nicht überraschen, daß das Problem der Arbeitslosigkeit immer wieder Gegenstand der politischen Auseinandersetzung ist. Hauptsächlich in den USA, aber auch in anderen Ländern wurde dabei auf einen „Elendsindex" zurückgegriffen. Dieser Elendsindex ist die Summe aus Inflationsrate und Arbeitslosenquote und soll Auskunft über die Lage der Wirtschaft bzw. über Erfolg oder Versagen der Wirtschaftspolitik geben.

Ökonomen beschäftigen sich mit der Arbeitslosigkeit, um ihre Ursachen festzustellen und um bessere wirtschaftspolitische Maßnahmen zu ihrer Bekämpfung zu finden. Es gibt eine ganze Reihe von politischen Programmen, die unmittelbar am Problem der Arbeitslosigkeit anknüpfen. Einige, wie etwa die Förderung von Umschulung und Weiterbildung, verfolgen das Ziel, die Chancen am Arbeitsmarkt durch Qualifizierung zu verbessern. Andere, wie z.B. die Arbeitslosenversicherung, sind auf eine Milderung der Folgen eines Arbeitsplatzverlustes gerichtet. Darüber hinaus muß aber auch berücksichtigt werden, daß politische Maßnahmen, die zunächst überhaupt nichts mit der Arbeitslosigkeit zu tun zu haben scheinen, in vielen Fällen unbeabsichtigt die Beschäftigungssituation einer Volkswirtschaft beeinflussen. So geht beispielsweise die Mehrzahl der Ökonomen davon aus, daß hoch angesetzte Mindestlohnvorschriften zu einer Erhöhung der Arbeitslosenzahlen führen. Indem sie auf die ungewollten Begleiterscheinungen bestimmter politischer Maßnahmen hinweisen, können die Ökonomen einen Beitrag zu einer rationalen Abschätzung verschiedener politischer Optionen leisten.

Bei der Diskussion des Arbeitsmarktes wurde in den vorhergehenden Kapiteln das Problem der Arbeitslosigkeit ignoriert. Im Rahmen der Überlegungen zum Sozialprodukt (Kapitel 3) und zum ökonomischen Wachstum (Kapitel 4) wurde einfach von einer Vollbeschäftigungssituation ausgegangen. Es steht aber natürlich nicht jede Erwerbsperson auch zu jedem Zeitpunkt in einem Beschäftigungsverhältnis. In jeder Marktwirtschaft tritt ein gewisses Maß an Arbeitslosigkeit auf.

Abbildung 5-1 zeigt die Arbeitslosenquote – den Anteil der Arbeitslosen an den Erwerbspersonen – für die Vereinigten Staaten seit 1948. Es wird deutlich, daß über Jahre hinweg immer ein gewisses Maß an Unterbeschäftigung auftritt, obwohl die Höhe der Arbeitslosigkeit sich von Jahr zu Jahr verändert. In diesem Kapitel soll zunächst der Frage nachgegangen werden, warum es überhaupt Arbeitslosigkeit gibt und wodurch ihre Höhe bestimmt wird. Dabei sollen die kurzfristigen Schwankungen im Ausmaß der Arbeitslosigkeit zunächst unbeachtet bleiben – dieser Problemkreis wird in Teil III dieses Buches aufgegriffen, der sich mit den wirtschaftlichen Schwankungen befaßt. Vielmehr sollen hier die Determinanten der **natürlichen Arbeitslosenquote** analysiert werden – der durchschnittlichen Arbeitslosenquote also, um die die Arbeitslosigkeit im Zeitverlauf schwankt.

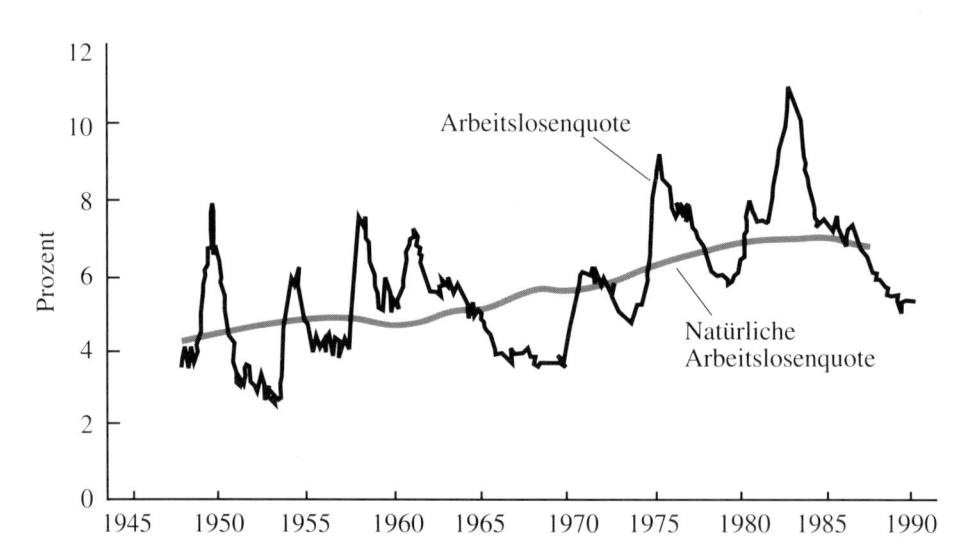

Abbildung 5-1: **Arbeitslosenquote und natürliche Unterbeschäftigung in den Vereinigten Staaten.** Zu jedem Zeitpunkt gibt es ein bestimmtes Maß an Unterbeschäftigung. Die natürliche Arbeitslosenquote beschreibt die durchschnittliche Unterbeschäftigung, um die die statistisch gemessene Arbeitslosigkeit schwankt. (Die natürliche Arbeitslosenquote wurde hier als gleitender Durchschnitt berechnet, wobei ein Zeitraum von je 10 Jahren vor und nach der Berichtsperiode zugrundegelegt wurde.)
Quelle: U.S. Department of Labor

5.1 Arbeitsmarktdynamik und natürliche Arbeitslosenquote

Täglich verlieren Arbeitnehmer ihre Stellung: sie werden entlassen oder sie kündigen. Täglich werden aber auch Arbeitnehmer eingestellt, die zuvor arbeitslos gewesen sind. Dieses ständige Auf und Ab bestimmt den Anteil der Arbeitslosen an den Erwerbspersonen. In dem vorliegenden Abschnitt entwickeln wir ein Modell der Arbeitsmarktdynamik, das die Determinanten der natürlichen Arbeitslosenquote sichtbar macht.[1]

Mit L sei die Anzahl der Erwerbspersonen, mit E sei die Anzahl der beschäftigten Arbeitnehmer und mit U die Anzahl der Arbeitslosen bezeichnet. Weil jeder Arbeitnehmer entweder beschäftigt oder arbeitslos ist, gilt:

$$L = E + U.$$

Die Anzahl der Erwerbspersonen ergibt sich also als Summe aus der Anzahl der Beschäftigten und der Anzahl der Arbeitslosen. Die Arbeitslosenquote ist durch den Quotienten U/L definiert.

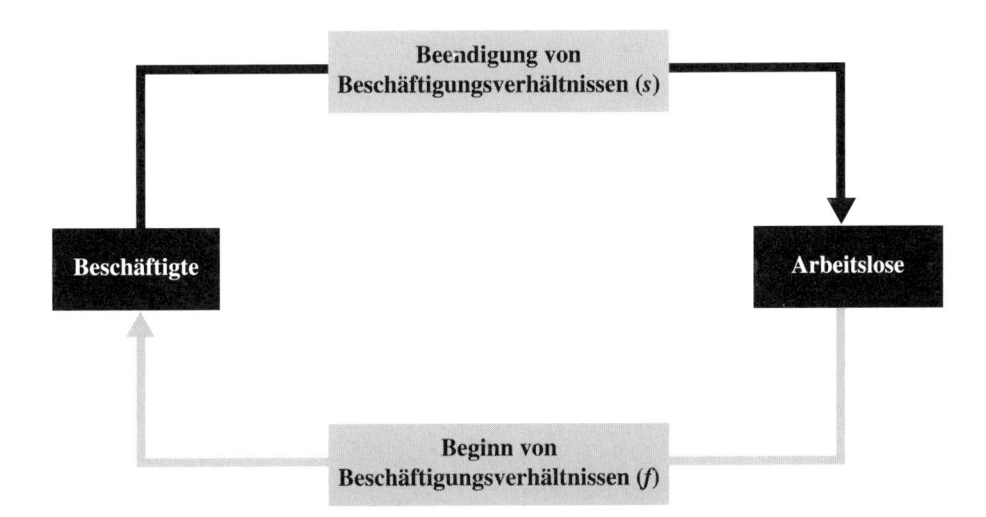

Abbildung 5-2: **Die Wechsel zwischen Beschäftigung und Arbeitslosigkeit.** In jeder Periode verliert ein Teil s der Beschäftigten seinen Arbeitsplatz, und ein Teil f der Arbeitslosen findet einen neuen Arbeitsplatz. Die Quoten der aufgelösten und neu abgeschlossenen Arbeitsverhältnisse bestimmen die Arbeitslosenquote.

---

1 Robert E. Hall, "A Theory of the Natural Rate of Unemployment and the Duration of Unemployment", Journal of Monetary Economics 5 (April 1979): 153 - 169.

Weil wir uns auf die Determinanten der Arbeitslosigkeit konzentrieren wollen, soll davon ausgegangen werden, daß die Anzahl der Erwerbspersonen fest vorgegeben ist. Die Übergänge der Individuen von Beschäftigung zu Arbeitslosigkeit und umgekehrt werden in Abbildung 5-2 illustriert. Mit s sei die Quote der Auflösung von Arbeitsverhältnissen bezeichnet, also der Teil der beschäftigten Arbeitnehmer, der jeden Monat seinen Arbeitsplatz verliert. Die Quote der neu abgeschlossenen Arbeitsverhältnisse, der Teil der Arbeitslosen also, der in jedem Monat einen neuen Arbeitsplatz findet, sei mit f symbolisiert. Wir nehmen an, daß beide Quoten konstant sind und überlegen, wie sie im Zusammenspiel die Arbeitslosenquote bestimmen.

Falls die Arbeitslosenquote weder steigt noch fällt, der Arbeitsmarkt sich also in einem Steady state befindet, dann muß die Anzahl der Einstellungen mit der Anzahl der Kündigungen übereinstimmen. Weil fU die Anzahl der Einstellungen und sE die Anzahl der Kündigungen wiedergibt, müssen diese beiden Werte gleich sein:

$$fU = sE.$$

Diese Gleichung läßt sich nach der Steady state-Arbeitslosenquote auflösen. Dazu wird die Beziehung $E = L - U$ verwendet, die besagt, daß die Anzahl der Beschäftigten sich aus der Anzahl der Erwerbspersonen abzüglich der Anzahl der Arbeitslosen ergibt. Es folgt

$$fU = s(L - U).$$

Dividiert man beide Seiten dieser Gleichung durch L, ergibt sich

$$f\frac{U}{L} = s\left(1 - \frac{U}{L}\right).$$

Auflösung nach U/L ergibt

$$\frac{U}{L} = \frac{s}{s + f}.$$

Diese Gleichung besagt, daß die Arbeitslosenquote (U/L) durch die Quote der aufgelösten und neu abgeschlossenen Arbeitsverhältnisse bestimmt wird. Je höher die Quote der aufgelösten Arbeitsverhältnisse, desto höher ist die Arbeitslosenquote. Je höher die Quote der neu abgeschlossenen Arbeitsverhältnisse, desto geringer ist die Arbeitslosenquote.

Dazu soll ein numerisches Beispiel betrachtet werden. Es sei angenommen, daß ein Prozent der abhängig Beschäftigten jeden Monat ihren Arbeitsplatz verlieren ($s = 0{,}01$). Aus dieser Annahme folgt, daß ein durchschnittliches Beschäftigungsverhältnis 100 Monate oder ca. 8 Jahre dauert. Weiter sei angenommen, daß ungefähr 20 Prozent der Arbeitslosen in jedem Monat einen neuen Arbeitsplatz finden ($f = 0{,}2$), die durchschnittliche Länge der Arbeitslosigkeit sich also auf 5 Monate beläuft. Unter diesen Annahmen folgt für die Arbeitslosenquote

$$\frac{U}{L} = \frac{0{,}01}{0{,}01 + 0{,}20} = 0{,}0476$$

Die Arbeitslosenquote beträgt in diesem Beispiel also ungefähr 5 Prozent.

Das vorgestellte Modell der natürlichen Arbeitslosenquote weist eine offensichtliche, trotzdem aber wichtige Implikation für die Wirtschaftspolitik auf: *Jede Politik, die auf eine Verminderung der natürlichen Arbeitslosenquote abzielt, muß entweder die Quote der Auflösung von Arbeitsverhältnissen reduzieren oder die Quote der Neuabschlüsse von Arbeitsverhältnissen erhöhen. In der Umkehrung gilt, daß jede Politik, die die Quoten der Auflösung oder des Neuabschlusses von Arbeitsverhältnissen berührt, auch die Arbeitslosenquote beeinflußt.*

Obwohl das betrachtete Modell sich als nützlich erweist, um Arbeitslosenquote sowie Quote des Neuabschlusses und Quote der Auflösung von Arbeitsverhältnissen in Beziehung zu setzen, bleibt es die Antwort auf eine zentrale Frage schuldig: Warum gibt es überhaupt Arbeitslosigkeit? Wenn jeder Arbeitsuchende sofort einen Arbeitsplatz finden würde, dann wäre die Quote der Neuabschlüsse sehr hoch, und die Arbeitslosenquote läge nahe bei Null. Das beschriebene Modell der Arbeitslosenquote geht davon aus, daß Arbeitsplätze nicht umgehend gefunden werden können, es erklärt aber nicht, warum. In den nächsten beiden Abschnitten sollen zwei Ursachen der Arbeitslosigkeit näher betrachtet werden: Arbeitsplatzsuche und Lohnstarrheiten.

5.2 Arbeitsplatzsuche und friktionelle Arbeitslosigkeit

Ein Grund für Arbeitslosigkeit ist darin zu sehen, daß es eine gewisse Zeit braucht, bis die Profile von Arbeitsanbietern und Arbeitsplätzen zusammen passen. Das in Kapitel 3 diskutierte Gleichgewichtsmodell des Gesamtarbeitsmarktes hat seinen Ausgangspunkt in der Annahme, daß alle Arbeitsanbieter und alle Arbeitsplätze ein identisches Profil aufweisen. In diesem Falle sind alle Arbeitsanbieter gleichermaßen für alle Arbeitsplätze geeignet. Falls diese Annahme wirklich zuträfe und sich der Arbeitsmarkt im Gleichgewicht befände, dann würde der Verlust eines Arbeitsplatzes keine Arbeitslosigkeit verursachen. Der Betroffene würde sofort zum herrschenden Lohnsatz eine neue Beschäftigung finden.

In der Realität weisen Arbeitnehmer jedoch unterschiedliche Präferenzen und Fähigkeiten auf, und Arbeitsplätze zeigen unterschiedliche Anforderungsprofile. Darüber hinaus ist der Informationsfluß in bezug auf Arbeitsplatzsuchende und offene Stellen unvollkommen, und die räumliche Mobilität der Arbeitnehmer ist eingeschränkt. Es bedarf daher einer gewissen Zeit und einiger Anstrengung, um einen angemessen Arbeitsplatz zu finden. Gerade weil unterschiedliche Arbeitsplätze unterschiedliche Anforderungen stellen und mit einer unterschiedlichen Entlohnung verbunden sind, ist es durchaus möglich, daß Arbeitssuchende nicht die erste angebotene Stelle annehmen. Die Unterbeschäftigung, die dadurch entsteht, weil es einiger Zeit bedarf, bis Arbeitssuchende und Arbeitsplätze zueinander passen, nennt man **friktionelle Arbeitslosigkeit.**

Ein gewisses Maß an friktioneller Arbeitslosigkeit ist in einer sich wandelnden Wirtschaft unvermeidbar. Die Nachfrage nach den unterschiedlichen Gütern ändert sich ständig, was wiederum zu Schwankungen der Nachfrage nach Arbeit führt, mit deren Hilfe die entsprechenden Güter hergestellt werden. So hat beispielsweise die Erfindung des Personal Computers zu einem Rückgang der Nachfrage nach Schreibmaschinen geführt. Damit ging auch die Nachfrage nach Arbeit zur Herstellung von Schreibmaschinen zurück. Zur gleichen Zeit nahm dagegen die Arbeitsnachfrage im Bereich der Elektronikindustrie zu. Auf ähnliche Weise mag die Nachfrage nach Arbeit regional schwanken, weil in unterschiedlichen Regionen unterschiedliche Güter hergestellt werden. Ein Anstieg des Ölpreises könnte beispielsweise in Texas, wo Öl gefördert wird, zu einer Erhöhung der Arbeitsnachfrage führen und in Michigan, wo Automobile produziert werden, zu einem Rückgang. Ökonomen bezeichnen eine solche Verschiebung der Nachfrage zwischen Industrien oder Regionen als **sektoralen Wandel.** Weil sektoraler Wandel ständig auftritt, gibt es auch immer friktionelle Arbeitslosigkeit.

Sektoraler Wandel ist jedoch nicht der einzige Grund für die Auflösung von Arbeitsverhältnissen und friktionelle Arbeitslosigkeit. Arbeitnehmer verlieren auch dann unerwartet ihren Arbeitsplatz, wenn ihr Unternehmen schlecht geführt wird, wenn ihre Arbeitsleistungen als unzureichend angesehen werden oder wenn ihre speziellen beruflichen Fähigkeiten nicht länger benötigt werden. Arbeitnehmer kündigen ihr Arbeitsverhältnis, falls sich in anderen Bereichen bessere Möglichkeiten der beruflichen Weiterentwicklung zeigen oder falls sie – etwa aus familiären Gründen – umziehen müssen. Solange sich Arbeitsangebot und Arbeitsnachfrage zwischen Unternehmen verschieben, kommt es zu friktioneller Arbeitslosigkeit.

Wirtschaftspolitik und friktionelle Arbeitslosigkeit

Zahlreiche wirtschaftspolitische Maßnahmen zielen darauf ab, die natürliche Arbeitslosenquote durch eine Verminderung der friktionellen Arbeitslosigkeit zu reduzieren. So streben etwa die Arbeitsämter durch ihre Informations- und Vermittlungstätigkeit eine Verbesserung und Beschleunigung des Zusammenfindens von offenen Arbeitsplätzen und entsprechend qualifizierten Arbeitsuchenden an. Durch Umschulungs- und Weiterbildungsmaßnahmen soll der Übergang der Arbeitnehmer von schrumpfenden in expandierende Branchen gefördert werden. In dem Maße, in dem diese Programme die Rate der Einstellungen erhöhen, vermindern sie die natürliche Arbeitslosenquote.

Durch eine andere öffentliche Maßnahme, nämlich die **Arbeitslosenversicherung,** wird die friktionelle Unterbeschäftigung dagegen erhöht. Die Arbeitslosenversicherung zahlt den Arbeitslosen nach dem Verlust des Arbeitsplatzes für eine bestimmte Zeit einen gewissen Prozentsatz ihres Gehaltes weiter. Die Regelungen für die Zahlung von Arbeitslosengeld sind international sehr unterschiedlich. In den USA erhält ein „durchschnittlicher", durch die Arbeitslosenversicherung geschützter Arbeitnehmer 50 Prozent seines früheren Lohnes für einen Zeitraum von 26 Wochen. In der Bundesrepublik beträgt das Arbeitslosengeld 63 Prozent des Nettoarbeitseinkommens (bei Leistungsbeziehern mit Kindern 68 Prozent). Das Arbeitslosengeld wird auf Antrag gezahlt, wenn der Arbeitslose dem Arbeitsamt gemeldet ist, für die Arbeitsvermittlung zur Verfügung steht und in den letzten drei Jahren vor dem Beginn der Arbeitslosigkeit wenigstens 360 Tage versicherungspflichtig beschäftigt war. Die Höchstdauer für die Zahlung von Arbeitslosengeld ist nach der Länge der beitragspflichtigen Beschäftigung in den letzten sieben Jahren gestaffelt und hängt außerdem vom Alter des Betroffenen ab. Die kürzeste Leistungsdauer beträgt 6, die längste 32 Monate.

Einerseits mildert die Arbeitslosenversicherung die ökonomischen Härten der Arbeitslosigkeit, andererseits führt sie aber zur Zunahme der friktionellen Arbeitslosigkeit und damit zu einer Erhöhung der natürlichen Arbeitslosenquote. Der Druck auf die Arbeitslosen, sich eine neue Beschäftigung zu suchen, wird gemindert. Die Wahrscheinlichkeit steigt, daß unattraktive Arbeitsangebote abgelehnt werden, und damit vermindert sich die Quote der neu abgeschlossenen Arbeitsverhältnisse. Darüber hinaus werden die Arbeitgeber jetzt tendenziell weniger zögern, Arbeitnehmer zu entlassen, was eine Erhöhung der Quote der Auflösung von Arbeitsverhältnissen zur Folge hat.

Daß die Arbeitslosenversicherung zu einer Erhöhung der natürlichen Arbeitslosenquote führt, bedeutet nicht notwendigerweise, daß es sich um eine unsinnige arbeitsmarktpolitische Maßnahme handelt. Sie hat den Vorteil, daß sie die Unsicherheit der Arbeitnehmer bezüglich ihres zukünftigen Einkommens reduziert. Darüber hinaus kann sie zu einem besseren Zusammenpassen von Arbeitnehmern und Arbeitsplätzen führen.

versicherung eingestellt werden. Dies läßt vermuten, daß die Bemühungen, einen neuen Arbeitsplatz zu finden, deutlich zunehmen, wenn die Unterstützungszahlungen wegfallen.³

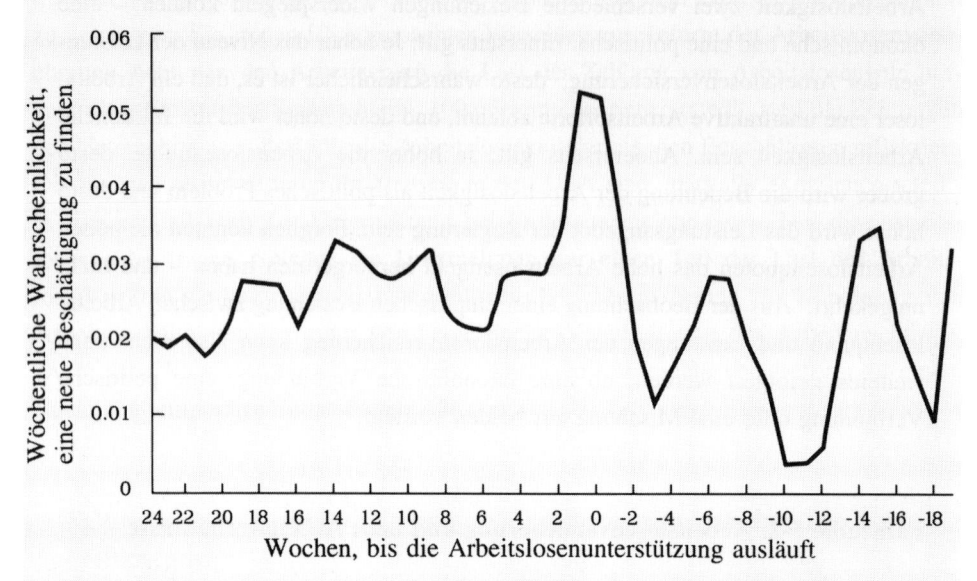

Abbildung 5-3: **Die Einstellungsquote.** Diese Abbildung zeigt die Wahrscheinlichkeit, daß ein Arbeitsloser eine neue Stelle findet, in Abhängigkeit von der Restlaufzeit seiner Berechtigung auf Bezug von Arbeitslosenunterstützung. Die Daten beziehen sich auf die USA. Die Spitze über dem Nullpunkt zeigt einen deutlichen Anstieg der Wahrscheinlichkeit zu dem Zeitpunkt, in dem die Berechtigung zum Bezug von Unterstützungsleistungen endet. *Hinweis:* Die nach rechts zunehmenden wöchentlichen Schwankungen der Einstellungsquote sind ein statistisches Kunstprodukt. Weil diejenigen, die eine Arbeit finden, aus der Stichprobe ausscheiden, verringert sich die Präzision der Schätzung im Zeitablauf. *Quelle:* Lawrence F. Katz und Bruce D. Meyer, "Unemployment Insurance, Recall Expectations, and Unemployment Outcomes", Quarterly Journal of Economics 105, (November 1990): 973 - 1002.

Weitere Hinweise auf den Einfluß wirtschaftlicher Anreize auf das Suchverhalten Arbeitsloser ergeben sich aus einem Experiment, das der Staat Illinois im Jahre 1985 durchgeführt hat. Zufällig ausgewählten Personen, die einen neuen Anspruch auf Arbeitslosenunterstützung hatten, wurde jeweils ein Bonus von 500 Dollar versprochen, falls sie innerhalb von 11 Wochen eine Arbeit fänden. Die Erfahrungen dieser Gruppe wurden mit denen einer Kontrollgruppe verglichen, der

---

3 Lawrence F. Katz und Bruce D. Meyer, "Unemployment Insurance, Recall Expectations, and Unemployment Outcomes", Quarterly Journal of Economics 105 (November 1990): 973-1002.

dieser Anreiz nicht gegeben wurde. Die durchschnittliche Dauer der Arbeitslosigkeit der Gruppe mit dem Anreiz betrug 17,0 Wochen, die der Kontrollgruppe lag bei 18,3 Wochen. Dieses Experiment macht deutlich, daß die ökonomischen Anreize der Arbeitslosenversicherung die Einstellungsquote beeinflussen.[4]

5.3 Reallohnstarrheit und Wartearbeitslosigkeit

Ein zweiter Grund für Arbeitslosigkeit ist **Lohnstarrheit** – das Versagen des Lohnsatzes, sich so lange anzupassen, bis Arbeitsangebot und Arbeitsnachfrage übereinstimmen. Im Gleichgewichtsmodell des Arbeitsmarktes, wie es in Kapitel 3 skizziert wurde, sorgt der flexible Reallohn dafür, daß Arbeitsangebot und Arbeitsnachfrage ins Gleichgewicht gebracht werden. Löhne sind jedoch nicht immer flexibel. Manchmal verharrt der Reallohn oberhalb des markträumenden Niveaus.

Abbildung 5-4 zeigt, wann Arbeitslosigkeit aufgrund von Lohnstarrheit entstehen kann. Liegt der Reallohn oberhalb des Niveaus, bei dem Arbeitsangebot und Arbeitsnachfrage gleich sind, übersteigt die angebotene Arbeitsmenge die nachgefragte. Die Unternehmen müssen die knappen Arbeitsplätze in irgendeiner Weise den Arbeitsanbietern zuteilen. Reallohnstarrheit vermindert die Quote der neu abgeschlossenen Arbeitsverhältnisse und erhöht das Niveau der Unterbeschäftigung.

Die sich aus Lohnstarrheit und Arbeitsplatzrationierung ergebende Arbeitslosigkeit wird als **Wartearbeitslosigkeit** bezeichnet. In diesem Fall sind Arbeitnehmer nicht deswegen arbeitslos, weil sie aktiv nach einer Beschäftigung suchen, die ihren Fähigkeiten am besten entspricht, sondern weil zum herrschenden Reallohn das Arbeitsangebot die Arbeitsnachfrage übersteigt. Diese Arbeitnehmer warten einfach darauf, daß Arbeitsplätze verfügbar werden.

Um Lohnstarrheit und Wartearbeitslosigkeit zu verstehen, muß geprüft werden, warum der Arbeitsmarkt nicht geräumt wird. Wenn der Reallohn sein Gleichgewichtsniveau übersteigt und das Arbeitsangebot größer ist als die Arbeitsnachfrage, könnte man erwarten, daß die Unternehmen den Lohnsatz, den sie zahlen, senken. Wartearbeitslosigkeit entsteht, weil die Unternehmen den Lohnsatz nicht senken, obwohl ein Überangebot an Arbeit besteht. Im folgenden sollen drei mögliche Ursachen für Reallohnstarrheit diskutiert werden: Mindestlohngesetzgebung, Monopolmacht der Gewerkschaften und Effizienzlöhne.

---

[4] Stephen A. Woodbury and Robert G. Spiegelman, "Bonuses to Workers and Employers to Reduce Unemployment: Randomized Trials in Illinois", American Economic Review 77 (September 1987): 513-530.

Gegner höherer Mindestlöhne argumentieren, daß dies nicht der beste Weg sei, um in Armut lebenden Arbeitnehmern zu helfen. Sie machen nicht nur geltend, daß höhere Lohnkosten die Arbeitslosigkeit vergrößern, sie weisen auch darauf hin, daß Mindestlohnvorschriften nur zum geringsten Teil denjenigen helfen, für die sie gedacht sind. Bei einem großen Teil derjenigen, für die die Mindestlohnvorschriften relevant sind, handelt es sich um Teenager aus bürgerlichen Haushalten, die beispielsweise arbeiten, um sich ein Auto kaufen zu können. Nur 25 Prozent der ca. 5 Millionen von den Mindestlohnvorschriften betroffenen Arbeitnehmer sind Haushaltsvorstände, während der Anteil der Teenager 37 Prozent beträgt.

Viele Ökonomen und Politiker vertreten die Auffassung, daß steuerliche Vergünstigungen einen geeigneteren Weg darstellen, um den Niedrigstverdienern zu helfen. Ein entsprechend gestaffelter Freibetrag auf das Arbeitseinkommen vermindert die steuerliche Belastung in Abhängigkeit von der Höhe des Einkommens. Je geringer das Einkommen, desto höher ist der Freibetrag. Verglichen mit den Mindestlohnvorschriften hat eine solche Freibetragsregelung den Vorteil, daß sich die Lohnkosten für die Unternehmen nicht erhöhen. Daher tritt auch keine negative Wirkung auf ihre Arbeitsnachfrage ein. Es ergibt sich jedoch der Nachteil einer Verringerung der staatlichen Steuereinnahmen.

Gewerkschaften und Tarifverhandlungen

Eine zweite Ursache für Lohnstarrheiten ist in der Macht der Gewerkschaften bei Tarifverhandlungen zu sehen. In den Vereinigten Staaten ist etwa ein Fünftel der Arbeitnehmer gewerkschaftlich organisiert. Die Löhne dieser Arbeitnehmer ergeben sich nicht aus einem Gleichgewicht von Angebot und Nachfrage am Arbeitsmarkt, sondern sind vielmehr das Ergebnis von Tarifverhandlungen zwischen Gewerkschaftsführern und Unternehmensleitung. Oft heben die Tarifabschlüsse den Lohnsatz über das gleichgewichtige Niveau an und erlauben dem Unternehmen, zu entscheiden, wieviele Arbeitnehmer es beschäftigen will. In diesem Fall ist eine Verminderung der Zahl der beschäftigten Arbeitnehmer und eine Ausdehnung der Wartearbeitslosigkeit die Folge.

Einige Hinweise auf die Auswirkungen unterschiedlicher Grade gewerkschaftlicher Organisation ergeben sich aus dem Vergleich der Arbeitslosigkeit in verschiedenen Ländern. Wie zu erwarten, weisen Länder mit einem höheren gewerkschaftlichen Organisationsgrad tendenziell auch höhere Arbeitslosenquoten auf. Einer Studie zufolge, die auf Daten aus dem Jahr 1985 basiert, führt eine Erhöhung des Organisationsgrades um 10 Prozentpunkte zu einem Anstieg der Arbeitslosenquote um 1,2 Prozentpunkte.[6]

Gewerkschaften können auch die Löhne von Unternehmen beeinflussen, deren Mitarbeiter nicht gewerkschaftlich organisiert sind, weil die Furcht der Arbeitgeber vor einer möglichen Organisation die Löhne oberhalb des Gleichgewichtsniveaus hält. Die meisten Unternehmen sind über gewerkschaftliche Aktivitäten in ihren Betrieben nicht erfreut. Gewerkschaften setzen nicht nur Lohnerhöhungen durch, sie verbessern auch die Verhandlungsposition der Arbeitnehmerseite bei vielen anderen Fragen, wie z.B. bei Arbeitszeitregelungen und Arbeitsbedingungen. Ein Unternehmen mag daher in der Hoffnung, eine gewerkschaftliche Organisation der Mitarbeiter zu verhindern oder zu erschweren, bereit sein, höhere Löhne zu zahlen.

Die durch Gewerkschaften bzw. die Furcht vor gewerkschaftlicher Organisation hervorgerufene Arbeitslosigkeit schafft einen Interessenkonflikt zwischen verschiedenen Arbeitnehmergruppen - zwischen sogenannten **Insidern** und **Outsidern**. Die bereits in einer Unternehmung beschäftigten Arbeitnehmer, die Insider, haben typischerweise eine Interesse daran, die Lohnsätze hoch zu halten. Die Kosten der höheren Löhne werden teilweise von den nichtbeschäftigten Erwerbspersonen getragen, die andernfalls möglicherweise eingestellt worden wären. Interessengegensätze zwischen diesen beiden Gruppen sind unvermeidlich. Jeder Tarifabschluß und seine Wirkungen auf Lohnsätze und Beschäftigung hängen ganz zentral von der relativen Stärke des Einflusses beider Gruppen ab.

Der Konflikt zwischen Insidern und Outsidern wird in unterschiedlichen Ländern auf unterschiedliche Weise gelöst. In einigen Ländern, wie z.B. in den USA, finden die Lohnverhandlungen auf Unternehmens- oder Betriebsebene statt. In anderen Ländern, so etwa in Schweden, erfolgen die Lohnverhandlungen auf nationaler Ebene – wobei der Regierung oft eine Schlüsselstellung zukommt. Trotz eines ausgesprochen hohen gewerkschaftlichen Organisationsgrades ist die Arbeitslosigkeit in Schweden gering. Möglicherweise ist dies darauf zurückzuführen, daß die Zentralisierung der Tarifverhandlungen den Outsidern ein größeres Gewicht gibt und auf diese Weise die Lohnsätze näher an ihrem Gleichgewichtsniveau gehalten werden.[7]

---

6 Lawrence H. Summers, "Why is the Unemployment Rate So Very High Near Full Employment?", Brookings Papers on Economic Activity, Nr. 2 (1986): 339-383.

7 Michael Bruno und Jeffrey Sachs, Economics of Worldwide Stagflation (Cambridge, Mass. 1985).

Fallstudie 5-4: Gewerkschaftlicher Organisationsgrad und Arbeitslosigkeit in den Vereinigten Staaten und Kanada

Während der sechziger Jahre ähnelten sich die Verhältnisse auf den Arbeitsmärkten der Vereinigten Staaten und Kanadas. Beide Länder wiesen im Durchschnitt die gleiche Arbeitslosenquote auf, und die Quoten schwankten im Gleichschritt. Seit Mitte der siebziger Jahre zeichnet sich eine divergierende Entwicklung ab. Im Jahr 1985 betrug die Arbeitslosenquote in den Vereinigten Staaten 7,2 Prozent, in Kanada dagegen 10,5 Prozent.

Eine mögliche Erklärung für diese unterschiedliche Entwicklung könnte in der Veränderung der Bedeutung liegen, die die Gewerkschaften in beiden Ländern aufweisen. In den sechziger Jahren betrug der gewerkschaftliche Organisationsgrad in beiden Ländern ungefähr 30 Prozent. Die kanadische Gesetzgebung begünstigte die Gewerkschaften jedoch in größerem Maße als es die der Vereinigten Staaten tat. Bis zum Jahr 1985 hatte sich der Organisationsgrad in Kanada auf 40 Prozent erhöht, in den USA war er dagegen auf 20 Prozent gesunken.

Wie man hätte erwarten können, war die Veränderung im Organisationsgrad von Reallohnveränderungen begleitet. Der Reallohn in Kanada stieg relativ zu dem der Vereinigten Staaten um ca. 30 Prozent. Diese Beobachtung läßt vermuten, daß die Gewerkschaften in Kanada den Reallohn über das gleichgewichtige Niveau hinaus erhöhen konnten, so daß es zu einem Anstieg der Wartearbeitslosigkeit kam.

Die unterschiedliche Entwicklung der beiden Arbeitslosenquoten kann möglicherweise auch mit der Verbesserung der Leistungen der Arbeitslosenversicherung in Kanada in Verbindung gebracht werden. Die Arbeitslosenversicherung bewirkt nicht nur eine Erhöhung der Suchzeit und damit des Volumens der friktionellen Arbeitslosigkeit, sondern sie ist auch auf zwei Wegen mit den Auswirkungen des Organisationsgrades verknüpft. Erstens erleichtert es die Arbeitslosenversicherung dem einzelnen, auf einen gut bezahlten Arbeitsplatz in einer Unternehmung mit gewerkschaftlicher Organisation zu warten, statt einen schlecht bezahlten Arbeitsplatz in einer Unternehmung ohne Gewerkschaft anzunehmen. Zweitens erleichtert es die Arbeitslosenversicherung den Gewerkschaften, höhere Löhne auf Kosten einer niedrigeren Beschäftigung durchzusetzen.[8]

---

8 Herbert G. Grubel, "Drifting Apart: Canadian and U.S. Labor Markets", Contemporary Policy Issues 6 (Januar 1988): 39-55, auch in Journal of Economic and Monetary Affairs 2 (Winter 1988): 59-75.

Effizienzlöhne

Neben Mindestlohngesetzgebung und gewerkschaftlicher Organisation wird ein dritter Grund für Lohnstarrheiten durch die **Effizienzlohntheorien** ins Spiel gebracht, die darauf basieren, daß höhere Löhne produktivitätssteigernd wirken. Ein Einfluß der Lohnhöhe auf die Arbeitseffizienz könnte möglicherweise erklären, warum Unternehmen davon absehen, bei einem Überangebot an Arbeit die Löhne zu kürzen. Obwohl eine Verminderung des Lohnsatzes die Lohnkosten einer Unternehmung reduziert, würde sich – falls die Theorien richtig wären – auch die Arbeitsproduktivität reduzieren und damit die Unternehmensgewinne.

Es gibt unterschiedliche Theorien darüber, wie die Lohnhöhe die Produktivität beeinflußt. Eine Effizienzlohntheorie, die im wesentlichen auf weniger entwickelte Länder abstellt, besagt, daß die Lohnhöhe einen Einfluß auf die Ernährung hat. Besser bezahlte Beschäftigte können sich mehr und nahrhaftere Lebensmittel leisten, deshalb sind sie gesünder. Gesündere Arbeiter sind leistungsfähiger und weisen deshalb eine höhere Produktivität auf. Eine Unternehmung in einem unterentwickelten Land wird sich daher möglicherweise dazu entschließen, einen oberhalb des Gleichgewichtes liegenden Lohnsatz zu zahlen, um so über eine gesunde und leistungsfähige Belegschaft verfügen zu können. Derlei Überlegungen sind offensichtlich für die Unternehmer in entwickelten Länder wie der Bundesrepublik oder den Vereinigten Staaten bedeutungslos, weil der Gleichgewichtslohnsatz deutlich oberhalb des Niveaus liegt, das für eine gesunde Ernährung erforderlich ist.

Eine zweite, für die entwickelten Länder relevante Effizienzlohntheorie besagt, daß hohe Löhne die Arbeitsplatzfluktuation verringern. Beschäftigte kündigen ihre Arbeit aus vielen Gründen: bessere Positionen bei anderen Unternehmen, Karrierewechsel oder Umzug in eine andere Region. Je höher die Bezahlung, desto größer ist der Anreiz für einen Arbeitnehmer, in seinem Unternehmen zu bleiben. Durch das Zahlen hoher Löhne verringert das Unternehmen die Häufigkeit von Kündigungen und damit auch die Zeit, die für die Einstellung und das Anlernen neuer Arbeitskräfte aufgewandt werden muß. Eine dritte Effizienzlohntheorie besagt, daß die durchschnittliche Qualität der Belegschaft einer Unternehmung von der Lohnhöhe abhängt. Vermindert ein Unternehmen die gezahlten Löhne, dann werden sich die qualifiziertesten Arbeitnehmer nach neuen Arbeitsplätzen umsehen. Zurück bleiben die weniger Qualifizierten, für die sich keine Alternativen ergeben. Ökonomen bezeichnen dieses Phänomen als *Adverse selection*. Durch die Zahlung eines über dem Gleichgewicht liegenden Lohnsatzes kann die Unternehmung, die Adverse selection vermeidet, die durchschnittliche Qualität ihrer Belegschaft verbessern und damit die Produktivität erhöhen.

Eine vierte Effizienzlohntheorie beruht auf der Vermutung, daß ein hoher Lohnsatz die Arbeitsanstrengungen der Beschäftigten vergrößert. Dieser Ansatz geht davon aus, daß Unternehmen nicht in der Lage sind, die Arbeitsanstrengungen ihrer Mitarbeiter genau zu kontrollieren. Die Arbeitnehmer haben daher die Möglichkeit, über ihre Arbeitsanstrengung selbst zu entscheiden. Sie können sich entschließen, hart zu arbeiten, sie können sich aber auch drücken, wobei sie allerdings das Risiko eingehen, erwischt und entlassen zu werden. Ökonomen bezeichnen diese Möglichkeit unehrlichen Verhaltens als *Moral hazard.* Das Unternehmen kann das Problem des Moral hazard durch Zahlung höherer Löhne reduzieren. Je höher der Lohnsatz ist, den ein Unternehmen zahlt, desto größer sind die Kosten für denjenigen, der entlassen wird. Durch das Zahlen eines höheren Lohnsatzes kann das Unternehmen also eine größere Anzahl der Mitarbeiter dazu veranlassen, sich nicht vor der Arbeit zu drücken, und so die Produktivität erhöhen.

Alle vorgestellten Effizienzlohntheorien variieren das gleiche Thema, daß nämlich die Unternehmen effizienter arbeiten können, wenn sie höhere Löhne zahlen. Sie implizieren damit, daß es manchmal im Interesse der Unternehmung sein kann, die Löhne über dem Gleichgewichtsniveau zu halten. Das Ergebnis dieser Art von Lohnstarrheit ist Wartearbeitslosigkeit.[9]

Fallstudie 5-5: Henry Fords 5-Dollar-Arbeitstag

Im Jahr 1914 führte die Ford Motor Company den 5-Dollar-Arbeitstag ein. Da der Lohn zu dieser Zeit üblicherweise zwischen zwei und drei Dollar pro Tag betrug, lag der von Ford gezahlte Lohn deutlich oberhalb des Gleichgewichtsniveaus. Es ist daher kaum überraschend, daß sich vor den Toren der Fabrik lange Schlangen von wartenden Arbeitssuchenden bildeten, die hofften, einen der gut bezahlten Arbeitsplätze zu erhalten.

Welches Motiv hatte Ford? Henry Ford schrieb später dazu: „Wir wollten diese Löhne bezahlen, um eine tragfähige Grundlage für unser Unternehmen zu schaffen. Wir bauten etwas für die Zukunft. Ein Geschäft, das nur bei niedrigen Löhnen profitabel ist, ist immer unsicher ... Die Entlohnung eines Acht-Stunden-Tags mit fünf Dollar war eine der wirksamsten Kostensenkungsmaßnahmen, die wir je durchgeführt haben."

---

9 Für ausführlichere Diskussionen der Effizienzlohntheorien siehe Janet Yellen, "Efficiency Wage Models of Unemployment", American Economic Review Papers and Proceedings (Mai 1984): 200-205; Lawrence Katz, "Efficiency Wages: A Partial Evaluation", NBER Macroeconomic Annual (1986): 235 - 276.

Ford nutzte den Lohn offensichtlich, um die Arbeitseffizienz zu steigern. Es gibt etliche Indizien dafür, daß dieser hohe Lohnsatz dem Unternehmen tatsächlich zum Vorteil gereichte. Ein seinerzeit erstellter Bericht sagt: „Der hohe Lohnsatz bei Ford beseitigt sämtliche Faulheiten und Widerstände der Belegschaft ... Die Arbeiter sind absolut gefügig, und man kann mit Sicherheit sagen, daß seit Ende 1913 jeder einzelne Tag eine deutliche Verminderung der Lohnkosten bei Ford mit sich brachte." Fehlzeiten gingen beispielsweise um 75 Prozent zurück, was auf eine deutliche Verstärkung der Arbeitsanstrengungen hinweist. Alan Nevis, ein Historiker, der sich mit der Frühzeit der Ford Motor Company beschäftigte, schrieb: „Ford und seine Mitarbeiter erklärten bei vielen Gelegenheiten offen, daß die Hochlohnpolitik sich als gutes Geschäft erwiesen hat. Damit meinten sie, daß sich dadurch die Disziplin der Arbeiter verbessert hatte, die Loyalität zum Unternehmen erhöht und der persönliche Arbeitseinsatz gesteigert wurde."[10]

5.4 Arbeitslosigkeitsmuster

Wir wollen uns nun einigen weiteren Problemstellungen im Zusammenhang mit der Arbeitslosigkeit zuwenden, die für eine Einschätzung der vorgestellten Theorien der Arbeitslosigkeit hilfreich sind und eine Bewertung von arbeitsmarktpolitischen Maßnahmen ermöglichen.

Die Dauer der Arbeitslosigkeit

Wenn Leute arbeitslos werden, werden sie dann eher für eine kurze oder eine lange Zeit ohne Arbeit sein? Die Antwort ist wichtig, weil sie Hinweise auf die Ursachen der Arbeitslosigkeit und damit auf die adäquate Politik zu ihrer Bekämpfung gibt. Ist die Arbeitslosigkeit kurzfristiger Natur, dann könnte man sie als friktionell und möglicherweise unvermeidbar ansehen. Für den einzelnen kann eine kurzzeitige Arbeitslosigkeit sogar sinnvoll sein, weil ihm so die Suche nach dem Arbeitsplatz möglich ist, der am besten

---

10 Jeremy I. Bulow und Lawrence H. Summers, "A Theory of Dual Labor Markets with Application to Industrial Policy, Discrimination, and Keynesian Unemployment", Journal of Labor Economics 4 (Juli 1986): 376-414; Daniel M. G. Raff und Lawrence H. Summers, "Did Henry Ford Pay Efficiency Wages?", Journal of Labor Economics 5 (Oktober 1987, Teil 2): 57-86.

seinen Fähigkeiten und Neigungen entspricht. Ist die Arbeitslosigkeit jedoch längerfristiger Natur, dann ist es kaum möglich, sie mit der Zeit in Verbindung zu bringen, die erforderlich ist, um die Profile von Arbeitssuchendem und Arbeitsplatz in Übereinstimmung zu bringen. Es ist kaum zu erwarten, daß dieser Suchprozeß viele Monate dauert. Bei langfristiger Arbeitslosigkeit handelt es sich eher um Wartearbeitslosigkeit. Informationen über die Dauer der Arbeitslosigkeit können daher die Ansichten über die Ursachen der Arbeitslosigkeit beeinflussen.

Die Antwort auf die oben gestellte Frage erweist sich als heikel. Die Daten zeigen, daß in den meisten Fällen die Dauer der Arbeitslosigkeit kurz ist. Zählt man aber die Arbeitslosigkeitszeiten eines Jahres zusammen, dann zeigt sich, daß der größte Anteil dieses Arbeitslosigkeitsvolumens auf Langzeitsarbeitslosigkeit zurückzuführen ist. Für die USA gilt beispielsweise, daß im Jahr 1974, in dem die Arbeitslosenquote 5,6 Prozent betrug, in 60 Prozent aller Fälle die Arbeitslosigkeit nicht länger als einen Monat dauerte. Im gleichen Jahr waren 69 Prozent des Arbeitslosigkeitsvolumens auf Fälle von Arbeitslosigkeit zurückzuführen, die zwei Monate oder länger dauerten.[11]

Um zu sehen, daß beide Beobachtungen sich nicht widersprechen, soll folgendes Beipiel betrachtet werden: Es wird angenommen, daß 14 Personen innerhalb eines Jahres für eine bestimmte Zeit arbeitslos sind. Von ihnen seien 12 einen Monat lang und 2 seien 12 Monate lang arbeitslos. Dies ergibt in dem betrachteten Jahr eine Gesamtarbeitslosigkeit von 36 Monaten. In dem geschilderten Beispiel sind die meisten Fälle von Arbeitslosigkeit kurzfristiger Natur: in 12 von 14 Fällen (86 Prozent) endet die Arbeitslosigkeit nach einem Monat. Die meisten Monate der Arbeitslosigkeit sind jedoch auf die langfristige Arbeitslosigkeit zurückzuführen: 24 der 36 Monate Arbeitslosigkeit (67 Prozent) gehen auf die beiden Erwerbstätigen zurück, die für die Dauer von 12 Monaten ohne Arbeit sind. In Abhängigkeit davon, ob man die Anzahl der Fälle von Arbeitslosigkeit betrachtet oder den Gesamtzeitraum der Arbeitslosigkeit, kann der größte Teil der Arbeitslosigkeit als kurz- oder als langfristig erscheinen.

Aus diesen beiden Beobachtungen ergibt sich eine wichtige Folgerung für die Wirtschaftspolitik. Wenn die Arbeitslosenquote gesenkt werden soll, dann muß sich die Wirtschaftspolitik auf die Langzeitarbeitslosen konzentrieren, weil diese einen sehr großen Teil des Arbeitslosigkeitsvolumens ausmachen. Es muß sich jedoch um gezielte Maßnahmen handeln, weil die Langzeitarbeitslosen nur eine Minderheit derjenigen darstellen, die arbeitslos werden. Die meisten Menschen, die arbeitslos werden, finden innerhalb kurzer Zeit einen neuen Arbeitsplatz.

---

11 Kim B. Clark und Lawrence H. Summers, "Labor Market Dynamics and Unemployment: A Reconsideration", Brookings Papers on Economic Activity, Nr. 1 (1979): 13-72.

Unterschiede in der Arbeitslosenquote verschiedener demographischer Gruppen

Die Arbeitslosenquote weist erhebliche Unterschiede zwischen den verschiedenen demographischen Gruppen der Bevölkerung auf. Tabelle 5-1 zeigt die Unterschiede zwischen den Arbeitslosenquoten verschiedener demographischer Gruppen in den USA für das Jahr 1985, als die Gesamtarbeitslosenquote 7,2 Prozent betrug.

Tabelle 5-1: **Arbeitslosenquote in den USA nach demographischen Gruppen (1985)**

Alter	weiß männlich	weiß weiblich	schwarz männlich	schwarz weiblich
16-17	19,2	17,2	42,9	44,3
18-19	14,7	13,1	40,0	36,4
20-24	9,7	8,5	23,5	25,6
25-54	4,9	5,4	11,6	11,5
55+	3,8	3,9	8,1	5,9

In dieser Tabelle fällt besonders auf, daß jüngere Beschäftigte eine deutlich höhere Arbeitslosenquote zu verzeichnen haben als ältere. Um diesen Unterschied zu erklären, muß man sich das weiter oben entwickelte Modell der natürlichen Unterbeschäftigung in Erinnerung rufen. Das Modell isoliert zwei mögliche Gründe für eine hohe Arbeitslosenquote: entweder ist die Quote der Einstellungen niedrig oder die Quote der Auflösungen hoch. Beschäftigt man sich empirisch mit dem Übergang von Beschäftigung zu Arbeitslosigkeit, so stellt man fest, daß die Gruppen, die unter hoher Arbeitslosigkeit zu leiden haben, tendenziell durch eine hohe Quote der Auflösung von Arbeitsverhältnissen gekennzeichnet sind. Die Unterschiede bezüglich der Quote von neu abgeschlossenen Arbeitsverhältnissen sind zwischen den einzelnen Gruppen dagegen geringer. So gilt beispielsweise, daß ein beschäftigter männlicher Weißer mit viermal größerer Wahrscheinlichkeit arbeitslos wird, wenn er zur Gruppe der Teenager gehört, als wenn er in mittleren Jahren ist. Ist er einmal arbeitslos, dann ist die Wahrscheinlichkeit eines Neuabschlusses nahezu unabhängig von seinem Alter.

Diese Beobachtungen legen den Schluß nahe, daß für jüngere Arbeitnehmer eine höhere Arbeitslosenquote möglicherweise wünschenswert ist. Jüngere Arbeitnehmer haben auf dem Arbeitsmarkt gerade erst Fuß gefaßt und sind sich über ihre beruflichen

Ziele oft noch im unklaren. Es kann für sie daher sinnvoll sein, verschiedene Tätigkeiten auszuprobieren, bevor sie sich langfristig für eine bestimmte Beschäftigung entscheiden. Wenn diese Vermutung richtig ist, dann sollte man für diese Gruppe auch eine höhere Auflösungsquote und eine größere friktionelle Arbeitslosigkeit erwarten.

Es gibt noch einen anderen Punkt, der in Tabelle 5-1 auffällt. Die Arbeitslosenquoten für Schwarze sind deutlich größer als die für Weiße. Dieses Phänomen wird noch nicht richtig verstanden. Die Daten bezüglich des Wechsels zwischen Beschäftigung und Arbeitslosigkeit zeigen, daß die höheren Arbeitslosenquoten für Schwarze, insbesondere für schwarze Teenager, sowohl auf höheren Auflösungsquoten als auch auf niedrigeren Neuabschlußquoten beruhen. Mögliche Gründe für die niedrigeren Neuabschlußquoten könnten u.a. in geringeren Zugangsmöglichkeiten zu nicht-amtlichen Informationen über offene Arbeitsplätze und in einer Diskriminierung durch Arbeitgeber liegen.

Die trendmäßige Erhöhung der Arbeitslosenquote

Über den Zeitraum der letzten vierzig Jahre hinweg hat sich die Arbeitslosenquote der meisten Industrieländer nach oben verschoben. Im folgenden sollen die Vereinigten Staaten als Beispiel betrachtet werden. Wie Abbildung 5-5 zeigt, betrug die Arbeitslosenquote in den fünfziger Jahren durchschnittlich 4,4 Prozent, in den sechziger Jahren 4,7 Prozent, in den siebziger Jahren 6,1 Prozent und in den achtziger Jahren 7,3 Prozent. Obwohl die Ökonomen keine endgültige Erklärung für diesen Trend haben, wurden doch verschiedene Hypothesen vorgetragen.

Eine der Erklärungen hat die Veränderung in der Zusammensetzung der Erwerbspersonen zum Gegenstand. Nach dem zweiten Weltkrieg nahmen die Geburtenraten in den USA dramatisch zu. Dies ist die sogenannte Baby-Boom-Generation, die um 1970 ins Erwerbsfähigkeitsalter kam. Weil jüngere Arbeitnehmer tendenziell mit höheren Arbeitslosenquoten belastet sind als ältere, erhöhte der Zustrom der Baby-Boom-Generation das durchschnittliche Niveau der Arbeitslosenquote. Zu etwa derselben Zeit nahm auch die Partizipationsquote der Frauen, d.h. ihr Anteil an der Erwerbspersonenzahl, signifikant zu. Im Jahr 1960 betrug der Anteil der Frauen an den Erwerbspersonen 33 Prozent. Im Jahr 1980 war dieser Anteil auf 43 Prozent gestiegen. Da Frauen in der Vergangenheit immer höhere Arbeitslosenquoten aufwiesen als Männer (ein Phänomen, das in den letzten Jahren nicht mehr nachzuweisen ist), kann der steigende Anteil der Frauen an den Erwerbspersonen zu einer Zunahme der durchschnittlichen Arbeitslosenquote geführt haben.

Die beiden genannten demographischen Veränderungen können den Aufwärtstrend der Arbeitslosenquote jedoch nicht vollständig erklären, weil dieser Trend auch für

Männer zwischen 25 und 54 Jahren zu verzeichnen ist. Die Arbeitslosenquote dieser Gruppe betrug in den fünfziger Jahren durchschnittlich 3,4 Prozent, in den sechziger Jahren 3,0 Prozent, in den siebziger Jahren 3,7 Prozent und in den achtziger Jahren 6,1 Prozent. Folglich ist der Anstieg der Arbeitslosigkeit nicht nur ein Ergebnis der Veränderungen in der Zusammensetzung der Erwerbspersonen.

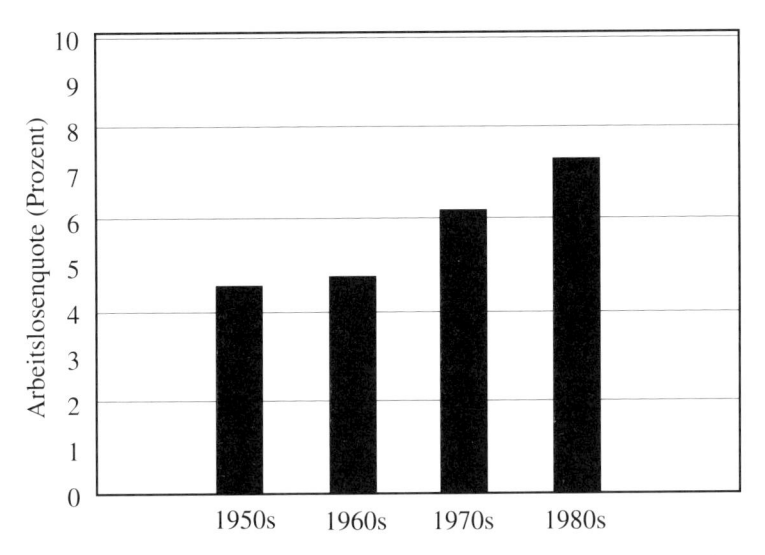

Abbildung 5-5: **Die Aufwärtsverschiebung der Arbeitslosenquote.** Die Arbeitslosenquote hat sich langsam nach oben verschoben. Der Durchschnitt jeder Dekade seit 1950 lag über dem der jeweils vorhergehenden.

Eine zweite Erklärung lautet dahingehend, daß die Zunahme der Partizipationsquote der Frauen und die damit verbundene Zunahme der Doppelverdiener-Haushalte zu einer Erhöhung der Arbeitslosenquote der Männer geführt hat. Die dahinterstehende Überlegung geht davon aus, daß männliche Arbeitslose mit arbeitenden Frauen eher bereit sind, unattraktive Arbeitsangebote abzulehnen, als Männer, die die einzigen Einkommensbezieher ihrer Familien sind. Wenn diese Überlegung zutrifft, dann führt die resultierende Verminderung der Einstellungsquote bei den Männern zu einer Zunahme ihrer Arbeitslosenquote.

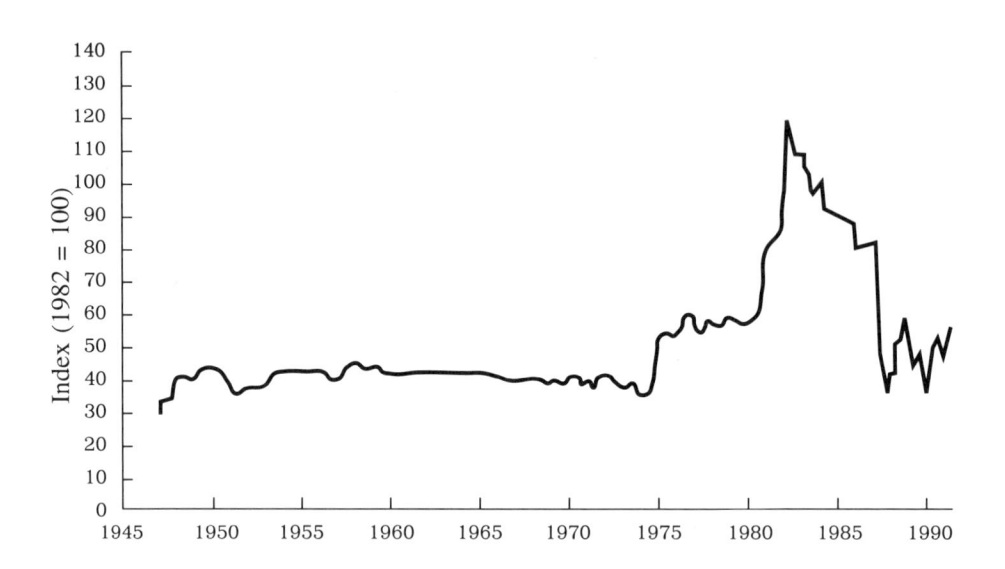

Abbildung 5-6: **Der relative Ölpreis: Eine Quelle sektoraler Verschiebungen.** Die Abbildung zeigt den relativen Ölpreis, gemessen als Quotient aus dem Herstellerpreisindex für Rohöl und dem Herstellerpreisindex für sämtliche Rohstoffe. Seit den frühen siebziger Jahren ist der Ölpreis starken Schwankungen unterworfen. Veränderungen dieses relativen Preises werden oft als Quelle sektoraler Verschiebungen genannt und können so vielleicht dazu beitragen, den trendmäßigen Anstieg der Arbeitslosenquote zu erklären.

Obwohl sich diese Erklärung plausibel anhört, ist sie doch kaum mit den Fakten in Einklang zu bringen. Im Gegensatz zu dem, was man erwarten würde, ist die Arbeitslosenquote von Männern, deren Frauen berufstätig sind, geringer als von Männern, für deren Frauen das nicht zutrifft.[12] Darüber hinaus hat sich auch die Arbeitslosenquote von alleinstehenden Männern ebenfalls erhöht, was darauf hinweist, daß die Hypothese der Zwei-Einkommen-Haushalte die Aufwärtsverschiebung der Gesamtarbeitslosenquote nicht vollständig erklären kann.

Eine dritte mögliche Erklärung für den Trend der Arbeitslosenquote ist die, daß sektorale Verschiebungen an Bedeutung gewonnen haben. Je größer der Umfang der notwendigen sektoralen Reallokation, desto größer ist die Quote der Auflösung von Arbeitsverhältnissen und desto größer ist auch die friktionelle Arbeitslosigkeit.[13] Eine Quelle sektoraler Verschiebungen waren die starken Schwankungen der Ölpreise, die

---

12 Kevin M. Murphy und Robert H. Topel, "The Evolution of Unemployment in the United States: 1968-1985", NBER Macroeconomics Annual (1987): 11-68.

13 David M. Lilien, "Sectoral Shifts and Cyclical Unemployment", Journal of Political Economy 90 (August 1982): 777-793.

durch das internationale Ölkartell, die OPEC, verursacht wurden. Wie aus Abbildung 5-6 hervorgeht, war der relative Ölpreis bis zu Beginn der siebziger Jahre stabil. Die starken Änderungen der Ölpreise seit 1974 könnten die Umschichtung von Arbeit zwischen energieintensiven und weniger energieintensiven Sektoren erforderlich gemacht haben. Ist dies richtig, dann könnten diese Schwankungen der Ölpreise die Arbeitslosenquote erhöht haben. Die Relevanz dieser Hypothese läßt sich jedoch nur schwer einschätzen.

Letztlich bleibt die Aufwärtsverschiebung der Arbeitslosenquote ein Rätsel. Einige der genannten Erklärungen erscheinen plausibel, aber völlig überzeugend ist keine. Vielleicht gibt es auch keine einzelne Antwort – die Aufwärtsverschiebung der Arbeitslosigkeit mag das Ergebnis verschiedener, nicht miteinander zusammenhängender Entwicklungen sein.

Zugänge und Abgänge bei den Erwerbspersonen

Bislang haben wir einen wichtigen Aspekt der Arbeitsmarktdynamik vernachlässigt: den Wechsel von Menschen in die Gruppe der Erwerbspersonen hinein und aus ihr heraus. Unser Modell der natürlichen Arbeitslosenquote basiert darauf, daß die Zahl der Erwerbspersonen konstant ist. In diesem Fall ist der einzige Grund für Arbeitslosigkeit die Auflösung eines Beschäftigungsverhältnisses und der einzige Grund für das Ende der Arbeitslosigkeit die Aufnahme eines neuen Beschäftigungsverhältnisses.

Änderungen der Erwerbspersonenzahl sind jedoch von großer Bedeutung. Etwa ein Drittel der Arbeitslosen in den Vereinigten Staaten gehört zu denen, die neu zu den Erwerbspersonen hinzugekommen sind. Ein Teil von ihnen sind jugendliche Arbeitnehmer, die noch nach ihrem ersten Arbeitsplatz Ausschau halten. Der Rest hat vorher bereits gearbeitet, ist aber vorübergehend aus der Gruppe der Erwerbspersonen ausgeschieden. Darüber hinaus endet nicht jeder Fall von Arbeitslosigkeit damit, daß ein neuer Arbeitsplatz gefunden wird. Fast in der Hälfte aller Fälle endet die Zeit der Arbeitslosigkeit dadurch, daß der Arbeitslose sich vom Arbeitsmarkt zurückzieht.

Diese Menschen, die zur Gruppe der Erwerbspersonen hinzustoßen oder aus ihr ausscheiden, erschweren die Interpretation der Arbeitslosenstatistiken. Einerseits bezeichnen sich einige als arbeitslos, die sich in Wirklichkeit nicht ernsthaft um eine Arbeit bemühen. Sie sollten daher vielleicht am besten gar nicht zu den Erwerbspersonen gerechnet werden. Ihre „Arbeitslosigkeit" stellt in vielen Fällen kein soziales Problem dar. Andererseits gibt es Menschen, die wirklich eine Arbeit wollen, nach längerer Zeit erfolgloser Suche sich aber nicht mehr als arbeitslos registrieren lassen. Diese **stille Reserve** wird nicht zu den Erwerbspersonen gezählt und nicht in der Arbeitslosenstatistik erfaßt. Obwohl die Arbeitslosigkeit der Menschen in dieser stillen Reserve nicht gemessen wird, kann sie dennoch ein soziales Problem darstellen.

5.5 Schlußfolgerungen

Arbeitslosigkeit bedeutet eine Vergeudung von Ressourcen. Unbeschäftigte Arbeitnehmer könnten einen Beitrag zum Sozialprodukt leisten, tun es aber nicht. Diejenigen, die nach Arbeitsplätzen suchen, die ihren Fähigkeiten entsprechen, sind froh, wenn die Suche vorbei ist. Und diejenigen, die auf Arbeitsplätze in Unternehmen warten, die Löhne oberhalb des Gleichgewichtslohnsatzes bezahlen, sind froh, wenn hier Positionen frei werden. Offensichtlich würden die Arbeitslosen lieber beschäftigt sein.

Leider gibt es keinen einfachen Weg, um die Arbeitslosigkeit zu vermindern. Der Staat kann die Arbeitsplatzsuche nicht zu einem punktuellen, zeitlosen Geschehen machen. Er kann auch nicht ohne weiteres die Löhne näher an das Gleichgewichtsniveau heranführen. In einer Volkswirtschaft wie der unseren ist Null-Arbeitslosigkeit nicht möglich.

Andererseits ist die Politik im Kampf gegen die Arbeitslosigkeit aber auch nicht völlig ohnmächtig. Umschulungs- und Weiterbildungsprogramme, die Arbeitslosenversicherung, Mindestlöhne und Tarifvertragsgesetz sind regelmäßig Gegenstand der politischen Diskussion. Die politischen Maßnahmen, die ergriffen werden, zeigen sehr wahrscheinlich deutliche Wirkungen in bezug auf die Arbeitslosigkeit.

Zusammenfassung

1. Bei der natürlichen Arbeitslosenquote handelt es sich um die Arbeitslosenquote, die bei Gleichgewicht auf dem Arbeitsmarkt vorliegt. Sie hängt von der Quote der Auflösungen und der Quote der Abschlüsse von Arbeitsverhältnissen ab.

2. Ein bestimmtes Maß an friktioneller Arbeitslosigkeit ist unvermeidbar, weil es einiger Zeit bedarf, bis ein Arbeitnehmer den Arbeitsplatz gefunden hat, der am besten zu seinen Fähigkeiten und seinen Vorstellungen paßt. Verschiedene politische Maßnahmen, wie z.B. die Arbeitslosenversicherung, beeinflussen die Höhe der friktionellen Arbeitslosigkeit.

3. Verharrt der Reallohn oberhalb des gleichgewichtigen Niveaus, ist Wartearbeitslosigkeit die Folge. Mindestlohnvorschriften können eine Ursache für Lohnstarrheit sein. Eine andere Ursachen können Gewerkschaften oder die Bedrohung durch die Bildung von Gewerkschaften sein. Schließlich lassen die Effizienzlohntheorien vermuten, daß Unternehmen es aus verschiedenen Gründen vorteilhaft finden können, ihre Löhne trotz eines Überangebots an Arbeit hoch zu halten.

4. Ob man zu dem Ergebnis kommt, daß der größte Teil der Arbeitslosigkeit kurzfristiger oder langfristiger Natur ist, hängt davon ab, wie man die statistischen Zahlen betrachtet. In den meisten Fällen ist die Dauer der Arbeitslosigkeit gering. Der größte Teil der insgesamt gemessenen Arbeitslosigkeit ist jedoch auf die relativ geringe Zahl der Langzeitarbeitslosen zurückzuführen.

5. Die Arbeitslosenquote zeigt für die verschiedenen demographischen Gruppen deutliche Unterschiede. Insbesondere gilt, daß die Arbeitslosigkeit von Jugendlichen höher ist als die von älteren Arbeitnehmern. Dieser Unterschied ist auf Unterschiede in den Quoten der Auflösung von Arbeitsverhältnissen zurückzuführen und nicht auf Unterschiede in den Quoten des Abschlusses von Arbeitsverhältnissen.

6. Die Arbeitslosenquote hat sich im Laufe der letzten Dekaden langsam nach oben verschoben. Dafür wurden verschiedene Erklärungen angeboten, unter anderem Änderungen in der demographischen Zusammensetzung der Erwerbspersonen, die Zunahme von Doppelverdienerhaushalten und die Zunahme von strukturellen Veränderungen.

7. Ein erheblicher Teil der Arbeitslosigkeit ist auf Personen zurückzuführen, die erst seit kürzerer Zeit (wieder) zur Gruppe der Erwerbspersonen gehören. Die Zu- und Abgänge bei den Erwerbspersonen erschweren die Interpretation der Arbeitslosenstatistik.

Schlüsselbegriffe

Natürliche Arbeitslosenquote
Friktionelle Arbeitslosigkeit
Sektoraler Wandel
Arbeitslosenversicherung
Lohnstarrheit

Wartearbeitslosigkeit
Insider und Outsider
Effizienzlöhne
Stille Reserve

# Kapitel 6

Inflation

> *Lenin is said to have declared that the best way to destroy the Capitalist System was to debauch the currency ... Lenin was certainly right. There is no subtler, no surer means of overturning the existing basis of society than to debauch the currency. The process engages all the hidden forces of economic law on the side of destruction, and does it in a manner which not one man in a million is able to diagnose.*
>
> John Maynard Keynes

Im Jahr 1970 kostete die *New York Times* 15 Cents, der Median-Preis eines Einfamilienhauses betrug 23 000 Dollar, und der Durchschnittslohn im verarbeitenden Gewerbe betrug 3,35 Dollar je Stunde. Im Jahr 1990 kostete die *Times* 40 Cents, der Preis eines Hauses betrug 96 000 Dollar, und der Durchschnittslohn lag bei 10,83 Dollar je Stunde. Dieser allgemeine Anstieg der Preise wird als **Inflation** bezeichnet und ist Gegenstand des vorliegenden Kapitels.

Die Inflationsrate – die prozentuale Veränderung des Preisniveaus – variiert erheblich im Zeitverlauf und zwischen verschiedenen Ländern. In den Vereinigten Staaten stiegen die Preise in den sechziger Jahren im Durchschnitt um 2,7 Prozent, in den siebziger Jahren um 7,1 Prozent und in den achtziger Jahren um 4,9 Prozent. Gemessen an den international zu beobachtenden Inflationsraten muß man die Entwicklung in den Vereinigten Staaten als moderat bezeichnen, denn in anderen Ländern waren die Inflationsraten oft deutlich höher. So stiegen z.B. die Preise in Israel zu Beginn der achtziger Jahre jährlich um mehr als 100 Prozent. In Deutschland stiegen die Preise zwischen Dezember 1922 und Dezember 1923 im Durchschnitt um 500 Prozent je Monat.

Das Auftreten solch außergewöhnlich hoher Inflationsraten bezeichnet man als **Hyperinflation.**

Viele Menschen betrachten die Inflation als wichtiges gesellschaftliches Problem. Mit Sicherheit schenken die wirtschaftspolitischen Entscheidungsträger der Inflation große Beachtung. In den siebziger Jahren erklärte der amerikanische Präsident Gerald Ford die Inflation zum „Staatsfeind Nummer 1", und in den achtziger Jahren bezeichnete Ronald Regan die Inflation als „Steuer der übelsten Sorte". Meinungsumfragen zeigen, daß auch die Öffentlichkeit die Inflation als schädlich ansieht.

In diesem Kapitel untersuchen wir die Ursachen, Folgen und sozialen Kosten der Inflation. Weil Inflation als Wachstum des Preisniveaus definiert ist, steht am Anfang unserer Betrachtungen zur Inflation die Frage, wie Preise bestimmt werden. Als Preis bezeichnet man die Rate, zu der Geld gegen andere Waren und Dienstleistungen eingetauscht wird. Um das Wesen der Preise zu verstehen, muß man verstehen, was Geld ist – d.h. man muß wissen, was als Geld bezeichnet werden kann, wodurch das Angebot an und die Nachfrage nach Geld bestimmt werden und welche Wirkungen Geld auf die Wirtschaft ausübt. Dieses Kapitel stellt daher eine Einführung in einen Teil der Wirtschaftswissenschaften dar, der als monetäre Ökonomik bezeichnet wird.

Die "hidden forces of economic law", die zur Inflation führen, sind nicht so geheimnisvoll, wie das im Zitat am Beginn dieses Kapitels suggeriert wurde. Unsere Analyse des Inflationsphänomens beginnt in Abschnitt 6.1, in dem das ökonomische Konzept des „Geldes" diskutiert wird. Darüber hinaus gehen wir dort der Frage nach, wie die Geldbeträge, die das Publikum hält, in unserer Wirtschaft durch die Wirtschaftspolitik gesteuert werden. Abschnitt 6.2 zeigt, daß die Geldmenge die Höhe des Preisniveaus bestimmt und daß das Wachstum der Geldmenge die Höhe der Inflationsrate bestimmt.

Die Inflation übt ihrerseits vielfältige Wirkungen auf die Wirtschaft aus. In Abschnitt 6.3 werden die Einnahmen diskutiert, die die Regierung durch das Drucken von Geld erzielen kann. Diese Einnahmen werden manchmal als *Inflationssteuer* bezeichnet. Abschnitt 6.4 handelt von den Wirkungen der Inflation auf den nominalen Zinssatz. In Abschnitt 6.5 wird das Problem diskutiert, wie der nominale Zinssatz seinerseits die Geldnachfrage des Publikums beeinflußt und welche Konsequenzen sich daraus für das Preisniveau ergeben. Diese Überlegungen sind allesamt dann wichtig, wenn sich die Regierung mit der schwierigen Aufgabe konfrontiert sieht, eine Hyperinflation zu beenden.

Nachdem die Analyse von Ursachen und Wirkungen abgeschlossen ist, wird in Abschnitt 6.6 die vielleicht wichtigste Frage im Zusammenhang mit der Inflation behandelt: Stellt Inflation überhaupt ein wichtiges gesellschaftliches Problem dar? Gipfelt die Inflation wirklich in "overturning the existing basis of society?"

6.1 Was ist Geld?

Wirtschaftswissenschaftler verwenden eine ganz spezielle Definition des Begriffes **Geld**. Für einen Ökonomen stellt *Geld einen Vermögensbestand dar, der zur Durchführung von Transaktionen* verwendet wird. In erster Näherung kann man die DM-Beträge in den Händen des Publikums als Geldmenge unserer Volkswirtschaft bezeichnen.

Die Funktionen des Geldes

Geld dient drei Zwecken. Es ist ein Mittel zur **Wertaufbewahrung**, eine **Recheneinheit** und ein **Tauschmittel**.

In seiner Funktion als Wertaufbewahrungsmittel erlaubt Geld den Transfer von Kaufkraft aus der Gegenwart in die Zukunft. Jemand, der heute arbeitet und 100 DM verdient, kann diesen Betrag als Geld halten und morgen, nächste Woche oder nächsten Monat ausgeben. Allerdings ist Geld ein nur unvollkommenes Mittel zur Wertaufbewahrung: steigen die Preise, dann sinkt der reale Wert des Geldes. Trotzdem halten Leute Geld, weil sie das Geld zu einem späteren Zeitpunkt gegen Waren und Dienstleistungen eintauschen können.

Als Recheneinheit liefert das Geld die Möglichkeit, Preise auszudrücken und Schulden aufzuzeichnen. Aus der Mikroökonomik wissen wir, daß die Allokation von Ressourcen nach den relativen Preisen erfolgt, also nach den Preisen der betreffenden Güter in Relation zu den Preisen anderer Güter. In den Läden werden die Preise jedoch in D-Mark und Pfennig ausgedrückt. Ein Autohändler versieht einen Wagen mit einem Preisschild, auf dem 24.000 DM steht, nicht 400 Hemden (obwohl das auf die gleiche Sache hinauslaufen könnte). Ähnlich verlangen die meisten Schulden, daß der Schuldner zu einem vereinbarten Zeitpunkt in der Zukunft einen bestimmte DM-Betrag liefern muß, nicht eine bestimmte Menge an Gütern. Geld ist der Maßstab, mit dem wir ökonomische Transaktionen messen.

Als Tauschmittel ist Geld der Gegenstand, den wir verwenden, um Käufe und Verkäufe durchzuführen. Geld ist ein gesetzliches Zahlungsmittel. Betreten wir ein Geschäft, so sind wir überzeugt, daß der Inhaber unser Geld im Tausch gegen seine Waren annehmen wird.

Um die Funktionen des Geldes besser zu verstehen, ist es hilfreich, sich eine Wirtschaft ohne Geld, eine sogenannte Naturaltauschwirtschaft, vorzustellen. In einer solchen Wirtschaft ist eine Doppelkoinzidenz von Wünschen erforderlich – das unwahrscheinliche Ereignis, daß zwei Personen gerade die Güter erwerben wollen, die sie gegenseitig anbieten. Eine reine Naturaltauschwirtschaft läßt daher nur sehr einfache ökonomische Transaktionen zu.

Geld ermöglicht indirekte Transaktionen. Ein Professor verwendet sein Gehalt, um sich Bücher zu kaufen; der Verlag verwendet den Erlös aus dem Verkauf der Bücher, um neues Papier zu kaufen; die Papierfabrik verwendet den Erlös aus dem Papierverkauf, um Holz zu kaufen; der Holzhersteller bezahlt davon den Holzfäller; der Holzfäller muß einen Teil seines Lohnes als Einkommensteuer abführen, und der Staat bezahlt aus den Steuern das Gehalt des Professors, in dessen Vorlesung der Sohn des Holzfällers sitzt. In einer komplexen, modernen Wirtschaft vollzieht sich der Tausch von Gütern fast immer indirekt und erfordert die Verwendung von Geld.

Geldformen

Geld kann in verschiedener Gestalt auftreten. In unserer Wirtschaft führen wir Transaktionen mit einem Gegenstand durch, dessen einzige Funktion es ist, als Geld zu dienen: DM-Scheine. Diese bunten Papiere hätten einen nur geringen Wert, würden sie nicht überall als Geld akzeptiert. Geld, das keinen inneren Wert aufweist, wird als **Nominalgeld** (engl.: *fiat money*) bezeichnet, weil sein Wert durch den aufgedruckten (d.h. genannten) Betrag bestimmt wird.

Obgleich Nominalgeld in fast allen heutigen Volkswirtschaften die Norm ist, haben in der Vergangenheit die meisten Gesellschaften Waren mit einem inneren Wert als Geld verwendet. Geld dieser Art bezeichnet man daher als **Warengeld** (engl.: *commodity money*).

Gold ist das meistverbreitete Beispiel für Warengeld. Verwendet eine Volkswirtschaft Gold als Geld, sagt man, daß in dieser Wirtschaft ein **Goldstandard** gilt. Gold stellt insofern Warengeld dar, als es für eine Vielzahl unterschiedlicher Zwecke gebraucht werden kann: für Schmuck, als Zahnersatz – und natürlich für Transaktionen. Deutschland und die meisten anderen Länder folgten während des letzten Jahrhunderts im wesentlichen einem Goldstandard.

Fallstudie 6-1: Geld in einem Kriegsgefangenenlager

Eine ungewöhnliche Form von Warengeld entwickelte sich in den Kriegsgefangenenlagern während des zweiten Weltkrieges. Das Rote Kreuz versorgte die Kriegsgefangenen in diesen Lagern mit verschiedenen Gütern – Lebensmitteln, Kleidung, Zigaretten usw. Die Zuteilung der Rationen stimmte jedoch nicht immer mit den Wünschen und Bedürfnissen der Gefangenen überein, man könnte also von einer ineffizienten Allokation sprechen. Ein Gefangener mag sich Schokolade gewünscht haben, ein anderer hätte vielleicht Käse vorgezogen und ein dritter hätte ein neues Hemd gebraucht. Die unterschiedlichen Bedürfnisse und die unterschiedliche Verfügbarkeit von Gütern führte zum Handel unter den Kriegsgefangenen.

Ein reiner Gütertausch stellte jedoch einen sehr unbequemen Weg zur Allokation dieser Ressourcen dar, weil er die Doppelkoinzidenz von Wünschen erforderlich macht. Mit anderen Worten war also ein Naturaltauschsystem nicht der einfachste Weg, um sicherzustellen, daß jeder Gefangene die Güter erhielt, die er am höchsten bewertete. Selbst eine solch eingeschränkte Wirtschaft wie ein Kriegsgefangenenlager bedurfte also irgendeine Form des Geldes zur Vereinfachung der Transaktionen.

Schließlich etablierten sich Zigaretten als „Währung", in der Preise ausgedrückt wurden und mit deren Hilfe Handel stattfand. Ein Hemd kostete beispielsweise ungefähr 80 Zigaretten. Auch Löhne wurden in Zigaretten ausgedrückt: einige Gefangene boten an, die Wäsche für andere zum Preis von 2 Zigaretten pro Kleidungsstück zu waschen. Selbst Gefangene, die Nichtraucher waren, akzeptierten Zigaretten im Tausch gegen Güter, weil sie davon ausgehen konnten, diese zu einem späteren Zeitpunkt in andere Güter tauschen zu können. In den Kriegsgefangenenlagern wurden Zigaretten damit zum Wertaufbewahrungsmittel, zur Recheneinheit und zum Tauschmittel.[1]

Wie sich Nominalgeld entwickelt

Es ist nicht überraschend, daß sich irgendeine Form des Warengeldes auf natürliche Weise entwickelt, um den Tausch zu erleichtern: die Beteiligten akzeptieren Warengeld, wie z.B. Gold, weil es einen immanenten Wert aufweist. Die Entwicklung von Nominalgeld ist jedoch verblüffender. Was könnte Leute dazu veranlassen, einen Gegenstand wertzuschätzen, der keinen immanenten Wert hat?

Um zu verstehen, wie der Übergang von Waren- zu Nominalgeld verläuft, wollen wir uns eine Wirtschaft vorstellen, in der die Wirtschaftssubjekte Goldsäcke mit sich herumschleppen. Wird ein Kauf getätigt, muß der Käufer eine entsprechende Menge

---

1 R.A. Radford, "The Economic Organisation of a P.O.W. Camp", Economica (November 1945): 189-201. Die Verwendung von Zigaretten als Geld ist nicht auf dieses Beispiel beschränkt. In der ehemaligen UdSSR wurden gegen Ende der achtziger Jahre Marlboro-Päckchen auf den Schwarzmärkten häufig dem Rubel vorgezogen.

Gold abmessen. Falls der Verkäufer davon überzeugt ist, daß es mit Gewicht und Reinheit des Goldes seine Richtigkeit hat, führen Käufer und Verkäufer den Tausch durch.

Die Regierung schaltet sich zunächst dazwischen, um die Transaktionskosten zu verringern. Die Verwendung von nicht weiter bearbeitetem Gold als Zahlungsmittel ist mit hohen Kosten verbunden, weil vor jedem Tausch die Reinheit geprüft und die richtige Menge abgewogen werden muß. Um diese Kosten einzusparen, prägt der Staat Goldmünzen in bekannter Reinheit und mit bekanntem Gewicht. Die Münzen sind einfacher zu verwenden als Goldbarren, weil ihr Wert allgemein bekannt ist.

Der nächste Schritt für den Staat besteht darin, Goldzertifikate auszugeben – Papiere also, die bei der Staatsbank gegen eine bestimmte Menge Gold eingelöst werden können. Falls die Beteiligten davon überzeugt sind, daß der Staat vertrauenswürdig ist, sind diese Zertifikate genauso wertvoll wie das Gold selbst. Darüber hinaus erleichtern diese Zertifikate die Transaktionen, weil sie viel leichter sind als Gold. Schließlich trägt niemand mehr Gold mit sich herum, und die goldgedeckten Staatspapiere werden zum Geldstandard.

Schließlich wird auch noch die Notwendigkeit der Golddeckung unbedeutend. Wenn niemand mehr einen Gedanken daran verschwendet, seine Geldscheine in Gold umtauschen zu wollen, dann macht sich bald auch niemand Gedanken darüber, wenn der Staat die Möglichkeit zur Einlösung abschafft. Solange jeder weiterhin diese Zertifikate im Tausch gegen Güter akzeptiert, haben sie einen Wert und dienen als Geld. Auf diese Weise verwandelt sich also ein Warengeldsystem allmählich in ein Nominalgeldsystem.

Fallstudie 6-2: Geld auf der Insel Yap

Die Wirtschaft von Yap, einer kleinen Insel im Pazifik, hatte einst eine Form des Geldes, die zwischen Waren- und Nominalgeld angesiedelt war. Das traditionelle Tauschmittel auf Yap waren *Feis*, Steinräder mit einem Durchmesser von bis zu vier Metern. Diese Steinräder hatten in der Mitte ein Loch, so daß sie mit Hilfe von Stangen getragen und zum Tausch verwendet werden konnten.

Offensichtlich sind große Steinräder keine sehr bequeme Form des Geldes. Die Steine waren schwer; darum waren für einen neuen Eigentümer erhebliche Anstrengungen erforderlich, um den *Fei* nach erfolgtem Tausch mitzunehmen. Obwohl das monetäre System von Yap den Tausch erleichterte, waren die Transaktionskosten also sehr groß.

Wie man vielleicht erwartet hätte, wurde es zur üblichen Praxis, daß der neue Eigentümer des *Feis* sich nicht damit belastete, physischen Besitz von dem Stein

Kapitel 6   Inflation

zu ergreifen. Stattdessen akzeptierte er einen Anspruch auf den *Fei* und ließ ihn auf seinem alten Standort stehen. Bei zukünftigen Handelsgeschäften tauschte er dann diesen Anspruch gegen andere Güter, die er erwerben wollte. Der physische Besitz des Steines wurde weniger wichtig als der rechtliche Anspruch darauf.

Dieser Umgang mit den *Feis* wurde auf die Probe gestellt, als ein besonders wertvoller Stein während eines Sturms in der See verlorenging. Weil der Eigentümer dieses *Feis* sein Geld durch einen Unfall und nicht durch Leichtsinnigkeit verloren hatte, wurde allgemein beschlossen, daß sein Anspruch auf den *Fei* nach wie vor Gültigkeit haben sollte. Selbst Generationen später, als schon längst niemand mehr lebte, der den Stein mit eigenen Augen gesehen hatte, wurde der Anspruch auf diesen *Fei* immer noch als Tauschmittel akzeptiert.[2]

Wie die Geldmenge gesteuert wird

Die verfügbare Geldmenge wird als **Geldangebot** bezeichnet. In einer Volkswirtschaft, die Warengeld verwendet, stellt die vorhandene Menge dieser Ware das Geldangebot dar. In einer Ökonomie, die Nominalgeld verwendet, wie es etwa heute in der Bundesrepublik der Fall ist, kontrolliert der Staat das Geldangebot: durch Gesetze beansprucht der Staat für sich das alleinige Recht, Geldscheine zu drucken. Genau wie die Höhe der Steuern und die Höhe der Staatsausgaben Politikinstrumente des Staates darstellen, gilt dies auch für die Höhe des Geldangebots.

In der Bundesrepublik Deutschland und in vielen anderen Ländern wurde die Aufgabe der Geldmengensteuerung einer (zumindest teilweise) unabhängigen Institution übertragen, die als **Zentralbank** bezeichnet wird. Die Zentralbank der Bundesrepublik ist die Deutsche Bundesbank. Die Aufgaben der Bundesbank werden in einem eigenen Gesetz, dem Gesetz über die Deutsche Bundesbank, geregelt. Betrachtet man einen Geldschein näher, so sieht man den Aufdruck "Deutsche Bundesbank", der zeigt, daß diese Banknote von der Bundesbank herausgegeben wurde. Auf jeder Banknote finden sich Orts- und Zeitangabe sowie die Unterschrift des Bundesbankpräsidenten. Die Steuerung der Geldmenge fällt in den Aufgabenbereich der **Geldpolitik**.

Ein wichtiger und leicht nachvollziehbarer Weg, auf dem die Zentralbank die Geldmenge steuert, ist die **Offenmarktpolitik** – der An- und Verkauf von staatlichen Wertpapieren. Um das Geldangebot zu erhöhen, kauft die Zentralbank dem Publikum Staatspapiere gegen Hergabe von D-Mark ab. Dieser Ankauf erhöht die Menge an D-Mark, die umläuft. Um das Geldangebot zu verringern, verkauft die Zentralbank

---

2   Norman Angell, The Story of Money (New York, 1929), 88-89.

staatliche Wertpapiere aus ihren Beständen. Diese Offenmarktoperation entzieht dem Publikum Geld.

In Kapitel 18 wird im Detail diskutiert, wie die Zentralbank die Geldmenge steuern kann. Für unsere augenblickliche Diskussion des Geldes sind diese Details jedoch nicht von zentraler Bedeutung. Es reicht aus, anzunehmen, daß die Zentralbank das Geldangebot direkt steuern kann.

Wie die Geldmenge gemessen wird

Eines der Ziele dieses Kapitels ist es, herauszufinden, wie die Geldmenge das wirtschaftliche Geschehen beeinflußt. Diesem Problem werden wir uns im nächsten Abschnitt zuwenden. Um die dortigen Überlegungen auf ein solides Fundament zu stellen, wollen wir zunächst erörtern, wie Ökonomen die Geldmenge messen, die innerhalb einer Wirtschaft umläuft.

Weil Geld der Bestand an Vermögensobjekten ist, der zur Durchführung von Transaktionen verwendet wird, ist die Geldmenge schlicht die Gesamtmenge dieser Bestände. In einfach strukturierten Ökonomien läßt sich diese Menge leicht erfassen. So ist beispielsweise in dem Kriegsgefangenenlager, über das wir weiter oben sprachen, die Geldmenge die Menge an Zigaretten, die sich in diesem Lager befindet. Wie kann man aber die Geldmenge in einer komplexeren Wirtschaft, so wie unserer, erfassen? Die Antwort auf diese Frage liegt nicht ohne weiteres auf der Hand, weil es kein einzelnes Vermögensobjekt gibt, das für alle Transaktionen verwendet wird. Stattdessen werden verschiedene Vermögensobjekte verwendet, obgleich einige für die Durchführung von Transaktionen bequemer sind als andere. Diese Mehrdeutigkeit führt zu verschiedenen Maßen für die Geldmenge.

Das offensichtlichste Vermögensobjekt, das Anspruch darauf erheben darf, zur Geldmenge gezählt zu werden, ist **Bargeld**, also die Summe von Banknoten und Münzen in den Händen des Publikums. Bei den allermeisten täglichen Geschäften wird Bargeld als Tauschmittel verwendet.

Eine zweite Art von Vermögensobjekt, das für Transaktionen benutzt wird, sind die **Sichteinlagen**, d.h. die Beträge, die die Individuen auf ihren Girokonten halten. Wenn die meisten Verkäufer Schecks als Zahlungsmittel annehmen, dann ist das Halten von Vermögen auf Girokonten im Prinzip genauso bequem wie das Halten von Bargeld. In beiden Fällen haben die Vermögensobjekte eine Form, die es erlaubt, damit Transaktionen durchzuführen. Sichteinlagen werden daher gewöhnlich zu den Bargeldbeständen hinzugezählt, wenn man die Geldmenge erfassen will.

Folgt man der Logik, mit der wir die Bestände an Sichteinlagen in die Geldmenge aufgenommen haben, tauchen eine Reihe anderer Kandidaten auf, die ebenfalls für eine Einbeziehung in Betracht kommen. So können beispielsweise die Beträge, die auf Sparbüchern angelegt sind, ohne große Schwierigkeiten auf Girokonten transferiert oder in Bargeld umgewandelt werden. Diese Art von Vermögensobjekt ist daher beinahe ebenso geeignet für die Durchführung von Transaktionen. Ähnliches gilt für die sogenannten Termineinlagen, also Beträge, die für eine gewisse Zeit auf einem Termingeldkonto verzinslich angelegt sind. Erfolgt die Terminierung kurzfristig, können auch Vermögensobjekte dieser Art zur Durchführung von Transaktionen herangezogen werden. Wenn sämtliche dieser Vermögensgegenstände aber relativ einfach für Transaktionen verwendet werden können, dann gibt es gute Gründe, sie in die Geldmenge einzubeziehen.

Weil nicht klar ist, welche Vermögensgegenstände genau mit der Geldmenge erfaßt werden sollten, werden in der Realität üblicherweise verschieden Maße ausgewiesen. Tabelle 6-1 zeigt vier Maße für die Geldmenge, die von der Bundesbank ausgewiesen werden. Von der engsten Abgrenzung ausgehend und in aufsteigender Reihenfolge sortiert, handelt es sich um C, $M1$, $M2$ und $M3$. In den USA werden zur Analyse der Geldwirkungen auf die Wirtschaft üblicherweise die Abgrenzungen $M1$ und $M2$ verwendet. Die Bundesbank orientiert sich an der Geldmenge $M3$. Es gibt jedoch keinen Konsens darüber, welches Maß das "richtige" ist. Uneinigkeiten hinsichtlich der Beurteilung der Geldpolitik ergeben sich manchmal daraus, daß unterschiedlich abgegrenzte Geldmengen sich in unterschiedliche Richtungen bewegen können. Glücklicherweise entwickeln sich die verschiedenen Geldmengenkonzepte jedoch meist in die gleiche Richtung und weisen übereinstimmend darauf hin, ob die Geldmenge schnell oder langsam wächst.

Tabelle 6-1 **Geldmengenkonzepte**

Symbol	Eingeschlossene Vermögensobjekte	Volumen im März 1993 (Mio. DM)
C	Bargeldumlauf	146.921
$M1$	Bargeldumlauf + Sichteinlagen von Nichtbanken in der Bundesrepublik Deutschland	450.746
$M2$	$M1$ + Termingelder von Nichtbanken in der Bundesrepublik Deutschland mit Befristung bis unter 4 Jahren	776.561
$M3$	$M2$ + Spareinlagen von Nichtbanken in der Bundesrepublik Deutschland mit gesetzlicher Kündigungsfrist	1.255.627

Quelle: Monatsberichte der Deutschen Bundesbank.

6.2 Die Quantitätstheorie des Geldes

Nachdem wir definiert haben, was Geld ist, und überlegt haben, wie die Geldmenge gesteuert wird, können wir nun analysieren, welche Wirkungen die Geldmenge auf die Wirtschaft hat. Zu diesem Zweck muß geprüft werden, in welcher Beziehung die Geldmenge mit anderen ökonomischen Variablen steht.

Transaktionen und die Quantitätsgleichung

Geld wird gehalten, damit Transaktionen durchgeführt werden können. Je mehr Geld für Transaktionen benötigt wird, desto mehr Geld wird gehalten. Die Geldmenge einer Wirtschaft steht daher in enger Beziehung zu der Anzahl der D-Mark, die in Transaktionen getauscht wird.

Die Verbindung zwischen Transaktionen und Geld wird durch folgenden Gleichung ausgedrückt, die **Quantitätsgleichung** genannt wird:

$$\text{Geld} \times \text{Umlaufgeschwindigkeit} = \text{Preis} \times \text{Transaktionen.}$$
$$M \times V = P \times T.$$

Im folgenden wird jede einzelne der vier Variablen dieser Gleichung näher betrachtet.

Die rechte Seite der Quantitätsgleichung liefert eine Aussage über die Transaktionen. T symbolisiert die gesamte Anzahl an Transaktionen in einer bestimmten Periode, also beispielsweise innerhalb eines Jahres. Anders ausgedrückt bezeichnet T die Häufigkeit, mit der jeweils zwei Wirtschaftssubjekte innerhalb eines Jahres Waren und Dienstleistungen gegen Geld tauschen. P ist der Preis einer typischen Transaktion – die Anzahl an D-Mark, die bei jeder Transaktion im Durchschnitt getauscht wird. Das Produkt aus Preis pro Transaktion und Anzahl der Transaktionen ($P \times T$) entspricht der Anzahl von D-Mark, die in einem Jahr getauscht wird.

Die linke Seite der Quantitätsgleichung gibt Auskunft über das Geld, das bei der Durchführung der Transaktionen verwendet wurde. M symbolisiert die Geldmenge. V wird als **Transaktionsgeschwindigkeit des Geldes** bezeichnet und mißt das Tempo, mit dem das Geld in der Wirtschaft zirkuliert. Die Transaktionsgeschwindigkeit gibt an, wie häufig eine D-Mark in einer bestimmten Periode durchschnittlich von einer Hand in die andere wandert.

Als Beispiel sei angenommen, daß in einer Wirtschaft 60 Laibe Brot in einem bestimmten Jahr zu einem Preis von 0,50 DM pro Laib verkauft wurden. Dann ist T

gleich 60 Laibe pro Jahr und *P* ist gleich 0,50 DM pro Laib. Die Gesamtsumme an D-Mark, die getauscht wurde, beträgt

$$PT = 60 \text{ Laibe/Jahr} \times 0{,}50 \text{ DM/Laib} = 30{,}00 \text{ DM/Jahr}.$$

Die rechte Seite der Quantitätsgleichung hat also eine Höhe von 30 DM pro Jahr, was dem D-Mark-Wert aller Transaktionen entspricht.

Es sei nun weiter angenommen, daß die Geldmenge der betrachteten Wirtschaft 10 DM betrage. Die Transaktionsgeschwindigkeit läßt sich dann folgendermaßen berechnen:

$$V = P \times \frac{T}{M}$$

$$= \frac{30 \text{ DM/Jahr}}{10 \text{ DM}}$$

$$= 3 \text{ mal pro Jahr}.$$

Damit also bei einer Geldmenge von 10 DM Transaktionen im Wert von 30 DM pro Jahr abgewickelt werden können, muß jede D-Mark der Geldmenge im Durchschnitt 3 mal pro Jahr den Besitzer wechseln.

Die Quantitätsgleichung ist lediglich eine *Identität*: sie muß aufgrund der Definition der Variablen immer erfüllt sein. Sie ist dennoch nützlich, denn sie zeigt, daß sich bei Veränderung einer Variablen eine oder mehrere der übrigen Variablen ebenfalls ändern müssen. Nimmt beispielsweise die Geldmenge zu und bleibt die Geschwindigkeit des Geldes konstant, dann muß entweder der Preis oder die Anzahl der Transaktionen steigen.

Von den Transaktionen zum Einkommen

Ökonomen verwenden üblicherweise eine leicht veränderte Version der Quantitätsgleichung. Das Problem, das bei Verwendung der gerade eingeführten Version der Quantitätsgleichung auftaucht, besteht darin, daß es kaum möglich ist, die Anzahl der Transaktionen zu erfassen. Um dieser Schwierigkeit aus dem Wege zu gehen, wird die Anzahl der Transaktionen (*T*) durch die Gesamtproduktion (*Y*) ersetzt.

Transaktionen und Output sind eng miteinander verwandt, denn je mehr die Volkswirtschaft produziert, desto mehr Waren und Dienstleistungen werden ge- und verkauft. Output und Transaktionen sind jedoch nicht dasselbe. Verkauft beispielsweise jemand einer anderen Person ein gebrauchtes Auto, dann wird eine Transaktion durchgeführt, bei der Geld gebraucht wird, obwohl der Gebrauchtwagen kein Bestandteil des laufenden Outputs ist. Nichtsdestoweniger ist der DM-Wert der Transaktionen ungefähr proportional zum DM-Wert des Outputs.

Bezeichnet man das Produktionsvolumen mit Y und den Preis einer Output-Einheit mit P, dann ist der DM-Wert der Produktion $P \times Y$. Empirische Maße für diese Größen wurden bei der einführenden Diskussion der Volkswirtschaftlichen Gesamtrechnung in Kapitel 2 behandelt: Y entspricht dem realen BSP, P dem BSP-Deflator und $P \times Y$ dem nominalen BSP. Die Quantitätsgleichung läßt sich nunmehr schreiben als

$$\text{Geld} \times \text{Umlaufgeschwindigkeit} = \text{Preis} \times \text{Output}.$$
$$M \times V = P \times Y.$$

Weil Y gleichzeitig das Gesamteinkommen darstellt, wird V in dieser Version der Quantitätsgleichung als **Einkommenskreislaufgeschwindigkeit des Geldes** bezeichnet. Die Einkommenskreislaufgeschwindigkeit des Geldes besagt, wie oft eine D-Mark durchschnittlich zur Zahlung des Einkommens an irgendeine Person innerhalb eines bestimmten Zeitraums verwendet wird. Diese Version der Quantitätsgleichung ist die gebräuchliche, und auch wir wollen uns von nun an bei unseren Überlegungen auf sie beziehen.

Geldnachfragefunktion und Quantitätsgleichung

Bei der Analyse der Wirkungen, die das Geld in der Wirtschaft aufweist, ist es oft sinnvoll, die Geldmenge in der Menge der Güter auszudrücken, die damit gekauft werden kann. Diese Menge ist M/P und wird **Realkasse** genannt.

Als **Geldnachfragefunktion** bezeichnet man eine Gleichung, die zeigt, welche Determinanten die Höhe der Realkasse bestimmen, die die Wirtschaftssubjekte zu halten wünschen. Eine einfache Geldnachfragefunktion ist

$$(M/P)^d = kY.$$

In diesem Ausdruck ist k eine positive Konstante. Die Gleichung besagt, daß die nachgefragte Höhe der Realkasse proportional zum Einkommen ist.

Die Geldnachfragefunktion kann man analog zu der Nachfragefunktion für irgendein anderes Gut betrachten. Hier besteht das „Gut" in den Vorteilen, die die Haltung von Realkasse mit sich bringt. Genau wie der Besitz eines Autos das Reisen erleichtert,

Kapitel 6   Inflation

erleichtert die Geldhaltung die Durchführung von Transaktionen. Genau wie ein größeres Gesamteinkommen zu einer höheren Nachfrage nach Autos führt, führt daher ein größeres Gesamteinkommen auch zu einer höheren Nachfrage nach realer Kassenhaltung.

Aus der obigen Geldnachfragefunktion läßt sich die Quantitätsgleichung ableiten. Dazu wird noch die zusätzliche Annahme benötigt, daß die Nachfrage nach Realkasse $(M/P)^d$ mit dem Angebot M/P übereinstimmt. Dann gilt:

$$M/P = kY.$$

Einfache Umordnung der einzelnen Terme liefert

$$M(1/k) = PY,$$

was als

$$MV = PY$$

geschrieben werden kann. In dieser Gleichung gilt, daß $V = 1/k$. Wenn wir die Quantitätsgleichung verwenden, nehmen wir an, daß das Angebot an Realkasse mit der Nachfrage übereinstimmt und daß die Nachfrage proportional zum Einkommen ist.

Die Annahme einer konstanten Umlaufgeschwindigkeit

Man kann die Quantitätsgleichung als Beziehung betrachten, die lediglich die Umlaufgeschwindigkeit als Verhältnis von nominalen BSP zur Geldmenge definiert. Man kann die Quantitätsgleichung aber auch in eine nützliche Theorie transformieren, indem zusätzlich angenommen wird, daß die Umlaufgeschwindigkeit konstant ist. Diese Theorie heißt **Quantitätstheorie des Geldes** oder kurz Quantitätstheorie.

Wie viele andere Annahmen, die in den Wirtschaftswissenschaften getroffen werden, läßt sich die Annahme einer konstanten Umlaufgeschwindigkeit nur als Näherung rechtfertigen. Die Umlaufgeschwindigkeit ändert sich, wenn sich die Geldnachfragefunktion ändert. So erlaubt beispielsweise die Einführung von Geldautomaten den Wirtschaftseinheiten die Reduzierung ihrer durchschnittlichen Kassenhaltung, was sich in einer Verringerung des Kassenhaltungskoeffizienten k niederschlägt. Durch die Einführung der Geldautomaten steigt die Rate, mit der das Geld in der Wirtschaft zirkuliert, d.h. die Umlaufgeschwindigkeit V erhöht sich. Obwohl die Umlaufgeschwindigkeit also nicht immer konstant ist, hat sich doch gezeigt, daß die Annahme einer konstanten Umlaufgeschwindigkeit in vielen Fällen eine gute Näherung darstellt. Wir wollen daher im folgenden davon ausgehen, daß die Umlaufgeschwindigkeit konstant ist und überlegen, welche Konsequenzen für die Wirkungen des Geldangebots auf die Wirtschaft sich aus dieser Annahme ergeben.

Nimmt man an, daß die Umlaufgeschwindigkeit konstant ist, dann wird aus der Quantitätsgleichung eine Theorie des Nominaleinkommens. Die Quantitätstheorie besagt:

$$M\overline{V} = PY.$$

Der Strich über dem V soll die Konstanz der Umlaufgeschwindigkeit symbolisieren. Eine Veränderung der Geldmenge (M) muß zu einer proportionalen Veränderung des nominalen BSP (PY) führen. Die Geldmenge bestimmt also den nominalen Wert des Outputs einer Volkswirtschaft.

Geld, Preise und Inflation

Damit sind die Elemente einer Theorie zusammengestellt, die uns bei der Erklärung helfen kann, in welcher Weise das gesamtwirtschaftliche Preisniveau bestimmt wird.

1. Die Produktionsfaktoren und die Produktionsfunktion bestimmen das Produktionsniveau Y. Wir greifen bei dieser Aussage auf unsere Überlegungen in Kapitel 3 zurück.

2. Das Geldangebot bestimmt den nominalen Wert der Produktion PY. Diese Aussage folgt aus der Quantitätsgleichung und der Annahme einer konstanten Umlaufgeschwindigkeit.

3. Das Preisniveau P ergibt sich dann als Verhältnis aus nominalem Produktionswert PY und Produktionsniveau Y.

Die Produktionsmöglichkeiten der Volkswirtschaft bestimmen also das reale BSP, die Geldmenge bestimmt das nominale BSP, und der BSP-Deflator ergibt sich als Verhältnis aus nominalem und realem BSP.

Diese Theorie liefert eine Erklärung dafür, was geschieht, wenn die Zentralbank das Geldangebot verändert. Weil die Umlaufgeschwindigkeit konstant ist, führt jede Veränderung des Geldangebots zu einer proportionalen Veränderung des nominalen BSP.

Weil die Produktionsfaktoren und die Produktionsfunktion das reale BSP schon bestimmt haben, muß die Veränderung des nominalen BSP eine Veränderung des Preisniveaus repräsentieren. Die Quantitätstheorie impliziert also, daß sich das Preisniveau proportional zum Geldangebot entwickelt.

Da die Inflationsrate als prozentuale Änderung des Preisniveaus definiert ist, stellt diese Theorie des Preisniveaus gleichzeitig eine Theorie der Inflationsrate dar. Formuliert man die Quantitätsgleichung für prozentuale Änderungen, ergibt sich:

% Änderung von M + % Änderung von V = % Änderung von P + % Änderung von Y.

Wir wollen nun die Summanden der Reihe nach betrachten. Erstens: Die prozentuale Änderung der Geldmenge wird durch die Zentralbank kontrolliert. Zweitens: Die prozentuale Änderung der Umlaufgeschwindigkeit spiegelt Verschiebungen in der Geldnachfrage wider. Weil Konstanz der Umlaufgeschwindigkeit angenommen wurde, ist die prozentuale Änderung der Umlaufgeschwindigkeit gleich null. Drittens: Die prozentuale Veränderung des Preisniveaus ist die Inflationsrate, also die Größe, die wir erklären wollen. Viertens: Die prozentuale Änderung der Produktion hängt vom Wachstum der Produktionsfaktoren und vom technologischen Fortschritt ab. Das Wachstum des Outputs kann als konstant angesehen werden. Unsere Analyse zeigt, daß – mit Ausnahme einer Konstanten, die vom exogenen Wachstum der Produktion abhängt – die Inflationsrate durch das Wachstum der Geldmenge bestimmt wird.

Die Quantitätstheorie des Geldes führt also zu der Behauptung, daß die Zentralbank, die das Geldangebot steuert, letztlich auch die Inflationsrate steuert. Hält die Zentralbank das Geldangebot stabil, bleibt auch das Preisniveau stabil. Weitet die Zentralbank das Geldangebot stark aus, erhöht sich auch das Preisniveau schnell.

Zusatzinformation: Produkte und prozentuale Änderungen

Wenn man mit der Quantitätsgleichung oder mit anderen ökonomischen Beziehungen arbeitet, sollte man sich folgenden arithmetischen Zusammenhang merken. *Die prozentuale Änderung eines Produkts aus zwei Variablen ist ungefähr gleich der Summe der prozentualen Änderungen jeder einzelnen Variablen.* Daher konnten wir die Quantitätsgleichung in prozentualen Änderungsraten so aufschreiben, wie wir es getan haben.

Wir wollen noch ein zweites Beispiel betrachten, das sich auf den Zusammenhang von BSP-Deflator (P), realem BSP (Y) und nominalem BSP ($P \times Y$) bezieht. Es gilt:

% Änderung von $(P \times Y) \approx$ (% Änderung von P) + (% Änderung von Y).

Als Beispiel sei angenommen, daß im ersten Jahr das reale BSP einen Wert von 100 hat, der BSP-Deflator ist 2. Im nächsten Jahr hat das reale BSP einen Wert von 103 und der BSP-Deflator einen Wert von 2,1. Aus diesen Zahlen ergibt sich, daß das reale Sozialprodukt um 3 Prozent und der BSP-Deflator um 5 Prozent gestiegen ist. Das nominale BSP erhöhte sich von 200 im ersten auf 216,3 im zweiten Jahr, was einem prozentualen Anstieg von 8,15 Prozent entspricht. Das Wachstum des nominalen BSP (8,15 Prozent) ist also ungefähr gleich der Summe aus dem Wachstum des BSP-Deflators (5 Prozent) und dem Wachstum des realen BSP (3 Prozent).

Fallstudie 6-3: Geldmengenwachstum und Inflation über ein Jahrhundert

Milton Friedman, der lange Zeit Professor an der University of Chicago war und der im Jahr 1976 mit dem Nobelpreis für Wirtschaftswissenschaften ausgezeichnet wurde, sagte einmal: „Inflation ist immer und überall ein monetäres Phänomen". Die Quantitätstheorie des Geldes unterstützt diese Behauptung, daß das Geldmengenwachstum der wichtigste Bestimmungsgrund für die Inflationsrate ist. Friedmans Behauptung war jedoch empirischer, nicht theoretischer Natur. Um seine Behauptung bewerten und die Überzeugungskraft unserer Theorie überprüfen zu können, ist es erforderlich, sich die empirischen Daten für Geldmenge und Preise anzusehen.

Friedman schrieb zusammen mit seiner Kollegin Anna Schwartz zwei Abhandlungen über die monetäre Geschichte der Vereinigten Staaten, die die Ursachen und Wirkungen von Änderungen der Geldmenge über einen Zeitraum von 100 Jahren dokumentieren.[3] In Abbildung 6-1 wurden einige ihrer Daten verwendet und die durchschnittliche Wachstumsrate der Geldmenge mit der durchschnittlichen Inflationsrate jeweils für eine Dekade ab 1870 in Beziehung gesetzt.

Würde man anstelle der durchschnittlichen Veränderungen im 10-Jahresabstand die Veränderungen im Monatsabstand betrachten, dann wäre der Zusammenhang zwischen beiden Variablen nicht so deutlich zu erkennen. Die Quantitätstheorie ist als Inflationstheorie eher für langfristige Überlegungen geeignet. Die kurzfristigen

---

3   Milton Friedman und Anna J. Schwartz, A Monetary History of the United States, 1867-1960 (Princeton, N.J., 1963); Milton Friedman und Anna J. Schwartz, Monetary Trends in the United States and the United Kingdom: Their Relation to Income, Prices, and Interest Rates, 1867-1975 (Chicago, 1982).

Wirkungen einer Geldmengenänderung werden wir im Zusammenhang mit dem Problem wirtschaftlicher Schwankungen in Kapitel 8 näher analysieren.

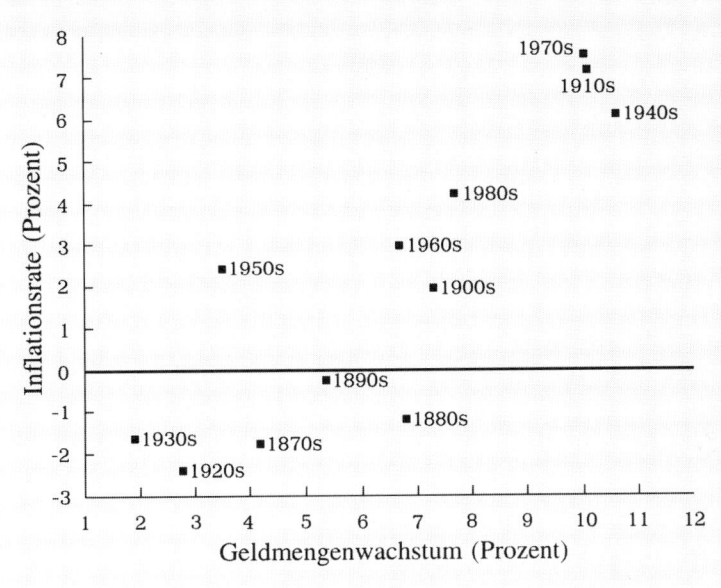

Abbildung 6-1: **Geldmengenwachstum und Inflation in den Vereinigten Staaten in den Dekaden ab 1870.** In diesem Streudiagramm sind Geldmengenwachstum und Inflationsrate gegenübergestellt. Jeder Punkt repräsentiert eine Dekade. An der Abszisse ist die Wachstumsrate der Geldmenge (gemessen durch $M2$) im 10-Jahresdurchschnitt abgetragen. Die Inflationsrate im 10-Jahresdurchschnitt ist an der Ordinate dargestellt. Der positive Zusammenhang zwischen Geldmengenwachstum und Inflationsrate unterstützt die Folgerung, daß hohes Geldmengenwachstum zu hohen Inflationsraten führt.
Quellen: Für die Daten bis einschließlich der sechziger Jahre: Milton Friedman and Anna J. Schwartz, Monetary Trends in the United States and the United Kingdom: Their Relation to Income, Prices, and Interest Rates 1867-1975 (Chicago, 1982). Für die jüngeren Daten: U.S. Department of Commerce, Federal Reserve Board. Die Daten bestätigen den Zusammenhang zwischen Wachstum der Geldmenge und Inflation. Dekaden mit einem hohen Geldmengenwachstum weisen tendenziell auch hohe Inflationsraten auf, Dekaden mit einem geringen Geldmengenwachstum niedrige.

6.3 Seigniorage: Der Ertrag aus dem Drucken von Geld

Der Staat kann seine Ausgaben auf drei Wegen finanzieren: Erstens kann er Einnahmen durch die Erhebung von Steuern erzielen, beispielsweise Einkommensteuer und Mehrwertsteuer. Zweitens kann der Staat Kredite beim Publikum aufnehmen. Drittens kann er ganz einfach Geld drucken.

Die Einnahmen, die der Staat durch das Drucken von Geld erzielt, werden oft als **Seigniorage** bezeichnet. Der anglo-amerikanische Ausdruck Seigniorage kommt von dem französischen Wort "seigneur", das einen Fürsten bezeichnet. Im Mittelalter lag das ausschließliche Recht der Münzprägung beim Fürsten, und mit Seigniorage war ursprünglich der Gewinn aus der Prägung von Münzen gemeint. Heute liegt dieses Recht beim Staat und ist eine seiner Quellen für Einnahmen.

Wenn der Staat Geld druckt, um seine Ausgaben zu finanzieren, dann erhöht sich die Geldmenge. Aus den bereits diskutierten Gründen führt diese Ausdehnung des Geldangebots zu Inflation. Deshalb wirkt die Erzielung von Einnahmen durch das Drucken von Geld wie die Erhebung einer *Inflationssteuer*.

Auf den ersten Blick mag es nicht offensichtlich sein, daß die Inflation als Steuer betrachtet werden kann. Schließlich erhält niemand einen Steuerbescheid – der Staat druckt lediglich das Geld, das er benötigt. Wer bezahlt dann diese Inflationssteuer? Die Antwort lautet: diejenigen, die Geld halten. Mit dem Steigen der Preise geht der reale Wert der DM-Beträge zurück, die sich in Brieftaschen und Portemonnaies befinden. Wenn der Staat für sich neues Geld druckt, verringert sich der Wert des alten Geldes, das in den Händen des Publikums ist. Die Inflation stellt daher eine Steuer auf das Halten von Geld dar.

Das Aufkommen dieser Steuer, das durch das Drucken von Geld erzielt wird, variiert deutlich von Land zu Land. In den Vereinigten Staaten ist es sehr klein gewesen: Seigniorage machte weniger als 3 Prozent der staatlichen Einkünfte aus. In Italien und in Griechenland lagen die Einnahmen aus Seigniorage bei 10 Prozent der gesamten Staatseinnahmen.[4] In Ländern, die eine Hyperinflation erleben, ist Seigniorage häufig die Haupteinnahmequelle des Staates – die Notwendigkeit, zur Finanzierung der Ausgaben Geld zu drucken, ist eine wesentliche Ursache für Hyperinflationen.

Fallstudie 6-4: Finanzierung der Amerikanischen Revolution

Seigniorage stellte in der jüngeren amerikanischen Geschichte keine wichtige Einnahmenquelle für den Staat dar, aber vor zwei Jahrhunderten war das noch ganz anders. Ab 1775 mußte der Kontinentalkongreß einen Weg finden, um die Revolution zu finanzieren, seine Möglichkeiten, Einnahmen durch die Erhebung von Steuern zu erzielen, waren jedoch sehr begrenzt. Der Kontinentalkongreß stützte sich daher im wesentlichen auf das Drucken von Nominalgeld, um die Kriegsausgaben bestreiten zu können.

---

4 Stanley Fischer, "Seigniorage and the Case for a National Money", Journal of Political Economy 90 (April 1982): 295-313.

Die Bedeutung von Seigniorage für den Kontinentalkongreß nahm im Laufe der Zeit immer mehr zu. Im Jahr 1775 betrug die Schöpfung neuen Kontinentalgeldes ungefähr 6 Mio. Dollar. Dieser Betrag wuchs 1776 auf 19 Mio. Dollar, 1777 auf 13 Mio. Dollar, 1778 auf 63,4 Mio. Dollar und 1779 auf 124,8 Mio. Dollar. Es kann nicht überraschen, daß dieses schnelle Wachstum des Geldangebots zu einer massiven Inflation führte. Am Ende des Krieges war der Preis des Goldes gemessen in Kontinental-Dollar auf mehr als das Hundertfache des Niveaus geklettert, das wenige Jahre zuvor geherrscht hatte. Die große Geldmenge entwertete den Kontinental-Dollar nahezu vollkommen. Bis in die heutige Zeit haben sich die Wirkungen dieser Inflationsphase in den USA im Wortschatz niedergeschlagen: Der Ausdruck "not worth a continental" bedeutet, daß ein Gegenstand wenig realen Wert hat.

6.4 Inflation und Zinssätze

Bislang haben wir die Verbindung zwischen dem Wachstum der Geldmenge und der Inflationsrate untersucht. Nun wenden wir uns der Verbindung zwischen Inflationsrate und Zinssätzen zu.

Realer und nominaler Zinssatz

Angenommen, jemand legt seine Ersparnisse auf einem Bankkonto an und erhält 8 Prozent Zinsen im Jahr. Im nächsten Jahr hebt er seine Einlage und die aufgelaufenen Zinsen ab. Ist der Betreffende um 8 Prozent reicher als im Jahr zuvor, als er seine Ersparnis anlegte?

Die Antwort hängt davon ab, was man unter „reicher" versteht. Gewiß, der DM-Betrag hat sich um 8 Prozent erhöht. Wenn aber die Preise zwischenzeitlich gestiegen sind, mit jeder D-Mark also weniger Güter gekauft werden können, dann ist die Kaufkraft nicht um 8 Prozent gestiegen. Falls die Inflationsrate 5 Prozent betrug, dann hat sich der Güterberg, der gekauft werden kann, nur um 3 Prozent erhöht, und falls die Inflationsrate 10 Prozent betrug, dann ist die Kaufkraft sogar um 2 Prozent gesunken.

Ökonomen bezeichnen den Zinssatz, den die Bank bezahlt, als **Nominalzinssatz**. Die Zunahme der Kaufkraft wird dagegen durch den **Realzinssatz** beschrieben. Bezeichnet man mit i den Nominalzinssatz, mit r den Realzinssatz und mit π die Inflationsrate, dann kann die zwischen diesen Größen bestehende Beziehung durch folgende Gleichung ausgedrückt werden:

$$r = i - \pi.$$

Der Realzinssatz ist die Differenz zwischen Nominalzinssatz und Inflationsrate.

Der Fisher-Effekt

Geht man von der Definitionsgleichung für den Realzinssatz aus, kann man nach Umformung erkennen, daß der Nominalzinssatz die Summe aus Realzinssatz und Inflationsrate ist:

$$i = r + \pi.$$

In dieser Form wird die Gleichung als **Fisher-Gleichung** bezeichnet – nach dem amerikanischen Wirtschaftswissenschaftler Irving Fisher (1867 - 1947). Sie zeigt, daß sich der Nominalzinssatz aus zwei Gründen ändern kann: entweder weil sich der Realzinssatz ändert oder weil sich die Inflationsrate ändert.

Hat man einmal die Unterteilung des Nominalzinssatzes in diese beiden Komponenten vorgenommen, ergibt sich eine Theorie des Nominalzinssatzes. Aus Kapitel 3 wissen wir, daß sich der Realzinssatz auf ein Niveau zubewegt, bei dem Ersparnis und Investitionen gleich sind. Dieses Kapitel hat gezeigt, daß die Wachstumsrate der Geldmenge die Inflationsrate bestimmt. Die Fisher-Gleichung besagt nun, daß wir den realen Zinssatz und die Inflationsrate addieren müssen, um den nominalen Zinssatz zu bestimmen.

Quantitätstheorie und Fisher-Gleichung zusammen zeigen die Wirkung des Geldmengenwachstums auf den Nominalzinssatz. *Der Quantitätstheorie zufolge führt eine Zunahme des Geldmengenwachstums um einen Prozentpunkt zu einer Zunahme der Inflationsrate um einen Prozentpunkt. Der Fisher-Gleichung zufolge führt diese Zunahme der Inflationsrate ihrerseits zu einer Erhöhung des Nominalzinssatzes um einen Prozentpunkt.* Diese Eins-zu-Eins-Beziehung zwischen Inflationsrate und Nominalzinssatz wird **Fisher-Effekt** genannt.

Kapitel 6   Inflation   209

Fallstudie 6-5: Inflation und Nominalzinssätze

Abbildung 6-2 zeigt den Nominalzinssatz und die Inflationsrate in den Vereinigten Staaten seit 1952. Es ist offensichtlich, daß Jahre mit einer hohen Inflationsrate tendenziell auch einen hohen Nominalzinssatz aufweisen. Die Verbindung zwischen Inflation und Zinssatz ist den Investment-Firmen in der Wall Street wohlbekannt – viele von ihnen beschäftigen „Fed watchers", deren Aufgabe darin besteht, die Geldpolitik sorgfältig zu beobachten und auf Nachrichten bezüglich der Inflationsrate zu achten, damit Veränderungen des Zinssatzes antizipiert werden können.

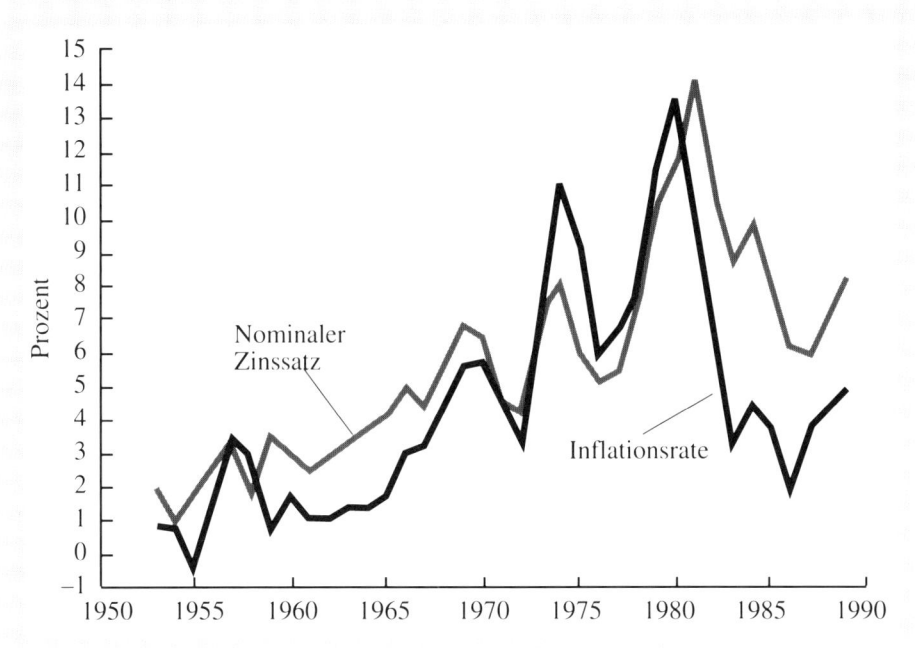

Abbildung 6-2: **Inflation und Nominalzinssatz.** Diese Abbildung stellt den Nominalzinssatz (den Ertrag von 3-monatigen Treasury bills) und die Inflationsrate (prozentuale Veränderung des CPI - Consumer Price Index) dar. Der Fisher-Effekt ist deutlich erkennbar – höhere Inflationsraten führen zu höheren Nominalzinssätzen.
Quelle: Department of Treasury, Department of Labor.

Abbildung 6-2 zeigt auch, daß die Inflationsrate nicht die einzige Determinante des Nominalzinssatzes ist – auch der Realzinssatz ändert sich. Weil der Realzinssatz die Differenz zwischen Nominalzinssatz und Inflationsrate ist, wird der Realzinssatz in dieser Abbildung durch den vertikalen Abstand zwischen beiden Kurven dargestellt. Es läßt sich beispielsweise erkennen, daß der Realzinssatz in den siebziger Jahren gering (teilweise sogar negativ) und in den achtziger Jahren hoch war. In Kapitel 3 hatten wir überlegt, daß die hohen Realzinssätze in den 1980er Jahren gewöhnlich auf die großen Defizite des Bundeshaushalts der Vereinigten Staaten zurückgeführt werden, durch die sich die inländische Ersparnis verringerte.

Zwei Realzinssätze: ex-ante und ex-post

Wenn sich Gläubiger und Schuldner auf einen Nominalzinssatz einigen, wissen sie nicht, wie sich die Inflationsrate während der Laufzeit der Schuld entwickeln wird. Daher sind zwei Konzepte des Realzinssatzes von Bedeutung: der Realzinssatz, den Gläubiger und Schuldner zum Zeitpunkt des Vertragsabschlusses erwarten und der Realzinssatz, der sich dann tatsächlich einstellt. Im ersten Fall spricht man vom **ex-ante Realzinssatz**, im zweiten vom **ex-post Realzinssatz**.

Obwohl die Wirtschaftseinheiten die zukünftige Inflationsrate nicht mit Sicherheit kennen, haben sie doch bestimmte Erwartungen hinsichtlich der Inflationsrate. Wir wollen die tatsächliche zukünftige Inflationsrate mit π und die erwartete zukünftige Inflationsrate mit π^e bezeichnen. Der ex-ante Realzinssatz ist dann $i - \pi^e$, und der ex-post Realzinssatz ist $i-\pi$. Die beiden Realzinssätze weichen voneinander ab, wenn sich die tatsächliche Inflationsrate π von der erwarteten Inflationsrate π^e unterscheidet.

Wie beeinflußt diese Unterscheidung zwischen tatsächlicher und erwarteter Inflationsrate den Fisher-Effekt? Offensichtlich kann sich der Nominalzinssatz nicht an die tatsächliche Inflationsrate anpassen, weil die tatsächliche Inflationsrate zum Zeitpunkt der Vereinbarung des Nominalzinssatzes nicht bekannt ist. Der Nominalzinssatz kann sich nur an die erwartete Inflationsrate anpassen. Präziser formuliert lautet der Fisher-Effekt daher:

$$i = r + \pi^e.$$

Der ex-ante Realzinssatz r wird durch das Gleichgewicht auf dem Gütermarkt bestimmt. Der Nominalzinssatz i bewegt sich im Verhältnis eins zu eins mit den Veränderungen der erwarteten Inflationsrate π^e.

Fallstudie 6-6: Nominalzinssätze im 19. Jahrhundert

Obwohl jüngere Daten eine positive Beziehung zwischen Nominalzinssatz und Inflationsrate zeigen, gilt diese Beobachtung nicht allgemein. Daten aus dem späten 19. und frühen 20. Jahrhundert zeigen für die Vereinigten Staaten hohe Nominalzinssätze, die nicht von hohen Inflationsraten begleitet wurden. Irving Fisher selbst war über die offenkundige Abwesenheit jedes Fisher-Effekts während dieser Zeit erstaunt. Er behauptete, daß die Inflation „die Kaufleute während eines Nickerchens" erwischt haben mußte.

Wie sollen wir das Fehlen eines sichtbaren Fisher-Effekts in den Daten des 19. Jahrhunderts interpretieren? Liefert diese geschichtliche Periode Anhaltspunkte, die gegen eine Anpassung des Nominalzinssatzes an die Inflation sprechen? Neuere Forschungsarbeiten lassen vermuten, daß diese Periode uns nur wenig Aufschluß über die Gültigkeit des Fisher-Effekts geben kann. Der Grund hierfür ist darin zu sehen, daß der Fisher-Effekt den Nominalzinssatz zur erwarteten Inflationsrate in Beziehung setzt. Diesen Forschungsarbeiten zufolge war die Inflation im fraglichen Zeitraum größtenteils unerwartet.

Obwohl Erwartungen nicht direkt beobachtet werden können, können aus Untersuchungen über die Dauerhaftigkeit von Inflation Rückschlüsse auf die Erwartungen gezogen werden. Nach den jüngeren Erfahrungen ist Inflation im allgemeinen ein Phänomen, daß sich durch hohe Dauerhaftigkeit auszeichnet – ist sie während eines Jahres hoch, dann besteht die Tendenz, daß sie auch im nächsten Jahr hoch sein wird. Falls hohe Inflationsraten beobachtet wurden, ist es daher rational, auch in der Zukunft eine hohe Inflation zu erwarten. Während des 19. Jahrhunderts jedoch, als der Goldstandard galt, hatte die Inflation nur ein geringes Beharrungsvermögen. Die Wahrscheinlichkeit, daß auf ein Jahr mit einer hohen Inflationsrate ein Jahr mit einer niedrigen folgen würde, war genauso hoch wie die Wahrscheinlichkeit, daß eine hohe Inflationsrate eintreten würde. Aus diesem Grund implizierten hohe Inflationsraten keine hohe Inflationserwartungen und führten daher auch nicht zu hohen Nominalzinssätzen. In einem gewissen Sinne hatte Fisher also recht, wenn er sagte, daß die Inflation „die Kaufleute bei einem Nickerchen erwischte".[5]

---

[5] Robert B. Barsky, "The Fisher Effect and the Forecastability and Persistence of Inflation", Journal of Monetary Economics 19 (Januar 1987): 3-24.

6.5 Der Nominalzinssatz und die Nachfrage nach Geld

Die Quantitätsgleichung basiert auf einer einfachen Geldnachfragefunktion – es wird angenommen, daß die Nachfrage nach Realkasse proportional zum Outputniveau verläuft. Obwohl die Quantitätsgleichung einen guten Ausgangspunkt für die Analyse der Rolle des Geldes abgibt, ist die Geschichte damit noch nicht zu Ende. Im folgenden führen wir einen weiteren Bestimmungsgrund für die Geldnachfrage ein, nämlich den Nominalzinssatz.

Die Kosten der Geldhaltung

Die DM-Beträge, die man in Brieftasche oder Portemonnaie mit sich führt, liefern keine Zinserträge. Würden diese Beträge stattdessen für den Kauf von festverzinslichen Wertpapieren verwendet oder auf einem Sparbuch angelegt werden, würden sie einen Ertrag in Höhe des Nominalzinssatzes erbringen. Auf den Nominalzinssatz verzichtet man also, wenn man Geld anstelle von Wertpapieren hält – er stellt die Opportunitätskosten der Geldhaltung dar.

Daß die Kosten der Geldhaltung gleich dem nominalen Zinssatz sind, läßt sich auch zeigen, wenn wir uns die realen Erträge alternativer Vermögensobjekte anschauen. Vom Geld verschiedene Vermögensobjekte, wie z.B. festverzinsliche staatliche Wertpapiere, erwirtschaften einen realen Ertrag von r. Das Geld selbst verliert jedoch seinen realen Wert durch die Inflation. Der erwartete reale Ertrag der Geldhaltung ist daher $-\pi^e$. Durch die Geldhaltung verzichtet man auf die Differenz zwischen beiden Ertragsraten. Die Kosten der Geldhaltung betragen daher $r - (-\pi^e)$. Die Fisher-Gleichung zeigt, daß dies gerade der Nominalzinssatz i ist.

Genau wie die nachgefragte Brotmenge vom Brotpreis abhängt, hängt die nachgefragte Geldmenge vom Preis der Geldhaltung ab. Die Nachfrage nach Realkasse hängt daher sowohl vom Einkommensniveau als auch vom Nominalzinssatz ab. Eine allgemeine Form der Geldnachfragefunktion ist

$$(M/P)^d = L(i, Y).$$

Der Buchstabe L wird zur Bezeichnung der Geldnachfrage verwendet, weil Geld ein *liquides* Vermögensobjekt ist – das Vermögensobjekt, das am leichtesten zur Durchführung von Transaktionen verwendet werden kann. Diese Gleichung besagt, daß die Nachfrage nach der Liquidität der Realkasse eine Funktion des Einkommens und des nominalen Zinssatzes ist.

Je höher das Einkommen (*Y*), desto höher die Nachfrage nach Realkasse. Je höher der Nominalzinssatz, desto geringer die Nachfrage nach Realkasse.

Zukünftiges Geldangebot und heutige Preise

Es soll nun überlegt werden, wie diese allgemeine Geldnachfragefunktion die bisher entwickelte Theorie des Preisniveaus verändert. Zunächst wird das Angebot an Realkasse (*M/P*) mit der Nachfrage *L*(*i*,*Y*) gleichgesetzt:

$$M/P = L(i, Y).$$

Anschließend wird mit Hilfe der Fisher-Gleichung der Nominalzinssatz als Summe von Realzinssatz und erwarteter Inflationsrate ausgedrückt:

$$M/P = L(r + \pi^e, Y).$$

Diese Gleichung zeigt, daß die Höhe der Realkasse von der erwarteten Inflationsrate abhängt.

Die allgemeine Geldnachfragefunktion liefert eine anspruchsvollere Erklärung des Preisniveaus als die Quantitätstheorie. Der Kern der Quantitätstheorie besteht in der Behauptung, daß das heutige Geldangebot das heutige Preisniveau bestimmt. Diese Aussage bleibt teilweise richtig, aber eben nur teilweise: falls der Nominalzinssatz und das Produktionsvolumen konstant bleiben, ändert sich das Preisniveau proportional zum Geldangebot. Der Nominalzinssatz bleibt jedoch nicht konstant. Er hängt vielmehr von der erwarteten Inflationsrate ab, die ihrerseits vom Wachstum der Geldmenge bestimmt wird. Die Anwesenheit des Nominalzinssatzes in der Geldnachfragefunktion bedeutet einen zusätzlichen Kanal, durch den das Geldangebot das Preisniveau beeinflußt.

Diese allgemeine Geldnachfragefunktion impliziert, daß das Preisniveau nicht einfach vom gegenwärtigen Geldangebot abhängt, sondern auch von dem für die Zukunft erwarteten. Um den Hintergrund dieser Aussage deutlich zu machen, wollen wir annehmen, daß die Zentralbank für die Zukunft eine Erhöhung des Geldangebots ankündigt, das gegenwärtige Geldangebot aber unverändert läßt. Schenken die Menschen der Ankündigung der Zentralbank Glauben, werden sie ein höheres Geldmengenwachstum und eine höhere Inflationsrate erwarten. Über den Fisher-Effekt führt der Anstieg der erwarteten Inflationsrate zu einer Erhöhung des Nominalzinssatzes. Der höhere Nominalzinssatz führt sofort zu einer Verringerung der Nachfrage nach Realkasse. Weil sich die nominalen Kassenbestände nicht geändert haben, hat die verringerte

Nachfrage nach Realkasse eine Erhöhung des Preisniveaus zur Folge. Folglich führt ein für die Zukunft erwartetes höheres Geldmengenwachstum bereits heute zu einem Anstieg des Preisniveaus. Die Wirkungen des Geldes auf die Preise sind ziemlich komplex. Im Anhang zu diesem Kapital wird die mathematische Beziehung zwischen Preisniveau und gegenwärtigem bzw. zukünftigem Geldvolumen herausgearbeitet. Dabei zeigt sich, daß das Preisniveau von einem gewogenen Durchschnitt des gegenwärtigen und des für die Zukunft erwarteten Geldangebotes abhängt.

Die Beendigung einer Hyperinflation

Die Nominalzinsabhängigkeit der Realkasse erschwert das Problem der Beendigung einer Hyperinflation. Wäre die Quantitätstheorie vollständig korrekt und hätte der Nominalzinssatz keinen Einfluß auf die Geldnachfrage, dann wäre die Beendigung einer Hyperinflation einfach: Die Zentralbank müßte nur aufhören, Geld zu drucken. Sobald sich die Geldmenge stabilisiert hätte, würde sich auch das Preisniveau stabilisieren.

Hängt die Geldnachfrage jedoch vom Nominalzinssatz ab, ist die Beendigung einer Hyperinflation sehr viel schwieriger. Der Rückgang der Inflation führt zu einem Rückgang der Kosten der Geldhaltung und daher zu einer Zunahme der Realkasse. Hört die Zentralbank lediglich auf, Geld zu drucken (d.h. sie hält M konstant), macht die Zunahme der Realkasse (M/P) einen Rückgang der Preise erforderlich. Die scheinbar leichte Aufgabe der Beendigung einer Hyperinflation kann daher, falls die Zentralbank nicht aufpaßt, leicht in das Gegenteil umschlagen und zu Deflation führen. In diesem Fall hätte die Zentralbank ihr Ziel der Preisniveaustabilität verfehlt.

Welche Geldpolitik sollte die Zentralbank verfolgen, um Preisstabilität zu erreichen? Das heißt, welchem Pfad sollte das Geldangebot folgen, um die Inflation zu beenden, ohne eine Deflation hervorzurufen? Um diese Frage zu beantworten, werden wir uns rückwärts bewegen. Wir fangen mit dem Ziel der Preisniveaustabilität an und suchen den Pfad des Geldangebotes, der mit diesem Ziel konsistent ist. Abbildung 6-3 zeigt die fünf Schritte, die zur Bestimmung des gesuchten Geldangebotspfades erforderlich sind.

1. Der angestrebte Pfad des Preisniveaus ist ganz oben abgebildet. Das Preisniveau steigt im Verlauf des Inflationsprozesses bis zu dem Zeitpunkt an, ab dem die neue Politik der Preisstabilität wirksam wird.

2. Unter dem Pfad des Preisniveaus ist der Pfad der Inflationsrate π, also der Veränderungsrate des Preisniveaus, dargestellt. Die Inflationsrate befindet sich bis zum Umschaltzeitpunkt auf hohem Niveau, dann sinkt sie auf null.

Kapitel 6   Inflation   215

3. Der Nominalzinssatz i paßt sich wegen des Fisher-Effekts im Verhältnis eins zu eins an die Inflationsrate an. Daher ist der Nominalzinssatz bis zur Stabilisierung des Preisniveaus hoch und fällt dann auf ein niedrigeres Niveau.

4. Der Rückgang des Nominalzinssatzes führt zu einer sprunghaften Erhöhung der Realkasse, weil die Kosten der Geldhaltung gesunken sind.

5. Weil der Pfad des Preisniveaus P und der Pfad der Realkasse M/P bekannt sind, läßt sich daraus auf den erforderlichen Pfad des nominalen Geldangebots M schließen. Am Ende der Inflationsphase muß das Geldangebot sich sprunghaft erhöhen, um die erhöhte Nachfrage nach Realkasse zu befriedigen. Nach diesem Sprung muß das Geldangebot konstant bleiben, damit die Stabilität des Preisniveaus sichergestellt ist.

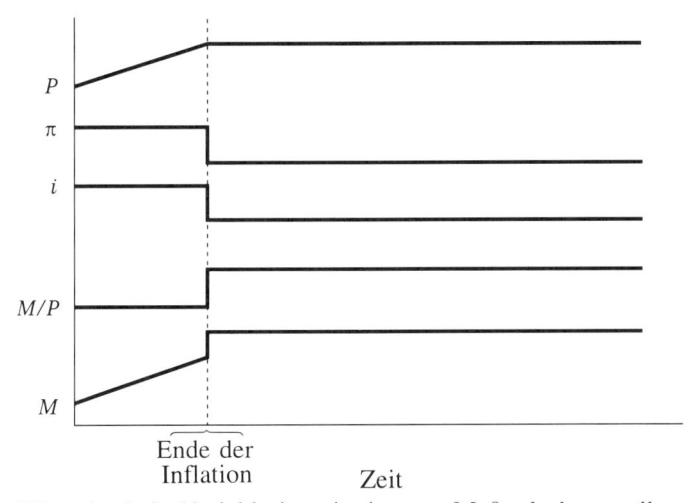

Hinweis: Jede Variable ist mit eigenem Maßstab dargestellt

Abbildung 6-3: **Die Beendigung einer Inflation im Fall der Abhängigkeit der Realkasse vom Nominalzinssatz.** Durch Analyse der Pfade, die wir für die zentralen monetären Variablen erwarten, können wir den Pfad ableiten, dem das Geldangebot folgen muß, um die Inflation zu beenden. 1. Ganz oben in der Abbildung ist der angestrebte Pfad des Preisniveaus P dargestellt. 2. Darunter sieht man den Zeitpfad der Inflationsrate π, die zunächst hoch ist, beim Übergang auf die Politik der Preisstabilität aber auf null sinkt. 3. Der Nominalzinssatz i paßt sich eins zu eins an die Entwicklung der Inflationsrate an. 4. Der schlagartige Rückgang des Nominalzinssatzes führt zu einem Sprung in der Realkasse M/P. 5. Der für das Geldangebot M erforderliche Pfad hängt vom Pfad des Preisniveaus P und vom Pfad der Realkasse M/P ab.

Ein Punkt, der in der bisherigen Analyse nicht angesprochen worden ist, ist die Glaubwürdigkeit der Zentralbank. Damit die erwartete Inflationsrate und der Nominalzinssatz sinken, müssen die Menschen erwarten, daß die Zentralbank es unterläßt, immer mehr Geld zu drucken. Es erscheint schwierig, mitten in einer Hyperinflation eine solche Erwartungshaltung zu schaffen. Folgt die Zentralbank unserer Überlegung, daß die Stabilitätsphase mit einem Sprung im Geldangebot eingeleitet werden muß, wird es um so schwerer sein, die Öffentlichkeit davon zu überzeugen, daß die Hyperinflation vorüber ist. Erlangt die Zentralbank jedoch keine Glaubwürdigkeit, wird der Nominalzinssatz nicht sinken, die Realkasse nicht steigen, und der Sprung im Geldangebot wird die Inflation noch verstärken.

In der Praxis wird die Glaubwürdigkeit gewöhnlich dadurch erreicht, daß die Ursache der Hyperinflation beseitigt wird: die Notwendigkeit für Seigniorage. In der Regel kommt es dann zu Hyperinflationen, wenn der Staat Geld drucken muß, um Ausgaben zu finanzieren. Solange die Notwendigkeit für Seigniorage besteht, ist es unwahrscheinlich, daß die Öffentlichkeit den Stabilitätsankündigungen der Zentralbank glaubt. Aus diesem Grund wird das Ende einer Hyperinflation gewöhnlich von fiskalpolitischen Reformen begleitet – Ausgabenkürzungen, Steuererhöhungen –, die die Notwendigkeit für Seigniorage vermindern. Folglich ist selbst dann, wenn die Inflation immer und überall ein monetäres Phänomen darstellt, das Ende einer Hyperinflation oftmals auch ein fiskalisches Phänomen.[6]

Fallstudie 6-7: Hyperinflation in Deutschland zwischen den beiden Weltkriegen.

Nach dem ersten Weltkrieg erlebte Deutschland eines der spektakulärsten Beispiele der Geschichte für eine Hyperinflation. Die Alliierten verlangten damals von Deutschland beträchtliche Reparationen. Die Reparationsleistungen führten zu einem Haushaltsdefizit, das schließlich durch das Drucken immer größerer Mengen von Geld finanziert wurde.

Abbildung 6-4 zeigt die Geldmenge und das allgemeine Preisniveau in Deutschland von Januar 1922 bis Dezember 1924. Innerhalb dieses Zeitraums wuchsen sowohl Geldmenge als auch Preise mit erstaunlicher Rate. So stieg beispielsweise der Preis für eine Tageszeitung von 0,30 Mark im Januar 1921 auf eine Mark im Mai 1922, auf 8 Mark im Oktober 1922, auf 100 Mark im Februar 1923 und auf 1000 Mark im September 1923. Im Herbst 1923 beschleunigte sich der Preisauftrieb weiter. Eine Zeitung, die am 1. Oktober noch für 2000 Mark verkauft wurde, kostete am 15. Oktober 20000 Mark, am 29. Oktober 1 Mio.

---

6 Thomas J. Sargent, "The End of Four Big Inflations", in Robert Hall, Hrsg., Inflation, (Chicago, 1983); Rudiger Dornbusch und Stanley Fisher, "Stopping Hyperinflations: Past and Present", Weltwirtschaftliches Archiv 122 (April 1986): 1-47.

Mark, am 9. November 15 Mio. Mark und am 17. November 70 Mio. Mark. Im Dezember 1923 wurden Geldangebot und Preise abrupt stabilisiert.[7]

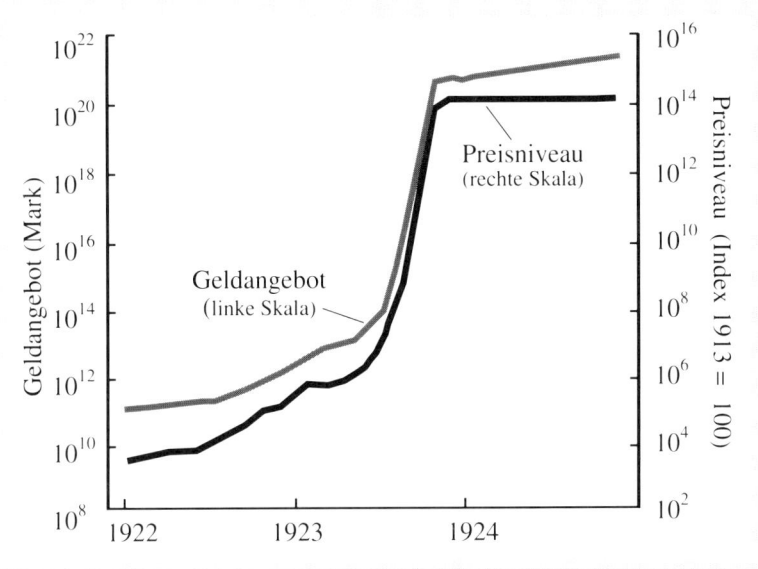

Abbildung 6-4: **Geld und Preise im Zwischenkriegsdeutschland.** Die Abbildung zeigt das Geldangebot und das Preisniveau in Deutschland von Januar 1922 bis Dezember 1924. Die immense Zunahme von Geldangebot und Preisniveau liefert eine der dramatischsten Illustrationen für die Auswirkungen einer überhöhten Geldschöpfung.
Quelle: Mit Veränderungen aus Thomas J. Sargent, „Sticky Individual Prices and the Dynamics of the General Price Level," Carnegie-Rochester Conference on Public Policy 15 (Herbst 1981): 261-296.

So wie die Hyperinflation mit fiskalischen Problemen begann, endete sie mit einer fiskalischen Reform. Am Ende des Jahres 1923 wurde die Anzahl der Staatsbediensteten um ein Drittel vermindert. Die Reparationszahlungen wurden vorübergehend ausgesetzt und schließlich reduziert. Zur selben Zeit wurde die alte Zentralbank, die Reichsbank, durch eine neue Zentralbank, die Rentenbank, ersetzt, die dazu verpflichtet wurde, die Staatsausgaben nicht durch das Drucken von Geld zu finanzieren.

---

[7] Die Daten der Tageszeitungspreise stammen von Michael Mussa,"Sticky Individual Prices and the Dynamics of the General Price Level", Carnegie-Rochester Conference on Public Policy 15 (Herbst 1981): 261-296.

Unsere theoretische Analyse impliziert, daß das Ende einer Hyperinflation zu einer Zunahme der Realkasse führen müßte. Abbildung 6-5 zeigt, daß die realen Geldbestände in Deutschland mit Zunahme der Inflationsrate sanken. Sie nahmen wieder zu, als die Inflationsrate zurückging. Im Gegensatz zu unserer theoretischen Analyse erfolgte die Zunahme der realen Geldbestände jedoch nicht schlagartig. Möglicherweise ist die Anpassung der Realkasse an die Kosten der Geldhaltung ein graduell verlaufender Prozeß. Vielleicht brauchte die deutsche Öffentlichkeit aber auch einfach Zeit, bis sie glauben konnte, daß die Inflation wirklich vorbei war, so daß die erwartete Inflationsrate langsamer sank als die tatsächliche.

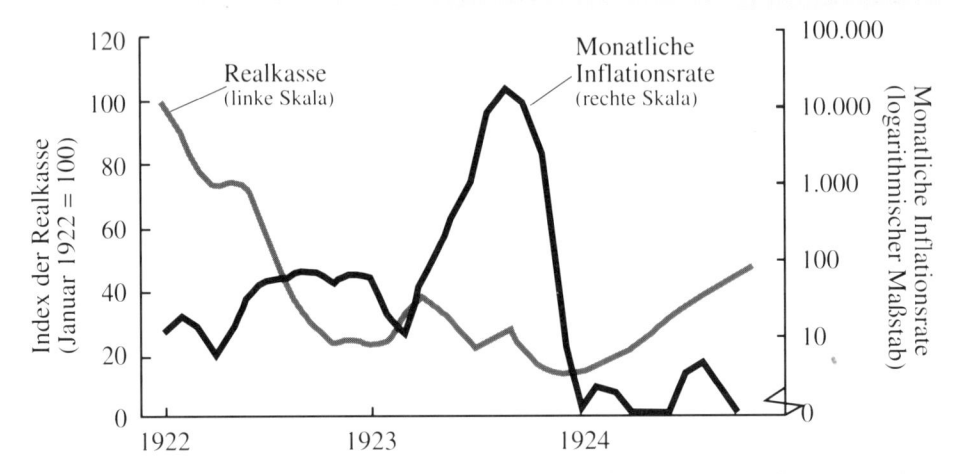

Abbildung 6-5: **Inflation und Realkasse im Zwischenkriegsdeutschland.** Diese Abbildung zeigt Inflation und Realkasse in Deutschland von Januar 1922 bis Dezember 1924. Mit zunehmender Inflation ging die Realkasse zurück. Als die Inflation endete, stieg die Realkasse an.
Quelle: Mit Veränderungen aus Thomas J. Sargent, „Sticky Individual Prices and the Dynamics of the General Price Level", in Robert Hall, Hrsg., Inflation (Chicago, 1983): 41-98.

6.6 Die sozialen Kosten der Inflation

Unsere bisherige Diskussion der Ursachen und Wirkungen der Inflation sagt uns nur wenig über die sozialen Folgen der Inflation. Diesem Problem wollen wir uns jetzt zuwenden.

Fragt man einen Durchschnittsbürger, warum Inflation ein soziales Problem darstellt, wird er vermutlich antworten, daß er durch die Inflation ärmer wird. „Ich erhalte zwar Lohnerhöhungen, aber die Preise steigen ständig, so daß die Inflation einen Teil meiner Lohnerhöhungen auffrißt." In dieser Aussage steckt die implizite Annahme, daß die gleiche Lohnerhöhung auch erfolgen würde, wenn es keine Inflation gäbe. In diesem Fall könnte sich der Betreffende tatsächlich mehr Waren und Dienstleistungen kaufen.

Die gerade genannte Aussage enthält einen weitverbreiteten Trugschluß. Aus den Kapiteln 3 und 4 wissen wir, daß die Kaufkraftsteigerungen des Arbeitseinkommens letztlich auf der Kapitalakkumulation und dem technologischen Fortschritt beruhen. Der Reallohn hängt nicht von dem Geldvolumen ab, daß der Staat oder die Zentralbank in Umlauf bringt. Würde der Staat das Geldmengenwachstum verlangsamen, würden auch die Preise langsamer steigen. Der Reallohn würde sich deshalb aber nicht schneller erhöhen. Stattdessen wären bei geringeren Inflationsraten die jährlichen Nominallohnzuwächse kleiner.

Aus welchem Grund könnte die Inflation dann ein soziales Problem darstellen? Es stellt sich heraus, daß es sich bei den Kosten der Inflation um eine ziemlich subtile Problematik handelt. Auch die Wirtschaftswissenschaftler sind sich über die Höhe der sozialen Kosten der Inflation nicht einig. Für manchen vielleicht überraschend, vertreten einige Ökonomen die Auffassung, daß die Inflationskosten relativ niedrig sind – jedenfalls für die moderaten Inflationsraten, wie sie die meisten Industrieländer in den letzten Jahren gehabt haben.[8]

Erwartete Inflation

Zunächst wollen wir den Fall betrachten, daß die Inflation erwartet wird. Nehmen wir einmal an, daß das Preisniveau jeden Monat um ein Prozent gestiegen ist. Welche sozialen Kosten kann eine solch stetige, vorhersehbare jährliche Inflation von zwölf Prozent verursachen?

Eine Form von Kosten ergibt sich aufgrund der Verzerrungen, welche die Inflationssteuer hervorruft. Wie wir schon weiter oben diskutiert haben, führt eine höhere Inflationsrate zu einem höheren nominalen Zinssatz, der seinerseits eine Verringerung der Realkasse zur Folge hat. Wenn die durchschnittliche Kassenhaltung geringer ist, müssen die Menschen häufiger zur Bank gehen, um Geld abzuheben – beispielsweise wöchentlich zweimal 50 DM statt einmal 100 DM. Diese Nachteile, die sich aus der

---

8 Vgl. z.B. Alan Blinder, Hard Heads, Soft Hearts: Tough-Minded Economics for a Just Society, Reading, Mass. 1987, Kapitel 2.

verringerten Kassenhaltung ergeben, werden im Englischen bildlich als „shoeleather cost" der Inflation bezeichnet, weil man wegen der größeren Anzahl der Wege zur Bank seine Schuhsohlen schneller abläuft.

Eine zweite Form von Inflationskosten entsteht, weil die Unternehmen bei hohen Inflationsraten häufiger Preise ändern und neu auszeichnen müssen. Diese Preisänderungen können mit Kosten verbunden sein, beispielsweise weil neue Kataloge gedruckt und verteilt werden müssen. Diese Kosten werden bildlich als „menu costs" (Speisekarten-Kosten) bezeichnet, weil die Restaurants um so häufiger neue Speisekarten drucken lassen müssen, je höher die Inflationsrate ist.

Eine dritte Form von Inflationskosten wird dadurch hervorgerufen, daß Unternehmen, die sich Menu Costs gegenübersehen, ihre Preise nur in größeren Zeitabständen anpassen. Dies hat zur Folge, daß mit zunehmender Inflationsrate auch die Variabilität der relativen Preise steigt. Nehmen wir beispielsweise einmal an, daß ein Unternehmen jeden Januar neue Kataloge herausgibt. Ohne Inflation bleiben die Preise dieses Unternehmens relativ zu den Preisen anderer Unternehmen konstant. Beträgt die Inflationsrate jedoch monatlich ein Prozent, sinkt der relative Preis des betrachteten Unternehmens im Jahresverlauf um zwölf Prozent. Die Inflation führt also zu Veränderungen der relativen Preise. Da in Marktwirtschaften die relativen Preise für die effiziente Allokation der Ressourcen verantwortlich sind, führt Inflation zu mikroökonomischen Ineffizienzen.

Eine vierte Form von Inflationskosten hängt mit den Steuergesetzen zusammen. In vielen Bereichen werden Inflationseffekte in den Steuervorschriften ignoriert. Daher kann die Inflation die Steuerbelastung in einer Weise verändern, die vom Gesetzgeber so nicht gewollt wurde.

Als Beispiel hierfür läßt sich der Fall betrachten, daß in einem Einkommensteuersystem nominale Kapitalgewinne besteuert werden. Nehmen wir einmal an, daß ein Wirtschaftssubjekt unter diesem System heute eine Aktie kauft und sie nach Ablauf eines Jahres zum gleichen realen Preis wieder verkauft. Es wäre vernünftig, auf diese Transaktion keine Einkommensteuer zu erheben, da kein reales Einkommen entstanden ist. In Abwesenheit von Inflation wäre die Steuerschuld auch tatsächlich gleich null. Nehmen wir nun aber einmal an, daß die Inflationsrate zehn Prozent beträgt und der Preis, der beim Kauf der Aktie bezahlt wurde, 100 DM betragen hat. Damit der reale Preis ein Jahr später der gleiche ist, müßte die Aktie für 110 DM verkauft werden. Bleiben Inflationswirkungen in der entsprechenden Steuervorschrift unberücksichtigt, ergibt sich ein steuerlicher Gewinn von 10 DM, für den Steuern abzuführen sind. Das Problem besteht hier natürlich darin, daß laut Steuervorschrift der nominale und nicht der reale Kapitalgewinn als Einkommen betrachtet wird. Dieses Beispiel zeigt, wie durch Inflation das Steuersystem verzerrt wird.

Eine fünfte Form von Inflationskosten ergibt sich aus den Unannehmlichkeiten, die es mit sich bringt, wenn man in einer Welt mit sich änderndem Preisniveau lebt. Der

Maßstab, mit dem wir ökonomische Transaktionen messen, ist das Geld. Bei Auftreten von Inflation ändert sich die Länge dieses Maßstabes. Als Beispiel wollen wir annehmen, daß der Bundestag ein Gesetz beschließt, in dem bestimmt wird, daß im Jahr 1990 ein Meter 100 Zentimetern entspricht, im Jahr 1991 jedoch nur 99 Zentimetern, im Jahr 1992 nur 98 Zentimetern usw. Obwohl dieses Gesetz keine Mehrdeutigkeit zuließe, wäre es doch höchst unpraktisch. Würde jemand eine Distanz in Metern angeben, müßte er dazu sagen, ob die Längenangabe in Metern von 1990 oder von 1991 erfolgte. Um in verschiedenen Jahren gemessene Längen miteinander vergleichen zu können, müßte eine „Inflationskorrektur" vorgenommen werden. In analoger Weise ist die D-Mark ein unpraktischeres Maß, wenn sich ihr Wert laufend ändert.

Fallstudie 6-8: Das Leben während der bolivianischen Hyperinflation

Die Inflationskosten werden besonders deutlich, wenn die Inflation extreme Höhen erreicht. Der folgende Artikel aus dem *Wall Street Journal* zeigt, wie das Leben während der bolivianischen Hyperinflation im Jahr 1985 aussah. Der Leser beachte die Inflationskosten, die der Artikel besonders hervorhebt. Stimmen die bolivianischen Erfahrungen mit den Einschätzungen von Lenin und Keynes in dem Zitat am Anfang dieses Kapitels überein?

Precarious Peso - Amid Wild Inflation, Bolivians Concentrate on Swapping Currency

LA PAZ, Bolivia - When Edgar Miranda gets his monthly teacher's pay of 25 million pesos, he hasn't a moment to lose. Every hour, pesos drop in value. So, while his wife rushes to market to lay in a month's supply of rice and noodles, he is off with the rest of the pesos to change them into black-market dollars.
 Mr. Miranda is practicing the First Rule of Survival amid the most out-of-control inflation in the world today. Bolivia is a case study of how runaway inflation undermines a society.
 Price increases are so huge that the figures build up almost beyond comprehension. In one six-month period, for example, prices soared at an annual rate of 38,000%. By official count, however, last year's inflation reached 2,000%, and this years's is expected to hit 8,000%—though other estimates range many times higher. In any event, Bolivia's rate dwarfs Israel's 370% and Argentina's 1,100%—two other cases of severe inflation.
 It is easier to comprehend what happens to the 38-year-old Mr. Miranda's pay if he doesn't quickly change it into dollars. The day he was paid 25 million pesos, a dollar costs 500,000 pesos. So he received $50. Just days later, with the rate at 900,000 pesos, he would have received $27.
 "We think only about today and converting every peso into dollars," says Ronald MacLean, the manager of a gold-mining firm. "We have become myopic."

Fallstudie 6-9: Die „Free Silver"-Bewegung, die Wahl von 1896 und der Zauberer von Oz

Die durch unerwartete Preisniveauänderungen ausgelösten Einkommensumverteilungen sind häufig Quelle für politische Spannungen. Diese Feststellung wird durch die amerikanische „Free Silver"-Bewegung des ausgehenden 19. Jahrhunderts bestätigt. Zwischen 1880 und 1896 sank das Preisniveau in den Vereinigten Staaten um 23 Prozent. Diese Deflation erwies sich als vorteilhaft für die Gläubiger, die Bankiers im Nordosten, sie erwies sich jedoch als nachteilig für die Schuldner, die Bauern im Süden und Westen. Eine für dieses Problem vorgeschlagene Lösung bestand darin, den Goldstandard durch einen Bimetallstandard zu ersetzen, der es erlaubte, sowohl Gold- als auch Silbermünzen zu prägen. Durch den Übergang zu einem Bimetallstandard würde sich das Geldangebot erhöhen und die Deflation zum Stillstand kommen.

Der Streit um diese Frage spielte im Präsidentschaftswahlkampf von 1896 eine dominierende Rolle. William McKinley, der republikanische Kandidat, trat für die Beibehaltung des Goldstandards ein. William Jennings Bryan, der demokratische Kandidat, befürwortete den Bimetallstandard. In einer berühmten Rede rief Bryan aus: "You shall not press down upon the brow of labor this crown of thorns, you shall not crucify mankind upon a cross of gold." Es dürfte kaum überraschen, daß McKinley der Kandidat des konservativen östlichen Establishments und Bryan der Kandidat des Südens und des Westens war.

Die Diskussion um das Silber fand ihren bemerkenswertesten Niederschlag in einem amerikanischen Kinderbuch: *The Wizard of Oz*. Unmittelbar nach der Wahl von 1896 von einem Journalisten aus dem mittleren Westen, Frank Baum, geschrieben, erzählt es die Geschichte von Dorothy, einem Mädchen, das sich fern seiner Heimat Kansas in einem seltsamen Land verirrt hat. Dorothy (sie stellt die traditionellen amerikanischen Werte dar) lernt drei Freunde kennen: eine Vogelscheuche (der Bauer), einen blechernen Holzfäller (der Industriearbeiter) und einen Löwen, dessen Stimme stärker ist als seine Macht (William Jennings Bryan). Zusammen wandern die vier auf einer gelb gepflasterten Straße (der Goldstandard), in der Hoffnung, den Zauberer zu finden, der Dorothy helfen kann, wieder nach Hause zu finden. Schließlich kommen sie in Oz (Washington) an, wo jeder die Welt durch eine grüne Brille (Geld) ansieht. Der Zauberer (William MyKinley) versucht es allen recht zu machen, stellt sich aber als Schwindler heraus.

Dorothys Problem wird erst gelöst, als sie von der magischen Kraft ihrer silbernen Schuhe erfährt.[9]

Obwohl die Republikaner die Wahl von 1896 gewannen, und die Vereinigten Staaten den Goldstandard beibehielten, bekamen die Befürworter des "Free Silver" das, was sie letztlich wollten: Inflation. Etwa zur Zeit der Wahl wurde in Alaska, Australien und Südafrika Gold entdeckt. Darüber hinaus wurde der Zyanidprozeß entwickelt, der das Auslösen des Goldes aus dem Erz erleichterte. Diese Entwicklungen führten zu einem Anstieg des Geldangebots und des Preisniveaus. Zwischen 1896 und 1910 stieg das Preisniveau um 35 Prozent.

Niveau und Variabilität der Inflation

Keine Diskussion der Inflation wäre vollständig, ohne den Hinweis auf einen wichtigen, aber nur von wenigen verstandenen Tatbestand: hohe Inflation heißt variable Inflation. Wenn Wirtschaftswissenschaftler sich mit den Erfahrungen verschiedener Länder beschäftigen, stellen sie fest, daß Länder mit einer hohen durchschnittlichen Inflationsrate auch durch starke jährliche Schwankungen der Inflationsrate gekennzeichnet sind. Daraus folgt, daß ein Land, das eine stark inflationäre Geldpolitik betreibt, auch eine hohe Variabilität der Inflationsrate in Kauf nehmen muß. Aus den oben diskutierten Gründen erhöht sich bei einer stark schwankenden Inflation die Unsicherheit sowohl für die Gläubiger als auch für die Schuldner, weil beide Gruppen sich willkürlichen und möglicherweise großen Vermögensumverteilungsprozessen ausgesetzt sehen. Die gesellschaftlichen Kosten der Unsicherheit lassen sich nur schwer abschätzen, sind wahrscheinlich aber hoch.

6.7 Schlußfolgerungen: Die klassische Dichotomie

Unsere Diskussion über Geld und Inflation ist hiermit abgeschlossen. Wir wollen nun noch einmal zurückgehen und eine wichtige Annahme näher betrachten, die wir implizit unseren Überlegungen zugrundegelegt hatten.

---

9 Der vierzig Jahre später gedrehte Film verbirgt viel von dieser Allegorie, weil er die Farbe von Dorothys Schuhen von Silber in Rot ändert. Weitere Informationen zu diesem Thema finden sich bei Henry M. Littlefield, "The Wizard of Oz: Parable on Populism", American Quarterly 16 (Frühjahr 1964): 47-58 und Hugh Rockoff, "The Wizard of Oz as a Monetary Allegory", Journal of Political Economy 98 (August 1990): 739-760.

In den Kapitel 3, 4 und 5 haben wir etliche makroökonomische Variablen kennengelernt, z.B. das reale Sozialprodukt, den Kapitalstock, den Reallohn und den Realzins. Diese Variablen lassen sich in zwei Kategorien einteilen. Die erste Kategorie umfaßt die *Mengengrößen*. So stellt beispielsweise das reale BSP die Menge der in einem bestimmten Jahr produzierten Güter dar. Der Kapitalstock beschreibt die Menge der zu einem bestimmten Zeitpunkt vorhandenen Kapitalgüter. Die zweite Kategorie umfaßt die *relativen Preise*. So stellt beispielsweise der Reallohn den relativen Preis von Konsum und Freizeit dar. Der Realzins ist der relative Preis heutigen und zukünftigen Outputs. Beide Kategorien – Mengen und relative Preise – zusammen bezeichnet man als **reale Variablen**.

Im vorliegenden Kapitel haben wir uns mit **nominalen Variablen** beschäftigt. Nominale Variablen werden in Geldeinheiten ausgedrückt. Es gibt eine ganze Anzahl nominaler Variablen: das Preisniveau, die Inflationsrate, der Lohn eines Arbeitnehmers (ausgedrückt in D-Mark).

In den vorangegangenen Kapiteln konnten wir ohne die Einführung von nominalen Variablen viele wichtige reale Variablen erklären. Auch die Existenz von Geld war unwichtig. Wir haben uns mit der Höhe und Verteilung des Sozialprodukts beschäftigt, ohne die Inflatonsrate zu erwähnen. Mit Hilfe unserer Theorie des Arbeitsmarktes haben wir den Reallohn erklärt, ohne etwas über den Nominallohn zu sagen.

Diese theoretische Trennung von realen und nominalen Größen bezeichnen Wirtschaftswissenschaftler als **klassische Dichotomie**. Sie stellt den Kern der klassischen Makrotheorie dar. Die klassische Dichotomie erlaubt uns, wie geschehen, die Analyse von realen Größen bei Vernachlässigung aller nominalen Variablen. Sie tritt deshalb auf, weil in den von uns entwickelten Modellen Änderungen des Geldangebots keinen Einfluß auf die realen Variablen haben. Diese Irrelevanz des Geldes in Hinblick auf reale Größen bezeichnet man als **Neutralität des Geldes**. Für viele Zwecke – insbesondere für die Analyse langfristiger Zusammenhänge – ist die Neutralitätsannahme annäherungsweise richtig.

Eine vollständige Beschreibung der Welt, in der wir leben, liefert die Neutralitätsannahme jedoch nicht. Mit Kapitel 8 beginnend, werden wir Abweichungen vom klassischen Modell und von der Neutralität des Geldes diskutieren. Diesen Abweichungen kommt für das Verständnis von vielen makroökonmischen Phänomenen, wie z.B. von konjunkturellen Schwankungen, größte Bedeutung zu.

Kapitel 6   Inflation

Zusammenfassung

1. Den Bestand an Vermögensobjekten, der zur Durchführung von Transaktionen verwendet wird, bezeichnet man als Geld. Geld dient als Wertaufbewahrungsmittel, als Recheneinheit und als Tauschmittel. Als Geld können unterschiedliche Vermögensobjekte verwendet werden: Warengeldsysteme benutzen ein Vermögensobjekt mit innerem Wert, Nominalgeldsysteme hingegen ein Vermögensobjekt, dessen einziger Zweck es ist, als Geld zu dienen. In modernen Volkswirtschaften fällt einer Zentralbank, wie z.B. der Deutschen Bundesbank, die Verantwortung für die Steuerung der Geldmenge zu.

2. Die Quantitätstheorie des Geldes besagt, daß sich das nominale BSP proportional zur Geldmenge verhält oder, anders ausgedrückt, daß sich die Nachfrage nach Realkasse proportional zum realen BSP verhält. Weil die Produktionsfaktoren zusammen mit der Produktionsfunktion das reale BSP bestimmen, impliziert die Quantitätstheorie, daß das Preisniveau proportional zur Geldmenge ist. Folglich bestimmt die Wachstumsrate der Geldmenge auch die Inflationsrate.

3. Den Ertrag, den der Staat mit dem Drucken von Geld erzielt, bezeichnet man als Seigniorage. Es handelt sich hierbei um eine Steuer auf die Geldhaltung. In den meisten Ländern ist die Seigniorage quantitativ unbedeutend. In Volkswirtschaften mit Hyperinflationen stellt sie jedoch oft die Haupteinnahmequelle des Staates dar.

4. Der nominale Zinssatz ergibt sich als Summe aus dem realen Zinssatz und der Inflationsrate. Der Fisher-Effekt besagt, daß sich der nominale Zinssatz im Verhältnis von eins zu eins mit der erwarteten Inflationsrate ändert.

5. Der nominale Zinssatz beschreibt die Kosten der Geldhaltung. Man sollte daher erwarten, daß die Nachfrage nach Realkasse vom Nominalzinssatz abhängt. Wenn die Realkasse vom Nominalzinssatz abhängt, erweist sich sie Inflationsbekämpfung als schwierige Aufgabe, weil die Realkasse mit sinkender Inflation steigt.

6. Zu den Kosten einer erwarteten Inflation gehören die Kosten zusätzlicher Wege, Menu Costs, die Kosten der Änderung von relativen Preisen, Steuerverzerrungen und die Nachteile, die sich aus notwendigen Inflationskorrekturen ergeben. Die Kosten einer unerwarteten Inflation sind insbesondere in den willkürlichen Vermögensumverteilungsprozessen zwischen Schuldnern und Gläubigern zu sehen.

7. Im klassischen Modell der Wirtschaft wird angenommen, daß das Geldangebot keinen Einfluß auf die realen Variablen hat. Die klassische Dichotomie erlaubt uns, zunächst die Bestimmungsgründe der realen Variablen zu untersuchen. Durch das Gleichgewicht auf dem Geldmarkt werden dann das Preisniveau und damit auch alle übrigen nominalen Variablen bestimmt.

Schlüsselbegriffe

Inflation
Hyperinflation
Geld
Wertaufbewahrungsmittel
Recheneinheit
Tauschmittel
Doppelkoinzidenz der Bedürfnisse
Nominalgeld
Warengeld
Goldstandard
Geldangebot
Zentralbank
Bundesbank
Geldpolitik
Offenmarktoperationen
Währung
Sichteinlagen

Quantitätstheorie des Geldes
Seigniorage
Nominaler und realer Zinssatz
Quantitätsgleichung
Transaktionsgeschwindigkeit des Geldes
Einkommenskreislaufgeschwindigkeit des Geldes
Realkasse
Geldnachfragefunktion
Fisher-Gleichung und Fisher-Effekt
Ex ante und ex post Realzinssatz
Menu Costs
Reale und nominale Variablen
Klassische Dichotomie
Neutralität des Geldes

Wiederholungsfragen

1. Nennen Sie die Funktionen des Geldes.

2. Was bezeichnet man als Nominalgeld, was als Warengeld?

3. Wer steuert die Geldmenge? Wie wird sie gesteuert?

4. Schreiben Sie die Quantitätsgleichung auf und erläutern Sie sie.

5. Welche Implikation weist die Annahme einer konstanten Umlaufgeschwindigkeit auf?

6. Wer entrichtet die Inflationssteuer?

7. Welche Wirkungen auf realen und nominalen Zinssatz hat dem Fisher-Effekt zufolge eine Erhöhung der Inflationsrate von sechs auf acht Prozent?

Kapitel 6   Inflation   229

8. Erläutern Sie die Wirkungen der Beendigung einer Hyperinflation auf die Realkasse.

9. Nennen Sie alle Kosten der Inflation und reihen Sie sie nach ihrer Wichtigkeit.

Aufgaben und Anwendungen

1. Nennen Sie die drei Funktionen des Geldes. Welche dieser drei Funktionen werden auch von den im folgenden genannten Objekten erfüllt, welche nicht?

   a. Eine Kreditkarte.

   b. Ein Rembrandtgemälde.

   c. Eine U-Bahnfahrkarte.

2. Nehmen Sie an, daß Sie ein kleines Land (z.B. Bermuda) beraten, ob es eigenes Geld oder das Geld eines größeren Nachbarn (z.B. die USA) verwenden soll. Worin sehen Sie die Kosten und Nutzen einer nationalen Währung? Spielt die relative politische Stabilität der beiden Länder bei dieser Entscheidung eine Rolle?

3. Während des zweiten Weltkriegs plante sowohl Großbritannien als auch Deutschland den Einsatz einer Papierwaffe: Sie hatten Geld des jeweils anderen Landes gedruckt und wollten es in großen Mengen mit Flugzeugen abwerfen. Warum hätte diese Waffe sehr wirkungsvoll sein können?

4. Calvin Coolidge sagte einmal, daß „inflation" „repudiation" sei. Was könnte er damit gemeint haben? Stimmen Sie der Aussage zu? Begründung? Macht es einen Unterschied, ob es sich um eine erwartete oder unerwartete Inflation handelt?

5. Einige Wirtschaftshistoriker haben behauptet, daß zu Zeiten des Goldstandards nach langen Deflationsphasen die Wahrscheinlichkeit für Goldfunde besonders hoch war. (Die Goldfunde von 1896 stellen hierfür ein Beispiel dar.) Warum könnte diese Behauptung zutreffen?

6. Nehmen Sie an, daß die Konsumausgaben von der Höhe der Realkasse abhängen. (Dies läßt sich damit begründen, daß die Realkasse ein Teil des Vermögens darstellt.) Zeigen Sie, daß unter der Annahme einer Abhängigkeit der Realkasse vom Nominalzinssatz eine Zunahme des Geldmengenwachstums den Konsum, die Investitionen und den realen Zinssatz beeinflußt. Paßt sich der nominale Zinssatz stärker als im Verhältnis eins zu eins an die erwartete Inflationsrate an oder schwächer?

Diese Abweichung von der klassischen Dichotomie und dem Fisher-Effekt wird als Mundell-Tobin-Effekt bezeichnet. Wie könnte man entscheiden, ob der Mundell-Tobin-Effekt praktische Relevanz besitzt?

Hierin soll „ ... " eine unendliche Anzahl von Termen andeuten. Gleichung (A7) zufolge ist das gegenwärtige Preisniveau ein gewichteter Durchschnitt des gegenwärtigen und aller zukünftigen Geldangebotsvolumina.

Der Leser beachte die Bedeutung des Parameters γ, der die Sensitivität der Realkasse in bezug auf die Inflationsrate ausdrückt. Die Gewichte der zukünftigen Geldangebotsvolumina nehmen geometrisch mit der Rate $\gamma/(1 + \gamma)$ ab. Wenn γ klein ist, dann ist auch $\gamma/(1 + \gamma)$ klein, und die Gewichte nehmen schnell ab. Ist γ groß, dann liegt $\gamma/(1 + \gamma)$ nahe bei eins, und die Gewichte nehmen langsam ab. In letzterem Fall spielen die zukünftigen Geldangebotsvolumina bei der Bestimmung des heutigen Preisniveaus eine zentrale Rolle.

Zum Schluß wollen wir die Annahme der vollkommenen Voraussicht lockern. Ist die Zukunft nicht mit Gewißheit bekannt, sollten wir die Geldnachfragefunktion folgendermaßen formulieren:

$$m_t - p_t = -\gamma(Ep_{t+1} - p_t). \tag{A8}$$

Hierin bezeichnet Ep_{t+1} das erwartete Preisniveau. Gleichung (A8) besagt, daß die Realkasse von den Inflationserwartungen abhängt. Analog zu den obigen Überlegungen läßt sich zeigen, daß folgende Beziehung gilt:

$$p_t = \left(\frac{1}{1 + \gamma}\right)\left[m_t + \left(\frac{\gamma}{1 + \gamma}\right)Em_{t+1} + \left(\frac{\gamma}{1 + \gamma}\right)^2 Em_{t+2} + \left(\frac{\gamma}{1 + \gamma}\right)^3 Em_{t+3} + ...\right]. \tag{A9}$$

Gleichung (A9) besagt, daß das Preisniveau von den gegenwärtigen und für die Zukunft erwarteten Geldvolumina abhängt.

Gleichung (A9) ist für die Diskussion im Text über die Beendigung einer Hyperinflation relevant. Bei der Beendigung einer Hyperinflation revidieren die Wirtschaftssubjekte ihre Erwartungen bezüglich des zukünftigen Geldangebots nach unten. Damit verringert sich tendenziell das gegenwärtige Preisniveau. Um diese Wirkung des zukünftigen Geldangebots zu neutralisieren, kann das gegenwärtige Geldangebot trotz der Preisstabilisierung steigen.

Kapitel 7

Die offene Volkswirtschaft

No nation was ever ruined by trade.

Benjamin Franklin

Ein großer Teil der Waren und Dienstleistungen, die wir verwenden, wird im Ausland erzeugt. Wir essen norwegischen Lachs genau wie bayerischen Käse, fahren Autos, die in Japan hergestellt wurden, genau wie solche, die aus Wolfsburg stammen, verbringen den Urlaub in Italien genau wie an der deutschen Nordseeküste. Die Freiheit, zu exportieren und zu importieren, nutzt den Bürgern aller Länder. Der internationale Handel erlaubt es jedem Land, sich auf das zu spezialisieren, was es am besten herstellen kann, und er bietet jedem einzelnen eine größere Vielfalt an Waren und Dienstleistungen.

Während der letzten vier Jahrzehnte ist das Welthandelsvolumen gestiegen, und als Folge daraus hat sich eine größere wechselseitige Abhängigkeit der am Handel beteiligten Volkswirtschaften entwickelt. Abbildung 7-1 stellt Importe und Exporte der Vereinigten Staaten als Prozentsatz ihres BSP dar. Sie zeigt deutlich die aufwärts gerichtete Entwicklung des internationalen Handels. In den fünfziger Jahren machten die Importe weniger als 5 Prozent des BSP aus, heute sind es fast 15 Prozent.

Der internationale Handel ist für die Vereinigten Staaten bedeutsam, aber eine lebenswichtige Rolle spielt er für die meisten anderen Länder. Abbildung 7-2 zeigt Importe und Exporte als Prozentsatz der Produktion für die sieben größten Industrienationen. In Kanada und in Großbritannien machen die Importe beispielsweise über 25 Prozent der heimischen Produktion aus. In diesen Ländern ist der internationale Handel eine zentrale Größe bei der Analyse der ökonomischen Entwicklung und der Formulierung wirtschaftspolitischer Maßnahmen.

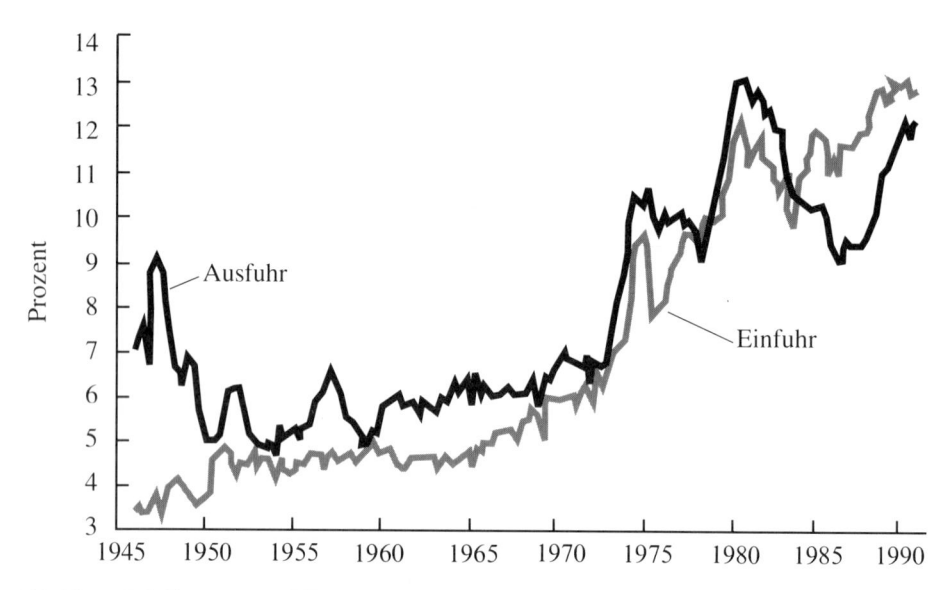

Abbildung 7-1: **Importe und Exporte der Vereinigten Staaten als Prozentsatz des BSP.** Die Bedeutung des internationalen Handels nimmt für die Volkswirtschaft der Vereinigten Staaten immer mehr zu.
Quelle: U.S. Department of Commerce.

Weil die wechselseitige Abhängigkeit zwischen den Volkswirtschaften der Welt so groß ist, spielen außenwirtschaftliche Fragen eine zentrale Rolle in der Weltpolitik. Bei Gipfeltreffen stehen ökonomische Probleme häufig ganz oben auf der Tagesordnung. Wirtschaftspolitische Entscheidungsträger müssen sowohl den internationalen Auswirkungen der von ihnen selbst getroffenen Maßnahmen große Aufmerksamkeit schenken als auch den Folgen der Wirtschaftspolitik, die in anderen Ländern verfolgt wird.

In früheren Kapiteln wurde die Analyse durch die Annahme vereinfacht, daß die betrachtete Volkswirtschaft keinen internationalen Handel treibt. Es wurde also angenommen, daß diese Volkswirtschaft geschlossen ist. Wie wir gerade gesehen haben, exportieren Volkswirtschaften in Wirklichkeit jedoch Waren und Dienstleistungen in das Ausland, und sie importieren Waren und Dienstleistungen aus dem Ausland. In diesem Kapitel beschäftigen wir uns zum ersten Mal mit der Makroökonomik offener Volkswirtschaften.

Kapitel 7 Die offene Volkswirtschaft

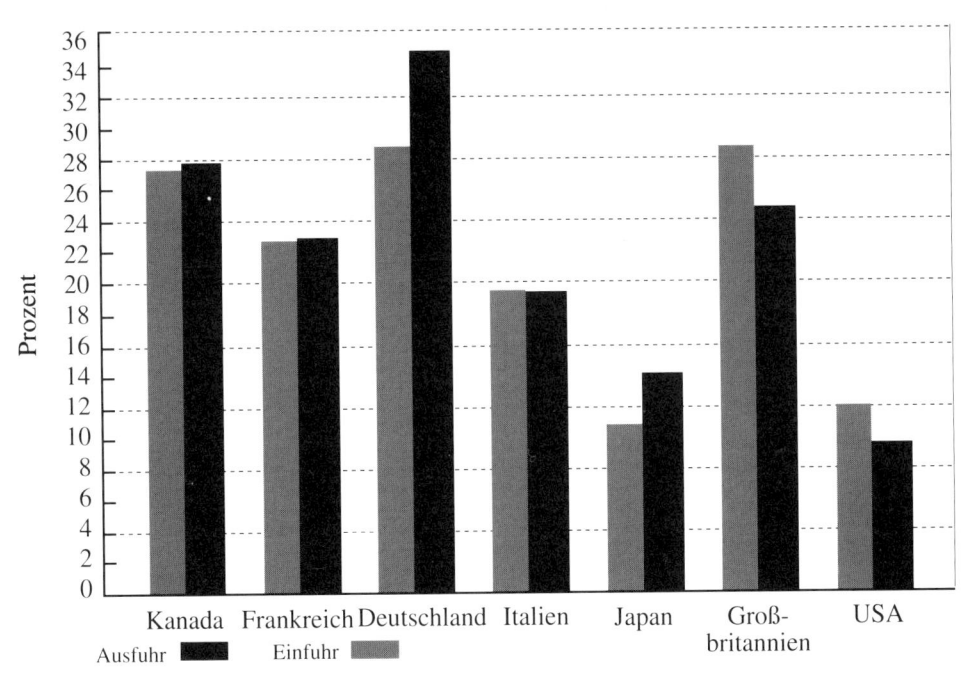

Abbildung 7-2: **Importe und Exporte als Prozentsatz des Outputs (1988).** Der internationale Handel ist zu einem zunehmend wichtigen Einflußfaktor für die amerikanische Volkswirtschaft geworden. Von noch größerer Bedeutung ist er für kleinere Länder.
Quelle: International Financial Statistics.

Dieses Kapitel beschäftigt sich mit drei Fragenkomplexen, die den internationalen Handel und den internationalen Kapitalverkehr betreffen. Wir beginnen mit konzeptionellen Fragen. Um die Funktionsweise einer offenen Volkswirtschaft zu begreifen, muß man die makroökonomischen Schlüsselvariablen verstehen, mit deren Hilfe die ökonomischen Wechselwirkungen zwischen den Ländern erfaßt werden. Aus diesem Grund werden wir uns in Abschnitt 7.1 mit der Volkswirtschaftlichen Gesamtrechnung für eine offene Volkswirtschaft befassen. Die Identitäten des volkswirtschaftlichen Rechnungswesens zeigen, daß der grenzüberschreitende Waren- und Dienstleistungsstrom in enger Beziehung zu den Finanzierungsströmen der Kapitalbildung steht.

Der zweite Fragenkreis betrifft die Bestimmungsgründe dieser internationalen Ströme. In Abschnitt 7.2 werden wir ein Modell der offenen Volkswirtschaft entwickeln, das zu unserem Modell der geschlossenen Volkswirtschaft aus Kapitel 3 korrespondiert. Wir können dieses Modell verwenden, um zu prüfen, worauf zurückzuführen ist, ob ein Land eine internationale Schuldner- oder Gläubigerposition einnimmt. Wir können mit

Hilfe dieses Modells auch analysieren, wie die heimische und die ausländische Wirtschaftspolitik die Kapital- und Güterströme beeinflußt.

Der dritte Fragenkreis bezieht sich auf die Preise, denen sich ein Land am Weltmarkt gegenübersieht. In Abschnitt 7.3 werden wir untersuchen, wodurch der Preis heimischer Güter relativ zum Preis ausländischer Güter bestimmt wird. Wir werden auch untersuchen, wie das Verhältnis bestimmt wird, zu dem die heimische Währung gegen ausländische Währung getauscht wird. Das Modell, das wir entwickeln werden, wird sich schließlich auch als hilfreich erweisen, wenn diskutiert wird, wie protektionistische Handelspolitik – eine Politik, die die heimischen Industrien vor der ausländischen Konkurrenz schützen soll – das Volumen des internationalen Handels und den Wechselkurs beeinflußt.

7.1 Volkswirtschaftliche Gesamtrechnung für eine offene Volkswirtschaft

Zu Beginn unserer Diskussion der Makroökonomik einer offenen Volkswirtschaft wollen wir nochmals einen Blick auf die Volkswirtschaftliche Gesamtrechnung werfen, mit der wir uns zum ersten Mal in Kapitel 2 beschäftigt haben.

Die Rolle der Nettoexporte

Zunächst wollen wir uns die Ausgaben für die produzierten Waren und Dienstleistungen einer Volkswirtschaft ansehen. In einer geschlossenen Volkswirtschaft wird der gesamte Output nur im Inland verkauft, und die Gesamtausgaben lassen sich in drei Kategorien einteilen: Konsum, Investitionen und staatliche Güterkäufe. In einer offenen Volkswirtschaft wird dagegen ein Teil der Produktion im Inland verkauft, ein anderer Teil wird exportiert und im Ausland verkauft. Die Ausgaben für die Produktion Y einer Volkswirtschaft lassen sich in vier Komponenten zerlegen:

- Konsum heimischer Güter und Dienstleistungen (C^d),
- Investitionen heimischer Güter und Dienstleistungen (I^d),
- staatliche Käufe heimischer Güter und Dienstleistungen (G^d),
- Exporte heimischer Güter und Dienstleistungen (EX).

Kapitel 7   Die offene Volkswirtschaft

Die Aufteilung der Ausgaben auf diese vier Komponenten wird durch folgende Identität beschrieben:

$$Y = C^d + I^d + G^d + EX.$$

Die Summe der ersten drei Komponenten ($C^d + I^d + G^d$) beschreibt die heimischen Ausgaben für inländische Waren und Dienstleistungen. Die vierte Komponente (EX) umfaßt die ausländischen Ausgaben für inländische Güter.

Wir wollen nun diese Identität in eine nützlichere Form bringen. Dabei ist zu berücksichtigen, daß die inländischen Ausgaben für *alle* Güter sich zusammensetzen aus den inländischen Ausgaben für *heimische* Güter *und* den inländischen Ausgaben für *ausländische* Güter. Folglich ist der gesamte inländische Konsum C gleich dem Konsum inländischer Güter C^d zuzüglich dem Konsum ausländischer Güter C^f. Die Investitionen I setzen sich zusammen aus den inländischen Investitionsgütern I^d und den ausländischen Investitionsgütern I^f. Die staatlichen Güterkäufe G setzen sich zusammen aus den Käufen inländischer Güter G^d und den Käufen ausländischer Güter G^f. Zusammenfassend kann man schreiben:

$$\begin{aligned} C &= C^d + C^f, \\ I &= I^d + I^f, \\ G &= G^d + G^f. \end{aligned}$$

Durch Einsetzen dieser drei Gleichungen in die obige Identität folgt:

$$Y = (C - C^f) + (I - I^f) + (G - G^f) + EX$$

und nach Umformung:

$$Y = C + I + G + EX - (C^f + I^f + G^f).$$

Die Summe der inländischen Ausgaben für ausländische Güter und Dienstleistungen ($C^f + I^f + G^f$) ergibt die Importausgaben (IM). Die Sozialproduktsidentität kann daher als

$$Y = C + I + G + EX - IM$$

geschrieben werden. In dieser Gleichung werden die Importausgaben subtrahiert, weil sie bereits in den inländischen Ausgaben ($C + I + G$) enthalten sind, die aus dem

Ausland importierten Güter aber nicht zum Output des betrachteten Landes gehören. Definiert man den **Nettoexport** als Differenz aus Exporten und Importen ($NX = EX - IM$), erhält die Sozialproduktsidentität folgendes Aussehen:

$$Y = C + I + G + NX.$$

Diese Gleichung besagt, daß die Ausgaben für die heimische Produktion gleich der Summe von Konsum, Investitionen, staatlichen Güterkäufen und Netto-Exporten ist. Diese Darstellung der Sozialproduktsidentität wird üblicherweise verwendet, sie sollte uns aus Kapitel 2 bereits bekannt sein.

Die Sozialproduktsidentität zeigt, in welchem Zusammenhang die Ausgaben für den inländischen Output, die inländischen Ausgaben und die Nettoexporte stehen. Insbesondere gilt:

$$NX = Y - (C + I + G).$$
$$\text{Nettoexporte} = \text{Output} - \text{inländische Ausgaben}$$

Übersteigt das inländische Produktionsvolumen die inländischen Ausgaben, dann wird die Differenz exportiert: die Nettoexporte sind positiv. Ist das inländische Produktionsvolumen geringer, dann wird die Differenz importiert: die Nettoexporte sind negativ.

Bruttosozialprodukt versus Bruttoinlandsprodukt

Das System der Sozialproduktsberechnung zeigt – und das gilt für die geschlossene wie für die offene Volkswirtschaft –, daß die Gesamtausgaben für den Output einer Volkswirtschaft mit dem Gesamteinkommen übereinstimmen müssen. In einer offenen Volkswirtschaft gibt es jedoch zwei unterschiedliche Maße für das Gesamteinkommen:

- Das **Bruttosozialprodukt (BSP)** ist das Einkommen, das die Inländer erzielen, also alle Wirtschaftseinheiten, die ihren ständigen Wohnsitz im Inland haben.

- Das **Bruttoinlandsprodukt (BIP)** ist das Einkommen, das im Inland erzielt wird. Es umfaßt im Inland entstandene Einkommen, die Ausländern zufließen, aber *nicht* die Einkommen, die Inländer im Ausland erzielen.

Diese beiden Einkommensmaße unterscheiden sich, weil nicht alle Produktionsfaktoren im Besitz der Einwohner des Landes sind, in dem sie eingesetzt werden.

Um den Unterschied zwischen BSP und BIP zu verdeutlichen, sollen einige Beispiele betrachtet werden. Nehmen wir an, ein amerikanischer Staatsbürger arbeitet vorübergehend in der Bundesrepublik. Das Einkommen, das er erzielt, ist Teil des Bruttoinlandsprodukts der Bundesrepublik, denn es entsteht im Inland. Das Einkommen ist jedoch kein Bestandteil des Bruttosozialprodukts der Bundesrepublik, weil der Arbeitnehmer hier keinen dauerhaften Wohnsitz hat. Analog gilt, daß das Einkommen eines Bundesbürgers, der in den Vereinigten Staaten arbeitet, Teil des deutschen BSP ist, nicht aber Teil des deutschen BIP.

Als weiteres Beispiel soll der Fall betrachtet werden, daß einem japanischen Staatsbürger in Frankfurt ein Mehrfamilienhaus gehört. Die Miete, die er erzielt, ist Teil des deutschen Bruttoinlandsprodukts, weil das Einkommen innerhalb der Bundesrepublik entsteht. Die Miete ist aber kein Teil des deutschen Bruttosozialprodukts, denn der Eigentümer hat seinen Wohnsitz nicht in der Bundesrepublik. Ähnlich ist der Gewinn, den ein Bundesbürger mit seiner Fabrik in Singapur macht, Bestandteil des deutschen BSP, nicht aber des deutschen BIP.

Sehen wir uns nun noch einmal die Sozialproduktsidentität an:

$$Y = C + I + G + NX.$$

Repräsentiert Y in dieser Gleichung nun das BSP oder das BIP? Die Antwort hängt von der Interpretation des Nettoexports NX ab. Solange wir NX jedoch konsistent zu Y auffassen, können wir Y entweder als BSP oder als BIP interpretieren.

Um diese Aussage zu verdeutlichen, wollen wir überlegen, was geschieht, wenn ein Bundesbürger durch Arbeit im Ausland Einkommen erzielt. Die Behandlung dieser Transaktion wirft zwei miteinander verbundene Fragen auf:

- Sollte dieses Einkommen als ein Bestandteil von Y angesehen werden?
- Sollte die Arbeitsleistung, die der Bundesbürger im Ausland erbringt, als Export angesehen werden und daher in NX enthalten sein?

Es spielt keine Rolle, wie wir diese Fragen beantworten, solange wir sie nur beide in gleicher Weise beantworten. Interpretieren wir Y als BIP, dann ist das im Ausland erzielte Einkommen kein Bestandteil von Y, und die Arbeitsleistungen dürfen kein Bestandteil von NX sein. Interpretieren wir dagegen Y als BSP, dann ist das im Ausland erzielte Einkommen in Y enthalten, und die Arbeitsleistungen sind Bestandteil von NX.

In diesem Buch bezeichnet Y das Bruttosozialprodukt. Daraus ergibt sich, daß NX die Leistungen der Produktionsfaktoren – Kapital und Arbeit – enthält, die Eigentum von Inländern sind und im Ausland eingesetzt werden.

Die Kapitalbilanz und die Leistungsbilanz

In einer offenen Volkswirtschaft besteht, genau wie in der geschlossenen Volkswirtschaft, die in Kapitel 3 diskutiert wurde, eine enge Beziehung zwischen den Finanzmärkten und den Gütermärkten. Um diese Beziehung erkennen zu können, müssen wir die Sozialproduktsidentität mit Hilfe der Begriffe „Ersparnis" und „Investitionen" ausdrücken. Ausgangspunkt ist folgende Identität:

$$Y = C + I + G + NX.$$

Werden auf beiden Seiten C und G subtrahiert, folgt:

$$Y - C - G = I + NX.$$

Aus Kapitel 3 ist bekannt, daß $Y - C - G$ die volkswirtschaftliche Ersparnis (S) ist, also die Summe aus privater Ersparnis ($Y - T - C$) und staatlicher Ersparnis ($T - G$). Daher gilt:

$$S = I + NX.$$

Werden alle Terme auf eine Seite der Gleichung gebracht, läßt sich die Sozialproduktsidentität als

$$(I - S) + NX = 0$$

schreiben. In dieser Form zeigt die Sozialproduktsidentität die Beziehung zwischen den internationalen Kapitalströmen ($I - S$) und den internationalen Güterströmen (NX).

Jeder Teil der Gleichung hat eine eigene Bezeichnung. $(I - S)$ ist der **Kapitalbilanzsaldo**. Der Kapitalbilanzsaldo beschreibt die Differenz zwischen inländischen Investitionen und inländischer Ersparnis. Die Investitionen können die Ersparnis übersteigen, weil die Investoren Investitionsprojekte durch die Aufnahme von Krediten an den Weltfinanzmärkten finanzieren können. Daher entspricht der Kapitalbilanzsaldo dem Volumen inländischer Kapitalakkumulation, das durch Kredite aus dem Ausland finanziert wurde. NX bezeichnet den **Leistungsbilanzsaldo**. Der Leistungsbilanzsaldo zeigt den Nettobetrag, den das Inland in der betrachteten Periode im Austausch für seine Nettogüterexporte erhält (einschließlich des Nettobetrages für die Nutzung von Produktionsfaktoren, die sich im Eigentum von Inländern befinden).

Die Sozialproduktsidentität zeigt, daß Kapitalbilanz und Leistungsbilanz zusammengenommen ausgeglichen sein müssen. Es gilt:

$$\text{Kapitalbilanzsaldo} + \text{Leistungsbilanzsaldo} = 0$$
$$(I - S) + NX = 0.$$

Ist $(I - S)$ positiv und NX negativ, dann liegen ein Kapitalbilanzüberschuß und ein Leistungsbilanzdefizit vor. In diesem Fall nehmen wir an den Weltfinanzmärkten Darlehen auf und importieren mehr Güter als wir exportieren. Ist $(I - S)$ negativ und NX positiv, dann liegen ein Kapitalbilanzdefizit und ein Leistungsbilanzüberschuß vor. In diesem Fall gewähren wir an den Weltfinanzmärkten Darlehen und exportieren mehr Güter als wir importieren.[1]

Die Beobachtung, daß Kapitalbilanz und Leistungsbilanz zusammengenommen immer ausgeglichen sein müssen, macht deutlich, daß der internationale Finanzstrom zur Finanzierung der Kapitalakkumulation und der internationale Güterstrom zwei Seiten derselben Medaille sind. Übersteigt einerseits die heimische Ersparnis die heimischen Investitionen, dann wird der Teil der Ersparnis, der nicht im Inland investiert wird, an das Ausland verliehen. Im Ausland wird dieser Betrag benötigt, weil vom Inland mehr Güter an das Ausland geliefert werden als umgekehrt, d.h. NX ist positiv. Übersteigen andererseits die heimischen Investitionen die heimische Ersparnis, dann muß der Differenzbetrag aus dem Ausland finanziert werden: Ausländer müssen an das Inland Geld verleihen. Der geliehene Betrag erlaubt es dem Inland, mehr Güter zu importieren als es exportiert – in diesem Fall ist NX negativ. Der internationale Kapitalstrom kann viele Formen annehmen. Am einfachsten ist es, so wie wir es bislang getan haben, anzunehmen, daß uns im Falle eines Kapitalbilanzüberschusses Ausländer Darlehen gewähren. Das passiert beispielsweise, wenn Japaner Anleihen kaufen, die deutsche Unternehmen oder die deutsche Regierung emittiert haben. Der Kapitalstrom kann aber auch – völlig äquivalent – entstehen, indem Ausländer inländische Vermögensobjekte kaufen. Würden japanische Investoren beispielsweise das BMW-Hochhaus in München kaufen, dann wäre diese Transaktion ein Teil des Kapitalbilanzüberschusses. In beiden Fällen – sowohl bei dem Kauf von im Inland emittierten Wertpapieren als auch beim

---

1 In dieser Betrachtung wurde eine weitere Kategorie, die Devisenbilanz, vernachlässigt. Bestimmte Transaktionen, wie z.B. der Kauf und Verkauf fremder Währung durch die Zentralbank, werden in der Devisenbilanz und nicht in der Kapitalbilanz erfaßt. Aus diesem Grund stimmt einerseits der Kapitalbilanzsaldo nicht genau mit $(I - S)$ überein, andererseits entspricht der Kapitalbilanzsaldo nicht präzise dem Leistungsbilanzsaldo. Für unsere Zwecke können wir jedoch annehmen, daß die Devisenbilanz immer ausgeglichen ist.

Kauf inländischer Vermögensobjekte durch Ausländer – erhalten Ausländer einen Anspruch auf die zukünftigen Erträge inländischen Kapitals. Mit anderen Worten gehört schließlich in beiden Fällen Ausländern ein Teil des inländischen Kapitalstocks.

7.2 Die internationalen Kapital- und Güterströme

Bislang hat sich unsere Diskussion der internationalen Ströme auf rein buchhalterische Identitäten beschränkt. Das heißt, wir haben eine Reihe von Variablen definiert, die die Transaktionen in einer offenen Volkswirtschaft erfassen, und haben die Verbindungen aufgezeigt, die sich aus diesen Definitionen ergeben. Im nächsten Schritt sollen nun diese Variablen in einem Modell verwendet werden, das ökonomisches Verhalten in einer offenen Volkswirtschaft zu erklären vermag. Das wird es uns dann erlauben, Fragen wie die nach der Reaktion von Kapital- und Leistungsbilanz auf Veränderungen der Wirtschaftspolitik zu beantworten.

Ein Modell der kleinen offenen Volkswirtschaft

In diesem Abschnitt soll ein Modell der internationalen Kapital- und Güterströme vorgestellt werden. Gemäß der Definition des Kapitalbilanzsaldos als Differenz von Investitionen und Ersparnis wird der Kapitalbilanzsaldo in dem nun zu entwickelnden Modell über diese beiden Größen erklärt. Durch das Modell wird somit auch der Leistungsbilanzsaldo erklärt, da dieser den Kapitalbilanzsaldo ausgleichen muß.

Bei der Entwicklung des Modells greifen wir auf einige Elemente unseres Modells des Gesamteinkommens aus Kapitel 3 zurück. Im Unterschied zu dem dort betrachteten Ansatz nehmen wir jetzt aber nicht an, daß der reale Zinssatz Ersparnis und Investitionen ins Gleichgewicht bringt. Stattdessen lassen wir zu, daß die Wirtschaft einen Kapitalbilanzüberschuß verzeichnet und sich gegenüber dem Ausland verschuldet, oder daß sie ein Kapitalbilanzdefizit verzeichnet und finanzielle Mittel an das Ausland verleiht.

Wenn der reale Zinssatz in diesem Modell nicht für den Ausgleich von Investitionen und Ersparnis sorgt, wie wird die Höhe des realen Zinssatzes dann bestimmt? Die einfachste Annahme ist die, daß es sich bei der betrachteten Wirtschaft um eine **kleine offene Volkswirtschaft** mit Zugang zu den Weltfinanzmärkten handelt. Mit „klein" meinen wir, daß diese Volkswirtschaft nur einen kleinen Teil des Weltmarktes ausmacht und daher, für sich genommen, nur einen vernachlässigbaren Einfluß auf das Zinsniveau am Weltmarkt hat. Mit „Zugang zu den Weltfinanzmärkten" meinen wir, daß die Regierung dieses Landes die internationalen Kapitalströme nicht behindert. Der Zinssatz dieser Wirtschaft wird dann mit dem **Weltzinssatz** (r^*) übereinstimmen, dem realen Zinssatz also, der auf den Weltkapitalmärkten herrscht. Es gilt:

$$r = r^*.$$

Für die kleine offene Volkswirtschaft ist der Weltzinssatz ein Datum.

Wir wollen für einen Augenblick etwas abschweifen und überlegen, wodurch der Weltzinssatz bestimmt wird. In einer geschlossenen Wirtschaft wird der Zinssatz durch das Gleichgewicht von Sparen und Investieren bestimmt. Eine Wirtschaft, die mit Sicherheit geschlossen ist, ist die Weltwirtschaft (sieht man von interplanetarem Handel einmal ab). Daher wird der Weltzinssatz durch das Gleichgewicht von Weltersparnis und Weltinvestitionen bestimmt. Unsere kleine offene Volkswirtschaft hat einen vernachlässigbaren Einfluß auf den Zinssatz am Weltkapitalmarkt, weil sie als kleiner Teil der Welt nur einen vernachlässigbaren Einfluß auf die Weltersparnis und die Weltinvestitionen hat.

Um das Modell der kleinen offenen Volkswirtschaft zu entwickeln, greifen wir auf drei Annahmen aus Kapitel 3 zurück:

- Der Output der Volkswirtschaft Y ist durch die vorhandenen Produktionsfaktoren und durch die verfügbare Produktionstechnologie festgelegt. Es gilt daher

$$Y = \bar{Y} = F(\bar{K}, \bar{L}).$$

- Je höher das verfügbare Einkommen $(Y - T)$ ist, desto höher ist auch der Konsum. Wir schreiben für die Konsumfunktion:

$$C = C(Y - T).$$

- Je höher der reale Zinssatz (r) ist, desto niedriger sind die Investitionen. Wir schreiben für die Investitionsfunktion:

$$I = I(r).$$

Dies sind die drei Schlüsselelemente unseres Modells. Falls bei einer dieser Gleichungen Verständnisprobleme auftreten, sollte man an dieser Stelle unterbrechen und sich nochmals Kapitel 3 genau anschauen, bevor man sich mit den folgenden Überlegungen beschäftigt.

Wir können nun zur Sozialproduktsidentität zurückkehren. Es gilt:

$$\text{Kapitalbilanzsaldo} = -\text{Leistungsbilanzsaldo}$$
$$NX = S - I$$
$$NX = (Y - C - G) - I.$$

Werden die drei aus Kapitel 3 übernommenen Hypothesen unter der Bedingung, daß der Zinssatz mit dem Weltzinssatz übereinstimmen muß, eingesetzt, erhält man:

$$NX = [\overline{Y} - C(\overline{Y} - \overline{T}) - \overline{G}] - I(r*)$$
$$= \overline{S} - I(r*).$$

Diese Gleichung zeigt, wodurch Ersparnis und Investitionen bestimmt werden – und damit der Kapital- und Leistungsbilanzsaldo ($I - S$ bzw. NX). Es sei daran erinnert, daß die Ersparnis von der Fiskalpolitik (G und T) abhängt, niedrigere Staatsausgaben oder höhere Steuern erhöhen die gesamtwirtschaftliche Ersparnis. Die Investitionen werden durch den realen Weltmarktzinssatz determiniert, hohe Zinssätze verhindern die Profitabilität einiger Investitionsprojekte. Daher werden Kapital- und Leistungsbilanzsaldo ebenfalls durch diese Variablen bestimmt. Wir können mit Hilfe dieser Beziehung untersuchen, wie die Kapitalbilanz und die Leistungsbilanz auf Veränderungen in der Volkswirtschaft (beispielsweise Veränderungen in der Fiskalpolitik) reagieren.

In Kapitel 3 haben wir Ersparnis und Investitionen graphisch genauso dargestellt wie in Abbildung 7-3. In der geschlossenen Volkswirtschaft des dritten Kapitels paßt sich der reale Zinssatz so an, daß Ersparnis und Investitionen ins Gleichgewicht gebracht werden – der gleichgewichtige Realzinssatz ergibt sich aus dem Schnittpunkt der beiden Kurven. In der kleinen offenen Volkswirtschaft entspricht der Realzinssatz jedoch dem Weltrealzinssatz. *Die Salden von Kapital- und Leistungsbilanz werden durch die Differenz der Höhe von Ersparnis und Investitionen bestimmt, die sich beim Weltrealzinssatz ergibt.*

An diesem Punkt mag man sich fragen, welcher Mechanismus dafür sorgt, daß der Leistungsbilanzsaldo (mit umgekehrtem Vorzeichen) gerade dem Kapitalbilanzsaldo entspricht. Die Bestimmungsgründe des Kapitalbilanzsaldos sind leicht zu verstehen. Ist die heimische Ersparnis geringer als die heimischen Investitionen, nehmen die Investoren Kredite im Ausland auf, übersteigt die Ersparnis die Investitionen, wird der Überschuß an das Ausland verliehen. Aber was veranlaßt Importeure und Exporteure, sich so zu verhalten, daß der internationale Güterstrom mit Sicherheit gerade dem internationalen

Kapitel 7   Die offene Volkswirtschaft   245

Kapitalstrom entspricht? Für den Augenblick soll diese Frage offen bleiben. Wir werden weiter unten auf sie zurückkommen, wenn wir die Bestimmungsgründe des Wechselkurses diskutieren.

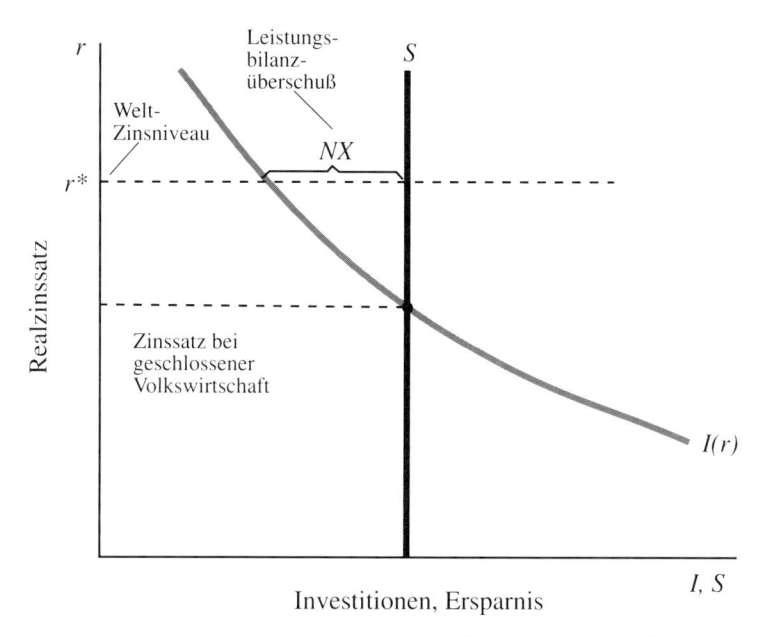

Abbildung 7-3: **Ersparnis und Investitionen als Funktion des realen Zinssatzes.** In einer geschlossenen Volkswirtschaft paßt sich der Zinssatz so an, daß Ersparnis und Investitionen ins Gleichgewicht kommen. In einer kleinen offenen Volkswirtschaft wird der Realzinssatz durch die Weltfinanzmärkte bestimmt. Die Differenz zwischen Ersparnis und Investitionen bestimmt den Kapitalbilanzsaldo und damit den Leistungsbilanzsaldo. In der Abbildung wird ein Leistungsbilanzüberschuß gezeigt, weil beim herrschenden Weltrealzinssatz die Ersparnis größer ist als die Investitionen.

Der Einfluß der Wirtschaftspolitik auf Kapital- und Leistungsbilanzsaldo

Wir wollen annehmen, daß der Handel der betrachteten Volkswirtschaft in dem Sinne ausgeglichen ist, daß die Exporte genauso groß sind wie die Importe. Mit anderen Worten wird also davon ausgegangen, daß zunächst Kapitalbilanzsaldo ($I - S$) und Leistungsbilanzsaldo (NX) gleich null sind. Mit Hilfe unseres Modells wollen wir nun die Folgen inländischer und ausländischer wirtschaftspolitischer Maßnahmen untersuchen.

Fiskalpolitik im Inland Zunächst soll überlegt werden, was in der kleinen offenen Volkswirtschaft passiert, wenn die Regierung über eine Erhöhung der staatlichen Güterkäufe die inländischen Ausgaben erhöht. Die Zunahme von G vermindert die gesamtwirtschaftliche Ersparnis, weil $S = Y - C - G$ gilt. Bei unverändertem Weltrealzinssatz verharren die Investitionen auf ihrem ursprünglichen Niveau. Daher nimmt der Überschuß der Investitionen über die Ersparnis, $I - S$, zu. Die verminderte Ersparnis führt zu einem Kapitalbilanzüberschuß, weil ein Teil der Investitionen durch Kredite im Ausland finanziert werden muß. Da einem Kapitalbilanzsaldo immer ein – mit umgekehrtem Vorzeichen – gleich hoher Leistungsbilanzsaldo gegenüberstehen muß, muß NX sinken, und es entsteht ein Leistungsbilanzdefizit.

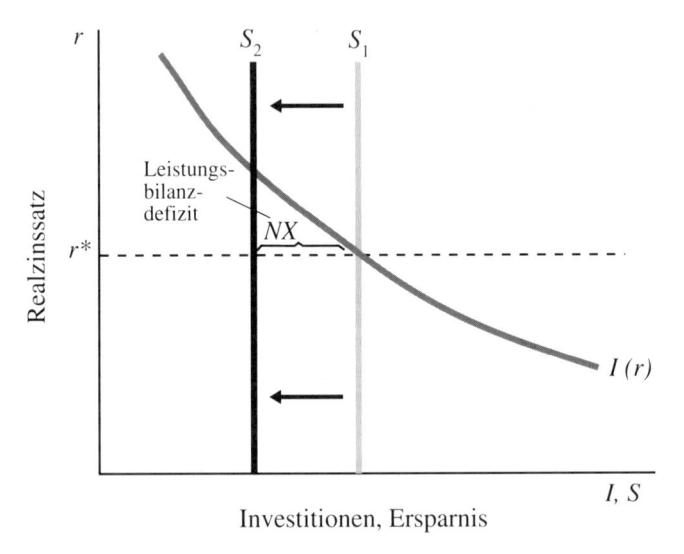

Abbildung 7-4: **Expansive Fiskalpolitik im Inland.** Eine Zunahme der staatlichen Güterkäufe oder eine Senkung der Steuern vermindert die gesamtwirtschaftliche Ersparnis und verschiebt die Sparkurve nach links. Dies führt zu einem Leistungsbilanzdefizit und einem Kapitalbilanzüberschuß.

Die gleichen Überlegungen kann man auf eine Verminderung der Steuern T anwenden. Eine Steuersenkung vergrößert das verfügbare Einkommen $Y - T$, stimuliert den Konsum und reduziert die gesamtwirtschaftliche Ersparnis. (Auch wenn ein Teil der Steuersenkung nicht konsumwirksam wird, sondern in die private Ersparnis fließt, geht die gesamtwirtschaftliche Ersparnis zurück, da die staatliche Ersparnis um den Gesamtbetrag der Steuersenkung abnimmt.) Der Rückgang der gesamtwirtschaftlichen Ersparnis führt seinerseits dann zu einer Zunahme von $I - S$ und einer Abnahme von NX.

Abbildung 7-4 illustriert diese Wirkungen der inländischen Fiskalpolitik. Fiskalpolitische Maßnahmen, die den privaten Konsum C oder den öffentlichen Konsum G erhöhen, führen zu einer Verminderung der gesamtwirtschaftlichen Ersparnis ($Y - C - G$). Damit verschiebt sich die Senkrechte, die die Ersparnis beschreibt, nach links. Weil der Leistungsbilanzsaldo NX dem Abstand zwischen Sparkurve und Investitionskurve beim herrschenden Weltrealzinssatz entspricht, wird durch diese Verschiebung NX verringert. *Ist der Handel in der Ausgangssituation ausgeglichen, führt eine Verminderung der gesamtwirtschaftlichen Ersparnis aufgrund einer Änderung der Fiskalpolitik folglich zu einem Kapitalbilanzüberschuß und zu einem Leistungsbilanzdefizit.*

Fallstudie 7-1: Das doppelte Defizit der achtziger Jahre

Für die Vereinigten Staaten waren die achtziger Jahre eine Zeit ungewöhnlich expansiver Fiskalpolitik. Mit der Unterstützung von Präsident Reagan verabschiedete der Kongreß 1981 ein Gesetzeswerk, das die persönlichen Einkommensteuern während der folgenden drei Jahre drastisch senkte. Aufgrund dieser Steuersenkungen betrug das Staatsdefizit des Bundes – der Überschuß der Bundesausgaben über die Steuereinnahmen – während eines großen Teils dieser Dekade nahezu vier Prozent des BSP. Unser Modell läßt vermuten, daß eine derartige Steuersenkung zu einem Rückgang der gesamtwirtschaftlichen Ersparnis führt und ein Leistungsbilanzdefizit zur Folge hat.

Abbildung 7-5 zeigt das Staatsdefizit des Bundes und das Leistungsbilanzdefizit als Prozentsatz des BSP für den Zeitraum ab 1960. Vor dem Jahr 1980 war der Staatshaushalt im großen und ganzen ausgeglichen. Mit der allmählichen Rückzahlung der aus dem zweiten Weltkrieg stammenden Staatsschulden gab es sogar einen kleinen Budgetüberschuß. In dieser Zeit wies die Leistungsbilanz einen Überschuß von etwa einem Prozent des BSP auf. Die Amerikaner sparten mehr als sie im Inland investierten, und die Differenz wurde im Ausland investiert.

In den achtziger Jahren operierte die Regierung jedoch mit einem Staatsdefizit, wie man es in Friedenszeiten noch nicht gesehen hatte. Die staatliche Kreditaufnahme, die zur Deckung des Defizits notwendig war, verminderte die gesamtwirtschaftliche Ersparnis und führte zu einem Leistungsbilanzdefizit sowie einem Kapitalbilanzüberschuß. Anders ausgedrückt begannen andere Länder, Geld an die Vereinigten Staaten auszuleihen. Die Vereinigten Staaten wurden von der größten Gläubigernation der Welt zur größten Schuldnernation.

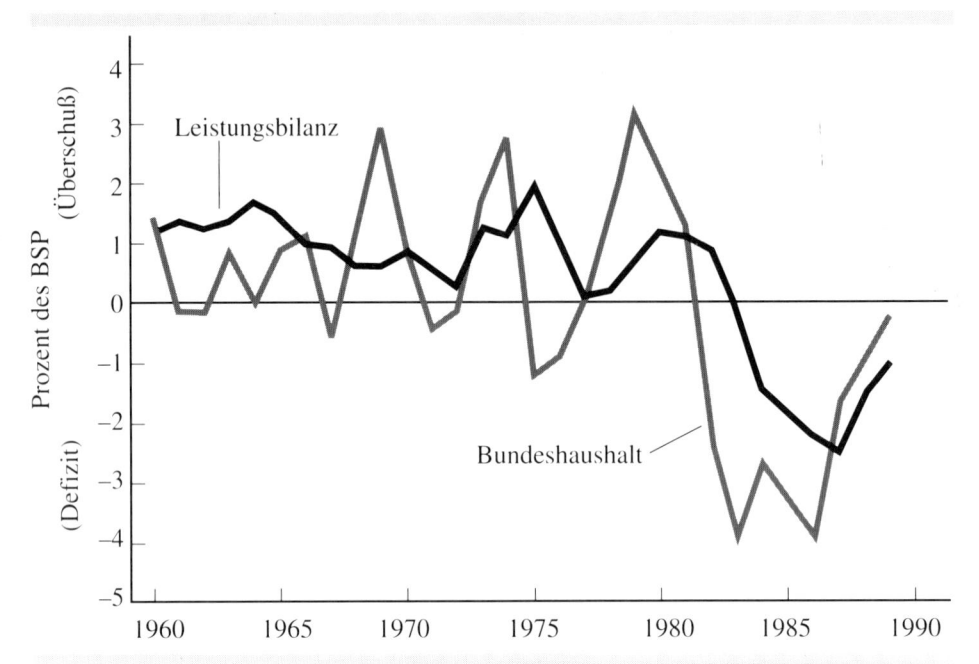

Abbildung 7-5: **Leistungsbilanzsaldo und Staatsdefizit in den Vereinigten Staaten.** Diese Abbildung zeigt das Budgetdefizit des Bundes und den Leistungsbilanzsaldo als Prozentsätze des BSP seit 1960. Positive Zahlen bezeichnen einen Überschuß, negative Zahlen ein Defizit. In den achtziger Jahren nahm die Regierung der Vereinigten Staaten große Budgetdefizite in Kauf, die zu einer Verminderung der gesamtwirtschaftlichen Ersparnis und zu großen Leistungsbilanzdefiziten führten. (Die Zahlen des Budgetdefizits sind um den Inflationseffekt bereinigt: nur die realen Zinszahlungen auf die Staatsschuld werden als Ausgaben gezählt. Für eine Diskussion des Bereinigungsverfahrens vgl. den Anhang zu Kapitel 16. Der dargestellte Leistungsbilanzsaldo entspricht den Nettoexporten zu laufenden Preisen aus der Volkswirtschaftlichen Gesamtrechnung.)
Quelle: U.S. Department of Commerce.

Fiskalpolitik im Ausland Wir wollen nun überlegen, welche Folgen sich für unsere kleine offene Volkswirtschaft ergeben, wenn eine ausländische Regierung die staatlichen Güterkäufe erhöht. Wenn das Ausland lediglich einen kleinen Teil der Weltwirtschaft ausmacht, dann hat diese fiskalpolitische Veränderung nur eine vernachlässigbare Wirkung auf die anderen Länder. Macht das Ausland jedoch einen großen Teil der Weltwirtschaft aus, dann vermindert die Zunahme der dortigen „ausländischen" Güterkäufe die Weltersparnis und erhöht damit den Weltrealzinssatz.

Die Zunahme des Weltrealzinssatzes verringert wiederum die Investitionen in unserer kleinen offenen Volkswirtschaft. Weil die inländische Ersparnis unverändert geblieben ist, muß $I - S$ sinken, was ein Kapitalbilanzdefizit impliziert. Anders ausgedrückt fließt ein Teil der inländischen Ersparnis nun in das Ausland. Wegen der Beziehung $NX = S - I$ muß die Verminderung von I eine Zunahme von NX bedingen. Folglich führt eine Verminderung der Ersparnis im Ausland zu einem Leistungsbilanzüberschuß des Inlandes.

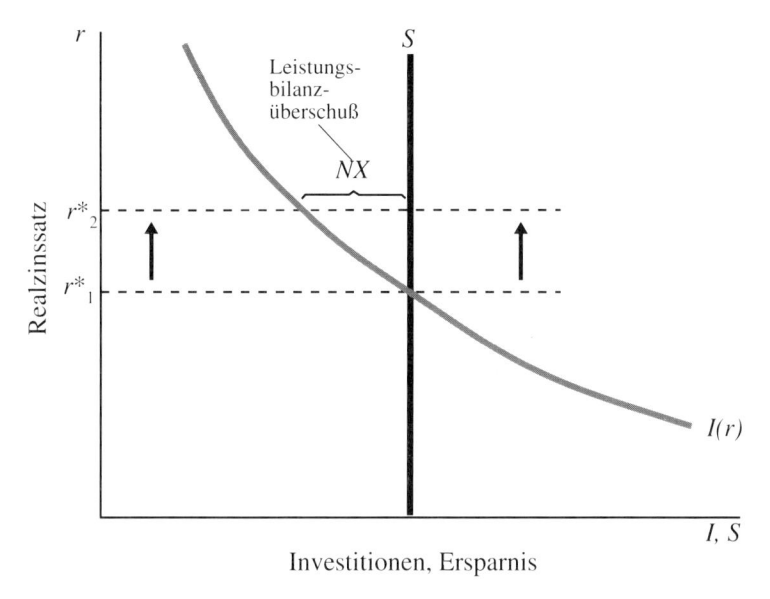

Abbildung 7-6: **Expansive Fiskalpolitik im Ausland.** Expansive Fiskalpolitik im Ausland führt zu einer Zunahme des Weltrealzinssatzes und damit zu einem Kapitalbilanzdefizit und einem Leistungsbilanzüberschuß.

Abbildung 7-6 illustriert, was mit einer kleinen offenen Volkswirtschaft geschieht, wenn im Ausland expansive Fiskalpolitik betrieben wird. In der Ausgangssituation seien die Leistungsbilanz und die Kapitalbilanz ausgeglichen. Weil die fiskalpolitische Veränderung im Ausland erfolgt, bleiben die inländische Sparkurve und die inländische Investitionskurve unberührt. Die einzige Veränderung ist der Anstieg des Weltrealzinssatzes. Da sich der Leistungsbilanzsaldo als Differenz zwischen den beiden Kurven darstellen läßt, führt eine Zunahme des Zinssatzes zu einem Leistungsbilanzüberschuß. *Zusammengefaßt gilt also, daß eine Zunahme des Weltrealzinssatzes aufgrund einer expansiven Fiskalpolitik des Auslands zu einem Kapitalbilanzdefizit und einem Leistungsbilanzüberschuß des Inlands führt.*

Verschiebungen der Investitionsnachfrage Wir wollen nun überlegen, welche Konsequenzen es für die kleine offene Volkswirtschaft hat, wenn sich ihre Investitionskurve nach außen verschiebt. Eine solche Verschiebung würde beispielsweise dann auftreten, wenn die Regierung die Steuergesetze so verändert, daß die einheimischen Investoren ermutigt werden. (Als Beispiel könnte man sich eine Investitionszulage vorstellen.) Abbildung 7-7 illustriert die Auswirkungen einer solchen Verschiebung der Investitionskurve. Für jeden gegebenen Weltrealzinssatz steigen die Investitionen. Weil die Ersparnis konstant geblieben ist, müssen die Investitionen durch Verschuldung im Ausland finanziert werden. Der Kapitalbilanzsaldo ($I - S$) steigt und der Leistungsbilanzsaldo ($NX = S - I$) sinkt. *Folglich führt eine Verschiebung der Investitionskurve nach außen zu einem Kapitalbilanzüberschuß und einem Leistungsbilanzdefizit.*

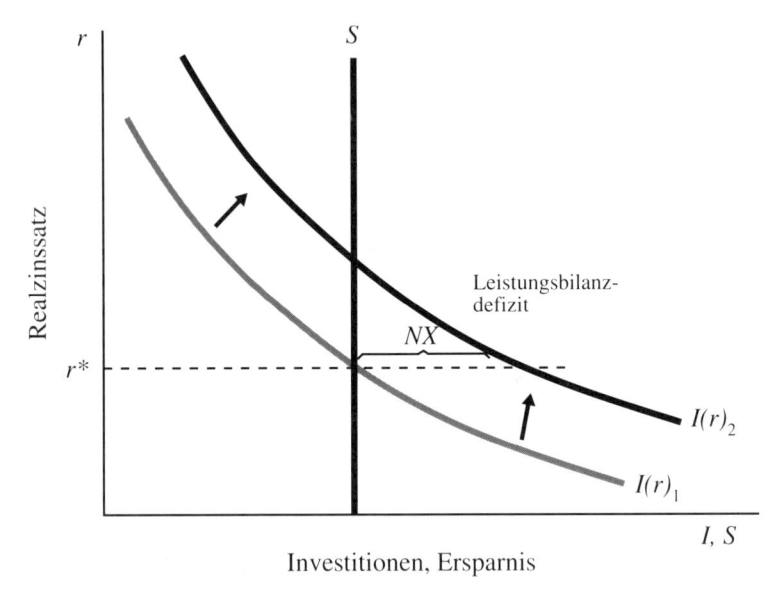

Abbildung 7-7: **Verschiebung der Investitionskurve.** Eine Verschiebung der Investitionskurve nach außen führt zu einem Kapitalbilanzüberschuß und zu einem Leistungsbilanzdefizit.

Bewertung der Wirtschaftspolitik

Die zentrale Aussage unseres Modells der offenen Volkswirtschaft besteht darin, daß der in der Leistungsbilanz erfaßte Strom an Waren und Dienstleistungen untrennbar mit den Finanzierungsströmen der Kapitalbildung verbunden ist, die in der Kapitalbilanz erfaßt werden. Weil der Saldo der Kapitalbilanz sich aus der Differenz von Investitionen und Ersparnis ergibt, kann man die Wirkungen der Wirtschaftspolitik auf die internationalen Güter- und Finanzierungsströme an ihren Wirkungen auf Investitionen und Ersparnis ablesen. Wirtschaftspolitische Maßnahmen, die die Investitionen erhöhen, drängen die Kapitalbilanz in Richtung Überschuß und die Leistungsbilanz in Richtung Defizit. Maßnahmen, die die Ersparnis vergrößern, drängen die Kapitalbilanz in Richtung Defizit und die Leistungsbilanz in Richtung Überschuß.

Unsere Analyse der offenen Volkswirtschaft ist eine positive, keine normative. Das bedeutet, daß unsere Analyse des Einflusses der Wirtschaftspolitik auf die internationalen Güter- und Finanzierungsströme nichts darüber aussagt, ob diese wirtschaftspolitischen Maßnahmen erwünscht sind oder nicht. Die Bewertung wirtschaftspolitischer Maßnahmen und ihrer Wirkungen auf die offene Volkswirtschaft ist regelmäßig ein Diskussionspunkt unter Ökonomen und Wirtschaftspolitikern.

In den Vereinigten Staaten der achtziger Jahre waren die Wirtschaftspolitiker mit der Frage konfrontiert, ob das Leistungsbilanzdefizit ein nationales Problem darstellt. Viele Ökonomen betrachteten es eher als ein Symptom, nicht jedoch als ein eigenständiges Problem. Das Leistungsbilanzdefizit der achtziger Jahre spiegelte historisch niedrige Sparquoten wider. Salopp ausgedrückt bedeuten niedrige Sparquoten, daß weniger für die Zukunft zurückgelegt wird. In einer geschlossenen Volkswirtschaft führt eine geringe Ersparnis zu niedrigen Investitionen und somit zu einem geringeren künftigen Kapitalstock. In einer offenen Volkswirtschaft führt eine geringe Ersparnis zu einer Zunahme der Auslandsverschuldung, die irgendwann schließlich zurückgezahlt werden muß. In beiden Fällen führt ein höherer Gegenwartskonsum zu einem geringeren Zukunftskonsum, mit der Konsequenz, daß zukünftige Generationen die Last der geringen gesamtwirtschaftlichen Ersparnis tragen müssen.

Leistungsbilanzdefizite sind jedoch nicht immer Reflex eines ökonomischen Leidens. Wenn arme ländliche Volkswirtschaften sich zu modernen Industriegesellschaften entwickeln, finanzieren sie häufig die erforderlichen hohen Investitionen durch Kreditaufnahme im Ausland. Daher können Kapitalbilanzüberschüsse und Leistungsbilanzdefizite manchmal auch ein Zeichen für wirtschaftliche Entwicklung sein. Wir lernen daraus, daß sich die wirtschaftliche Situation nicht allein anhand von Kapitalbilanz und Leistungsbilanz beurteilen läßt. Stattdessen müssen die den internationalen Güter- und Kapitalströmen zugrundeliegenden Ursachen analysiert werden.

7.3 Wechselkurse

Nachdem wir für die kleine offene Volkswirtschaft ein Modell der internationalen Kapital- und Güterströme konstruiert haben, wollen wir uns nun mit den Preisen befassen, die bei den hinter diesen Strömen stehenden Transaktionen eine Rolle spielen. Der **Wechselkurs** zwischen zwei Ländern ist der Preis, zu dem der Austausch zwischen den beiden Ländern stattfindet. In diesem Abschnitt untersuchen wir zunächst genauer, was der Wechselkurs mißt. Anschließend überlegen wir, wodurch die Höhe des Wechselkurses bestimmt wird.

Nominaler und realer Wechselkurs

Ökonomen unterscheiden zwischen zwei Wechselkursen: dem nominalen und dem realen. Wir wollen beide der Reihe nach betrachten und zeigen, in welcher Beziehung sie miteinander stehen.

Der nominale Wechselkurs Der **nominale Wechselkurs** ist der relative Preis der Währungen zweier Länder. Beträgt beispielsweise der Wechselkurs zwischen der Deutschen Mark und dem amerikanischen Dollar 2 DM pro Dollar, dann kann man am Weltdevisenmarkt 2 DM für einen Dollar eintauschen. Ein Bundesbürger, der Dollars kaufen möchte, müßte daher für jeden gekauften Dollar 2 DM bezahlen. Umgekehrt würde ein Amerikaner, der Deutsche Mark kaufen möchte, für jeden Dollar 2 DM erhalten. Wenn über „den Wechselkurs" gesprochen wird, ist meist der nominale Wechselkurs gemeint.

Fallstudie 7-2: Der Wechselkurs im Wirtschaftsteil einer Zeitung

Viele Zeitungen veröffentlichen in ihrem Wirtschaftsteil täglich die Wechselkurse. Die Übersicht auf der folgenden Seite entstammt dem *Wall Street Journal*.
  Man beachte, daß sich der Wechselkurs auf zwei Wegen darstellen läßt. Wenn man mit einem Dollar 2 DM kaufen kann, dann kann man mit einer DM einen halben Dollar kaufen. Im ersten Fall beträgt der Wechselkurs 2 DM pro Dollar, im zweiten Fall beträgt der Wechselkurs 0,50 Dollar pro DM. Da 2 gleich 1/0,5 ist, sind beide Wege der Beschreibung des Wechselkurses natürlich völlig äquivalent. Im weiteren drücken wir den Wechselkurs immer in Einheiten der Fremdwährung je DM aus. Der Dollarkurs in unserem Beispiel ist also 0,50 Dollar pro DM.
  Wenn der Wechselkurs heute 0,50 Dollar pro DM beträgt und gestern 0,52 Dollar pro DM war, dann liegt eine *Abwertung* der Deutschen Mark vor. Im umgekehrten Fall spricht man von einer *Aufwertung*.

Kapitel 7   Die offene Volkswirtschaft

```
                              EXCHANGE RATES
                            Tuesday, February 5, 1991
         The New York foreign exchange selling rates below apply
         to trading among banks in amounts of $1 million and more,
         as quoted at 3 p.m. Eastern time by Bankers Trust Co. Re-
         tail transactions provide fewer units of foreign currency per
         dollar.
                                           Currency                                                        Currency
                             U.S. $ equiv.  per U.S. $                                     U.S. $ equiv.   per U.S. $
         Country              Tues.  Mon.   Tues.   Mon.    Country                       Tues.    Mon.   Tues.    Mon.
         Argentina (Austral) ... .0001121 .0001059 8918.00 9440.00   Japan (Yen) .............   .007722  .007660  129.50  130.55
         Australia (Dollar) ......  .7775   .7825  1.2862  1.2780    30-Day Forward ....  .007714  .007652  129.64  130.69
         Austria (Schilling) .....  .09749  .09713 10.26   10.30     90-Day Forward ....  .007696  .007634  129.94  131.00
         Bahrain (Dinar) ........   2.6525  2.6525  .3770   .3770    180-Day Forward ...  .007678  .007614  130.25  131.33
         Belgium (Franc)                                             Jordan (Dinar) ........   1.4995   1.4995   .6669   .6669
           Commercial rate ....    .03332  .03319 30.01   30.13      Malta (Lira) ..........   3.4014   3.4014   .2940   .2940
         Brazil (Cruzeiro) ......   .00448  .00437 223.10  229.00    Mexico (Peso)
         Britain (Pound) ........  1.9925  1.9815  .5019   .5047       Floating rate .........  .0003375 .0003375 2963.00 2963.00
           30-Day Forward ....    1.9815  1.9706  .5047   .5075      Netherland (Guilder) .   .6088    .6062   1.6425  1.6495
           90-Day Forward ....    1.9600  1.9485  .5102   .5132      New Zealand (Dollar) .  .6005    .6007   1.6653  1.6647
           180-Day Forward ...    1.9325  1.9213  .5175   .5205      Norway (Krone) ........  .1753    .1745   5.7061  5.7296
         Canada (Dollar) ........   .8636   .8626  1.1580  1.1593    Pakistan (Rupee) ......  .0454    .0454   22.02   22.02
           30-Day Forward ....     .8607   .8597  1.1619  1.1632     Peru (New Sol) ........  1.9153   1.9608   .52     .51
           90-Day Forward ....     .8556   .8547  1.1688  1.1700     Philippines (Peso) ....  .03676   .03676  27.20   27.20
           180-Day Forward ...     .8507   .8496  1.1755  1.1770     Portugal (Escudo) ....   .007749  .007749 129.05  129.05
         Chile (Official rate) ..   .003055 .002967 327.29 337.00    Saudi Arabia (Riyal) ..   .26667   .26667  3.7500  3.7500
         China (Renmimbi) ....     .191205 .191205 5.2300  5.2300    Singapore (Dollar) ...   .5831    .5821   1.7150  1.7180
         Colombia (Peso) .......   .001769 .001727 565.40 579.00     South Africa (Rand)
         Denmark (Krone) .....      .1781   .1772   5.6150  5.6425     Commercial rate ....  .3956    .3958   2.5278  2.5268
         Ecuador (Sucre)                                               Financial rate ......   .3185    .3106   3.1400  3.2200
           Floating rate ..........  .001072 .001072 932.50 932.50   South Korea (Won) ..   .0013947 .0013947 717.00  717.00
         Finland (Markka) ......   .28209  .28102  3.5450  3.5585    Spain (Peseta) ........   .010917  .010864 91.60   92.05
         France (Franc)                                              Sweden (Krona) .......   .1828    .1823   5.4690  5.4845
           30-Day Forward ....    .20151  .20074  4.9625  4.9815     Switzerland (Franc) ..   .8039    .7997   1.2440  1.2505
           90-Day Forward ....    .20094  .20020  4.9765  4.9951       30-Day Forward ....  .8028    .7986   1.2456  1.2522
           180-Day Forward ...    .19980  .19903  5.0050  5.0243       90-Day Forward ....  .8010    .7964   1.2485  1.2556
         Germany (Mark) ......     .19808  .19732  5.0485  5.0680      180-Day Forward ...  .7986    .7938   1.2522  1.2598
                                   .6863   .6833   1.4570  1.4635
           30-Day Forward ....    .6851   .6820   1.4597  1.4663
           90-Day Forward ....    .6822   .6792   1.4658  1.4724    SDR ..................    1.44774  1.44525  .69073   .69192
           180-Day Forward ...    .6781   .6748   1.4748  1.4820    ECU ..................    1.39933  1.40198   ....     ....
         Greece (Drachma) ....    .006380 .006414 156.75  155.90       Special Drawing Rights (SDR) are based on exchange
         Hong Kong (Dollar) ..    .12827  .12827  7.7960  7.7960    rates for the U.S., German, British, French and Japanese
         India (Rupee) .........   .05382  .05382 18.58   18.58     currencies. Source: International Monetary Fund.
         Indonesia (Rupiah) ...    .0005305 .0005305 1885.01 1885.01    European Currency Unit (ECU) is based on a basket of
         Ireland (Punt) ........   1.8190  1.8160  .5498   .5507    community currencies. Source: European Community Com-
         Israel (Shekel) .......    .5071   .4998  1.9720  2.0008   mission.
         Italy (Lira) ..............  .0009124 .0009083 1096.00 1101.00
```

Quelle: Abdruck mit Erlaubnis des *Wall Street Journals.*

Der reale Wechselkurs Der **reale Wechselkurs** ist der relative Preis der Güter zweier Länder. Der reale Wechselkurs gibt also den Kurs wieder, zu dem man die Güter eines Landes gegen die Güter eines anderen Landes eintauschen kann. Der reale Wechselkurs wird oft auch durch den Begriff *terms of trade* bezeichnet.

Um die Beziehung zwischen realem und nominalen Wechselkurs zu verstehen, wollen wir ein einzelnes Produkt betrachten, das in vielen Ländern hergestellt wird, nämlich Autos. Nehmen wir an, daß ein deutsches Auto 10.000 DM und ein vergleichbares amerikanisches Auto 10.000 $ kostet. Um die Preise dieser Autos miteinander vergleichen zu können, müssen wir sie in eine gemeinsame Währung umrechnen. Wenn eine D-Mark 0,50 Dollar wert ist, dann kostet das amerikanische Auto 20.000 DM. Vergleichen wir den Preis des amerikanischen Wagens (20.000 DM) mit dem Preis des deutschen (10.000 DM), kommen wir zu dem Ergebnis, daß das deutsche Auto die Hälfte des amerikanischen kostet. Anders ausgedrückt können wir ein amerikanisches Auto gegen zwei deutsche Autos tauschen.

Dieses Beispiel zeigt, daß der reale Wechselkurs – der relative Preis der Güter zweier Länder – vom nominalen Wechselkurs und den Preisen der Güter (jeweils in heimischer Währung) abhängt. Die obige Berechnung läßt sich folgendermaßen zusammenfassen:

$$\text{Realer Wechselkurs} = \frac{(0{,}50 \text{ \$/DM}) \times (10.000 \text{ DM/deutsches Auto})}{(10.000\text{\$/amerikanisches Auto})}$$

$$= 0{,}50 \frac{\text{amerikanisches Auto}}{\text{deutsches Auto}}.$$

Zu diesen Preisen und zu diesem nominalen Wechselkurs erhält man ein halbes amerikanisches Auto für ein deutsches, d.h. ein deutsches Auto kostet die Hälfte eines amerikanischen. Allgemeiner läßt sich unsere Rechnung folgendermaßen ausdrücken:

$$\text{Realer Wechselkurs} = \frac{\text{Nominaler Wechselkurs} \times \text{Preis des heimischen Guts}}{\text{Preis des ausländischen Guts}}.$$

Der Kurs, zu dem ausländische und inländische Güter getauscht werden, hängt von den Preisen der Güter in der jeweiligen Währung und von dem Kurs ab, zu dem die Währungen getauscht werden.

Die eben durchgeführte Berechnung des realen Wechselkurses für ein einzelnes Gut legt nahe, wie vernünftigerweise der reale Wechselkurs für einen breiteren Warenkorb definiert werden sollte. Bezeichnen e den nominalen Wechselkurs (Anzahl Dollar pro DM), P das Preisniveau der Bundesrepublik (in DM) und P^* das Preisniveau der Vereinigten Staaten (in Dollar), dann gilt für den realen Wechselkurs ε:

$$\begin{array}{ccc} \text{Realer} \\ \text{Wechselkurs} \end{array} = \begin{array}{c} \text{Nominaler} \\ \text{Wechselkurs} \end{array} \times \begin{array}{c} \text{Verhältnis der} \\ \text{Preisniveaus} \end{array}$$

$$\varepsilon = e \times P/P^*.$$

Der reale Wechselkurs zwischen zwei Ländern errechnet sich aus dem nominalen Wechselkurs und den Preisniveaus der beiden Länder. *Ist der reale Wechselkurs hoch, dann sind ausländische Güter relativ billig und heimische Güter relativ teuer. Ist der reale Wechselkurs niedrig, sind ausländische Güter relativ teuer und heimische Güter relativ billig.*

Kapitel 7   Die offene Volkswirtschaft

Realer Wechselkurs und Nettoexport

Genau wie der Brotpreis die Nachfrage nach Brot beeinflußt, beeinflußt der relative Preis ausländischer und inländischer Güter die Nachfrage nach diesen Gütern. Ist der reale Wechselkurs niedrig, so daß inländische Güter relativ billig sind, werden die Inländer heimische Güter bevorzugen. Sie kaufen VWs statt Toyotas, sie trinken Einsiedler Landbier statt Pilsener und verbringen ihren Urlaub im Erzgebirge statt am Mittelmeer. Aus dem gleichen Grund werden Ausländer relativ viele inländische Güter kaufen. Folglich werden unsere Nettoexporte groß sein.

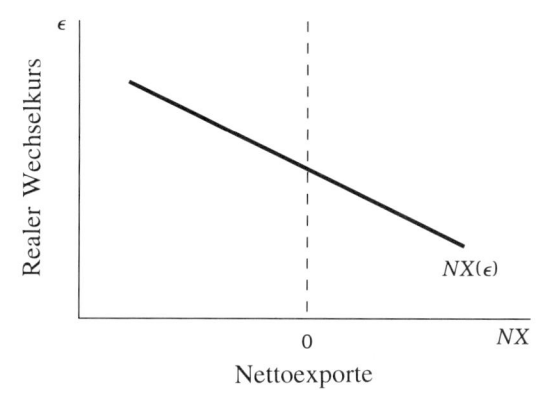

Abbildung 7-8: **Nettoexport und realer Wechselkurs.** Diese Abbildung zeigt die Beziehung zwischen realem Wechselkurs und Nettoexport: Je niedriger der reale Wechselkurs ist, desto teurer sind die ausländischen Güter in Relation zu den inländischen und desto größer ist unser Nettoexport. Der Leser beachte, daß auf einem Teil der Abszisse negative Werte von NX abgetragen sind. Da der Import den Export übersteigen kann, kann der Nettoexport kleiner sein als null.

Das Gegenteil wird der Fall sein, wenn der reale Wechselkurs hoch ist, so daß die inländischen Güter im Verhältnis zu ausländischen teuer sind. Die Inländer werden relativ viele Importgüter kaufen, und die Ausländer werden nur im geringen Umfang heimische Güter kaufen. Unsere Nettoexporte werden daher gering sein.

Die Abhängigkeit zwischen Nettoexport und realem Wechselkurs drücken wir durch folgende Beziehung aus:

$$NX = NX(\varepsilon).$$

Diese Gleichung besagt, daß der Nettoexport eine Funktion des realen Wechselkurses ist. Abbildung 7-8 illustriert diese negative Beziehung. Es sei daran erinnert, daß der

Nettoexport dem Leistungsbilanzsaldo entspricht. Abbildung 7-8 liefert daher auch eine Beziehung zwischen Leistungsbilanz und realem Wechselkurs.

Fallstudie 7-3: Wie Unternehmen auf den Wechselkurs reagieren

Unternehmen, die sich am internationalen Handel beteiligen, hängen in großem Ausmaß von der Wechselkursentwicklung ab. Diese Aussage wurde in den achtziger Jahren besonders deutlich, einer Dekade stark schwankender Wechselkurse. Der folgende Artikel aus der *New York Times* zeigt, wie die amerikanische Industrie 1988 auf den Rückgang des realen Wechselkurses reagierte. Wie werden sich wohl die Industrien anderer Länder in dieser Zeit verhalten haben?

Stahlexport steigt bei sinkendem Dollar Eine Reihe amerikanischer Stahlproduzenten unternimmt in Erwartung einer anhaltenden Dollarschwäche und einer zunehmenden Verknappung des Stahlangebots Schritte, um ihre Exporte auf das seit Jahren höchste Niveau zu schrauben.

USX beispielsweise, der größte Stahlproduzent der Vereinigten Staaten, reaktivierte unlängst seine lange ruhende, für den Export zuständige Tochtergesellschaft United States Steel International, Inc. Die Gesellschaft teilte auch mit, daß sie beabsichtigt, den Exportanteil innerhalb von zwei Jahren auf zehn Prozent anzuheben. Gegenwärtig fließt weniger als ein Prozent der Produktion in den Export.

Ähnlich äußerte sich die Armco Inc., ein in Parsippany, New Jersey, beheimateter Stahlproduzent. Armco Inc. plant eine Verdoppelung der Ausfuhr, die gegenwärtig bei fünf Prozent des Gesamtabsatzes liegt, innerhalb von zwei Jahren...

Führende Manager der Stahlindustrie erklären, daß ihr erneutes Interesse am Export auf die Erwartung zurückzuführen ist, daß der Dollar noch für längere Zeit schwach bleiben wird und für ausländische Nachfrager amerikanischer Stahl zunehmend konkurrenzfähig wird. Ein schwacher Dollar fördert den Export, indem er die entsprechenden Güter in anderen Währungen verbilligt...

„Seit Beginn der Dollarschwäche haben wir die Zahl der Mitarbeiter, die für das Auslandsgeschäft zuständig sind, um 20 Prozent erhöht", sagte Charles A. Stitt, stellvertretender Vorsitzender einer Tochtergesellschaft von Armco. „Wir glauben, daß der schwächere Dollar es uns ermöglichen wird, unsere Exporte nachhaltig zu erhöhen."

Aus der *New York Times* vom 13. Juni 1988.

Kapitel 7   Die offene Volkswirtschaft   257

Die Bestimmungsgründe des realen Wechselkurses

Um ein Modell des realen Wechselkurses zu konstruieren, kombinieren wir nun die Beziehung zwischen Nettoexport und realem Wechselkurs mit unserem Modell der Leistungsbilanz. Der reale Wechselkurs wird durch zwei Kräfte bestimmt:

- Der reale Wechselkurs steht in Beziehung zur Leistungsbilanz. Je höher der reale Wechselkurs ist, desto teurer sind die heimischen Güter in Relation zu den ausländischen, desto geringer ist die Nettoexportnachfrage, desto kleiner ist der Leistungsbilanzsaldo.
- Der Leistungsbilanzsaldo muß dem Kapitalbilanzsaldo entsprechen. Daraus ergibt sich, daß der Leistungsbilanzsaldo gleich der Differenz aus Ersparnis und Investitionen sein muß. Die Ersparnis wird durch die Konsumfunktion und die Fiskalpolitik bestimmt, die Investitionen ergeben sich aus der Investitionsfunktion und dem Weltrealzinssatz.

Abbildung 7-9 illustriert diese beiden Zusammenhänge. Die Kurve, die die Beziehung zwischen Leistungsbilanz und realem Wechselkurs wiedergibt, ist abwärts geneigt, weil ein hoher realer Wechselkurs zu niedrigen Nettoexporten führt. Die Kurve, die den Überschuß der Ersparnis über die Investitionen ($S - I$) beschreibt, verläuft vertikal, da weder Ersparnis noch Investitionen vom realen Wechselkurs abhängen. Der Schnittpunkt beider Kurven bestimmt den gleichgewichtigen realen Wechselkurs.

Abbildung 7-9 sieht wie ein ganz gewöhnliches Angebots-Nachfrage-Diagramm aus. Tatsächlich kann man das Diagramm auch dahingehend interpretieren, daß es das Angebot und die Nachfrage von ausländischer Währung, die getauscht werden soll, beschreibt. Die senkrechte Kurve ($S - I$) repräsentiert den Überschuß unserer Ersparnis über unsere Investitionen und damit das Angebot an D-Mark, die in ausländische Währung getauscht und im Ausland investiert werden soll. Die abwärtsgeneigte Kurve (NX) repräsentiert die Nettonachfrage nach D-Mark durch die Ausländer, die unsere Güter kaufen wollen. *Beim gleichgewichtigen realen Wechselkurs stimmt das DM-Angebot, das für die ausländische Kreditnachfrage zur Verfügung steht, mit der DM-Nachfrage von Ausländern überein, die unsere Nettoexporte kaufen. Anders ausgedrückt: Beim gleichgewichtigen realen Wechselkurs stimmt das DM-Angebot für in der Kapitalbilanz erfaßte Transaktionen mit der DM-Nachfrage für in der Leistungsbilanz erfaßte Transaktionen überein.*

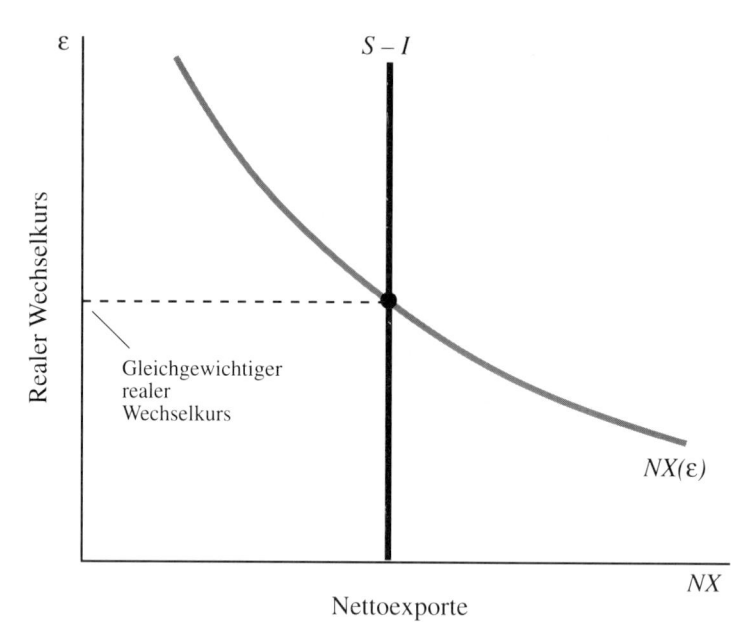

Abbildung 7-9: **Bestimmung des realen Wechselkurses.** Der reale Wechselkurs wird durch den Schnittpunkt der senkrechten Kurve, die die Differenz von Ersparnis und Investitionen beschreibt, und der abwärts geneigten Exportkurve bestimmt. In diesem Schnittpunkt stimmt das DM-Volumen, das für in der Kapitalbilanz erfaßte Transaktionen angeboten wird, mit dem DM-Volumen überein, das für in der Leistungsbilanz erfaßte Transaktionen nachgefragt wird.

Der Einfluß der Wirtschaftspolitik auf den realen Wechselkurs

Wir wollen nun unser Modell verwenden, um zu zeigen, wie die weiter oben diskutierten wirtschaftspolitischen Maßnahmen den realen Wechselkurs beeinflussen.

Fiskalpolitik im Inland Wie verändert sich der reale Wechselkurs, wenn die Regierung des Inlands die gesamtwirtschaftliche Ersparnis durch Ausgabenerhöhungen oder Steuersenkungen vermindert? Wie wir früher überlegt haben, verringert diese Verminderung der Ersparnis die Differenz $S - I$ und damit NX. Der Rückgang der Ersparnis verändert den Leistungsbilanzsaldo also in Richtung Defizit.

Abbildung 7-10 zeigt, wie sich der gleichgewichtige reale Zinssatz verändert, damit NX sinken kann. Die wirtschaftspolitischen Maßnahmen verschieben die senkrechte ($S - I$)-Kurve nach links und verringern damit das DM-Angebot. Das geringere Angebot führt dazu, daß der gleichgewichtige reale Wechselkurs steigt, d.h. der Wert der DM nimmt zu. Wegen des Anstiegs des Wertes der D-Mark werden Güter der heimischen Produktion im Verhältnis zu ausländischen Gütern teurer. Die Exporte gehen zurück, und die Importe steigen.

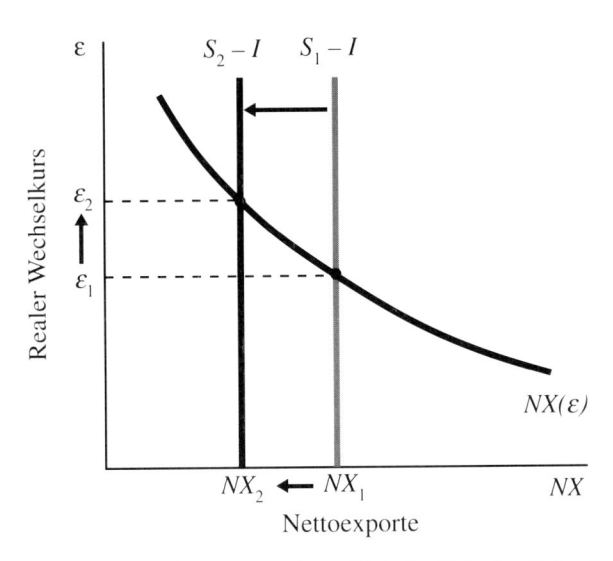

Abbildung 7-10: **Die Wirkung einer expansiven Fiskalpolitik des Inlands auf den realen Wechselkurs.** Eine expansive Fiskalpolitik des Inlands verringert die gesamtwirtschaftliche Ersparnis. Dadurch sinkt das DM-Angebot, und der reale Wechselkurs steigt.

Fiskalpolitik im Ausland Wie verändert sich der reale Wechselkurs, wenn die Regierung des Auslands die Ausgaben erhöht oder die Steuern senkt? Diese fiskalpolitischen Maßnahmen vermindern die Weltersparnis und erhöhen damit den Weltrealzinssatz. Die Erhöhung des Weltrealzinssatzes verringert die inländischen Investitionen I, wodurch sich die Differenz S - I und damit der Nettoexport (NX) erhöht. Der Anstieg des Weltrealzinssatzes verändert den Leistungsbilanzsaldo also in Richtung Überschuß.

Wie in Abbildung 7-11 gezeigt wird, verschiebt die Wirtschaftspolitik des Auslands die senkrechte (S - I)-Kurve nach rechts und vergrößert damit das DM-Angebot. Der gleichgewichtige reale Wechselkurs sinkt, d.h. der Wert der DM nimmt ab, und heimische Güter werden relativ zu ausländischen billiger.

Verschiebungen der Investitionsnachfrage Wie verändert sich der reale Wechselkurs, wenn die Investitionsnachfrage steigt, z.B. aufgrund einer Investitionszulage? Bei gegebenem Weltrealzinssatz führt die Zunahme der Investitionsnachfrage zu höheren Investitionen. Ein höherer Wert von I bedeutet geringere Werte von (S - I) und NX. Die Zunahme der Investitionsnachfrage verschiebt den Leistungsbilanzsaldo in Richtung Defizit.

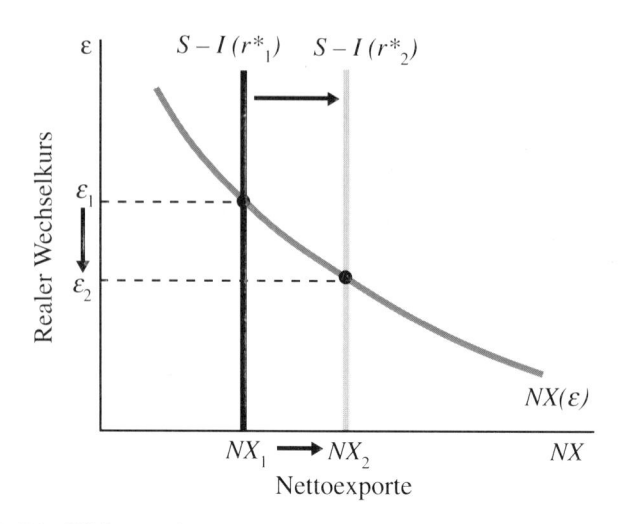

Abbildung 7-11: **Die Wirkung einer expansiven Fiskalpolitik des Auslands auf den realen Wechselkurs.** Eine expansive Fiskalpolitik des Auslands verringert die Weltersparnis, erhöht den Weltrealzinssatz und vermindert dadurch die inländischen Investitionen. Die Verminderung der Investitionen führt zu einer Zunahme des DM-Angebot und zu einer Verringerung des realen Wechselkurses.

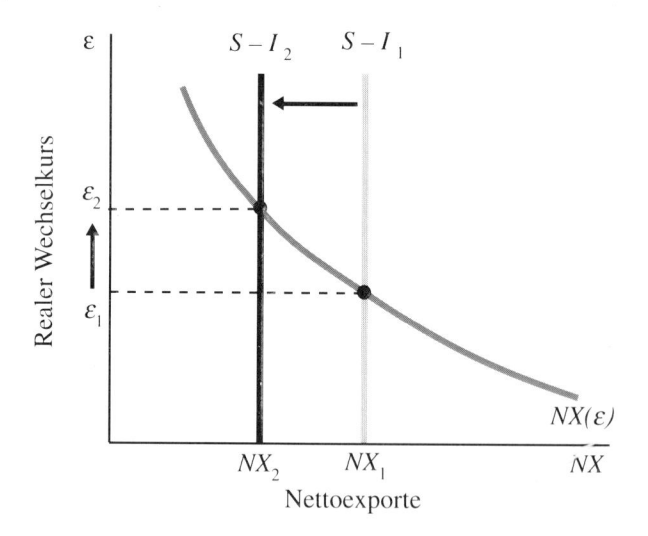

Abbildung 7-12: **Die Wirkung einer Erhöhung der Investitionsnachfrage auf den realen Wechselkurs.** Eine Erhöhung der Investitionsnachfrage führt zu einem Anstieg der inländischen Investitionen. Dadurch kommt es zu einer Verringerung von $(S - I)$, einem Rückgang des DM-Angebots und einer Zunahme des realen Wechselkurses.

Abbildung 7-12 zeigt, daß eine Zunahme der Investitionsnachfrage die senkrechte (S - I)-Linie nach links verschiebt und damit das DM-Angebot verringert, das im Ausland investiert werden kann. Der gleichgewichtige reale Wechselkurs steigt. Erhöht also eine Investitionszulage die Attraktivität inländischer Investitionen, dann erhöht sie auch den Wert der D-Mark, so daß inländische Güter relativ zu ausländischen teurer werden.

Die Wirkungen der Handelspolitik

Nachdem wir nun ein Modell entwickelt haben, das die Kapitalbilanz, die Leistungsbilanz und den realen Wechselkurs erklärt, sind wir in der Lage, die makroökonomischen Wirkungen von handelspolitischen Maßnahmen zu analysieren. In einer weiten Definition versteht man unter Handelspolitik Maßnahmen, mit denen die Mengen der exportierten oder importierten Güter direkt beeinflußt werden sollen. In der Regel soll mit handelspolitischen Maßnahmen die inländische Industrie vor ausländischer Konkurrenz geschützt werden – sei es durch Steuern auf die Importe (Importzölle) oder durch Beschränkung der Menge an Waren und Dienstleistungen, die importiert werden darf (Importquoten).

Als Beispiel für protektionistische Handelspolitik wollen wir überlegen, was geschieht, wenn die Regierung den Import ausländischer Kraftfahrzeuge verbietet. Für jeden gegebenen realen Wechselkurs wäre der Import nun geringer als zuvor, der Nettoexport (Export minus Import) also höher. Die Nettoexportkurve verschiebt sich daher nach außen, so wie es in Abbildung 7-13 gezeigt wird. Im neuen Gleichgewicht ist der reale Wechselkurs höher, während der Nettoexport das ursprüngliche Niveau aufweist.

Diese Überlegung zeigt, daß protektionistische Handelspolitik den Leistungsbilanzsaldo nicht berührt. Diese Schlußfolgerung ist sehr wichtig, wird in der öffentlichen Diskussion aber häufig übersehen. Weil ein Leistungsbilanzdefizit den Überschuß des Imports über den Export widerspiegelt, könnte man vermuten, daß eine Verminderung des Imports - etwa durch ein Importverbot für ausländische Autos - das Leistungsbilanzdefizit vermindert. Unser Modell macht jedoch deutlich, daß protektionistische Handelspolitik lediglich zu einer Erhöhung des realen Wechselkurses führt. Die Erhöhung des Preises inländischer Güter relativ zu den ausländischen führt tendenziell zu geringeren Nettoexporten. Damit wird die Zunahme der Nettoexporte konterkariert, die direkt auf die Handelsbeschränkung zurückzuführen ist. Um den Leistungsbilanzsaldo zu verändern, muß der Kapitalbilanzsaldo verändert werden, also die Differenz aus Investitionen und Ersparnis. Weil die protektionistische Politik weder die Investitionen noch die Ersparnis berührt, kann sie auch nicht den Kapitalbilanzsaldo oder den Leistungsbilanzsaldo verändern.

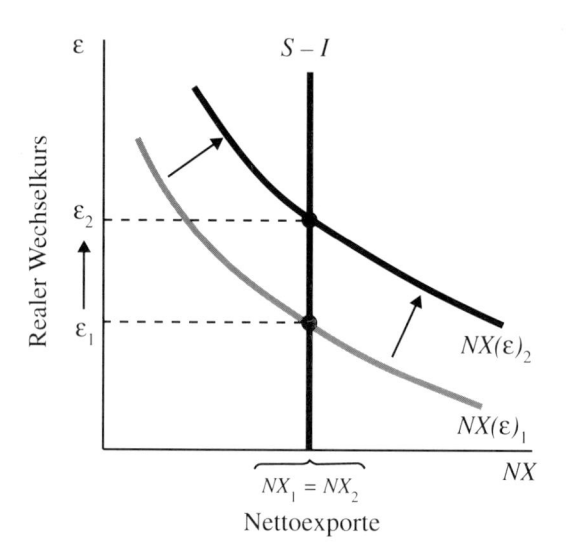

Abbildung 7-13: **Die Wirkung protektionistischer Handelspolitik auf den realen Wechselkurs.** Protektionistische Handelspolitik, etwa ein Importverbot für ausländische Kraftfahrzeuge, erhöht die Nettoexportnachfrage und damit den realen Wechselkurs.

Protektionistische Maßnahmen haben dagegen sehr wohl Einfluß auf das Handelsvolumen. Weil der reale Wechselkurs steigt, werden die im Inland hergestellten Güter relativ zu den ausländischen Waren und Dienstleistungen teurer. Das Inland exportiert im neuen Gleichgewicht daher weniger als zuvor. Da der Nettoexport jedoch unverändert bleibt, muß auch unser Import sinken. Protektionistische Maßnahmen verringern also sowohl das Importvolumen als auch das Exportvolumen.

Diese Verminderung des Handelsvolumens ist der Grund, warum sich Ökonomen fast immer gegen protektionistische Handelspolitiken aussprechen. Der internationale Handel bringt allen beteiligten Ländern Vorteile, weil er es ihnen erlaubt, sich auf die Güter zu spezialisieren, die sie am besten herstellen können, und weil er für jeden Konsumenten und Investor eine größere Vielfalt der angebotenen Waren und Dienstleistungen bedeutet. Protektionistische Maßnahmen vermindern die Wohlfahrtsgewinne aus dem internationalen Handel. Obwohl diese Maßnahmen für einzelne Gruppen der Gesellschaft einen Vorteil bedeuten – z.B. hilft ein Importverbot für Autos den inländischen Automobilherstellern – stellt sich die Gesellschaft insgesamt schlechter, wenn durch protektionistische Maßnahmen das internationale Handelsvolumen verringert wird.

Die Determinanten des nominalen Wechselkurses

Wir wenden unsere Aufmerksamkeit jetzt dem nominalen Wechselkurs zu, dem Kurs, zu dem die Währungen zweier Länder getauscht werden. An dieser Stelle wollen wir uns noch einmal die weiter oben abgeleitete Beziehung zwischen realem und nominalem Wechselkurs in Erinnerung rufen:

$$\text{Realer Wechselkurs} = \text{Nominaler Wechselkurs} \times \text{Verhältnis der Preisniveaus}$$

$$\varepsilon = e \times P/P^*.$$

Für den nominalen Wechselkurs können wir schreiben:

$$e = \varepsilon \times (P^*/P).$$

Diese Gleichung zeigt, wodurch der nominale Wechselkurs bestimmt wird: Er hängt vom realen Wechselkurs und den Preisniveaus der beiden Länder ab. Steigt das inländische Preisniveau P, dann wird der nominale Wechselkurs e sinken: Weil eine D-Mark jetzt weniger wert ist, kann man mit ihr weniger Dollar kaufen. Steigt andererseits das amerikanische Preisniveau P^*, wird der nominale Wechselkurs steigen: Weil der Wert des Dollars geringer geworden ist, kann man mit einer D-Mark eine größere Anzahl an Dollars kaufen.

Es ist lehrreich, die Veränderung von Wechselkursen im Zeitablauf zu betrachten. Die Wechselkursgleichung läßt sich in Wachstumsraten folgendermaßen aufschreiben:

$$\% \text{ Änderung von } e = \% \text{ Änderung von } \varepsilon + \% \text{ Änderung von } P^* - \% \text{ Änderung von } P.$$

Die prozentuale Änderung von ε ist die Veränderung des realen Wechselkurses. Die prozentuale Änderung von P ist die inländische Inflationsrate (π), und die prozentuale Änderung von P^* ist die ausländische Inflationsrate (π^*). Die prozentuale Änderung des nominalen Wechselkurses kann daher geschrieben werden als:

$$\% \text{ Änderung von } e = \% \text{ Änderung von } \varepsilon + (\pi^* - \pi).$$

Diese Gleichung besagt, daß die relative Änderung des nominalen Wechselkurses zwischen den Währungen zweier Länder gleich der Änderung des realen Wechselkurses zuzüglich der Differenz ihrer Inflationsraten ist. *Weist das Ausland im Vergleich zur Bundesrepublik eine hohe Inflationsrate auf, dann wird man für eine D-Mark im Zeitverlauf immer mehr Einheiten der ausländischen Währung kaufen können. Hat das*

Ausland dagegen eine im Vergleich zur Bundesrepublik niedrige Inflationsrate, wird man im Zeitverlauf für eine D-Mark immer weniger Einheiten der ausländischen Währung kaufen können.

Diese Analyse zeigt den Einfluß der Geldpolitik auf den nominalen Wechselkurs. Aus Kapitel 6 wissen wir, daß ein hohes Geldmengenwachstum zu hohen Inflationsraten führt. Eine Folge der hohen Inflation ist die Abwertung der Währung: ein hohes π impliziert ein sinkendes e. Genau wie das Wachstum der Geldmenge den Preis der Güter ausgedrückt in Geldeinheiten erhöht, erhöht das Wachstum der Geldmenge tendenziell auch den Preis ausländischer Währungen ausgedrückt in Einheiten der inländischen Währung.

Fallstudie 7-4: Inflation und nominaler Wechselkurs

Vergleicht man Wechselkurs- und Preisniveaudaten verschiedener Länder, wird die Bedeutung der Inflation für die Erklärung von Wechselkursveränderungen schnell deutlich. Am drastischsten sind die Beispiele, die sich auf Zeiten der Hyperinflation beziehen. So stieg beispielsweise das Preisniveau in Mexiko zwischen 1983 und 1988 um 2.300 Prozent. Wegen dieser Inflation ist die Summe an Pesos, die man mit einem Dollar kaufen konnte, von 144 im Jahr 1983 auf 2.281 im Jahr 1988 gestiegen.

Die gleiche Beziehung zeigt sich für Länder mit gemäßigteren Inflationsraten. Abbildung 7-14 ist ein Streudiagramm mit Zahlen für sechs große Länder. Gezeigt wird die Beziehung zwischen Inflation und Wechselkurs. Auf der horizontalen Achse sind die Inflationsdifferenzen zwischen den durchschnittlichen Inflationsraten der einzelnen Länder und der durchschnittlichen Inflationsrate der Vereinigten Staaten dargestellt. Auf der vertikalen Achse ist die durchschnittliche prozentuale Veränderung der Wechselkurse zwischen den Währungen jedes der betrachteten Ländern und dem US-Dollar abgetragen. Die positive Beziehung zwischen den beiden dargestellten Variablen ist deutlich erkennbar. Länder mit einer relativ hohen Inflationsrate haben tendenziell schwache Währungen, Länder mit einer relativ niedrigen Inflationsrate haben tendenziell starke Währungen.

Als Beispiel kann man den Wechselkurs zwischen D-Mark und US-Dollar betrachten. Sowohl die Vereinigten Staaten als auch Deutschland haben in den letzten 20 Jahren eine inflationäre Entwicklung durchgemacht. Daher kann man für eine Mark genau wie für einen Dollar heute weniger Güter kaufen als früher. Wie Abbildung 7-14 zeigt, war die Inflation in Deutschland jedoch geringer als in den Vereinigten Staaten. Das bedeutet, daß der Wert der D-Mark weniger stark

Kapitel 7   Die offene Volkswirtschaft

gefallen ist als der Wert des Dollars. Daher ist die Anzahl an Dollars, die man mit einer DM kaufen kann, im Verlauf der Zeit gestiegen.

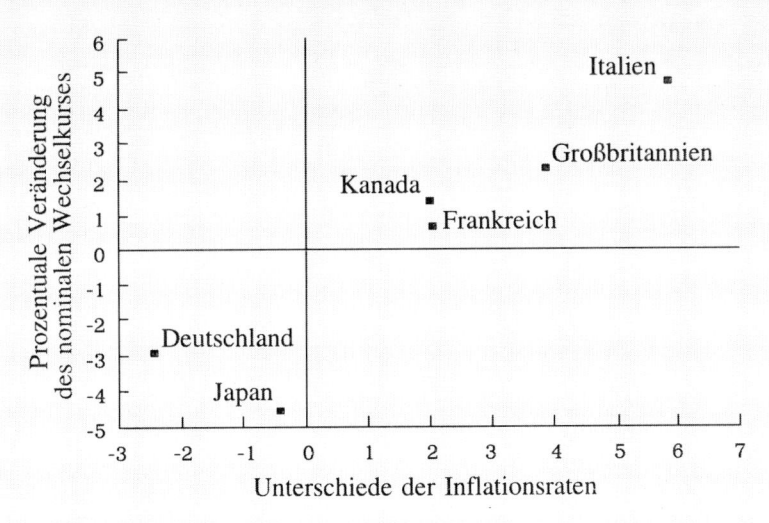

Abbildung 7-14: **Inflationsunterschiede und Wechselkurs.** Dieses Streudiagramm zeigt die Beziehung zwischen Inflation und nominalem Wechselkurs. An der horizontalen Achse sind die durchschnittlichen Inflationsraten der einzelnen Länder abzüglich der durchschnittlichen Inflationsrate des Dollars für die Zeit von 1970-1988 abgetragen. An der vertikalen Achse ist die durchschnittliche prozentuale Veränderung des Wechselkurses (je US-Dollar) für den gleichen Zeitraum abgetragen. Es wird deutlich sichtbar, daß Länder mit einer vergleichsweise hohen Inflationsrate Abwertungen haben hinnehmen müssen, während die Währungen von Ländern mit einer relativ niedrigen Inflationsrate aufgewertet worden sind.

Das Kaufkraftparitäten-Theorem

Ein fundamentaler Lehrsatz der Wirtschaftswissenschaft, das *Gesetz von der Unterschiedslosigkeit der Preise*, besagt, daß das gleiche Gut zum selben Zeitpunkt nicht an verschiedenen Orten zu unterschiedlichen Preisen verkauft werden kann. Wenn ein Zentner Weizen sich in Dresden teurer verkaufen läßt als in Chemnitz, dann lassen sich Gewinne machen, wenn man in Chemnitz Weizen kauft, ihn nach Dresden bringt und dort verkauft. Immer auf der Suche nach solchen Gelegenheiten, werden clevere Arbitrageure den Preis in Chemnitz nach oben und in Dresden nach unten treiben – und damit sicherstellen, daß sich die Preise auf allen Märkten angleichen.

Das Gesetz von der Unterschiedslosigkeit der Preise läßt sich auch auf den Weltmarkt übertragen. Er ist in dieser Form als **Kaufkraftparitäten-Theorem** bekannt und besagt, daß eine D-Mark (oder jede andere Währung) in allen Ländern die gleiche Kaufkraft haben muß. Dahinter steckt folgende Überlegung: Wenn man mit einer D-

Mark im Inland mehr Weizen kaufen kann als im Ausland, dann besteht die Gelegenheit, dadurch Gewinne zu erzielen, daß man Weizen im Inland kauft und im Ausland verkauft. Gewinnsuchende Arbitrageure würden daher den inländischen im Vergleich zum ausländischen Preis in die Höhe treiben. Könnte man mit einer D-Mark im Ausland mehr Weizen kaufen als im Inland, würden Arbitrageure Weizen im Ausland kaufen und im Inland verkaufen. Der dadurch entstehende Druck würde den Inlandspreis relativ zum Auslandspreis nach unten drücken. Das Gewinnstreben internationaler Arbitrageure bringt daher die internationalen Weizenpreise ins Gleichgewicht.

Das Kaufkraftparitäten-Theorem läßt sich im Rahmen unseres Wechselkursmodells interpretieren. Die schnelle Reaktion der internationalen Arbitrageure bedeutet, daß der Nettoexport sehr reagibel in bezug auf kleine Veränderungen des realen Wechselkurses sein muß. Eine geringfügige Senkung des Preises der inländischen Güter relativ zu den ausländischen Gütern – also ein geringfügiger Rückgang des realen Wechselkurses – veranlaßt Arbitrageure, Güter im Inland zu kaufen und im Ausland zu verkaufen. Analog veranlaßt ein geringfügiger Anstieg des relativen Preises inländischer Güter die Arbitrageure dazu, Güter aus dem Ausland zu importieren. Dies impliziert, wie in Abbildung 7-15 gezeigt, einen sehr flachen Verlauf der Nettoexportkurve bei dem realen Wechselkurs, der mit einer gleich hohen Kaufkraft in den betrachteten Ländern vereinbar ist. Jede geringfügige Änderung des realen Wechselkurses führt zu großen Änderungen des Nettoexports. Diese externe Reagibilität des Nettoexports garantiert, daß der gleichgewichtige reale Wechselkurs immer in der Nähe des Niveaus ist, das Kaufkraftparität sicherstellt.

Das Kaufkraftparitäten-Theorem weist zwei wichtige Implikationen auf. Erstens haben, weil die Nettoexportkurve sehr flach verläuft, Änderungen der Ersparnis oder der Investitionen keinen nennenswerten Einfluß auf die Höhe des realen oder nominalen Wechselkurses. Zweitens ergeben sich alle Änderungen des nominalen Wechselkurses aus Änderungen der Preisniveaus, weil der reale Wechselkurs fixiert ist.

Ist diese Doktrin der Kaufkraftparität realistisch? Die meisten Ökonomen vertreten die Auffassung, daß das Kaufkraftparitäten-Argument, trotz seiner anziehenden Logik, die Welt nicht völlig präzise beschreibt. Erstens muß berücksichtigt werden, daß viele Güter sich nicht ohne weiteres handeln lassen. So mag ja beispielsweise ein Haarschnitt in Tokyo teurer sein als in Mainz, es besteht aber dennoch keine Möglichkeit für Arbitragegewinne, weil sich der Haarschnitt nicht transportieren läßt. Zweitens gilt, daß selbst Güter, die gehandelt werden, nicht immer vollkommene Substitute darstellen. So mag es z.B. einige Konsumenten geben, die Toyotas bevorzugen, während andere lieber mit einem BMW fahren. Der relative Preis von Toyotas und BMWs kann sich daher bis zu einem gewissen Grad ändern, ohne daß irgendwelche Gewinnmöglichkeiten entstehen. Tatsächlich ändern sich aus diesen Gründen reale Wechselkurse im Zeitverlauf.

Obwohl das Kaufkraftparitäten-Theorem also keine perfekte Beschreibung der Welt bietet, liefert es einen Grund für die Erwartung, daß die Bewegungen des realen Wechselkurses begrenzt bleiben. Es spricht vieles für die zugrundeliegende Logik: Je weiter sich der reale Wechselkurs von dem Niveau entfernt, bei dem die Kaufkraftparität gilt, desto größer ist der Anreiz für den einzelnen, sich internationalen Arbitragegeschäften mit Gütern zuzuwenden. Folglich kann man zwar nicht erwarten, daß wegen des Kaufkraftparitäten-Theorems alle Schwankungen des realen Wechselkurses elimi-

Kapitel 7 Die offene Volkswirtschaft

niert werden, das Theorem gibt aber Anlaß zu der Vermutung, daß die Bewegungen des realen Wechselkurses typischerweise klein oder zeitlich begrenzt sind.

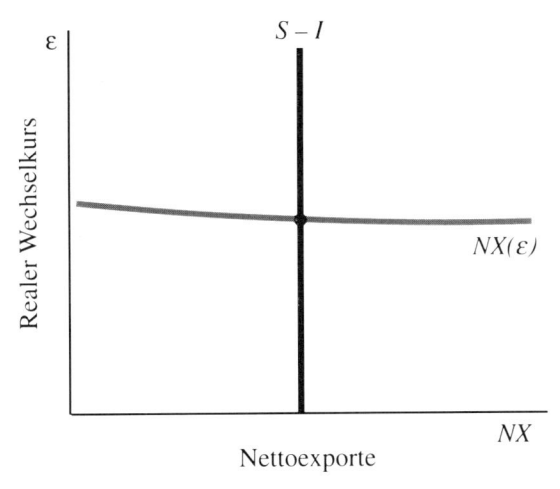

Abbildung 7-15: **Das Kaufkraftparitäten-Theorem.** Das Gesetz von der Unterschiedslosigkeit der Preise, angewandt auf den Weltmarkt, läßt vermuten, daß der Nettoexport sehr empfindlich auf kleine Änderungen des realen Wechselkurses reagiert.

Fallstudie 7-5: Der "Big Mac" rund um den Erdball

Das Kaufkraftparitäten-Theorem behauptet, daß das gleiche Gut nach Wechselkursbereinigung überall zum gleichen Preis verkauft wird. Umgekehrt besagt es, daß der Wechselkurs zwischen zwei Währungen von den Preisniveaus der beiden betrachteten Länder abhängen sollte.

Um zu sehen, wie gut das Kaufkraftparitäten-Theorem die Wirklichkeit erklärt, sammelte der *Economist*, eine internationale Wirtschaftszeitschrift, Daten über den Preis eines Produktes, das in vielen Ländern verkauft wird: der Big Mac von McDonalds. Dem Kaufkraftparitäten-Theorem zufolge müßte der Preis eines Big Mac in enger Beziehung zu dem nominalen Wechselkurs des betreffenden Landes stehen. Je höher der Preis eines Big Mac in der örtlichen Währung ist, um so höher müßte der nominale Wechselkurs sein. (In der vorliegenden Fallstudie werden die USA als Inland betrachtet, d.h. wir drücken die anderen Währungen in US-Dollar aus.)

Tabelle 7-1 zeigt die internationalen Preise des Big Mac für das Jahr 1990. In diesem Jahr wurde der Big Mac in den USA für 2,20 Dollar verkauft. Unter

Verwendung dieser Preisdaten und unter Zugrundelegen des Kaufkraftparitäten-Theorems lassen sich die nominalen Wechselkurse prognostizieren. Weil beispielsweise in Japan ein Big Mac 370 Yen kostet, ergäbe sich nach dem Kaufkraftparitäten-Theorem ein Wechselkurs zwischen Dollar und Yen von 370/2.2 = 168 Yen pro Dollar. Zu diesem Wechselkurs würde der Big Mac in Japan genausoviel kosten wie in den Vereinigten Staaten.

Tabelle 7-1: **Big Mac-Preise und Wechselkurs: Eine Anwendung des Kaufkraftparitätentheorems**

Land	Währung	Preis eines Big Mac	Wechselkurs (pro US-Dollar)	
			Prognostiziert	Tatsächlich
Australien	Dollar	2,30	1,05	1,32
Belgien	Franc	97,00	44,00	34,65
Großbritannien	Pfund	1,40	0,64	0,61
Kanada	Dollar	2,19	1,00	1,16
Dänemark	Krone	25,50	11,60	6,39
Frankreich	Franc	17,70	8,05	5,63
Deutschland	Mark	4,30	1,95	1,68
Hong Kong	Dollar	8,60	3,90	7,79
Irland	Pfund	1,30	0,59	0,63
Italien	Lira	3900,00	1773,00	1230,00
Japan	Yen	370,00	168,00	159,00
Niederlande	Gulden	5,25	2,39	1,88
Singapur	Dollar	2,60	1,18	1,88
Süd-Korea	Won	2100,00	955,00	707,00
Spanien	Peseta	295,00	134,00	106,00
Schweden	Krone	24,00	10,90	6,10
UdSSR	Rubel	3,75	1,70	0,60
Jugoslawien	Dinar	16,00	7,27	11,72
USA	Dollar	2,20	1,00	1,00

Anmerkung: Der prognostizierte Wechselkurs ist der Wechselkurs, bei dem der Preis eines Big Mac in dem betreffenden Land genauso hoch wäre wie in den USA.
Quelle: The Economist, 5. Mai 1990, S. 92 .

Tabelle 7-1 weist die prognostizierten und die tatsächlichen nominalen Wechselkurse für 18 Länder aus. Die Ergebnisse im Hinblick auf die Überzeugungskraft des Kaufkraftparitäten-Theorems sind nicht ganz eindeutig. In einigen Fällen weichen die prognostizierten und die tatsächlichen Wechselkurse deutlich voneinander ab.[2] Für fast alle Länder lagen jedoch prognostizierter und tatsächlicher Wechselkurs im selben Bereich. In einigen Fällen lagen sie sogar sehr dicht beieinander. So war beispielsweise der prognostizierte Wechselkurs von 168 Yen pro Dollar nicht weit vom tatsächlichen Kurs von 159 Yen pro Dollar entfernt. Obgleich nicht völlig exakt, liefert das Kaufkraftparitäten-Theorem einen groben Anhaltspunkt für das Niveau des nominalen Wechselkurses.

7.4 Schlußfolgerung: Die Vereinigten Staaten als große offene Volkswirtschaft

In diesem Kapitel haben wir gesehen, wie eine kleine offene Volkswirtschaft funktioniert. Wir haben die Bestimmungsgründe der internationalen Finanzierungsströme und der internationalen Waren- und Dienstleistungsströme analysiert. Wir haben uns auch mit den Bestimmungsgründen des nominalen und des realen Wechselkurses eines Landes beschäftigt. Unsere Analyse zeigt, wie verschiedene wirtschaftspolitische Maßnahmen – Geldpolitik, Fiskalpolitik und Handelspolitik – die Kapital- und Güterströme sowie den Wechselkurs beeinflussen.

Die Wirtschaft, die wir betrachtet haben, ist in dem Sinne „klein", daß ihr Zinssatz auf den Weltfinanzmärkten bestimmt wird. Wir haben also angenommen, daß ihre Aktionen und wirtschaftspolitischen Maßnahmen den Weltrealzinssatz nicht beeinflussen und daß die Wirtschaft zum herrschenden Weltzinssatz in unbeschränktem Maße Kredite nehmen oder geben kann. Diese Annahme unterscheidet sich deutlich von einer in Kapitel 3 getroffenen Annahme. In der geschlossenen Volkswirtschaft dieses Kapitels paßte sich der inländische Zinssatz so an, daß inländische Ersparnis und inländische Investitionen ins Gleichgewicht kamen. Damit ist impliziert, daß wirtschaftspolitische Maßnahmen, die die Ersparnis oder die Investitionen beeinflussen, den gleichgewichtigen Zinssatz verändern.

Welchen der beiden Ansätze sollte man nun auf eine Wirtschaft wie die der Vereinigten Staaten anwenden? Die Antwort lautet: von beiden einen Teil. Auf der einen Seite sind die Vereinigten Staaten nicht so groß und isoliert, daß sie gegen alle Einflüsse von außen immun wären. Die großen Kapitalbilanzüberschüsse in den achtziger Jahren zeigen ganz offenkundig die Bedeutung, die die internationalen Finanzmärkte für die Finanzie-

---

2 Die größte Abweichung gab es für den Rubel. Dem Kaufkraftparitäten-Theorem zufolge hätte der Wert des Rubels viel geringer sein müssen als es der tatsächliche (von der Regierung kontrollierte) Wechselkurs anzeigt. Betrachtungen am Schwarzmarkt für Devisen deuten in dieselbe Richtung: hier konnte man viel mehr Rubel für einen Dollar kaufen.

rung der amerikanischen Investitionen haben. Folglich kann die Analyse einer geschlossenen Volkswirtschaft, so wie wir sie in Kapitel 3 betrieben haben, die Wirkung wirtschaftspolitischer Maßnahmen auf die Volkswirtschaft der Vereinigten Staaten nicht völlig erklären.

Auf der anderen Seite ist die Volkswirtschaft der Vereinigten Staaten nun auch wieder nicht so klein und offen, daß die im vorliegenden Kapitel durchgeführte Analyse genau paßt. Erstens sind die Vereinigten Staaten groß genug, daß ihre Maßnahmen deutlichen Einfluß auf die Weltfinanzmärkte haben können. Tatsächlich wurden die hohen realen Zinssätze, die in den achtziger Jahren weltweit zu beobachten waren, der amerikanischen Fiskalpolitik angelastet. Zweitens kann es sein, daß das Kapital zwischen den Ländern nicht vollkommen mobil ist. Wenn die Wirtschaftseinheiten ihr Vermögen lieber in heimischen als in ausländischen Wertpapieren halten, dann können die Finanzströme nicht frei fließen und so die Zinssätze zwischen allen Ländern angleichen. Aus beiden Gründen läßt sich das Modell der kleinen offenen Volkswirtschaft nicht ohne weiteres auf die Vereinigten Staaten übertragen.

Analysiert man die Politik für ein Land wie die Vereinigten Staaten, dann muß man sowohl die Logik des in Kapitel 3 für die geschlossene Volkswirtschaft entwickelten Modells als auch die Logik des in diesem Kapitel für die offene Volkswirtschaft entwickelten Modells anwenden. Im Anhang zu diesem Kapitel wird ein Modell für die Volkswirtschaft entwickelt, das zwischen diesen beiden Extremen liegt. In diesem dazwischen liegenden Fall gibt es internationale Kreditaufnahme und -vergabe, aber der Zinssatz ist nicht durch den Weltmarkt fixiert. Stattdessen ist der Zinssatz, zu dem ein Land sich verschulden kann, um so höher, je größer seine Kreditaufnahme ist. Die Ergebnisse dieses Ansatzes stellen – wenig überraschend – eine Mischung aus den Ergebnissen der beiden bereits betrachteten Extremfälle dar.

Als Beispiel kann man die Verminderung der gesamtwirtschaftlichen Ersparnis aufgrund einer expansiven Fiskalpolitik betrachten. Genau wie in der geschlossenen Volkswirtschaft führt diese Politik zu einem Anstieg des Zinssatzes und zur Verdrängung von Investitionen. Genau wie in der kleinen offenen Volkswirtschaft mit vollkommener Kapitalmobilität führt sie auch zu einem Kapitalbilanzüberschuß, einem Leistungsbilanzdefizit und einer Erhöhung des realen Wechselkurses. Obwohl also das Modell der kleinen offenen Volkswirtschaft, das hier betrachtet wurde, eine Wirtschaft wie die der Vereinigten Staaten nicht ganz genau beschreibt, liefert es jedoch annähernd richtige Antworten auf die Frage nach den Wirkungen der Wirtschaftspolitik auf Kapitalbilanz, Leistungsbilanz und Wechselkurs.

Kapitel 7   Die offene Volkswirtschaft   271

Zusammenfassung

1. Als Nettoexport bezeichnet man die Differenz zwischen Export und Import. Der Nettoexport entspricht der Differenz aus der inländischen Produktion und der inländischen Nachfrage nach Konsum- und Investitionsgütern sowie den Transformationsausgaben des Staates.

2. In der offenen Volkswirtschaft gibt es zwei Einkommensmaße. Das Bruttosozialprodukt ist das Einkommen, das Inländer sowohl im Inland als auch im Ausland erzielen. Das Bruttoinlandsprodukt ist das Einkommen, das von Inländern und Ausländern im Inland erzielt wird.

3. Der Kapitalbilanzsaldo ist der Überschuß der Investitionen über die Ersparnis. Er zeigt das Investitionsvolumen, das durch Verschuldung gegenüber dem Ausland finanziert wird. Dem Kapitalbilanzsaldo muß – mit umgekehrtem Vorzeichen – ein gleich hoher Leistungsbilanzsaldo gegenüberstehen, der dem Betrag entspricht, den das Inland für seinen Nettoexport an Waren und Dienstleistungen erhält.

4. Jeder Faktor, der Ersparnis oder Investitionen ändert – beispielsweise Änderungen in der Fiskalpolitik oder Änderungen des Weltrealzinssatzes –, ändert auch den Kapitalbilanzsaldo und damit den Leistungsbilanzsaldo.

5. Der nominale Wechselkurs ist der Kurs, zu dem man die Währungen zweier Länder tauschen kann. Der reale Wechselkurs ist der Kurs, zu dem man die Güter, die in zwei Ländern erzeugt werden, gegeneinander tauschen kann. Der reale Wechselkurs ist gleich dem nominalen Wechselkurs multipliziert mit dem Preisniveauverhältnis der beiden Länder.

6. Je höher der inländische Wechselkurs, desto niedriger ist die Nachfrage nach dem Nettoexport des Inlands. Beim gleichgewichtigen realen Wechselkurs ist die Nachfrage nach Nettoexporten gleich der Differenz von Ersparnis und Investitionen. Gleichbedeutend gilt, daß beim gleichgewichtigen realen Wechselkurs die Nettonachfrage nach D-Mark für Leistungsbilanztransaktionen gleich dem Nettoangebot an D-Mark für Kapitalbilanztransaktionen ist.

7. Der nominale Wechselkurs wird vom realen Wechselkurs und den Preisniveaus der beiden Länder bestimmt. Unter sonst gleichen Umständen führt eine hohe Inflationsrate zur Abwertung der Währung.

Schlüsselbegriffe

Nettoexport
Bruttosozialprodukt
Bruttoinlandsprodukt
Kapitalbilanz(saldo)
Leistungsbilanz(saldo)

Kleine offene Volkswirtschaft
Weltrealzinssatz
Nominaler Wechselkurs
Realer Wechselkurs
Kaufkraftparität

Wiederholungsfragen

1. Definieren Sie die beiden Einkommensbegriffe in der offenen Volkswirtschaft. Wenn ein Deutscher in Schweden arbeitet, ist sein Einkommen Teil des deutschen BSP? Des deutschen BIP? Des schwedischen BSP? Des schwedischen BIP?

2. Was versteht man unter Leistungsbilanzsaldo und unter Kapitalbilanzsaldo? Erläutern Sie die Beziehung zwischen beiden Konzepten.

3. Definieren Sie den nominalen und den realen Wechselkurs.

4. Welche Folgen hat eine Kürzung der deutschen Verteidigungsausgaben für die Leistungsbilanz, für die Kapitalbilanz und für den Wechselkurs?

5. Welche Folgen hat ein Verbot des Imports japanischer Autos für die Leistungsbilanz, die Kapitalbilanz und den Wechselkurs?

6. Nehmen Sie an, daß Japan eine niedrige Inflationsrate hat und Schweden eine hohe. Welche Wirkung hat das auf den Wechselkurs zwischen japanischem Yen und schwedischer Krone?

Aufgaben und Anwendungen

1. Verwenden Sie das in diesem Kapitel entwickelte Modell, um zu prüfen, welche Folgen für die Kapitalbilanz und die Leistungsbilanz sowie den realen und nominalen Wechselkurs jedes der folgenden Ereignisse hat.

    a. Die Konsumenten blicken ängstlicher in die Zukunft. Sie konsumieren daher weniger und sparen mehr.

    b. Die Einführung einer neuen Modellreihe der Firma Toyota führt dazu, daß sich mehr Käufer für diese Automarke entscheiden. Insgesamt werden daher mehr ausländische und weniger inländische Autos gekauft.

    c. Die Einführung von Geldautomaten verringert die Geldnachfrage.

2. Welche Folgen für die Leistungsbilanz und für den realen Wechselkurs hat eine Zunahme der Staatsausgaben, wie etwa während eines Krieges? Hängt Ihre Antwort davon ab, ob es sich um einen lokal begrenzten oder um einen Weltkrieg handelt?

Kapitel 7   Die offene Volkswirtschaft   273

3. Nehmen Sie an, daß das Ausland damit beginnt, seine Investitionen durch eine Investitionszulage zu fördern.

   a. Welche Folgen ergeben sich für die Weltinvestitionsnachfrage als Funktion des Weltrealzinssatzes?
   b. Wie ändert sich der Weltrealzinssatz?
   c. Wie ändern sich die Investitionen des Inlands?
   d. Wie ändern sich Leistungs- und Kapitalbilanz des Inlands?
   e. Wie ändert sich der reale Wechselkurs aus Sicht des Inlands?

4. „Durch Italien zu reisen ist heute viel billiger als vor zehn Jahren", sagt ein amerikanischer Freund. „Vor zehn Jahren bekam man für einen Dollar 1.000 Lire, in diesem Jahr bekommt man für einen Dollar 1.500 Lire."
Hat der Freund recht? Ist es unter der Annahme, daß die Preise in diesem Zeitraum in den USA um 25 Prozent und in Italien um 100 Prozent gestiegen sind, billiger oder teurer geworden, durch Italien zu reisen? Verwenden Sie für Ihre Antwort ein konkretes Beispiel – etwa eine Tasse amerikanischen Kaffees gegen eine Tasse Espresso –, das Ihren Freund überzeugt.

5. Die Zeitungen melden, daß der nominale Zinssatz in Kanada bei 12 Prozent jährlich liegt, während er in den Vereinigten Staaten bei 8 Prozent liegt. Nehmen Sie an, daß der reale Zinssatz in beiden Ländern gleich ist und daß Kaufkraftparität gilt.

   a. Welche Folgerung können Sie unter Verwendung der in Kapitel 6 vorgestellten Fisher-Gleichung bezüglich der Inflationserwartungen in Kanada und den Vereinigten Staaten ableiten?

   b. Welche Folgerung können Sie bezüglich der erwarteten Wechselkursveränderung zwischen kanadischem und U.S. Dollar ableiten?

   c. Ein Freund möchte Ihnen zeigen, wie man schnell reich werden kann. Er schlägt Ihnen vor, bei einer Bank in den Vereinigten Staaten Geld zu 8 Prozent Zinsen zu leihen und dieses in Kanada zu 12 Prozent anzulegen, um so einen Gewinn von 4 Prozent zu machen. Was stimmt an diesem System nicht?

Anhang

Ein Modell der großen offenen Volkswirtschaft

In diesem Anhang entwickeln wir ein Modell der großen offenen Volkswirtschaft. Dieses Modell kombiniert einen Teil der Eigenschaften der kleinen offenen Volkswirtschaft mit einem Teil der Eigenschaften der geschlossenen Volkswirtschaft.

Der Kapitalzustrom aus dem Ausland

Obgleich für die von uns in diesem Kapitel untersuchte kleine offene Volkswirtschaft der Zinssatz durch die Weltfinanzmärkte gegeben ist, sind wirkliche offene Volkswirtschaften etwas komplexer. In der Praxis ist der Zinssatz einer offenen Volkswirtschaft nicht unabhängig von ihrer Wirtschaftspolitik, insbesondere dann nicht, wenn es sich um eine große offene Volkswirtschaft handelt, wie beispielsweise die der Vereinigten Staaten. Insbesondere ist das Ausland nicht gewillt, zu einem festen Weltrealzinssatz in unbeschränktem Ausmaß Kredite zu gewähren oder zu nehmen. Stattdessen wird ein Land einen um so höheren Zinssatz bezahlen müssen, je mehr Kredite es aufnehmen will.

Wir wollen überlegen, wie der in ein Land fließende Kapitalstrom *CF* vom inländischen Zinssatz r abhängt. Es sind drei Fälle zu unterscheiden, die in Abbildung 7-16 illustriert werden. Der erste Fall ist die geschlossene Volkswirtschaft, die wir in Kapitel 3 diskutiert haben. In einer geschlossenen Volkswirtschaft gibt es keine internationale Kreditaufnahme oder -gewährung, so daß $CF = 0$, und zwar unabhängig vom Zinssatz. Der zweite Fall ist die kleine offene Volkswirtschaft mit vollkommener Kapitalmobilität. In diesem Fall, den wir im vorliegenden Kapitel besprochen haben, strömt das Kapital unbeschränkt zum Weltrealzinssatz in das Land hinein und aus dem Land heraus, *CF* ist also unendlich elastisch beim Zinssatz $r = r^*$. Das bedeutet, daß das Land zum Weltzinssatz r^* beliebig viele Kredite aufnehmen oder gewähren kann.

Der dritte Fall liegt dazwischen und ist der, der am besten auf eine Volkswirtschaft wie die der Vereinigten Staaten paßt. Jetzt ist der Kapitalstrom positiv mit dem inländischen Zinssatz verknüpft: je höher der Zinssatz, desto attraktiver werden die inländischen Anlagemöglichkeiten für ausländische Investoren und desto mehr Finanzierungsmittel

Kapitel 7   Die offene Volkswirtschaft   275

strömen aus dem Ausland herein. Dieser Zusammenhang wird durch die folgende Gleichung beschrieben:

$$CF = CF(r).$$

Diese Beziehung besagt, daß der Kapitalstrom – d.h. der Kapitalbilanzsaldo – eine Funktion des inländischen Zinssatzes ist.

A. Die geschlossene Volkswirtschaft

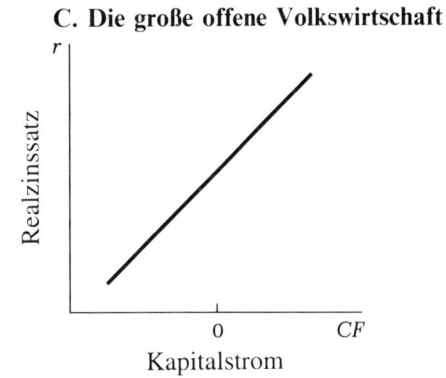

C. Die große offene Volkswirtschaft

B. Die kleine offene Volkswirtschaft mit vollkommener Kapitalmobilität

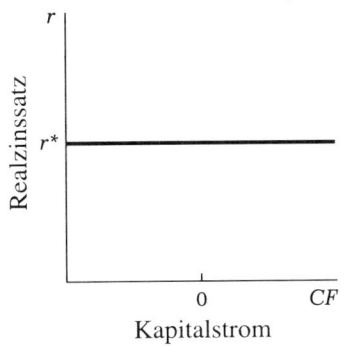

Abbildung 7-16: **Die Abhängigkeit des Kapitalzustroms vom Zinssatz.** In Fall A, der geschlossenen Volkswirtschaft, ist der Kapitalzustrom für jeden Zinssatz gleich null. In Fall B, der kleinen offenen Volkswirtschaft mit vollkommener Kapitalmobilität, ist der Kapitalstrom beim Weltrealzinssatz r^* unendlich elastisch. In Fall C, der großen offenen Volkswirtschaft, ist ein größerer Kapitalstrom aus dem Ausland nur bei einem höheren Zinssatz möglich.

Die Bestandteile des Modells

Das Modell der großen offenen Volkswirtschaft sieht genauso aus wie das weiter oben entwickelte Modell der kleinen offenen Volkswirtschaft - mit Ausnahme der Annahme über den Kapitalstrom. Es läßt sich in folgenden Gleichungen zusammenfassen:

1. $Y = \bar{Y} = F(\bar{K}, L)$
2. $Y = C + I + G + NX$
3. $C = C(Y - T)$
4. $I = I(r)$
5. $NX = NX(\varepsilon)$
6. $CF = CF(r)$
7. $NX + CF = 0$.

Diese Gleichungen besagen folgendes:

1. Der Output hängt sowohl von den gegebenen Mengen an Kapital und Arbeit als auch von der Produktionsfunktion ab.
2. Der Output ist gleich der Summe aus Konsum, Investitionen, Staatsausgaben und Nettoexporten.
3. Der Konsum hängt vom verfügbaren Einkommen ab.
4. Die Investitionen hängen vom realen Zinssatz ab.
5. Der Leistungsbilanzsaldo hängt vom realen Wechselkurs ab.
6. Der Kapitalbilanzsaldo hängt vom inländischen Zinssatz ab.
7. Leistungsbilanzsaldo und Kapitalbilanzsaldo müssen sich ausgleichen.

Die Implikationen dieses Modells lassen sich am einfachsten ableiten, wenn man den Kreditmarkt analysiert. Wie zuvor ist die nationale Ersparnis S definiert als $Y - C - G$. Die Sozialproduktsidentität besagt, daß

$$S = I + NX.$$

Da $NX = -CF$ ist, kann man dafür auch

$$S + CF = I$$

schreiben. Diese Gleichung besagt, daß das Kreditangebot (inländische Ersparnis und Kapitalstrom aus dem Ausland) gleich der Kreditnachfrage (inländische Investitionen) ist.

Kapitel 7   Die offene Volkswirtschaft

Setzt man nun die Beziehungen für Ersparnis, Kapitalstrom und Investitionen in die letzte Gleichung ein, ergibt sich

$$[\bar{Y} - C(\bar{Y} - T) - G] + CF(r) = I(r)$$
$$\bar{S} + CF(r) = I(r).$$

Diese Beziehung wird in Abbildung 7-17 illustriert. Die Kreditangebotskurve $S + CF$ verläuft mit positiver Steigung, weil ein höherer Zinssatz Kapitalzuflüsse aus dem Ausland induziert. Die Kreditnachfragekurve I verläuft mit negativer Steigung, weil ein höherer Zinssatz die Investitionen verringert. Der gleichgewichtige Zinssatz wird durch den Schnittpunkt von Kreditangebots- und Kreditnachfragekurve bestimmt.

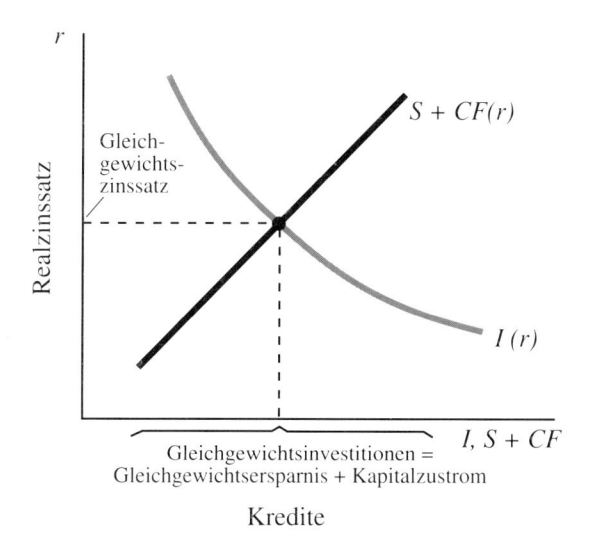

Abbildung 7-17: **Der gleichgewichtige Zinssatz in einer großen offenen Volkswirtschaft.** Beim gleichgewichtigen Zinssatz ist das Kreditangebot aus Ersparnis und internationalem Kapitalzufluß ($S + CF$) genauso groß wie die Kreditnachfrage für Investitionen I.

Die Wirkungen wirtschaftspolitischer Maßnahmen

Wir können dieses Modell nun verwenden, um die Wirkungen wirtschaftspolitischer Maßnahmen auf die endogenen Variablen zu untersuchen, also auf Zinssatz, Wechselkurs und Leistungsbilanz. Bedenken wir einmal die Wirkungen einer expansiven Fiskalpolitik: einer Zunahme der Transformationsausgaben oder einer Senkung der Steuern. Eine solche Politik verringert die nationale Ersparnis S und damit auch das Kreditangebot (vgl. Abbildung 7-18). Der gleichgewichtige Zinssatz steigt. Der höhere Zinssatz führt zu einer Verminderung der Investitionen und zu einer Erhöhung des in das Inland hineinfließenden Kapitalstroms, d.h., I sinkt und CF steigt. Weil Kapitalbilanzsaldo und Leistungsbilanzsaldo sich immer entsprechen müssen, muß die Zunahme von CF von einer Abnahme von NX begleitet sein. Da NX in umgekehrter Beziehung zum realen Wechselkurs steht, muß der reale Wechselkurs ε steigen.

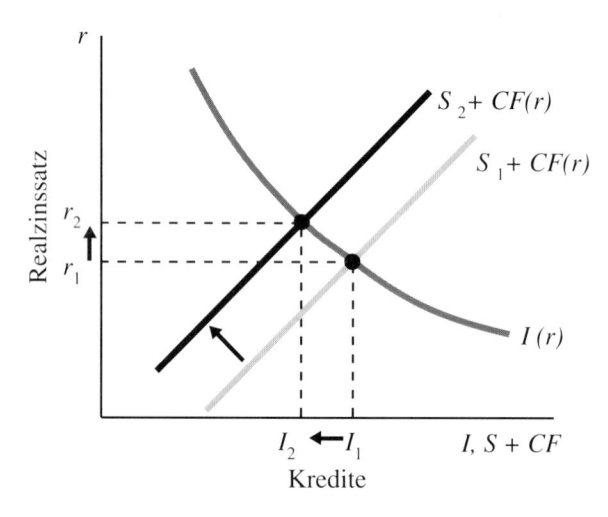

Abbildung 7-18: **Ein Rückgang der nationalen Ersparnis in der großen offenen Volkswirtschaft.** Ein Rückgang der nationalen Ersparnis vermindert das Kreditangebot. Der gleichgewichtige Zinssatz steigt. Dadurch werden Investitionen verdrängt, und der Zufluß ausländischen Kapitals steigt.

Man beachte, daß die Wirkung der Fiskalpolitik in diesem Modell eine Kombination ihrer Wirkung in der geschlossenen Volkswirtschaft des Kapitels 3 und ihrer Wirkung in der kleinen offenen Volkswirtschaft dieses Kapitels darstellt. Genau wie in der geschlossenen Volkswirtschaft führt die expansive Fiskalpolitik zu einer Erhöhung des Zinssatzes und zu einer Verdrängung von Investitionen. Genau wie in der kleinen offenen Volkswirtschaft mit vollkommener Kapitalmobilität verursacht die expansive Fiskalpolitik einen Kapitalzustrom, ein Leistungsbilanzdefizit und eine Aufwertung des realen Wechselkurses.

Um mit dem eben besprochenen Modell vertraut zu werden, sollte man versuchen, auch die Wirkungen anderer wirtschaftspolitischer Maßnahmen zu analysieren. Überlegen Sie die Konsequenzen folgender Veränderungen:

- Eine Investitionszulage verschiebt die Investitionsnachfrage nach außen.

Kapitel 7   Die offene Volkswirtschaft   279

- Eine Importquote verschiebt die Nachfrage nach Nettoexporten nach außen.
- Politische Instabilitäten im Ausland erhöhen die Menge des Kapitals, das in die Bundesrepublik strömt.

Welche Folgen ergeben sich in jedem dieser Fällen für den Zinssatz, die Investitionen, die Kapitalbilanz, die Leistungsbilanz und den Wechselkurs?

Teil III:

Die Volkswirtschaft bei kurzfristiger Betrachtung

Kapitel 8

Einführung in das Problem wirtschaftlicher Schwankungen

> *The modern world regards business cycles much as the ancient Egyptians regarded the overflowing of the Nile. The phenomenon recurs at intervals, it is of great importance to everyone, and natural causes of it are not in sight.*
>
> John Bates Clark, 1898

Wirtschaftliche Schwankungen stellen für Ökonomen und Wirtschaftspolitiker ein sich ständig wiederholendes Problem dar. Wie aus Abbildung 8-1 zu entnehmen ist, wächst das BSP nicht gleichmäßig. Häufig treten Rezessionen auf, d.h. Perioden sinkenden Einkommens und steigender Arbeitslosigkeit. In der schweren Rezession von 1982 sank in den USA das reale BSP um 2,5 Prozent, und die Arbeitslosenquote stieg auf über 10 Prozent. Rezessionen sind auch mit einer Verkürzung der Wochenarbeitszeit verbunden: es gibt mehr Kurzarbeit bzw. ein geringeres Volumen an Überstunden als gewöhnlich.

Ökonomen bezeichnen diese Schwankungen von Output und Beschäftigung häufig als *Konjunkturzyklus*. Obwohl dieser Begriff suggeriert, daß die wirtschaftlichen Schwankungen regelmäßig und vorhersehbar sind, ist keines von beidem der Fall. Die Irregularität ist für Rezessionen ebenso bezeichnend wie die Normalität ihres Auftretens. Manchmal liegen sie dicht zusammen, so wie es etwa 1980 und 1982 in den USA der Fall war, manchmal liegen sie aber auch weit auseinander. So erlebte etwa die Bundesrepublik nach 1982 den längsten Aufschwung ihrer jüngeren Wirtschaftsgeschichte. Auch in anderen Industrieländern, so z.B. in den USA, war ab 1982 eine lange Perdiode ununterbrochenen Wachstums des realen BSP zu verzeichnen.

In Teil II dieses Buches wurden Modelle entwickelt, um die Bestimmungsgründe für Volkseinkommen, Arbeitslosigkeit, Inflation und andere makroökonomische Variablen offenzulegen. Es wurde jedoch noch nicht analysiert, warum sich diese Variablen von Jahr zu Jahr so stark verändern können. Hier, in Teil III, soll ein Modell zur Erklärung dieser kurzfristigen Schwankungen entwickelt werden. Weil das reale BSP das beste Einzelmaß zur Erfassung der ökonomischen Wohlfahrtssituation darstellt, steht es im Mittelpunkt des Modells.

Genau wie die Ägypter versucht haben, die Überschwemmungen des Nils durch den Bau des Assuan-Staudamms in den Griff zu bekommen, so versuchen auch die modernen Industriegesellschaften, das Problem konjunktureller Schwankungen durch geeignete wirtschaftspolitische Maßnahmen in den Griff zu bekommen. Das in den nächsten Kapiteln zu entwickelnde Modell zeigt, wie geld- und fiskalpolitische Maßnahmen den Konjunkturzyklus beeinflussen. Es macht deutlich, daß diese wirtschaftspolitischen Maßnahmen die konjunkturellen Schwankungen dämpfen oder verstärken können.

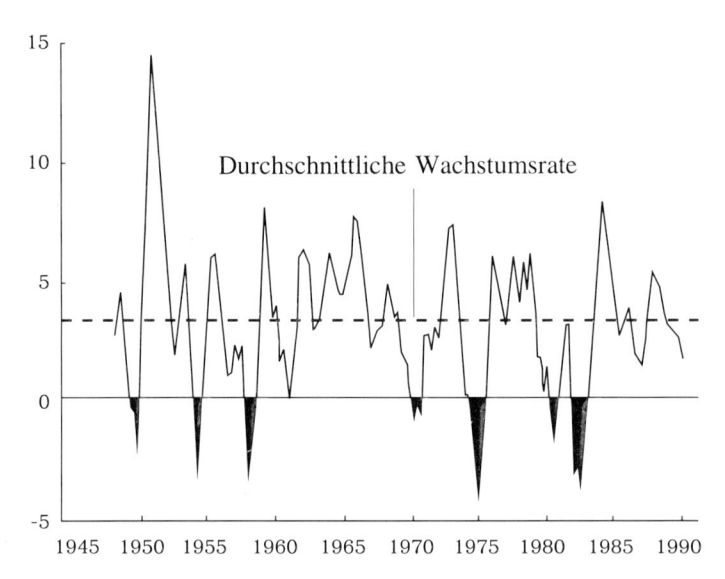

Abbildung 8-1: **Wachstum des realen BSP in den Vereinigten Staaten.** Das Wachstum des realen BSP beträgt im Durchschnitt etwa drei Prozent pro Jahr, wie an der gestrichelten Linie zu erkennen ist. Es gibt jedoch eine deutliche Streuung um diesen Durchschnitt. Rezessionen sind Perioden sinkenden Sozialprodukts – d.h., die Wachstumsraten des realen BSP sind negativ. *Quelle:* U.S. Department of Commerce.

8.1 Die Unterschiede zwischen kurz- und langfristiger Betrachtung

Um ein Modell der kurzfristigen Schwankungen zu konstruieren, muß man sich Gedanken darüber machen, in welcher Weise sich zunächst ein solches Modell von dem langfristigen klassischen Modell unterscheiden wird, das in den Kapiteln 1 bis 7 entwickelt wurde. Die meisten Makroökonomen gehen davon aus, daß der fundamentale Unterschied zwischen kurzer und langer Frist in der Preisanpassung liegt. *Langfristig sind die Preise flexibel und passen sich den Veränderungen von Angebot und Nachfrage an. Kurzfristig sind viele Preise jedoch auf einem vorgegebenen Niveau starr.* Weil die Preise sich kurz- und langfristig unterschiedlich verhalten, weisen auch wirtschaftspolitische Maßnahmen kurz- und langfristig unterschiedliche Wirkungen auf.

Um sich den Unterschied zwischen kurz- und langfristiger Betrachtung deutlich zu machen, kann man die Wirkungen einer Veränderung der Geldpolitik betrachten. Nehmen wir einmal an, daß die Bundesbank plötzlich das Geldangebot um fünf Prozent reduziert. Nach dem klassischen Modell, das nach Auffassung der Mehrzahl der Ökonomen die lange Frist angemessen beschreibt, hat das Geldangebot nur Wirkungen auf die nominalen – also die in Geldeinheiten gemessenen –, nicht aber auf die realen Variablen. Wie in Kapitel 6 besprochen, gilt dann das Prinzip der *klassischen Dichotomie*. Langfristig betrachtet hat eine fünfprozentige Verminderung des Geldangebots eine fünfprozentige Verminderung aller Preise (einschließlich des Nominallohnsatzes) zur Folge, während Reallöhne, Beschäftigung und Output unverändert bleiben.

Kurzfristig reagieren jedoch viele Preise nicht auf die Veränderung der Geldpolitik. Eine Verminderung des Geldangebots führt nicht unmittelbar dazu, daß alle Unternehmen ihre Nominallöhne kürzen, alle Einzelhandelsgeschäfte neue Preisauszeichnungen vornehmen, alle Versandhäuser neue Kataloge herausgeben und alle Restaurants neue Speisekarten drucken. Vielmehr wird es bei vielen Preisen zunächst zu keinen Veränderungen kommen. Anders ausgedrückt: Viele Preise sind kurzfristig starr. Diese kurzfristige Starrheit der Preise impliziert, daß die kurzfristigen Wirkungen einer Veränderung des Geldangebots andere sind als die langfristigen.

Ein Modell der ökonomischen Schwankungen muß diese kurzfristige Preisstarrheit berücksichtigen. Es wird sich zeigen, daß die klassische Dichotomie aufgrund dieser verzögerten Reaktion der Preise zusammenbricht – geldpolitische Maßnahmen haben sehr wohl einen Einfluß auf Output und Beschäftigung. Weil die Preise sich nicht sofort und vollständig an die Veränderungen des Geldangebots anpassen, muß zwangsläufig ein Teil der notwendigen Anpassung über die Mengen, d.h. über Beschäftigung und Produktion erfolgen.

Allgemeiner formuliert: Wenn Preise kurzfristig starr sind, kann das Produktionsvolumen von dem Niveau abweichen, das sich aus dem klassischen Modell ergibt. Im klassischen Modell hängt das Produktionsvolumen vom Angebot an Arbeit und Kapital sowie von der verfügbaren Produktionstechnologie ab. Es wird sich zeigen, daß die Preisflexiblität hier eine Schlüsselrolle spielt: im klassischen Modell passen sich die Preise so an, daß Güternachfrage und Güterangebot übereinstimmen. Falls Preisstarrheiten auftreten, hängt der Output jedoch auch von der Nachfrage nach Gütern ab. Die Nachfrage wird ihrerseits durch die Geldpolitik, durch die Fiskalpolitik und verschiedene andere Faktoren beeinflußt. Die Existenz von Preisstarrheiten liefert daher eine Begründung dafür, warum Geld- und Fiskalpolitik als Stabilisierungsinstrumente nützlich sein können.

In diesem Kapitel wird ein Modell eingeführt, das wirtschaftliche Schwankungen erklären kann. Das Angebots-Nachfrage-Modell, das in Kapitel 1 zur Diskussion des Brotmarktes benutzt wurde, liefert vermutlich die fundamentalste Einsicht der Wirtschaftswissenschaften überhaupt. Es zeigt, wie das Zusammenspiel von Angebot und Nachfrage den Güterpreis und die verkaufte Menge bestimmt und wie Veränderungen der exogenen Variablen Preise und Mengen beeinflussen. Im folgenden wird nun die gesamtwirtschaftliche Version dieses Modells vorgestellt: ein *Gesamtnachfrage-Gesamtangebots-Modell*. Dieses makroökonomische Modell ermöglicht eine Analyse der Bestimmungsgründe des Preisniveaus und der gesamtwirtschaftlichen Produktion. Es ermöglicht auch einen Vergleich zwischen dem langfristigen und dem kurzfristigen Verhalten der Wirtschaft.

Fallstudie 8-1: Das Rätsel starrer Zeitschriftenpreise

Wie starr sind Preise? Die Antwort auf diese Frage hängt davon ab, welchen Preis wir betrachten. Einige Waren, wie z.B. Weizen, Sojabohnen und Schweinebäuche, werden auf organisierten Märkten gehandelt, und ihre Preise verändern sich in jeder Minute. Niemand würde daher diese Preise als starr bezeichnen. Die Preise der meisten Waren und Dienstleistungen ändern sich jedoch weitaus seltener. In einer Umfrage wurde festgestellt, daß 37,7 Prozent der Unternehmen ihre Preise einmal im Jahr ändern. Weitere 17,4 Prozent ändern ihre Preise seltener als einmal pro Jahr[1].

Die Gründe für Preisstarrheiten sind nicht immer offenkundig. Dies läßt sich am Beispiel des Zeitschriftenmarktes verdeutlichen. Eine Untersuchung hat

---

1 Alan S. Blinder, "Why Are Prices Sticky? Preliminary Results from an Interview Study", American Economic Review Papers and Proceedings, 1991.

gezeigt, daß die Verkaufspreise von Zeitschriften nur sehr selten geändert werden. Im Durchschnitt nehmen die Verleger es hin, daß der reale Preis inflationsbedingt um 25 Prozent sinkt, bevor eine Erhöhung des nominalen Preises vorgenommen wird. Beträgt also die durchschnittliche Inflationsrate vier Prozent, dann werden Zeitschriftenpreise im Durchschnitt alle sechs Jahre angepaßt.[2]

Warum verändern Verlage die Preise ihrer Zeitschriften nur in derartig großen Abständen? Die Ökonomen haben hierauf bislang noch keine endgültige Antwort gefunden. Das Verhalten der Verlage ist vor allem deswegen rätselhaft, weil die Kosten einer Preisänderung für sie gering zu sein scheinen. Will ein Versandhaus seine Preise ändern, muß es neue Kataloge herausgeben, will ein Restaurant seine Preise ändern, muß es neue Speisekarten drucken lassen, ein Verlag muß jedoch lediglich auf dem Titelblatt der nächsten Ausgaben einen anderen Preis einsetzen. Vielleicht sind aber die Kosten, die dem Verlag entstehen, wenn er den „falschen" Preis nimmt, ebenfalls gering. Möglicherweise würden die Leser es auch als ärgerlich empfinden, wenn der Preis ihrer Lieblingszeitung sich monatlich ändert.

Offenbar ist es nicht immer einfach, die Gründe für Preisstarrheiten auf mikroökonomischer Ebene zu erklären. Die Ursachen für Preisstarrheiten sind Gegenstand der aktuellen Forschung. In Kapitel 11 werden einige neuere Theorien zur Erklärung von Preisstarrheiten diskutiert.

Obwohl also die Ursachen von Preisstarrheiten zur Zeit noch nicht vollkommen verstanden werden, gehen die meisten Makroökonomen davon aus, daß Preisstarrheiten eine fundamentale Rolle im Zusammenhang mit den gesamtwirtschaftlichen Schwankungen spielen. In diesem Kapitel beginnen wir mit der Entwicklung der Verbindung zwischen inflexiblen Preisen und gesamtwirtschaftlichen Schwankungen.

8.2 Die Gesamtnachfrage

Als **Gesamtnachfrage** bezeichnet man die Beziehung zwischen gesamtwirtschaftlicher Güternachfrage und gesamtwirtschaftlichem Preisniveau. Die Gesamtnachfragekurve gibt also Auskunft über die Menge an Waren und Dienstleistungen, die zu jedem gegebenen Preisniveau nachgefragt wird.

---

2 Stephen G. Cecchetti, "The Frequency of Price Adjustment: A Study of the Newsstand Prices of Magazines", Journal of Econometrics 31 (1986): 255-274.

Die Quantitätsgleichung als Gesamtnachfragefunktion

Man kann eine einfache Theorie der Gesamtnachfrage aus der Quantitätstheorie ableiten. Zu diesem Zweck wird auf die in Kapitel 6 erläuterte Quantitätsgleichung in der Einkommensform zurückgegriffen:

$$MV = PY.$$

Wie zuvor repräsentiert M das Geldangebot, V die Einkommenskreislaufgeschwindigkeit (die auch hier als konstant angenommen wird), P das Preisniveau und Y das Produktionsvolumen. Die Quantitätstheorie besagt, daß das Geldangebot den nominalen Wert des Produktionsvolumens bestimmt. Dieser ergibt sich seinerseits als Produkt aus Preisniveau und produzierter Menge.

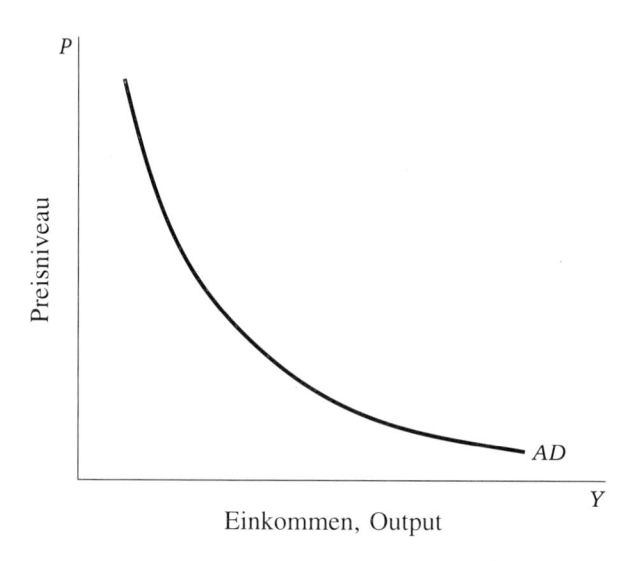

Abbildung 8-2: **Die Gesamtnachfragekurve.** Die Gesamtnachfragekurve AD beschreibt die Beziehung zwischen Preisniveau P und der nachgefragten Menge an Gütern Y. Sie ist für ein bestimmtes Niveau des Geldangebots M gezeichnet. Die Gesamtnachfragekurve ist abwärts geneigt: je höher das Preisniveau P, desto geringer ist das Niveau der Realkasse M/P, und desto geringer ist daher auch die Nachfrage nach Waren und Dienstleistungen Y.

Aus Kapitel 6 ist bekannt, daß sich die Quantitätsgleichung auch in den Kategorien Geldangebot und Geldnachfrage formulieren läßt:

$$M/P = (M/P)^d = kY,$$

wobei $k=1/V$ gilt. In dieser Form zeigt die Quantitätsgleichung, daß das Angebot an Realkasse gleich der Nachfrage ist und daß die Nachfrage nach Realkasse sich proportional zum Produktionsvolumen verhält.

Für jedes gegebene Niveau des Geldangebots ergibt die Quantitätsgleichung eine negative Beziehung zwischen Preisniveau P und Output Y. Abbildung 8-2 zeigt alle Kombinationen von P und Y, die die Quantitätsgleichung für ein konstant gehaltenes Geldangebot erfüllen. Die Menge dieser Kombinationen bezeichnet man als Gesamtnachfragekurve.

Warum die Gesamtnachfragekurve abwärts geneigt ist

Die Gesamtnachfragekurve ist abwärts geneigt. Für jede gegebene Höhe des Geldangebots bestimmt die Quantitätsgleichung den nominalen Wert der Produktion PY. Falls daher das Preisniveau P steigt, muß der nachgefragte Output Y sinken.

Eine erste Möglichkeit, diese negative Beziehung zwischen P und Y zu verstehen, besteht darin, die Verbindung zwischen Geldmenge und Transaktionen genauer zu betrachten. Weil von der Annahme ausgegangen wird, daß die Umlaufgeschwindigkeit des Geldes konstant ist, bestimmt das Geldangebot den in D-Mark ausgedrückten Wert aller Transaktionen der betrachteten Wirtschaft. Wenn das Preisniveau steigt, für jede Transaktion also im Durchschnitt ein größerer DM-Betrag benötigt wird, dann muß die Anzahl der Transaktionen und daher die Anzahl der gekauften Güter zurückgehen.

Man kann aber auch Angebot und Nachfrage nach realer Kasse betrachten. Ist die Produktion höher, dann werden mehr Transaktionen durchgeführt, und es besteht ein höherer Bedarf an Realkasse M/P. Bei gegebener nominaler Geldmenge M ist eine größere Realkasse jedoch nur bei geringerem Preisniveau P möglich. Umgekehrt gilt, daß bei einem niedrigeren Preisniveau die Realkasse höher ist und damit sowohl ein größeres Transaktionsvolumen als auch ein höheres Niveau der Produktion ermöglicht wird.

Verschiebungen der Gesamtnachfragekurve

Die Gesamtnachfragekurve ist für ein bestimmtes Niveau des Geldangebots gezeichnet worden. Sie zeigt also die möglichen Kombinationen von P und Y für einen gegebenen Wert von M. Verändert sich die Höhe des Geldangebots, dann verändern sich auch die möglichen Kombinationen von P und Y, d.h. die Gesamtnachfragekurve verschiebt sich.

Zunächst soll überlegt werden, was passiert, wenn die Bundesbank das Geldangebot vermindert. Die Quantitätsgleichung zeigt, daß eine Reduzierung des Geldangebots zu einer proportionalen Verringerung des nominalen Outputwertes PY führt. Für jedes gegebene Preisniveau vermindert sich daher die Höhe des Outputs, und für jedes gegebene Outputvolumen vermindert sich die Höhe des Preisniveaus. Wie Abbildung 8-3 zeigt, verschiebt sich die Gesamtnachfragekurve in Richtung des Ursprungs.

Nun sei angenommen, daß die Zentralbank das Geldangebot erhöht. Aus der Quantitätsgleichung ergibt sich eine Erhöhung von PY. Für jedes gegebene Preisniveau ist daher das Produktionsvolumen größer, und für jedes gegebene Produktionsvolumen ist das Preisniveau höher. Wie aus Abbildung 8-4 deutlich wird, verschiebt sich die Gesamtnachfragekurve nach außen.

Schwankungen des Geldangebots sind nicht die einzige Ursache für Schwankungen der Gesamtnachfrage. Selbst wenn das Geldangebot konstant gehalten wird, verschiebt sich die aggregierte Nachfragekurve aufgrund von Veränderungen der Umlaufgeschwindigkeit des Geldes. Die Gesamtnachfragekurve wird in den Kapiteln 9 und 10 genauer analysiert. Dort wird dann auch eine Anzahl verschiedener Ursachen für eine Verschiebung der Gesamtnachfragekurve betrachtet.

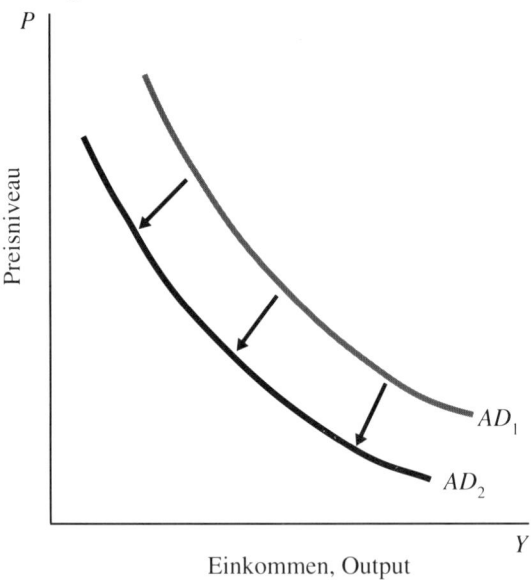

Abbildung 8-3: **Verschiebungen der Gesamtnachfragekurve zum Ursprung hin.** Eine Veränderung des Geldangebots führt zu einer Verschiebung der Gesamtnachfragekurve. Für jedes gegebene Preisniveau P hat eine Verminderung des Geldangebots M eine Reduzierung der Realkasse M/P und damit der Produktion Y zur Folge. Eine Verminderung des Geldangebots verschiebt also die Gesamtnachfragekurve zum Ursprung hin.

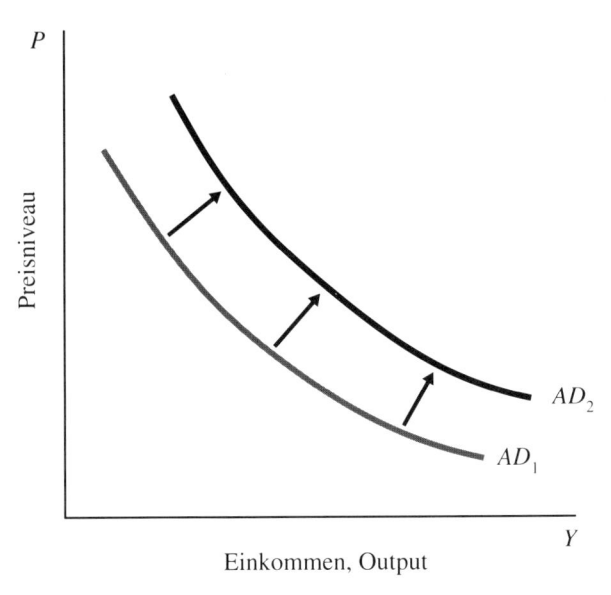

Kapitel 8　Einführungen in das Problem wirtschaftlicher Schwankungen

Abbildung 8-4: **Verschiebungen der Gesamtnachfragekurve vom Ursprung weg.** Für jedes gegebene Preisniveau P hat eine Erhöhung des Geldangebots M eine Zunahme der Realkasse M/P und damit der Produktion Y zur Folge. Eine Erhöhung des Geldangebots verschiebt also die Gesamtnachfragekurve nach außen.

8.3　Gesamtangebot

Die Gesamtnachfragekurve allein gibt keine Auskunft über die tatsächliche Höhe von Preisniveau und Output. Sie stellt lediglich eine Beziehung zwischen diesen beiden Variablen her. Zur Bestimmung von Preisniveau und Produktionsmenge wird in Ergänzung der Gesamtnachfragekurve eine zweite Beziehung zwischen P und Y benötigt, die die Gesamtnachfragekurve schneidet – eine Gesamtangebotskurve. Gesamtnachfragekurve und Gesamtangebotskurve zusammen determinieren das Preisniveau und den Output.

Als **Gesamtangebot** bezeichnet man die Beziehung zwischen dem gesamtwirtschaftlichen Güterangebot und dem Preisniveau. Diese Beziehung hängt ganz wesentlich von dem betrachteten Zeitraum ab. Es ist daher notwendig, zwischen zwei Versionen der aggregierten Angebotskurve zu unterscheiden: der kurzfristigen und der langfristigen. Es ist außerdem erforderlich, den Zusammenhang zwischen kurzfristiger und langfristiger Betrachtung näher zu diskutieren.

Langfristige Betrachtung: Die vertikale Gesamtangebotskurve

Da das klassische Modell das langfristige Verhalten der Wirtschaft beschreibt, leiten wir die langfristige Gesamtangebotskurve aus diesem Modell ab. In Kapitel 3 wurde gezeigt, daß die produzierte Gütermenge von der Höhe des als gegeben angenommenen Kapital- und Arbeitseinsatzes sowie von der ebenfalls als gegeben angenommenen verfügbaren Produktionstechnologie abhängt. Mit diesen Annahmen kann man

$$Y = F(\bar{K}, \bar{L})$$
$$= \bar{Y}$$

schreiben. Im klassischen Modell hängt der Output nicht vom Preisniveau ab. Die Gesamtangebotskurve verläuft daher senkrecht, wie in Abbildung 8-5 gezeigt. Das Preisniveau wird durch den Schnittpunkt von Gesamtnachfragekurve und vertikal verlaufender Gesamtangebotskurve bestimmt.

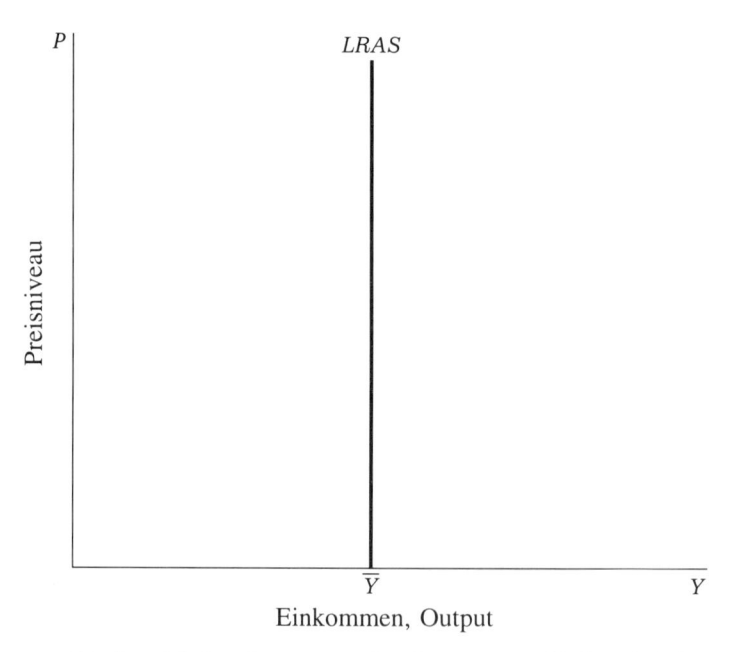

Abbildung 8-5: **Die langfristige Gesamtangebotskurve.** Langfristig wird das Niveau der Produktion durch die vorhandenen Mengen von Arbeit und Kapital sowie die verfügbare Produktionstechnologie bestimmt. Es hängt also nicht vom Preisniveau ab. Die langfristige Gesamtangebotskurve (LRAS) verläuft daher vertikal.

Kapitel 8   Einführungen in das Problem wirtschaftlicher Schwankungen   293

Falls die Gesamtangebotskurve vertikal verläuft, dann führen Änderungen in der Gesamtnachfrage zu Preisänderungen, nicht aber zu Änderungen des Outputs. Sinkt beispielsweise das Geldangebot, dann verschiebt sich die Gesamtnachfragekurve, wie in Abbildung 8-6 gezeigt, nach unten. Die Wirtschaft bewegt sich vom alten Schnittpunkt von Gesamtangebots- und Gesamtnachfragekurve (E_1) zum neuen (E_2). Weil die Gesamtangebotskurve senkrecht verläuft, hat die Verschiebung der Gesamtnachfragekurve nur Einfluß auf das Preisniveau.

Die senkrechte Gesamtangebotskurve genügt der klassischen Dichotomie, weil sie eine Unabhängigkeit des Outputs von der Nachfrage und damit eine Unabhängigkeit des Outputs vom Geldangebot impliziert. Das so festgelegte langfristige Niveau des Outputs Y wird als *Vollbeschäftigungsniveau* oder *natürliches Niveau* des Outputs bezeichnet. Es ist dasjenige Produktionsniveau, bei dem die Produktionsfaktoren vollbeschäftigt sind oder – in realistischerer Interpretation – bei dem die Unterbeschäftigung ihr natürliches Ausmaß hat.

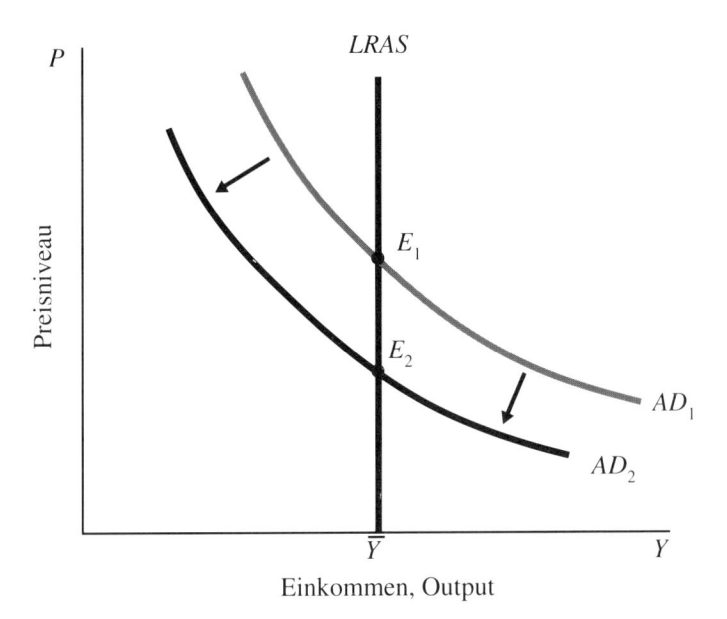

Abbildung 8-6: **Verschiebungen der Nachfragekurve bei langfristiger Betrachtung.** Eine Verminderung des Geldangebots verschiebt die Gesamtnachfragekurve in Richtung Ursprung. Das ökonomische Gleichgewicht bewegt sich von E_1 nach E_2. Weil die langfristige Gesamtangebotskurve senkrecht verläuft, führt die Verminderung der Gesamtnachfrage nur zu einer Verringerung des Preisniveaus. Das Produktionsvolumen bleibt konstant.

Kurzfristige Betrachtung: Die horizontale Angebotskurve

Das klassische Modell und die vertikale Gesamtangebotskurve sind nur bei langfristiger Betrachtung gültig. Kurzfristig sind einige Preise starr und können sich deshalb nicht an Änderungen der Nachfrage anpassen. Aufgrund der Existenz von Preisstarrheiten verläuft die kurzfristige Angebotskurve also nicht senkrecht.

Als Extrembeispiel wollen wir annehmen, daß alle Unternehmen Preislisten herausgegeben haben und es für sie kostspielig wäre, neue zu drucken. Alle Preise verharren daher auf einem gegebenen Niveau. Die Unternehmen sind bereit, zu diesem Preisniveau soviel zu verkaufen wie die Kunden zu kaufen wünschen. Die Arbeitsnachfrage der Unternehmen wird an die durch die Güternachfrage bestimmten Produktionsbedürfnisse angepaßt. Weil das Preisniveau gegeben ist, läßt sich diese Situation in Abbildung 8-7 durch eine waagerechte Gesamtangebotskurve darstellen.

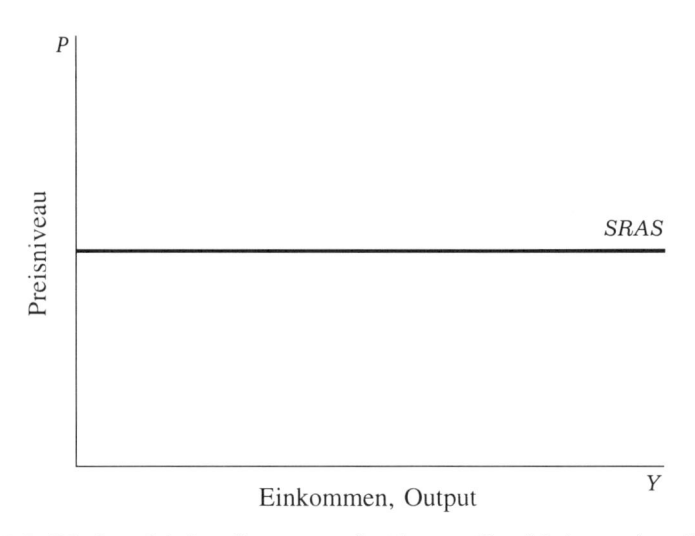

Abbildung 8-7: **Die kurzfristige Gesamtangebotskurve.** Kurzfristig werden die Preise als konstant angenommen. Die kurzfristige Gesamtangebotskurve (SRAS) verläuft daher horizontal.

Das kurzfristige Gleichgewicht der Wirtschaft wird durch den Schnittpunkt dieser horizontalen kurzfristigen Gesamtangebotskurve und der fallend verlaufenden Gesamtnachfragekurve bestimmt. In diesem Fall wirken Veränderungen der Gesamtnachfrage auf das Produktionsniveau ein. Vermindert beispielsweise die Zentralbank plötzlich das Geldangebot, verschiebt sich die Gesamtnachfragekurve, wie in Abbildung 8-8 gezeigt, nach innen. Die Wirtschaft bewegt sich vom alten Schnittpunkt E_1 zum neuen Schnitt-

Kapitel 8   Einführungen in das Problem wirtschaftlicher Schwankungen

punkt E_2. Da das Preisniveau fixiert ist, ruft die Verschiebung der Nachfragekurve nur ein Sinken des Outputs hervor.

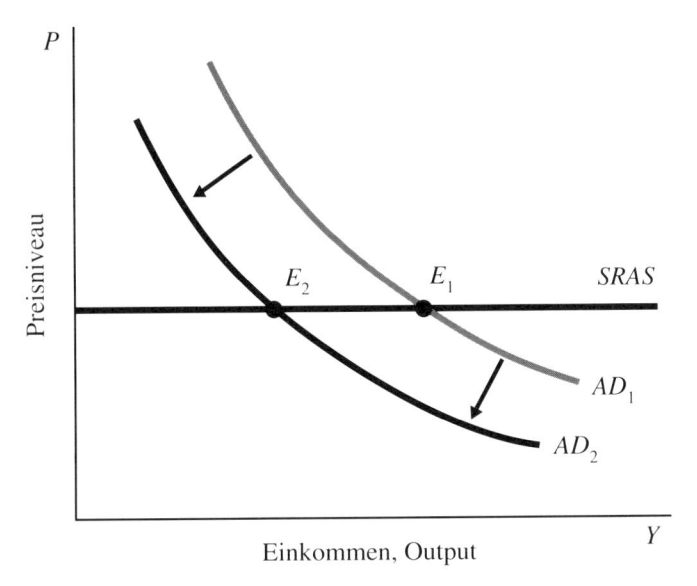

Abbildung 8-8: **Verschiebungen der Gesamtnachfragekurve bei kurzfristiger Betrachtung.** Eine Verminderung des Geldangebots verschiebt die Gesamtnachfragekurve nach innen. Das Gleichgewicht der Wirtschaft bewegt sich von E_1 nach E_2. Da die kurzfristige Gesamtangebotskurve horizontal verläuft, führt eine Verminderung der aggregierten Nachfrage zu einem Rückgang des Produktionsvolumens.

Eine Verringerung der Gesamtnachfrage vermindert den Output kurzfristig deshalb, weil die Preise sich nicht sofort anpassen. Nach dem plötzlichen Rückgang der Gesamtnachfrage halten die Unternehmen an Preisen fest, die jetzt zu hoch sind. Die Umsätze gehen zurück, und das führt dazu, daß die Unternehmen Beschäftigung und Produktion verringern.

Von der kurzfristigen zur langfristigen Betrachtung

Die bisher angestellten Überlegungen können folgendermaßen zusammengefaßt werden: *Über einen kurzen Zeitraum betrachtet gibt es Preisstarrheiten, die Gesamtangebotskurve verläuft flach, und Veränderungen der Gesamtnachfrage beeinflussen die Produktion der betrachteten Wirtschaft. Über einen langen Zeitraum betrachtet sind die Preise flexibel, die Gesamtangebotskurve verläuft senkrecht, und Veränderungen der Gesamtnachfrage beeinflussen nur das Preisniveau.* Veränderungen der Gesamtnachfrage haben also unterschiedliche Konsequenzen, je nachdem, welchen Zeitraum man der Betrachtung zugrunde legt.

Wir wollen die Wirkungen einer Schrumpfung der Gesamtnachfrage im Zeitablauf nachvollziehen. Es sei angenommen, daß sich die Wirtschaft zunächst in einem langfristigen Gleichgewicht befindet, so wie es in Abbildung 8-9 dargestellt ist. In dieser Abbildung sind drei Kurven abgetragen: die Gesamtnachfragekurve (AD), die langfristige Gesamtangebotskurve (LRAS) und die kurzfristige Gesamtangebotskurve (SRAS). Das langfristige Gleichgewicht ist durch den Punkt gegeben, in dem die Gesamtnachfragekurve die langfristige Gesamtangebotskurve schneidet. Die Preise haben sich so angepaßt, daß dieses Gleichgewicht erreicht wird. Daher verläuft auch die kurzfristige Angebotskurve durch diesen Punkt.

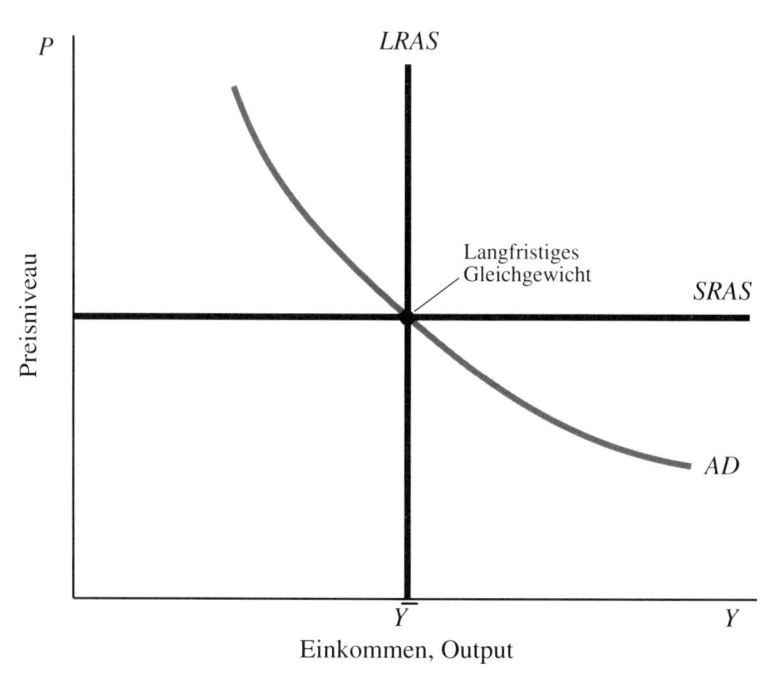

Abbildung 8-9: **Langfristiges Gleichgewicht.** Langfristig befindet sich die Wirtschaft im Schnittpunkt von langfristiger Gesamtangebots- und Gesamtnachfragekurve. Da sich die Preise an dieses Niveau angepaßt haben, verläuft die kurzfristige Angebotskurve ebenfalls durch diesen Punkt.

Nun soll angenommen werden, daß die Zentralbank die Geldmenge verringert und sich die Gesamtnachfragekurve nach innen verschiebt, so wie es in Abbildung 8-10 dargestellt ist. Kurzfristig sind die Preise starr, so daß sich die Wirtschaft von Punkt A nach Punkt B bewegt. Output und Beschäftigung sinken unter ihr natürliches Niveau, was bedeutet, daß sich die Wirtschaft in einer Rezession befindet. Im Zeitablauf sinken

Löhne und Preise als Reaktion auf die geringe Nachfrage. Der allmähliche Rückgang der Preise bewirkt, daß sich die Wirtschaft entlang der Gesamtnachfragekurve nach Punkt C, in das neue langfristige Gleichgewicht bewegt: Produktion und Beschäftigung befinden sich wieder auf ihrem natürlichen Niveau, die Preise sind jedoch niedriger als im alten langfristigen Gleichgewicht (Punkt A).

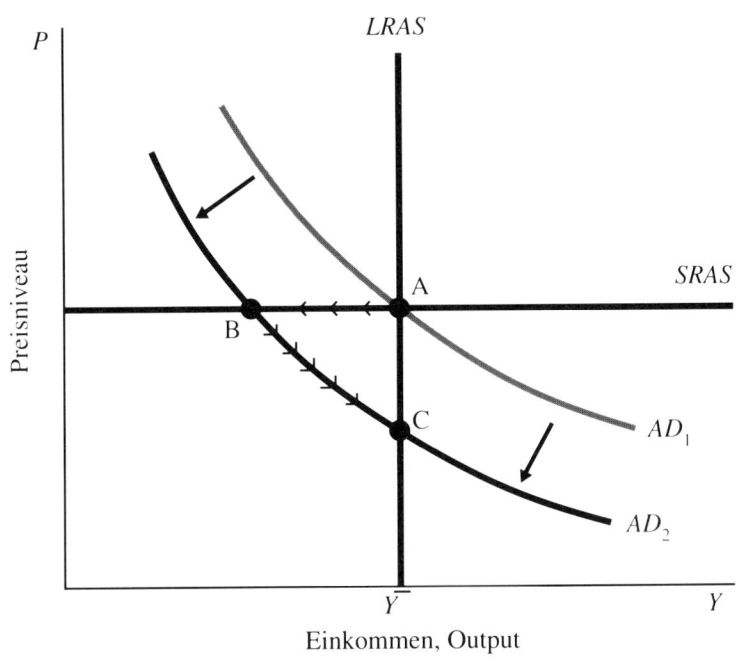

Abbildung 8-10: **Eine Verminderung der Gesamtnachfrage.** Im Ausgangszeitpunkt befindet sich die Wirtschaft im langfristigen Gleichgewicht (Punkt A). Eine Verminderung der Gesamtnachfrage, hervorgerufen etwa durch einen Rückgang des Geldangebots, führt zu einer Bewegung des Systems von Punkt A nach Punkt B, in dem die Produktion unter ihrem natürlichen Niveau liegt. Mit sinkenden Preisen erholt sich die Wirtschaft langsam von der Rezession und bewegt sich von Punkt B nach Punkt C.

Fallstudie 8-2: Gold, „Greenbacks" und die Kontraktion der 1870er Jahre in den Vereinigten Staaten

Die Erfahrungen der Vereinigten Staaten in den siebziger Jahren des vorigen Jahrhunderts illustrieren die Wirkungen einer kontraktiven Geldpolitik. Die Geschichte begann in den sechziger Jahren mit den monetären Veränderungen, die der Bürgerkrieg hervorgerufen hatte. Vor dem Krieg galt in den Vereinigten Staaten ein Goldstandard. Das Schatzamt war jederzeit bereit, Papiergeld in Gold umzutauschen. Der Geldbestand bestimmte daher das Geldangebot und das Preisniveau.

Im Jahre 1862, nachdem der Bürgerkrieg ausgebrochen war, gab das Schatzamt bekannt, daß es nicht länger Papierdollars in Gold umtauschen werde. Faktisch bedeutete dies den Übergang zu einem Nominalgeldsystem. Im Verlaufe der nächsten Jahre druckte die Regierung große Mengen an Papierwährung, die wegen ihrer grünen Farbe als „Greenback" bezeichnet wurde. Der Ertrag, der sich aus der Vermehrung des Papiergeldes für die Regierung ergab, wurde zur Finanzierung der Kriegsausgaben verwendet. Die Erhöhung des Geldangebotes führte ungefähr zu einer Verdoppelung des Preisniveaus während des Krieges.

Als der Krieg beendet war, drehte sich ein großer Teil der politischen Diskussion um die Frage, ob der Goldstandard wieder eingeführt werden sollte. Es wurde sogar eine „Greenback"-Partei gegründet, deren hauptsächliches Ziel die Beibehaltung des Nominalgeldsystems war. Schließlich entschieden sich die Politiker jedoch, die „Greenbacks" nach und nach einzuziehen, um zum Goldstandard zurückzukehren, und zwar zu dem Austauschkurs, der vor dem Krieg geherrscht hatte. Ihr Ziel war es, den Wert des Dollars wieder auf sein ehemaliges Niveau zurückzuführen.

Eine derartige Rückkehr zum Goldstandard bedeutete eine Umkehrung des in der Kriegszeit erfolgten Preisanstiegs, was einen starken Rückgang der Gesamtnachfrage erforderte. (Präziser ausgedrückt, mußte das Wachstum der Gesamtnachfrage kleiner sein als das Wachstum des natürlichen Outputvolumens.) Als das Preisniveau sank, erlebte die amerikanische Wirtschaft ihre längste bekannte Rezession, nämlich von 1873 bis 1879. Im Jahre 1879 befand sich das Preisniveau wieder auf Vorkriegshöhe, und der Goldstandard wurde wiederaufgenommen.

8.4 Stabilisierungspolitik

Schwankungen der Gesamtwirtschaft beruhen auf Veränderungen der Gesamtnachfrage oder des Gesamtangebots. Ökonomen bezeichnen exogene Veränderungen dieser Kurven als **Schocks**, die die Wirtschaft treffen. Schocks stören die ökonomische Wohlfahrt dadurch, daß sie Produktion und Beschäftigung aus ihrer natürlichen Gleichgewichtsposition bringen. Das Gesamtangebots-Gesamtnachfrage-Modell zeigt, wie Schocks zu wirtschaftlichen Schwankungen führen.

Das Modell erweist sich ferner als nützlich, um abzuschätzen, wie die Wirtschaftspolitik auf Schocks reagieren kann, um die ausgelösten Schwankungen zu dämpfen. Der

Versuch der Wirtschaftspolitik, Produktion und Beschäftigung auf ihrem natürlichen Niveau zu halten, wird als **Stabilisierungspolitik** bezeichnet. Weil das Geldangebot einen wesentlichen Einfluß auf die Höhe der Gesamtnachfrage hat, stellt die Geldpolitik eine bedeutende Komponente der Stabilisierungspolitik dar.

Nachfrageschocks

Es soll nun ein Beispiel für einen Nachfrageschock betrachtet werden: die Einführung von Geldautomaten. Geldautomaten erleichtern den Zugang zu Bargeld und vermindern damit die Geldnachfrage. Als Beispiel wollen wir annehmen, daß vor der Einführung der Geldautomaten jedes Wirtschaftssubjekt einmal pro Woche zur Bank gegangen ist und sich 100 DM hat auszahlen lassen, die es dann im Laufe der Woche ausgegeben hat. In diesem Fall beträgt die durchschnittliche Kassenhaltung 50 DM. Nach der Einführung von Geldautomaten geht jedes Wirtschaftssubjekt zweimal pro Woche zum Geldautomaten und hebt 50 DM ab. Damit beträgt die durchschnittliche Geldhaltung 25 DM. Folglich ist die Geldnachfrage in diesem Beispiel um die Hälfte gesunken.

Die beschriebene Verminderung der Geldnachfrage entspricht einer Erhöhung der Umlaufgeschwindigkeit des Geldes. Dies wird deutlich, wenn man sich ins Gedächtnis ruft, daß

$$M/P = kY$$

mit $k = 1/V$ gilt. Für jedes gegebene Niveau des Outputs bedeutet eine Reduzierung der Realkasse eine Verminderung von k und eine Zunahme von V. Weil die Einführung von Geldautomaten es den Leuten erlaubt, geringere DM-Beträge in ihrer Brieftasche zu haben, müssen diese DM-Beträge im Durchschnitt schneller zirkulieren. Die Umlaufgeschwindigkeit des Geldes nimmt also zu.

Bei konstant gehaltenem Geldangebot führt eine Zunahme der Umlaufgeschwindigkeit zu einer Verschiebung der Gesamtnachfragekurve nach außen (vgl. Abbildung 8-11). Kurzfristig hat die Zunahme der Gesamtnachfrage eine Ausdehnung der Produktion zur Folge – sie ruft einen wirtschaftlichen Aufschwung hervor. Zu den gegebenen alten Preisen verkaufen die Unternehmen mehr als in der Ausgangslage. Sie werden daher mehr Arbeitnehmer einstellen, Sonderschichten fahren, Überstunden vereinbaren und das Kapital intensiver nutzen.

Im Verlauf der Zeit führt der Boom zu einem Anstieg von Löhnen und Preisen. Mit dem Preisanstieg geht die Nachfrage zurück, und die Wirtschaft nähert sich allmählich dem natürlichen Niveau der Produktion. Für die Dauer des Übergangs zu dem höheren Preisniveau liegt die Produktion jedoch über dem natürlichen Niveau.

Was kann die Zentralbank unternehmen, um den Boom zu dämpfen und die Produktion in der Nähe ihres natürlichen Niveaus zu halten? Die Zentralbank könnte beispielsweise das Geldangebot vermindern, um so die Zunahme der Umlaufgeschwindigkeit zu konterkarieren. Die Neutralisierung des Effektes einer gestiegenen Umlaufgeschwindigkeit würde die Gesamtnachfrage stabilisieren. Durch eine sorgfältig durchgeführte Steuerung des Geldangebots kann die Zentralbank prinzipiell die Wirkungen eines Nachfrageschocks auf Produktion und Beschäftigung abmildern oder sogar völlig beseitigen.

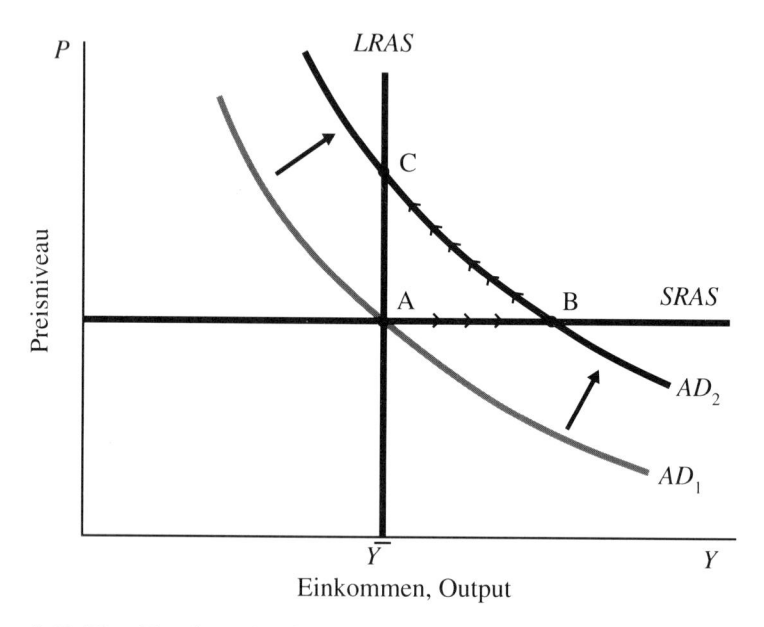

Abbildung 8-11: **Eine Zunahme der Gesamtnachfrage.** Zunächst befindet sich die Wirtschaft in einer langfristigen Gleichgewichtssituation (Punkt A). Eine Zunahme der Gesamtnachfrage aufgrund einer Erhöhung der Umlaufgeschwindigkeit des Geldes führt zu einer Bewegung von Punkt A nach Punkt B, wo die Produktion über ihrem natürlichen Niveau liegt. Mit zunehmendem Preisniveau bewegt sich die Wirtschaft allmählich von Punkt B nach Punkt C auf ihr natürliches Niveau zurück.

Fallstudie 8-3: Umlaufgeschwindigkeit und die Rezession von 1982 in den Vereinigten Staaten

Ist die Umlaufgeschwindigkeit des Geldes stabil oder ist sie großen Veränderungen unterworfen? Die Antwort auf diese Frage hat Einfluß auf die Art und Weise, in der die Zentralbank ihre Geldpolitik betreiben sollte. Ist die Umlaufgeschwindigkeit stabil, dann ist es für die Zentralbank einfach, die Gesamtnachfrage zu stabilisieren: Sie hat lediglich das Geldangebot konstant zu halten (bzw. mit einer konstanten Rate wachsen zu lassen). Ist die Umlaufgeschwindigkeit jedoch starken Schwankungen unterworfen, erfordert eine Stabilisierung häufige Korrekturen des Geldangebots, um die Wirkungen der Veränderung der Umlaufgeschwindigkeit auszugleichen.

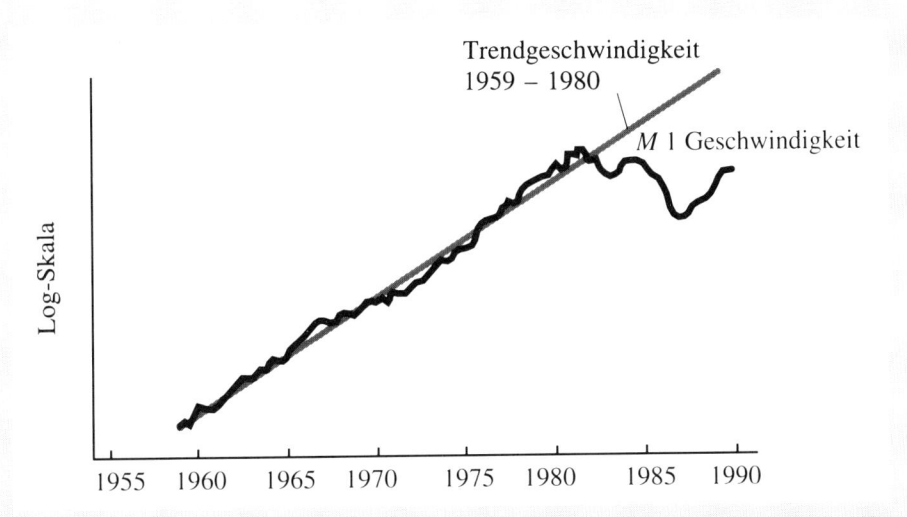

Abbildung 8-12: **Die Umlaufgeschwindigkeit des Geldes.** Aus noch immer nicht vollständig verstandenen Gründen wich die Umlaufgeschwindigkeit des Geldes (hier: $M1$) in den frühen 80er Jahren deutlich von ihrem vorherigen Trend nach unten ab. Dieser Rückgang der Umlaufgeschwindigkeit trug zu einer Verminderung der Gesamtnachfrage bei, die ihrerseits zu der Rezession von 1982 führte, eine der schärfsten der jüngeren Geschichte.

Die ausgeprägte Rezession in den Vereinigten Staaten von 1982 ist teilweise auf eine starke, unerwartete und immer noch weitgehend unerklärte Verminderung der Umlaufgeschwindigkeit zurückzuführen. Abbildung 8-12 zeigt die Umlaufgeschwindigkeit (nominales BSP dividiert durch $M1$) für die USA seit 1959. In den sechziger und siebziger Jahren erhöhte sich die Umlaufgeschwindigkeit beständig, nach 1981 sank sie deutlich. Die Erfahrungen der frühen achtziger Jahre zeigen, daß die Zentralbank der Vereinigten Staaten sich nicht auf eine stabile Entwicklung der Umlaufgeschwindigkeit verlassen kann.

Im Jahre 1982 hätte die amerikanische Zentralbank der Verminderung der Umlaufgeschwindigkeit durch eine Erhöhung des Geldangebotes begegnen können. Die Eindämmung der Inflation war zu dieser Zeit jedoch das wichtigste Ziel der Wirtschaftspolitik, so daß die Zentralbank das Geldmengenwachstum stattdessen sogar verminderte. Die Folge war ein weiterer Rückgang der gesamtwirtschaftlichen Nachfrage. Die Kombination beider Einflußgrößen – sinkende Umlaufgeschwindigkeit und anti-inflationäre Geldpolitik – führten zur schärfsten Rezession seit der großen Depression in den dreißiger Jahren.

Wie sind die Maßnahmen der amerikanischen Zentralbank zu bewerten? Sie erreichte das Ziel, die Inflationsrate zu senken (sogar schneller als geplant). Die Kosten der Inflationssenkung bestanden jedoch in einem deutlichen Rückgang von Produktion und Beschäftigung. Die Rezession von 1982 macht den Zielkonflikt deutlich, dem sich jede Zentralbank gegenübersieht: Aufrechterhaltung der Vollbeschäftigung versus Begrenzung der Inflationsrate. Die Stabilisierungspolitik muß sich häufig mit einem Tradeoff zwischen diesen beiden Zielen auseinandersetzen.[3]

Angebotsschocks

Nachfrageschocks sind nicht die einzige Ursache für gesamtwirtschaftliche Schwankungen, Schocks treten auch auf der Angebotsseite auf. Ein Angebotsschock ist eine Störung, die die Kostensituation der Unternehmen plötzlich verändert und damit auch zu einer Veränderung der Preise führt, die die Unternehmen für die von ihnen erzeugten Güter verlangen. Weil Angebotsschocks direkt das Preisniveau beeinflussen, werden sie manchmal als Preisschocks bezeichnet. Folgende Beispiele für Angebotsschocks seien genannt:

- Eine Trockenheit zerstört die Ernte und treibt die Lebensmittelpreise in die Höhe.
- Es kommt zu einer Verschärfung der Umweltgesetzgebung, die den Unternehmen Maßnahmen zur Emissionsreduzierung auferlegt. Die dadurch entstehenden zusätzlichen Kosten führen zu einer Erhöhung der Güterpreise.

---

3 Für zwei Sichtweisen in bezug auf die geldpolitischen Lehren, die aus den Erfahrungen der achtziger Jahre gezogen werden können, vgl. Benjamin M. Friedman, "Lessons on Monetary Policy from the 1980s", Journal of Economic Perspectives 2 (Sommer 1988): 51-72; sowie William Poole, "Monetary Policy Lessons of Recent Inflation and Disinflation", Journal of Economic Perspectives 2 (Sommer 1988): 73-100.

- Eine Verschärfung des Klimas bei Tarifverhandlungen führt zu höheren Lohnabschlüssen und einer Erhöhung der Güterpreise.
- Es bildet sich ein internationales Ölkartell, das die Ölpreise nach oben treibt.

Bei all diesen Beispielen handelt es sich um nachteilige Angebotsschocks: sie erhöhen Kosten und Preise. Ein vorteilhafter Angebotsschock, wie z.B. das Auseinanderbrechen eines internationalen Ölkartells, führt zu einer Verminderung von Kosten und Preisen.

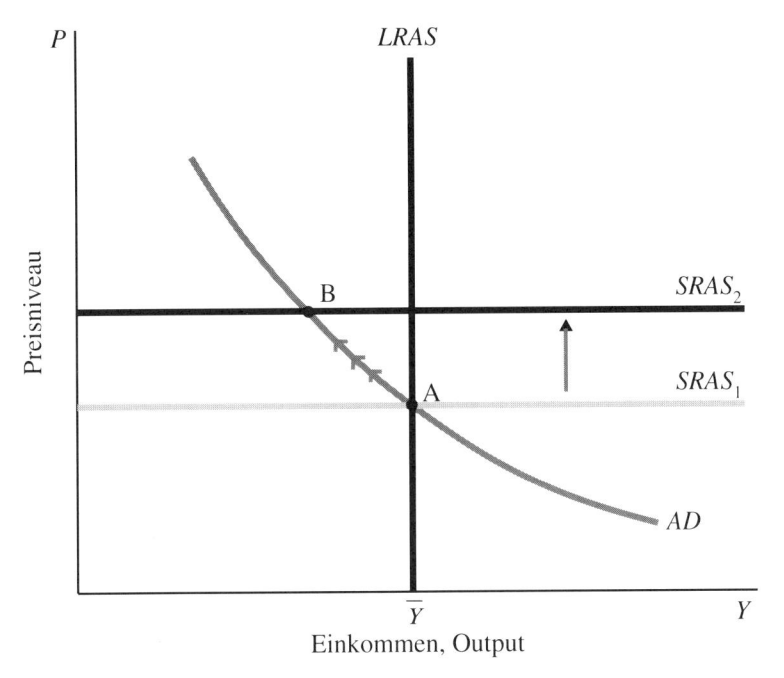

Abbildung 8-13: **Ein nachteiliger Angebotsschock.** Ein nachteiliger Angebotsschock treibt Kosten und Preise in die Höhe. Falls die Gesamtnachfrage unverändert bleibt, dann bewegt sich die Wirtschaft von Punkt A nach Punkt B. Es kommt zunächst zu steigenden Preisen und sinkender Produktion. Schließlich wird sich dieser Prozeß jedoch umkehren. Die Preise sinken, und die Produktion steigt wieder auf ihr natürliches Niveau (Punkt A).

Abbildung 8-13 zeigt die Wirkungen eines nachteiligen Angebotsschocks. Die kurzfristige Gesamtangebotskurve verschiebt sich nach oben. (Der Angebotsschock kann auch zu einer Verringerung des natürlichen Niveaus der Produktion führen und somit die langfristige Gesamtangebotskurve nach links verschieben. Dieser mögliche Effekt wird hier jedoch vernachlässigt.) Wenn die Gesamtnachfragekurve unverändert bleibt, dann bewegt sich die Wirtschaft von Punkt A nach Punkt B: das Preisniveau steigt, und der Output sinkt unter sein natürliches Niveau. Eine solche Entwicklung bezeichnet man als **Stagflation**, weil hier Stagnation (sinkender Output) in Verbindung mit Inflation (steigende Preise) auftritt.

Ein solcher nachteiliger Angebotsschock stellt die wirtschaftspolitische Entscheidungsinstanz, die die Nachfrage steuert (z.B. die Zentralbank), vor eine schwierige Entscheidung zwischen zwei Optionen. Die erste Option, die in Abbildung 8-13 impliziert ist, besteht darin, die Gesamtnachfrage konstant zu halten. In diesem Fall werden Output und Beschäftigung längere Zeit unterhalb ihres natürlichen Niveaus liegen. Schließlich wird es jedoch zu einem Rückgang des gesamtwirtschaftlichen Preisniveaus kommen, und die Vollbeschäftigung wird beim alten Preisniveau wieder erreicht (Punkt A). Der Weg dorthin führt jedoch durch eine schmerzhafte Rezession.

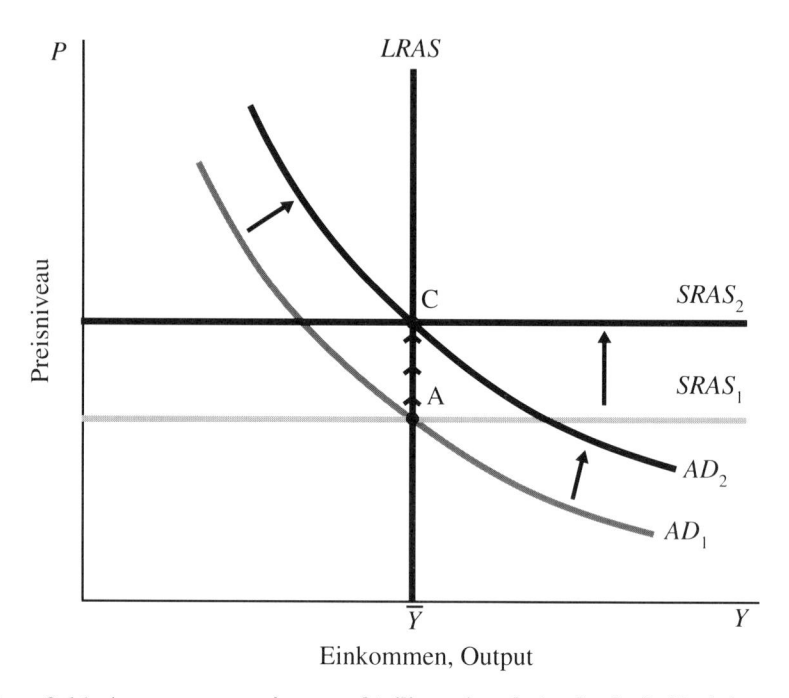

Abbildung 8-14: **Anpassung an einen nachteiligen Angebotsschock.** In Reaktion auf einen nachteiligen Angebotsschock kann die Zentralbank die Gesamtnachfrage exogen erhöhen, um einen Rückgang von Produktion und Beschäftigung zu verhindern. Die Wirtschaft bewegt sich von Punkt A nach Punkt C. Die Kosten dieser Politik bestehen jedoch in einem dauerhaft höheren Preisniveau.

Die zweite Option der Entscheidungsträger besteht in einer Ausdehnung der gesamtwirtschaftlichen Nachfrage, um so die Wirtschaft schneller auf ihr natürliches Produktionsniveau zurückzuführen. Diese Möglichkeit ist in Abbildung 8-14 dargestellt. Wenn die Zunahme der aggregierten Nachfrage mit dem Angebotsschock zeitlich zusammentrifft, dann bewegt sich die Wirtschaft von Punkt A nach Punkt C. Man spricht in diesem Fall von einer *akkomodierenden Politik* der Zentralbank. Der Nachteil dieser Variante besteht darin, daß das Preisniveau auf Dauer höher ist als in der Ausgangssituation. Es gibt keine Möglichkeit, die Nachfrage so zu steuern, daß sowohl die Vollbeschäftigung aufrecht erhalten wird als auch das Preisniveau stabil bleibt.

Fallstudie 8-4: Der Beitrag der OPEC zur Stagflation in den siebziger Jahren und zum Aufschwung in den achtziger Jahren

Die heftigsten Angebotsschocks der letzten vierzig Jahre gehen auf das Konto der OPEC (Organization of Petroleum Exporting Countries).

In den frühen siebziger Jahren führte die durch das Kartell herbeigeführte Verknappung des Öls nahezu zu einer Verdoppelung des Ölpreises. Diese Erhöhung des Ölpreises führte in fast allen größeren Ländern zu Stagflation. Die folgenden Daten zeigen, was sich in den Vereinigten Staaten abgespielt hat:

Jahr	Veränderung des Ölpreises (in v.H.)	Inflationsrate (CPI) (in v.H.)	Arbeitslosenquote (in v.H.)
1973	11,0	6,2	4,9
1974	68,0	11,0	5,6
1975	16,0	9,1	8,5
1976	3,3	5,8	7,7
1977	8,1	6,5	7,1

Der 68prozentige Anstieg des Ölpreises im Jahre 1974 war ein negativer Angebotsschock von enormem Ausmaß. Wie zu erwarten war, führte dieser Schock sowohl zu höheren Inflationsraten als auch zur einer höheren Arbeitslosenquote. Wenige Jahre später, als sich die Weltwirtschaft fast von der ersten OPEC-Rezession erholt hatte, kam es zu einer Neuauflage: Die OPEC erhöhte abermals die Ölpreise, wieder folgte eine Stagflationsphase. Hier wieder die entsprechenden Daten für die Vereinigten Staaten:

Jahr	Veränderung des Ölpreises (in v.H.)	Inflationsrate (CPI) (in v.H.)	Arbeitslosenquote (in v.H.)
1978	9,4	7,7	6,1
1979	25,4	11,3	5,8
1980	47,8	13,5	7,0
1981	44,4	10,3	7,5
1982	-8,7	6,1	9,5

Der Anstieg der Ölpreise in den Jahren 1979, 1980 und 1981 führte abermals zu zweistelligen Inflationsraten und zu einer Vergrößerung der Arbeitslosigkeit.

In der Mitte der achtziger Jahre führten politische Spannungen zwischen den arabischen Ländern zu einer Schwächung der OPEC-Position. Die OPEC war nicht mehr in der Lage, die Verknappung des Ölangebots aufrecht zu erhalten. Die Ölpreise sanken und kehrten den Stagflationsprozeß der siebziger und der frühen achtziger Jahre um. Die folgenden Daten zeigen die Entwicklung:

Jahr	Veränderung des Ölpreises (in v.H.)	Inflationsrate (CPI) (in v.H.)	Arbeitslosenquote (in v.H.)
1983	-7,1	3,2	9,5
1984	-1,7	4,3	7,4
1985	-7,5	3,6	7,1
1986	-44,5	1,9	6,9
1987	18,3	3,6	6,1

Im Jahr 1986 sank der Ölpreis um fast die Hälfte. Dieser positive Angebotsschock führte zu einer der niedrigsten Inflationsraten, die die Vereinigten Staaten in ihrer jüngeren Geschichte verzeichnen konnten. Darüber hinaus kam es auch zu einem Rückgang der Arbeitslosenquote.[4]

---

[4] Einige Ökonomen vermuten, daß die Veränderungen der Ölpreise schon vor den siebziger Jahren eine wichtige Rolle für die gesamtwirtschaftlichen Schwankungen gespielt haben. Vgl. James D. Hamilton, "Oil and the Macroeconomy Since World War II", Journal of Political Economy 91 (April 1983): 228-248.

8.5 Schlußfolgerungen

In diesem Kapitel wurde ein Rahmen für die Analyse gesamtwirtschaftlicher Schwankungen entwickelt. Das vorgestellte Gesamtangebots-Gesamtnachfrage-Modell beruht auf der Annahme kurzfristig starrer, langfristig jedoch flexibler Preise. Das Modell zeigt, wie exogene wirtschaftliche Störungen dazu führen, daß Produktion und Beschäftigung vorübergehend von dem Niveau abweichen, das sich aus dem klassischen Modell ergibt.

Das Modell unterstreicht auch die Bedeutung der Geldpolitik. Eine schlechte Geldpolitik kann selbst Ursache für gesamtwirtschaftliche Störungen sein. Eine gute Geldpolitik hingegen kann, indem sie auf gesamtwirtschaftliche Störungen angemessen reagiert, die Wirtschaft stabilisieren.

Obwohl das gesamtwirtschaftliche Angebots-Nachfrage-Modell in vielerlei Beziehung dem einzelwirtschaftlichen Angebots-Nachfrage-Modell zu gleichen scheint, ist Vorsicht geboten: die Analogie ist unvollkommen. Bei der Analyse von Angebot und Nachfrage eines einzelnen Gutes beschäftigt man sich mit einem einzelnen Markt. Eine makroökonomische Betrachtung verlangt dagegen ein Modell, das alle wichtigen Teilbereiche der Wirtschaft gleichzeitig erfaßt. Das Gesamtangebots-Gesamtnachfrage-Modell ist daher komplizierter als man auf den ersten Blick meinen könnte. Es berücksichtigt auch die Zusammenhänge zwischen verschiedenen gesamtwirtschaftlichen Märkten.

In den nächsten Kapiteln erfolgt daher sowohl ein weiterer Ausbau des Gesamtangebots-Gesamtnachfrage-Modells als auch eine tiefergehende Auseinandersetzung mit stabilitätspolitischen Fragen. Die Kapitel 9 und 10 gehen über die quantitätstheoretische Ableitung der aggregierten Nachfrage hinaus und liefern eine erweiterte Theorie der Gesamtnachfrage. Dabei wird sich zeigen, daß die gesamtwirtschaftliche Nachfrage sowohl von der Geldpolitik als auch von der Fiskalpolitik abhängt. In Kapitel 11 findet sich eine genauere Darstellung des Gesamtangebots. Dort wird auch diskutiert, warum Löhne und Preise inflexibel sind. Kapitel 12 hat die Auseinandersetzung mit den Möglichkeiten und Grenzen der Stabilisierungspolitik zum Thema.

Zusammenfassung

1. Der grundlegende Unterschied zwischen langfristiger und kurzfristiger Betrachtung besteht darin, daß die Preise langfristig flexibel, kurzfristig aber starr sind. Das Gesamtangebots-Gesamtnachfrage-Modell liefert einen Rahmen für die Analyse gesamtwirt-

schaftlicher Schwankungen. Es zeigt darüber hinaus die unterschiedlichen Wirkungen der Wirtschaftspolitik, die sich infolge unterschiedlicher Betrachtungszeiträume ergeben.

2. Die Gesamtnachfragekurve zeigt, daß die aggregierte Nachfrage nach Waren und Dienstleistungen mit abnehmendem Preisniveau steigt.

3. Die langfristige Gesamtangebotskurve verläuft senkrecht. Die Höhe der Produktion wird ausschließlich durch die vorhandene Ausstattung einer Volkswirtschaft mit Arbeit und Kapital sowie die verfügbare Produktionstechnologie bestimmt. Verschiebungen der Gesamtnachfrage verändern daher das Preisniveau, nicht aber das Niveau von Produktion und Beschäftigung.

4. Die kurzfristige Gesamtangebotskurve verläuft waagerecht, weil Löhne und Preise kurzfristig fest vorgegeben sind. Verschiebungen der Gesamtnachfrage führen daher zu Veränderungen von Produktion und Beschäftigung.

5. Angebots- und Nachfrageschocks führen zu gesamtwirtschaftlichen Schwankungen. Da die Zentralbank die Lage der Gesamtnachfragekurve beeinflussen kann, kann sie versuchen, diesen Schocks durch eine entsprechende Geldpolitik entgegenzuwirken, um so Produktion und Beschäftigung auf ihrem natürlichen Niveau zu halten.

Schlüsselbegriffe

Gesamtnachfrage
Stabilisierungspolitik

Gesamtangebot
Stagflation

Wiederholungsfragen

1. Nennen Sie ein Beispiel für einen Preis, der kurzfristig starr, langfristig aber flexibel ist.

2. Warum ist die Gesamtnachfragekurve abwärts geneigt?

3. Erläutern Sie die Auswirkungen einer Erhöhung des Geldangebots bei kurzfristiger und bei langfristiger Betrachtung.

4. Warum ist es für die Zentralbank einfacher, auf Nachfrageschocks zu reagieren als auf Angebotsschocks?

Kapitel 8   Einführungen in das Problem wirtschaftlicher Schwankungen   309

Aufgaben und Anwendungen

1. Nehmen Sie an, daß eine Änderung der rechtlichen Vorschriften es den Banken erlaubt, für Girokonten Zinsen zu zahlen. Bedenken Sie dabei, daß die Geldmenge aus Bargeld und Sichteinlagen besteht, zu denen das Guthaben auf Girokonten gehört. Die Veränderung der rechtlichen Vorschriften führt daher zu einer höheren Attraktivität der Geldhaltung.

   a. Auf welche Weise beeinflußt die beschriebene Veränderung die Geldnachfrage?

   b. Welche Konsequenz ergibt sich für die Umlaufgeschwindigkeit des Geldes?

   c. Welche Wirkungen ergeben sich kurz- und langfristig für Preise und Produktion, wenn die Zentralbank das Geldangebot konstant hält?

   d. Sollte die Zentralbank als Reaktion auf diese rechtliche Veränderung das Geldangebot konstant halten? Warum, oder warum nicht?

2. Die Zentralbank vermindert das Geldangebot um fünf Prozent.

   a. Welche Wirkungen ergeben sich auf die Gesamtnachfragekurve?

   b. Welche Wirkungen ergeben sich kurz- und langfristig in bezug auf Preisniveau und Höhe der Produktion?

   c. Welche Wirkungen ergeben sich dem Okunschen Gesetz zufolge kurz- und langfristig für die Arbeitslosigkeit? *Hinweis:* Das Okunsche Gesetz ist die Beziehung zwischen Output und Arbeitslosigkeit, die in Kapitel 2 diskutiert wurde.

   d. Welche Wirkungen ergeben sich kurz- und langfristig auf den realen Zinssatz? (*Hinweis:* Verwenden Sie das Modell für den realen Zinssatz aus Kapitel 3, um zu zeigen, welche Wirkungen eine Outputänderung hat.)

3. Es soll überprüft werden, wie die Zielsetzung der Zentralbank die Art ihrer Reaktion auf Schocks beeinflußt. Dazu wird angenommen, daß Zentralbank A ausschließlich das Preisniveau konstant halten will und Zentralbank B ausschließlich Produktion und Beschäftigung auf ihrem natürlichen Niveau halten will. Erläutern Sie, wie jede der beiden Zentralbanken

   a. auf eine exogene Verminderung der Umlaufgeschwindigkeit des Geldes und

   b. auf eine exogene Erhöhung des Ölpreises reagieren würde.

Kapitel 9

Gesamtwirtschaftliche Nachfrage I

> *I shall argue that the postulates of the classical theory are applicable to a special case only and not to the general case... Moreover, the characteristics of the special case assumed by the classical theory happen not to be those of the economic society in which we actually live, with the result that its teaching is misleading and disastrous if we attempt to apply it to the facts of experience.*
>
> John Maynard Keynes
> The General Theory

Die heftigste bekannte Störung der Wirtschaftsgeschichte war die Weltwirtschaftskrise, die in den Vereinigten Staaten als Große Depression („Great Depression") bezeichnet wird. In den dreißiger Jahren erlebten die meisten großen Volkswirtschaften eine Massenarbeitslosigkeit und dramatische Rückgänge des Sozialprodukts. Im schlimmsten Jahr der Großen Depression, 1933, betrug die Arbeitslosenquote in den Vereinigten Staaten 25 Prozent, und das reale BSP lag um 30 Prozent unter dem Niveau von 1929.

Diese verheerende Zeit veranlaßte viele Ökonomen, die Gültigkeit der Klassischen Theorie in Frage zu stellen. Diese Theorie schien völlig ungeeignet zu sein, die Depression zu erklären. Die Klassische Theorie lehrt, daß das Volkseinkommen vom Faktorangebot und der verfügbaren Produktionstechnologie abhängt. Keine dieser Größen verringerte sich jedoch zwischen 1929 und 1933 nennenswert. Nach dem Beginn der Depression waren viele Ökonomen der Ansicht, daß ein neues Modell benötigt würde, das nicht nur den großen und überraschenden wirtschaftlichen Abschwung erklären könnte, sondern das auch Hinweise auf wirtschaftspolitische Maßnahmen lieferte, um die ökonomische Not, der sich so viele Menschen gegenübersahen, zu lindern.

Im Jahr 1936 revolutionierte der britische Wirtschaftswissenschaftler John Maynard Keynes das ökonomische Denken mit seinem Buch *The General Theory of Employment, Interest, and Money*. Keynes schlug einen neuen Weg zur Analyse der Wirtschaft vor, den er als Alternative zur Klassischen Theorie verstand. Keynes' Theorie wurde schnell Gegenstand einer heftigen Kontroverse. Aus seiner Vision des Funktionierens der Wirtschaft entwickelte sich langsam ein neues Verständnis für das Phänomen gesamtwirtschaftlicher Schwankungen.

Keynes behauptete, daß eine geringe Gesamtnachfrage für das niedrige Sozialprodukt und die hohe Arbeitslosigkeit im Abschwung verantwortlich wäre. Er kritisierte die Annahme der klassischen Theorie, daß nur das gesamtwirtschaftliche Angebot und seine Bestimmungsgründe – Kapital, Arbeit, Technologie – die Höhe des Sozialprodukts bestimmen. Heute bringen die Ökonomen beide Sichtweisen durch das im vorigen Kapitel erläuterte Gesamtangebots-Gesamtnachfrage-Modell miteinander in Einklang. Langfristig sind die Preise flexibel, und das Gesamtangebot bestimmt die Höhe des Sozialprodukts. Kurzfristig treten dagegen Preisstarrheiten auf, so daß sich Veränderungen der Gesamtnachfrage auf die Höhe des Einkommens auswirken.

In diesem und im folgenden Kapitel wird die Analyse wirtschaftlicher Schwankungen mit einer näheren Betrachtung der Gesamtnachfrage fortgesetzt. Ziel ist es, die Variablen zu identifizieren, die die Gesamtnachfragekurve verschieben und damit Schwankungen des Sozialprodukts hervorrufen können. Darüber hinaus sollen die Instrumente genauer untersucht werden, mit denen die wirtschaftspolitischen Entscheidungsträger die Gesamtnachfrage beeinflussen können. In Kapitel 8 wurde die Gesamtnachfragekurve aus der Quantitätstheorie des Geldes abgeleitet und gezeigt, daß sie durch geldpolitische Maßnahmen verschoben werden kann. In diesem Kapitel wird sich zeigen, daß der Staat die Gesamtnachfrage sowohl mit geldpolitischen als auch mit fiskalpolitischen Maßnahmen beeinflussen kann.

Man bezeichnet das Gesamtnachfrage-Modell, das in diesem Kapitel entwickelt wird, als **IS/LM-Modell**. Es ist die wichtigste Interpretation der Keynesschen Theorie. Das IS/LM-Modell geht von einem exogen gegebenen Preisniveau aus und zeigt, wodurch die Höhe des Sozialprodukts bestimmt wird. Es gibt zwei Blickwinkel, aus denen das IS/LM-Modell betrachtet werden kann. Aus der ersten Perspektive zeigt es, wie es kurzfristig, also bei konstantem Preisniveau, zu Veränderungen des Sozialprodukts kommen kann. Aus der zweiten Perspektive zeigt es, wie Verschiebungen der Gesamtnachfragekurve entstehen können. Wie Abbildung 9-1 deutlich macht, bedeuten Veränderungen des Einkommens bei gegebenem Preisniveau das gleiche wie Verschiebungen der Gesamtnachfragekurve. Bei kurzfristiger Betrachtung, d.h. bei gegebenem Preisniveau,

Kapitel 9   Gesamtwirtschaftliche Nachfrage I

werden Einkommensveränderungen durch Verschiebungen der Gesamtnachfragekurve bestimmt.

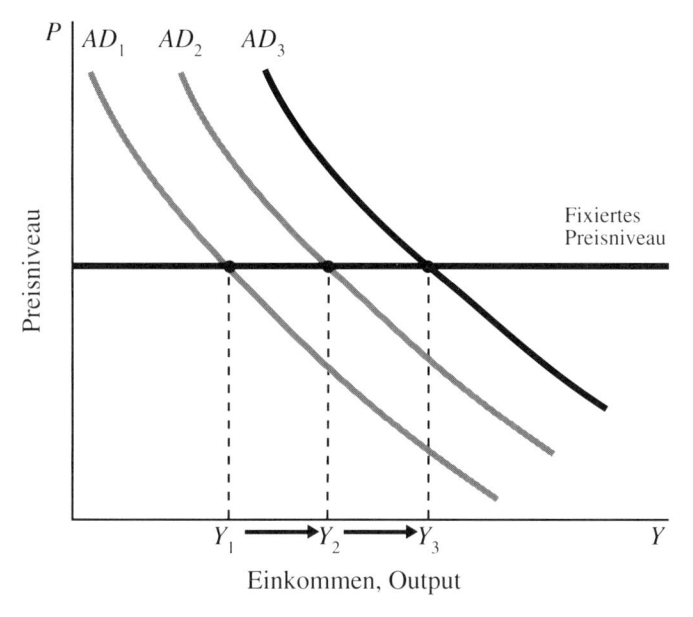

Abbildung 9-1: **Verschiebungen der Gesamtnachfragekurve.** Bei gegebenem Preisniveau kommt es zu Schwankungen von Gesamtproduktion und Gesamteinkommen, wenn sich die Gesamtnachfragekurve verschiebt. Mit dem IS/LM-Modell, das von einem gegebenen Preisniveau ausgeht, können die Ursachen von Veränderungen des Sozialprodukts analysiert werden. Das IS/LM-Modell zeigt daher die Ursachen für Verschiebungen der Gesamtnachfrage auf.

Die zwei Bestandteile des IS/LM-Modells sind – wenig überraschend – die IS-Kurve und die LM-Kurve. IS symbolisiert „Investitionen" (investment) und „Ersparnis" (saving). Die IS-Kurve repräsentiert den Markt für Waren und Dienstleistungen, der in Kapitel 3 diskutiert wurde. LM ist die Abkürzung für „Liquidität" (liquidity) und „Geld" (money). Die LM-Kurve verkörpert den Zusammenhang von Geldangebot und Geldnachfrage, über den in Kapitel 6 gesprochen wurde. Weil er sowohl die Investitionen als auch die Geldnachfrage beeinflußt, ist der Zinssatz die Variable, die die beiden Teile des IS/LM-Modells miteinander verbindet. Das Modell zeigt, wie die Wechselwirkungen zwischen Geld- und Gütermarkt die Gesamtnachfrage bestimmen.[1]

---

[1] Das IS/LM-Modell wurde in einem klassischen Beitrag des späteren Nobelpreisträgers eingeführt: John R. Hicks, "Mr. Keynes and the Classics: A Suggested Interpretation", Econometrica 5 (1937): 147-159.

9.1 Der Gütermarkt und die IS-Kurve

Die IS-Kurve stellt die Beziehung zwischen Zinssatz und Einkommensniveau dar, die sich bei Gleichgewicht auf dem Gütermarkt ergibt. Um diese Beziehung zu verstehen, ist es sinnvoll, sich zunächst mit einer einfachen Theorie der Nachfrage nach Waren und Dienstleistungen zu befassen, die in der Literatur häufig als *einfache Gütermarktanalyse* oder als **Theorie des keynesianischen Kreuzes** bezeichnet wird.

Das keynesianische Kreuz

Das keynesianische Kreuz ist die einfachste Interpretation der Keynesschen Einkommens- und Beschäftigungstheorie. Es stellt einen nützlichen Baustein für das komplexere und realistischere IS/LM-Modell dar. Etliche Komponenten der folgenden Überlegungen sollten aus der Diskussion des Gütermarktes in Kapitel 3 vertraut sein.

Geplante Ausgaben   Um das keynesianische Kreuz ableiten zu können, werden zunächst die Bestimmungsgründe der geplanten Ausgaben betrachtet. Als geplante Ausgaben bezeichnet man den Betrag, den die Haushalte, die Unternehmen und der Staat für Waren und Dienstleistungen auszugeben beabsichtigen. Die tatsächlichen weichen von den geplanten Ausgaben ab, wenn die Unternehmen gezwungen sind, ungeplante Lagerinvestitionen zu tätigen. Dies ist der Fall, wenn die Unternehmen als Reaktion auf unerwartet niedrige bzw. hohe Verkäufe ihre Lagerbestände ungeplant erhöhen oder vermindern müssen.

Unter der Annahme, daß die betrachtete Volkswirtschaft geschlossen ist, die Nettoexporte also null sind, lassen sich die geplanten Gesamtausgaben E als Summe des geplanten Konsums C, der geplanten Investitionen I und der geplanten staatlichen Güterkäufe G schreiben:

$$E = C + I + G.$$

Diese Beziehung wird ergänzt durch die Konsumfunktion:

$$C = C(Y-T).$$

Die Konsumfunktion besagt, daß der Konsum vom verfügbaren Einkommen $Y - T$ abhängt. Das verfügbare Einkommen ergibt sich aus dem Gesamteinkommen Y durch

Kapitel 9 Gesamtwirtschaftliche Nachfrage I

Abzug der Steuern T. Weiter wird davon ausgegangen, daß die geplanten Investitionen konstant sind:

$$I = \bar{I}.$$

Die fiskalpolitischen Variablen – Höhe der Staatsausgaben und Steuereinnahmen – sind ebenfalls exogen festgelegt:

$$G = \bar{G}$$
$$T = \bar{T}.$$

Faßt man diese Gleichungen zusammen, folgt:

$$E = C(Y-\bar{T}) + \bar{I} + \bar{G}.$$

Diese Beziehung besagt, daß die geplanten Ausgaben eine Funktion des Einkommens Y, der exogen gegebenen Investitionen I sowie der ebenfalls exogen gegebenen fiskalpolitischen Variablen G und T sind.

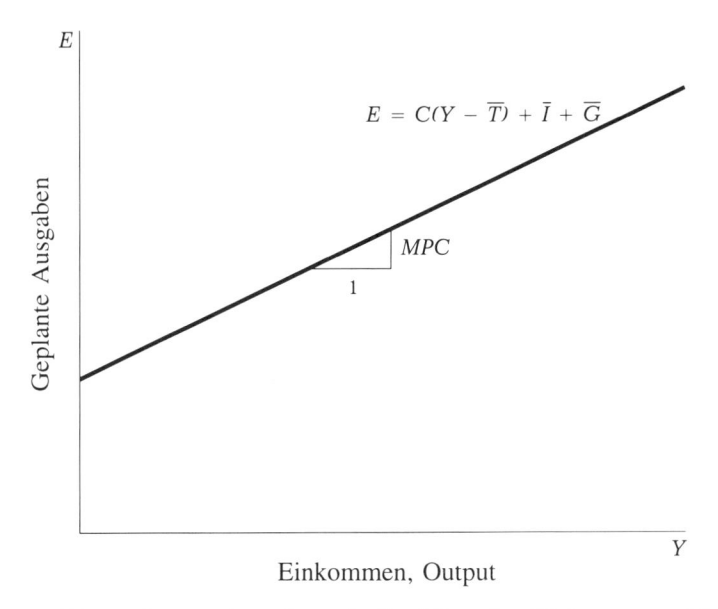

Abbildung 9-2: **Die geplanten Ausgaben als Funktion des Einkommens.** Die geplanten Gesamtausgaben hängen vom Einkommen ab, weil ein höheres Einkommen zu höheren geplanten Konsumausgaben führt. Die Steigung der Kurve entspricht der marginalen Konsumquote (*MPC*).

Abbildung 9-2 zeigt die geplanten Ausgaben als Funktion des Einkommensniveaus. Die Kurve verläuft mit positiver Steigung, weil ein höheres Einkommen zu einem höheren Konsum und damit auch zu höheren geplanten Gesamtausgaben führt. Die Steigung dieser Kurve spiegelt sich in der marginalen Konsumquote *MPC* wider, die zeigt, um welchen Betrag die geplanten Gesamtausgaben steigen, wenn das Einkommen sich um eine DM erhöht.

Das Gleichgewicht auf dem Gütermarkt   Wir nehmen nun an, daß sich die Wirtschaft im Gleichgewicht befindet, wenn die tatsächlichen mit den geplanten Ausgaben übereinstimmen. Es sei daran erinnert, daß das BSP zwei Bedeutungen hat: das Einkommen einer Wirtschaft und ihre Ausgaben. Das Symbol Y bezeichnet daher sowohl das Gesamteinkommen als auch die tatsächlichen Gesamtausgaben. Die Gleichgewichtsbedingung kann dann folgendermaßen geschrieben werden:

$$\text{Tatsächliche Gesamtausgaben} = \text{Geplante Gesamtausgaben}$$
$$Y = E$$

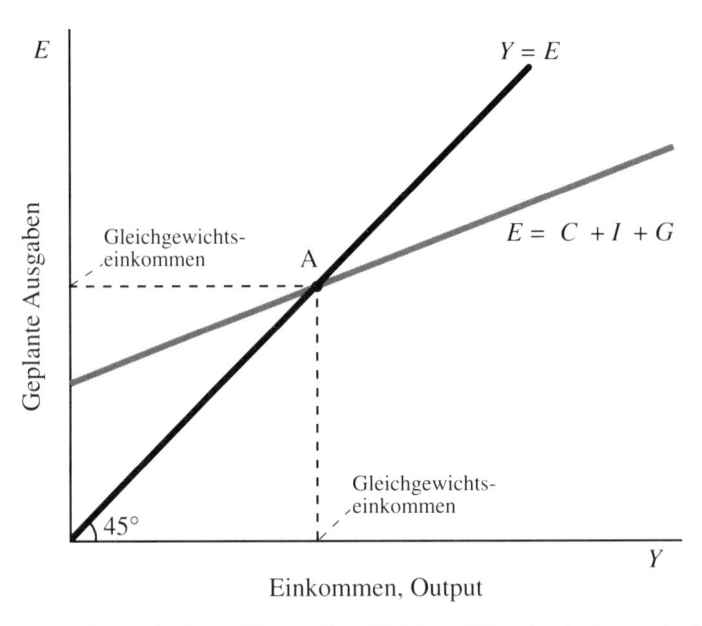

Abbildung 9-3: **Das keynesianische Kreuz.** Das Gleichgewicht wird im keynesianischen Kreuz durch Punkt A wiedergegeben. Hier stimmen Einkommen und geplante Investitionen überein.

Die 45°-Linie in Abbildung 9-3 zeigt alle Punkte, für die diese Bedingung zutrifft. Fügt man dieser Linie den Graph der geplanten Ausgaben hinzu, erhält man das keynesianische Kreuz. Das Gleichgewicht der betrachteten Wirtschaft wird durch den Schnittpunkt der Kurve der geplanten Ausgaben mit der 45°-Linie wiedergegeben (Punkt A).

Auf welche Weise erreicht die Wirtschaft dieses Gleichgewicht? Für viele Unternehmen spielen die Vorratsinvestitionen eine wichtige Rolle im Anpassungsprozeß. Produzieren die Unternehmen mehr Güter als verkauft werden können, dann nehmen die Unternehmen die überzähligen Produkte auf Lager. Produzieren die Unternehmen umgekehrt zu wenig Güter, dann bauen sie ihre Lagerbestände ab. Die ungeplanten Vorratsveränderungen veranlassen die Unternehmen dann, ihr Produktionsvolumen entsprechend anzupassen.

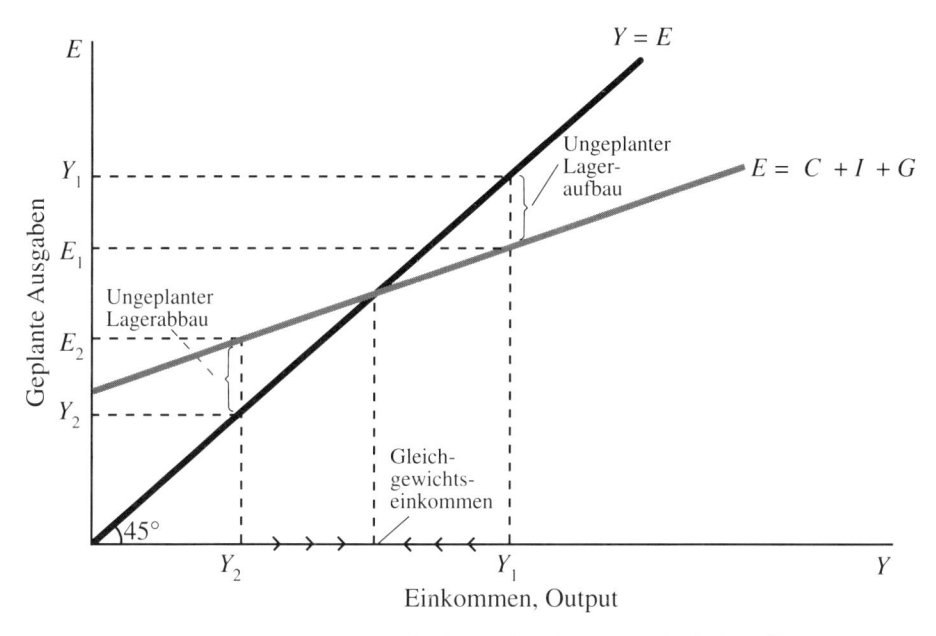

Abbildung 9-4: **Die Anpassung an das Gleichgewicht im keynesianischen Kreuz.** Wenn die Unternehmen auf einem Niveau Y_1 produzieren, dann sind die geplanten Ausgaben E_1 geringer als die Produktion. Die Lagerbestände der Unternehmen erhöhen sich. Die Zunahme der Lagerbestände veranlaßt die Unternehmen, die Produktion zu drosseln. In analoger Weise gilt, daß bei einem Produktionsvolumen Y_2 die geplanten Ausgaben E_2 die Produktionshöhe übersteigen, so daß die Unternehmen die Lagerbestände vermindern. Der Rückgang der Lagerbestände veranlaßt die Unternehmen zu einer Ausdehnung der Produktion.

Hat das BSP in Abbildung 9-4 beispielsweise eine Höhe von Y_1, dann betragen die geplanten Ausgaben E_1, sind also geringer als das Einkommen. Weil die geplanten Ausgaben geringer sind als die Produktion, können die Unternehmen weniger Güter verkaufen, als sie wünschen. Deshalb nehmen die Lagerbestände zu. Der Lagerzuwachs stellt ungeplante Investitionen der Unternehmen dar. Die Zunahme der Lagerbestände veranlaßt die Unternehmen, Arbeitskräfte zu entlassen und die Produktion zu reduzieren. Dadurch vermindert sich auf gesamtwirtschaftlicher Ebene das BSP. Dieser Prozeß von ungeplantem Lageraufbau und sinkenden Einkommen hält solange an, bis das Einkommen auf seinen Gleichgewichtswert gesunken ist. Im Gleichgewicht stimmen Einkommen und geplante Ausgaben überein.

In analoger Weise gilt, daß bei einem BSP in Höhe von Y_2 die geplanten Ausgaben E_2 betragen, also höher sind als das Einkommen. Weil die geplanten Ausgaben die vorhandene Produktion übersteigen, können die Unternehmen mehr verkaufen als sie produzieren. Zunächst sinken die Lagerbestände, dann stellen die Unternehmen neue Arbeitskräfte ein und erhöhen die Produktion. Gesamtwirtschaftlich betrachtet steigt das BSP. Dieser Prozeß hält so lange an, bis das tatsächliche Einkommen und die geplanten Ausgaben übereinstimmen.

Zusammengefaßt zeigt also das keynesianische Kreuz, wie das Einkommen bei einem gegebenen Preisniveau durch die Höhe der geplanten Investitionen I und durch den Wert der fiskalpolitischen Parameter G und T bestimmt wird. Mit Hilfe dieses Modells lassen sich die Wirkungen der Veränderung einer dieser exogenen Variablen auf das Einkommen analysieren.

Fiskalpolitik und Multiplikator: Staatliche Güterkäufe Zunächst sollen mit Hilfe des gerade entwickelten Gütermarktmodells die Wirkungen einer Veränderung der staatlichen Güterkäufe analysiert werden. Eine Zunahme der staatlichen Güterkäufe um ΔG bedeutet für jedes gegebene Niveau des Einkommens eine Erhöhung der geplanten Ausgaben, weil die staatlichen Güterkäufe eine Komponente der geplanten Ausgaben sind. Die Kurve der geplanten Ausgaben verschiebt sich also um den Betrag ΔG aufwärts, wie in Abbildung 9-5 gezeigt. Das gesamtwirtschaftliche Gleichgewicht verlagert sich von Punkt A nach Punkt B.

Die Graphik zeigt, daß eine Erhöhung der staatliche Güterkäufe um einen bestimmten Betrag zu einer Erhöhung des Gleichgewichtseinkommens um mehr als diesen Betrag führt, d.h. ΔY ist größer als ΔG. Den Quotienten $\Delta Y/\Delta G$ bezeichnet man als fiskalpolitischen Multiplikator, als Multiplikator der staatlichen Güterkäufe oder als **Staatsausgabenmultiplikator.**

Warum weist die Fiskalpolitik eine solche verstärkte Wirkung auf das Einkommen auf? Der Multiplikator ist deswegen größer als eins, weil entsprechend der Konsumfunktion ein höheres Einkommen auch einen höheren Konsum hervorruft. Vermehrte staatliche Güterkäufe, die das Einkommen erhöhen, führen also auch zu einer Vergrößerung des Konsums, die ihrerseits wieder zu einer Einkommenserhöhung führt, die abermals den Konsum vergrößert usw. Im vorliegenden Modell erhöht sich das Gleichgewichtseinkommen daher um ein Vielfaches der ursprünglichen Erhöhung der Staatsausgaben.

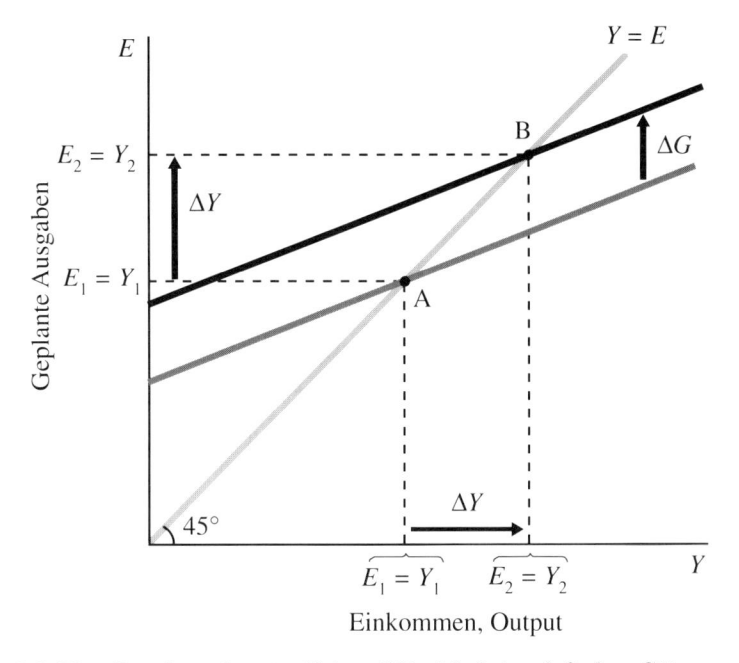

Abbildung 9-5: **Eine Zunahme der staatlichen Güterkäufe im einfachen Gütermarktmodell.**
Eine Zunahme der staatlichen Güterkäufe um ΔG erhöht die geplanten Ausgaben für jedes gegebene Einkommensniveau um genau diesen Betrag. Das Gleichgewicht bewegt sich von A nach B, und das Einkommen steigt von Y_0 auf Y_1. Es ist hervorzuheben, daß die Einkommenszunahme (ΔY) die Erhöhung der Staatsausgaben (ΔG) übersteigt. Die Fiskalpolitik hat folglich eine verstärkte Wirkung auf das Einkommen.

Wie groß ist der Multiplikator? Um diese Frage beantworten zu können, ist es sinnvoll, die Wirkungen einer Veränderung der Staatsausgaben Schritt für Schritt zu verfolgen. Am Anfang des Prozesses steht die Erhöhung der Ausgaben um ΔG, was eine Erhöhung des Einkommens ebenfalls um ΔG impliziert. Die Zunahme des Einkommens führt gemäß der Konsumfunktion zu einem Anstieg der Konsumausgaben um $MPC \times \Delta G$, wobei *MPC* die marginale Konsumquote (marginal propensity to consume) bezeichnet. Die Zunahme der Konsumausgaben führt wiederum zu einer entsprechenden Erhöhung der Gesamtausgaben und des Einkommens. Diese zweite Steigerung des Einkommens um $MPC \times \Delta G$ erhöht abermals den Konsum, diesmal um $MPC \times (MPC \times \Delta G)$, was wiederum eine Erhöhung der Gesamtausgaben und des Einkommens zur Folge hat. Dieser Rückkoppelungsprozeß zwischen Konsum und Einkommen setzt sich unendlich lange fort. Der Gesamteffekt ergibt sich aus:

Ursprüngliche Veränderung der staatlichen Güterkäufe	ΔG
Erste Veränderung des Konsums	$MPC \times \Delta G$
Zweite Veränderung des Konsums	$MPC^2 \times \Delta G$
Dritte Veränderung des Konsums	$MPC^3 \times \Delta G$
....	
Totale Veränderung des Einkommens (ΔY)	$(1 + MPC + MPC^2 + MPC^3 + ...) \Delta G$

Der Staatsausgabenmultiplikator beträgt also:

$$\Delta Y / \Delta G = 1 + MPC + MPC^2 + MPC^3 + ...$$

Dieser Ausdruck für den Multiplikator stellt eine *unendliche geometrische Reihe* dar. Mit Hilfe einer einfachen Umformung kann man dafür schreiben:[2]

$$\Delta Y / \Delta G = 1/(1 - MPC).$$

Beträgt beispielsweise die marginale Konsumquote 0,6, dann gilt für den Multiplikator

$$\begin{aligned}\Delta Y / \Delta G &= 1 + 0{,}6 + 0{,}6^2 + 0{,}6^3 + ... \\ &= 1/(1 - 0{,}6) \\ &= 2{,}5.\end{aligned}$$

---

2 *Mathematischer Hinweis:* Das Ergebnis läßt sich folgendermaßen ableiten. Es sei
$$z = 1 + x + x^2 + ...$$
Multiplikation beider Seiten der Gleichung mit x ergibt:
$$xz = x + x^2 + x^3 + ...$$
Zieht man die zweite Gleichung von der ersten ab, so folgt:
$$z - xz = 1.$$
Ausklammern von z führt auf:
$$z(1 - x) = 1,$$
was gleichbedeutend ist mit
$$z = 1/(1 - x).$$
Mit der entsprechenden Änderung der Symbole ergibt sich der Ausdruck für den Multiplikator.

In diesem Fall führt eine Zunahme der staatlichen Güterkäufe um 1 DM zu einer Erhöhung des Gleichgewichtseinkommens um 2,50 DM.[3]

Fiskalpolitik und Multiplikator: Steuern Nun sollen die Wirkungen einer Steuerveränderung auf das Gleichgewichtseinkommen analysiert werden. Eine Senkung der Steuern um ΔT erhöht unmittelbar das verfügbare Einkommen $Y - T$ um ΔT und damit den Konsum um $MPC \times \Delta T$. Für jedes gegebene Niveau des Einkommens sind die geplanten Ausgaben nun höher als zuvor. Wie Abbildung 9-6 zeigt, verschiebt sich die Kurve der geplanten Ausgaben um den Betrag $MPC \times \Delta T$ nach oben. Das Gleichgewicht verlagert sich von Punkt A nach Punkt B.

Genau wie eine Erhöhung der Staatsausgaben zu einer noch stärkeren Erhöhung des Gleichgewichtseinkommens führt, löst auch eine Senkung der Steuern eine Erhöhung des Gleichgewichtseinkommens um das Vielfache der ursprünglichen Veränderung auf. Wie zuvor wird die ursprüngliche Ausgabenänderung um das $1/(1 - MPC)$-fache verstärkt. Der Gesamteffekt einer Änderung der Steuern auf das Gleichgewichtseinkommen ergibt sich aus

$$\Delta Y / \Delta T = -MPC/(1 - MPC).$$

Diesen Ausdruck bezeichnet man als **Steuermultiplikator**. Er gibt den Betrag wieder, um den sich das Einkommen ändert, wenn sich die Steuern um eine D-Mark ändern. Beträgt also die marginale Konsumquote beispielsweise 0,6, dann gilt für den Steuermultiplikator

$$\Delta Y / \Delta T = -0{,}6/(1 - 0{,}6) = -1{,}5.$$

---

[3] *Mathematischer Hinweis:* Der Staatsausgabenmultiplikator läßt sich auf einfache Weise mit Hilfe der Differentialrechnung ableiten. Ausgangspunkt ist die Beziehung
$$Y = C(Y-T) + I + G,$$
in der die Gleichgewichtsannahme schon enthalten ist. Das totale Differential dieser Beziehung ist
$$dY = C'dY + dG.$$
Umformung dieses Ausdrucks liefert
$$dY/dG = 1/(1-C'),$$
was der Gleichung im Text entspricht.

Zinssatz, Investitionen und IS-Kurve

Die einfache Gütermarktbetrachtung mit Hilfe des keynesianischen Kreuzes ist nur ein Schritt auf dem Weg zum IS/LM-Modell. Das keynesianische Kreuz ist nützlich, weil es zeigt, wie das Gesamteinkommen bei einem gegebenen Investitionsniveau bestimmt wird. Es stellt jedoch eine zu starke Vereinfachung dar, weil die Höhe der geplanten Investitionen als vorgegeben angenommen wird. In Kapitel 3 wurde jedoch schon gezeigt, daß die Investitionen vom Zinssatz abhängen.

Um diese Beziehung zwischen Zinssatz und Investitionen in das Modell einzubauen, wird die Investitionsfunktion

$$I = I(r)$$

verwendet. Diese Investitionsfunktion ist in Abbildung 9-7A graphisch wiedergegeben. Weil der Zinssatz die Kosten der Investitionsfinanzierung darstellt, führt eine Zunahme des Zinssatzes zu einer Abnahme der geplanten Investitionen.

Die Investitionsfunktion kann nun in Verbindung mit dem keynesianischen Kreuz verwendet werden, um zu bestimmen, wie sich das Gleichgewichtseinkommen ändert, wenn sich der Zinssatz erhöht. Weil die Investitionen in einer inversen Beziehung zum Zinssatz stehen, führt eine Zunahme des Zinssatzes von r_1 auf r_2 zu einem Rückgang der geplanten Investitionsausgaben von $I(r_1)$ nach $I(r_2)$. Die Verminderung der geplanten Investitionen verschiebt ihrerseits die Gesamtausgabenfunktion abwärts, so wie es in Abbildung 9-7B gezeigt wird. Die Abwärtsverschiebung der Ausgabenfunktion führt zu einem geringeren Einkommensniveau. Insgesamt vermindert also eine Erhöhung des Zinssatzes das Gleichgewichtseinkommen.

Die IS-Kurve faßt diese Beziehung zwischen Zinssatz und Höhe des Gleichgewichtseinkommens zusammen, die sich aus der Investitionsfunktion und aus dem keynesianischen Kreuz ergibt. Je höher der Zinssatz, desto geringer ist das Volumen der geplanten Investitionen und desto geringer ist die Höhe des Gleichgewichtseinkommens. Aus diesem Grund verläuft die IS-Kurve, wie in Abbildung 9-7C gezeigt, mit negativer Steigung.

A. Die Investitionsfunktion

B. Das keynesianische Kreuz

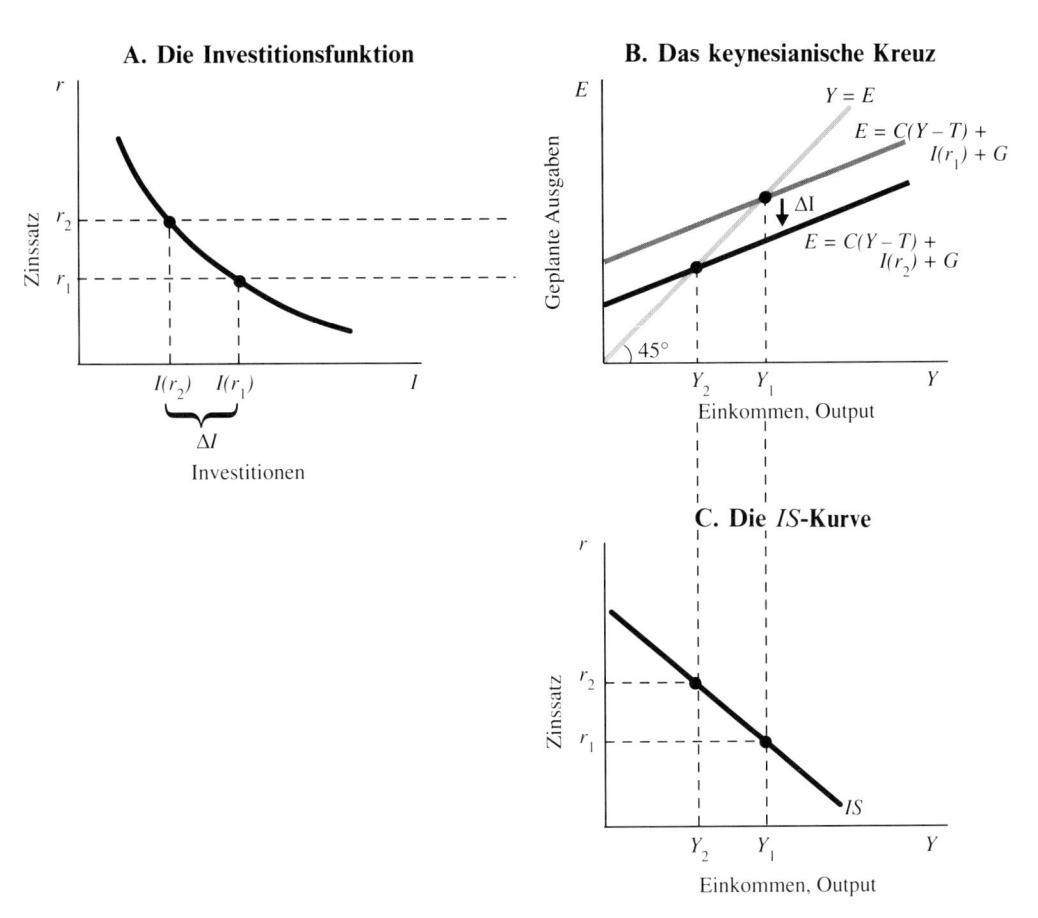

$Y = E$
$E = C(Y - T) + I(r_1) + G$
$E = C(Y - T) + I(r_2) + G$

C. Die IS-Kurve

Abbildung 9-7: **Ableitung der IS-Kurve.** Diagramm A zeigt die Investitionsfunktion. Eine Zunahme des Zinssatzes von r_1 auf r_2 vermindert die geplanten Investitionen von $I(r_1)$ auf $I(r_2)$. Diagramm B stellt das keynesianische Kreuz dar. Ein Rückgang der geplanten Investitionen von $I(r_1)$ auf $I(r_2)$ vermindert das Gleichgewichtseinkommen von Y_1 auf Y_2. Diagramm C zeigt die IS-Kurve als Zusammenfassung der Beziehung zwischen Zinssatz und Einkommen: je höher der Zinssatz, desto geringer das Gleichgewichtseinkommen.

Verschiebungen der IS-Kurve durch die Fiskalpolitik

Die IS-Kurve zeigt die Höhe des Einkommens für jeden gegebenen Zinssatz. Wie bei der Diskussion des keynesianischen Kreuzes deutlich geworden ist, hängt die Höhe des Einkommens aber auch von der Fiskalpolitik ab. Die IS-Kurve wird für eine gegebene

Fiskalpolitik gezeichnet, d.h. G und T werden bei der Herleitung der IS-Kurve konstant gesetzt. Verändern sich G oder T, kommt es also zu einer Änderung der Fiskalpolitik, dann verschiebt sich die IS-Kurve.

A. Das keynesianische Kreuz

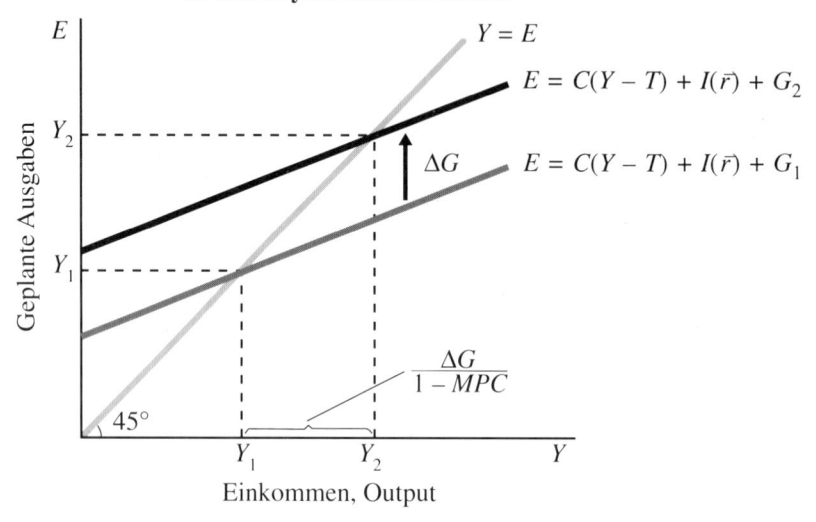

B. Die IS-Kurve

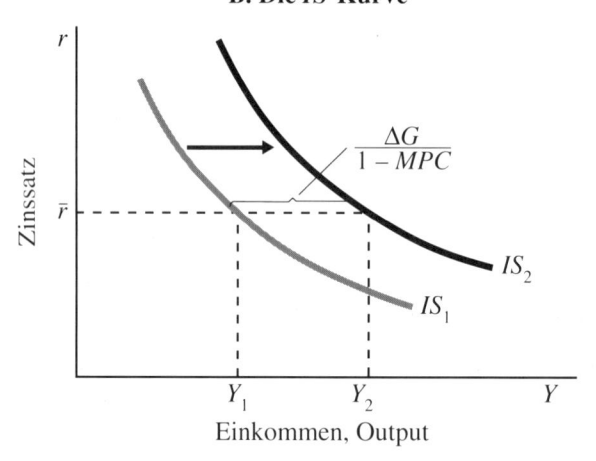

Abbildung 9-8: **Eine Erhöhung der Staatsausgaben verschiebt die IS-Kurve nach rechts.** Eine Zunahme der staatlichen Güterkäufe erhöht die geplanten Ausgaben. Für jeden gegebenen Zinssatz führt die Aufwärtsverschiebung der geplanten Ausgaben um ΔG zu einer Zunahme des Einkommens um $\Delta G/(1 - MPC)$. Aus diesem Grund verschiebt sich die IS-Kurve in Teil B um genau diesen Betrag nach rechts.

In Abbildung 9-8 wird das keynesianische Kreuz verwendet, um zu analysieren, wie eine Zunahme der Staatsausgaben von G_1 nach G_2 die IS-Kurve verschiebt. Diese

Abbildung geht von einem gegebenen Zinssatz $\bar{r}$ und daher von einem gegebenen Niveau der geplanten Investitionen aus. Das keynesianische Kreuz zeigt, daß die angenommene fiskalpolitische Änderung die geplanten Ausgaben und deshalb auch das Gleichgewichtseinkommen von Y_1 auf Y_2 erhöht. Folglich verschiebt eine Zunahme der Staatsausgaben die IS-Kurve nach rechts.

Das keynesianische Kreuz kann verwendet werden, um zu zeigen, wie andere fiskalpolitische Änderungen die Lage der IS-Kurve beeinflussen. Weil eine Senkung der Steuern auch zu einer Erhöhung der geplanten Ausgaben und des Gleichgewichtseinkommens führt, verschiebt sich in diesem Fall die IS-Kurve ebenfalls nach rechts. Eine Verminderung der staatlichen Güterkäufe oder eine Erhöhung der Steuern läßt das Einkommen sinken. Daher führt eine solche Änderung der Fiskalpolitik zu einer Verschiebung der IS-Kurve nach links.

Die bisherigen Überlegungen lassen sich folgendermaßen zusammenfassen: *Die IS-Kurve gibt alle Kombinationen von Zinssatz und Einkommen wieder, bei denen Gleichgewicht auf dem Gütermarkt herrscht. Die IS-Kurve wird für eine gegebene Fiskalpolitik hergeleitet. Fiskalpolitische Änderungen, die zu einer Erhöhung der Nachfrage nach Waren und Dienstleistungen führen, verschieben die IS-Kurve nach rechts. Fiskalpolitische Änderungen, die zu einer Verminderung der Nachfrage nach Waren und Dienstleistungen führen, verschieben die IS-Kurve nach links.*

Eine kredittheoretische Interpretation der IS-Kurve

Bei der ersten Diskussion des Gütermarktes in Kapitel 3 zeigte sich eine Äquivalenz zwischen Güterangebot und Güternachfrage auf der einen sowie zwischen Kreditangebot und Kreditnachfrage auf der anderen Seite. Diese Äquivalenz führt zu einer anderen Möglichkeit, die IS-Kurve zu interpretieren.

Zu diesem Zweck gehen wir von der kreislaufanalytischen Identität einer geschlossenen Volkswirtschaft

$$Y - C - G = I$$
$$S = I.$$

aus. Auf der linken Seite dieser Beziehung steht die gesamtwirtschaftliche Ersparnis S, die sich als Summe aus privater Ersparnis $Y - T - C$ und öffentlicher Ersparnis $T - G$ ergibt. Auf der rechten Seite stehen die Investitionen. Die gesamtwirtschaftliche Ersparnis stellt das Kreditangebot und die Investitionen stellen die Kreditnachfrage dar.

Um zu sehen, wie mit Hilfe der auf den Kreditmarkt bezogenen Überlegungen die IS-Kurve abgeleitet werden kann, müssen Konsum- und Investitionsfunktion in die erste Gleichung eingesetzt werden:

$$Y - C(Y - T) - G = I(r).$$

Die linke Seite dieser Gleichung zeigt, daß das Kreditangebot vom Einkommen und von den exogenen fiskalpolitischen Variablen abhängt. Die rechte Seite der Beziehung zeigt, daß die Kreditnachfrage vom Zinssatz abhängt. Der Zinssatz paßt sich so an, daß Kreditangebot und Kreditnachfrage übereinstimmen.

Wie aus Abbildung 9-9 hervorgeht, kann man die IS-Kurve als geometrischen Ort der Zinssätze interpretieren, bei denen der Kreditmarkt für jedes gegebene Einkommen im Gleichgewicht ist. Eine Zunahme des Einkommens von Y_1 auf Y_2 erhöht die Ersparnis $Y - C - G$. (Der Konsum steigt in geringerem Ausmaß als das Einkommen, weil die marginale Konsumquote kleiner als eins ist.) Damit verschiebt sich die Kreditangebotskurve nach rechts, und der Zinssatz sinkt von r_1 auf r_2. Die IS-Kurve faßt diese Beziehung zusammen: ein höheres Einkommen impliziert höhere Ersparnis, und eine höhere Ersparnis impliziert einen niedrigeren gleichgewichtigen Zinssatz. Aus diesem Grund ist die IS-Kurve abwärts geneigt.

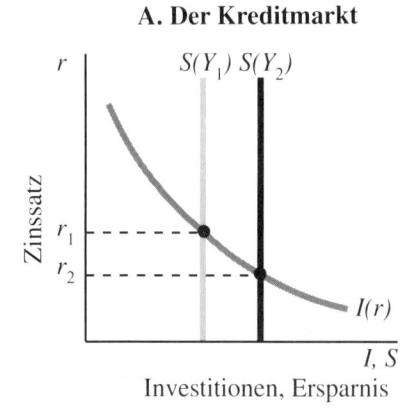

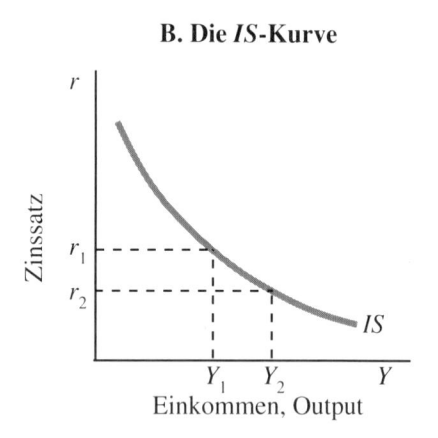

A. Der Kreditmarkt

B. Die *IS*-Kurve

Abbildung 9-9: **Eine kredittheoretische Interpretation der IS-Kurve.** Teil A zeigt, daß eine Einkommenszunahme von Y_1 auf Y_2 die Ersparnis erhöht und damit den Zinssatz senkt, der Kreditangebot und Kreditnachfrage ins Gleichgewicht bringt.

Auch diese alternative Interpretation der IS-Kurve verdeutlicht, warum fiskalpolitische Maßnahmen zu einer Verschiebung der IS-Kurve führen. Eine Zunahme der staatlichen Güterkäufe bedeutet genau wie eine Steuersenkung für jedes gegebene Einkommensniveau eine Verringerung der Ersparnis. Dies ist gleichbedeutend mit einer Reduzierung des Kreditangebots. Die Verminderung des Kreditangebots führt zu einer Erhöhung des Zinssatzes, der den Kreditmarkt ins Gleichgewicht bringt. Weil der gleichgewichtige Zinssatz nun für jedes gegebene Niveau des Einkommens höher ist als zuvor, verschiebt sich die IS-Kurve als Reaktion auf die expansive Veränderung der Fiskalpolitik nach oben.

Ein lineare Version der IS-Kurve

Die IS-Kurve beschreibt die Kombinationen von Einkommen Y und Zinssatz r, für die die Beziehung

$$Y = C(Y - T) + I(r) + G$$

erfüllt ist. Diese Gleichung faßt Sozialproduktsidentität, Konsumfunktion und Investitionsfunktion zusammen. Sie besagt, daß die produzierte Gütermenge Y mit der nachgefragten Gütermenge $C + I + G$ übereinstimmen muß.

Das Verständnis für die durch die IS-Kurve beschriebenen Zusammenhänge läßt sich vertiefen, wenn man den Spezialfall betrachtet, daß Konsumfunktion und Investitionsfunktion linear sind. Ausgangspunkt ist die Gleichgewichtsbedingung

$$Y = C + I + G.$$

Es sei angenommen, daß die Konsumfunktion durch

$$C = a + b(Y - T), \quad a > 0, \ 0 < b < 1,$$

und die Investitionsfunktion durch

$$I = c - dr, \quad c, d > 0,$$

beschrieben werden kann. Der Parameter b bezeichnet die marginale Konsumquote und liegt folglich zwischen null und eins. Der Parameter d beschreibt die Zinsreagibilität der

Investitionen. Weil die Investitionen zunehmen, wenn der Zinssatz sinkt, ist d mit einem negativen Vorzeichen versehen.

Mit Hilfe dieser linearen Funktionen läßt sich die IS-Kurve algebraisch darstellen und zeigen, wodurch ihre Lage und Steigung bestimmt wird. Setzt man die obigen Funktionen in die Gleichgewichtsbedingung ein, ergibt sich

$$Y = [a + b(Y - T)] + (c - dr) + G.$$

Das Einkommen Y steht noch auf beiden Seiten der Gleichung. Im nächsten Schritt werden alle Y-Terme auf der linken Seite zusammengefaßt:

$$Y - bY = (a + c) + (G - bT) - dr.$$

Durch Ausklammern und Dividieren erhält man als Lösung für Y:

$$Y = \frac{a + c}{1-b} + \frac{1}{1-b} G + \frac{-b}{1-b} T + \frac{-d}{1-b} r.$$

Diese Gleichung ist ein algebraischer Ausdruck für die IS-Kurve. Er gibt die Höhe des Einkommens Y für jeden gegebenen Wert der Fiskalpolitik G und T und jeden gegebenen Wert des Zinssatzes r wieder. Hält man die Fiskalpolitik konstant, dann zeigt dieser Ausdruck den Zusammenhang zwischen Zinssatz und Einkommensniveau: je höher der Zinssatz, desto geringer das Einkommen. Die IS-Kurve ist die graphische Darstellung dieser Gleichung für verschiedene Werte von Y und r bei gegebenen Werten von G und T.

Mit Hilfe der letzten Gleichung lassen sich die zuvor in bezug auf die IS-Kurve gezogenen Schlußfolgerungen bestätigen. Erstens ist die IS-Kurve abwärts geneigt, weil der Koeffizient des Zinssatzes negativ ist: höhere Zinssätze sind mit geringerem Einkommen verbunden. Zweitens verschiebt sich die IS-Kurve bei einer Erhöhung der staatlichen Güterkäufe nach rechts, weil der Koeffizient der Staatsausgaben positiv ist. Drittens führt eine Erhöhung der Steuern zu einer Linksverschiebung der IS-Kurve, weil der Koeffizient der Steuern negativ ist.

Der Koeffizient des Zinssatzes ($-d/(1 - b)$) zeigt, welche Faktoren bestimmen, ob die IS-Kurve steil oder flach verläuft. Falls die Investitionen sehr zinsreagibel sind, dann ist d groß, und somit reagiert das Einkommen ebenfalls sehr empfindlich auf Veränderungen des Zinssatzes. Kleine Veränderungen des Zinssatzes führen dann zu großen Veränderungen des Einkommens: die IS-Kurve verläuft relativ flach. Gilt umgekehrt, daß die Investitionen nur wenig zinsreagibel sind, dann ist d klein, und das Einkommen reagiert nur wenig auf Zinssatzvariationen. In diesem Fall führen große Veränderungen des Zinssatzes nur zu kleinen Veränderungen des Einkommens: die IS-Kurve verläuft relativ steil.

In ähnlicher Weise hängt die Steigung der IS-Kurve auch von der marginalen Konsumquote b ab. Je größer die marginale Konsumquote, desto größer ist die Einkommensveränderung aufgrund einer gegebenen Veränderung des Zinssatzes. Dies ergibt sich daraus, daß eine große marginale Konsumquote einen großen Investitionsmultiplikator impliziert. Je größer der Multiplikator, desto größer ist die Wirkung einer Investitionsveränderung auf das Einkommen und desto flacher verläuft die IS-Kurve.

Die marginale Konsumquote (b) bestimmt auch, wie stark sich die IS-Kurve als Folge einer Veränderung der Fiskalpolitik verschiebt. Der Koeffizient von G, $1/(1-b)$, ist der Staatsausgabenmultiplikator des keynesianischen Kreuzes. Analog ist der Koeffizient von T, $-b/(1-b)$, der Steuermultiplikator des keynesianischen Kreuzes. Je größer die marginale Konsumquote, desto größer ist der Multiplikator und desto größer ist auch die Verschiebung der IS-Kurve aufgrund einer fiskalpolitischen Veränderung.

Abschließend soll nochmals betont werden, daß die IS-Kurve für sich genommen weder ein eindeutiges Niveau für das gleichgewichtige Einkommen noch für den gleichgewichtigen Zinssatz bestimmt. Die IS-Kurve gibt lediglich eine Beziehung zwischen allen Kombinationen von Y und r wieder, die mit Gleichgewicht auf dem Gütermarkt vereinbar sind (und das sind unendlich viele). Um das gesamtwirtschaftliche Gleichgewicht bestimmen zu können, wird eine weitere Beziehung zwischen Einkommen und Zinssatz benötigt, deren Herleitung wir uns jetzt zuwenden wollen.

9.2 Der Geldmarkt und die LM-Kurve

Als LM-Kurve bezeichnet man eine Beziehung zwischen Zinssatz und Einkommen, die sich auf dem Geldmarkt ergibt. Um diese Beziehung zu verstehen, ist es sinnvoll, sich zunächst mit einer einfachen Theorie des Zinssatzes zu beschäftigen, der sogenannten **Liquiditätspräferenztheorie**.

Die Liquiditätspräferenztheorie

Die Liquiditätspräferenztheorie stellt die einfachste Interpretation der Keynesschen Theorie des Zinssatzes dar. Genau wie das keynesianische Kreuz einen Baustein für die IS-Kurve bildet, bildet die Liquiditätspräferenztheorie einen Baustein für die LM-Kurve.

Die Theorie erklärt, wie Angebot und Nachfrage für Realkasse, mit denen sich das Kapitel 6 beschäftigte, den Zinssatz bestimmen.

Zunächst wird das Angebot an Realkasse betrachtet. Bezeichnet man mit M das nominale Geldangebot und mit P das Preisniveau, dann ist M/P das Angebot an Realkasse. Die Liquiditätspräferenztheorie geht von einem konstanten Angebot an Realkasse aus:

$$(M/P)^S = \overline{M}/\overline{P}.$$

Das nominale Geldangebot M wird von der Zentralbank festgelegt, also ist es eine exogene geldpolitische Variable. Das Preisniveau P ist ebenfalls exogen. (Zur Erinnerung: Das IS/LM-Modell – letztes Ziel unserer Überlegungen – erklärt die Höhe des Sozialprodukts für ein gegebenes Preisniveau.) Diese Annahmen implizieren, daß das reale Geldangebot gegeben ist und nicht vom Zinssatz abhängt. In einem Zinssatz-Realkasse-Diagramm verläuft die Kurve des realen Geldangebots daher senkrecht (vgl. Abbildung 9-10).

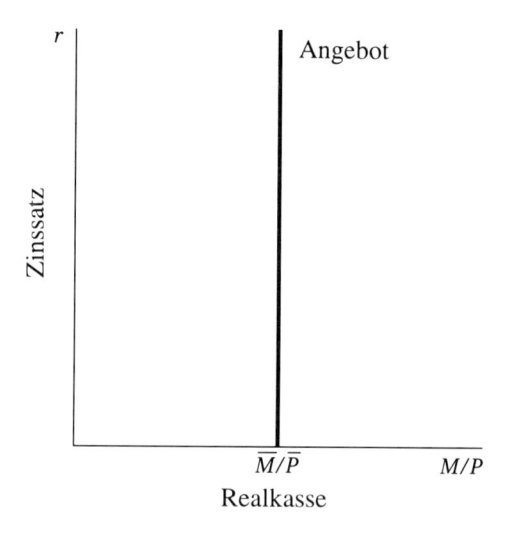

Abbildung 9-10: **Das Angebot an Realkasse.** Das Angebot an Realkasse verläuft senkrecht, weil das Geldangebot nicht vom Zinssatz abhängt.

Wir wenden uns jetzt der realen Geldnachfrage zu. Geld wird gehalten, weil es ein „liquider" Vermögenswert ist, d.h., es kann ohne Probleme zur Abwicklung von Transaktionen verwendet werden. Die Liquiditätspräferenztheorie geht davon aus, daß die Nachfrage nach Realkasse vom Zinssatz abhängt. Der Zinssatz stellt die Opportunitäts-

Kapitel 9 Gesamtwirtschaftliche Nachfrage I

kosten der Geldhaltung dar: auf diesen Betrag muß man verzichten, wenn man (unverzinsliches) Geld anstelle von zinstragenden Vermögenswerten hält, wie etwa Spareinlagen oder Wertpapiere. Genau wie der Brotpreis die Nachfrage nach Brot beeinflußt, so beeinflußt auch der Preis der Geldhaltung die Nachfrage nach Realkasse. Daher steht die Geldnachfrage in negativer Beziehung zum Zinssatz.

Die Nachfrage nach Realkasse wird als

$$(M/P)^d = L(r)$$

geschrieben, wobei die Funktion $L(r)$ die Nachfrage nach dem liquiden Vermögensobjekt beschreibt – nach Geld. Diese Gleichung besagt, daß die Nachfrage nach Realkasse eine Funktion des Zinssatzes ist. Abbildung 9-11 stellt die so beschriebene Beziehung zwischen Zinssatz und realer Geldnachfrage graphisch dar. Die Geldnachfragekurve ist abwärts geneigt, weil höhere Zinssätze die Nachfrage nach Realkasse schrumpfen lassen.[8]

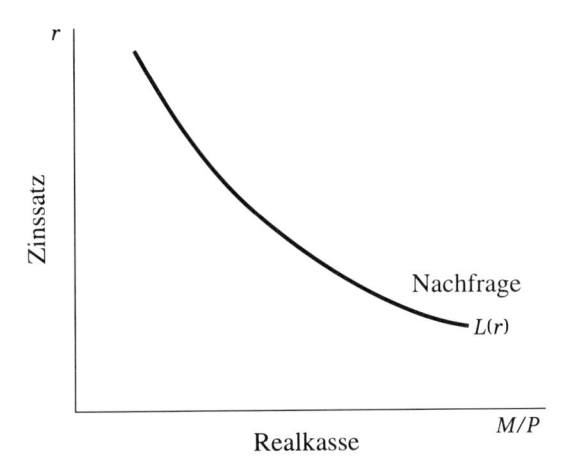

Abbildung 9-11: **Die Nachfrage nach Realkasse.** Weil der Zinssatz die Kosten der Geldhaltung darstellt, führt ein höherer Zinssatz zu einem Rückgang der Nachfrage nach Realkasse.

---

8 Man beachte, daß wir hier das Symbol r zur Bezeichnung des Zinssatzes benutzen, genau wie wir es bei der Ableitung der IS-Kurve getan haben. Genauer müßte man zwischen realem und nominalem Zinssatz unterscheiden. Die Investitionen werden durch den realen Zinssatz bestimmt, die Geldnachfrage hingegen durch den nominalen. Um die Analyse nicht unnötig zu erschweren, werden Inflationserwartungen vernachlässigt, die den Unterschied zwischen realem und nominalem Zinssatz ausmachen. Die Rolle von Inflationserwartungen im IS/LM-Modell wird im zehnten Kapitel untersucht.

Um eine Theorie des Zinssatzes zu erhalten, werden Angebot und Nachfrage für Realkasse in Abbildung 9-12 miteinander verknüpft. Der Liquiditätspräferenztheorie zufolge ist der Zinssatz der Preis, der den Geldmarkt ins Gleichgewicht bringt. Beim gleichgewichtigen Zinssatz entspricht das nachgefragte Volumen an Realkasse dem angebotenen.

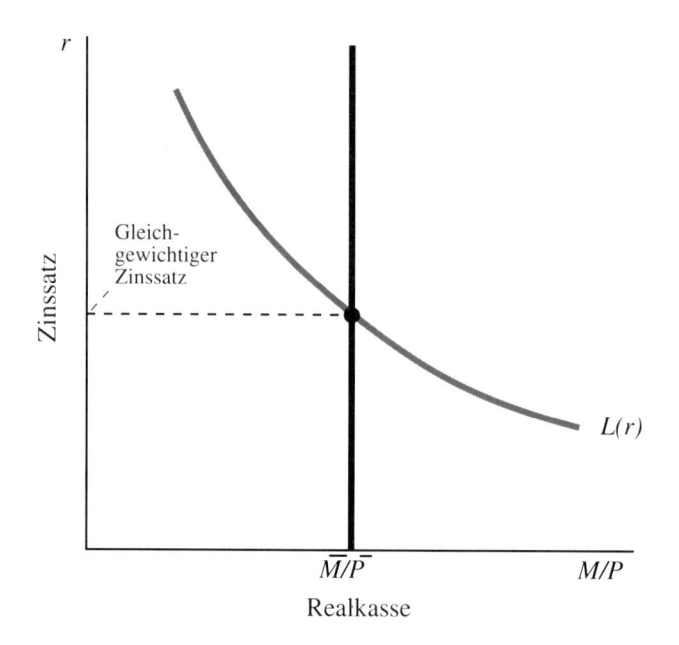

Abbildung 9-12: **Die Liquiditätspräferenztheorie.** Der Zinssatz paßt sich so lange an, bis die Nachfrage nach Realkasse mit dem Angebot übereinstimmt.

Die zum Gleichgewicht führende Anpassung des Zinssatzes folgt aufgrund von Vermögensumschichtungen, die so lange andauern, bis der Zinssatz sich auf seinem gleichgewichtigen Niveau befindet. Ist der Zinssatz zu hoch, dann übersteigt das Angebot an Realkasse die Nachfrage. Wirtschaftseinheiten, die das Überschußangebot an Geld halten, versuchen, einen Teil des unverzinslichen Geldes in zinstragende Anlageformen, wie Spareinlagen oder Wertpapiere, zu transformieren. Banken und Wertpapieremittenten, die natürlich niedrigere Zinssätze bevorzugen, reagieren auf das Geldüberangebot mit einer Verringerung des Zinssatzes, den sie bieten. Gilt umgekehrt, daß der Zinssatz zu niedrig ist, daß also die Geldnachfrage das Geldangebot übersteigt, dann versuchen die Wirtschaftseinheiten, Geld durch den Verkauf von Wertpapieren oder durch die Verringerung ihrer Sparguthaben zu erhalten. Beides führt zu einer Erhöhung des Zinssatzes. Beim gleichgewichtigen Zinssatz sind die Wirtschaftseinheiten mit der

Aufteilung ihres Finanzvermögens auf Geld und zinstragende Vermögenswerte zufrieden. Es besteht dann kein Anlaß mehr zu weiteren Portfolioumschichtungen.

Die Liquiditätspräferenztheorie impliziert, daß eine Reduzierung des Geldangebots zu Zinssatzerhöhungen und eine Vergrößerung des Geldangebots zu Zinssatzsenkungen führt. Um den ökonomischen Hintergrund dieser Implikation zu verdeutlichen, sei von einer Verringerung des Geldangebots durch die Zentralbank ausgegangen. Eine Senkung von M führt zu einer Reduzierung von M/P, da P gegeben ist. Das Angebot an Realkasse verschiebt sich, wie in Abbildung 9-13 gezeigt, nach links. Der gleichgewichtige Zinssatz steigt von r_1 auf r_2. Der höhere Zinssatz veranlaßt die Wirtschaftseinheiten, kleinere Bestände an Realkasse zu halten.

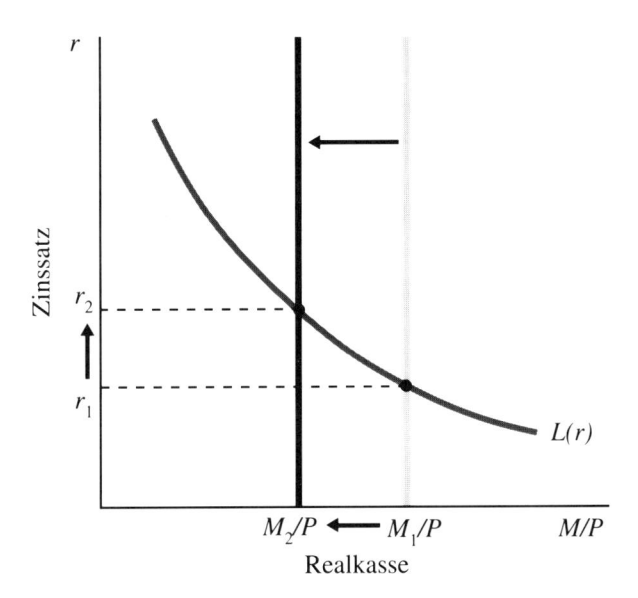

Abbildung 9-13: **Eine Senkung des Geldangebots in der Liquiditätspräferenztheorie.** Eine Senkung des Geldangebots von M_1 nach M_2 vermindert das Angebot an Realkasse, weil das Preisniveau gegeben ist. Der gleichgewichtige Zinssatz steigt daher von r_1 auf r_2.

Fallstudie 9-2: Paul Volcker, knappes Geld und steigende Zinssätze

In den frühen achtziger Jahren kam es zur umfangreichsten und schnellsten Senkung der Inflation in der neueren Geschichte der Vereinigten Staaten. In den späten siebziger Jahren hatte die Inflation eine zweistellige Größenordnung erreicht. Im Jahr 1979 stiegen die Verbraucherpreise mit einer Jahresrate von 11,3

Prozent. Im Oktober 1979, nur zwei Monate nachdem er Vorsitzender der amerikanischen Zentralbank (Federal Reserve) geworden war, kündigte Paul Volcker einen Wechsel der Geldpolitik an. Mit dieser Ankündigung begann eine Zeit des knappen Geldes, die die Inflationsrate bis 1983 auf einen Wert von ca. 3 Prozent reduzierte.

Welche Auswirkungen hatte eine solche monetäre Verknappung auf die Zinssätze? Die Antwort auf diese Frage hängt vom Zeithorizont ab, den man zugrunde legt. Die Analyse des Fisher-Effekts in Kapitel 6 läßt vermuten, daß Volckers Wechsel in der Geldpolitik die Inflation verringern würde, was wiederum zu niedrigeren nominalen Zinssätzen führen müßte. Die Liquiditätspräferenztheorie ließe jedoch erwarten, daß kurzfristig, solange die Preise also träge sind, eine antiinflationär ausgerichtete Geldpolitik eine Verminderung der Realkasse und höhere Zinssätze zur Folge hat.

Beide Schlußfolgerungen sind mit der Erfahrung vereinbar. Die nominalen Zinssätze sanken in den achtziger Jahren mit dem Rückgang der Inflationsrate. Ein Vergleich des Jahres vor der besagten Ankündigung im Oktober 1979 mit dem Jahr danach zeigt, daß die reale Geldmenge (M1 dividiert durch den Preisindex der Lebenshaltung) um 8,3 Prozent sank und der nominale Zinssatz (auf Anleihen) von 10,1 auf 11,9 Prozent stieg. Eine monetäre Verknappung führt also langfristig zu niedrigeren, kurzfristig jedoch zu höheren Zinssätzen.

Einkommen, Geldnachfrage und LM-Kurve

Wir verwenden jetzt die Liquiditätspräferenztheorie, um die LM-Kurve abzuleiten. Es wird sich zeigen, daß der gleichgewichtige Zinssatz, der Zinssatz also, der Geldangebot und Geldnachfrage ins Gleichgewicht bringt, vom Einkommensniveau abhängt. Dieser Zusammenhang zwischen Einkommensniveau und Zinssatz wird durch die LM-Kurve beschrieben.

Bisher wurde angenommen, daß nur der Zinssatz die Höhe der Geldnachfrage bestimmt. Es ist jedoch realistischer, davon auszugehen, daß auch die Höhe des Einkommens Einfluß auf die Geldnachfrage hat. Ein gestiegenes Einkommen bedeutet auch hohe Ausgaben. Es werden also mehr Transaktionen durchgeführt, für die Geld benötigt wird. Ein größeres Einkommen führt somit zu einer gestiegenen Geldnachfrage. Mit dieser Erweiterung läßt sich die Geldnachfragefunktion folgendermaßen formulieren:

$$(M/P)^d = L(r, Y).$$

Die reale Geldnachfrage hängt negativ vom Zinssatz und positiv vom Einkommen ab.

Mit Hilfe der Liquiditätspräferenztheorie kann man analysieren, wie sich der Zinssatz bei einer Variation des Einkommens verhält. Als Beispiel wollen wir annehmen, daß in Abbildung 9-14 das Einkommen von Y_1 auf Y_2 steigt. Eine Einkommenserhöhung verschiebt daher die Geldnachfragefunktion nach rechts, wie in Abbildung 9-14A gezeigt. Damit der Geldmarkt wieder ins Gleichgewicht kommt, muß der Zinssatz von r_1 auf r_2 steigen. Ein höheres Einkommen führt also zu einem höheren Zinssatz.

Die LM-Kurve ist die graphische Darstellung der Beziehung zwischen Zinssatz und Einkommen. Je höher das Einkommen, desto höher die reale Geldnachfrage und desto höher der gleichgewichtige Zinssatz: die LM-Kurve verläuft aufwärts, wie in Abbildung 9-14B dargestellt.

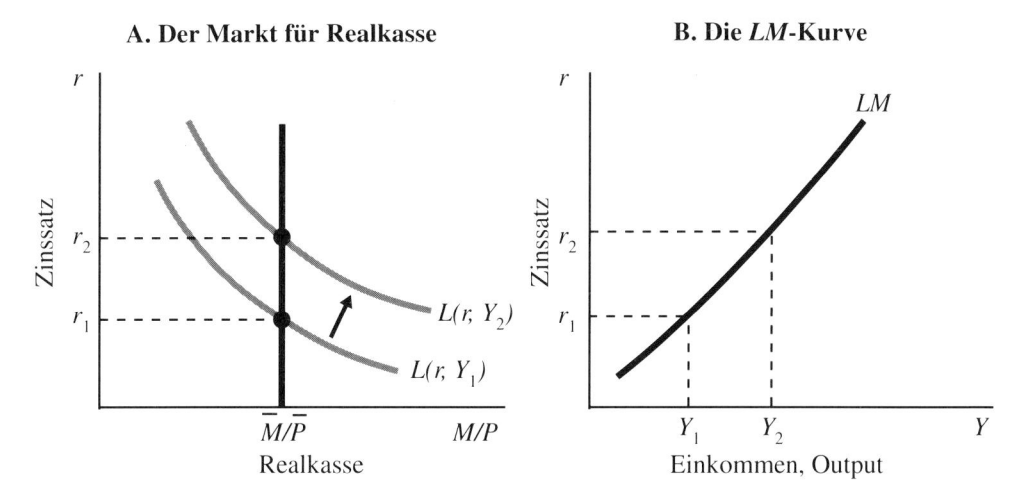

Abbildung 9-14: **Herleitung der LM-Kurve.** Diagramm A zeigt den Markt für Realkasse: Eine Zunahme des Einkommens von Y_1 auf Y_2 erhöht die reale Geldnachfrage und damit den Zinssatz von r_1 auf r_2. Diagramm B zeigt die LM-Kurve, die diese Beziehung zwischen Zinssatz und Einkommen zusammenfaßt: je höher das Einkommensniveau, desto höher der Zinssatz.

Verschiebungen der LM-Kurve durch die Geldpolitik

Die LM-Kurve zeigt den Zinssatz, der den Geldmarkt für jedes gegebene Einkommensniveau ins Gleichgewicht bringt. Aus der Liquiditätspräferenztheorie geht hervor, daß der gleichgewichtige Zinssatz auch vom realen Geldangebot abhängt. Die LM-Kurve wird unter der Annahme eines gegebenen realen Kassenbestandes gezeichnet. Verändert sich der reale Kassenbestand – beispielsweise aufgrund einer Veränderung des Geldangebots durch die Zentralbank – dann verschiebt sich die LM-Kurve.

Man kann die Liquiditätspräferenztheorie verwenden, um sich klar zu machen, in welcher Weise eine Veränderung der Geldpolitik zu einer Verschiebung der LM-Kurve führt. Es sei davon ausgegangen, daß die Zentralbank das Geldangebot von M_1 auf M_2 verringert, wodurch das reale Geldangebot von M_1/P auf M_2/P sinkt. Abbildung 9-15 zeigt die Folgen. Bei konstantem Einkommen und damit gegebener Geldnachfragekurve führt eine Verminderung des realen Geldangebots zu einem Anstieg des Zinssatzes, der den Geldmarkt ins Gleichgewicht bringt. Eine Verminderung der realen Geldbestände verschiebt die LM-Kurve also nach oben.

A. Der Markt für Realkasse

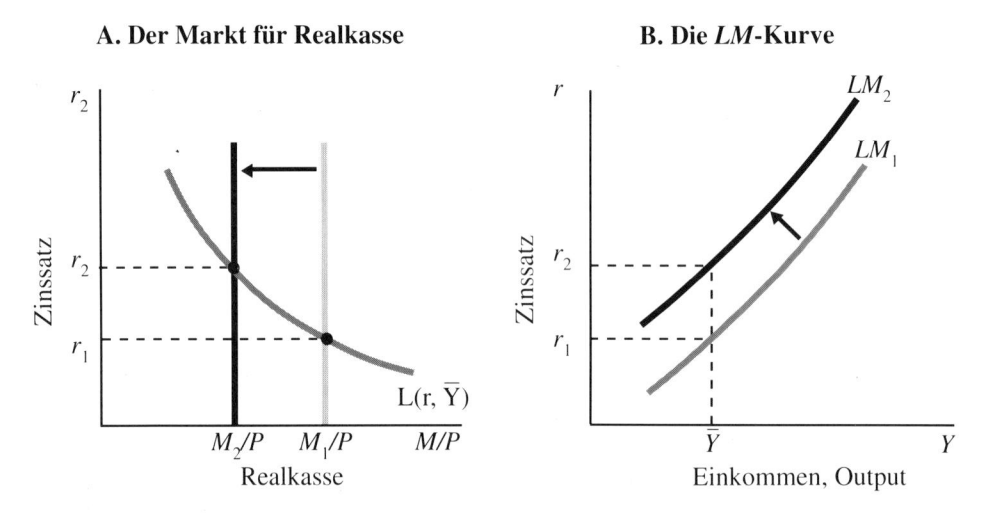

B. Die *LM*-Kurve

Abbildung 9-15: **Eine Verminderung des Geldangebots verschiebt die LM-Kurve aufwärts.**
Teil A zeigt, daß eine Senkung des Geldangebots bei gegebenem Einkommensniveau ($\bar{Y}$) zu einer Erhöhung des den Geldmarkt ins Gleichgewicht bringenden Zinssatzes führt. Folglich verschiebt sich die LM-Kurve in Teil B aufwärts.

Wir können zusammenfassen: Die LM-Kurve ist eine Beziehung zwischen Zinssatz und Einkommen, die alle Kombinationen dieser beiden Variablen repräsentiert, bei denen Gleichgewicht auf dem Geldmarkt in dem Sinne herrscht, daß Angebot und

Nachfrage für Realkasse übereinstimmen. Die LM-Kurve wird unter der Annahme eines gegebenen Geldangebots hergeleitet. Eine Verringerung des realen Geldangebots führt zu einer Aufwärtsverschiebung der LM-Kurve. Eine Erhöhung des realen Geldangebots führt zu einer Abwärtsverschiebung der LM-Kurve.

Eine quantitätstheoretische Interpretation der LM-Kurve

Im Rahmen der ersten Diskussion von Gesamtnachfrage und kurzfristiger Bestimmung des Einkommens in Kapitel 8 wurde die Gesamtnachfragekurve aus der Quantitätstheorie des Geldes abgeleitet:

$$MV = PY.$$

Dabei wurde angenommen, daß die Umlaufgeschwindigkeit V konstant ist. Diese Annahme impliziert, daß bei gegebenem Preisniveau ausschließlich das Geldangebot die Höhe des Einkommens bestimmt. Weil diese Höhe des Einkommens nicht vom Zinssatz abhängt, entspricht der Quantitätstheorie eine senkrecht verlaufende LM-Kurve.

Aus der Quantitätstheorie läßt sich eine allgemeinere und realistischere Version der LM-Kurve ableiten, wenn man die Annahme einer konstanten Umlaufgeschwindigkeit lockert. Die Quantitätstheorie basiert auf der Annahme, daß die Nachfrage nach realen Kassenbeständen nur vom Einkommensniveau abhängt. Es ist jedoch realistischer, anzunehmen, daß die Nachfrage nach Realkasse auch vom Zinssatz bestimmt wird: ein höherer Zinssatz erhöht die Kosten der Geldhaltung und verringert darum die Geldnachfrage. Im gleichen Maße, in dem die Menschen auf die Zinserhöhung mit einer Verringerung ihrer Geldhaltung reagieren, zirkuliert jede D-Mark der Wirtschaft schneller – die Umlaufgeschwindigkeit steigt. Wir formalisieren diesen Zusammenhang durch:

$$MV(r) = PY.$$

Für die Umlaufgeschwindigkeitsfunktion $V(r)$ wird ein positiver Zusammenhang zwischen Zinssatz und Umlaufgeschwindigkeit angenommen.

Aus der so modifizierten quantitätstheoretischen Beziehung ergibt sich nun eine LM-Kurve, die eine positive Steigung aufweist. Weil eine Erhöhung des Zinssatzes die Umlaufgeschwindigkeit des Geldes vergrößert, muß bei gegebenem nominalem Geldangebot und bei gegebenem Preisniveau das Einkommen auch größer sein, damit Gleichgewicht auf dem Geldmarkt herrscht. Die LM-Kurve ist Ausdruck dieser positiven Beziehung.

Aus der obigen Gleichung geht auch hervor, warum geldpolitische Veränderungen die LM-Kurve verschieben. Für jeden gegebenen Zinssatz und jedes gegebene Preisniveau führt eine Erhöhung des Geldangebots zu einem Anstieg des mit einem Geldmarktgleichgewicht zu vereinbarenden Einkommens. Eine Erhöhung des Geldangebots verschiebt demzufolge die LM-Kurve nach rechts, eine Senkung nach links.

Schließlich sollte beachtet werden, daß die Quantitätsgleichung lediglich einen anderen Weg darstellt, um die hinter der LM-Kurve stehende Theorie auszudrücken. Die eben vorgenommene Interpretation der LM-Kurve ist im Grunde die gleiche, die mit der Liquiditätspräferenztheorie geliefert wird. In beiden Fällen kann die LM-Kurve als eine positive Beziehung zwischen Einkommen und Zinssatz gesehen werden, die Gleichgewichte auf dem Geldmarkt repräsentiert.

Eine lineare Version der LM-Kurve

Durch die LM-Kurve werden alle Kombinationen von Einkommen und Zinssatz beschrieben, bei denen die Bedingung für das Geldmarktgleichgewicht erfüllt ist:

$$(M/P) = L(r, Y).$$

Mit dieser Gleichung werden einfach Geldangebot und Geldnachfrage gleich gesetzt.

Das Verständnis für die durch die LM-Kurve beschriebenen Zusammenhänge läßt sich vertiefen, wenn man den Fall einer linearen Geldnachfragefunktion betrachtet:

$$L(r, Y) = eY - fr,$$

wobei e und f zwei Zahlen größer als null sind. Der Wert von e zeigt, wie stark sich die Geldnachfrage vergrößert, wenn das Einkommen zunimmt. Der Wert von f zeigt, wie stark die Geldnachfrage sinkt, wenn der Zinssatz zunimmt. Der Koeffizient f ist mit einem Minuszeichen versehen, weil die Geldnachfrage in einer inversen Beziehung zum Zinssatz steht.

Das Gleichgewicht am Geldmarkt wird nun durch

$$M/P = eY - fr$$

beschrieben. Um die Implikationen dieser Beziehung zu erkennen, wird nach r aufgelöst. Es folgt:

$$r = (e/f)Y - (1/f)M/P.$$

In dieser Form zeigt die Gleichung den Zinssatz, der für jeden gegebenen Wert von Einkommen und realer Geldhaltung den Geldmarkt ins Gleichgewicht bringt. Die LM-Kurve ist die graphische Darstellung dieser Gleichung für verschiedene Werte von Y und r bei gegebenem Wert von M/P.

Mit Hilfe dieser letzten Beziehung lassen sich einige der Schlußfolgerungen bestätigen, die wir hinsichtlich der LM-Kurve gezogen haben. Erstens zeigt der positive Koeffizient des Einkommens, daß die LM-Kurve eine positive Steigung aufweist: höhere Einkommenswerte erfordern höhere Zinssätze, damit ein Gleichgewicht auf dem Geldmarkt möglich ist. Zweitens zeigt der negative Koeffizient der realen Kassenhaltung, daß eine Verminderung der Realkasse einer Verschiebung der LM-Kurve nach oben gleichkommt, eine Vergrößerung der Realkasse hingegen einer Verschiebung der LM-Kurve nach unten entspricht.

Der Einkommenskoeffizient (e/f) zeigt, unter welchen Umständen die LM-Kurve steil und unter welchen Umständen sie flach verläuft. Ist die Geldnachfrage nur wenig reagibel in bezug auf Einkommensveränderungen, dann ist e klein. In diesem Fall ist nur eine kleine Veränderung des Zinssatzes erforderlich, um die kleine Erhöhung der Geldnachfrage aufgrund einer Vergrößerung des Einkommens zu kompensieren: die LM-Kurve verläuft relativ flach. Reagiert die Geldnachfrage nur wenig auf Veränderungen des Zinssatzes, dann ist f klein. In diesem Fall erfordert eine Veränderung der Geldnachfrage aufgrund einer Einkommensvariation eine erhebliche Veränderung des gleichgewichtigen Zinssatzes: die LM-Kurve verläuft relativ steil.

Abschließend ist in Analogie zur Behandlung der IS-Kurve festzustellen, daß die LM-Kurve, isoliert betrachtet, weder das Einkommen Y noch den Zinssatz r bestimmt. Genau wie die IS-Kurve gibt auch die LM-Kurve lediglich eine Beziehung zwischen diesen beiden endogenen Variablen wieder. Das Gleichgewicht der Wirtschaft wird durch beide Kurven zusammen bestimmt.

9.3 Schlußfolgerung: Das kurzfristige Gleichgewicht

Nun liegen die Bausteine des IS/LM-Modells komplett vor. Die beiden Gleichungen des Modells sind:

$$Y = C(Y - T) + I(r) + G \qquad IS$$
$$M/P = L(r, Y) \qquad LM.$$

Fiskalpolitik (*G* und *T*), Geldpolitik (*M*) sowie das Preisniveau (*P*) sind in diesem Modell exogen gegeben. Unter dieser Annahme zeigt die IS-Kurve alle Kombinationen von Zinssatz und Einkommen, welche die Gütermarktgleichung erfüllen, und die LM-Kurve zeigt alle Kombinationen von Zinssatz und Einkommen, die der Geldmarktgleichung genügen. Beide Kurven werden in Abbildung 9-16 zusammen dargestellt.

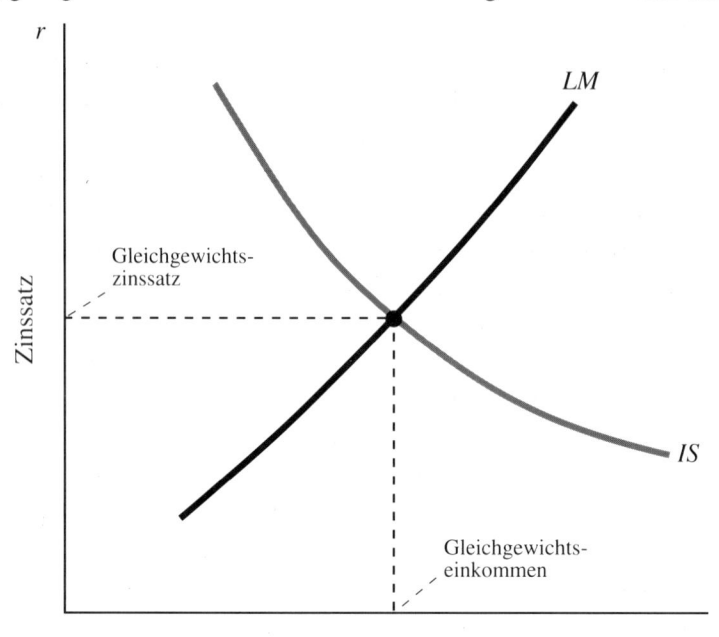

Abbildung 9-16: **Gleichgewicht im IS/LM-Modell.** Der Schnittpunkt von IS- und LM-Kurve repräsentiert das simultane Gleichgewicht auf Güter- und Geldmarkt.

Das gesamtwirtschaftliche Gleichgewicht ist durch den Punkt gegeben, in dem sich die beiden Kurven schneiden. Dieser Punkt repräsentiert die Kombination von Zinssatz *r* und Einkommensniveau *Y*, bei der sowohl die Gütermarktgleichgewichtsbedingung (IS) als auch die Geldmarktgleichgewichtsbedingung (LM) erfüllt ist. Anders ausgedrückt stimmen in diesem Punkt tatsächliche und geplante Ausgaben sowie Angebot und Nachfrage für Realkasse überein.

Wirtschaftswissenschaftler verwenden das IS/LM-Modell zur Analyse der kurzfristigen Wirkungen von wirtschaftspolitischen Maßnahmen und von anderen Ereignissen, die Einfluß auf das Sozialprodukt haben könnten. In diesem Sinne wollen wir es im folgenden Kapitel benutzen, wo wir auch der Frage nachgehen werden, wie das IS/LM-Modell Lage und Steigung der Gesamtnachfragekurve erklärt.

Zusammenfassung

1. Das keynesianische Kreuz ist ein einfaches Modell zur Bestimmung des Einkommens. Es geht von der Annahme aus, daß die Fiskalpolitik und die geplanten Investitionen exogen gegeben sind und zeigt, daß unter dieser Annahme ein Niveau des gesamtwirtschaftlichen Einkommens existiert, bei dem geplante Ausgaben und tatsächliche Ausgaben übereinstimmen. Es zeigt ferner, daß fiskalpolitische Maßnahmen eine vervielfachte Wirkung auf das Einkommen haben.

2. Geht man davon aus, daß die geplanten Investitionen vom Zinssatz abhängen, dann führt das keynesianische Kreuz auf eine Beziehung zwischen Zinssatz und Gesamteinkommen. Ein höherer Zinssatz führt zu einer Verringerung der geplanten Investitionen und damit zu einer Reduzierung des Gesamteinkommens. Die IS-Kurve faßt diese negative Beziehung zwischen Zinssatz und Einkommen zusammen.

3. Die Liquiditätspräferenztheorie ist ein einfaches Modell zur Bestimmung des Zinssatzes. Das nominale Geldangebot und das Preisniveau sind exogene Größen, und der Zinssatz stellt das Gleichgewicht zwischen Angebot und Nachfrage für Realkasse her. Die Liquiditätspräferenztheorie impliziert, daß Vergrößerungen des Geldangebots mit Verringerungen des Zinssatzes verbunden sind.

4. Unter der Annahme, daß die Nachfrage nach Realkasse auch vom Gesamteinkommen abhängt, führt die Liquiditätspräferenztheorie zu einer Beziehung zwischen Einkommen und Zinssatz. Ein höheres Einkommensniveau bewirkt eine größere Nachfrage nach Realkasse und damit eine Erhöhung des Zinssatzes. Die LM-Kurve faßt diese positive Beziehung zwischen Einkommen und Zinssatz zusammen.

5. Das IS/LM-Modell verbindet die Elemente des keynesianischen Kreuzes mit den Elementen der Liquiditätspräferenztheorie. Der Schnittpunkt von IS-Kurve und LM-Kurve gibt den Zinssatz und das Einkommen wieder, bei denen sowohl die Gleichgewichtsbedingung auf dem Gütermarkt als auch die Gleichgewichtsbedingung auf dem Geldmarkt erfüllt sind.

Schlüsselbegriffe

IS-Kurve
LM-Kurve
IS/LM-Modell
Keynesianisches Kreuz
Liquiditätspräferenztheorie

Staatsausgabenmultiplikator
Steuermultiplikator

Wiederholungsfragen

1. Verwenden Sie das keynesianische Kreuz, um zu erklären, warum die Fiskalpolitik eine vervielfachte Wirkung auf das Gesamteinkommen hat.

2. Verwenden Sie die Liquiditätspräferenztheorie, um zu erklären, warum eine Zunahme des Geldangebots den Zinssatz verringert. Welche Annahme bezüglich des Preisniveaus legen Sie Ihrer Argumentation zugrunde?

3. Warum ist die IS-Kurve abwärts geneigt?

4. Warum ist die LM-Kurve aufwärts geneigt?

Aufgaben und Anwendungen

1. Verwenden Sie das keynesianische Kreuz, um die Auswirkungen folgender Ereignisse zu überprüfen:

    a. Erhöhung der Staatsausgaben

    b. Steuererhöhung

    c. Gleich große Erhöhung von Staatsausgaben und Steuern.

2. In einem Modell des keynesianischen Kreuzes sei angenommen, daß die Konsumfunktion durch

$$C = 200 + 0,75\ (Y - T)$$

gegeben sei. Die geplanten Investitionen betragen 100, die Staatsausgaben und die Steuern betragen jeweils 100.

    a. Stellen Sie die geplanten Ausgaben als Funktion des Einkommens graphisch dar.

    b. Wie groß ist das gleichgewichtige Einkommensniveau?

    c. Wie groß ist das neue Gleichgewichtseinkommen, wenn der Staat seine Güterkäufe auf 125 erhöht?

Kapitel 9   Gesamtwirtschaftliche Nachfrage I

d. Welches Niveau der Staatsausgaben ist erforderlich, um ein Gleichgewichtseinkommen von 1600 zu erreichen?

3. Bei der Entwicklung des keynesianischen Kreuzes wurde davon ausgegangen, daß die Steuern als gegebener Gesamtbetrag erhoben werden. In vielen Ländern sind die Steuern jedoch einkommensabhängig. Ein solches einkommensabhängiges Steuersystem sei durch folgende Steueraufkommensfunktion beschrieben:

$$T = \bar{T} + tY.$$

Hierin stellen $\bar{T}$ und t Parameter der Steuergesetzgebung dar. Der Parameter t wird als marginaler Steuersatz bezeichnet: wenn das Einkommen um 1 DM steigt, dann steigt das Steueraufkommen um $t \times 1$ DM.

a. Wie verändert dieses Steuersystem die Reaktion des Konsums auf Veränderungen des Einkommens?

b. Wie verändert dieses Steuersystem die Reaktion der Wirtschaft auf Veränderungen der Staatsausgaben?

c. Wie verändert dieses Steuersystem die Steigung der IS-Kurve im IS/LM-Modell?

4. Es sollen die Auswirkungen erhöhter Sparsamkeit der Haushalte im keynesianischen Kreuz betrachtet werden. Ausgangspunkt soll folgende Konsumfunktion sein:

$$C = \bar{C} + c(Y - T).$$

Hierin ist $\bar{C}$ der *autonome Konsum* und c ist die marginale Konsumquote.

a. Welche Auswirkungen auf das Gleichgewichtseinkommen ergeben sich, wenn die Gesellschaft sparsamer wird und sich der autonome Konsum $\bar{C}$ verringert?

b. Welche Auswirkungen ergeben sich auf die gleichgewichtige Ersparnis?

c. Das Ergebnis aus (b) wird als *Sparparadoxon* bezeichnet. Warum wohl?

d. Kann dieses „Paradoxon" auch im klassischen Modell auftreten, das in Kapitel 3 behandelt wurde? Warum, oder warum nicht?

5. Nehmen Sie an, daß die Geldnachfragefunktion durch

$$(M/P)^d = 1000 - 100r$$

gegeben ist. Hierin ist r der Zinssatz in Prozent. Das Geldangebot ist $M = 1000$, und für das Preisniveau gilt $P = 2$.

a. Stellen Sie Angebot und Nachfrage von Realkasse graphisch dar.

b. Wie groß ist der gleichgewichtige Zinssatz?

c. Was geschieht unter der Annahme eines konstanten Preisniveaus mit dem gleichgewichtigen Zinssatz, wenn das Geldangebot von 1000 auf 1200 erhöht wird?

d. Welche Höhe des Geldangebots muß die Bundesbank realisieren, falls sie den Zinssatz auf 7 Prozent erhöhen will?

Kapitel 10

Gesamtwirtschaftliche Nachfrage II

> *Science is a parasite: the greater the patient population the better the advance in physiology and pathology; and out of pathology arises therapy. The year 1932 was the trough of the great depression, and from its rotten soil was belatedly begot a new subject that today we call macroeconomics..*
>
> Paul Samuelson

In Kapitel 9 haben wir die einzelnen Bausteine des IS/LM-Modells zusammengefügt. Wir sahen, daß die IS-Kurve das Gütermarktgleichgewicht beschreibt, daß die LM-Kurve das Geldmarktgleichgewicht beschreibt und daß IS- und LM-Kurve zusammen bei kurzfristiger Betrachtung, d.h. bei konstantem Preisniveau, das gleichgewichtige Sozialprodukt bestimmen. Nun können wir uns der Anwendung des Modells zuwenden. Dieses Kapitel setzt das IS/LM-Modell zur Analyse von drei Problemkreisen ein.

Erstens werden die möglichen Ursachen für Schwankungen in der Höhe des Sozialprodukts untersucht. Genauer gesagt wird das IS/LM-Modell verwendet, um zu zeigen, wie Änderungen der exogenen Variablen die endogenen Variablen beeinflussen. Weil Geld- und Fiskalpolitik zu den exogenen Größen gehören, zeigt das IS/LM-Modell, welchen Einfluß diese Politikvariablen bei kurzfristiger Betrachtung auf die Wirtschaft haben. Das Modell zeigt auch, wie verschiedene Schocks, die den Geld- oder Gütermarkt treffen, die Wirtschaft beeinflussen.

Zweitens wird der Zusammenhang zwischen IS/LM-Modell und dem Gesamtangebots-Gesamtnachfrage-Modell aus Kapitel 8 diskutiert. Insbesondere wird überlegt, inwiefern das IS/LM-Modell eine Theorie der Gesamtnachfragekurve liefern kann. An dieser Stelle werden wir die Annahme des gegebenen Preisniveaus lockern. Wir werden zeigen, daß das IS/LM-Modell eine negative Beziehung zwischen Preisniveau und Volkseinkommen impliziert.

Drittens wenden wir uns der Weltwirtschaftskrise zu, dem Zeitraum also, der Keynes ursprünglich dazu veranlaßte, die Bedeutung der Gesamtnachfrage als Schlüsselgröße für die Bestimmung des Sozialprodukts zu betonen. Wie das Zitat am Anfang dieses Kapitels zeigt, war es die Weltwirtschaftskrise, die zur Geburt der kurzfristigen Makroökonomik führte. Mit Hilfe des IS/LM-Modells lassen sich die verschiedenen Erklärungen für diesen dramatischen Zusammenbruch diskutieren.

10.1 Die Erklärung wirtschaftlicher Schwankungen im Rahmen des IS/LM-Modells

Der Schnittpunkt von IS-Kurve und LM-Kurve bestimmt die Höhe des Sozialprodukts. Das Sozialprodukt schwankt, wenn sich eine dieser Kurven verschiebt und es damit zu einer Veränderung des kurzfristigen wirtschaftlichen Gleichgewichts kommt. In diesem Abschnitt werden die verschiedenen möglichen Gründe für eine Verschiebung dieser Kurven überprüft.

Fiskalpolitische Maßnahmen

Zunächst sollen Wirkungen von fiskalpolitischen Maßnahmen analysiert werden. Dabei ist zu beachten, daß Änderungen in der Fiskalpolitik die IS-Kurve verschieben. Das IS/LM-Modell zeigt, welchen Einfluß diese Verschiebungen der IS-Kurve auf Einkommen und Zinssatz haben.

Wir wollen die Wirkungen einer Erhöhung der Staatsausgaben um ΔG betrachten. Für jeden gegebenen Zinssatz erhöht diese fiskalpolitische Veränderung das Einkommensniveau um $\Delta G/(1 - MPC)$. Daher verschiebt sich die IS-Kurve um genau diesen Betrag nach rechts (vgl. Abbildung 10-1). Das Gleichgewicht der Wirtschaft verlagert sich von Punkt A nach Punkt B. Die Zunahme der staatlichen Güterkäufe führt zu einer Erhöhung sowohl des Einkommens als auch des Zinssatzes.

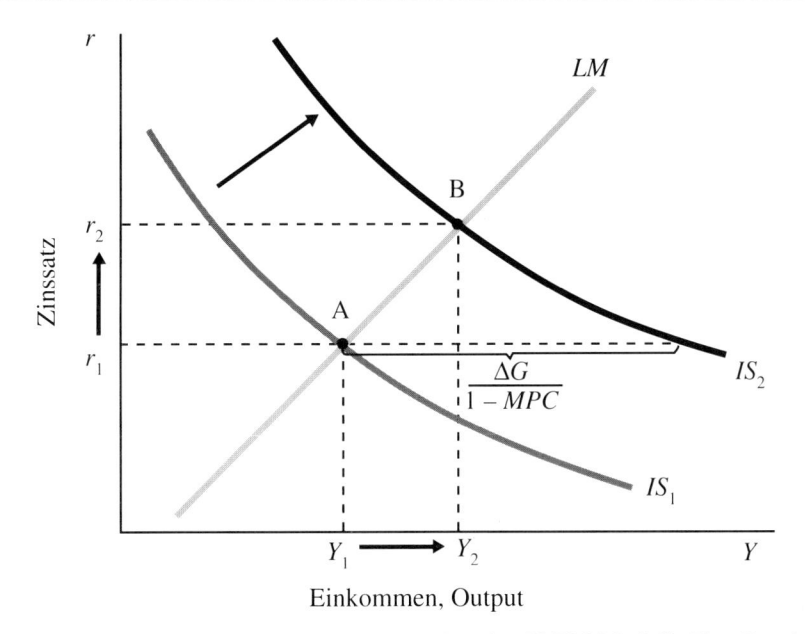

Kapitel 10   Gesamtwirtschaftliche Nachfrage II

Abbildung 10-1: **Eine Zunahme der Staatsausgaben im IS/LM-Modell.** Eine Zunahme der staatlichen Güterkäufe verschiebt die IS-Kurve nach rechts. Das Gleichgewicht verlagert sich von Punkt A nach Punkt B. Das Einkommen steigt von Y_1 auf Y_2 und der Zinssatz von r_1 auf r_2.

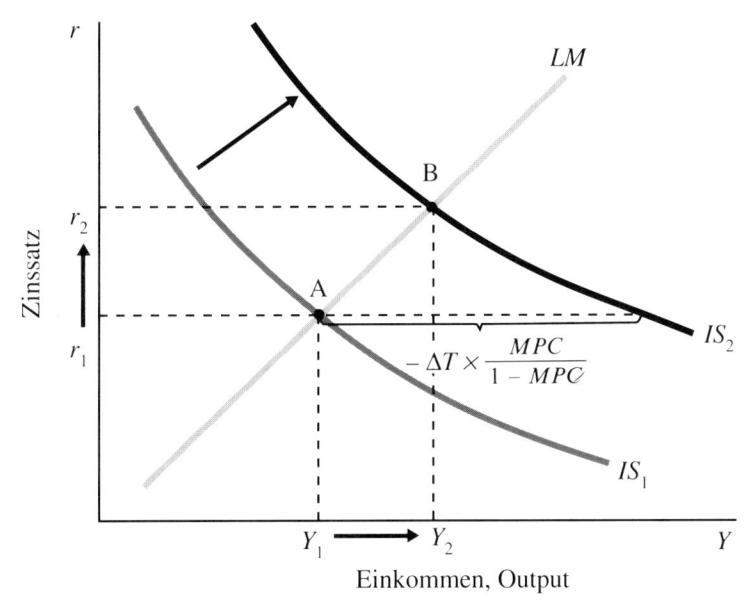

Abbildung 10-2: **Eine Steuersenkung im IS/LM-Modell.** Eine Steuersenkung verschiebt die IS-Kurve nach rechts. Das Gleichgewicht verlagert sich von Punkt A nach Punkt B. Das Einkommen steigt von Y_1 auf Y_2 und der Zinssatz von r_1 auf r_2.

In analoger Weise kann man die Wirkungen einer Steuersenkung um ΔT betrachten. Bei jedem gegebenem Zinssatz erhöht diese fiskalpolitische Änderung das Einkommen um $\Delta T \times MPC/(1 - MPC)$. Daher verschiebt sich die IS-Kurve um genau diesen Betrag nach rechts, und das Gleichgewicht verlagert sich von Punkt A nach Punkt B, wie in Abbildung 10-2 gezeigt wird. Die Steuersenkung erhöht sowohl das Einkommen als auch den Zinssatz.

Vergleicht man das IS/LM-Modell mit der einfachen Gütermarktbetrachtung des keynesianischen Kreuzes, so fällt auf, daß der Einkommenszuwachs aufgrund eines gegebenen fiskalpolitischen Impulses nun geringer ausfällt. Dies läßt sich an den Abbildungen 10-1 und 10-2 erkennen. Die Zunahme des Gleichgewichtseinkommens ist geringer als die Horizontalverschiebung der IS-Kurve. Der Unterschied ist darauf zurückzuführen, daß bei der einfachen Gütermarktbetrachtung von fest vorgegebenen Investitionen ausgegangen wurde, während im IS/LM-Modell berücksichtigt wird, daß die Investitionen mit steigendem Zinssatz sinken. Im IS/LM-Modell führt eine expansive Fiskalpolitik zu Zinserhöhungen und verdrängt auf dieses Weise private Investitionen.

Geldpolitische Maßnahmen

Nun sollen die Wirkungen einer Änderung der Geldpolitik analysiert werden. Dabei ist zu beachten, daß eine Änderung der Geldpolitik die LM-Kurve verschiebt. Das IS/LM-Modell zeigt, wie eine Verschiebung der LM-Kurve Gleichgewichtseinkommen und Gleichgewichtszinssatz verändert.

Ausgangspunkt sei eine Erhöhung des Geldangebots. Eine Erhöhung von M führt zu einer Zunahme von M/P, weil P konstant ist. Die Liquiditätspräferenz zeigt, daß eine Zunahme der Realkasse bei jedem gegebenen Einkommensniveau zu einem niedrigeren Zinssatz führt. Daher verschiebt sich die LM-Kurve nach unten, wie in Abbildung 10-3 gezeigt wird. Das Gleichgewicht verlagert sich von Punkt A nach Punkt B. Die Erhöhung des Geldangebots führt zu einem niedrigeren Zinssatz und zu einem höheren Einkommensniveau.

Das IS/LM-Modell zeigt also, daß die Geldpolitik das Einkommen über eine Veränderung des Zinssatzes beeinflußt. Diese Folgerung erleichtert auch das Verständnis der geldpolitischen Analyse aus Kapitel 8. Dort wurde gezeigt, daß bei kurzfristiger Betrachtung, solange also von starren Preisen ausgegangen werden muß, eine Ausdehnung des Geldangebots zu einem Anstieg des Einkommens führt. Es wurde jedoch nicht diskutiert, auf welche Weise eine Ausdehnung des Geldangebots eine Erhöhung der Ausgaben für Waren und Dienstleistungen hervorruft – ein Prozeß, der als **monetä-**

rer **Transmissionsmechanismus** bezeichnet wird. Das IS/LM-Modell zeigt jetzt, daß eine Zunahme des Geldangebots den Zinssatz senkt, damit die Investitionen stimuliert und somit die Güternachfrage erhöht.

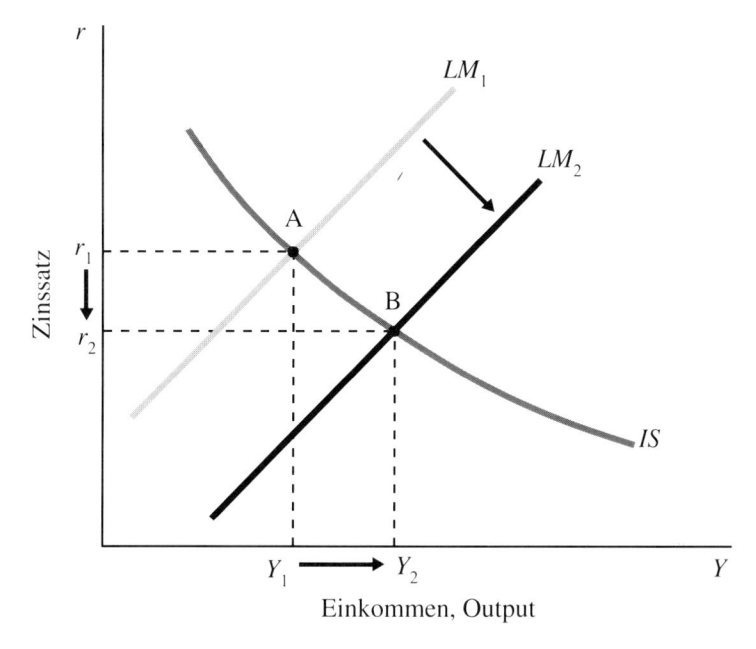

Abbildung 10-3: **Eine Ausdehnung des Geldangebots im IS/LM-Modell.** Eine Ausdehnung des Geldangebots verschiebt die LM-Kurve nach unten. Das Gleichgewicht verlagert sich von Punkt A nach Punkt B. Das Einkommen steigt von Y_1 auf Y_2, und der Zinssatz sinkt von r_1 auf r_2.

Das Zusammenwirken von Geld- und Fiskalpolitik

Bei der Analyse jeder Änderung der Geld- oder Fiskalpolitik ist es wichtig, sich stets vor Augen zu halten, daß diese Politikänderungen möglicherweise voneinander nicht unabhängig sind. Eine Änderung der Fiskalpolitik mag eine bestimmte Reaktion der Geldpolitik hervorrufen und umgekehrt. Diese wechselseitige Abhängigkeit von Geld- und Fiskalpolitik kann die Wirkungen einer bestimmten wirtschaftspolitischen Maßnahme tangieren.

Es könnte beispielsweise sein, daß das Parlament die Steuern erhöht, um ein Budgetdefizit abzubauen. Welche Wirkungen hat eine solche Änderung des fiskalpolitischen Kurses auf die Wirtschaft? Die Antwort auf diese Frage hängt entscheidend davon ab, wie die Zentralbank auf die Steuererhöhung reagiert.

A. Die Zentralbank hält das Geldangebot konstant

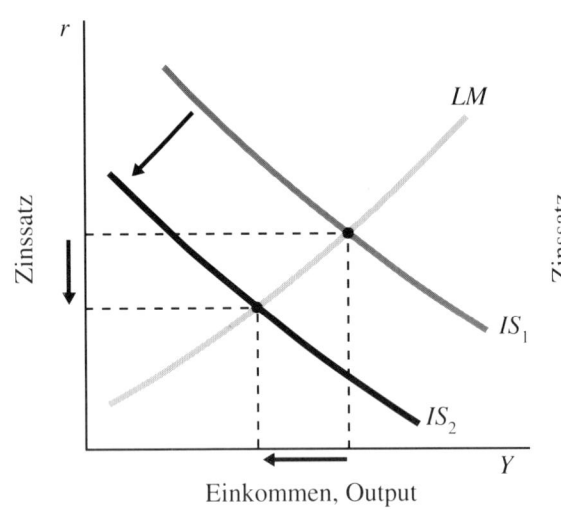

B. Die Zentralbank hält den Zinssatz konstant

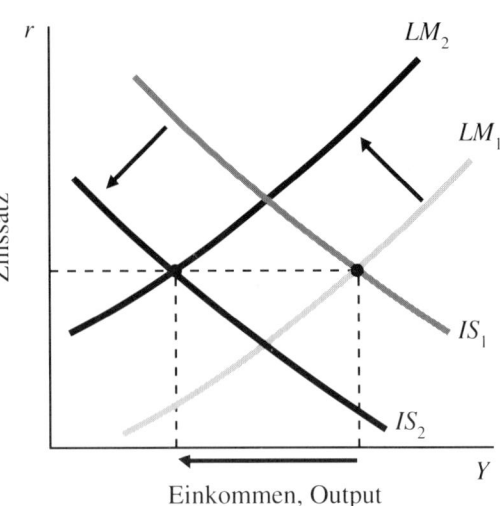

C. Die Zentralbank hält das Einkommen konstant

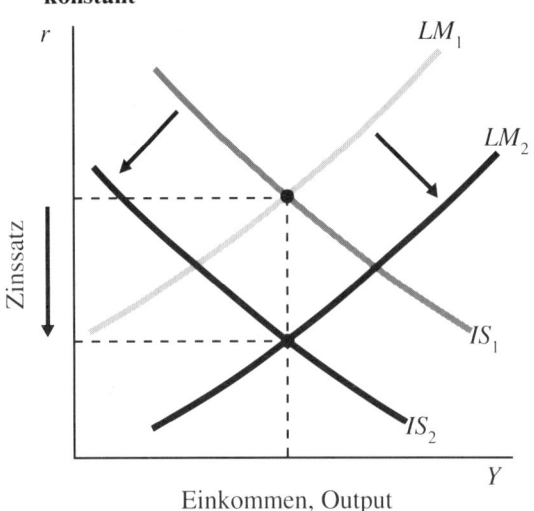

Abbildung 10-4: **Die Reaktion der Wirtschaft auf eine Steuererhöhung.** Welche Folgen eine Steuererhöhung für die Wirtschaft hat, hängt von der Reaktion der Geldpolitik ab. In Teil A hält die Zentralbank das Geldangebot konstant. In Teil B verfolgt die Zentralbank das Ziel eines konstanten Zinssatzes durch Verringerung des Geldangebots. In Teil C hält die Zentralbank das Einkommen durch eine Ausdehnung des Geldangebots konstant.

Abbildung 10-4 zeigt drei der vielen möglichen Ergebnisse. In Teil A hält die Zentralbank das Geldangebot konstant. Die Steuererhöhung verschiebt die IS-Kurve nach innen und vermindert so das Einkommen und den Zinssatz. In Teil B folgt die Zentralbank einer Politik des konstanten Zinssatzes. Der Versuch, den Zinssatz zu stabilisieren, erfordert eine entsprechende Verringerung des Geldangebots, was in einer Aufwärtsverschiebung der LM-Kurve zum Ausdruck kommt. Ist die Politik der Zentralbank erfolgreich, dann bleibt der Zinssatz unverändert, der Einkommensrückgang ist jedoch größer, als wenn die Zentralbank das Geldangebot konstant gehalten hätte. In Teil C möchte die Zentralbank einen Rückgang des Einkommens verhindern, sie muß daher das Geldangebot erhöhen. In diesem Fall ruft die Steuererhöhung keine Rezession hervor, sie ist aber mit einer starken Zinssenkung verbunden.

Das Beispiel zeigt, daß die Wirkung einer fiskalpolitischen Maßnahme ganz entscheidend davon abhängt, welche Politik die Zentralbank verfolgt – d.h., ob sie das Geldangebot, den Zinssatz oder das Einkommen konstant hält. Allgemeiner ausgedrückt bedeutet dies, daß bei jeder Analyse einer bestimmten Politikänderung Annahmen darüber getroffen werden müssen, wie die anderen Politikbereiche auf diese Änderung reagieren werden. Welche Annahme am sinnvollsten ist, hängt von dem jeweiligen konkreten Fall und von den vielfältigen politischen Überlegungen ab, die hinter wirtschaftspolitischen Entscheidungen stehen.

Fallstudie 10-1: Analyse der Wirtschaftspolitik mit Hilfe von makroökonometrischen Modellen

Das IS/LM-Modell zeigt, wie Geld- und Fiskalpolitik das Gleichgewichtsniveau des Einkommens beeinflussen. Die Prognosen des Modells sind jedoch qualitativer und nicht quantitativer Natur. Das IS/LM-Modell zeigt, daß eine Zunahme der Staatsausgaben das BSP erhöht und eine Steuererhöhung das BSP senkt. Wenn Ökonomen spezifische Politikvorschläge analysieren wollen, müssen sie jedoch nicht nur die Richtung eines Effektes kennen, sondern auch seine Größe. Werden beispielsweise die Steuern um 100 Mrd. DM erhöht und bleibt die Geldpolitik unverändert, um welchen Betrag wird dann das BSP sinken? Um eine Antwort auf diese Frage geben zu können, müssen die Wirtschaftswissenschaftler über die graphische Darstellung des IS/LM-Modells hinausgehen.

Makroökonometrische Modelle der Wirtschaft liefern einen Ansatz zur Bewertung wirtschaftspolitischer Vorschläge. Ein **makroökonometrisches Modell** ist ein Modell, das die Wirtschaft quantitativ und nicht nur qualitativ beschreibt. Bei vielen dieser Modelle handelt es sich letztlich um kompliziertere und realistischere Versionen unseres IS/LM-Modells. Die Ökonomen, die diese Modelle konstruieren, verwenden historische Daten, um Parameter zu schätzen, etwa die marginale Konsumquote, die Zinselastizität der Investitionen und die Zinselastizität der

Geldnachfrage. Ist ein makroökonometrisches Modell konstruiert, dann können verschiedene Politikvarianten mit Hilfe eines Computers simuliert werden.

Tabelle 10-1 **Die fiskalpolitischen Multiplikatoren des DRI-Modells.**

Annahmen über die Geldpolitik	$\Delta Y/\Delta G$	$\Delta Y/\Delta T$
Nominale Zinssätze werden konstant gehalten	1,93	-1,19
Geldangebot wird konstant gehalten	0,60	-0,26

Hinweis: Diese Tabelle zeigt die fiskalpolitischen Multiplikatoren für eine dauerhafte Änderung der staatlichen Güterkäufe oder der persönlichen Einkommensteuer. Die Multiplikatoren gelten für das vierte Quartal nach Änderung der Fiskalpolitik.
Quelle: Otto Eckstein, The DRI Model of the U.S. Economy (New York 1983), 169.

Tabelle 10-1 zeigt die fiskalpolitischen Multiplikatoren, die sich aus einem wichtigen makroökonometrischen Modell für die Vereinigten Staaten ergeben, nämlich dem Data Resources Incorporated (DRI)-Modell. Die Multiplikatoren werden für zwei unterschiedliche Annahmen bezüglich der Reaktion der Zentralbank auf die fiskalpolitische Änderung dargestellt.

Die erste Annahme über die Geldpolitik geht davon aus, daß die Zentralbank den nominalen Zinssatz konstant hält. Verschiebt sich also die IS-Kurve aufgrund der Fiskalpolitik nach außen, dann erhöht die Zentralbank das Geldangebot, um auch die LM-Kurve nach außen zu verschieben. Weil es zu keiner Verdrängung der Investitionen aufgrund von Zinssatzänderungen kommt, ähneln die fiskalpolitischen Multiplikatoren denen des keynesianischen Kreuzes. Das DRI-Modell gibt für diesen Fall einen Staatsausgabenmultiplikator von 1,93 und einen Steuermultiplikator von -1,19 an. Eine Erhöhung der Staatsausgaben um 100 Mrd. Dollar führt zu einem Anstieg des BSP um 193 Mrd. Dollar. Eine Steuererhöhung um 100 Mrd. Dollar senkt das BSP um 119 Mrd. Dollar.

Die zweite Annahme über die Geldpolitik geht davon aus, daß die Zentralbank das Geldangebot konstant hält, so daß die Lage der LM-Kurve sich nicht verändert. In diesem Fall kommt es zu einem deutlichen Crowding out. Der Staatsausgabenmultiplikator hat jetzt einen Wert von 0,60, der Steuermultiplikator beträgt -0,26. Eine Zunahme der Staatsausgaben um 100 Mrd. Dollar erhöht das BSP um 60 Mrd. Dollar, und eine Steuererhöhung um 100 Mrd. Dollar führt zu einem Rückgang des BSP um 26 Mrd. Dollar. Tabelle 10-1 zeigt, daß sich aus den unterschiedlichen Annahmen bezüglich der Geldpolitik sehr unterschiedliche fiskalpolitische Multiplikatoren ergeben. Die Wirkung jeder Fiskalpolitik hängt ganz entscheidend von der Reaktion der Zentralbank ab.

Schocks im IS/LM-Modell

Das IS/LM-Modell erklärt, wie das Sozialprodukt bei kurzfristiger Betrachtung bestimmt wird. Daher kann es auch zur Analyse der kurzfristigen Wirkung verschiedener wirtschaftlicher Störungen auf das Einkommen verwendet werden. Bisher wurde erläutert, wie fiskalpolitische Maßnahmen die IS-Kurve und wie geldpolitische Maßnahmen die LM-Kurve verschieben. Dieser Gliederung folgend lassen sich auch andere Schocks in zwei Kategorien einordnen: Schocks, die die Lage der IS-Kurve verändern, und Schocks, die die Lage der LM-Kurve verändern.

Bei Störungen, die die IS-Kurve betreffen, handelt es sich um exogene Änderungen der Nachfrage nach Waren und Dienstleistungen. Im Zusammenhang mit dieser Art von Störungen hob Keynes die Bedeutung der *animal spirits* der Investoren hervor – exogene und sich möglicherweise selbst erfüllende Wellen von Optimismus und Pessimismus. Beispielsweise könnte sich unter den Unternehmen eine pessimistische Sicht der zukünftigen wirtschaftlichen Entwicklung ausbreiten. Diese negative Einschätzung der Zukunft veranlaßt sie, ihre Investitionspläne zu revidieren und weniger neue Bauten und Anlagen zu erstellen. Der dadurch ausgelöste Rückgang der Investitionsnachfrage führt zu einer kontraktiven Verschiebung der IS-Kurve: bei jedem gegebenen Zinssatz wollen die Unternehmen weniger investieren. Die Verminderung der geplanten Investititionsausgaben impliziert eine Linksverschiebung der IS-Kurve und damit einen Rückgang von Gleichgewichtseinkommen und -beschäftigung. Der Einkommensrückgang bestätigt dann – zumindest teilweise – den anfänglichen Pessimismus.

Störungen, die die IS-Kurve betreffen, können sich auch aus Änderungen der Konsumnachfrage ergeben. Auch hierzu wollen wir ein Beispiel betrachten. Es sei angenommen, daß sich das Vertrauen der Konsumenten in die wirtschaftliche Zukunft vermindert. Dies veranlaßt sie dazu, mehr für die Zukunft zu sparen und in der Gegenwart auf Konsum zu verzichten. Diese Änderung des Konsumentenverhaltens äußert sich in einer Abwärtsverschiebung der Konsumfunktion. Die Abwärtsverschiebung der Konsumfunktion führt zu einer Linksverschiebung der IS-Kurve und damit zu einer Verminderung des Gleichgewichtseinkommens.

Störungen, die die LM-Kurve betreffen, ergeben sich aus exogenen Änderungen der Geldnachfrage. Es sei angenommen, daß sich die Geldnachfrage kräftig erhöht – so wie es in den frühen achtziger Jahren in den USA der Fall war. Eine exogene Zunahme der Geldnachfrage bedeutet, daß für jedes gegebene Einkommensniveau der mit einem Gleichgewicht auf dem Geldmarkt vereinbare Zinssatz höher ist als zuvor. Eine exogene Zunahme der Geldnachfrage verschiebt die LM-Kurve also nach oben und hat eine Erhöhung des gleichgewichtigen Zinssatzes sowie eine Verringerung des gleichgewichtigen Einkommens zur Folge.

Zusammenfassend läßt sich festhalten, daß eine Reihe von Ereignissen durch Verschiebungen der IS- oder der LM-Kurve zu wirtschaftlichen Schwankungen führen können. Diese Schwankungen sind jedoch nicht unabwendbar. Geld- und Fiskalpolitik können auf exogene Schocks reagieren. Wenn die wirtschaftspolitischen Maßnahmen zum richtigen Zeitpunkt eingesetzt werden, dann lassen sich die schockbedingten Verschiebungen der IS- oder LM-Kurve neutralisieren und Schwankungen von Einkommen und Beschäftigung vermeiden.

10.2 IS/LM als Theorie der Gesamtnachfrage

Bislang wurde das IS/LM-Modell als Theorie der Einkommensbestimmung bei kurzfristiger Betrachtung, d.h. bei gegebenem Preisniveau, verwendet. Um zu zeigen, wie das IS/LM-Modell mit dem in Kapitel 8 entwickelten Gesamtangebots-Gesamtnachfrage-Modell zusammenpaßt, wollen wir nun untersuchen, welche Wirkungen sich bei Preisniveauänderungen auf das IS/LM-Modell ergeben. Wie wir zu Beginn unserer Ausführungen zum IS/LM-Modell versprochen hatten, liefert es eine Theorie der Gesamtnachfragekurve.

Vom IS/LM-Modell zur Gesamtnachfragekurve

In Kapitel 8 wurde die Gesamtnachfragekurve als Beziehung zwischen Preisniveau und Gesamteinkommen definiert und aus der Quantitätstheorie abgeleitet. Für eine gegebene Höhe des Geldangebots impliziert ein höheres Preisniveau ein niedrigeres Niveau des Gesamteinkommens. Erhöhungen des Geldangebots verschieben die Gesamtnachfragekurve nach außen, Verringerungen des Geldangebots dagegen nach innen.

Anstelle der Quantitätstheorie verwenden wir jetzt das IS/LM-Modell zur Ableitung der Gesamtnachfragekurve. Zunächst zeigen wir mit Hilfe des IS/LM-Modells, daß das Sozialprodukt sinkt, wenn das Preisniveau steigt. Dieser Zusammenhang wird durch die mit negativer Steigung verlaufende Gesamtnachfragekurve ausgedrückt. Danach wollen wir überlegen, wodurch Verschiebungen der Gesamtnachfragekurve verursacht werden.

Warum ist die Gesamtnachfragekurve abwärts geneigt? Um diese Frage zu beantworten, soll überlegt werden, was im IS/LM-Modell geschieht, wenn sich das Preisniveau verändert. Abbildung 10-5 illustriert die Wirkungen einer Preisniveauänderung. Für jedes gegebene nominale Geldangebot M führt ein höheres Preisniveau P zu einer Verringerung des Angebots an Realkasse M/P. Ein geringeres Angebot an Realkasse

Kapitel 10 Gesamtwirtschaftliche Nachfrage II 357

verschiebt die LM-Kurve nach oben und senkt das gleichgewichtige Niveau des Einkommens (vgl. Abbildung 10-5A). Es zeigt sich, daß eine Erhöhung des Preisniveaus von P_1 auf P_2 einen Einkommensrückgang von Y_1 auf Y_2 zur Folge hat. Über die Verschiebung der LM-Kurve führen Preisniveauänderungen zu unterschiedlichen Einkommenshöhen. Die Gesamtnachfragekurve in Abbildung 10-5B zeigt die negative Beziehung zwischen Preisniveau und Gesamteinkommen, die sich auf diese Weise aus dem IS/LM-Modell ergibt.

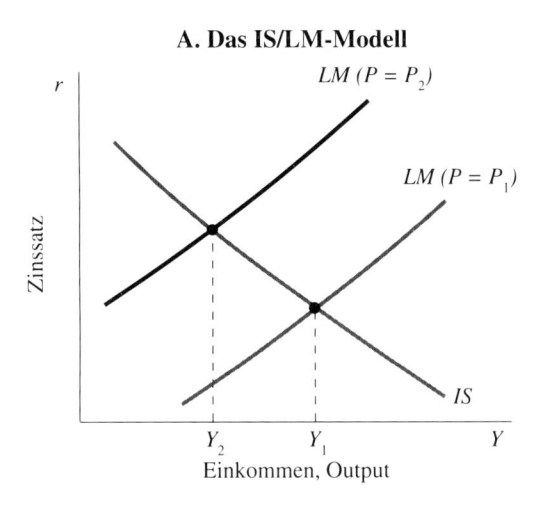

A. Das IS/LM-Modell

B. Die Gesamtnachfragekurve

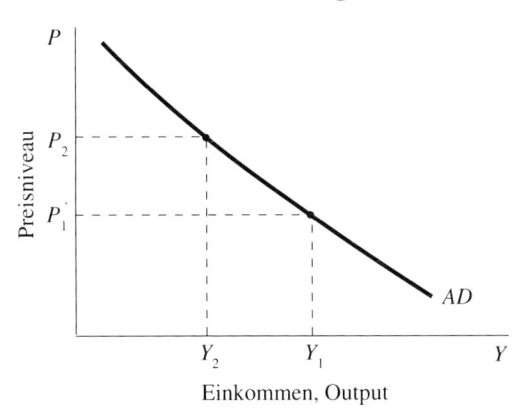

Abbildung 10-5: **Ableitung der Gesamtnachfragekurve mit Hilfe des IS/LM-Modells.** Teil A zeigt das IS/LM-Modell: Eine Zunahme des Preisniveaus von P_1 auf P_2 verringert die Realkasse und verschiebt daher die LM-Kurve nach oben. Diese Verschiebung der LM-Kurve hat eine Verringerung des Gleichgewichtseinkommens von Y_1 auf Y_2 zur Folge. Teil B zeigt die Gesamtnachfragekurve als Zusammenfassung der eben beschriebenen Beziehung zwischen Preisniveau und Gesamteinkommen: je höher das Preisniveau, desto geringer das Einkommen.

A. Expansive Geldpolitik

B. Expansive Fiskalpolitik

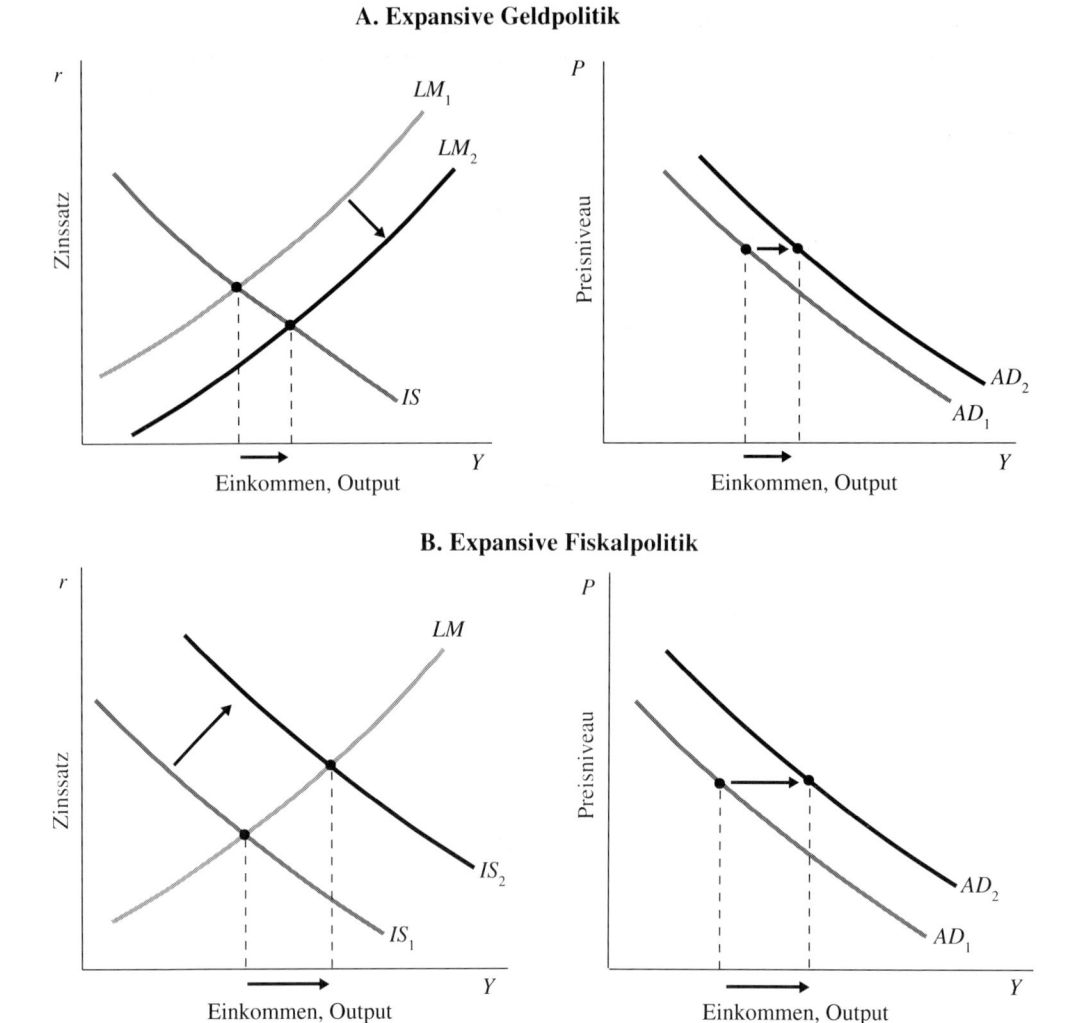

Abbildung 10-6: **Verschiebungen der Gesamtnachfragekurve durch Geld- und Fiskalpolitik.** Teil A zeigt eine monetäre Expansion. Für jedes gegebene Preisniveau führt eine Erhöhung der Geldmenge zu einer Zunahme der realen Kassenbestände. Damit verschiebt sich die LM-Kurve nach rechts und das Gleichgewichtseinkommen steigt. Eine Zunahme des Geldangebots hat daher eine Rechtsverschiebung der Gesamtnachfragekurve zur Folge. Teil B zeigt die Wirkungen einer expansiven Fiskalpolitik, also beispielsweise einer Erhöhung der staatlichen Güterkäufe oder einer Senkung der Steuern. Expansive Fiskalpolitik verschiebt die IS-Kurve nach außen und erhöht bei gegebenem Preisniveau das Gleichgewichtseinkommen. Expansive Fiskalpolitik impliziert also eine Rechtsverschiebung der Gesamtnachfragekurve.

Wodurch werden Verschiebungen der Gesamtnachfragekurve verursacht? Weil die Gesamtnachfragekurve die Ergebnisse des IS/LM-Modells zusammenfaßt, führen Störungen, die die IS- oder die LM-Kurve verschieben, auch zu Verschiebungen der

Gesamtnachfragekurve. Expansive Geld- oder Fiskalpolitik erhöht das Einkommen im IS/LM-Modell und verschiebt daher die Gesamtnachfragekurve nach außen, so wie in Abbildung 10-6 dargestellt. Völlig analog verringert kontraktive Geld- oder Fiskalpolitik das Einkommen im IS/LM-Modell und verschiebt daher die Gesamtnachfragekurve nach links. *Wir können diese Ergebnisse folgendermaßen zusammenfassen. Eine Einkommensänderung im IS/LM-Modell, die sich aus einer Änderung des Preisniveaus ergibt, entspricht einer Bewegung entlang der Gesamtnachfragekurve. Eine Einkommensänderung im IS/LM-Modell, die sich bei gegebenem Preisniveau ergibt, entspricht einer Verschiebung der Gesamtnachfragekurve.*

Eine einfache algebraische Betrachtung der Gesamtnachfragekurve

Das Verständnis für die Gesamtnachfragekurve läßt sich vertiefen, wenn man die Kurve algebraisch ableitet. In Kapitel 9 wurden die IS- und die LM-Kurve für den Fall linearer Konsum-, Investitions- und Geldnachfragefunktionen betrachtet. Es galt:

$$C = a + b(Y - T),$$
$$I = c - d,$$
$$L(r, Y) = eY - fr.$$

Daraus wurde als IS-Kurve die Beziehung

$$Y = \frac{a+c}{1-b} + \frac{1}{1-b}G + \frac{-b}{1-b}T + \frac{-d}{1-b}r$$

und als LM-Kurve die Beziehung

$$r = \frac{e}{f}Y - \frac{1}{f}\frac{M}{P}$$

abgeleitet. Hierin sind a, b, c, d, e und f konstant und größer als null. Faßt man beide Gleichungen zusammen, läßt sich die Gesamtnachfragekurve ableiten.

Um die Gesamtnachfragegleichung zu erhalten, muß das Einkommensniveau gefunden werden, das sowohl die IS- als auch die LM-Gleichung erfüllt. Zu diesem Zweck wird die nach dem Zinssatz aufgelöste LM-Gleichung in die IS-Gleichung eingesetzt:

$$Y = \frac{a+c}{1-b} + \frac{1}{1-b}G + \frac{-b}{1-b}T + \frac{-d}{1-b}\left(\frac{e}{f}Y - \frac{1}{f}\frac{M}{P}\right).$$

Nach einigen Umformungen erhält man für Y:

$$Y = \frac{z(a+c)}{1-b} + \frac{z}{1-b}G + \frac{-zb}{1-b}T + \frac{d}{(1-b)\left(f + \frac{de}{1-b}\right)}\frac{M}{P}.$$

Hierin ist $z = f/[f + de/(1-b)]$ die Zusammenfassung einiger Parameter und liegt zwischen null und eins.

Diese letzte Gleichung ist ein algebraischer Ausdruck für die Gesamtnachfragekurve. Sie besagt, daß das das Einkommen von Fiskalpolitik (G und T), Geldpolitik M und Preisniveau P abhängt. Die Gesamtnachfragekurve stellt diese Gleichung für verschiedene Werte von Y und P unter der Annahme gegebener Werte von G, T und M graphisch dar.

Mit Hilfe der abgeleiteten Beziehung lassen sich verschiedene Eigenschaften der Gesamtnachfragekurve zeigen. Erstens wird deutlich, daß die Gesamtnachfragekurve abwärts geneigt ist, weil eine Zunahme von P den Quotienten M/P und damit auch Y verringert. Zweitens sieht man direkt, daß eine Ausdehnung des Geldangebots das Einkommen erhöht und sich daher die Gesamtnachfragekurve nach rechts verschieben muß. Drittens führt eine Zunahme der Staatsausgaben ebenso wie eine Steuersenkung zu einer Einkommenserhöhung und damit zu einer Rechtsverschiebung der Gesamtnachfragekurve. Bei diesen Überlegungen ist zu beachten, daß die fiskalpolitischen Multiplikatoren im IS/LM-Modell kleiner sind als im einfachen Gütermarktmodell des keynesianischen Kreuzes, weil z kleiner ist als eins. Der Parameter z beschreibt also den weiter oben besprochenen Crowding out-Effekt.

Schließlich macht die abgeleitete Gleichung auch das Verhältnis zwischen der in diesem Kapitel mit Hilfe des IS/LM-Modells gewonnenen Gesamtnachfragekurve und der in Kapitel 8 über die Quantitätstheorie gewonnenen Gesamtnachfragegleichung deutlich. Die Quantitätstheorie geht davon aus, daß der Zinssatz die Höhe der Nachfrage nach Realkasse nicht beeinflußt. Anders ausgedrückt nimmt die Quantitätsgleichung an, daß der Parameter f gleich null ist. Wenn aber f gleich null ist, dann ist auch der zusammengesetzte Parameter z gleich null. Und wenn z gleich null ist, dann zeigt die Fiskalpolitik keinerlei Wirkung auf die Gesamtnachfrage. Die in Kapitel 8 abgeleitete Gesamtnachfragekurve stellt daher einen Spezialfall der hier abgeleiteten Gesamtnachfragekurve dar.

Fallstudie 10-2: Die Wirksamkeit von Geld- und Fiskalpolitik

Viele Diskussionen zwischen Ökonomen haben sich um die Frage gedreht, ob die Geldpolitik oder aber die Fiskalpolitik einen stärkeren Einfluß auf die Gesamtnachfrage hat. Nach dem IS/LM-Modell hängt die Antwort auf diese Frage von den Parametern der IS- und der LM-Kurve ab. Aus diesem Grund haben die Wirtschaftswissenschaftler viel Zeit und Energie für die Diskussion der Größe dieser Parameter verwendet. Die am stärksten diskutierten Parameter waren diejenigen, die über den Einfluß des Zinssatzes bestimmen.

Jene Ökonomen, die von der größeren Wirksamkeit der Fiskalpolitik überzeugt sind, behaupten, daß die Reagibilität der Investitionen auf Veränderungen des Zinssatzes – gemessen durch den Parameter d – relativ gering ist. Betrachtet man den algebraischen Ausdruck für die Gesamtnachfrage, dann zeigt sich, daß ein kleiner Wert von d einen geringen Einfluß von Geldmengenänderungen auf das Einkommen impliziert. In diesem Fall verläuft die IS-Kurve fast senkrecht, so daß Verschiebungen der LM-Kurve die Höhe des Gleichgewichtseinkommens kaum verändern. Hinzu kommt, daß sich aus einem kleinen Wert für d ein großer Wert von z ergibt. Dies wiederum impliziert einen großen Einfluß der Fiskalpolitik auf das Gleichgewichtseinkommen. Dies ist darauf zurückzuführen, daß bei einer geringen Zinsabhängigkeit der Investitionen Verdrängungseffekte nur eine untergeordnete Rolle spielen.

Diejenigen Ökonomen, die meinen, daß die Geldpolitik wirksamer ist als die Fiskalpolitik, gehen davon aus, daß die Reagibilität der Geldnachfrage auf Veränderungen des Zinssatzes – gemessen durch den Parameter f – relativ gering ist. Wenn f klein ist, dann ist auch z klein, und die Fiskalpolitik hat nur einen unwesentlichen Einfluß auf das Gleichgewichtseinkommen. In diesem Fall verläuft die LM-Kurve fast senkrecht. Hinzu kommt, daß bei einem kleinen Wert von f Veränderungen im Geldangebot starke Einkommenswirkungen zeigen.

Heute unterschreibt die Mehrzahl der Ökonomen weder die eine noch die andere Extremposition. Die empirischen Ergebnisse sprechen dafür, daß der Zinssatz sowohl die Investitionen als auch die Geldnachfrage beeinflußt. Daraus ergibt sich, daß sowohl die Geld- als auch die Fiskalpolitik wichtige Bestimmungsgründe für die Gesamtnachfrage darstellen.

$$Y = C(Y - T) + I(r) + G \quad \text{IS}$$
$$M/P = L(r, Y) \quad \text{LM}.$$

Diese beiden Gleichungen enthalten drei endogene Variablen: Y, P und r. Der keynesianische Ansatz vervollständigt das Modell durch die Annahme eines konstanten Preisniveaus, so daß die dritte Gleichung

$$P = P_1$$

lautet. Diese Annahme impliziert, daß r und Y sich anpassen müssen, damit die IS- und LM-Gleichung erfüllt sind. Der klassische Ansatz vervollständigt das Modell durch die Annahme, daß der Output stets sein natürliches Niveau erreicht. Die dritte Gleichung lautet dann:

$$Y = \bar{Y}.$$

Diese Annahme impliziert nun, daß sich r und P anpassen müssen, damit die IS- und LM-Gleichungen erfüllt sind.

Welche Annahme erscheint angemessener? Die Antwort hängt vom zugrundegelegten Zeithorizont ab. Die klassische Annahme beschreibt am besten den langfristigen Zusammenhang. Aus diesem Grunde nahmen wir bei der langfristigen Analyse des Gesamteinkommens in Kapitel 3 und bei der langfristigen Analyse des Preisniveaus in Kapitel 6 an, daß der Output sich auf seinem natürlichen Niveau befindet. Die keynesianische Annahme beschreibt die kurze Frist jedoch am besten. Die Analyse ökonomischer Schwankungen basierte daher auf der zentralen Annahme eines gegebenen Preisniveaus.

10.3 Die Weltwirtschaftskrise

Nachdem wir das Gesamtnachfragemodell vollständig entwickelt haben, wollen wir mit seiner Hilfe die Frage analysieren, die Keynes ursprünglich motivierte: Wodurch wurde die Weltwirtschaftskrise hervorgerufen? Sogar heute, nach mehr als fünfzig Jahren, diskutieren Ökonomen immer noch die Ursachen dieser krisenhaften Entwicklung. Die Weltwirtschaftskrise liefert eine ausführliche Fallstudie, die zeigt, wie Wirtschaftswissenschaftler das IS/LM-Modell bei der Analyse gesamtwirtschaftlicher Schwankungen verwenden.[1] Bevor wir uns den verschiedenen Erklärungsansätzen zuwenden, die unter Wirtschaftswissenschaftlern diskutiert werden, wollen wir uns Tabelle 10-2 ansehen, in der einige, die Weltwirtschaftskrise in den USA charakterisierende Zahlen zusammengetragen worden sind. Diese Zahlen sind der Kriegsschauplatz, auf dem die Diskussion über die Weltwirtschaftskrise stattfindet. Was war die Ursache? Eine Verschiebung der IS-Kurve? Eine Verschiebung der LM-Kurve? Oder irgendein anderes Ereignis?

Die Ausgabenhypothese: Störungen, die die IS-Kurve trafen

Da der Einkommensrückgang der frühen dreißiger Jahre mit sinkenden Zinssätzen zusammenfiel, haben einige Ökonomen vermutet, daß der Abschwung auf eine kontraktive Verschiebung der IS-Kurve zurückzuführen ist. Diese Betrachtungsweise wird manchmal als *Ausgabenhypothese* bezeichnet, weil sie die Hauptverantwortung in einem exogenen Rückgang der Ausgaben für Waren und Dienstleistungen sieht. Ökonomen haben auf verschiedene Weisen versucht, diesen Rückgang der Ausgaben zu erklären.

Einige Wirtschaftswissenschaftler behaupten, daß die kontraktive Verschiebung der IS-Kurve durch eine Abwärtsverschiebung der Konsumfunktion verursacht wurde. Der Zusammenbruch des Aktienmarktes im Jahr 1929 mag teilweise für diese Veränderung des Konsumverhaltens verantwortlich gewesen sein. Der Vermögensrückgang, der durch den Zusammenbruch verursacht wurde, mag die Haushalte dazu veranlaßt haben, mehr zu sparen.

Andere Wirtschaftswissenschaftler erklären den Ausgabenrückgang mit dem Hinweis auf das starke Absinken der Investitionen im Wohnungsbau. Einige Ökonomen glauben, daß der Investitionsboom im Wohnungsbau in den zwanziger Jahren einfach zu stark war. Als die „Überinvestitionen" erkennbar wurden, brachen die geplanten Investitionen zusammen. Eine andere mögliche Erklärung für den Rückgang der Wohnungsbauinvestitionen ist der Rückgang der Immigration in den dreißiger Jahren. Eine langsamer wachsende Bevölkerung führt zu einer geringeren Nachfrage nach neuen Wohnbauten.

---

1 Um einen Eindruck von dieser Diskussion zu gewinnen vgl. Milton Friedman und Anna J. Schwartz, A monetary History of the United States, 1867-1960 (Princeton, NJ, 1963); Peter Temin, Did Monetary Forces Cause the Great Depression? (New York, 1976); und die Beiträge in Karl Brunner, Hrsg., The Great Depression Revisited (Boston, 1981).

Tabelle 10-2 **Was passierte während der Weltwirtschaftskrise?**

Jahr	1929	1930	1931	1932	1933	1934
Arbeitslosenquote	3,2	8,9	16,3	24,1	25,2	22,0
Reales BSP	203,6	183,5	169,5	144,2	141,5	154,3
Konsum	139,6	130,4	126,1	114,8	112,8	118,1
Investitionen	40,4	27,4	16,8	4,7	5,3	9,4
Staatsausgaben	22,0	24,3	25,4	24,2	23,3	26,6
Nominaler Zinssatz	5,9	3,6	2,6	2,7	1,7	1,0
Geldangebot	26,6	25,8	24,1	21,1	19,9	21,9
Preisniveau	50,6	49,3	44,8	40,2	39,3	42,2
Inflationsrate	-	-2,6	-10,1	-9,3	-2,2	7,4
Realkasse	52,6	52,3	54,5	52,5	50,7	51,8

Jahr	1935	1936	1937	1938	1939	1940
Arbeitslosenquote	20,3	17,0	14,3	19,1	17,2	14,6
Reales BSP	169,5	193,2	203,2	192,9	209,4	227,2
Konsum	125,5	138,4	143,1	140,2	148,2	155,7
Investitionen	18,0	24,0	29,9	17,0	24,7	33,0
Staatsausgaben	27,0	31,8	30,8	33,9	35,2	36,4
Nominaler Zinssatz	0,8	0,8	0,9	0,8	0,6	0,6
Geldangebot	25,9	29,6	30,9	30,5	34,2	39,7
Preisniveau	42,6	42,7	44,5	43,9	43,2	43,9
Inflationsrate	0,9	0,2	4,2	-1,3	-1,6	1,6
Realkasse	60,8	62,9	69,5	69,5	79,1	90,3

Hinweis: Die Quelle für alle Zeitreihen ist: Historical Statistics of the United States, Colonial Times to 1970, Parts I and II, U.S. Department of Commerce, Bureau of the Census, 1975, Washington, D.C. Die Arbeitslosenquotenreihe ist Reihe D9. Reales BSP, Konsum, Investitionen und staatliche Güterkäufe sind die Reihen: F3, F48, F52 und F66; jeweils in Milliarden Dollar zu Preisen von 1958. Der Zinssatz ist die „Prime Commercial Paper Rate", 4-6 Monate, Reihe x445. Das Geldangebot ist Reihe x414, Bargeld plus Sichteinlagen, in Milliarden Dollar. Das Preisniveau ist der BSP-Deflator (1958=100), Reihe E1. Die Inflationsrate ist die prozentuale Veränderung der Preisniveaureihe. Die realen Kassenbestände werden in Milliarden Dollar zu Preisen von 1958 angegeben und ergeben sich aus dem Quotienten von Geldangebot und Preisniveau, multipliziert mit 100.

Als die Depression dann einmal begonnen hatte, können verschiedene Ereignisse zu einer weiteren Verringerung der Ausgaben geführt haben. Erstens können die umfangreichen Bankenzusammenbrüche zu einer Verringerung der Investitionen geführt haben. Banken spielen eine zentrale Rolle bei der Lenkung von Krediten zu den Investoren, die die beste Verwendung dafür haben. Die Schließung vieler Banken in den frühen dreißiger Jahren mag verhindert haben, daß Investoren die benötigten Kredite bekamen. Auf diese Weise kann es zu einer weiteren kontraktiven Verschiebung der IS-Kurve gekommen sein.[2]

Eine zusätzliche kontraktive Verschiebung der IS-Kurve wurde durch die Fiskalpolitik der dreißiger Jahre hervorgerufen. Die Politiker dieser Zeit waren mehr um den Ausgleich des Haushalts besorgt als um den Einsatz der Fiskalpolitik zur Stimulierung der Wirtschaft. Mit dem „Revenue Act" von 1932 wurde eine Reihe von Steuern erhöht, insbesondere solche, die von den ärmeren und mittleren Konsumentenschichten zu tragen waren.[3] Das Wahlprogramm der Demokraten drückte Besorgnis über das Haushaltsdefizit aus und vertrat einen „sofortigen und drastischen Rückgang der Staatsausgaben". Mitten in einer Situation historisch hoher Arbeitslosigkeit suchten die Politiker nach Wegen zur Erhöhung der Steuern und zur Verringerung der Ausgaben.

Es gibt also verschiedene Wege, um eine kontraktive Verschiebung der IS-Kurve zu erklären. Dabei ist zu beachten, daß diese verschiedenen Erklärungsansätze sich nicht gegenseitig ausschließen. Es kann gut sein, daß es keine einzige, alleinige Erklärung für den Ausgabenrückgang gibt. Es mag sein, daß all die genannte Veränderungen zusammentrafen und sich daraus ein bedeutender Rückgang der geplanten Gesamtausgaben ergab.

Die Geldhypothese: Eine Störung, die die LM-Kurve traf?

Aus Tabelle 10-2 läßt sich entnehmen, daß das Geldangebot zwischen 1929 und 1933 um 25 Prozent sank. Im gleichen Zeitraum stieg die Arbeitslosenquote von 3,2 Prozent auf 25,2 Prozent. Diese Beobachtungen liefern Motivation und Basis für die *Geldhypothese*, die die Verantwortung für die Depression in erster Linie der Zentralbank anlastet, weil diese einen derartig starken Rückgang des Geldangebots zugelassen hatte. Die mit Abstand wichtigsten Vertreter dieser Interpretation der Weltwirtschaftskrise sind Milton

---

2 Ben Bernanke, "Non-Monetary Effects of the Financial Crisis in the Propagation of the Great Depression", American Economic Review 73 (Juni 1983): 257-276.

3 E. Cary Brown, "Fiscal Policy in the Thirties: A Reappraisal", American Economic Review 46 (Dezember 1956): 857-879.

Friedman und Anna Schwartz, die die Geldhypothese in ihrer Arbeit über die Geschichte des Geldes verteidigen.[4] Friedman und Schwarz argumentieren, daß die meisten gesamtwirtschaftlichen Abschwünge auf Kontraktionen des Geldangebots zurückzuführen seien. Die Weltwirtschaftskrise sei ein besonders eindrückliches Beispiel.

Aus der Perspektive des IS/LM-Modells kann man die Geldhypothese so interpretieren, daß sie die Krise durch eine kontraktive Verschiebung der LM-Kurve erklärt. Folgt man dieser Sichtweise, sieht sich die Geldhypothese jedoch zwei Problemen gegenüber.

Das erste Problem für die Geldhypothese ergibt sich aus dem Verhalten der realen Kassenbestände. Die Geldpolitik führt nur dann zu einer kontraktiven Verschiebung der LM-Kurve, wenn die realen Kassenbestände sinken. Von 1929 bis 1931 nahm die reale Kassenhaltung jedoch leicht zu, weil der Rückgang des (nominalen) Geldangebots von einem noch stärkeren Rückgang des Preisniveaus begleitet wurde. Obwohl die monetäre Kontraktion für die Zunahme der Arbeitslosigkeit zwischen 1931 und 1933 verantwortlich gewesen sein mag, als die realen Kassenbestände sanken, kann man ihr wohl kaum den anfänglichen Abschwung von 1929 bis 1931 anlasten.

Das zweite Problem für die Geldhypothese ergibt sich aus dem Verhalten der Zinssätze. Falls die Krise durch eine kontraktive Verschiebung der LM-Kurve ausgelöst wurde, müßten eigentlich höhere Zinssätze zu beobachten gewesen sein. Die Zinssätze fielen zwischen 1929 und 1933 jedoch stetig.

Diese beiden Gründe scheinen hinreichend, um die Auffassung zurückzuweisen, daß die Weltwirtschaftskrise durch eine kontraktive Verschiebung der LM-Kurve verursacht wurde. War der drastische Rückgang des Geldangebots aber wirklich irrelevant? Wir werden uns nachfolgend einem anderen Mechanismus zuwenden, der der Grund dafür sein könnte, daß die Geldpolitik möglicherweise doch verantwortlich für die Schwere der Depression war – der in den dreißiger Jahren zu beobachtenden Deflation.

Nochmals die Geldhypothese: Die Effekte sinkender Preise

Von 1929 bis 1933 fiel das Preisniveau um 25 Prozent. Viele Ökonomen machen diese Deflation für die Schwere der Depression verantwortlich. Sie behaupten, daß die Deflation das, was 1931 noch ein ganz normaler wirtschaftlicher Abschwung gewesen war, in eine noch nie dagewesene Periode hoher Arbeitslosigkeit und niedriger Einkommen verwandelt habe. Falls dieses Behauptung zutrifft, stellt sie gleichzeitig eine Wiederbelebung der Geldhypothese dar, denn der Rückgang des Geldangebots ist offenbar

---

4   Die Gründe für den starken Rückgang des Geldangebots werden in Kapitel 18 Fallstudie 18-1 im einzelnen diskutiert, wenn der Geldangebotsprozeß genauer betrachtet wird.

verantwortlich für das Sinken des Preisniveaus. Um dieses Argument bewerten zu können, müssen wir überlegen, wie Veränderungen des Preisniveaus das Einkommen im IS/LM-Modell berühren.

Die stabilisierenden Wirkungen der Deflation   Im IS/LM-Modell, soweit wir es bisher entwickelt haben, führen sinkende Preise zu einer Zunahme des Einkommens. Für jedes gegebene Geldangebot M impliziert ein geringeres Preisniveau P höhere reale Kassenbestände M/P. Eine Zunahme der Realkasse führt zu einer expansiven Verschiebung der LM-Kurve, was mit einem höheren Gleichgewichtseinkommen verbunden ist.

Einen anderen Kanal, durch den sinkende Preise das Einkommen erhöhen, bezeichnet man als **Pigou-Effekt**. Arthur Pigou, ein wichtiger klassischer Ökonom der dreißiger Jahre, wies darauf hin, daß reale Kassenbestände einen Teil des Vermögens der Haushalte darstellen. In dem Maße, wie die Preise sinken und die realen Kassenbestände zunehmen, sollten sich die Konsumenten reicher fühlen und mehr ausgeben. Diese Zunahme der Konsumausgaben müßte dann eine expansive Verschiebung der IS-Kurve hervorrufen und zu einem höheren Gleichgewichtseinkommen führen.

Diese beiden Gründe führten dazu, daß einige Ökonomen in den dreißiger Jahren glaubten, sinkende Preise würden zu einer Rückkehr der Wirtschaft auf das Vollbeschäftigungsniveau beitragen. Andere Ökonomen waren jedoch weniger zuversichtlich im Hinblick auf diese Selbstheilungskräfte der Wirtschaft. Sie wiesen auf andere Effekte sinkender Preise hin, mit denen wir uns nun beschäftigen wollen.

Die destabilisierenden Wirkungen der Deflation   Ökonomen haben zwei Erklärungen dafür vorgetragen, wie sinkende Preise zu einem Einkommensrückgang führen können. Die erste, als **Schulden-Deflation** bezeichnet, betrifft die Wirkungen eines unerwarteten Rückgangs des Preisniveaus. Die zweite betrifft die Wirkungen einer erwarteten Deflation.

Am Anfang der Schulden-Deflations-Theorie steht eine Beobachtung, die aus Kapitel 6 bekannt sein sollte: Nicht antizipierte Veränderungen des Preisniveaus führen zu einer Umverteilung des Vermögens zwischen Gläubigern und Schuldnern. Wenn ein Schuldner einem Gläubiger 100 DM schuldet, dann beträgt der reale Wert der Schuld 100 DM/P, wobei P das Preisniveau bezeichnet. Ein Rückgang des Preisniveaus impliziert eine Zunahme des realen Wertes der Schuld, des Volumens an Kaufkraft also, das der Schuldner zurückzahlen muß. Eine unerwartete Deflation macht also den Gläubiger reicher und den Schuldner ärmer.

Die Schulden-Deflations-Theorie behauptet nun, daß diese Umverteilung des Vermögens die Ausgaben für Waren und Dienstleistungen beeinflußt. Als Reaktion auf die

Umverteilung von den Schuldnern zu den Gläubigern geben die Schuldner weniger, die Gläubiger dagegen mehr aus. Falls diese beiden Gruppen die gleiche Ausgabenneigung haben, dann heben sich die aggregierten Wirkungen gegenseitig auf. Es scheint jedoch vertretbar, davon auszugehen, daß die Gruppe der Schuldner eine höhere Ausgabenneigung hat als die Gruppe der Gläubiger – vielleicht ist das ja der Grund, warum die Schuldner Schulden haben. In diesem Fall verringern die Schuldner ihre Ausgaben mehr als die Gläubiger ihre Ausgaben ausdehnen. Per saldo kommt es zu einem Rückgang der Ausgaben, zu einer kontraktiven Verschiebung der IS-Kurve und zu einem geringeren gleichgewichtigen Gesamteinkommen.

Um zu verstehen, wie *erwartete* Veränderungen des Preisniveaus das Einkommen berühren können, muß das IS/LM-Modell um eine neue Variable erweitert werden. Bei unserer Diskussion des IS/LM-Modells haben wir bislang nicht zwischen nominalem und realem Zinssatz unterschieden. Wir wissen aber aus den Überlegungen in früheren Kapiteln, daß die Investitionen vom realen Zinssatz abhängen, während die Geldnachfrage durch den nominalen Zinssatz bestimmt wird. Bezeichnet i den nominalen Zinssatz und π^e die erwartete Inflationsrate, dann ist der reale Zinssatz ex-ante gerade $i - \pi^e$. Das IS/LM-Modell läßt sich dann folgendermaßen schreiben:

$$Y = C(Y - T) + I(i - \pi^e) + G \quad \text{IS}$$
$$M/P = L(i, Y) \quad \text{LM.}$$

Die erwartete Inflationsrate tritt nun als Variable in der IS-Kurve auf. Veränderungen in den Inflationserwartungen verschieben daher die IS-Kurve.
Mit Hilfe des erweiterten IS/LM-Modells soll nun überprüft werden, wie Veränderungen in den Inflationserwartungen das Gleichgewichtsniveau des Einkommens beeinflussen. Zunächst wollen wir annehmen, daß alle ein gleichbleibendes Preisniveau erwarten. In diesem Fall gilt $\pi^e = 0$, und die beiden obigen Gleichungen liefern das bekannte IS/LM-Modell. Nun sei angenommen, daß alle plötzlich mit einem zukünftigen Preisrückgang rechnen, so daß π^e negativ wird. Abbildung 10-8 zeigt die Konsequenzen dieser Annahme. Bei jedem gegebenen nominalen Zinssatz ist der reale Zinssatz jetzt höher, was zu einer Dämpfung der geplanten Investitionsausgaben führt. Der Rückgang der geplanten Investitionen verursacht eine kontraktive Verschiebung der IS-Kurve. Eine erwartete Deflation führt daher zu einer Verminderung des Gesamteinkommens von Y_1 auf Y_2. Der nominale Zinssatz sinkt von i_1 auf i_2, während der reale Zinssatz von r_1 auf r_2 steigt.

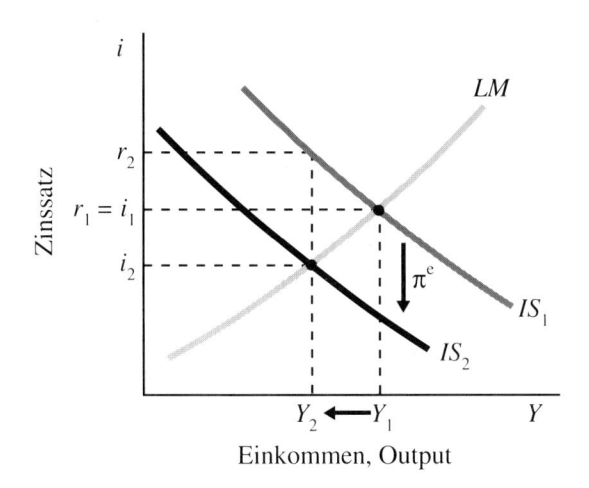

Abbildung 10-8: **Erwartete Deflation im IS/LM-Modell.** Eine erwartete Deflation erhöht für jeden gegebenen nominalen Zinssatz den realen Zinssatz. Dadurch vermindern sich die geplanten Investitionsausgaben. Dieser Rückgang der Investitionen verschiebt die IS-Kurve nach unten. Das Gleichgewichtseinkommen sinkt von Y_1 auf Y_2. Der nominale Zinssatz fällt von i_1 auf i_2, und der reale Zinssatz steigt von r_1 auf r_2.

Man beachte, daß beide Geschichten über die destabilisierende Wirkung der Deflation eine Gemeinsamkeit aufweisen. In beiden Fällen führen die sinkenden Preise über eine kontraktive Verschiebung der IS-Kurve zu einem Rückgang des Gesamteinkommens. Eine Deflation in dem Umfang, wie sie zwischen 1929 und 1933 beobachtet wurde, ist sehr unwahrscheinlich – außer es kommt zu einem größeren Rückgang des Geldangebots. Daher weisen beide Erklärungen der Zentralbank zumindest eine Mitverantwortung für die Krise zu – insbesondere für ihre Schwere. Anders gewendet: Wenn sinkende Preise destabilisierend wirken, kann eine Verminderung des Geldangebots zu einem Einkommensrückgang selbst dann führen, wenn es zu keinem Rückgang der realen Kassenhaltung oder keinem Anstieg des nominalen Zinssatzes kommt.

Könnte sich die Weltwirtschaftskrise wiederholen?

Ökonomen beschäftigen sich mit der Weltwirtschaftskrise zum einen wegen ihrer inhärenten Bedeutung, die sie als wichtiges wirtschaftliches Ereignis aufweist, zum anderen aber auch, um der praktischen Wirtschaftspolitik einige Leitlinien an die Hand zu geben, damit sich eine Krise dieser Art nicht wiederholt. Um mit Sicherheit sagen zu können, ob eine Depression diesen Ausmaßes noch einmal auftreten kann, müßte man wissen, warum es zur Weltwirtschaftskrise kam. Da es jedoch keine Einigkeit in bezug auf die Ursachen der Krise gibt, ist es unmöglich, definitiv zu sagen, ob sie das nächste Mal verhindert werden kann.

Die meisten Ökonomen sind jedoch überzeugt, daß eine Wiederholung der Fehler, die zur Weltwirtschaftskrise führten, kaum vorstellbar ist. Es erscheint unwahrscheinlich, daß eine Zentralbank einen Rückgang des Geldangebots um ein Viertel zulassen würde. Viele Ökonomen glauben, daß die Deflation der frühen dreißiger Jahre verantwortlich für die Tiefe und die Länge der Krise war. Es spricht vieles dafür, daß eine derartig lange Deflation nur im Zusammenhang mit dem Rückgang des Geldangebots auftreten konnte.

Auch in der Fiskalpolitik ist eine Wiederholung der Fehler kaum zu vermuten. Die Fiskalpolitik der dreißiger Jahre versagte nicht nur bei der Stützung der Gesamtnachfrage, im Gegenteil, sie verringerte diese sogar noch zusätzlich. Bei Vorliegen massiver Unterbeschäftigung würden heute wohl nur noch wenige Ökonomen das Ziel eines ausgeglichenen Haushalts mit solcher Starrheit verfolgen.

Darüber hinaus hat es zwischenzeitlich eine ganze Reihe von institutionellen Veränderungen gegeben, die eine Wiederholung der Ereignisse der dreißiger Jahre eigentlich verhindern müßten. Durch die Versicherung der Einlagen ist es unwahrscheinlich geworden, daß es in großem Umfang zu Zusammenbrüchen von Banken kommen kann. Das bestehende Einkommensteuersystem führt bei rückläufigem Gesamteinkommen automatisch zu einer Steuersenkung und stabilisiert auf diese Weise die Wirtschaft. Schließlich wissen die Ökonomen heute mehr über die wirtschaftlichen Zusammenhänge als es in den dreißiger Jahren der Fall war. Unsere Kenntnis über das Funktionieren der Wirtschaft, so begrenzt sie immer noch ist, sollte die Wirtschaftspolitiker in die Lage versetzen, geeignete Maßnahmen zu ergreifen, mit denen eine derartig massive und weitverbreitete Arbeitslosigkeit erfolgreich bekämpft werden kann.

10.4 Schlußfolgerungen

Das Ziel dieses und des vorhergehenden Kapitels war es, das Verständnis der Gesamtnachfrage zu vertiefen. Wir verfügen nun über das Werkzeug, um Geld- und Fiskalpolitik kurz- und langfristig analysieren zu können. Langfristig betrachtet sind die Preise flexibel, und wir verwenden die klassische Analyse aus Teil II. Kurzfristig kommt es zu Preisstarrheiten, und wir verwenden das IS/LM-Modell, um zu untersuchen, wie wirtschaftspolitische Veränderungen die gesamtwirtschaftliche Lage beeinflussen.

Obwohl das IS/LM-Modell den Rahmen zur Analyse der Gesamtnachfrage liefert, ist damit noch nicht alles gesagt. In einigen der folgenden Kapitel werden wir uns genauer mit den einzelnen Bestandteilen des IS/LM-Modells beschäftigen und dabei unser Wissen bezüglich der Gesamtnachfrage vertiefen. So werden beispielsweise in Kapitel 15 Konsumtheorien betrachtet. Da die Konsumfunktion zentraler Bestandteil des IS/LM-Modells ist, kann eine geänderte Analyse der Konsumfunktion auch unsere Vorstellung von den Wirkungen von Geld- und Fiskalpolitik modifizieren. Das einfache IS/LM-Modell, das in den Kapiteln 9 und 10 vorgestellt wurde, liefert den Orientierungspunkt für die weitere Analyse.

Zusammenfassung

1. Das IS/LM-Modell stellt ein allgemeines Modell der Gesamtnachfrage dar. Die exogenen Variablen des Modells sind die Fiskalpolitik, die Geldpolitik und das Preisniveau. Das Modell erklärt zwei endogene Variablen: den Zinssatz und das Gesamteinkommen.

2. Die IS-Kurve ist eine negative Beziehung zwischen Zinssatz und Gesamteinkommen und beschreibt alle Zins-Einkommens-Kombinationen, bei denen Gleichgewicht auf dem Gütermarkt herrscht. Die LM-Kurve ist eine positive Beziehung zwischen Zinssatz und Gesamteinkommen und beschreibt alle Zins-Einkommens-Kombinationen, bei denen Gleichgewicht auf dem Markt für reale Geldbestände herrscht. Das Gleichgewicht des IS/LM-Modells – der Schnittpunkt von IS- und LM-Kurve – beschreibt das simultane Gleichgewicht auf Güter- und Geldmarkt.

3. Expansive Fiskalpolitik – eine Zunahme der staatlichen Güterkäufe oder eine Senkung der Steuern – verschiebt die IS-Kurve nach rechts. Diese Verschiebung der IS-Kurve erhöht den gleichgewichtigen Zinssatz und das gleichgewichtige Einkommen. Die Einkommenserhöhung bedeutet eine Rechtsverschiebung der Gesamtnachfragekurve. In analoger Weise führt eine kontraktive Fiskalpolitik zu einer Linksverschiebung der IS-Kurve, zu einer Verringerung des Zinssatzes und zu einer Senkung des Einkommens. Die Senkung des Einkommens bedeutet eine Linksverschiebung der Gesamtnachfragekurve.

4. Expansive Geldpolitik verschiebt die LM-Kurve nach unten. Diese Verschiebung der LM-Kurve verringert den Zinssatz und erhöht das Gesamteinkommen. Die Zunahme des Einkommens bedeutet eine Rechtsverschiebung der Gesamtnachfragekurve. Ähnlich verschiebt eine kontraktive Geldpolitik die LM-Kurve nach oben, erhöht den Zinssatz und vermindert das Einkommen. Daher verschiebt sich in diesem Fall die Gesamtnachfragekurve nach links.

Schlüsselbegriffe

Pigou-Effekt
Schulden-Deflations-Theorie

Monetärer Transmissionsmechanismus
Makroökonomisches Modell

Wiederholungsfragen

1. Erläutern Sie, warum die Gesamtnachfragekurve abwärts geneigt ist.

2. Welche Wirkungen hat eine Steuererhöhung auf Zinssatz, Einkommen, Konsum und Investitionen?

3. Welche Wirkungen hat eine Verminderung des Geldangebots auf Zinssatz, Einkommen und Investitionen?

4. Beschreiben Sie die möglichen Wirkungen eines sinkenden Preisniveaus auf das Gleichgewichtseinkommen.

Aufgaben und Anwendungen

1. Was geschieht im IS/LM-Modell mit Zinssatz, Einkommen, Konsum und Investitionen, falls

    a. die Zentralbank das Geldangebot erhöht,

    b. die Regierung die Staatsausgaben erhöht,

    c. die Regierung die Steuern erhöht,

    d. die Regierung Staatsausgaben und Steuern im gleichen Umfang erhöht?

2. Wir betrachten die Wirtschaft von Hicksonia.

    a. Die Konsumfunktion lautet:

    $$C = 200 + 0{,}75\,(Y - T).$$

    Die Investitionsfunktion lautet

    $$I = 200 - 25r.$$

    Die Staatsausgaben und die Steuern betragen jeweils 100. Zeichnen Sie für diese Wirtschaft die IS-Kurve, wobei r im Bereich von 0 bis 8 liegt.

    b. Die Geldnachfragefunktion von Hicksonia lautet

    $$(M/P)^d = Y - 100r.$$

Das Geldangebot M beträgt 1000, und das Preisniveau P ist gleich 2. Zeichnen Sie für diese Wirtschaft die LM-Kurve im Bereich von 0 bis 8 für r.

c. Bestimmen Sie den gleichgewichtigen Zinssatz r und das Gleichgewichtseinkommen Y.

d. Nehmen Sie an, daß die Staatsausgaben von 100 auf 150 erhöht werden. Um welchen Betrag verschiebt sich die IS-Kurve? Welche Höhe haben im neuen Gleichgewicht Zinssatz und Einkommen?

e. Nehmen Sie nun stattdessen an, daß das Geldangebot von 1000 auf 1200 erhöht wird. Um welchen Betrag verschiebt sich die LM-Kurve? Welche Höhe haben im neuen Gleichgewicht Zinssatz und Einkommen?

f. Nehmen Sie für die ursprünglichen Werte der geld- und fiskalpolitischen Variablen an, daß das Preisniveau von 2 auf 4 steigt. Was geschieht? Welche Höhe haben im neuen Gleichgewicht Zinssatz und Einkommen?

g. Leiten Sie die Gleichung der Gesamtnachfragekurve ab und stellen Sie sie graphisch dar. Was geschieht mit dieser Gesamtnachfragekurve, wenn sich Fiskal- oder Geldpolitik so ändern, wie in (d) und (e) beschrieben?

3. Erklären Sie, warum die folgenden Aussagen richtig sind. Diskutieren Sie die Wirkungen der Geld- und Fiskalpolitik für jeden dieser Spezialfälle.

   a. Falls die Investitionen nicht vom Zinssatz abhängen, verläuft die IS-Kurve senkrecht.

   b. Falls die Geldnachfrage nicht vom Zinssatz abhängt, verläuft die LM-Kurve senkrecht.

   c. Falls die Geldnachfrage nicht vom Einkommen abhängt, verläuft die LM-Kurve waagerecht.

   d. Falls die Geldnachfrage extrem sensitiv auf Zinssatzveränderungen reagiert, verläuft die LM-Kurve horizontal.

4. Nehmen Sie an, daß die Regierung die Investitionen erhöhen möchte, den Output aber konstant halten will. Mit welcher Kombination von Geld- und Fiskalpolitik läßt sich im IS/LM-Modell dieses Ziel erreichen? In den frühen achtziger Jahren senkte die Regierung der USA die Steuern und nahm ein Haushaltsdefizit in Kauf, während die Zentralbank eine Politik des knappen Geldes verfolgte. Welche Wirkungen sind von einer solchen Politikkombination zu erwarten?

5. Verwenden Sie das IS/LM-Diagramm, um die kurz- und langfristigen Wirkungen

   a. einer Erhöhung des Geldangebots,

   b. einer Erhöhung der Staatsausgaben und

   c. einer Erhöhung der Steuern

auf das Gesamteinkommen, das Preisniveau und den Zinssatz zu beschreiben.

6. Die Zentralbank zieht zwei geldpolitische Strategien in Betracht:

  - Konstanthalten der Geldmenge,
  - Anpassung der Geldmenge, so daß der Zinssatz konstant bleibt.

Welche Politikvariante ist im IS/LM-Modell besser zur Stabilisierung des Outputs geeignet, falls

  a. alle Störungen der Wirtschaft auf exogenen Veränderungen der Nachfrage nach Waren und Dienstleistungen beruhen,

  b. alle Störungen der Wirtschaft auf exogenen Veränderungen der Geldnachfrage beruhen?

7. Nehmen Sie an, daß die Nachfrage nach Realkasse nicht von den Gesamtausgaben, sondern von den Konsumausgaben abhängt. D.h. die Geldnachfragefunktion lautet:

$$M/P = L(r, C).$$

Überlegen Sie unter Verwendung des IS/LM-Modells, ob sich durch diese neue Form der Geldnachfragefunktion

  a. die Analyse von Änderungen der Staatsausgaben,

  b. die Analyse von Steueränderungen

anders gestaltet als zuvor. (*Hinweis*: Setzen Sie die Konsumfunktion $C=C(Y - T)$ in die Geldnachfragefunktion ein.)

Kapitel 11

Gesamtwirtschaftliches Angebot

> *There is always a temporary trade-off between inflation and unemployment; there is no permanent trade-off. The temporary trade-off comes not from inflation per se, but from unanticipated inflation, which generally means, from a rising rate of inflation.*
>
> Milton Friedman

Wir wenden unsere Aufmerksamkeit nun dem gesamtwirtschaftlichen Angebot zu. In den Kapiteln 9 und 10 haben wir das IS/LM-Modell verwendet, um zu zeigen, wie Veränderungen in Geld- oder Fiskalpolitik und exogene Schocks, die den Geld- oder Gütermarkt treffen, die Gesamtnachfragekurve verschieben. Wenn wir die Gesamtangebotskurve in unsere Analyse einbeziehen, können wir sehen, wie diese Verschiebungen der Gesamtnachfrage die Outputmenge und das Preisniveau beeinflussen. Um die Schwankungen des Outputs und des Preisniveaus verstehen zu können, muß man daher wissen, wodurch Lage und Steigung der Gesamtangebotskurve determiniert werden. Dies ist das Ziel des vorliegenden Kapitels.

Bei der Einführung der Gesamtangebotskurve in Kapitel 8 haben wir betont, daß sich das Gesamtangebot kurz- und langfristig sehr unterschiedlich verhält. Langfristig betrachtet sind die Preise flexibel und die Gesamtangebotskurve verläuft senkrecht. Eine vertikale Gesamtangebotskurve impliziert, daß Verschiebungen der Gesamtnachfragekurve das Preisniveau tangieren, nicht aber den Output. Kurzfristig treten jedoch Preisstarrheiten auf und die Gesamtangebotskurve verläuft nicht senkrecht. In diesem Fall führen Verschiebungen der Gesamtnachfrage zu Schwankungen des Outputs. In Kapitel 8 vereinfachten wir die Hypothese von Preisstarrheiten dadurch, daß die kurzfristige Angebotskurve als waagerechte Linie dargestellt wurde, was eine Extremsituation darstellt, in der alle Preise fest sind.

Wir beginnen die Vertiefung unserer Kenntnisse bezüglich der Gesamtangebotskurve mit einer näheren Betrachtung von Ansätzen zur Erklärung der Steigung der kurzfristigen Gesamtangebotskurve. Weil zwischen den Ökonomen kein Konsens über die theoretische Erklärung des Gesamtangebots besteht, sollen vier wichtige Modelle analysiert werden. Obwohl sich diese Modelle in wichtigen Details unterscheiden, weisen sie Gemeinsamkeiten auf bezüglich der Ursachen für das Abweichen von kurzfristiger und langfristiger Gesamtangebotskurve, und sie gelangen gemeinsam zu der Schlußfolgerung, daß die kurzfristige Gesamtangebotskurve eine positive Steigung aufweist.

Nach der Auseinandersetzung mit diesen Modellen wird sich zeigen, daß die kurzfristige Gesamtangebotskurve eine Beziehung zwischen zwei Maßen der wirtschaftlichen Situation impliziert, nämlich zwischen Inflation und Arbeitslosigkeit. Diese Beziehung besagt, daß die Wirtschaftspolitiker eine temporäre Erhöhung der Arbeitslosigkeit hinnehmen müssen, wenn sie die Inflationsrate senken wollen, und daß sie eine höhere Inflation akzeptieren müssen, wenn sie die Arbeitslosigkeit senken wollen. Wie das Zitat am Anfang dieses Kapitels vermuten läßt, gilt diese Beziehung zwischen Inflation und Arbeitslosigkeit nur kurzfristig.

Weil das Gesamtangebot ein aktuelles Forschungsgebiet darstellt, beschäftigen wir uns abschließend mit einigen neueren Entwicklungen der Theorie des Gesamtangebots. Es ist noch nicht klar, welcher dieser Ansätze sich als am nützlichsten erweisen wird. Aber wir bekommen einen Eindruck davon, wie Makroökonomen derzeit versuchen, neue Einsichten in das Gesamtangebot zu gewinnen.

11.1 Vier Modelle des Gesamtangebots

Hier sollen vier wichtige Modelle des Gesamtangebots untersucht werden. Die Reihenfolge der Darstellung entspricht in etwa der historischen Entwicklung. In allen Ansätzen verläuft die kurzfristige Gesamtangebotskurve wegen bestimmten Marktunvollkommenheiten nicht senkrecht. Damit führen Verschiebungen der Gesamtnachfragekurve zu einer temporären Abweichung des Outputs von seinem natürlichen Niveau.

Alle vier Modelle führen auf eine Gesamtangebotskurve der folgenden Form:

$$Y = \overline{Y} + \alpha(P - P^e), \quad \alpha > 0.$$

Hierin bezeichnet Y den Output, $\overline{Y}$ das natürliche Outputniveau, P das Preisniveau und P^e das erwartete Preisniveau. Die Gleichung besagt, daß die Produktion von ihrem natürlichen Niveau abweicht, falls das Preisniveau von seinem erwarteten Niveau abweicht. Der Parameter α gibt an, in welchem Maß der Output auf Veränderungen des Preisniveaus reagiert; der Kehrwert $1/\alpha$ ist die Steigung der Gesamtangebotskurve.

Jedes der vier Modelle gibt eine andere Erklärung für das Zustandekommen der obigen Gleichung. Mit anderen Worten hebt jedes Modell also einen bestimmten Grund dafür hervor, daß unerwartete Preisbewegungen mit Schwankungen der gesamtwirtschaftlichen Produktion verbunden sind.

Das Modell der Lohnstarrheit

Viele Ökonomen weisen auf das träge Verhalten der Nominallöhne hin, um die kurzfristige Angebotskurve zu erklären. In vielen Industriezweigen, insbesondere in solchen mit einem hohen gewerkschaftlichen Organisationsgrad, werden die Löhne über Tarifverträge oder ähnliche Kontrakte im vorhinein festgelegt. Kommt es dann zu Veränderungen der wirtschaftlichen Situation, können sich die Löhne nicht schnell genug anpassen. Selbst in Bereichen, in denen es keine formalen Lohnvereinbarungen gibt, können implizite Vereinbarungen zwischen Arbeitnehmern und Unternehmen die Flexibilität der Löhne begrenzen. Es kann auch sein, daß die Lohnbildung durch soziale Normen und Gerechtigkeitsüberlegungen beeinflußt wird, die sich nur langsam weiterentwickeln. Aus diesen und anderen Gründen ziehen viele Ökonomen den Schluß, daß kurzfristig Nominallohnträgheiten bzw. Nominallohnstarrheiten auftreten.

Das **Modell der Lohnstarrheiten** zeigt die Implikationen von Nominallohnträgheiten für das Gesamtangebot. Im Vorgriff auf das Modell wollen wir überlegen, was mit der Produktionsmenge geschieht, wenn sich das Preisniveau erhöht:

1. Wenn der Nominallohn starr ist, führt ein höheres Preisniveau zu geringeren Reallöhnen und verbilligt damit den Arbeitseinsatz.
2. Der geringere Reallohn hat eine Erhöhung der Beschäftigung zur Folge.
3. Die höhere Beschäftigung führt zu einer Vergrößerung der Produktion.

Diese positive Beziehung zwischen Preisniveau und Output bedeutet, daß die Gesamtangebotskurve aufwärts geneigt ist, solange sich der Nominallohn nicht anpassen kann.

Um diese Sicht der Gesamtangebotskurve etwas formaler zu fassen, wollen wir annehmen, daß Arbeitnehmer und Arbeitgeber über den nominalen Lohnsatz verhandeln und zu einem Abschluß gelangen, bevor sie das Preisniveau kennen, das während der Laufzeit des Kontraktes tatsächlich gilt. Die an den Verhandlungen beteiligten Parteien – Arbeitnehmer und Arbeitgeber – haben einen bestimmten Reallohn als Ziel vor

Augen. Dieses Ziel kann der Reallohn sein, bei dem Arbeitsangebot und Arbeitsnachfrage übereinstimmen. Wahrscheinlicher ist es jedoch, daß der angestrebte Reallohn auch von den verschiedenen Faktoren abhängt, die den Reallohn oberhalb des Gleichgewichtsniveaus halten, und über die wir in Kapitel 5 gesprochen haben, also beispielsweise gewerkschaftliche Macht, Effizienzlohnüberlegungen usw.

Die beiden Parteien legen den Nominallohnsatz W aufgrund dieses angestrebten Reallohnsatzes ω und aufgrund ihrer Preiserwartungen P^e fest. Der Nominallohn, der vereinbart wird, ist

$$W = \omega \times P^e$$

$$\text{Nominallohn} = \text{Angestrebter Reallohn} \times \text{Erwartetes Preisniveau}$$

Nachdem der Nominallohn festgelegt wurde, aber bevor die Arbeitskräfte eingestellt werden, erfahren die Unternehmen das tatsächliche Preisniveau P. Es zeigt sich, daß der tatsächliche Reallohn

$$W/P = \omega \times (P^e/P)$$

$$\text{Reallohn} = \text{Angestrebter Reallohn} \times \frac{\text{Erwartetes Preisniveau}}{\text{Tatsächliches Preisniveau}}$$

beträgt. Diese Gleichung zeigt, daß der Reallohn dann vom Zielniveau abweicht, wenn sich das tatsächliche vom erwarteten Preisniveau unterscheidet. Liegt das tatsächliche Preisniveau über dem erwarteten, ist der Reallohn kleiner als angestrebt; liegt das tatsächliche Preisniveau unter dem erwarteten, ist der Reallohn größer als angestrebt.

Das Modell wird durch die Annahme geschlossen, daß die Beschäftigungshöhe nicht von vornherein in den Verhandlungen zwischen Arbeitnehmern und Unternehmen bestimmt wird, sondern daß die nachgefragte Arbeitsmenge die Beschäftigung bestimmt. Es wird also angenommen, daß die Arbeitnehmer bereit sind, zum festgelegten Lohnsatz soviel Arbeit zur Verfügung stellen, wie die Unternehmen nachfragen. Die Beschäftigungsentscheidung der Unternehmen wird durch die Arbeitsnachfragefunktion

$$L^d = L^d(W/P)$$

beschrieben. Je niedriger der Reallohn, desto größer ist also die Beschäftigung (vgl. Abbildung 11-1A). Der Output wird durch die Produktionsfunktion

Kapitel 11   Gesamtwirtschaftliches Angebot

$$Y = F(L)$$

bestimmt, die zeigt, daß mit zunehmender Beschäftigung die Produktion steigt (vgl. Abbildung 11-1B). Teil C von Abbildung 11-1 zeigt die sich ergebende Gesamtangebotskurve.

A. Arbeitsnachfrage

B. Produktionsfunktion

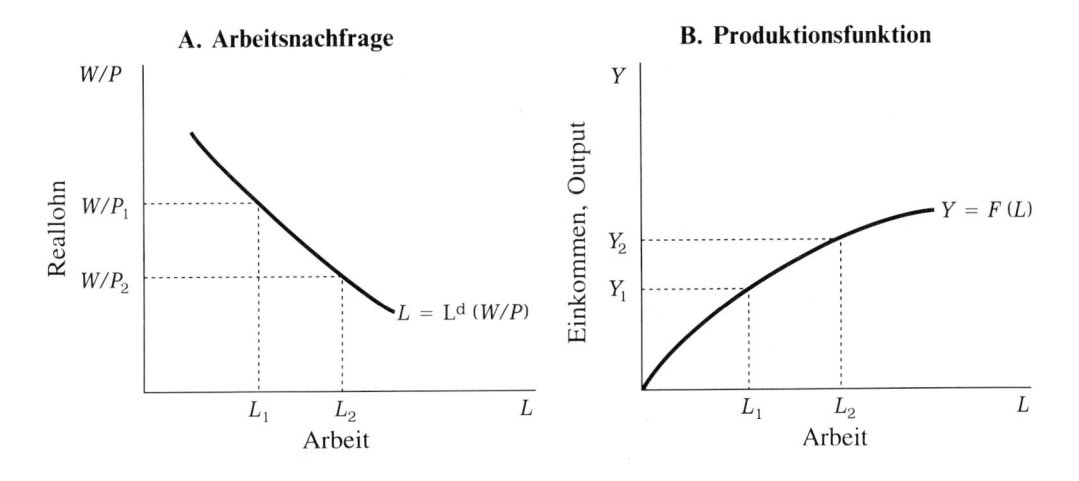

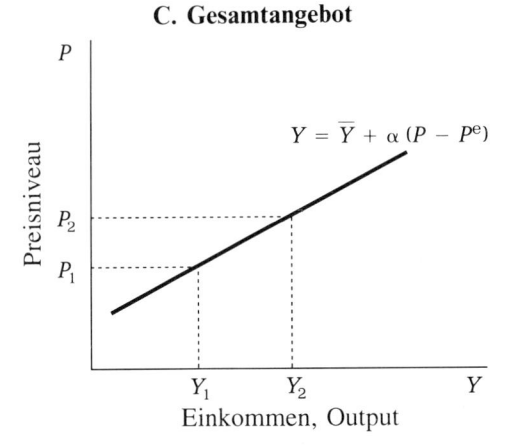

C. Gesamtangebot

Abbildung 11-1: **Das Modell der Lohnstarrheit.** In Teil A wird die Arbeitsnachfragekurve gezeigt. Weil der Nominallohn W starr ist, vermindert eine Zunahme des Preisniveaus von P_1 auf P_2 den Reallohn von W/P_1 auf W/P_2. Der gesunkene Reallohn erhöht die Arbeitsnachfrage von L_1 auf L_2. Teil B stellt die Produktionsfunktion dar. Eine Zunahme der beschäftigten Arbeitsmenge von L_1 auf L_2 erhöht die produzierte Outputmenge Y_1 auf Y_2. Teil C zeigt die Gesamtangebotskurve, die diesen Zusammenhang zwischen Preisniveau und Produktion zusammenfaßt. Eine Zunahme des Preisniveaus von P_1 auf P_2 erhöht die Outputmenge von Y_1 auf Y_2.

Dem Lohnträgheits-Modell zufolge verursachen unerwartete Preisänderungen also Abweichungen des tatsächlichen Reallohns vom angestrebten Reallohn. Diese Abweichungen beeinflussen ihrerseits die Höhe von Beschäftigung und Produktion. Die Gesamtangebotskurve kann als

$$Y = \bar{Y} + \alpha(P - P^e)$$

geschrieben werden. Der Output weicht von seinem natürlichen Niveau ab, falls das tatsächliche Preisniveau vom erwarteten abweicht.[1]

Das Arbeitnehmer-Fehleinschätzungs-Modell

Das nächste Modell der kurzfristigen Gesamtangebotskurve hebt genau wie das Lohnstarrheiten-Modell den Arbeitsmarkt hervor. Im Gegensatz zum Modell der Lohnstarrheit nimmt das Arbeitnehmer-Fehleinschätzungs-Modell an, daß der Lohnsatz frei variieren kann, um Arbeitsangebot und Arbeitsnachfrage ins Gleichgewicht zu bringen. Seine zentrale Annahme besteht darin, daß die Arbeitnehmer vorübergehend realen und nominalen Lohnsatz verwechseln.

Die beiden Komponenten des Arbeitnehmer-Fehleinschätzungs-Modells sind Arbeitsangebot und Arbeitsnachfrage. Wie zuvor hängt die Nachfrage nach Arbeit vom Reallohnsatz ab:

$$L^d = L^d(W/P).$$

Neu wird folgende Arbeitsangebotskurve eingeführt:

$$L^s = L^s(W/P^e).$$

Diese Gleichung besagt, daß die angebotene Menge an Arbeit vom durch die Arbeitnehmer erwarteten Reallohn abhängt. Die Arbeitnehmer kennen ihren Nominallohn W, nicht aber das allgemeine Preisniveau P. Wenn sie darüber entscheiden, wieviel Arbeit sie anbieten wollen, beziehen sie den erwarteten Reallohn in ihre Überlegungen ein. Dieser

---

[1] Für weitere Informationen zum Lohnstarrheiten-Modell vgl. Jo Anna Gray, "Wage Indexation: A Macroeconomic Approach", Journal of Monetary Economics 2 (April 1976): 221-235; Stanley Fischer, "Long-term Contracts, Rational Expectations, and the Optimal Money Supply Rule", Journal of Political Economy 85 (Februar 1977): 191-205.

ergibt sich aus dem Quotienten von Nominallohn W und erwartetem Preisniveau P^e. Der erwartete Reallohn läßt sich schreiben als

$$\frac{W}{P^e} = \frac{W}{P} \times \frac{P}{P^e}$$

und ist das Produkt aus tatsächlichem Reallohn (W/P) und der Fehleinschätzung des Preisniveaus durch die Arbeitnehmer (P/P^e). Man kann nun diesen Ausdruck für W/P^e einsetzen und das Arbeitsangebot als

$$L^s = L^s \left(\frac{W}{P} \times \frac{P}{P^e} \right)$$

schreiben. Die angebotene Arbeitsmenge hängt somit vom Reallohn und der Fehleinschätzung des Preisniveaus ab.

Um die Implikationen dieses Modells für das Gesamtangebot zu verstehen, soll das in Abbildung 11-2 gezeigte Arbeitsmarkgleichgewicht betrachtet werden. Wie üblich verläuft die Arbeitsnachfragekurve abwärts und die Arbeitsangebotskurve aufwärts. Der Reallohn paßt sich so an, daß Arbeitsangebot und Arbeitsnachfrage ins Gleichgewicht kommen. Man beachte, daß die Arbeitsangebotskurve und damit auch das Arbeitsmarktgleichgewicht von der Fehleinschätzung der Arbeitnehmer P/P^e abhängen.

Es sollen nun zwei Möglichkeiten in Betracht gezogen werden, die auftreten können, wenn sich das Preisniveau verändert. Zuerst sei angenommen, daß sich das Preisniveau P erhöht und daß diese Erhöhung von den Arbeitnehmern auch erwartet wurde. In diesem Fall steigt P^e proportional mit P, und weder Arbeitsangebot noch Arbeitsnachfrage verändern sich. Reallohn und Beschäftigung bleiben auf dem Niveau, auf dem sie waren. Der Nominallohn steigt im gleichen Ausmaß wie das Preisniveau.

Nun sei angenommen, daß das Preisniveau steigt, die Arbeitnehmer dies aber nicht erwartet haben und auch nicht wahrnehmen. In diesem Fall bleibt P^e unverändert. Bei jedem gegebenen Reallohnsatz sind die Arbeitnehmer nun bereit mehr Arbeit anzubieten, weil sie glauben, daß der Reallohn höher sei, als er tatsächlich ist. Die Zunahme von P/P^e verschiebt die Arbeitsangebotskurve nach rechts, so wie es in Abbildung 11-3 dargestellt wird. Die Rechtsverschiebung der Arbeitsangebotskurve senkt den Reallohn und erhöht die Beschäftigung. Letztlich lassen sich die Arbeitnehmer durch die Nominallohnerhöhung täuschen und zu dem Schluß verleiten, ihr Reallohn sei gestiegen. Daraufhin dehnen sie ihr Arbeitsangebot aus. In Wirklichkeit ist der Nominallohn aber um weniger als das Preisniveau gestiegen. Im Unterschied zu den Arbeitnehmern, so wird angenommen, sind die Unternehmen besser informiert. Sie erkennen sofort den Rückgang der Reallöhne, stellen mehr Arbeitnehmer ein und dehnen die Produktion aus.

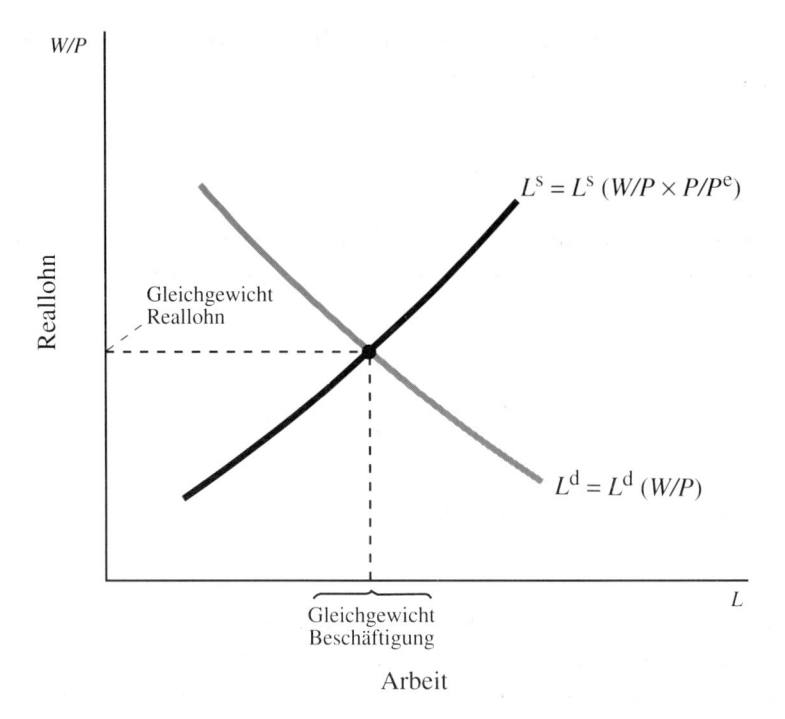

Abbildung 11-2: **Das Arbeitnehmer-Fehleinschätzungs-Modell: Gleichgewicht auf dem Arbeitsmarkt.** Im Arbeitnehmer-Fehleinschätzungs-Modell wird der Arbeitsmarkt geräumt, so daß die Beschäftigungsmenge durch den Schnittpunkt von Arbeitsangebots- und Arbeitsnachfragekurve bestimmt wird. Es ist zu beachten, daß die Arbeitsangebotskurve von der Preisniveau-Fehleinschätzung der Arbeitnehmer abhängt.

Zusammenfassend kann man als Kernaussage des Arbeitnehmer-Fehleinschätzungs-Modells festhalten, daß eine Abweichung des tatsächlichen vom erwarteten Preisniveau die Arbeitnehmer veranlaßt, ihr Arbeitsangebot zu ändern. Das Modell führt zu einer Gesamtangebotskurve, die die gleiche Form hat wie im Lohnstarrheiten-Modell:

$$Y = \bar{Y} + \alpha(P - P^e).$$

Der Output weicht von seinem natürlichen Niveau ab, wenn das tatsächliche Preisniveau vom erwarteten abweicht.[2]

---

[2] Das hier dargestellte Arbeitnehmer-Fehleinschätzungs-Modell geht auf einen klassischen Artikel von Milton Friedman zurück:"The Role of Monetary Policy", American Economic Review 68 (März 1968): 1-17.

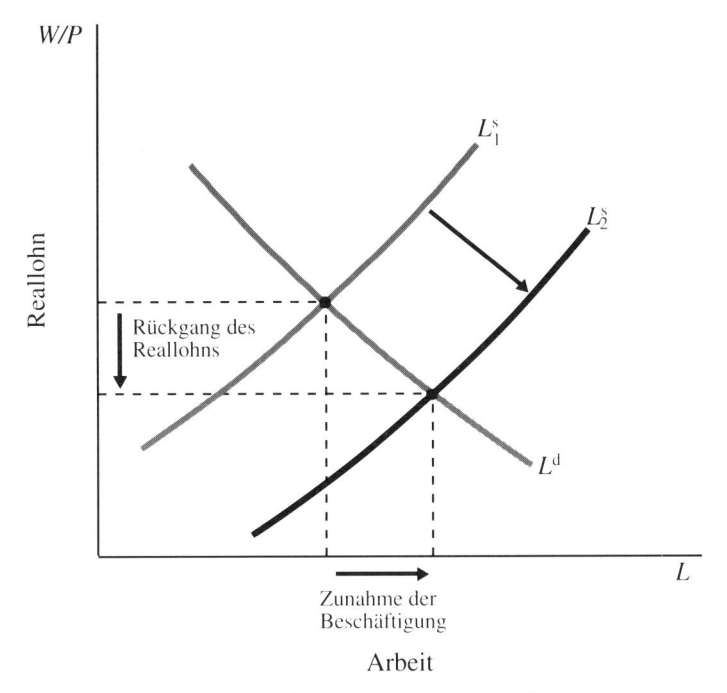

Abbildung 11-3: **Das Arbeitnehmer-Fehleinschätzungs-Modell: Eine unerwartete Zunahme des Preisniveaus.** Falls das Preisniveau unerwartet zunimmt, sind die Arbeitnehmer bei jedem gegebenen Reallohn bereit, mehr Arbeit anzubieten, weil sie glauben, daß der Reallohnsatz höher sei, als er tatsächlich ist. Das gleichgewichtige Beschäftigungsvolumen steigt daher.

Fallstudie 11-1: Das zyklische Verhalten des Reallohnsatzes

In jedem Modell mit einer festen Arbeitsnachfragekurve, so wie in den beiden Ansätzen, die wir gerade diskutiert haben, steigt die Beschäftigung, wenn der Reallohn sinkt. Im Lohnstarrheiten-Modell und im Arbeitnehmer-Fehleinschätzungs-Modell vermindert ein unerwarteter Anstieg des Preisniveaus den Reallohn und erhöht dadurch Beschäftigung und Produktion. Folglich sollte sich der Reallohn *antizyklisch* verhalten: er sollte genau entgegengesetzt zu Produktion und Beschäftigung schwanken. Keynes selbst schrieb in der *General Theory*, daß „an increase in employment can only occur to the accompaniment of a decline in the rate of real wages."

Der früheste Angriff auf die *General Theory* kam von Ökonomen, die zeigten, daß der Reallohn nicht so schwankt, wie Keynes es vorausgesagt hatte. Abbildung 11-4 ist ein Streudiagramm, das die prozentuale Veränderung der realen Entlohnung (Stundenlöhne) und die prozentuale Veränderung des realen BSP für die

Vereinigten Staaten seit 1953 zeigt. Wäre Keynes' Behauptung richtig, dann müßte in dieser Abbildung eine negative Beziehung erkennbar sein. Man sieht aber, daß es nur einen schwachen Zusammenhang zwischen Reallohn und Output gibt. Falls der Reallohn überhaupt zyklisch ist, dann ist er eher schwach *prozyklisch*: Reallöhne steigen tendenziell dann, wenn die Produktion steigt.

Diese Abbildung läßt vermuten, daß das geringe Niveau von Beschäftigung und Produktion, das in der Rezession zu beobachten ist, nicht durch überdurchschnittlich hohe Arbeitskosten erklärt werden kann. Diese Beobachtung führt viele Ökonomen zu der Überzeugung, daß Lohnstarrheiten- und Arbeitnehmer-Fehleinschätzungs-Modelle aus sich heraus keine vollständige Erklärung des Gesamtangebots liefern können.

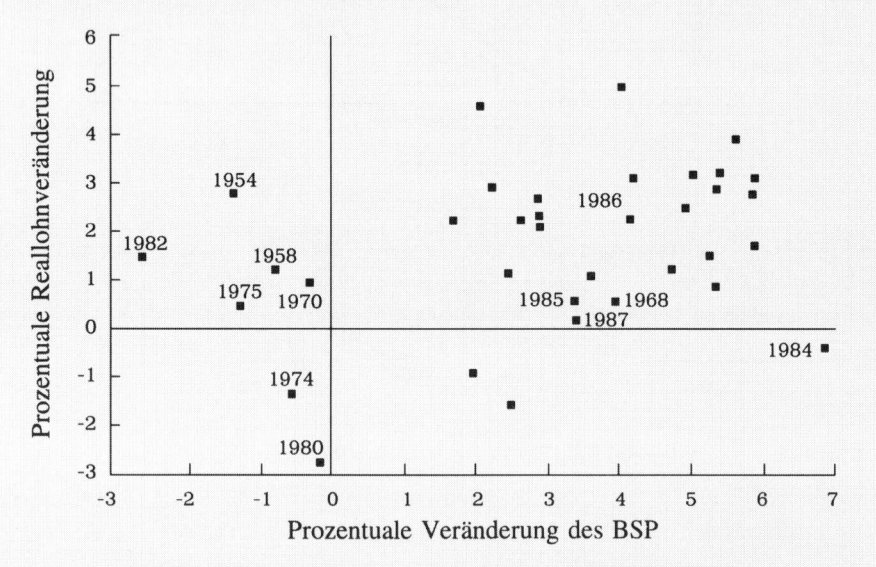

Abbildung 11-4: **Das zyklische Verhalten des Reallohnsatzes.** Diese Abbildung ist ein Streudiagramm, das die prozentuale Veränderung des realen BSP und die prozentuale Veränderung des Reallohns (reale Entlohnung pro Stunde) zeigt. Es macht deutlich, daß sich bei Schwankungen der Produktion der Reallohn tendenziell in dieselbe Richtung bewegt. Der Reallohn ist also schwach prozyklisch. Diese Beobachtung läßt sich nicht mit den Aussagen des Lohnstarrheiten-Modells und des Arbeitnehmer-Fehleinschätzungs-Modells in Einklang bringen.
Quelle: U.S. Department of Commerce, U.S. Department of Labor.

Eine eindeutige Beurteilung der Situation ist jedoch nicht möglich. Einige Ökonomen vertreten die Auffassung, daß die statistischen Maße des Reallohns in die Irre führen, weil hier mit Durchschnitten über eine Vielzahl von Arbeitnehmern gerechnet wird, die sehr unterschiedliche Reallöhne erhalten. Die Zusammensetzung des beschäftigten Arbeitsvolumens kann sich im Verlauf eines Konjunkturzyklus in einer Weise ändern, daß der durchschnittliche Reallohn verzerrt wird. Werden beispielsweise überproportional viele hochbezahlte Arbeitskräfte in einer Rezession entlassen, dann kann der durchschnittliche Reallohn sinken, selbst wenn die individuellen Reallöhne steigen. Die Möglichkeit, daß sich Arbeitnehmer antizyklischen Reallöhnen gegenübersehen, so wie es das Lohnstarrheiten-Modell und das Arbeitnehmer-Fehleinschätzungs-Modell voraussagen, läßt sich daher nicht ganz ausschließen.[3]

Das Modell unvollkommener Informationen

Im dritten Modell des Gesamtangebots, dem Modell **unvollkommener Informationen**, wird wie im Arbeitnehmer-Fehleinschätzungs-Modell davon ausgegangen, daß alle Märkte geräumt werden und daß kurz- und langfristige Angebotskurve sich voneinander unterscheiden, weil es zu kurzfristigen Fehlbeurteilungen der Preise kommt. Im Unterschied zum Arbeitnehmer-Fehleinschätzungs-Modell wird jedoch nicht angenommen, daß die Unternehmen besser informiert sind als ihre Beschäftigten. In seiner einfachsten Form unterscheidet das Modell unvollkommener Informationen überhaupt nicht zwischen Beschäftigten und Unternehmen.

Das Modell unvollkommener Informationen basiert auf der Annahme, daß jeder Anbieter in der betrachteten Wirtschaft ein einzelnes Gut produziert, aber viele verschiedene Güter konsumiert. Weil es in dieser Wirtschaft eine sehr große Anzahl verschiedener Güter gibt, können die Anbieter nicht zu jedem Zeitpunkt alle Preise kennen. Die Wirtschaftssubjekte beobachten genau die Preise der Güter, die sie produzieren, sie beobachten aber weniger genau die Preise der Güter, die sie konsumieren. Sie sind also über die in der Wirtschaft herrschenden Preise nur unvollkommen informiert. Diese Informationsunvollkommenheit führt dazu, daß die Wirtschaftssubjekte manchmal Veränderungen des allgemeinen Preisniveaus mit Veränderungen von relativen Preisen verwechseln. Diese Verwechslung beeinflußt die Entscheidungen über die Angebotshöhe und hat eine kurzfristige Abhängigkeit der Produktion vom Preisniveau zur Folge.

---

3 Für einige neuere Arbeiten auf diesem Gebiet vgl. Patrick T. Geary und John Kennan, "The Employment-Real Wage Relationship: An International Study", Journal of Political Economy 90 (August 1982): 854-871; Mark J. Bils, "Real Wages over the Business Cycle: Evidence from Panel Data", Journal of Political Economy 93 (1985): 666-689; Scott Sumner und Stephen Silver, "Real Wages, Employment, and the Phillips Curve", Journal of Political Economy 97 (Juni 1989): 706-720.

Um diese Aussage besser zu verstehen, wollen wir die Entscheidungssituation eines einzelnen Anbieters betrachten, beispielsweise die eines Getreidebauern. Weil dieser Bauer sein Einkommen aus dem Verkauf von Getreide bezieht und es zum Kauf anderer Güter verwendet, hängt die Menge Getreide, die er produzieren will, von dem Verhältnis des Getreidepreises zu den Preisen der anderen Güter der betreffenden Wirtschaft ab. Ist der relative Preis des Getreides hoch, wird der Bauer seinen Arbeitseinsatz ausdehnen und viel Getreide produzieren, weil sich die zusätzliche Anstrengung lohnt. Ist der relative Preis des Getreides dagegen niedrig, wird der Bauer ein höheres Maß an Freizeit bevorzugen und weniger produzieren.

Zu dem Zeitpunkt, zu dem der Getreidebauer seine Entscheidung trifft, kennt er jedoch den relativen Preis des Getreides nicht. Als Getreideerzeuger beobachtet er genau den Getreidepreis und kennt daher dessen nominalen Wert. Er kennt jedoch nicht die Preise aller anderen Güter der betrachteten Wirtschaft. Es bleibt ihm daher nichts anderes übrig, als den relativen Preis des Getreides zu schätzen. Bei dieser Schätzung verwendet er den ihm bekannten nominalen Preis und seine Erwartungen bezüglich des Preisniveaus.

Wie wird der Bauer reagieren, falls alle Preise in der Wirtschaft, einschließlich des Getreidepreises, steigen? Eine Möglichkeit besteht darin, daß der Bauer die Preisveränderungen erwartet hat. In diesem Fall wird der Bauer seine Schätzung des relativen Preises nicht revidieren, wenn er eine Erhöhung des Getreidepreises beobachtet. Er wird seinen Arbeitseinsatz nicht ausdehnen.

Die andere Möglichkeit ist die, daß der Bauer die Erhöhung des allgemeinen Preisniveaus nicht (oder nicht in diesem Ausmaß) erwartet hat. Stellt der Bauer jetzt eine Erhöhung des Getreidepreises fest, ist er unsicher, ob auch die anderen Preise gestiegen sind (dann bleibt der relative Getreidepreis unverändert) oder ob nur der Getreidepreis gestiegen ist (dann hat sich der relative Preis des Getreides erhöht). Die rationale Schlußfolgerung des Bauern – d.h. sein bester Rateversuch – lautet, daß die Wahrheit irgendwo zwischen diesen beiden Extremen liegt. Er schließt also aus dem Anstieg des nominalen Getreidepreises, daß sich auch der relative Preis des Getreides etwas erhöht hat. Er dehnt deshalb seinen Arbeitseinsatz aus und produziert mehr.

Der von uns betrachtete Bauer ist nicht das einzige Wirtschaftssubjekt. Wenn das allgemeine Preisniveau überraschend steigt, dann beobachten auch alle anderen Anbieter der betreffenden Wirtschaft einen Anstieg der Preise für die Güter, die sie produzieren. Sie schließen ebenfalls – rational, aber falsch –, daß die relativen Preise ihrer Güter gestiegen seien. Sie dehnen ihren Arbeitseinsatz ebenfalls aus und produzieren mehr.

Wir wollen die bisherigen Überlegungen zusammenfassen. Das Modell unvollkommener Informationen besagt: Übersteigen die tatsächlichen Preise die erwarteten, dann folgern die Anbieter, daß die relativen Preise ihrer Produkte gestiegen seien. Dies veranläßt sie zur Ausdehnung von Arbeitseinsatz und Produktion. Das Modell impliziert daher wieder die mittlerweile schon vertraute Gesamtangebotskurve

$$Y = \bar{Y} + \alpha(P - P^e).$$

Der Output weicht von seinem natürlichen Niveau ab, falls das tatsächliche Preisniveau vom erwarteten abweicht.[4]

Das Preisstarrheiten-Modell

Das vierte und letzte hier zu betrachtende Modell, **das Preisstarrheiten-Modell**, basiert auf der Annahme, daß Unternehmen als Reaktion auf Nachfrageveränderungen die Preise nicht sofort anpassen. In manchen Fällen werden die Preise durch langfristige Kontrakte zwischen Unternehmen und Konsumenten festgelegt. Selbst ohne formale Abmachungen werden Unternehmen in manchen Fällen ihre Preise für einen längeren Zeitraum mehr oder weniger konstant halten, um ihre Stammkunden nicht durch häufige Preisveränderungen zu verärgern. Einige Preise weisen aufgrund bestimmter Marktstrukturen Trägheiten auf: Hat ein Unternehmen einmal seine Preislisten gedruckt und seine Kataloge verteilt, dann verursachen nachträgliche Preisänderungen Kosten.

Um zu verstehen, was Preisträgheiten für das Gesamtangebot bedeuten, müssen wir uns zunächst mit der mikroökonomischen Preisbildungsentscheidung eines einzelnen Unternehmens befassen. Danach können wir die Einzelentscheidungen vieler Unternehmen aggregieren und so zur Gesamtangebotskurve gelangen.

Ausgangspunkt der Überlegungen soll ein einzelnes Unternehmen sein, das über eine gewisse Marktmacht verfügt und daher seinen Preis beeinflussen kann. Der von diesem Unternehmen angestrebte Preis p hängt von zwei makroökonomischen Variablen ab:

- Das allgemeine Preisniveau P. Ein höheres Preisniveau bedeutet für das Unternehmen höhere Kosten. Je höher das Preisniveau ist, um so höher wird also der Preis sein, den das Unternehmen für sein Produkt verlangen möchte.

- Das Niveau des Gesamteinkommens Y. Ein höheres Niveau des Gesamteinkommens erhöht die Nachfrage nach dem Produkt des Unternehmens. Weil die Grenzkosten

---

4 Für mehr Details über das Modell unvollkommener Informationen vgl. Robert E. Lucas, Jr. "Understanding Business Cycles", Stabilization of the Domestic and International Economy, vol. 5 of Carnegie-Rochester Conference on Public Policy (Amsterdam, 1977); wiederabgedruckt in Robert E. Lucas, Jr., Studies in Business Cycle Theory (Cambridge, Mass., 1981).

mit steigender Produktion zunehmen, wird der angestrebte Preis um so höher sein, je größer die Nachfrage ist.

Der angestrebte Preis des Unternehmens läßt sich daher durch folgende Beziehung wiedergeben:

$$p = P + a(Y - \bar{Y}), \quad a > 0.$$

Diese Gleichung besagt, daß der angestrebte Preis p vom allgemeinen Preisniveau P und vom Verhältnis des tatsächlichen Produktionsniveaus zum natürlichen Produktionsniveau $Y - \bar{Y}$ abhängt.[5]

Es sei nun angenommen, daß es zwei Arten von Unternehmen gibt. Einige Unternehmen haben flexible Preise: sie bilden ihre Preise immer entsprechend der obigen Gleichung. Andere Unternehmen haben starre Preise: sie bilden ihre Preise aufgrund ihrer Erwartungen hinsichtlich der wirtschaftlichen Entwicklung und geben sie im vorhinein bekannt. Die Preise, die sie setzen, ergeben sich aus:

$$p = P^e + a(Y^e - \bar{Y}^e).$$

Hierin bedeutet das hochgestellte „e" wie bisher, daß es sich um den Erwartungswert einer Variablen handelt. Diese Unternehmen gehen davon aus, so wollen wir zur Vereinfachung annehmen, daß der Output seinem natürlichen Niveau entspricht und der letzte Term der Gleichung daher null ist. Sie setzen dann folgenden Preis:

$$p = P^e.$$

Diese Gruppe von Unternehmen orientiert ihre Preise also an ihrer Erwartung des Preises, der von allen Unternehmen im Durchschnitt verlangt wird.

Die Preissetzungsregeln beider Gruppen können verwendet werden, um die Gesamtangebotskurve abzuleiten. Dazu berechnen wir das allgemeine Preisniveau, das sich als gewichtetes Mittel aus den Preisen der beiden betrachteten Gruppen ergibt. Bezeichnet s den Anteil der Unternehmen mit starren Preisen und $(1 - s)$ den Anteil der Unternehmen mit flexiblen Preisen, dann gilt für das allgemeine Preisniveau:

$$P = sP^e + (1 - s)[P + a(Y - \bar{Y})].$$

---

5 *Mathematischer Hinweis*: Interpretiert man p und P als die Logarithmen des Preises des Unternehmens und des Preisniveaus, dann besagt die Gleichung, daß der angestrebte relative Preis von der Abweichung des Outputs von seinem natürlichen Niveau abhängt.

Der erste Ausdruck auf der rechten Seite gibt den Preis der Unternehmen mit starren Preisen wieder, gewichtet mit ihrem Anteil, der zweite Ausdruck gibt den Preis der Unternehmen mit flexiblen Preisen wieder, ebenfalls gewichtet mit ihrem Anteil. Nun wird auf beiden Seiten der Gleichung $(1 - s)P$ abgezogen und es folgt

$$sP = sP^e + (1 - s) a(Y - \bar{Y}).$$

Jetzt wird noch auf beiden Seiten durch s dividiert, so daß sich eine Gleichung für das allgemeine Preisniveau ergibt:

$$P = P^e + [(1 - s) a/s](Y - \bar{Y}).$$

Die beiden Komponenten der rechten Seite dieser Gleichung lassen sich folgendermaßen interpretieren:

- Wenn die Unternehmen ein hohes Preisniveau erwarten, dann rechnen sie mit hohen Kosten. Die Unternehmen, die ihre Preise im vorhinein fixieren, setzen ihre Preise auf einem hohen Niveau fest. Die hohen Preise dieser Unternehmen führen dazu, daß auch die Unternehmen mit flexiblen Preisen hohe Preise verlangen. Ein hohes erwartetes Preisniveau führt folglich zu einem hohen tatsächlichen Preisniveau.

- Wenn die Produktion hoch ist, dann ist auch die Nachfrage nach Gütern groß. Die Unternehmen mit flexiblen Preisen verlangen hohe Preise, was zu einem hohen Preisniveau führt. Der Effekt, den die Produktionshöhe auf das Preisniveau hat, hängt vom Anteil der Unternehmen mit flexiblen Preisen ab.

Zusammenfassend gilt also, daß das allgemeine Preisniveau vom erwarteten Preisniveau und vom Outputniveau abhängt.

Algebraische Umformung bringt diese aggregierte Preisgleichung in eine vertrautere Form:

$$Y = \bar{Y} + \alpha(P - P^e), \quad \alpha = s/[(1 - s)a].$$

Wie die anderen Modelle sagt also auch das Preisstarrheiten-Modell, daß die Abweichung des Outputs von seinem natürlichen Niveau von der Abweichung des tatsächlichen Preisniveaus von seiner erwarteten Höhe abhängt.

Obwohl das Preisstarrheiten-Modell sich auf den Gütermarkt bezieht, wollen wir auch kurz den Arbeitsmarkt in die Betrachtung einbeziehen. Wenn der Preis, den ein

Unternehmen verlangt, kurzfristig starr ist, dann führt eine Verminderung der Gesamtnachfrage zu einem Rückgang der Absatzmenge bei diesem gegebenen Preisniveau. Wegen des Absatzrückgangs wird das Unternehmen auch seine Arbeitsnachfrage vermindern. Schwankungen im Output führen daher zu Verschiebungen der Arbeitsnachfragekurve und nicht zu Bewegungen entlang einer gegebenen Arbeitsnachfragekurve. In diesem Modell kann sich der Reallohn daher prozyklisch entwickeln.[6]

Fallstudie 11-2: Internationale Unterschiede in der Gesamtangebotsfunktion

Ökonomen verwenden die Modelle des Gesamtangebots häufig, um Unterschiede zwischen den kurzfristigen Gesamtangebotskurven im internationalen Vergleich zu prognostizieren. Anschließend werden die entsprechenden Daten analysiert, um die Qualität der Voraussagen zu überprüfen. Zum einen soll damit die Brauchbarkeit der alternativen Modelle abgeschätzt werden, zum anderen sollen mit Hilfe der Modelle die zwischen den einzelnen Volkswirtschaften bestehenden Unterschiede in der konjunkturellen Entwicklung erklärt werden.

Als Robert Lucas in den frühen siebziger Jahren das Modell der unvollkommenen Informationen vorstellte, wies er auf eine einfache Implikation des Modells hin, die sich auf Unterschiede der Gesamtangebotskurve im internationalen Vergleich bezieht. Die Steigung der Gesamtangebotskurve müßte eigentlich von der Variabilität der Gesamtnachfrage abhängig sein. In Ländern, in denen die Gesamtnachfrage stark schwankt, ist auch das gesamtwirtschaftliche Preisniveau starken Schwankungen unterworfen. Weil in diesen Ländern die meisten Preisbewegungen keine Veränderungen der relativen Preise verkörpern, sollten die Anbieter im Zeitverlauf gelernt haben, nicht besonders ausgeprägt auf unerwartete Veränderungen des Preisniveaus zu reagieren. Die Gesamtangebotskurve müßte daher vergleichsweise steil verlaufen (d.h., α müßte klein sein). Umgekehrt müßten in Ländern mit vergleichsweise stabiler Gesamtnachfrage die Anbieter davon ausgehen, daß der größte Teil von Preisvariationen Veränderungen in den relativen Preisen bedeutet. Für diese Länder sollte man daher erwarten, daß die Anbieter deutlich auf unerwartete Preisveränderungen reagieren. Die Gesamtangebotskurve müßte dann relativ flach verlaufen (α ist groß).

---

6 Für eine präzisere Entwicklung des Lohnstarrheiten-Modells vgl. Julio Rotemberg, "Monopolistic Price Adjustment and Aggregate Output", Review of Economic Studies 49 (1982): 517-531, Laurence Ball, N. Gregory Mankiw, and David Romer, "The New Keynesian Economics and the Output-Inflation-Tradeoff", Brookings Papers on Economic Activity Nr. 1 (1988): 1-65.

Lucas überprüfte die Voraussagen seines Modells anhand internationaler Output- und Preisdaten. Er fand heraus, daß Veränderungen der Gesamtnachfrage die stärkste Wirkung auf die Höhe der Produktion in den Ländern entfalten, in denen die Gesamtnachfrage und die Preise am stabilsten sind. Lucas folgerte, daß die Beobachtungen sein Modell der unvollkommenen Informationen unterstützen.[7]

Das Preisstarrheiten-Modell macht ebenfalls Voraussagen über die Steigung der kurzfristigen Gesamtangebotskurve. Falls die nur von Zeit zu Zeit vorgenommenen Preisanpassungen den Schlüssel zur Erklärung der kurzfristigen Angebotskurve darstellen, dann müßte die durchschnittliche Inflationsrate die Steigung dieser Kurve beeinflussen. Je höher die durchschnittliche Inflationsrate, desto häufiger werden die Unternehmen ihre einzelnen Preise anpassen, um mit dem steigenden allgemeinen Preisniveau Schritt zu halten. Häufigere Preisanpassungen führen ihrerseits dazu, daß die Preise insgesamt schneller auf Störungen der Gesamtnachfrage reagieren. Folglich sollte eine hohe Inflationsrate zu einer steileren kurzfristigen Gesamtangebotskurve führen.

Der Vergleich zwischen verschiedenen Ländern stützt diese Implikation des Preisstarrheiten-Modells. In Ländern mit einer niedrigen durchschnittlichen Inflationsrate verläuft die Gesamtangebotskurve relativ flach: Schwankungen der Gesamtnachfrage weisen eine starke Wirkung auf die Höhe der Produktion aus und werden nur langsam in Preisveränderungen sichtbar. Länder mit einer hohen durchschnittlichen Inflationsrate sind durch eine steil verlaufende kurzfristige Gesamtangebotskurve gekennzeichnet. Schwankungen ihrer Gesamtnachfrage haben nur geringe Outputwirkungen, weil die Preis schnell reagieren. Offenbar führen hohe Inflationsraten zur Aushöhlung der Ursachen von Preisträgheiten.[8]

Auf einen weiteren Punkt ist in diesem Zusammenhang hinzuweisen. Das Preisstarrheiten-Modell liefert eine alternative Interpretation der Beobachtung von Lucas, daß Länder mit stark veränderlicher Gesamtnachfrage durch steile Gesamtangebotskurven gekennzeichnet sind. Falls das Preisniveau großen Schwankungen unterworfen ist, werden nur wenige Unternehmen bereit sein, im vorhinein ihre Preise festzusetzen und sich daran auch zu halten (s ist klein). Dann verläuft aber die Gesamtangebotskurve steil (α ist klein).

---

7 Robert E. Lucas, Jr., "Some International Evidence on Output-Inflation Tradeoffs", American Economic Review 63 (Juni 1973): 326-334; wiederabgedruckt in: Robert E. Lucas, Jr., Studies in Business Cycle Theory (Cambridge, Mass., 1981).

8 Laurence Ball, N. Gregory Mankiw und David Romer, "The New Keynesian Economics and the Output-Inflation Tradeoff", Brookings Papers on Economic Activity Nr. 1 (1988): 1-65.

Zusammenfassung und Implikationen

Abbildung 11-5 faßt die vier Modelle des Gesamtangebots und die Marktunvollkommenheiten zusammen, die jeweils verwendet werden, um zu erklären, warum die kurzfristige Gesamtangebotskurve nicht senkrecht verläuft. Die Abbildung gliedert die Modelle nach zwei Merkmalen, durch die sie sich voneinander unterscheiden. Das erste Merkmal ist die Annahme der Markträumung, also ob Löhne und Preise sich frei bewegen und so Angebot und Nachfrage in Übereinstimmung bringen. Das zweite Merkmal ist der Markt – Gütermarkt oder Arbeitsmarkt –, auf dem die Unvollkommenheiten bestehen.

		Marktunvollkommenheit auf dem	
		Arbeitsmarkt	Gütermarkt
Märkte werden geräumt?	Ja	Arbeitnehmer-Fehleinschätzungs-Modell: Die Arbeitnehmer verwechseln Nominallohnveränderungen mit Reallohnveränderungen.	Modell der unvollkommenen Informationen: Die Anbieter verwechseln Veränderungen des Preisniveaus mit Veränderungen der relativen Preise.
	Nein	Lohnstarrheiten-Modell: Die Nominallöhne passen sich nur langsam an.	Preisstarrheiten-Modell: Die Preise für Waren und Dienstleistungen passen sich nur langsam an.

Abbildung 11-5: **Vergleich der Modelle des Gesamtangebots.** Die vier Modelle des Gesamtangebots unterscheiden sich durch zwei Merkmale: ob Märkte geräumt werden oder nicht und ob die zentrale Marktunvollkommenheit auf dem Güter- oder auf dem Arbeitsmarkt besteht.

Man sollte daran denken, daß diese Modelle des Gesamtangebots nicht notwendigerweise miteinander inkompatibel sein müssen. Es ist nicht notwendig, sich für eines der Modelle zu entscheiden und die anderen zurückzuweisen. In der Realität mögen alle vier genannten Marktunvollkommenheiten auftreten und alle vier mögen einen Beitrag zur Erklärung des kurzfristigen Verhaltens des Gesamtangebots leisten.

Obwohl sich die vier Modelle des Gesamtangebots in ihren Annahmen und in ihrer Schwerpunktsetzung unterscheiden, kommen sie in Hinblick auf die Gesamtangebotskurve zu ähnlichen Ergebnissen. Alle vier Modelle können in der Gleichung

$$Y = \bar{Y} + \alpha(P - P^e)$$

Kapitel 11 Gesamtwirtschaftliches Angebot

zusammengefaßt werden. Diese Gleichung, in Abbildung 11-6 dargestellt, setzt Abweichungen des Outputs von seinem natürlichen Niveau mit Abweichungen des tatsächlichen Preisniveaus vom erwarteten Preisniveau in Beziehung. *Liegt das Preisniveau oberhalb des erwarteten Niveaus, ist die Produktion größer als ihr natürliches Niveau. Liegt das Preisniveau unterhalb des erwarteten Niveaus, ist die Produktion kleiner als ihr natürliches Niveau.*

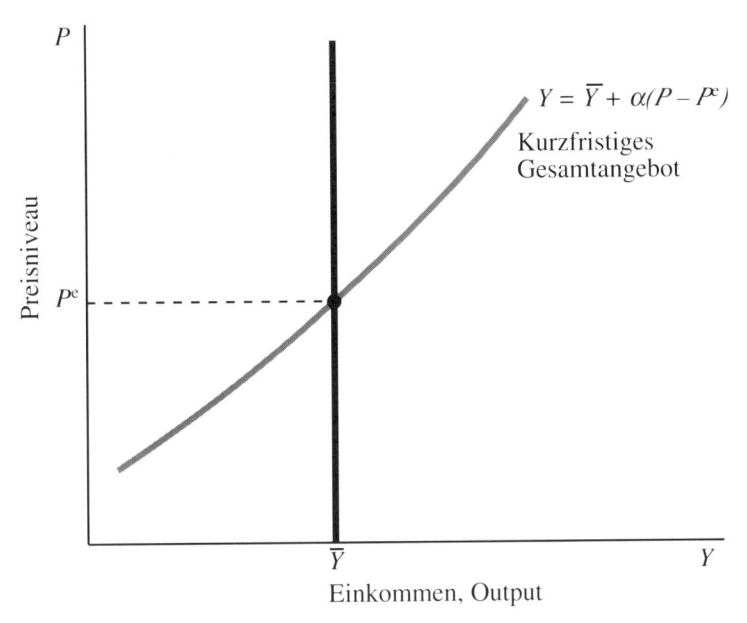

Abbildung 11-6: **Die kurzfristige Angebotskurve.** Der Output weicht von seinem natürlichen Niveau ab, falls sich tatsächliches und erwartetes Preisniveau unterscheiden.

Abbildung 11-7 verwendet diese kurzfristige Angebotsfunktion, um die Reaktion auf eine unerwartete Erhöhung der Gesamtnachfrage zu demonstrieren. Kurzfristig verlagert sich das Gleichgewicht der Wirtschaft von Punkt A nach Punkt B. Die Zunahme der Gesamtnachfrage hat eine Erhöhung des Preisniveaus über das erwartete Niveau hinaus zur Folge. Damit übersteigt auch die Produktion ihr natürliches Niveau. Langfristig steigt das erwartete Preisniveau an, so daß sich die kurzfristige Gesamtangebotskurve nach oben verschiebt. Mit dem Anstieg des erwarteten Preisniveaus verlagert sich das Gleichgewicht der Wirtschaft von Punkt B nach Punkt C. Die Wirtschaft kehrt wieder auf das natürliche Outputniveau zurück, das allerdings mit einem noch höheren Preisniveau verbunden ist.

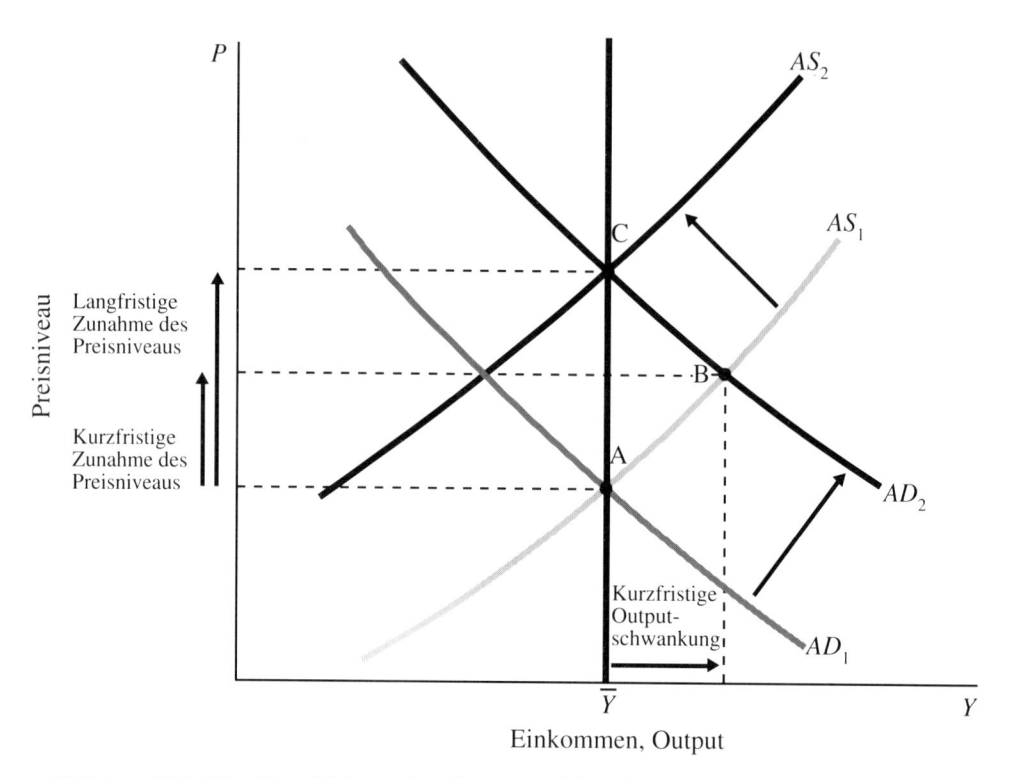

Abbildung 11-7: **Eine Verschiebung der Gesamtnachfragekurve.** Wenn die Gesamtnachfrage unerwartet zunimmt, steigt das Preisniveau über den erwarteten Wert und der Output weicht nach oben von seinem natürlichen Niveau ab. Die Wirtschaft bewegt sich entlang der kurzfristigen Angebotskurve von Punkt A nach Punkt B. Langfristig nimmt das erwartete Preisniveau zu, die kurzfristige Angebotskurve verschiebt sich nach oben und der Output kehrt auf sein natürliches Niveau zurück (Punkt C). Auf diese Weise führen Verschiebungen der Gesamtnachfragekurve zu kurzfristigen Schwankungen der Höhe von Produktion und Beschäftigung.

11.2 Inflation, Arbeitslosigkeit und die Phillips-Kurve

Zwei Ziele der Wirtschaftspolitik sind geringe Inflation und niedrige Arbeitslosigkeit. Wir wollen uns nun mit einer Beziehung zwischen Arbeitslosigkeit und Inflation befassen, die als **Phillips-Kurve** bezeichnet wird. Die Phillips-Kurve stellt einen

Kapitel 11   Gesamtwirtschaftliches Angebot

alternativen Weg dar, das gesamtwirtschaftliche Angebot auszudrücken. Die gerade behandelten Modelle des Gesamtangebots können daher auch so gesehen werden, daß sie die hinter der Phillips-Kurve stehende Theorie liefern. Die Phillips-Kurve ist deswegen hilfreich, weil sie auf einfache Weise erlaubt, den Tradeoff zwischen Inflation und Arbeitslosigkeit zu analysieren, der sich für die Wirtschaftspolitiker, die die Nachfrage steuern, aus der kurzfristigen Gesamtangebotskurve ergibt.

Die Phillips-Kurve geht davon aus, daß die Inflationsrate – also die prozentuale Veränderung des Preisniveaus – von drei Kräften abhängt:

- der erwarteten Inflationsrate,
- der Abweichung der Arbeitslosigkeit von ihrem natürlichen Niveau (sogenannte *zyklische Arbeitslosigkeit*) und
- von Angebotsstörungen (Angebotsschocks).

Diese drei Kräfte werden durch folgende Gleichung ausgedrückt:

$$\pi = \pi^e - \beta(u - u^n) + \varepsilon$$

$$\text{Inflation} = \text{Erwartete Inflation} - (\beta \times \text{Zyklische Arbeitslosigkeit}) + \text{Angebots-schock}.$$

Der Term, der die zyklische Unterbeschäftigung beschreibt, ist mit einem Minuszeichen versehen: hohe Unterbeschäftigung vermindert tendenziell die Inflation.

Vom Gesamtangebot zur Phillips-Kurve

Um zu zeigen, daß Phillips-Kurve und Gesamtangebotskurve letztlich den gleichen Zusammenhang ausdrücken, schreiben wir die gesamtwirtschaftliche Angebotskurve als

$$P = P^e + (1/\alpha)(Y - \bar{Y}).$$

Hieraus läßt sich die Phillips-Kurve in wenigen Schritten ableiten.

Zunächst wird das Preisniveau des vergangenen Jahres (P_{-1}) von beiden Seiten der Gleichung subtrahiert:

$$(P - P_{-1}) = (P^e - P_{-1}) + (1/\alpha)(Y - \bar{Y}).$$

Der Ausdruck auf der linken Seite ist die Differenz zwischen dem aktuellen Preisniveau und dem Preisniveau des vergangenen Jahres, d.h. die Inflationsrate π.[9] Der Ausdruck $P^e - P_{-1}$ auf der rechten Seite ist die Differenz aus dem erwarteten Preisniveau und dem tatsächlichen Preisniveau des vergangenen Jahres, also die erwartete Inflationsrate π^e. Ersetzt man diese Ausdrücke durch die weiter oben eingeführten Symbole, d.h. schreibt man π für $P - P_{-1}$ und π^e für $P^e - P_{-1}$, dann folgt:

$$\pi = \pi^e + (1/\alpha)(Y - \bar{Y}).$$

Für den nächsten Schritt greifen wir auf das in Kapitel 2 eingeführte Okunsche Gesetz zurück, das eine Verbindung zwischen Output und Arbeitslosenquote herstellt. Eine Version des Okunschen Gesetzes besagt, daß die Abweichung des Outputs von seinem natürlichen Niveau in umgekehrter Beziehung zu der Abweichung der Arbeitslosigkeit von ihrem natürlichen Niveau steht. Liegt der Output also über seinem natürlichen Niveau, dann liegt die Arbeitslosenquote unter ihrer natürlichen Quote. Unter Verwendung dieser Aussage kann man den Ausdruck $(1/\alpha)(Y - \bar{Y})$ in der obigen Gleichung durch $-\beta(u - u^n)$ ersetzen. Es folgt:

$$\pi = \pi^e - \beta(u - u^n).$$

Schließlich wird ein Ausdruck für angebotsseitige Störungen berücksichtigt, der exogene Einflüsse auf das Preisniveau erfaßt, also beispielsweise Veränderungen des Ölpreises, Veränderungen des Mindestlohnsatzes oder die Einführung von staatlichen Preiskontrollen. Es folgt:

$$\pi = \pi^e - \beta(u - u^n) + \varepsilon.$$

Damit ist gezeigt, daß man die Phillips-Kurve aus der Gesamtangebotskurve ableiten kann.

Es ist hervorzuheben, daß die Phillips-Kurve die zentrale Eigenschaft der Gesamtangebotskurve beibehält: eine Verbindung zwischen realen und nominalen Variablen, die zum Zusammenbruch der klassischen Dichotomie führt. Genauer gesagt zeigt die Phillips-Kurve den Zusammenhang zwischen realen ökonomischen Aktivitäten und un-

---

9 *Mathematischer Hinweis:* Diese Aussage ist nicht präzise, weil man die Inflationsrate üblicherweise als relative (prozentuale) Veränderung des Preisniveaus definiert. Um die Aussage zu präzisieren, bezeichnen wir mit p das Preisniveau und mit P den Logarithmus des Preisniveaus. Dann entspricht die absolute Veränderung von P ungefähr der Inflationsrate, weil $dP = d(\log p) = dp/p$ gilt.

erwarteten Preisänderungen. *Die Phillips-Kurve ist lediglich ein bequemer Weg, um das Gesamtangebot zu beschreiben und zu analysieren.*

> **Zusatzinformation: Die Geschichte der Phillips-Kurve**
>
> Die Phillips-Kurve ist nach dem britischen Wirtschaftswissenschafter A. W. Phillips benannt. Im Jahre 1958 beobachtete Phillips einen negativen Zusammenhang zwischen Arbeitslosenquote und der Lohnsteigerungsrate.[10] Die Phillips-Kurve, die heute Wirtschaftswissenschafter verwenden, unterscheidet sich von der Beziehung, die Phillips untersuchte in dreierlei Hinsicht.
>
> Erstens wird in der modernen Phillips-Kurve die Lohnsteigerungsrate durch die Preissteigerungsrate ersetzt. Dieser Unterschied ist nicht fundamental, weil Preisinflation und Lohninflation eng miteinander zusammenhängen. In Zeiten, in denen die Löhne schnell steigen, steigen auch die Preise schnell.
>
> Zweitens bezieht die moderne Phillips-Kurve Inflationserwartungen ein. Diese Erweiterung geht auf Milton Friedman und Edmund Phelps zurück. Mit der Entwicklung des Arbeitnehmer-Fehleinschätzungs-Modells in den späten sechziger Jahren, hoben diese beiden Wirtschaftswissenschafter die Bedeutung von Erwartungen für das Gesamtangebot hervor.
>
> Drittens berücksichtigt die moderne Phillips-Kurve Angebotsschocks. Diese Erweiterung verdanken wir der OPEC, der Organisation Erdölexportierender Staaten. In den siebziger Jahren verursachte die OPEC starke Erhöhungen des Welterdölpreises und lenkte damit die Aufmerksamkeit der Wirtschaftswissenschafter auf die Bedeutung von Angebotsschocks.

Erwartungen und Inflationsträgheit

Damit die Phillips-Kurve für die Analyse der Wahlmöglichkeiten genutzt werden kann, denen sich die wirtschaftspolitischen Entscheidungsträger gegenübersehen, müssen wir erklären, wodurch die Inflationserwartungen bestimmt werden. Eine einfache und in vielen Fällen auch plausible Annahme ist diejenige, daß die Menschen ihre Inflationserwartungen auf Grundlage der in der jüngeren Vergangenheit beobachteten Inflation bilden. Beispielsweise kann man davon ausgehen, daß eine Steigerung der Preise um den Prozentsatz erwartet wird, der im vergangenen Jahr auftrat. Dann gilt:

---

10 A. W. Phillips, "The Relationship between Unemployment and the Rate of Change of Money Wages in the United Kingdom, 1861-1957", Economica 25 (November 1958): 283-299.

$$\pi^e = \pi_{-1}.$$

In diesem Fall läßt sich die Phillips-Kurve schreiben als

$$\pi = \pi_{-1} - \beta(u - u^n) + \varepsilon.$$

Die Phillips-Kurve besagt nun, daß die aktuelle Inflationsrate von der Inflation im letzten Jahr, von der zyklischen Arbeitslosigkeit und von einem möglichen Angebotsschock abhängt.

Der erste Ausdruck auf der rechten Seite dieser Darstellung der Phillips-Kurve (π_{-1}) zeigt die Inflationsträgheit. Falls die Arbeitslosigkeit auf ihrem natürlichen Niveau liegt und es zu keinem Angebotsschock kommt, dann steigen die Preise weiterhin mit der Rate, mit der sie in der Vergangenheit gestiegen sind. Zu dieser Trägheit kommt es deswegen, weil die vergangene Inflation die Inflationserwartungen beeinflußt und weil diese Erwartungen die gegenwärtige Lohn- und Preisbildung beeinflussen. Robert Solow erfaßte das Konzept der Inflationsträgheit sehr zutreffend, als er während der hohen Inflation in den siebziger Jahren schrieb: "Warum wird unser Geld immer weniger wert? Vielleicht haben wir einfach deswegen Inflation, weil wir Inflation erwarten, und wir erwarten Inflation, weil wir welche gehabt haben".

In unserem Gesamtangebots-Gesamtnachfrage-Modell läßt sich die Trägheit der Inflation folgendermaßen interpretieren. Wenn die Preise in der Vergangenheit rasch gestiegen sind, dann wird erwartet, daß sie auch weiterhin rasch steigen. Weil die Lage der kurzfristigen Gesamtangebotskurve vom erwarteten Preisniveau abhängt, wird sich die kurzfristige Gesamtangebotskurve im Zeitablauf nach oben verschieben. Sie wird sich solange nach oben verschieben, bis ein wirtschaftlich relevantes Ereignis, wie z.B. eine Rezession oder ein Angebotsschock, die Inflationsrate und damit auch die Inflationserwartungen verändert.

Die zwei Gründe für steigende und sinkende Inflationsraten

Obwohl die Inflationsrate Trägheiten aufweist, kann sie zu- oder abnehmen. Der zweite und der dritte Ausdruck in unserer Darstellung der Phillips-Kurve zeigen die beiden Kräfte, die die Inflationsrate verändern können.

Der zweite Ausdruck, $\beta(u - u^n)$, macht deutlich, daß die zyklische Arbeitslosigkeit – die Abweichung der Arbeitslosigkeit von ihrem natürlichen Niveau – auf die Inflationsrate Druck nach oben oder nach unten ausübt. Liegt die Arbeitslosigkeit unterhalb ihres natürlichen Niveaus, dann nimmt die Inflationsrate tendenziell zu. Diese Komponente der Inflation bezeichnet man als **Nachfrage(sog)inflation** (demand-pull inflation), weil sie auf die hohe Gesamtnachfrage zurückzuführen ist. Liegt die Arbeitslosigkeit oberhalb ihres natürlichen Niveaus, dann nimmt die Inflationsrate tendenziell ab. Der Parameter β ist ein Maß für die Reaktion der Inflation auf die zyklische Unterbeschäftigung.

Der dritte Ausdruck ε zeigt, daß die Inflationsrate auch wegen eines Angebotsschocks steigen oder sinken kann. Ein nachteiliger Angebotsschock, wie etwa die Erhöhung der Weltmarktpreise für Öl in den siebziger Jahren, kommt in einem positiven Wert von ε zum Ausdruck und führt zu einer Zunahme der Inflationsrate. Diese Komponente der Inflation bezeichnet man als **Kosten(druck)inflation** (cost-push inflation), weil ungünstige Angebotsschocks typischerweise die Produktionskosten in die Höhe treiben. Ein günstiger Angebotsschock, so wie die Ölschwemme, die in den achtziger Jahren zu einem Rückgang der Weltmarktpreise für Öl führte, impliziert einen negativen Wert von ε und hat einen Rückgang der Inflationsrate zur Folge.

Fallstudie 11-3: Inflation und Arbeitslosigkeit in den Vereinigten Staaten

Weil Inflation und Arbeitslosigkeit so wichtig sind, werden makroökonomische Entwicklungen oft durch die Brille der Phillips-Kurve gesehen. Abbildung 11-8 zeigt den Verlauf von Inflation und Arbeitslosigkeit in den Vereinigten Staaten seit 1961. In dieser Darstellung läßt sich das Steigen und das Sinken der Inflationsrate über die letzten drei Jahrzehnte verfolgen.

In den sechziger Jahren reduzierte eine expansive Wirtschaftspolitik die Arbeitslosigkeit und erhöhte die Inflationsrate. Die Steuersenkung von 1964 drückte zusammen mit einer expansiven Geldpolitik die Arbeitslosenquote unter 5 Prozent. Die Fortsetzung der wirtschaftlichen Expansion in den späten sechziger Jahren war ein Nebenprodukt der hohen Staatsausgaben im Zusammenhang mit dem Vietnam-Krieg. Die Arbeitslosigkeit ging stärker zurück und die Inflationsrate nahm stärker zu, als die Wirtschaftspolitiker beabsichtigt hatten.

Die siebziger Jahre waren eine Periode des ökonomischen Durcheinanders. Zu Beginn der Dekade versuchten die Wirtschaftspolitiker, die aus den sechziger Jahren geerbte Inflationsrate zu vermindern. Vorübergehende Lohn- und Preiskontrollen sowie eine nachfrageinduzierte Rezession vermochten die Inflationsrate nur geringfügig zu verringern. Die dämpfenden Effekte der Lohn- und Preiskontrollen waren vorbei, als die Kontrollen aufgehoben wurden. Die Rezession war zu schwach, um die inflationären Nachwirkungen des vorangegangenen, großen

Booms neutralisieren zu können. Im Jahr 1972 befand sich die Arbeitslosenquote auf dem gleichen Niveau wie zehn Jahre zuvor, während die Inflationsrate im Vergleich um drei Prozentpunkte höher lag.

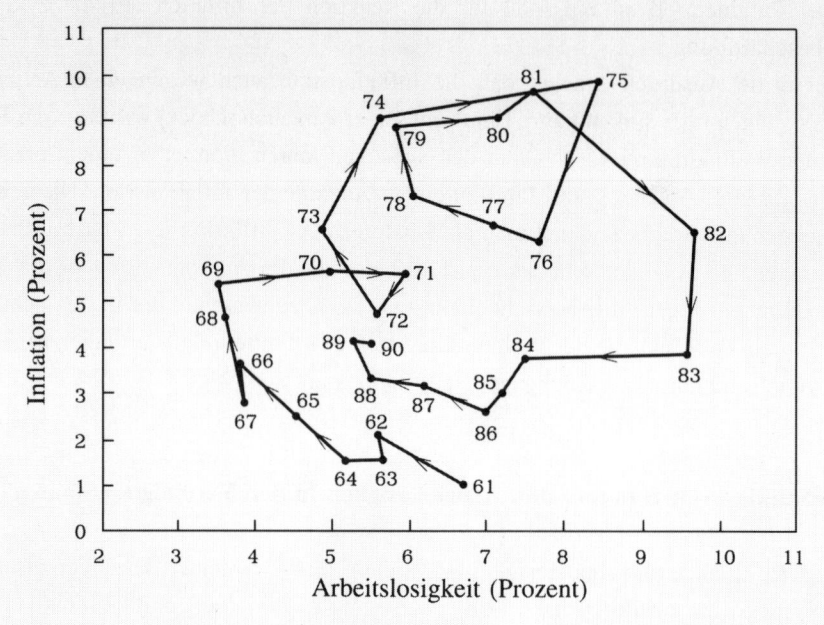

Abbildung 11-8: **Inflation und Arbeitslosigkeit in den Vereinigten Staaten seit 1961.** In diese Abbildung werden Jahresdaten der Arbeitslosenquote und der Inflationsrate (prozentuale Veränderung des BSP-Deflators) verwendet, um die makroökonomische Entwicklung der letzten drei Jahrzehnte in den Vereinigten Staaten zu illustrieren.

Seit 1973 mußten die Wirtschaftspolitiker dann mit extrem großen Angebotsschocks fertig werden, die durch die Organisation erdölexportierender Länder (OPEC-Organization of Petroleum Exporting Countries) verursacht wurden. Die OPEC erhöhte die Ölpreise zum ersten Mal in der Mitte der siebziger Jahre und trieb damit die Inflationsrate auf ca. 10 Prozent. Eine Rezession im Jahre 1975 verminderte die Inflation etwas, weitere Preissteigerungen durch die OPEC erhöhten die Inflationsraten aber wieder in den späten siebziger Jahren.

Die achtziger Jahre begannen mit hoher Inflation und hohen Inflationserwartungen. Unter der Führung des Zentralbankchefs Paul Volcker verfolgte das Federal Reserve System beharrlich eine auf die Verminderung der Inflationsrate abzielende Geldpolitik. In den Jahren 1982 und 1983 erreichte die Arbeitslosenquote den höchsten Stand seit 40 Jahren. Die hohe Arbeitslosigkeit, unterstützt durch einen Rückgang der Ölpreise im Jahr 1986, drückte die Inflationsrate von ca. 10 Prozent auf ca. 3 Prozent. Im Jahr 1987 war die Arbeitslosenquote bei einem Stand von ungefähr 6 Prozent auf demjenigen Niveau, auf dem die meisten Schätzungen die natürliche Arbeitslosenquote ansiedeln. Gegen Ende der achtziger Jahre sank die Arbeitslosenquote unter ihr natürliches Niveau und damit begann eine neue Runde der Nachfrageinflation.

Die jüngere makroökonomische Geschichte beleuchtet also die vielfältigen Gründe der Inflation. Die sechziger und die achtziger Jahre zeigen die beiden Seiten der Nachfrageinflation: in den sechziger Jahren zog die niedrige Arbeitslosigkeit die Inflation nach oben, in den achtziger Jahren zog die hohe Arbeitslosigkeit die Inflation nach unten. Die siebziger Jahre zeigen die Wirkungen der Kosteninflation.

Der kurzfristige Tradeoff zwischen Inflation und Arbeitslosigkeit

Wir wollen nun die Optionen betrachten, die die Phillips-Kurve einem Wirtschaftspolitiker gibt, der die Nachfrage steuern will. Zu jedem Zeitpunkt stehen die Inflationserwartung und ein möglicher Angebotsschock bereits fest und können von der Wirtschaftspolitik nicht direkt gesteuert werden. Die wirtschaftspolitischen Entscheidungsträger können jedoch via Geld- und Fiskalpolitik Produktion und Beschäftigung beeinflussen. Sie können die Gesamtnachfrage ausdehnen, um die Arbeitslosigkeit zu vermindern, müssen dann allerdings eine höhere Inflation in Kauf nehmen. Oder sie können die Gesamtnachfrage dämpfen, um dadurch die Inflation zu verringern, müssen dann aber eine höhere Arbeitslosigkeit akzeptieren.

Abbildung 11-9 zeigt den kurzfristigen Tradeoff zwischen Inflation und Arbeitslosigkeit, der sich aus der Phillips-Kurve ergibt. Die Wirtschaftspolitik kann die Gesamtnachfrage manipulieren und so eine bestimmte Kombination von Arbeitslosigkeit und Inflation wählen, die auf dieser Kurve liegt. Die Kurve in dieser Abbildung wird als *kurzfristige Phillips-Kurve* bezeichnet.

Es ist wichtig, sich klar zu machen, daß der kurzfristige Phillips-Zusammenhang auf der erwarteten Inflationsrate beruht. Wenn die Inflationserwartungen zunehmen, verschiebt sich die Kurve nach oben und der Tradeoff, dem sich die Wirtschaftspolitik gegenübersieht, verschlechtert sich: die Inflationsrate ist für jedes Niveau der Arbeitslosigkeit höher als zuvor. Abbildung 11-10 zeigt, auf welche Weise die erwartete Inflationsrate den Tradeoff beeinflußt.

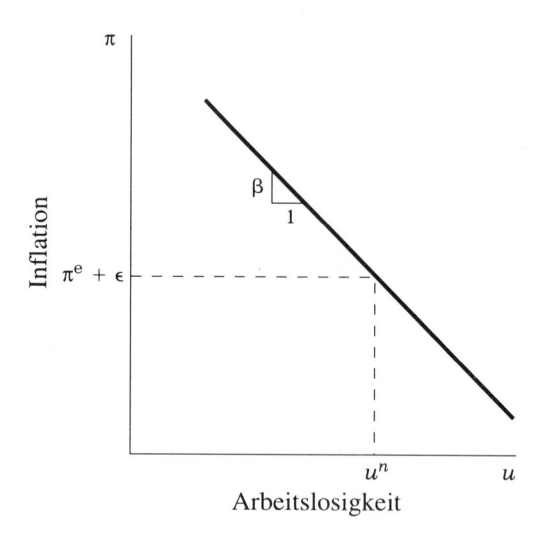

Abbildung 11-9: **Der kurzfristige Tradeoff zwischen Arbeitslosigkeit und Inflation.** Kurzfristig existiert eine negative Beziehung zwischen Inflation und Arbeitslosigkeit. Zu jedem Zeitpunkt kann die die Nachfrage steuernde Wirtschaftspolitik eine beliebige Kombination von Inflation und Arbeitslosigkeit auf dieser kurzfristigen Phillips-Kurve wählen.

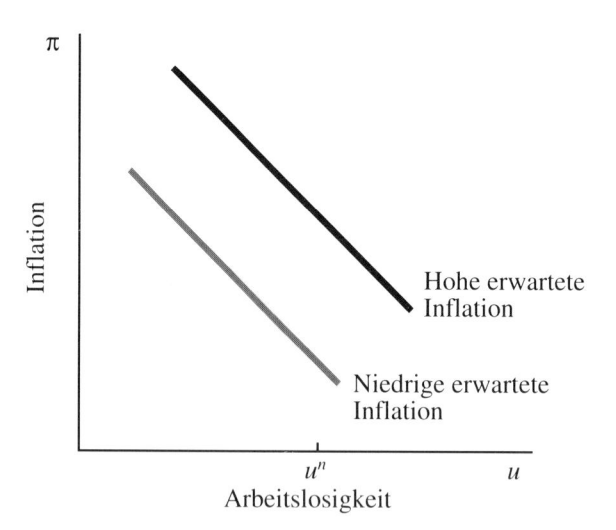

Abbildung 11-10: **Verschiebungen des kurzfristigen Tradeoff.** Der kurzfristige Tradeoff zwischen Arbeitslosigkeit und Inflation hängt von den Inflationserwartungen ab. Je größer die erwartete Inflationsrate ist, desto höher liegt die kurzfristige Phillips-Kurve.

Weil die Wirtschaftssubjekte ihre Inflationserwartungen im Zeitverlauf anpassen, existiert ein Tradeoff zwischen Arbeitslosigkeit und Inflation nur in der kurzen Frist.

Die Wirtschaftspolitik kann die tatsächliche Inflationsrate nicht auf Dauer über der erwarteten halten, letztlich passen sich die Erwartungen an jede beliebige von der Wirtschaftspolitik gewählte Inflationsrate an. Langfristig gilt wieder die klassische Dichotomie, die Arbeitslosigkeit kehrt auf ihr natürliches Niveau zurück und es gibt keinen Tradeoff zwischen Arbeitslosigkeit und Inflation.

Disinflation und das Opferverhältnis

Was wird mit Beschäftigung und Produktion geschehen, wenn die Zentralbank versucht, die Inflation von 6 Prozent auf 2 Prozent zu reduzieren?

Die Phillips-Kurve zeigt, daß in Abwesenheit eines günstigen Angebotsschocks die Verminderung der Inflationsrate eine Periode hoher Arbeitslosigkeit und verminderter Produktion erfordert. Aber wie lange und um welchen Betrag muß die Arbeitslosigkeit über ihrer natürlichen Rate liegen? Bevor eine rationale Entscheidung über die Reduzierung der Inflationsrate getroffen werden kann, müssen die Wirtschaftspolitiker wissen, in welchem Umfang Produktionsmöglichkeiten bei dem Übergang zu einer niedrigeren Inflationsrate nicht ausgeschöpft werden, d.h. wieviel Output verloren geht. Diese Kosten können dann mit den erwarteten Vorteilen einer geringeren Inflation verglichen werden.

Viele ökonomische Forschungsarbeiten verwenden das verfügbare Datenmaterial, um die Phillips-Kurve quantitativ zu analysieren. Die Ergebnisse dieser Arbeiten werden oft in einer Zahl zusammengefaßt, die als **Opferverhältnis** bezeichnet wird. Das Opferverhältnis ist die Anzahl der Prozentpunkte des realen BSP eines Jahres, die aufgegeben werden muß, um die Inflation um einen Prozentpunkt zu senken. Obwohl sich die einzelnen Schätzungen des Opferverhältnisses deutlich voneinander unterscheiden, kann man als Anhaltspunkt ein Verhältnis von 5 zu 1 angeben, d.h. für jeden Prozentpunkt, um den die Inflation gesenkt wird, müssen 5 Prozent des realen BSP eines Jahres aufgegeben, also „geopfert" werden.[11]

Das Opferverhältnis läßt sich auch über die Unterbeschäftigung ausdrücken. Okuns Gesetz besagt, daß einer Veränderung der Arbeitslosenquote um einen Prozentpunkt einer Veränderung des BSP um zwei Prozentpunkte entspricht. Die Verminderung der Inflationsrate um einen Prozentpunkt erfordert daher eine Erhöhung der zyklischen Arbeitslosigkeit für ein Jahr um 2,5 Prozentpunkte.

---

11 Arthur M. Okun, "Efficient Disinflationary Policies", American Economic Review 68 (Mai 1978): 348-352; Robert J. Gordon und Stephen R. King, "The Output Cost of Disinflation in Traditional and Vector Autoregressive Models", Brookings Papers on Economic Nr. 1 (1982): 205-245.

Die Schätzung des Opferverhältnisses kann nun zur Beantwortung der Frage verwendet werden, die am Anfang dieses Abschnitts stand. Weil die Verminderung der Inflation um einen Prozentpunkt das Aufgeben von 5 Prozent des realen Sozialprodukts eines Jahres erfordert, ist zur Reduzierung der Inflation um 4 Prozentpunkte das Aufgeben von 20 Prozent des realen BSP eines Jahres erforderlich. Man kann dies äquivalent auch so ausdrücken, daß die Reduzierung der Inflation um 4 Prozentpunkte ein Opfer in Form von 10 Prozentpunkt-Jahren Arbeitslosigkeit verlangt.

Die Disinflation kann beliebig verschiedene Formen annehmen, die nur darin übereinstimmen, daß das gesamte Opfer sich in der Summe auf 20 Prozentpunkte des realen BSP eines Jahres beläuft. So könnte eine schnelle Disinflationsstrategie den Output für zwei Jahre um je 10 Prozentpunkte reduzieren. Eine solch harte Bekämpfung der Inflation wird in den USA als „cold turkey"-Strategie bezeichnet, einem Begriff aus der Drogenszene, den man in etwa mit „schnellem Entzug" übersetzen kann. Eine moderate Disinflationsstrategie würde den Output für vier Jahre um jeweils 5 Prozentpunkte reduzieren. Eine noch langsamere Herangehensweise würde den Output für ein Jahrzehnt um jeweils zwei Prozentpunkte unter sein natürliches Niveau drücken.

Rationale Erwartungen und schmerzlose Disinflation

Weil die Inflationserwartungen den kurzfristigen Tradeoff zwischen Arbeitslosigkeit und Inflation in entscheidender Weise bestimmen, stellt sich die zentrale Frage, wie die Wirtschaftssubjekte ihre Erwartungen eigentlich bilden. Bislang hatten wir angenommen, daß die Inflationserwartungen von der in der jüngeren Vergangenheit beobachteten Inflationsrate abhängen. Obwohl diese Annahme über die Erwartungsbildung plausibel klingt, ist sie vermutlich zu einfach, um in allen Fällen richtig zu sein.

Ein Ansatz, der unter dem Begriff **rationale Erwartungen** bekannt geworden ist, geht davon aus, daß die Wirtschaftssubjekte alle ihnen zur Verfügung stehenden Informationen optimal nutzen, um Prognosen über die Zukunft aufstellen zu können. Dies schließt auch die verfügbaren Informationen über die gegenwärtige Wirtschaftspolitik ein. Weil Geld- und Fiskalpolitik die Inflationsrate beeinflussen, sollten die Inflationserwartungen ebenfalls von der verfolgten Geld- und Fiskalpolitik abhängen. Der Theorie der rationalen Erwartungen zufolge wird eine Veränderung der Geld- oder Fiskalpolitik auch die Erwartungen beeinflussen. Die Abschätzung der Wirkungen jeder wirtschaftspolitischen Veränderung muß diesen Effekt auf die Erwartungen berücksichtigen. Dieser Ansatz impliziert daher, daß die Inflation weniger träge ist als es zunächst scheinen mag.

In dem folgenden längeren Zitat beschreibt Thomas Sargent, ein wichtiger Vertreter der Theorie rationaler Erwartungen, die Implikationen für die Phillips-Kurve:

> An alternative „rational expectations" view denies that there is any inherent momentum to the present process of inflation. This view maintains that firms and workers have now come to expect high rates of inflation in the future and that they strike inflationary bargains in the light of these expectations. However, it is held that people expect high rates of inflation in the future precisely because the government's current and prospective monetary and fisal policies warrant those expectations.... Thus inflation only seems to have a momentum of its own; it is actually the long-term government policy of persistently running large deficits and creating money at high rates which imparts the momentum to the inflation rate. An implication of this view is that inflation can be stopped much more quickly than advocates of the „momentum" view have indicated and that their estimates of the length of time and the costs of stopping inflation in terms of foregone output are erroneous ... [Stopping inflation] would require a change in the policy regime: there must be an abrupt change in the continuing government policy, or strategy, for setting deficits now and in the future that is sufficiently binding as to be widely believed ... How costly such a move would be in terms of foregone output and how long it would be in taking effect would depend partly on how resolute and evident the government's commitment was.[12]

Vertreter der rationalen Erwartungen behaupten also, daß die kurzfristige Phillips-Kurve die verfügbaren Optionen nicht akkurat beschreibt. Falls die wirtschaftspolitischen Entscheidungsträger sich glaubhaft auf die Verminderung der Inflation verpflichten, so argumentieren sie, werden Haushalte und Unternehmen diese Verpflichtung als wahr ansehen und ihre Inflationserwartungen schnell revidieren. Nach der Theorie rationaler Erwartungen sind herkömmliche Schätzungen des Opferverhältnisses wenig hilfreich bei der Bewertung der Wirkungen unterschiedlicher wirtschaftspolitischer Strategien. Bei einer glaubhaften Politik können die Kosten der Inflationsbekämpfung daher viel geringer sein, als es traditionelle Schätzungen des Opferverhältnisses vermuten lassen.

Im Extremfall kann man sich sogar vorstellen, daß die Inflationsrate ohne jede Rezession verringert werden kann. Eine schmerzlose Disinflation ist mit zwei Erfordernissen verbunden. Erstens muß der Plan zur Reduzierung der Inflation bekannt gegeben werden, bevor die zentralen Erwartungen gebildet werden. Zweitens müssen diejenigen, die Löhne und Preise festlegen, der Ankündigung Glauben schenken; andernfalls werden sie ihre Inflationserwartungen nicht revidieren. Falls beide Erfordernisse erfüllt sind,

---

12 Thomas J. Sargent, "The Ends of Four Big Inflations", in Robert E. Hall, Hrsg., Inflation: Causes and Effects (Chicago, 1982).

wird die Ankündigung sofort den kurzfristigen Tradeoff zwischen Arbeitslosigkeit und Inflation nach unten verschieben und damit eine niedrigere Inflationsrate ohne eine höhere Arbeitslosenquote zulassen.

Obwohl der Ansatz rationaler Erwartungen umstritten bleibt, stimmen fast alle Ökonomen darin überein, daß Inflationserwartungen den kurzfristigen Tradeoff zwischen Arbeitslosigkeit und Inflation beeinflussen. Die Glaubwürdigkeit einer anti-inflationär ausgerichteten Politik ist daher ein Bestimmungsgrund für die Kosten dieser Politik. Unglücklicherweise ist es oft schwer vorherzusagen, ob die Öffentlichkeit die Ankündigung einer neuen Politik als glaubhaft ansieht. Die zentrale Rolle der Erwartungen erschwert die Vorhersage der Ergebnisse alternativer Politiken .

Fallstudie 11-4: Die Kosten von Paul Volckers Disinflation

Die achtziger Jahre begannen mit Inflationsraten, die zu den höchsten gehörten, die in der Geschichte der Vereinigten Staaten zu beobachten waren. Wegen der restriktiven Geldpolitik, die die amerikanische Zentralbank unter der Leitung von Paul Volcker verfolgte, sank die Inflationsrate jedoch in den ersten Jahren dieser Dekade deutlich. Dieser Zeitabschnitt liefert uns ein natürliches Experiment, mit dem sich abschätzen läßt, wieviel Output im Prozeß der Disinflation verloren geht.

Als erstes stellt sich die Frage, um wieviel die Inflation sank. Gemessen am BSP-Deflator erreichte die Inflation mit 9,7 Prozent im Jahr 1981 ihren Höhepunkt. Es liegt nahe, den Betrachtungszeitraum mit dem Jahr 1985 abzuschließen, weil im Jahr 1986 die Ölpreise stark sanken, was einen großen vorteilhaften Angebotsschock darstellt, der mit der Zentralbankpolitik aber nichts zu tun hat. Im Jahr 1985 lag die Inflation bei 3,0 Prozent. Die Zentralbank brachte also innerhalb von vier Jahren eine Senkung der Inflationsrate um 6,7 Prozentpunkte zustande.

Als zweites stellt sich die Frage, wieviel Output in diesem Zeitraum verloren ging. Tabelle 11-1 zeigt die Arbeitslosenquote von 1982 bis 1985. Unter der Annahme, daß die natürliche Arbeitslosenquote bei 6 Prozent lag, können wir für jedes Jahr die Höhe der zyklischen Arbeitslosigkeit berechnen. Insgesamt gab es im Betrachtungszeitraum 9,5 Prozentpunktjahre zyklischer Arbeitslosigkeit. Okuns Gesetz besagt für die Vereinigten Staaten, daß ein Prozentpunkt Arbeitslosigkeit zwei Prozentpunkte BSP impliziert. Daher gingen in der Disinflationsperiode 19,0 Prozent des BSP eines Jahres verloren.

Nun können wir das Opferverhältnis für diesen Zeitraum berechnen. Wir wissen, daß 19,0 Prozentpunktjahre BSP verloren gingen und daß die Inflation um 6,7 Prozentpunkte sank. Folglich gingen für jeden Prozentpunkt Inflationssenkung

19,0/6,7 bzw. 2,8 Prozentpunktjahre BSP verloren. Die Schätzung des Opferverhältnisses für Volckers Disinflation beläuft sich auf 2,8.

Diese Schätzung des Opferverhältnisses ist kleiner als die Schätzungen, die vor Volckers Ernennung zum Zentralbankchef gemacht wurden. Anders ausgedrückt reduzierte Volcker die Inflation mit geringeren Kosten als viele Wirtschaftswissenschaftler vorausgesagt hatten. Eine mögliche Erklärung ist die, daß Volckers klare Haltung glaubwürdig genug war, um die Inflationserwartungen direkt zu beeinflussen. Die Erwartungsänderungen waren jedoch nicht groß genug für eine schmerzlose Disinflation: im Jahr 1982 erreichte die Arbeitslosigkeit das höchste Niveau seit der Weltwirtschaftskrise.

Tabelle 11-1: **Arbeitslosigkeit während Volckers Disinflation**

Jahr	Arbeitslosenquote (in %)	Natürliche Arbeitslosenquote (in %)	Zyklische Arbeitslosigkeit (in %)
1982	9,5	6,0	3,5
1983	9,5	6,0	3,5
1984	7,4	6,0	1,4
1985	7,1	6,0	1,1
		Insgesamt	9,5

11.3 Aktuelle Entwicklungen: Neukeynesianische Theorie

Unter Wirtschaftswissenschaftlern besteht keine Einmütigkeit hinsichtlich des richtigen Weges, gesamtwirtschaftliche Schwankungen zu erklären. Uneinigkeit besteht insbesondere in Hinblick auf die Erklärung der kurzfristigen Gesamtangebotskurve. Es existieren zwei vorherrschende Schulen: die neuklassische und die neukeynesianische.

Die **neuklassische Schule** vertritt Modelle, in denen Löhne und Preise sich schnell anpassen und für Markträumung sorgen. Die markträumenden Modelle, die wir weiter oben betrachtet haben, das Arbeitnehmer-Fehleinschätzungs-Modell und das Modell unvollkommener Informationen, erfreuten sich unter den neuklassischen Ökonomen in den siebziger Jahren großer Beliebtheit. Heute haben jedoch viele neuklassische Wirtschaftswissenschaftler ihre Aufmerksamkeit der *Theorie realer Konjunkturzyklen* zugewendet, die die Lehren des klassischen Modells – flexible Preise und Neutralität des Geldes – auf die Erklärung gesamtwirtschaftlicher Schwankungen anwendet. Wir diskutieren diesen Ansatz in Kapitel 14.

Die **neukeynesianische Schule** geht davon aus, das Markträumungsmodelle die kurzfristigen gesamtwirtschaftlichen Schwankungen nicht erklären können. Sie befürworten daher Modelle mit starren Löhnen und Preisen. In der *Allgemeinen Theorie* forderte Keynes die Wirtschaftswissenschaftler auf, die klassische Annahme fallenzulassen, daß Löhne und Preise sich stets so anpassen, daß die Märkte ins Gleichgewicht kommen. Er betonte, daß die Gesamtnachfrage in der kurzen Periode eine zentrale Bestimmungsgröße des Sozialprodukts ist. Dieses Ergebnis setzt voraus, daß die kurzfristige Gesamtangebotskurve, anders als im klassischen Modell, nicht senkrecht verläuft. Neukeynesianische Wirtschaftswissenschaftler gehen von diesen grundlegenden Überlegungen aus.

In ihren Forschungsarbeiten versuchen die neukeynesianischen Ökonomen zu erklären, warum das klassische Modell die Wirtschaft nicht angemessen beschreibt. Dabei stellen sie den keynesianischen Ansatz zur Erklärung gesamtwirtschaftlicher Schwankungen auf ein solideres theoretisches Fundament. Ein großer Teil des neukeynesianischen Forschungsprogramms ist darauf gerichtet, zu erklären, warum Löhne und Preise kurzfristig nicht flexibel sind. In diesen Arbeiten wird versucht, die Marktunvollkommenheiten präziser zu identifizieren, die zu Lohn- und Preisstarrheiten führen und dafür ursächlich sind, daß die Wirtschaft nur langsam auf ihr natürliches Niveau zurückfindet. Darüber hinaus stellen einige dieser Arbeiten eine unserem Modell der gesamtwirtschaftlichen Schwankungen zugrundeliegende Prämisse in Frage. In diesem Abschnitt wollen wir diese aktuellen Entwicklungen diskutieren.

Geringe "Speisekarten-Kosten" und Gesamtnachfrage-Externalitäten

Ein Grund dafür, daß Löhne und Preise sich kurzfristig nicht sofort anpassen, ist darin zu sehen, daß die Anpassung Kosten verursacht. Falls ein Unternehmen seine Preise verändert, kann es erforderlich sein, daß es seinen Kunden neue Kataloge zusenden muß, daß es an sein Verkaufspersonal neue Preislisten verteilen muß oder daß es – im Falle eines Restaurants – neue Speisekarten drucken lassen muß. Diese Kosten der Preisanpassung bezeichnet man mit Bezug auf das letztgenannte Beispiel als **Speisekarten-Kosten** (menu costs). Speisekarten-Kosten führen dazu, daß Unternehmen ihre Preise nur von Zeit zu Zeit und nicht kontinuierlich anpassen.

Die Ökonomen sind sich nicht einig darüber, ob Speisekarten-Kosten die kurzfristige Starrheit von Preisen erklären können. Skeptiker weisen darauf hin, daß Speisekarten-Kosten normalerweise sehr klein sind. Wie können geringe Speisekarten-Kosten dazu beitragen, Rezessionen zu erklären, die für die Gesellschaft sehr hohe Kosten hervorrufen. Vertreter dieses Erklärungsansatzes entgegen, daß „klein" nicht „folgenlos" heißt: Speisekarten-Kosten, die für das einzelne Unternehmen gering sind, können nachhaltige Wirkungen auf die Wirtschaft insgesamt aufweisen.

Geringe Speisekarten-Kosten können deshalb große makroökonomische Wirkungen haben, weil die Preisanpassung mit Externalitäten verbunden ist: die Reduzierung des Preises durch ein Unternehmen ist mit Vorteilen für alle anderen Unternehmen der betrachteten Wirtschaft verbunden. Verringert ein Unternehmen seinen Preis, dann vermindert es in geringem Maß auch das durchschnittliche Preisniveau der Volkswirtschaft und erhöht dadurch die realen Kassenbestände. Die Zunahme der realen Kassenbestände vergrößert die Gesamtnachfrage (durch eine Rechtsverschiebung der LM-Kurve). Die dadurch ausgelöste Expansion erhöht ihrerseits die Nachfrage nach den Produkten aller Unternehmen. Die beschriebene makroökonomische Wirkung der Anpassung des Preises eines Unternehmens auf die Nachfrage der Produkte aller Unternehmen bezeichnet man als **Gesamtnachfrage-Externalität.**

Bei Vorliegen von Gesamtnachfrage-Externalitäten können geringfügige Speisekarten-Kosten zu Preisstarrheiten führen, die ihrerseits hohe Kosten für die Gesellschaft verursachen können. Dies kann man sich an einem Beispiel klar machen. Es soll angenommen werden, daß ein Unternehmen seinen Preis zunächst zu hoch setzt und später vor der Entscheidung steht, ob es den Preis senken sollte. Wegen der Existenz der beschriebenen Gesamtnachfrage-Externalität ist der gesellschaftliche Nutzen der Preissenkung größer als der direkte Nutzen des Unternehmens. Weil das Unternehmen die Gesamtnachfrage-Externalität bei seiner Entscheidungsfindung nicht berücksichtigt, werden in einigen Fällen die Speisekarten-Kosten als zu hoch angesehen und es kommt nicht zu einer Preissenkung, obwohl diese gesellschaftlich vorteilhaft wäre. *Starre Preise können also für das einzelne preissetzende Unternehmen optimal sein, obwohl sie aus gesamtwirtschaftlicher Sicht unerwünscht sind.*[13]

---

13 Für weitere Überlegungen zu diesem Problemkreis vgl. N. Gregory Mankiw, "Small Menu costs and Large Business Cycles: A Macoreconomic Model of Monopoly", Quarterly Journal of Economics 100 (Mai 1985): 529-537; George A. Akerlof und Janet L. Yellen, "A Near Rational Model of the Business Cycle, with Wage and Price Inertia", Quarterly Journal of Economics 100 (Supplement 1985): 823-838; Olivier Jean Blanchard und Nobuhiro Kiyotaki, "Monopolistic Competition and the Effects of Aggregate Demand", American Economic Review 77 (September 1987): 647-666. Diese drei Artikel sind wiederabgedruckt in N. Gregory Mankiw und David Romer, Hrsg., New Keynesian Economics (Cambridge, Mass. 1991).

Die Staffelung von Löhnen und Preisen

Nicht alle am Wirtschaftsleben Beteiligten setzen Löhne und Preise zum selben Zeitpunkt fest. Vielmehr ist die Setzung von Löhnen und Preisen in der Wirtschaft zeitlich gestaffelt. *Diese zeitlich versetzte Preisbildung führt dazu, daß sich das gesamtwirtschaftliche Preisniveau nur langsam anpaßt, selbst wenn die Einzelpreise sich relativ häufig ändern.*

Dazu soll das folgende Beispiel betrachtet werden. Zunächst sei angenommen, daß die Preissetzung synchron erfolgt, jedes Unternehmen paßt seinen Preis zum Ersten jeden Monats an. Wenn das nominale Geldangebot und damit auch die Gesamtnachfrage am 10. Mai steigen, dann wird vom 10. Mai bis zum 1. Juni auf einem höheren Niveau produziert, weil die Preise sich in diesem Zeitraum nicht ändern. Aber am 1. Juni erhöhen alle Unternehmen ihre Preise als Reaktion auf die gestiegene Nachfrage, damit ist der Aufschwung beendet.

Nun sei von einer gestaffelten Preissetzung ausgegangen: die Hälfte der Unternehmen setzt ihre Preise am Ersten eines jeden Monats, die andere Hälfte am Fünfzehnten. Steigt jetzt das Geldangebot am 10. Mai, dann kann am 15. Mai die Hälfte der Unternehmen ihre Preise erhöhen. Diese Unternehmen werden jedoch vermutlich ihre Preise nicht sehr stark erhöhen. Weil ein Teil der Unternehmen seine Preise nicht am Fünfzehnten anpaßt, führt eine Preiserhöhung durch irgendein Unternehmen zur Erhöhung des *relativen* Preises dieses Unternehmens. Die Erhöhung des relativen Preises hat zur Folge, daß das Unternehmen Kunden verliert. (Bei synchroner Preisanpassung erhöhen alle Unternehmen die Preise gemeinsam, so daß sich an den relativen Preisen nichts ändert.) Falls die Unternehmen, die am 15. Mai ihre Preise anpassen, nur geringe Preiserhöhungen vornehmen, dann werden auch die übrigen Unternehmen die Preise nur geringfügig anpassen, wenn sie am 1. Juni an die Reihe kommen. Auch sie wollen Veränderungen der relativen Preise vermeiden. Dieser Prozeß der vorsichtigen Preisanpassung setzt sich dann in der folgenden Zeit analog fort. Das Preisniveau steigt infolgedessen langsam durch die geringen Preiserhöhungen, die am Ersten und am Fünfzehnten eines jeden Monats erfolgen. Gestaffelte Preisbildung führt zu Trägheiten in der Preisanpassung, weil keine der beiden Gruppen von Unternehmen die erste sein möchte, die eine deutliche Preiserhöhung durchführt.

Die Staffelung hat auch Einfluß auf den Prozeß der Lohnbestimmung. Als Beispiel hierfür läßt sich die Ausbreitung der Wirkungen einer Senkung des Geldangebots auf die Wirtschaft betrachten. Die aus der Senkung des Geldangebots resultierende Verminderung der Gesamtnachfrage erfordert einen proportionalen Rückgang der Nominallöhne, wenn die Vollbeschäftigung erhalten bleiben soll. Es mag sein, daß jeder Arbeitnehmer damit einverstanden wäre, eine Kürzung seines Nominallohns hinzunehmen, falls diese Kürzung auch bei allen anderen Arbeitnehmern erfolgen würde. Aber jeder Arbeitnehmer möchte auch vermeiden, der erste zu sein, der von der Lohnkürzung betroffen wird, weil dies, zumindest temporär, einen Rückgang seines relativen Lohnsatzes impliziert. Weil die Lohnbildung zeitlich gestaffelt erfolgt, führt das Widerstreben jedes Arbeitnehmers, als erster eine Lohnkürzung zu akzeptieren, dazu, daß das gesamtwirtschaftliche Lohnniveau nur langsam auf Veränderungen der Gesamtnachfrage reagiert. Anders ausgedrückt hat also die zeitliche Versetzung der einzelwirtschaftlichen Lohnbildung zur Folge, daß das gesamtwirtschaftliche Lohnniveau Starrheiten aufweist.[14]

Rezessionen als Koordinations-Versagen

Eine Anzahl von Ökonomen vertritt die Auffassung, daß Rezessionen das Ergebnis eines Koordinations-Versagens seien. In Rezessionen befindet sich der Output auf einem niedrigen Niveau und Produktionskapazitäten bleiben ungenutzt. Es scheint möglich, sich eine Ressourcenallokation vorzustellen, bei der alle besser dran sind – so scheint beispielsweise das hohe Produktionsniveau der zwanziger Jahre erstrebenswerter als das niedrige Produktionsniveau der dreißiger Jahre. Wenn die Gesellschaft nicht in der Lage ist, ein realisierbares und an sich vorzuziehendes Ergebnis zu erreichen, dann liegt in irgendeiner Form ein Koordinations-Versagen der Mitglieder dieser Gesellschaft vor.

Koordinationsprobleme können im Prozeß der Festsetzung von Löhnen und Preisen auftreten, weil diejenigen, die Löhne und Preise festsetzen, die Handlungen anderer, die ebenfalls Löhne und Preise festsetzen, antizipieren müssen. Gewerkschaftsführer machen sich bei Tarifverhandlungen Gedanken über die Abschlüsse, die in anderen Branchen möglicherweise erzielt werden können. Unternehmen, die ihre Verkaufspreise festlegen, beziehen die vermuteten Preisentscheidungen anderer Unternehmen in ihre Überlegungen ein.

Um zu verstehen, wie sich eine Rezession durch Koordinations-Versagen ergeben kann, ist es sinnvoll, die folgende Parabel zu betrachten. Es sei angenommen, daß eine Wirtschaft nur aus zwei Unternehmen bestehe. Nach einem exogenen Rückgang des Geldangebots muß jedes der beiden Unternehmen entscheiden, ob es seinen Preis

---

14 Für weitere Überlegungen zur gestaffelten Lohn- und Preissetzung vgl. John Taylor, "Staggered Price Setting in a Macro Model", American Economic Review 69 (Mai 1979): 108 - 113; Olivier Jean Blanchard, "Price Asynchronization and Price Level Inertia", in R. Dornbusch and Mario Henrique Simonsen, Hrsg., Inflation, Debt, and Indexation (Cambridge, Mass. 1983): 3-24. Beide Aufsätze sind wiederabgedruckt in N. Gregory Mankiw and David Romer, Hrsg., New Keynesian Economics (Cambridge, Mass. 1991).

senken sollte oder nicht. Beide Unternehmen möchten jeweils ihren Gewinn maximieren. Die Gewinne hängen aber nicht nur von der eigenen Preisentscheidung ab, sondern auch von der Preisentscheidung des jeweils anderen Unternehmens.

Die Wahlmöglichkeiten beider Unternehmen sind in Abbildung 11-11 dargestellt, die zeigt, in welcher Weise die Gewinne der beiden Unternehmen von ihren Handlungen abhängen. Falls keines der beiden Unternehmen seinen Preis senkt, dann ist die Realkasse klein, es folgt eine Rezession und beide Unternehmen erzielen jeweils einen Gewinn von 15 DM. Falls beide Unternehmen ihre Preise senken, ist die Realkasse groß, eine Rezession wird vermieden und beide Unternehmen machen jeweils einen Gewinn von 30 DM. Beide Unternehmen werden es daher vorziehen, eine Rezession zu vermeiden. Ein einzelnes Unternehmen allein kann die Rezession jedoch nicht verhindern. Falls ein Unternehmen seinen Preis senkt, das andere jedoch nicht, tritt dennoch eine Rezession auf. Das Unternehmen, das seinen Preis senkt, macht nur einen Gewinn von 5 DM, während das andere Unternehmen 15 DM erzielt.

		Unternehmen B	
		Senkt Preis	Hält hohen Preis
Unter-nehmen A	Senkt Preis	A erzielt 30 B erzielt 30	A erzielt 5 B erzielt 15
	Hält hohen Preis	A erzielt 15 B erzielt 5	A erzielt 15 B erzielt 15

Abbildung 11-11: **Preissenkung und Koordinations-Versagen.** Diese Abbildung zeigt ein hypothetisches „Spiel" zwischen zwei Unternehmen, die jeweils darüber entscheiden müssen, ob sie nach einem Rückgang des Geldangebots ihre Preise senken sollen. Jedes Unternehmen muß sich für eine Strategie entscheiden, ohne die Strategie zu kennen, die das andere Unternehmen wählt. Welches Ergebnis würden Sie erwarten?

Der Kern dieser Parabel besteht darin, daß die Entscheidung jedes Unternehmens die für das anderen Unternehmen möglichen Ergebnisse beeinflußt. Verringert ein Unternehmen seinen Preis, dann verbessert es die Situation des anderen, weil dieses die Folgen der Rezession vermeiden kann. Diese positiven Folgen der Preissenkung des einen Unternehmens auf die Gewinnmöglichkeiten des anderen können das Ergebnis von Gesamtnachfrage-Externalitäten sein.

Welches Ergebnis ist für die betrachtete Wirtschaft zu erwarten? Falls jedes Unternehmen damit rechnet, daß das jeweils andere Unternehmen seinen Preis senken wird, dann wird es ebenfalls seinen Preis senken. Dies führt zu dem für beide vorteilhaften Ergebnis von 30 DM. Erwartet jedes Unternehmen dagegen, daß das jeweils andere seinen Preis nicht senken wird, dann wird es seinen Preis ebenfalls beibehalten. Dies führt zu der für beide schlechteren Lösung von je 15 DM. Offensichtlich sind beide Ergebnisse denkbar: Wirtschaftswissenschaftler sprechen dann von *multiplen Gleichgewichten*.

Die schlechtere Lösung, in der jedes Unternehmen einen Gewinn von 15 DM macht, ist ein Beispiel für **Koordinations-Versagen**. Wenn beide Unternehmen koordinieren könnten, würden beide ihren Preis senken und das vorteilhafte Ergebnis erreichen. In der Realität ist – im Unterschied zu unserer Parabel – die Koordination meist schwierig, weil es eine Vielzahl von preissetzenden Unternehmen gibt. *Die Quintessenz der Geschichte ist, daß Preise einfach deswegen Starrheiten aufweisen können, weil solche Preisstarrheiten erwartet werden, obwohl keiner ein Interesse an ihnen hat.*[15]

Fallstudie 11-5: Experimentelle Ergebnisse von Koordinationsspielen

Was geschieht, wenn Wirtschaftssubjekte, wie etwa die Unternehmen in unserer Parabel, mit einem Koordinationsproblem konfrontiert werden? Schaffen sie es irgendwie – in der Erkenntnis, daß sie sich dann beide besser stellen –, das vorziehenswürdige Ergebnis zu erreichen? Oder versagen sie bei der Koordination?

Eine Möglichkeit, um zu einer Antwort auf diese Frage zu kommen, besteht in der Durchführung eines entsprechenden Experiments. In zwei neueren Studien zum Koordinationsproblem wurden Gruppen von Studenten gebeten, als Versuchspersonen an einem Koordinationsspiel teilzunehmen, das so ähnlich aussah, wie das „Spiel" in Abbildung 11-11. Um die Anonymität zu gewährleisten, spielten die Studenten über Computer-Terminals miteinander. Um sicherzustellen, daß ernsthaft gespielt wird, wurden die Versuchspersonen mit kleinen Geldbeträgen belohnt, deren Höhe von der erzielten Punktzahl abhing.

Welche Strategie würde man wohl selbst wählen, wenn man das Spiel aus Abbildung 11-11 spielt? Die Strategie des anderen Spielers ist unbekannt: man weiß nur, daß der andere Spieler vor derselben Entscheidung steht wie man selbst. Würde man den Preis senken oder ihn hoch lassen? Würde man die Strategie ändern, wenn die erzielbaren Gewinne in der linken oberen Ecke 100 DM statt 30

---

15 Für weitere Überlegungen zum Koordinations-Versagen vgl. Russell Cooper und Andrew John, "Coordinating coordination Failures in Keynesian Models", Quarterly Journal of Economics 103 (1988): 441-463; wiederabgedruckt in N. Gregory Mankiw and David Romer, Hrsg., New Keynesian Economics (Cambridge, Mass., 1991); sowie Laurence Ball und David Romer, "Sticky Prices as Coordination Failure", American Economic Review (angekündigt).

DM wären? Was würde man machen, wenn die Gewinne statt 30 DM nur 16 DM betrügen?

Die Ergebnisse der Experimente lassen vermuten, daß Wirtschaftssubjekte nicht immer koordinieren, in dem sie das für alle am vorteilhafteste Ergebnis wählen. Ob es zur Koordination kommt, hängt von den erzielbaren Gewinnen ab und ist daher von Spiel zu Spiel verschieden. In einer Reihe von Spielen ist jedoch ein Koordinations-Versagen das häufigste Ergebnis.[16]

Hysteresis und die Anfechtung der "Natural-Rate"-Hypothese

Unsere Diskussion ökonomischer Schwankungen basiert auf einer Annahme, die als **Natural-Rate-Hypothese** (Hypothese der natürlichen Rate oder Quote) bezeichnet wird. Die Natural-Rate-Hypothese besagt:

Schwankungen der Gesamtnachfrage zeigen nur kurzfristig Wirkungen auf Produktion und Beschäftigung. Langfristig kehrt die Wirtschaft auf die Niveaus von Produktion, Beschäftigung und Arbeitslosigkeit zurück, wie sie durch das klassische Modell beschrieben werden.

Die Natural-Rate-Hypothese erlaubt es den Makroökonomen, kurz- und langfristige Entwicklungen der Wirtschaft getrennt voneinander zu analysieren.

In neuerer Zeit haben einige Wirtschaftswissenschaftler die Gültigkeit der Natural-Rate-Hypothese angezweifelt. Sie vermuten, daß die Gesamtnachfrage Produktion und Beschäftigung auch langfristig beeinflussen kann. In diesem Zusammenhang haben sie auf eine Reihe von Mechanismen hingewiesen, durch die Rezessionen dauerhafte Spuren in der Wirtschaft hinterlassen können, weil sie die Höhe der natürlichen Arbeitslosenquote verändern. Der langfristige Einfluß vergangener wirtschaftlicher Ereignisse auf die natürliche Quote wird mit dem Begriff **Hysteresis** bezeichnet.

Eine Rezession kann dauerhafte Wirkungen haben, wenn sich dadurch die Menschen verändern, die arbeitslos werden. So können beispielsweise Arbeitslose durch die Arbeitslosigkeit wertvolle berufsbezogene Fähigkeiten einbüßen, was ihre Möglichkeiten beeinträchtigt, nach dem Ende der Rezession einen neuen Arbeitsplatz zu finden (sog.

---

16 Russell Cooper, Douglas V. DeJong, Robert Forsythe, Thomas W. Ross, "Selection Criteria in Coordination Games: Some Experimental Results", American Economic Review 80 (März 1990): 218-233; John B. Van Huyck, Raymond C. Battalio, und Richard O. Beil, "Tacit Coordination Games, Strategic Uncertainty, and Coordination Failure", American Economic Review 80 (März 1990): 234-248.

Dequalifikation). Es könnte auch sein, daß eine lange Zeit der Arbeitslosigkeit die Einstellung einer Person zur Arbeit ändert und die Anstrengungen vermindert, die unternommen werden, einen neuen Arbeitsplatz zu finden. In beiden Fällen behindert die Rezession den Prozeß der Arbeitssuche und erhöht die friktionelle Arbeitslosigkeit.

Die Rezession kann die Wirtschaft noch auf einem anderen Weg langfristig berühren, nämlich durch eine Veränderung des Prozesses der Lohnbildung. Diejenigen, die arbeitslos werden, verlieren möglicherweise ihren Einfluß auf den Lohnbildungsprozeß. Ein Teil der *Insider* beim Lohnbildungsprozeß wird zu *Outsidern*. Falls die neue und nun kleinere Gruppe von Insidern stärker an hohen Reallöhnen und weniger an hoher Beschäftigung interessiert ist, kann die Rezession die Reallöhne dauerhaft über das Gleichgewichtsniveau drücken und das Maß an Wartearbeitslosigkeit erhöhen.

Die Hysteresis-Hypothese bleibt umstritten. Es ist nach wie vor unklar, ob es sich um ein signifikantes Phänomen handelt und warum die Bedeutung der Hysteresis in einigen Ländern größer zu sein scheint als in anderen. Bei der Hysteresis-Hypothese handelt es sich aber um einen wichtigen Punkt, weil aus ihr folgt, daß Rezessionen viel höhere Kosten verursachen, als es die Hypothese der natürlichen Rate vermuten läßt. Anders ausgedrückt erhöht Hysteresis das Opfer-Verhältnis.

Fallstudie 11-6: Arbeitslosigkeit in Großbritannien in den 1980er Jahren

Zweifel an der Natural-Rate-Hypothese und Interesse an der Hysteresis-Hypothese kamen vor allem im Zusammenhang mit den Erfahrungen der achtziger Jahre auf, die einige europäische Länder, vor allem Großbritannien, machten. In den siebziger Jahren betrug die durchschnittliche Arbeitslosigkeit in Großbritannien 3,4 Prozent; in den achtziger Jahren stieg der Durchschnitt auf 9,4 Prozent. Dieser Anstieg der Arbeitslosigkeit stellte für die Wirtschaftspolitik ein Problem und für die Wirtschaftswissenschaftler ein Rätsel dar.

Die Erhöhung der Arbeitslosigkeit wurde zum großen Teil durch die von der Regierung Thatcher verfolgte Politik zur Bekämpfung der Inflation hervorgerufen. Kurz nachdem die Konservativen an die Macht gekommen waren und Margaret Thatcher 1979 Premierministerin geworden war, hatte die Inflation eine Jahresrate von 18 Prozent erreicht. Kontraktive Geld- und Fiskalpolitik führten zu einer Erhöhung der Arbeitslosigkeit von 4,3 (1979) auf 11,1 Prozent (1984). Wie die Phillips-Kurve voraussagt, verminderte der Anstieg der Arbeitslosigkeit die Inflationsrate auf weniger als 5 Prozent im Jahr 1984.

Es ist aber rätselhaft, warum die Arbeitslosigkeit sogar dann noch hoch blieb, als die Inflationsrate sich bereits auf einem niedrigen Niveau stabilisiert hatte.

> Weil die hohe Arbeitslosigkeit die Inflation nicht noch weiter senkte, schien es, als ob sich die natürliche Arbeitslosenquote erhöht hätte. Hysteresis-Theorien liefern eine Begründung dafür, daß die Rezession tatsächlich zu einem Anstieg der natürlichen Arbeitslosigkeit geführt haben kann.[17]

11.4 Schlußfolgerungen

In diesem Kapitel wurden vier Modelle des Gesamtangebots, der implizierte Tradeoff zwischen Inflation und Arbeitslosigkeit sowie einige neuere theoretische Entwicklungen diskutiert. Es zeigte sich, daß die vier Modelle des Gesamtangebots, die hier vorgestellt wurden, hinsichtlich ihrer Implikationen für die Gesamtwirtschaft ähnlich sind. Es zeigte sich auch, daß die moderne Version der Phillips-Kurve, nach der die Inflationsrate von der erwarteten Inflationsrate, von der zyklischen Arbeitslosigkeit und von Angebotsschocks abhängt, einen bequemen Weg darstellt, das Gesamtangebot zu beschreiben und zu analysieren.

Obwohl dieses Kapitel das gegenwärtige ökonomische Wissen in bezug auf das Gesamtangebot summarisch darstellt, muß doch darauf hingewiesen werden, daß nicht alle Ökonomen mit den hier vorgestellten Modellen einverstanden sind. Im letzten Abschnitt dieses Kapitels wurden kurz einige neuere Entwicklungen in der Theorie des Gesamtangebots diskutiert. Einige dieser Entwicklungen, so etwa die Hysteresis-Theorien, stellen die traditionelle Sichtweise des Gesamtangebots in Frage. Sollte es Ihnen schwerfallen, alle Einzelteile, über die gesprochen wurde, zusammenzufügen, so trösten Sie sich damit, daß Sie mit diesem Problem nicht allein sind. Die Analyse des Gesamtangebots bleibt eins der umstrittensten – und damit natürlich auch eins der spannendsten – Gebiete der Makroökonomik.

Zusammenfassung

1. Die vier Theorien des Gesamtangebots – das Lohnstarrheitenmodell, das Arbeitnehmer-Fehleinschätzungsmodell, das Modell unvollkommener Informationen und das Preisstarrheitenmodell – führen Abweichungen der Produktion und der Beschäftigung von ihrem natürlichen Niveau auf Marktunvollkommenheiten zurück. Jede der Theorien

---

17 Olivier J. Blanchard und Lawrence H. Summers,"Beyond the Natural Rate Hypothesis", American Economic Review 78 (Mai 1988): 182-187.

impliziert, daß die Produktion über ihr natürliches Niveau steigt, falls das tatsächliche Preisniveau das erwartete übersteigt, und daß die Produktion unter ihr natürliches Niveau sinkt, wenn das tatsächliche Preisniveau das erwartete unterschreitet.

2. Wirtschaftswissenschaftler drücken das Gesamtangebot häufig durch eine Beziehung aus, die als Phillips-Kurve bezeichnet wird. Die Phillips-Kurve besagt, daß die tatsächliche Inflationsrate von der erwarteten Inflationsrate, von der Abweichung der Arbeitslosigkeit von ihrem natürlichen Niveau und von Angebotsschocks abhängt. Sie impliziert, daß es für die Wirtschaftspolitiker, die Nachfragesteuerung betreiben, einen kurzfristigen Tradeoff zwischen Arbeitslosigkeit und Inflation gibt.

3. Falls die Inflationserwartungen von der gegenwärtig beobachteten Inflation abhängen, dann weist die Inflation eine Beharrungstendenz auf. Dies impliziert, daß eine Inflationssenkung nur über einen vorteilhaften Angebotsschock oder eine Periode hoher Arbeitslosigkeit und verminderter Produktion möglich ist. Haben die Menschen jedoch rationale Inflationserwartungen, dann könnte ein glaubhafter Politikwandel die Erwartungen direkt beeinflussen und dadurch die Inflation senken, ohne daß es zu einer Rezession kommt.

4. Neuere Entwicklungen in der Theorie des Gesamtangebots haben versucht, zu klären, warum Löhne und Preise kurzfristig Starrheiten aufweisen. Sie haben auch die Hypothese der natürlichen Rate durch die Vermutung angezweifelt, daß Rezessionen dauerhafte Spuren in einer Wirtschaft zurücklassen können.

Schlüsselbegriffe

Lohnstarrheiten-Modell
Arbeitnehmer-Fehleinschätzungs-Modell
Modell unvollkommener Informationen
Preisstarrheiten-Modell
Phillips-Kurve
Nachfrage(sog)inflation
Kosten(druck)inflation
Opferverhältnis

Rationale Erwartungen
Neue klassische Ökonomie
Neuer Keynesianismus
Speisekarten-Kosten
Gesamtnachfrage-Externalität
Koordinationsversagen
Natural-Rate-Hypothese
Hysteresis

Wiederholungsfragen

1. Erläutern Sie die vier Gesamtangebots-Theorien. Auf welchen Marktunvollkommenheiten basieren sie jeweils? Welche Gemeinsamkeiten zeigen die Theorien?

2. In welchem Verhältnis steht die Phillips-Kurve zum Gesamtangebot?

3. Warum zeigt die Inflation Beharrungstendenzen?

4. Erläutern Sie die Unterschiede zwischen Nachfrage(sog)inflation und Kosten(druck)inflation.

5. Unter welchen Umständen kann es möglich sein, die Inflation zu reduzieren, ohne eine Rezession hervorzurufen?

6. Erläutern Sie zwei Wege, auf denen eine Rezession die natürliche Arbeitslosigkeit erhöhen kann.

Aufgaben und Anwendungen

1. Man betrachte die folgenden Änderungen im Lohnstarrheiten-Modell.

   a. Nehmen Sie an, daß in den Tarifvereinbarungen eine vollständige Indexierung der Löhne vereinbart wird. Der Lohnsatz muß also vollständig an die Entwicklung des Preisindex für die Lebenshaltung angepaßt werden. Wie verändert die Indexierung die Gesamtangebotskurve, die durch das Lohnstarrheiten-Modell impliziert wird.

   b. Nehmen Sie nun an, daß die Indexierung nicht vollkommen ist. Das heißt, für eine gegebene Erhöhung des Preisindex der Lebenshaltung wird der Lohnsatz nur um einen kleineren Prozentsatz angepaßt. Wie verändert diese teilweise Indexierung die vom Modell implizierte Gesamtangebotskurve?

2. Beschreiben Sie für folgende Spezialfälle die Gesamtangebotskurve, die sich aus dem Preisstarrheiten-Modell ergibt. Vergleichen Sie diese Spezialfälle mit der kurzfristigen Angebotskurve, die in Kapitel 8 diskutiert wurde.

   a. Kein Unternehmen hat flexible Preise ($s = 1$).

   b. Der angestrebte Preis hängt nicht von der Gesamtproduktion ab ($a = 0$).

3. Nehmen Sie an, daß für eine Wirtschaft die folgende Phillips-Kurve gilt:

$$\pi = \pi_{-1} - 0{,}5(u - 0{,}06).$$

   a. Wie hoch ist die natürliche Arbeitslosenquote?

   b. Stellen Sie die kurz- und langfristige Beziehung zwischen Arbeitslosigkeit und Inflation graphisch dar.

Kapitel 11   Gesamtwirtschaftliches Angebot

c. Wieviel zyklische Arbeitslosigkeit ist erforderlich, um die Inflation um 5 Prozentpunkte zu vermindern? Berechnen Sie unter Verwendung des Okun'schen Gesetzes das Opferverhältnis.

d. Die Inflationsrate beträgt 10 Prozent. Die Zentralbank möchte sie auf 5 Prozent reduzieren. Beschreiben Sie zwei Szenarien, mit denen sich dieses Ziel erreichen läßt.

4. Die Vertreter der rationalen Erwartungen behaupten folgendes. Die Kosten der Inflationsverminderung – das Opferverhältnis – sind geringer, falls alle glauben, daß die Politiker es mit der Inflationsbekämpfung wirklich ernst meinen; sie sind höher, wenn das Publikum skeptisch ist in bezug auf die wahren Intentionen der Politiker. Warum könnte diese Behauptung stimmen? Wie läßt sich die Glaubwürdigkeit erreichen?

5. Nehmen Sie an, daß die Menschen rationale Erwartungen haben und daß die Wirtschaft durch Lohnstarrheiten- oder durch das Preisstarrheiten-Modell beschrieben werden kann. Erklären Sie, warum jede der folgenden Aussagen richtig ist.

a. Nur unantizipierte Änderungen des Geldangebots berühren das reale BSP. Änderungen des Geldangebots, die bei der Setzung von Löhnen und Preisen antizipiert wurden, haben keine realen Effekte.

b. Wenn die Zentralbank das Geldangebot zur selben Zeit festlegt, zu der Löhne und Preise gesetzt werden, so daß alle über die gleichen Informationen hinsichtlich der wirtschaftlichen Situation verfügen, dann kann die Geldpolitik nicht systematisch zur Stabilisierung der Wirtschaft eingesetzt werden. Folglich hat eine Politik des konstanten Geldangebots die gleichen realen Effekte wie eine Politik, die das Geldangebot reaktiv an wirtschaftliche Veränderungen anpaßt. (Dies wird als *Politikirrelevanzeigenschaft* bezeichnet.)

c. Legt die Zentralbank das Geldangebot deutlich nach der Setzung von Löhnen und Preisen fest, so daß die Zentralbank über mehr ökonomisch relevante Informationen verfügt, kann die Geldpolitik systematisch zur Stabilisierung des Outputs genutzt werden.

6. Nehmen Sie an, daß eine Wirtschaft folgende Phillips-Kurve aufweist

$$\pi = \pi_{-1} - 0{,}5(u - u^n)$$

und daß die natürliche Arbeitslosenquote sich aus dem Durchschnitt der Arbeitslosigkeit der beiden vergangenen Jahre ergibt:

$$u^n = 0{,}5(u_{-1} + u_{-2}).$$

a. Warum könnte die natürliche Arbeitslosenquote von der Höhe der Arbeitslosigkeit in der jüngeren Vergangenheit abhängen (wie es in der obigen Gleichung angenommen wurde)?

b. Nehmen Sie an, daß die Zentralbank einer Politik folgt, mit der die Inflationsrate dauerhaft um 1 Prozentpunkt gesenkt werden soll. Welche Wirkung hat diese Politik im Zeitverlauf auf die Höhe der Arbeitslosigkeit?

c. Wie sieht das Opferverhältnis in dieser Wirtschaft aus? Begründung?

d. Welche Implikationen ergeben sich aus den obigen Gleichungen für den kurz- und langfristigen Tradeoff zwischen Arbeitslosigkeit und Inflation?

Kapitel 12

Kontroverse Positionen zur makroökonomischen Politik

The Federal Reserve's job is to take away the punch bowl just as the party gets going.

William McChesney Martin

What we need is not a skilled monetary driver of the economic vehicle continuously turning the steering wheel to adjust to the unexpected irregularities of the route, but some means of keeping the monetary passenger who is in the back seat as ballast from occasionally leaning over and giving the steering wheel a jerk that threatens to send the car off the road.

Milton Friedman

Meinungsverschiedenheiten treten bei Diskussionen um die Wirtschaftspolitik besonders deutlich zutage. Die beiden eingangs genannten Zitate – das erste von einem ehemaligen Vorsitzenden des Federal Reserve Boards, das zweite von einem prominenten Kritiker des Federal Reserve Boards – legen die Unterschiedlichkeit in den Ansichten darüber offen, wie die makroökonomische Wirtschaftspolitik aussehen sollte.

Einige Ökonomen, wie William McChesney Martin, betrachten die Wirtschaft als inhärent instabil. Sie argumentieren, daß die Wirtschaft häufig Schocks ausgesetzt ist, die sowohl die Gesamtnachfrage als auch das Gesamtangebot treffen können. Falls die wirtschaftspolitischen Entscheidungsträger keine geld- und fiskalpolitischen Stabilisierungsmaßnahmen ergreifen, führen diese Schocks zu unnötigen und ineffizienten

Schwankungen in Output, Beschäftigung und Inflation. Der beliebten Redewendung zufolge sollte sich die makroökonomische Politik „gegen den Wind stemmen" und die Konjunktur anheizen, wenn sie gedämpft ist, und sie dämpfen, wenn sie angeheizt ist.

Andere Ökonomen, wie z.B. Milton Friedman, gehen davon aus, daß die Wirtschaft von sich aus eine natürliche Stabilität aufweist. Die großen und ineffizienten Schwankungen, die in der Vergangenheit manchmal auftraten, lasten sie der schlechten Wirtschaftspolitik an. Sie sagen, daß die Wirtschaftspolitik auf eine „Feinsteuerung" der Wirtschaft verzichten soll. Stattdessen sollten die wirtschaftspolitischen Entscheidungsträger ihre eigenen Grenzen erkennen und damit zufrieden sein, daß sie kein Unheil anrichten.

Der Meinungsstreit um die „richtige" makroökonomische Politik wird seit Jahren geführt, wobei die Protagonisten der jeweiligen Position verschiedene Argumente zur Stützung ihrer Ansicht vorgetragen haben. Der zentrale Punkt liegt in der Frage, auf welche Weise die wirtschaftspolitischen Entscheidungsträger die Theorie gesamtwirtschaftlicher Schwankungen nutzen sollten, die wir in den letzten vier Kapiteln entwickelt haben. In diesem Kapitel beschäftigen wir uns mit zwei Fragen, die im Rahmen des makroökonomischen Meinungsstreits aufgetreten sind. Erstens: Sollten Geld- und Fiskalpolitik eine aktive Rolle spielen und versuchen, die Wirtschaft zu stabilisieren, oder sollten sie passiv bleiben? Zweitens: Sollte sich die Wirtschaftspolitik auf eine festgelegte wirtschaftspolitische Regel verpflichten oder sollten die Wirtschaftspolitiker frei und nach eigenem Ermessen auf eine Veränderung der wirtschaftlichen Bedingungen reagieren können?

12.1 Aktive oder passive Wirtschaftspolitik?

Die Entscheidungsträger der amerikanischen Bundesregierung betrachten die ökonomische Stabilisierung als eine ihrer wichtigsten Aufgaben. Die Analyse der makroökonomischen Politik gehört zum Pflichtenkatalog des „Council of Economic Advisers", des „Congressional Budget Office", des „Federal Reserve Boards" und anderer Regierungsstellen. Wenn der Kongreß oder der Präsident eine größere Änderung der Fiskalpolitik in Betracht zieht oder wenn das Federal Reserve Board eine größere Änderung der Geldpolitik ins Auge faßt, ist der erste Diskussionspunkt die Frage, ob die Veränderung Inflation oder Arbeitslosigkeit beeinflußt und ob es nötig ist, die Gesamtnachfrage zu stimulieren oder zu dämpfen.

Obwohl die Regierung seit langer Zeit Geld- und Fiskalpolitik betreibt, ist die Ansicht, der Staat sei für die wirtschaftliche Stabilisierung verantwortlich, neueren

Datums. Das Beschäftigungsgesetz von 1946 ist ein zentrales Element der Gesetzgebung, mit der sich die Regierung selbst Verantwortung für die wirtschaftliche Lage auferlegt. Es besagt, daß „it is the continuing policy and responsibility of the Federal Government to ... promote full employment and production". Das Gesetz entstand noch unter dem Eindruck der Weltwirtschaftskrise. Der Gesetzgeber war, wie viele Ökonomen auch heute noch, der Ansicht, daß ohne eine aktive Rolle des Staates in der Wirtschaft Ereignisse wie die Weltwirtschaftskrise regelmäßig auftreten können.

Für viele Wirtschaftswissenschaftler ist die Sachlage in bezug auf eine aktive Wirtschaftspolitik des Staates klar und einfach. Rezessionen sind Zeiträume hoher Arbeitslosigkeit, niedriger Einkommen und verminderter ökonomischer Wohlfahrt. Das Gesamtnachfrage-Gesamtangebots-Modell zeigt, wie Schocks, die die Wirtschaft treffen, Rezessionen verursachen. Es zeigt auch, wie Geld- und Fiskalpolitik durch eine entsprechende Reaktion auf diese Schocks Rezessionen verhindern können. Vertreter dieser Sicht betrachten es als Verschwendung, wenn auf den Einsatz wirtschaftspolitischer Stabilisierungsinstrumente verzichtet wird.

Andere Ökonomen hingegen stehen dem Versuch der Regierung, die Wirtschaft zu stabilisieren, höchst kritisch gegenüber. Sie sind der Auffassung, daß die Regierung von dieser Art makroökonomischer Politik besser die Finger lassen sollte. Auf den ersten Blick mag dieser Standpunkt überraschend erscheinen. Wenn unser Modell zeigt, wie man Rezessionen vermeiden oder doch zumindest mildern kann, warum verlangen diese Kritiker dann von der Regierung, auf den stabilisierenden Einsatz von Geld- und Fiskalpolitik zu verzichten? Um das herauszufinden, wollen wir uns einige der vorgebrachten Argumente ansehen.

Zeitliche Verzögerungen bei der Implementierung und bei der Wirkung von wirtschaftspolitischen Maßnahmen

Geld- und Fiskalpolitik beeinflussen die Wirtschaft erst nach beträchtlichen zeitlichen Verzögerungen (Lags). Die Länge dieser Verzögerungen variiert. Diese langen und variablen zeitlichen Verzögerungen erschweren den Versuch, die Wirtschaft zu stabilisieren.

Ökonomen unterscheiden zwei Arten von Lags, die bei der Durchführung der Stabilisierungspolitik auftreten: den Inside lag und den Outside lag. Als **Inside lag** bezeichnet man die Zeit zwischen dem Auftreten eines Schocks und der wirtschaftspolitischen Reaktion darauf. Der Inside lag tritt auf, weil die Wirtschaftspolitiker sowohl Zeit dafür brauchen, den Schock als solchen zu erkennen, als auch dafür, angemessene wirtschaftspolitische Maßnahmen einzuleiten. Der **Outside lag** ist die Zeit zwischen dem Ergreifen einer wirtschaftspolitischen Maßnahme und ihrem Wirksamwerden in der Wirtschaft. Dieser Lag tritt auf, weil wirtschaftspolitische Maßnahmen nicht sofort Ausgaben, Einkommen und Beschäftigung beeinflussen.

Die Fiskalpolitik weist einen großen Inside lag auf. Ausgaben- oder Steueränderungen bedürfen im allgemeinen der Zustimmung des Parlaments. Der Weg vom Entwurf bis zur Verabschiedung einer Ausgaben- oder Steueränderung ist oft lang und mühselig. Wegen dieser Verzögerungen muß man die Fiskalpolitik als ein wenig präzises Stabilisierungsinstrument ansehen.

Die Geldpolitiker müssen bei ihren Entscheidungen einen beträchtlichen Outside lag berücksichtigen. Sie verändern die Zinssätze, die ihrerseits die Investitionen beeinflussen. Viele Unternehmen machen ihre Investitionspläne jedoch weit im voraus. Aus diesem Grund wird im allgemeinen davon ausgegangen, daß eine Änderung der Geldpolitik das reale BSP erst ca. 6 Monate nach dieser Änderung beeinflußt.

Die großen und variablen zeitlichen Verzögerungen, die mit der Geld- und Fiskalpolitik verbunden sind, erschweren sicherlich die Stabilisierung einer Wirtschaft. Befürworter einer passiven Politik argumentieren, daß aufgrund dieser Lags Stabilisierungsversuche allzuoft destabilisierend wirken. Nehmen wir einmal an, daß sich die wirtschaftliche Lage in der Zeit, die zwischen dem Ergreifen einer wirtschaftspolitischen Maßnahme und dem Einsetzen ihrer Wirkung liegt, ändert. Dann könnte eine aktive Wirtschaftspolitik dazu führen, daß die Wirtschaft in der Überhitzungsphase noch stimuliert bzw. im Abschwung noch gedämpft wird. Befürworter einer aktiven Politik geben zu, daß diese Lags von den Wirtschaftspolitikern ein erhöhtes Maß an Umsicht verlangen. Die Lags in Geld- und Fiskalpolitik implizieren jedoch nicht notwendigerweise, daß die Wirtschaftspolitik rein passiv sein sollte. Dies gilt insbesondere angesichts eines nachhaltigen und sich in die Länge ziehenden Abschwungs.

Einige Formen der Stabilisierungspolitik, die sogenannten **automatischen Stabilisatoren** (automatic stabilizers), sind geeignet, die zeitlichen Verzögerungen zu reduzieren. Als automatische Stabilisatoren bezeichnet man jene wirtschaftspolitischen Instrumente, die die Wirtschaft – wenn nötig – stimulieren oder dämpfen, ohne daß es wie auch immer gearteter überlegter Maßnahmen bedarf. So führt beispielsweise das System der Einkommens- und Körperschaftssteuer im Abschwung automatisch zu einer dann erwünschten Verminderung der Steuern. Diese Verminderung ergibt sich ohne jede Änderung des Steuerrechts einfach daraus, daß Personen und Körperschaften weniger Steuern bezahlen müssen, wenn ihr Einkommen sinkt. Auf ähnliche Weise erhöht das System der Arbeitslosenversicherung im Abschwung automatisch den Umfang der Transferzahlungen, weil die Unterbeschäftigung zunimmt. Beide Formen der automatischen Stabilisierung eliminieren weitgehend den Inside lag der Fiskalpolitik.

Fallstudie 12-1: Gewinnbeteiligung als automatischer Stabilisator

Ökonomen schlagen häufig wirtschaftspolitische Maßnahmen vor, die den automatischen Stabilisierungseffekt verbessern sollen. Einer der neuesten Vorschläge stammt von Martin Weitzman: Gewinnbeteiligung. Heute wird in den meisten Tarif- und Arbeitsverträgen ein bestimmter Lohnsatz festgelegt. So mag beispielsweise Daimler-Benz sich verpflichten, einem in der Fertigung beschäftigten Arbeitnehmer 40 DM pro Stunde zu bezahlen. Weitzman schlägt nun vor, daß die Gesamtentlohnung der Arbeitnehmer vom Gewinn ihrer Unternehmung abhängen sollte. Bei einem solchen Beteiligungslohnsystem würde Daimler-Benz dem Arbeitnehmer beispielsweise 20 DM pro Stunde bezahlen. Darüber hinaus würde ein Teil des Gewinns unter allen Beschäftigten aufgeteilt werden.

Weitzman behauptet, daß die Gewinnbeteiligung als automatischer Stabilisator wirkt. Beim gegenwärtigen Lohnsystem führt ein Rückgang der Nachfrage nach den Produkten eines Unternehmens zur Entlassung von Arbeitnehmern, weil es sich nicht länger lohnt, sie zum ursprünglichen Lohnsatz zu beschäftigen. Das Unternehmen wird diese Arbeitnehmer nur dann wieder einstellen, wenn der Lohnsatz sinkt oder die Nachfrage sich erholt. Bei einem Gewinnbeteiligungssystem, so die Vorstellung von Weitzman, steigt die Wahrscheinlichkeit, daß die Unternehmen den Beschäftigungsstand bei einem Nachfrageeinbruch halten. Bei dem fiktiven Gewinnbeteiligungssystem von Daimler-Benz würde jede zusätzliche Arbeitsstunde das Unternehmen 20 DM kosten; die restliche Entlohnung würde aus dem Gewinnanteil der Arbeitnehmer stammen. Weil die Grenzkosten der Arbeit bei einem Gewinnbeteiligungssystem viel geringer wären, hätte ein Nachfragerückgang normalerweise keine Entlassungen zur Folge.

Als Beleg für die Vorteile eines Gewinnbeteiligungssystems verweist Weitzman auf die Erfahrungen in Japan. Die meisten japanischen Arbeitnehmer erhalten einen großen Teil ihrer Entlohnung am Jahresende als Bonus. Wegen dieses Bonussystems, so argumentiert Weitzman, betrachten sich japanische Arbeitnehmer eher als dauerhafte Partner des Unternehmens und nicht als Lohnarbeiter. Genau wie Weitzmans Theorie voraussagt, ist die Beschäftigungssituation in Japan stabiler als in Ländern ohne jede Form von Gewinnbeteiligung.

Die *New York Times* bezeichnete den Vorschlag Weitzmans als „the best idea since Keynes". Befürworter des Weitzman-Plans schlagen steuerliche Anreize vor, um die Unternehmen zur Installierung des Beteiligungssystems zu bewegen. Es wurden jedoch auch viele skeptische Stimmen laut. So wurde die Frage aufgeworfen, warum Unternehmen und Arbeitnehmer den Weitzman-Plan, wenn er denn eine so gute Idee ist, nicht auch ohne Ansporn des Staates verwirklichen. Ob ein

Gewinnbeteiligungssystem, wie Weitzman behauptet, tatsächlich einen Beitrag zur Stabilisierung der Wirtschaft leisten kann, muß weiterhin als offene Frage angesehen werden.[1]

Ökonomische Prognosen: Eine schwierige Aufgabe

Weil die Wirtschaftspolitik das Wirtschaftsgeschehen erst mit einer deutlichen Verzögerung beeinflußt, setzt eine erfolgreiche Stabilisierungspolitik die Fähigkeit voraus, die künftigen wirtschaftlichen Bedingungen präzise vorherzusagen. Wenn sich nicht vorhersagen läßt, ob sich die Wirtschaft in sechs Monaten oder in einem Jahr in einem Boom oder in einer Rezession befindet, läßt sich auch nicht einschätzen, ob die Geld- oder Fiskalpolitik jetzt expansiv oder kontraktiv wirken sollte. Unglücklicherweise sind ökonomische Entwicklungen oft nicht vorhersagbar – jedenfalls nicht bei unserem gegenwärtigen Wissen über das Funktionieren der Wirtschaft.

Ein Weg, auf dem Prognostiker versuchen, die Zukunft zu erfassen, ist die Beobachtung sogenannter **Frühindikatoren** (leading indicators). In den Vereinigten Staaten wird ein Index der Frühindikatoren (index of leading indicators) ermittelt. Dieser Index setzt sich aus elf Datenreihen zusammen, z.B. Aktienkursen, Anzahl der erteilten Baugenehmigungen, Auftragseingänge, Geldangebot usw., deren Schwankungen häufig denen des BSP voreilen. Ein Rückgang der Frühindikatoren kann daher eine herannahende Rezession ankündigen.

Ein weiterer, von den Prognostikern beschrittener Weg, besteht in der Verwendung ökonomischer Modelle. Sowohl Regierungsstellen als auch private Prognoseinstitute unterhalten solche großen rechnergestützten Modelle. Diese Modelle bestehen aus vielen Gleichungen, von denen jede einen Teil der Wirtschaft repräsentiert. Nachdem Annahmen über den Pfad der exogenen Variablen, wie z.B. Geldpolitik, Fiskalpolitik und Ölpreise, getroffen wurden, liefern diese Modelle Voraussagen über Arbeitslosigkeit, Inflation und andere endogene Variablen. Es ist jedoch wichtig, sich immer vor Augen zu halten, daß die Verläßlichkeit dieser Prognosen nur so gut sein kann wie das Modell und die Annahmen bezüglich der exogenen Variablen.

---

1 Martin L. Weitzman, The Share Economy (Cambridge, Mass., 1984).

Fallstudie 12-2: Zwei Episoden von ökonomischen Prognosen

Ökonomische Prognosen sind von zentraler Bedeutung für die private und öffentliche Entscheidungsbildung. Manager müssen sich auf Prognosen stützen, wenn sie entscheiden, wieviel produziert und investiert werden soll. Wenn wirtschaftspolitische Entscheidungsträger den Einsatz ökonomischer Instrumente planen, müssen sie sich ebenfalls auf Prognosen verlassen.

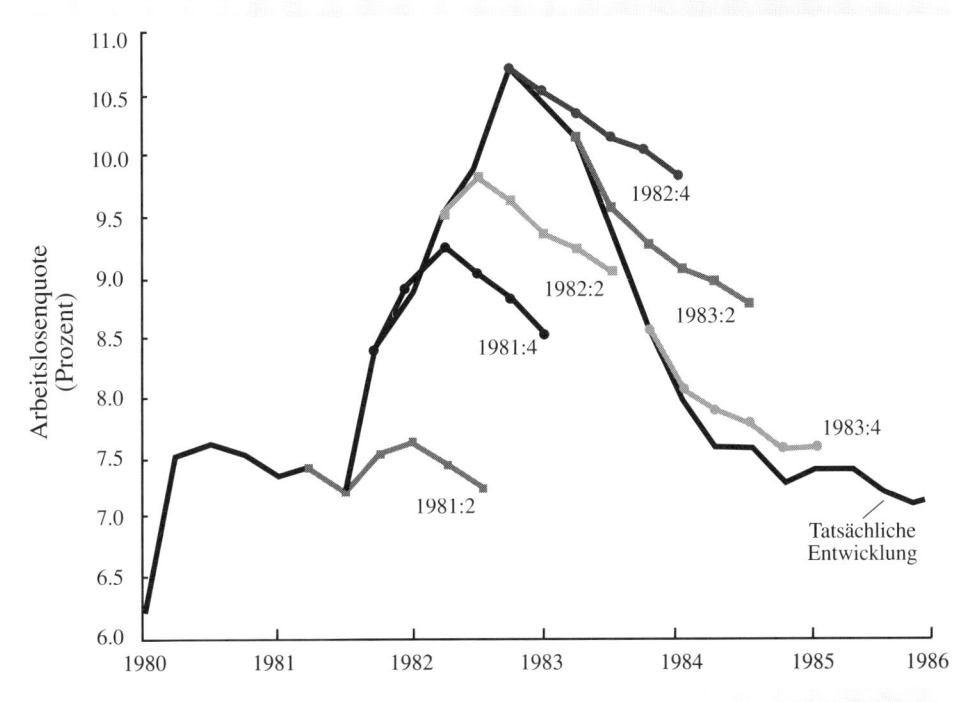

Abbildung 12-1: **Prognosen und die Rezession von 1982.** Die durchgezogene Linie stellt die tatsächliche Arbeitslosenquote vom ersten Quartal 1980 bis zum ersten Quartal 1986 dar. Die mit Symbolen versehenen Linien zeigen die zu sechs verschiedenen Zeitpunkten (2. Quartal 1981, 4. Quartal 1981, 2. Quartal 1982 usw.) prognostizierte Entwicklung der Arbeitslosenquote. Für jede Prognose markieren die Symbole die tatsächliche Arbeitslosenquote im Prognosezeitpunkt und die Vorhersage für die folgenden fünf Quartale. Es ist bemerkenswert, daß die Vorhersagen sowohl den raschen Anstieg der Arbeitslosigkeit als auch ihren raschen Rückgang nicht richtig einschätzten.

Quellen: Die Arbeitslosenquote stammt vom U.S. Department of Labor. Die prognostizierte Arbeitslosenquote wurde als Median aus zwanzig verschiedenen Prognosen ermittelt, die von der American Statistical Association und dem National Bureau of Economic Research befragt wurden.

Wie präzise sind Wirtschaftsprognosen? Eine Antwort auf diese Frage läßt sich durch einen Blick auf die Qualität der in der Vergangenheit erstellten Prognosen finden.

Der gravierendste Abschwung, die Weltwirtschaftskrise, traf die Prognostiker völlig überraschend. Sogar nach dem Börsenkrach von 1929 in den USA bewahrten sich die Prognostiker die Zuversicht, daß die Wirtschaft nicht nachhaltig zurückgeworfen würde. Ende 1931, als der schlechte Zustand der amerikanischen Wirtschaft offenkundig war, prognostizierte der herausragende Ökonom Irving Fisher eine schnelle Erholung. Die folgenden Ereignisse zeigten, daß diese Vorhersagen viel zu optimistisch waren.[2]

Abbildung 12-1 zeigt die Qualität der Wirtschaftsprognosen während der Rezession von 1982, dem schwersten Abschwung seit der Weltwirtschaftskrise. Dargestellt werden die tatsächliche Arbeitslosenquote und sechs Versuche, ihre Entwicklung für die nächsten fünf Quartale vorherzusagen. Es wird deutlich, daß die Leistung der Prognostiker bei der Vorhersage für das nächste Quartal recht gut war. Die weiterreichenden Prognosen waren jedoch oft sehr ungenau. Im zweiten Quartal 1981 sagten die Prognostiker für die nächsten fünf Quartale eine nur geringe Veränderung der Arbeitslosenquote voraus; nur zwei Quartale später begann die Arbeitslosigkeit jedoch deutlich zu steigen. Die Zunahme der Unterbeschäftigung auf nahezu 11 Prozent im vierten Quartal 1982 traf die Prognostiker völlig überraschend. Nachdem das Ausmaß der Rezession deutlich wurde, versagten die Prognostiker bei der Voraussage, wie schnell die Arbeitslosigkeit in der Folgezeit abgebaut würde.

Diese beiden Episoden – die Weltwirtschaftskrise und die Rezession von 1982 – zeigen, daß sich viele dramatische ökonomische Ereignisse nicht vorhersehen lassen. Obgleich ökonomische Prognosen ein nützliches Kriterium bei der privaten und öffentlichen Entscheidungsfindung darstellen, sind sie immer mit großer Unsicherheit behaftet.

---

2 Kathryn M. Dominguez, Ray C. Fair, und Matthew D. Shapiro, "Forecasting the Depression: Harvard versus Yale", American Economic Review 78 (September 1988): 595-612. Die Autoren dieser Artikel zeigen, wie schlecht die Qualität der Prognosen während der Weltwirtschaftskrise war, und behaupten, daß die Qualität auch mit den heute verfügbaren modernen Prognoseverfahren nicht hätte besser sein können.

Unwissenheit, Erwartungen und die Lucas-Kritik

Der bekannte Wirtschaftswissenschaftler Robert Lucas hat einmal geschrieben: "As an advice-giving profession we are in way over our heads." Selbst viele von denen, die regelmäßig beratend an der Wirtschaftspolitik mitwirken, werden der Einschätzung von Lucas zustimmen. Die Ökonomie ist eine junge Wissenschaft, und es gibt noch vieles, was Wirtschaftswissenschaftler nicht wissen. Diese Unwissenheit legt nahe, daß Ökonomen vorsichtig sein sollten, wenn sie die Wirtschaftspolitiker beraten. Sie können sich nicht völlig sicher sein, wenn sie die Wirkungen alternativer wirtschaftspolitischer Maßnahmen abschätzen.

Obgleich es viele Punkte gibt, über die Ökonomen nur wenig wissen, hat Lucas die Frage in den Vordergrund gestellt, wie Menschen ihre Erwartungen über die Zukunft bilden. Erwartungen spielen in der Wirtschaft eine entscheidende Rolle, weil sie das Verhalten von Konsumenten, Investoren und anderen Wirtschaftssubjekten beeinflussen. Die Erwartungen hängen von vielen Dingen ab, unter anderem auch von der Wirtschaftspolitik, die von der Regierung verfolgt wird. Die Einschätzung der Wirkung einer bestimmten wirtschaftspolitischen Maßnahme erfordert daher Einsicht in die Reaktion der Erwartungen auf diese Maßnahme. Lucas behauptete, daß die üblichen Verfahren der Politikabschätzung die Wirkung wirtschaftspolitischer Maßnahmen auf die Erwartungen nicht angemessen berücksichtigen. Diese Kritik der traditionellen Politikbeurteilung ist als **Lucas-Kritik** bekannt.[3]

Über ein Beispiel der Lucas-Kritik haben wir in Kapitel 11 gesprochen, als wir die Kosten der Disinflation analysierten. Herkömmliche Schätzungen des Opferverhältnisses – die Anzahl Prozentpunkte des BSP, die für eine Verminderung der Inflation um einen Prozentpunkt aufgegeben werden müssen – basieren auf der Annahme, daß die Inflationserwartungen von den in der Vergangenheit beobachteten Inflationsraten abhängen. Vertreter der Theorie rationaler Erwartungen behaupten, daß die Verminderung der Inflation sehr viel weniger kostet als diese Schätzungen vermuten lassen, weil die Erwartungen auf eine glaubhafte Veränderung der Politik reagieren werden. Mit anderen Worten wird also behauptet, daß die herkömmlichen Schätzungen des Opferverhältnisses unzuverlässig seien, weil sie der Lucas-Kritik unterliegen.

---

3 Robert E. Lucas, Jr., "Econometric Policy Evaluation: A Critique", Carnegie Rochester Conference on Public Policy 1 (Amsterdam, 1976), 19-46; abgedruckt in Robert E. Lucas, Jr., Studies in Business Cycle Theory (Cambridge, Mass. 1981).

Die Entwicklung in der Vergangenheit

Jedes Urteil darüber, ob die Wirtschaftspolitik eine aktive Rolle spielen sollte, muß weitgehend davon abhängen, wie die Entwicklung beurteilt wird, die in der Vergangenheit stattgefunden hat. War die Wirtschaft einer Vielzahl heftiger Angebots- und Nachfrageschocks ausgesetzt und hat die Wirtschaftspolitik diese Schocks erfolgreich auffangen können, dann spricht dies für eine aktive Wirtschaftspolitik. Gilt umgekehrt, daß die Wirtschaft nur wenigen Schocks ausgesetzt war und können die beobachteten Schwankungen auf eine unangemessene Wirtschaftspolitik zurückgeführt werden, dann spricht dies für eine passive Wirtschaftspolitik. Mit anderen Worten sollte also die Beurteilung der Stabilisierungspolitik auch davon abhängen, ob die Wirtschaftspolitik in der Vergangenheit stabilisierend oder destabilisierend gewirkt hat. Aus diesem Grund nimmt die Kontroverse über die makroökonomische Wirtschaftspolitik üblicherweise die Wendung zu einer Kontroverse über die makroökonomische Entwicklung in der Vergangenheit.

Diese Geschichtsbetrachtung führt jedoch nicht zu einer Schlichtung der Debatte über die Stabilisierungspolitik. Uneinigkeit bezüglich der vergangenen Entwicklung kommt deswegen zustande, weil es nicht einfach ist, die Quellen wirtschaftlicher Schwankungen zu identifizieren. Die Aufzeichnungen über die vergangene Entwicklung lassen daher mehr als eine Interpretation zu.

Für diese Aussage bietet die Weltwirtschaftskrise einen guten Beleg. Die Ansicht der Ökonomen über die makroökonomische Politik ist häufig mit ihrer Ansicht über die Ursachen der Weltwirtschaftskrise verbunden. Einige Ökonomen vertreten die Auffassung, daß die Weltwirtschaftskrise durch einen starken Rückgang der privaten Ausgaben verursacht wurde. Sie meinen, die Wirtschaftspolitik hätte mit einer Stimulierung der Gesamtnachfrage reagieren müssen. Andere Ökonomen vertreten hingegen die Auffassung, daß die Ursache der Weltwirtschaftskrise in einem starken Rückgang des Geldangebots zu sehen ist. Sie meinen, daß die Krise hätte vermieden werden können, wenn die Zentralbank eine passive Geldpolitik mit konstanter Wachstumsrate des Geldangebots verfolgt hätte. In Abhängigkeit von der Ansicht über die Ursachen der Weltwirtschaftskrise kann diese Zeit also als Beispiel für die Notwendigkeit aktiver Geld- und Fiskalpolitik gesehen werden oder als Beispiel für die Gefährlichkeit einer solchen Politik.

Fallstudie 12-3: Nochmalige Überprüfung der Stabilisierungspolitik

Keynes schrieb die General Theory in den dreißiger Jahren, und im Gefolge der keynesianischen Revolution begannen die Regierungen rings um den Erdball die makroökonomische Stabilisierung als eine ihrer wichtigsten Aufgaben anzusehen. Einige Ökonomen glauben, daß die Schaffung der keynesianischen Theorie einen deutlichen Einfluß auf das Verhalten der Wirtschaft hatte. Ein Vergleich von Daten aus der Zeit vor dem ersten Weltkrieg mit Daten aus der Zeit nach dem zweiten Weltkrieg zeigt, daß die Zeitpfade von realem BSP und Unterbeschäftigung viel stabiler geworden sind. Dies, so wird von einigen Keynesianern behauptet, sei das beste Argument für eine aktive Stabilisierungspolitik: sie hat funktioniert.

In einer Reihe von provozierenden und wichtigen Beiträgen hat Christina Romer diese Einschätzung der vergangenen Entwicklung angegriffen. Sie argumentiert, daß die gemessene Verminderung der Schwankungen weder eine Verbesserung der Wirtschaftspolitik noch eine Verbesserung der ökonomischen Situation widerspiegelt, sondern auf einer Verbesserung der Qualität des Zahlenmaterials beruht. Die älteren Zahlen sind wesentlich ungenauer als die neueren. Romer behauptet, daß die vor dem ersten Weltkrieg beobachteten größeren Ausschläge von Arbeitslosigkeit und realem BSP zum großen Teil nur durch die Daten vorgegaukelt werden.

Sie verwendet verschiedene Techniken, um ihre Ansicht zu begründen. Ein Weg besteht in dem Versuch, bessere Daten für den älteren Zeitraum zu konstruieren. Dies ist jedoch sehr schwierig, weil kaum Quellen für solche Daten zur Verfügung stehen. Ein anderer Weg besteht daher darin, für den gegenwärtigen Zeitraum schlechtere Daten zu konstruieren. Genauer gesagt kann man aktuelle Daten konstruieren, die mit den alten Zahlen vergleichbar sind und unter den gleichen Mängeln leiden. Nach der Konstruktion solcher neuen „schlechten" Datenreihen kam sie zu dem Ergebnis, daß die Ausschläge in der Gegenwart viel größer werden - fast so groß wie in der Zeit vor dem ersten Weltkrieg. Dies läßt vermuten, daß ein großer Teil der früher zu beobachtenden Schwankungen ein Kunstprodukt der Datenerfassung sind.

Die Arbeiten von Christina Romer stellen einen wichtigen Teil der immer noch anhaltenden Kontroverse dar, ob die makroökonomische Politik die wirtschaftliche Leistungsfähigkeit verbessert hat. Obwohl ihre Überlegungen umstritten bleiben, sind die meisten Ökonomen nun überzeugt, daß die Stabilisierungserfolge sehr viel kleiner waren als lange Zeit angenommen.[4]

12.2 Ökonomische Politik: Regelbindung oder Einzelfallentscheidung?

Ein zweiter Punkt, der häufig zwischen Ökonomen kontrovers diskutiert wird, ist die Frage, ob die Wirtschaftspolitik sich einer Regelbindung unterwerfen oder auf einer Einzelfallentscheidung beruhen sollte. Die Wirtschaftspolitik folgt einer Regelbindung, wenn die Entscheidungsträger im vorhinein ankündigen, wie die Politik auf verschiedene wirtschaftliche Situationen reagieren wird. Außerdem muß sie sich dazu verpflichten, dieser Ankündigung auch Folge zu leisten. Die Politik folgt hingegen einer Einzelfallentscheidung, wenn die Entscheidungsträger die wirtschaftliche Lage von Fall zu Fall beurteilen und die Politik wählen, die sie für jeweils angemessen halten.

Die Frage, ob Regelbindung oder Einzelfallentscheidung, ist etwas anderes als die Frage, ob passive oder aktive Makropolitik. Die Wirtschaftspolitik kann einer Regel folgen und dennoch sowohl passiv als auch aktiv sein. So könnte beispielsweise eine passive Regelbindung vorschreiben, daß das Geldangebot jedes Jahr mit einer festen Rate von drei Prozent wächst. Eine aktive Regelbindung könnte dagegen folgendermaßen aussehen:

$$\text{Wachstum des Geldangebots} = 3\% + (\text{Arbeitslosenquote} - 6\%).$$

Bei dieser Regel wächst das Geldangebot um drei Prozent, falls die Arbeitslosenquote bei sechs Prozent liegt. Für jeden Prozentpunkt, um den die Arbeitslosenquote sechs Prozent überschreitet, wächst das Geldangebot um einen weiteren Prozentpunkt. Diese Regel signalisiert, daß die Zentralbank versuchen will, die Wirtschaft durch eine Ausdehnung des Geldmengenwachstums zu stabilisieren, falls sie sich in einem Abschwung befindet.

Zu Beginn dieses Abschnitts wollen wir überlegen, ob sich die Wirksamkeit der Wirtschaftspolitik durch Festlegung auf eine bestimmte Politikregel möglicherweise verbessern läßt. Im folgenden sollen dann verschiedene denkbare Politikregeln näher betrachtet werden.

---

4 Christina D. Romer, "Spurious Volatility in Historical Unemployment Data", Journal of Political Economy 94 (Februar 1986): 1-37; Christina D. Romer, "Is the Stabilization of the Postwar Economy a Figment of the Data?", American Economic Review 76 (Juni 1986): 314-334.

Mißtrauen gegenüber den Wirtschaftspolitikern und dem politischen Prozeß

Einige Ökonomen vertreten die Ansicht, daß die Wirtschaftspolitik zu wichtig sei, als daß man sie allein der situationsabhängigen Entscheidung von Wirtschaftspolitikern überlassen dürfe. Obgleich diese Einschätzung eher eine politische und weniger eine ökonomische ist, ist sie von zentraler Bedeutung für die Bewertung der Rolle der Wirtschaftspolitik. Sollten die Politiker inkompetent oder böswillig sein, dann wird man den Einsatz des mächtigen Instruments der Geld- und Fiskalpolitik sicherlich nicht allein ihrer Entscheidung überlassen wollen.

Inkompetenz in der Wirtschaftspolitik kann aus verschiedenen Gründen auftreten. Eine Reihe von Ökonomen betrachtet den politischen Prozeß als unstet, vielleicht deshalb, weil er den wechselnden Einfluß von Interessengruppen widerspiegelt. Darüber hinaus ist die Makroökonomik ein schwieriges Gebiet und den Politikern fehlt häufig das ökonomische Wissen, um richtige Entscheidungen zu treffen. Diese Unwissenheit ermöglicht es Scharlatanen, einfache, aber falsche Lösungen für komplexe Probleme vorzuschlagen. Der politische Prozeß ist häufig nicht in der Lage, die Ratschläge von Scharlatanen und die von kompetenten Wirtschaftswissenschaftlern zu trennen.

Opportunismus kann in der Wirtschaftspolitik dann eine Rolle spielen, wenn die individuellen Ziele der Wirtschaftspolitiker mit den Zielen der Wohlfahrt der Allgemeinheit kollidieren. Einige Ökonomen befürchten, daß Politiker die Wirtschaftspolitik benutzen, um die Chancen ihrer Wiederwahl zu verbessern. Falls die Bürger ihre Wahlentscheidung aufgrund der aktuellen wirtschaftlichen Situation treffen, dann gibt es für die Politiker einen Anreiz, eine Politik zu verfolgen, die im Wahljahr einen wirtschaftlichen Aufschwung herbeiführt. Es bietet sich an, kurz nach dem Wahlsieg eine Rezession herbeizuführen, damit die Inflationsrate zu senken und rechtzeitig vor der nächsten Wahl die Konjunktur anzuheizen, um die Arbeitslosigkeit zu vermindern. Dadurch würde sichergestellt, daß sich zum Wahlzeitpunkt sowohl die Inflationsrate als auch die Arbeitslosigkeit auf niedrigem Niveau bewegen. Eine solche Manipulation des Wirtschaftsablaufs, die zum Wahlsieg verhelfen soll, bezeichnet man als **politischen Konjunkturzyklus**. Der politische Konjunkturzyklus war Gegenstand ausführlicher Untersuchungen von Ökonomen und Politikwissenschaftlern.[5]

Wegen des mangelnden Vertrauens in die Qualität des politischen Entscheidungsfindungsprozesses plädiert eine Reihe von Ökonomen dafür, die Wirtschaftspolitik aus der politischen Sphäre herauszunehmen. In den USA wurden Verfassungszusätze vorge-

---

[5] William Nordhaus, "The Political Business Cycle", Review of Economic Studies 42 (1975): 169-190; Edward Tufte, "Political Control of the Economy" (Princeton, N.J. 1978).

schlagen, z.B. ein verfassungsrechtliches Gebot zum Budgetausgleich, die dem Gesetzgeber die Hände binden und die Wirtschaft vor der Inkompetenz und dem Opportunismus von Politikern schützen würden.

Fallstudie 12-4: Die Wirtschaft der Vereinigten Staaten unter republikanischen und demokratischen Präsidenten

Welchen Einfluß haben die jeweiligen Regierungsparteien auf die Wirtschaft? Wissenschaftler, die an der Grenze zwischen Wirtschafts- und Politikwissenschaft arbeiten, haben sich mit dieser Frage beschäftigt. Ein verblüffendes Ergebnis besteht darin, daß die beiden großen Parteien der Vereinigten Staaten offenbar systematisch unterschiedliche makroökonomische Politiken verfolgen.

Tabelle 12-1 zeigt die Wachstumsraten des realen BSP jeweils für die vier Jahre eines Präsidentschaftwahlzyklus seit 1948. Es fällt auf, daß es im zweiten Jahr einer republikanischen Regierung normalerweise zu einer Rezession kommt. Fünf der sieben Jahre, in denen das reale BSP zurückging, fallen jeweils in das zweite Jahr einer republikanischen Administration. Im Gegensatz hierzu befindet sich die Wirtschaft im zweiten Jahr einer demokratischen Administration gewöhnlich in einem Boom.

Eine mögliche Interpretation dieser Beobachtung ist die, daß die beiden Parteien unterschiedliche Präferenzen bezüglich Inflation und Arbeitslosigkeit haben. Das heißt, Politiker sind nicht so sehr Opportunisten, sondern vorwiegend Vertreter der Politik ihrer Parteien. Konkret scheinen die Republikaner eine größere Abneigung gegen die Inflation zu haben als die Demokraten. Republikaner verfolgen daher eine kontraktive Politik und sind bereit, unmittelbar nach der Amtsübernahme eine Rezession in Kauf zu nehmen, um die Inflationsrate zu verringern. Die Demokraten verfolgen dagegen eher eine expansive Politik zur Verminderung der Arbeitslosigkeit und sind bereit, eine höhere Inflationsrate in Kauf zu nehmen. Eine Analyse des Geldangebotswachstums zeigt, daß die Geldpolitik in der Amtszeit von republikanischen Regierungen weniger inflationär ist. Es sieht daher so aus, als ob die beiden großen Parteien deutlich unterschiedliche Politiken verfolgen und der politische Prozeß als eine Quelle für wirtschaftliche Schwankungen angesehen werden muß.

Selbst wenn man diese Interpretation der Daten akzeptiert, ist nicht klar, ob sie für oder gegen eine Regelbindung spricht. Auf der einen Seite würden Politikregeln die Wirtschaft von den durch Parteiwechsel hervorgerufenen Schocks abschotten. Wenn die Bindung an eine feste Regel zur Pflicht würde, wäre es der amerikanischen Zentralbank nicht möglich, die Geldpolitik im Gefolge einer

Änderung der politischen Landschaft umzuorientieren. Das könnte sich auf die Stabilität der Wirtschaft positiv auswirken, und die langfristige Leistungsfähigkeit könnte verbessert werden. Auf der anderen Seite würde eine Regelbindung aber den Einfluß der Wähler auf die makroökonomische Politik mindern.[6]

Tabelle 12-1: **Das reale BSP-Wachstum unter demokratischen und republikanischen Regierungen**

Demokratische Regierungen

Präsident	Amtsjahr			
	Erstes	Zweites	Drittes	Viertes
Truman	0,0	8,5	10,3	3,9
Kennedy/Johnson	2,6	5,3	4,1	5,3
Johnson	5,8	5,8	2,9	4,1
Carter	4,7	5,3	2,5	-0,2
Durchschnitt	3,3	6,2	5,0	3,3

Republikanische Regierungen

	Amtsjahr			
	Erstes	Zweites	Drittes	Viertes
Eisenhower I	4,0	-1,3	5,6	2,1
Eisenhower II	1,7	-0,8	5,8	2,2
Nixon	2,4	-0,3	2,8	5,0
Nixon/Ford	5,2	-0,5	-1,3	4,9
Reagan I	1,9	-2,5	3,6	6,8
Reagan II	3,4	2,8	3,4	3,9
Durchschnitt	3,1	-0,4	3,3	4,1

Zeitinkonsistenz und diskretionäre Politik

Geht man davon aus, daß Politiker wohlüberlegt handeln und das Gemeinwohl im Auge haben, dann erscheint auf den ersten Blick eine diskretionäre Politik einer Politik der Regelbindung überlegen. Einzelfallentscheidungen sind – ihrer Natur nach – flexibler.

---

6 Alberto Alesina, "Macroeconomics and Politics", NBER Macroeconomics Annual 3 (1988): 13-52.

Solange die Politiker klug und wohlmeinend sind, scheint es kaum einen Grund zu geben, ihnen die Flexibilität bei der Reaktion auf eine Veränderung der ökonomischen Rahmenbedingungen zu nehmen.

Ein Argument für die Überlegenheit der Regelbindung über die diskretionäre Politik ergibt sich aus dem sogenannten Problem der **Zeitinkonsistenz**. In manchen Situationen kann es sein, daß die Wirtschaftspolitiker die Politik, der sie zu folgen beabsichtigen, im vorhinein ankündigen wollen, um die Erwartungen der privaten Entscheidungsträger zu beeinflussen. Später jedoch, nachdem die privaten Entscheidungsträger auf der Basis ihrer Erwartungen geplant und gehandelt haben, können die Politiker versucht sein, ihr gegebenes Wort zu brechen. Wenn die privaten Entscheidungsträger jedoch merken, daß sich die Wirtschaftspolitiker im Zeitverlauf inkonsistent verhalten, wird dies dazu führen, daß sie den Ankündigungen nicht mehr trauen. In dieser Situation könnte es sein, daß die Politiker die Verpflichtung auf eine bestimmte Politikregel in Betracht ziehen.

Das Problem der Zeitinkonsistenz läßt sich am einfachsten anhand eines Beispiels veranschaulichen, das nichts mit Wirtschaft, sondern mit Politik zu tun hat, der Frage nämlich, ob mit Terroristen über die Freilassung von Geiseln verhandelt werden soll. Die offiziell verkündete Politik der Vereinigten Staaten und vieler anderer Länder heißt: keine Zugeständnisse für die Freilassung von Geiseln. Eine solche Ankündigung soll potentielle Terroristen von einer Geiselnahme abhalten: wenn sich aus der Geiselnahme keine Vorteile erzielen lassen, werden rational handelnde Terroristen keine Geiseln nehmen. Anders ausgedrückt besteht der Zweck der Ankündigung also in der Beeinflussung der Erwartungen der Terroristen und damit ihres Verhaltens.

Solange die Politiker auf diese Politik nicht glaubhaft verpflichtet sind, wird die Ankündigung nur wenig Wirkung haben. Terroristen wissen, daß, wenn einmal Geiseln genommen wurden, die Versuchung übergroß sein kann, einige Zugeständnisse zu machen, um die Geiseln frei zu bekommen. Der einzige Weg, um rationale Terroristen abzuschrecken, besteht darin, den Politikern in irgendeiner Weise ihre Entscheidungsfreiheit zu nehmen und sie auf eine Regel der Nichtverhandlung zu verpflichten. Wenn die Politiker wirklich nicht in der Lage wären, irgendwelche Konzessionen zu machen, dann gäbe es für Terroristen praktisch keinen Anreiz mehr, Geiseln zu nehmen.

Das gleiche Problem tritt in weniger dramatischem Gewand bei der Durchführung der Geldpolitik auf. Überlegen wir uns doch einmal, vor welchem Dilemma eine Zentralbank steht, die sich sowohl für die Inflationsrate als auch für die Arbeitslosigkeit verantwortlich fühlt. Der Phillips-Kurve zufolge hängt der Tradeoff zwischen Inflation und Arbeitslosigkeit von der erwarteten Inflationsrate ab. Die Zentralbank würde es vorziehen, wenn jeder eine niedrige Inflationsrate erwartet, weil sie sich dann einem günstigen Tradeoff gegenübersieht. Um die Inflationserwartungen zu verringern, kündigt die Zentralbank immer wieder an, daß das wichtigste Ziel der Geldpolitik eine niedrige Inflationsrate sei.

Die Ankündigung einer Politik der niedrigen Inflationsrate ist aus sich selbst heraus aber nicht glaubwürdig. Haben sich einmal die Inflationserwartungen gebildet, besteht für die Zentralbank ein Anreiz, ihr Wort zu brechen, um die Arbeitslosigkeit zu vermindern. Die privaten Wirtschaftseinheiten sind sich aber des Anreizes zum Wortbruch bewußt und werden daher der Ankündigung von vornherein keinen Glauben schenken. Genau wie ein Bundeskanzler, der sich einer Geiselnahme gegenübersieht, vor der Versuchung steht, doch über eine Freilassung zu verhandeln, so sieht sich eine Zentralbank mit diskretionärer Entscheidungsfreiheit der lockenden Versuchung ausgesetzt, eine inflationäre Geldpolitik zu betreiben, um die Arbeitslosigkeit zu reduzieren. Und genau wie Terroristen die Ankündigung einer Politik des Nichtverhandelns nur teilweise glauben, so vertrauen auch private Wirtschaftseinheiten nur teilweise der Ankündigung einer Politik niedriger Inflationsraten.

Die überraschende Implikation dieser Analyse lautet: Politiker können manchmal ihre eigenen Ziele besser erreichen, wenn ihnen ihre Entscheidungsfreiheit genommen wird. Im Fall der Geiseln werden weniger Geiseln genommen und weniger Geiseln getötet, wenn die Politiker verpflichtet sind, der scheinbar unmenschlichen Regel zu folgen, Geiselnahmen einfach zu ignorieren. Im Fall der Geldpolitik wird es ohne höhere Arbeitslosigkeit zu geringeren Inflationsraten kommen, wenn die Zentralbank auf eine Politik der Null-Inflation verpflichtet ist.

Das Problem der Zeitinkonsistenz tritt in der Politik noch in vielen anderen Zusammenhängen auf. Hier einige Beispiele:

- Die Regierung mag ankündigen, daß sie keine Steuern auf Kapitalerträge erheben wird, um die Investitionstätigkeit zu fördern. Ist das Kapital aber erst einmal vorhanden, kann die Regierung versucht sein, ihr Wort zu brechen, weil die Besteuerung vorhandenen Kapitals negative Anreizwirkungen aufweist.

- Die Regierung mag ankündigen, daß sie jede Form der Steuerhinterziehung rigoros verfolgen und bestrafen wird, um die Steuerehrlichkeit zu vergrößern. Nachdem Steuern hinterzogen wurden, kann sie aber versucht sein, für Nacherklärungen Straffreiheit zuzusichern, um auf diese Weise noch zusätzliche Steuereinnahmen zu erzielen.

- Die Regierung mag ankündigen, daß sie Erfindern ein temporäres Monopol auf neue Produkte zugestehen wird, um so die Innovation zu fördern. Nachdem ein Produkt jedoch erfunden wurde, kann die Regierung versucht sein, die Zusage zu widerrufen, um das Produkt einem breiteren Konsumentenkreis zugänglich zu machen.

- Ihr Dozent mag ankündigen, daß am Ende der Vorlesung eine Klausur geschrieben wird, um sie so zum Lernen anzuspornen. Nachdem Sie sich aber auf die Klausur vorbereitet und alles gelernt haben, kann er versucht sein, die Klausur zu streichen, damit er Ihre Arbeit nicht korrigieren muß.

In jedem dieser Fälle sehen rational Handelnde den Anreiz für Politiker, wortbrüchig zu werden, und diese Erwartung beeinflußt ihr Verhalten. Und in jedem dieser Fälle besteht die Lösung darin, den Politikern ihre Entscheidungsfreiheit zu nehmen und sie an eine feste Regel zu binden.[7]

Fallstudie 12-5: Alexander Hamilton versus Zeitinkonsistenz

Zeitinkonsistenz ist seit langem ein Problem diskretionärer Wirtschaftspolitik. Sie war schon eines der ersten Probleme, mit dem sich Alexander Hamilton beschäftigen mußte, den Präsident George Washington im Jahre 1789 zum ersten Finanzminister der Vereinigten Staaten berufen hatte.

Die Sache, um die es geht, war die Frage, wie mit den Schulden umgegangen werden sollte, die die damals noch junge Nation im Zuge des Kampfes um ihre Unabhängigkeit angesammelt hatte. Als die Schulden aufgenommen wurden, versprach die Regierung, sie nach Ende des Krieges zu begleichen. Nach dem Krieg jedoch sprachen sich viele Amerikaner dafür aus, den Verpflichtungen nicht nachzukommen. Eine Rückzahlung an die Gläubiger würde höhere Steuern erfordern, die immer mit Kosten verbunden und wenig populär sind.

Hamilton widersprach dieser Form der Zeitinkonsistenz. Er wußte, daß die Nation sehr wahrscheinlich irgendwann in der Zukunft wieder Kredite würde aufnehmen müssen. In seinem „First Report on the Public Credit", den er dem Kongreß im Jahre 1790 vorlegte, schrieb er:

---

[7] Der Anhang zu diesem Kapitel behandelt das Problem der Zeitinkonsistenz in der Geldpolitik analytisch präziser. Für tiefere Einblicke in die Zeitinkonsistenz vgl. Finn E. Kydland und Edward C. Prescott, "Rules Rather Than Discretion: The Inconsistency of Optimal Plans", Journal of Political Economy 85 (Juni 1977): 473-492; Robert J. Barro und David Gordon, "A Positive Theory of Monetary Policy in a Natural Rate Model", Journal of Political Economy 91 (August 1983): 589-610.

„Wenn die Erhaltung der öffentlichen Kreditwürdigkeit denn wirklich so wichtig ist, ist die nächste Frage, die sich von selbst stellt: Auf welchem Wege läßt sie sich erreichen? Die naheliegende Antwort auf diese Frage lautet: durch Vertrauen; durch pünktliche Erfüllung der Verträge. Staaten, genau wie Einzelpersonen, die ihre Verpflichtungen beachten, werden respektiert und man traut ihnen, während das Gegenteil das Schicksal derjenigen ist, die eine gegenteilige Haltung einnehmen."

Hamilton schlug also vor, daß sich die Nation auf die Regel verpflichten sollte, ihre Schulden zu bezahlen.

Die Politikregel, die ursprünglich von Hamilton vorgeschlagen wurde, hat sich über mehr als zwei Jahrhunderte gehalten. Wenn der Kongreß heute über Ausgabenprioritäten diskutiert, schlägt niemand vor, den eingegangenen Verpflichtungen nicht nachzukommen, wie es zu Hamiltons Zeit üblich war. Im Fall der Staatsschulden stimmen heute offenbar alle darin überein, daß die Regelbindung mit erheblichen Nutzen verbunden ist.

Geldpolitische Regeln

Selbst wenn man davon überzeugt ist, daß Regeln besser sind als diskretionäre Entscheidungen, ist die Debatte über die makroökonomische Politik noch nicht beendet. Wenn die Zentralbank bereit ist, sich auf eine Regel für die Geldpolitik zu verpflichten, welche Regel sollte sie wählen? Im folgenden wollen wir kurz drei Politikregeln diskutieren, die von Ökonomen häufig vorgeschlagen werden.

Eine Reihe von Ökonomen, die **Monetaristen** genannt werden, sprechen sich dafür aus, daß die Zentralbank die Geldmenge mit einer konstanten Rate wachsen läßt. Das Zitat von Milton Friedman – dem bekanntesten Monetaristen – am Anfang dieses Kapitels ist ein Beispiel für diese Sicht der Geldpolitik. Monetaristen glauben, daß Schwankungen des Geldangebots für die meisten großen Schwankungen der Wirtschaft verantwortlich sind. Sie vertreten daher die Ansicht, daß ein stetiges Wachstum des Geldangebots die meisten großen Schwankungen von Output und Beschäftigung verhindern könnte.

Obwohl eine monetaristische Politikregel vielleicht viele der wirtschaftlichen Schwankungen, die wir in der Vergangenheit erlebt haben, hätte verhindern können, sind die meisten Ökonomen nicht der Ansicht, daß es sich dabei um die beste aller möglichen Politikregeln handelt. Stetiges Wachstum des Geldangebots stabilisiert die aggregierte Nachfrage nur dann, wenn die Umlaufgeschwindigkeit des Geldes konstant ist. Der starke Rückgang der Umlaufgeschwindigkeit in den frühen achtziger Jahren, den wir in Kapitel 8 diskutiert haben, zeigt jedoch, daß die Umlaufgeschwindigkeit manchmal instabil ist. Die meisten Ökonomen sind daher der Auffassung, daß eine Politikregel dem Geldangebot Raum geben muß, um sich an Änderungen der Wirtschaft anzupassen.

Eine zweite Politikregel, für die viele Ökonomen plädieren, hat das nominale BSP als Zielgröße. Bei einer solchen Regel würde die Zentralbank einen geplanten Wachstumspfad für das nominale BSP ankündigen. Falls das nominale BSP seinen Zielwert übersteigt, vermindert die Zentralbank das Geldmengenwachstum, um die Gesamtnachfrage zu dämpfen. Liegt das nominale BSP unterhalb seines Zielwerts, erhöht die Zentralbank das Geldmengenwachstum, um die Gesamtnachfrage anzuregen. Nimmt man das nominale BSP als Zielgröße, kann sich die Geldpolitik an Schwankungen der Umlaufgeschwindigkeit anpassen. Die Mehrzahl der Ökonomen glaubt, daß mit einer solchen Regel eine größere Stabilität von Output und Preisen erreicht werden kann als mit einer monetaristischen Politikregel.

Eine dritte Politikregel, die häufig propagiert wird, verlangt, daß ein Preisniveauziel angesteuert werden soll. Bei einer solchen Regel würde die Zentralbank einen geplanten Pfad für das Preisniveau ankündigen und das Geldangebot anpassen, wenn das tatsächliche Preisniveau vom angestrebten abweicht. Befürworter dieser Regel sind üblicherweise der Auffassung, daß die Preisniveaustabilität das wichtigste Ziel der Geldpolitik sein sollte.

Es ist hervorzuheben, daß alle diese Regeln sich auf nominale Variablen beziehen – Geldangebot, nominales BSP, Preisniveau. Prinzipiell kann man sich natürlich auch Politikregeln vorstellen, die sich auf reale Größen beziehen. So könnte die Zentralbank etwa versuchen, die Arbeitslosenquote auf fünf Prozent zu fixieren. Eine solche Regel wäre vor allem deswegen problematisch, weil die Zentralbank nicht sicher sein kann, wie hoch die natürliche Arbeitslosenquote tatsächlich ist. Wählt die Zentralbank eine Arbeitslosenquote als Ziel, die geringer ist als die natürliche, kommt es zu einer akzelerierenden Inflation. Wählt die Zentralbank umgekehrt als Ziel eine Arbeitslosenquote, die höher ist als die natürliche, wird eine akzelerierende Deflation das Ergebnis sein. Obwohl reale Größen wie Arbeitslosigkeit und reales BSP die besten Maße für die wirtschaftliche Lage sind, werden sich Ökonomen kaum für geldpolitische Regeln aussprechen, die sich ausschließlich auf reale Zielgrößen beziehen.

Fiskalpolitische Regeln

Wenngleich sich die Diskussion um die Einführung von Politikregeln in erster Linie auf die Geldpolitik bezieht, schlagen Ökonomen und Politiker häufig auch fiskalpolitische Regeln vor. Die fiskalpolitische Regel, die – zumindest in den USA – in jüngerer Zeit die meiste Aufmerksamkeit auf sich gezogen hat, ist die Verpflichtung zum Budgetausgleich. Ist eine solche Budgetausgleichsregel verbindlich, dann darf die Regierung nicht mehr ausgeben, als sie an Steuern einnimmt. Die Regierungen vieler Bundesstaaten der USA sind einer solchen fiskalpolitischen Regel unterworfen, da der Budgetausgleich in den Grundgesetzen dieser Bundesstaaten verankert ist. Ob auch die Bundesverfassung für die Bundesregierung in ähnlicher Weise die Verpflichtung zum Budegetausgleich festschreiben sollte, ist ein immer wiederkehrender Punkt in der politischen Diskussion.

Die meisten Ökonomen sprechen sich gegen eine solche feste Regel aus, die die Regierung zum Budgetausgleich zwingt. Vor allem wegen der folgenden drei Überlegungen meinen Ökonomen, daß ein Budgetdefizit oder ein Budgetüberschuß manchmal sinnvoll ist.

Erstens kann ein Budgetdefizit oder -überschuß zur Stabilisierung der Wirtschaft beitragen. Im Kern würde eine Verpflichtung zum Budgetausgleich die im Steuer- und Transfersystem inhärenten automatischen Stabilisierungskräfte unwirksam machen. Bewegt sich die Wirtschaft auf eine Rezession zu, dann nehmen die Steuern automatisch ab, und die Transfers nehmen automatisch zu. Zwar leistet dieser Automatismus einen Stabilisierungsbeitrag, er drängt aber auch das Budget in Richtung Defizit. Eine feste Verpflichtung zum Budgetausgleich würde die Regierung mitten in der Rezession zu Steuererhöhungen oder zu Ausgabenkürzungen zwingen und damit einen zusätzlichen Gesamtnachfragerückgang bewirken.

Zweitens kann ein Budgetdefizit oder -überschuß dazu beitragen, die durch das Steuersystem bedingte Verminderung der Leistungsanreize zu minimieren. Hohe Steuern verursachen dadurch gesellschaftliche Kosten, daß sie die ökonomische Leistungsbereitschaft beeinträchtigen. Je höher die Steuersätze sind, desto höher sind die gesellschaftlichen Kosten der Steuern. Die gesamten sozialen Kosten der Steuern werden dann minimiert, wenn die Steuersätze relativ konstant gehalten werden, anstatt sie in einigen Jahren auf hohem und in anderen auf niedrigem Niveau festzusetzen. Ökonomen bezeichnen diese Politik als *Steuerglättung*. Um die Steuersätze konstant halten zu können, ist in Jahren außergewöhnlich niedrigen Einkommens (Rezessionen) und außergewöhlich hoher Ausgaben (Kriege) ein Defizit unvermeidlich.

Ein Budgetdefizit ermöglicht es, die Steuerlast von der derzeit lebenden Generation auf künftige Generationen zu verlagern. Von einem Krieg, den die gegenwärtige Generation zur Verteidigung der Freiheit führt, so wird argumentiert, profitieren auch künftige Generationen. Um die künftigen Nutznießer an den Kosten zu beteiligen, kann die gegenwärtig lebende Generation den Krieg über ein Budgetdefizit finanzieren. Die Regierung kann die während des Kriegs aufgenommenen Kredite später zurückzahlen, in dem sie von der dann lebenden Generation Steuern erhebt.

Diese Überlegungen veranlassen viele Ökonomen dazu, eine Verpflichtung zum Budgetausgleich abzulehnen. In einer fiskalpolitischen Regel müßten zumindest sich wiederholende Ereignisse, wie etwa Rezessionen und Kriege, berücksichtigt werden, für die ein Budgetdefizit eine angemessene Reaktion darstellt.

Fallstudie 12-6: Das Schulden-BSP Verhältnis für die USA während der letzten 200 Jahre

Schaut man zurück auf den Verlauf der Geschichte der Vereinigten Staaten, dann fällt auf, daß die Verschuldung der Bundesregierung im Zeitverlauf deutlichen Veränderungen unterworfen war. Abbildung 12-2 zeigt das Verhältnis von Schuldenstand des Bundes und Bruttosozialprodukt seit 1790. Die Staatsverschuldung schwankt in Relation zur Wirtschaftskraft von nahe null in den dreißiger Jahren des vorigen Jahrhunderts bis zu einem Maximum von 129 Prozent des BSP im Jahre 1946.

Historisch gesehen sind Kriege der hauptsächliche Grund für eine Zunahme des staatlichen Schuldenstandes. Das Schulden-BSP-Verhältnis steigt im Laufe jedes größeren Krieges deutlich an und sinkt langsam während der Friedenszeit. Eine bemerkenswerte Ausnahme sind die achtziger Jahre, in denen die Bundesregierung die Staatsverschuldung trotz Friedenszeiten deutlich erhöhte.

Viele Wirtschaftswissenschaftler sind davon überzeugt, daß dieses historische Muster ein angemessenes Verhalten der Fiskalpolitik widerspiegelt. Sowohl aus Gründen der Glättung der Steuerbelastung als auch aus Gründen der intergenerativen Gerechtigkeit erscheint die Finanzierung von Kriegen durch Defizite optimal. Die Defizite der achtziger Jahre sind jedoch stärker umstritten. Eine Reihe von Ökonomen kritisierte diese Budgetdefizite mit dem Hinweis, durch sie würden künftige Generationen ungerechtfertigt belastet.[8]

---

8 Für eine Kritik der amerikanischen Defizite der achtziger Jahre vgl. Benjamin Friedman, Day of Reckoning: The Consequences of American Economic Policy under Reagan and After (New York, 1988).

Abbildung 12-2: Das Verhältnis von Staatsschulden und Bruttosozialprodukt in den Vereinigten Staaten seit 1790. Diese Abbildung zeigt, daß der Schuldenstand der Vereinigten Staaten relativ zu ihrer ökonomischen Leistungsfähigkeit in Kriegszeiten drastisch zunimmt und in Friedenszeiten langsam abnimmt. Eine Ausnahme stellen die achtziger Jahre dar, in denen das Schulden-BSP-Verhältnis gestiegen ist, obwohl die Vereinigten Staaten in keinen größeren militärischen Konflikt verwickelt waren.

12.3 Schlußfolgerung: Politik in einer unsicheren Welt

Wir haben in diesem Kapitel untersucht, ob die Wirtschaftspolitik in Hinblick auf konjunkturelle Schwankungen aktiv oder passiv gestaltet werden und ob sie aufgrund einer Regel oder aufgrund diskretionärer Entscheidungen erfolgen sollte. Es wurde deutlich, daß es viele Argumente für beide Seiten dieser Fragen gibt. Klar ist, daß es keine einfachen und schlüssigen Beweise für die Richtigkeit einer bestimmten Sicht der makroökonomischen Politik gibt. Letztlich muß jeder selbst die verschiedenen Argumente, ökonomische wie politische, abwägen und für sich entscheiden, welche Rolle die Regierung beim Versuch, die Wirtschaft zu stabilisieren, spielen sollte.

Ob gut oder schlecht, Ökonomen fällt eine Schlüsselrolle bei der Formulierung der Wirtschaftspolitik zu. Wegen der Komplexität der Wirtschaft ist diese Rolle oft schwierig. Sie ist aber auch unvermeidlich. Wirtschaftswissenschaftler können sich nicht zurücklehnen und warten, bis ihr Wissen über die Wirtschaft vollkommen ist, bevor sie Ratschläge erteilen. In der Zwischenzeit muß irgendjemand die Wirtschaftspolitiker beraten. Und diese Aufgabe, so schwer sie manchmal auch sein mag, fällt den Ökonomen zu.

Die Rolle, die Ökonomen im politischen Prozeß spielen, geht über die Beratung der Wirtschaftspolitiker hinaus. Selbst Wirtschaftswissenschaftler, die nicht direkt an wirtschaftspolitischen Entscheidungen beteiligt sind, beeinflussen die Politik indirekt durch ihre Schriften. In seinen Schlußbemerkungen zur „General Theory" schrieb John Maynard Keynes, daß

„... the ideas of economists and political philosophers, both when they are right and when they are wrong, are more powerful than is commonly understood. Indeed, the world is ruled by little else. Practical men, who believe themselves to be quite exempt from intellectual influences, are usually the slaves of some defunct economist. Madmen in authority, who hear voices in the air, are distilling their frenzy from some academic scribbler of a few years back."

Das trifft heute genauso zu wie im Jahre 1935, als Keynes dies schrieb – mit Ausnahme der Tatsache, daß dieser akademische Schreiberling nun oft Keynes selbst ist!

Zusammenfassung

1. Befürworter einer aktiven Makropolitik gehen davon aus, daß die Wirtschaft häufig Schocks ausgesetzt ist, die zu ineffizienten Schwankungen in Produktion und Beschäftigung führen, falls Geld- und Fiskalpolitik nicht reagieren. Viele sind der Ansicht, daß die Stabilisierungspolitik in der Vergangenheit erfolgreich war.

2. Befürworter einer passiven Makropolitik argumentieren, daß Geld- und Fiskalpolitik nur mit großen und variablen Lags wirkt, so daß Stabilisierungsversuche im Endeffekt möglicherweise destabilisierend wirken. Darüber hinaus vertreten sie die Auffassung, daß unser gegenwärtiges Verstehen der wirtschaftlichen Zusammenhänge zu begrenzt sei, als daß es bei der Formulierung einer erfolgreichen Stabilisierungspolitik nützlich sein könnte, und daß eine ungeschickte Politik häufige Quelle wirtschaftlicher Schwankungen sei.

3. Befürworter einer diskretionären Wirtschaftspolitik behaupten, daß Einzelfallentscheidungen es den Wirtschaftspolitikern erlauben, flexibler auf unvorhersehbare Ereignisse zu reagieren.

4. Vertreter von bindenden Politikregeln sind der Meinung, daß dem politischen Prozeß nicht getraut werden kann. Sie glauben, daß Politikern bei der Durchführung der

Wirtschaftspolitik häufig Fehler unterlaufen und daß sie die Wirtschaftspolitik manchmal für ihre eigenen Zwecke mißbrauchen. Darüber hinaus sagen Befürworter von Politikregeln, daß die Bindung an eine feste Regel notwendig sei, um das Problem der Zeitinkonsistenz zu lösen.

Schlüsselbegriffe

Inside lag
Outside lag
Automatische Stabilisatoren
Frühindikatoren

Lucas-Kritik
Politischer Konjunkturzyklus
Zeitinkonsistenz
Monetaristen

Wiederholungsfragen

1. Was versteht man unter dem Inside lag, was unter dem Outside lag? Wo ist der Inside lag größer – bei der Geldpolitik oder bei der Fiskalpolitik? Wo ist der Outside lag größer? Warum?

2. Warum könnten genauere Wirtschaftsprognosen die Wirtschaftspolitik verbessern? Beschreiben Sie zwei Ansätze, mit denen Ökonomen versuchen, die zukünftige Entwicklung der Wirtschaft vorherzusagen.

3. Erläutern Sie die Lucas-Kritik.

4. Warum ist die makroökonomische Entwicklung in der Vergangenheit für die Wirtschaftspolitik bedeutsam?

5. Was versteht man unter der „Zeitinkonsistenz" der Wirtschaftspolitik? Warum könnten Wirtschaftspolitiker versucht sein, eine früher gemachte Ankündigung nicht einzuhalten? Wo liegt in einer solchen Situation der Vorteil einer verbindlichen Politikregel?

6. Nennen Sie drei Politikregeln, denen die Zentralbank folgen könnte. Für welche dieser Regeln würden Sie sich aussprechen? Warum?

7. Nennen Sie drei Gründe, warum die verbindliche Festschreibung eines ausgeglichenen Budgets eine zu restriktive Regel für die Fiskalpolitik sein könnte.

Aufgaben und Anwendungen

1. Nehmen Sie an, daß der Tradeoff zwischen Arbeitslosigkeit und Inflation durch die Phillips-Kurve bestimmt wird:

$$u = u^n - \alpha(\pi - \pi^e).$$

Hierin bezeichnet u die Arbeitslosenquote, u^n die natürliche Arbeitslosenquote, π die Inflationsrate und π^e die erwartete Inflationsrate. Nehmen Sie weiter an, daß die Demokratische Partei immer einer Politik hohen, die Republikanische Partei hingegen einer Politik niedrigen Geldmengenwachstums folgt. Welches Muster des „Politischen Konjunkturzyklus" würden Sie für Arbeitslosigkeit und Inflation erwarten, falls

   a. alle vier Jahre eine der beiden Parteien aufgrund eines (zufälligen) Münzwurfs an die Macht kommt;
   b. die Parteien sich abwechseln?

2. In den Vereinigten Staaten können die Kommunen die Miete begrenzen, die die Wohnungsvermieter verlangen dürfen. Üblicherweise beziehen sich diese Vorschriften auf bestehende Gebäude und nicht auf Neubauten. Befürworter einer Mietkontrolle behaupten, daß diese Ausnahmeregelung dafür sorgt, daß die Mietpreisbindung sich nicht negativ auf das Neubauvolumen auswirkt. Diskutieren Sie dieses Argument vor dem Hintergrund des Problems der Zeitinkonsistenz.

3. Das *konjunkturbereinigte Budgetdefizit* ist das um die Auswirkungen von konjunkturellen Schwankungen korrigierte Budgetdefizit. Es ist also das Budgetdefizit, das die Regierung machen würde, wenn sich die Arbeitslosigkeit auf ihrem natürlichen Niveau befände. (Es wird auch als das *Volksbeschäftigungsbudgetdefizit* bezeichnet.) Einige Ökonomen haben als Politikregel vorgeschlagen, die Regierung auf einen ständigen Ausgleich des konjunkturbereinigten Budgets zu verpflichten. Vergleichen Sie diesen Vorschlag mit der Verpflichtung auf den Ausgleich des unbereinigten Budgets. Welche Regel ist vorzuziehen? Welche Probleme sehen Sie bei einer Regel, die den Ausgleich des konjunkturbereinigten Budgets verlangt?

Anhang

Zeitinkonsistenz und Tradeoff zwischen Inflation und Arbeitslosigkeit

In diesem Anhang wird das Argument der Zeitinkonsistenz, das für Regeln und gegen diskretionäre Entscheidungen spricht, analytisch genauer behandelt. Nehmen wir an, daß der Zusammenhang zwischen Arbeitslosigkeit und Inflation durch die Phillips-Kurve bestimmt wird. Bezeichnet u die Arbeitslosenquote, u^n die natürliche Arbeitslosenquote, π die Inflationsrate und π^e die erwartete Inflationsrate, dann wird die Arbeitslosigkeit durch

$$u = u^n - \alpha(\pi - \pi^e)$$

bestimmt. Die Arbeitslosigkeit ist niedrig, wenn die tatsächliche Inflationsrate höher ist als die erwartete. Die Arbeitslosigkeit ist hoch, wenn die tatsächliche Inflationsrate unter der erwarteten liegt.

Vereinfachend nehmen wir an, daß die Zentralbank die Inflationsrate direkt bestimmen kann. Natürlich kann die Zentralbank die Inflationsrate realistischerweise nur indirekt über das Geldangebot steuern. Aus Gründen der Anschaulichkeit ist es jedoch hilfreich, anzunehmen, daß die Zentralbank die Inflationsrate selbst präzise steuern kann.

Die Zentralbank hat ein Interesse daran, daß sowohl die Arbeitslosigkeit als auch die Inflation niedrig sind. Nehmen wir an, die Nachteile, die die Zentralbank in Arbeitslosigkeit und Inflation sieht, könnten durch folgende Funktion beschrieben werden:

$$L(u, \pi) = u + \gamma\pi^2.$$

Hierin gibt der Parameter γ an, wie stark die Zentralbank die Nachteile der Inflation relativ zur Arbeitslosigkeit bewertet. $L(u, \pi)$ wird *Verlustfunktion* genannt. Die Zentralbank ist bestrebt, den Verlust so klein wie möglich zu halten.

Nachdem wir nun die Funktionsweise der Wirtschaft und die Zielsetzung der Zentralbank beschrieben haben, können wir eine Geldpolitik, die auf einer festen Regel basiert, mit einer Geldpolitik, die auf diskretionären Entscheidungen beruht, vergleichen.

Zunächst soll der Fall einer verbindlichen Politikregel betrachtet werden. Eine Regel verpflichtet die Zentralbank auf eine bestimmte Inflationsrate. Solange die privaten Wirtschaftseinheiten davon ausgehen werden, daß diese Regel für die Zentralbank verbindlich ist, wird die erwartete Inflationsrate der Rate entsprechen, auf die sich die

Zentralbank festgelegt hat. Da die erwartete der tatsächlichen Inflationsrate ($\pi^e = \pi$) entspricht, befindet sich die Arbeitslosigkeit auf ihrem natürlichen Niveau ($u = u^n$).

Wie sieht die optimale Regel aus? Weil sich die Arbeitslosenquote unabhängig von der Höhe der verordneten Inflationsrate stets auf ihrem natürlichen Niveau befindet, ergibt sich kein Nutzen daraus, überhaupt Inflation zu haben. Die optimale Politikregel wird daher von der Zentralbank verlangen, Nullinflation zu produzieren.

Nun soll der Fall der diskretionären Geldpolitik betrachtet werden. Bei diskretionären Entscheidungsmöglichkeiten gilt folgendes:

1. Die privaten Wirtschaftseinheiten bilden ihre Inflationserwartungen (π^e).
2. Die Zentralbank legt das tatsächliche Niveau der Inflationsrate (π) fest.
3. In Abhängigkeit von erwarteter und tatsächlicher Höhe der Inflationsrate wird die Arbeitslosigkeit bestimmt.

Unter diesen Bedingungen minimiert die Zentralbank ihren Verlust $L(u, \pi)$ unter Beachtung der Nebenbedingung, die sich aus der Phillips-Kurve ergibt. Bei ihrer Entscheidung über die Höhe der Inflationsrate geht die Zentralbank davon aus, daß die Inflationserwartungen bereits feststehen.

Um herauszufinden, mit welchem Ergebnis bei diskretionärer Politik zu rechnen ist, müssen wir überprüfen, welche Inflationsrate die Zentralbank wählen würde. Durch Einsetzen der Phillips-Kurve in die Verlustfunktion der Zentralbank ergibt sich:

$$L(u, \pi) = u^n - \alpha(\pi - \pi^e) + \gamma\pi^2.$$

Man beachte, daß der Verlust der Zentralbank in negativer Beziehung zur unerwarteten Inflation (der zweite Ausdruck auf der rechten Seite) und in positiver Beziehung zur tatsächlichen Inflationsrate (der dritte Ausdruck auf der rechten Seite) steht. Um die Inflationsrate zu finden, die den Verlust minimiert, betrachten wir die Ableitung der Verlustfunktion nach π:

$$dL/d\pi = -\alpha + 2\gamma\pi.$$

Notwendige Bedingung für die Minimierung des Verlusts ist, daß diese Ableitung null wird. Daraus folgt:

$$\pi = \alpha/(2\gamma).$$

Wie immer auch die Erwartungen der privaten Wirtschaftseinheiten aussehen, dies ist für die Zentralbank das „optimale" Niveau der Inflation. Selbstverständlich sind rational handelnden privaten Wirtschaftseinheiten die Zielsetzung und die Nebenbedingung der

Zentralbank klar. Sie erwarten daher, daß die Zentralbank dieses Inflationsniveau wählen wird. Die erwartete Inflationsrate ist gleich der tatsächlichen [$\pi^e = \pi = \alpha/(2\gamma)$], und die Arbeitslosenquote befindet sich auf ihrem natürlichen Niveau ($u = u^n$).

Nun wollen wir das Ergebnis der optimalen diskretionären Entscheidung mit dem Ergebnis der optimalen Regelbindung vergleichen. In beiden Fällen befindet sich die Arbeitslosenquote auf ihrem natürlichen Niveau. Die diskretionäre Politik führt jedoch zu einer höheren Inflationsrate als die Regelbindung. Die optimale diskretionäre Politik ist daher schlechter als die optimale Regel, obwohl die Zentralbank bei ihrer diskretionären Entscheidung versucht hat, ihren Verlust $L(u, \pi)$ zu minimieren.

Auf den ersten Blick mag es seltsam erscheinen, daß die Zentralbank durch die Verpflichtung auf eine feste Regel ein besseres Ergebnis erzielen kann. Warum kann die Zentralbank mit diskretionärer Entscheidungsmöglichkeit nicht einfach das Verhalten der Zentralbank nachahmen, die sich auf die Nullinflationsregel festgelegt hat? Die Antwort lautet, daß die Zentralbank spieltheoretisch gesehen ein Spiel gegen private Wirtschaftseinheiten spielt, die rationale Erwartungen haben. Ohne Verpflichtung auf eine feste Regel, die Nullinflation vorschreibt, kann die Zentralbank die privaten Wirtschaftseinheiten nicht dazu veranlassen, eine Inflationsrate von null zu erwarten.

Nehmen wir beispielsweise an, daß die Zentralbank einfach ankündigt, daß sie eine Politik der Nullinflation betreiben will. Eine solche Ankündigung kann für sich genommen nicht glaubwürdig sein. Sind die Erwartungen einmal gebildet, hat die Zentralbank einen Anreiz, wortbrüchig zu werden, um die Arbeitslosigkeit zu verringern. Die privaten Wirtschaftseinheiten sehen diesen Anreiz zum Wortbruch und glauben der Zentralbank daher von vornherein nicht.

Diese Theorie der Geldpolitik weist ein wichtiges Nebenergebnis auf. Es gibt genau eine Situation, in der eine Zentralbank mit diskretionärer Entscheidungsmöglichkeit genau das gleiche Ergebnis erzielen kann, wie eine Zentralbank, die sich verbindlich auf eine Nullinflationsregel festgelegt hat. Wenn eine Zentralbank den Schaden der Inflation sehr viel höher bewertet als die Arbeitslosigkeit (d.h. γ ist sehr groß), dann wird die Inflation bei diskretionärer Politik nahe null sein, weil für die Zentralbank praktisch kein Anreiz zu inflationär wirkendem Verhalten besteht. Dieses Ergebnis gibt denjenigen eine Entscheidungshilfe an die Hand, die die Posten in der Zentralbank zu besetzen haben. Eine Alternative zur Einführung einer festen Politikregel besteht in der Einstellung einer Person, die eine übergroße Abneigung gegen Inflation hat. Vielleicht ist das die Ursache dafür, daß sogar eher linke Politiker, die sich mehr um die Arbeitslosigkeit als um die Inflation sorgen, häufig konservative Personen in die Zentralbank berufen, die sich mehr Gedanken um die Inflation machen.

Kapitel 13

Die offene Volkswirtschaft in kurzfristiger Betrachtung

Wir erweitern nun unsere Analyse der wirtschaftlichen Schwankungen, um die Wirkungen des internationalen Handels und des internationalen Kapitalverkehrs untersuchen zu können. Bereits in Kapitel 7 hatten wir gezeigt, daß die Weltmärkte in den meisten modernen Volkswirtschaften eine Schlüsselrolle spielen. Anders ausgedrückt: Die meisten modernen Volkswirtschaften sind offen. Offene Volkswirtschaften exportieren einen Teil der Waren und Dienstleistungen, die sie produzieren, und importieren einen Teil der Waren und Dienstleistungen, die sie konsumieren. Offene Volkswirtschaften gewähren auch Kredite an den Weltfinanzmärkten oder nehmen dort Kredite auf.

In diesem Kapitel diskutieren wir, wie sich offene Volkswirtschaften in der kurzen Frist verhalten. Unser wichtigstes Ziel ist es, zu verstehen, wie Geld- und Fiskalpolitik das aggregierte Einkommen in einer offenen Volkswirtschaft beeinflussen. Das Modell, das wir in diesem Kapitel entwickeln, das sogenannte **Mundell-Fleming-Modell**, ist eine Version des IS/LM-Modells für die offene Volkswirtschaft. Wie beim IS/LM-Modell geht man im Rahmen des Mundell-Fleming-Modells davon aus, daß das Preisniveau starr ist, und zeigt, wodurch unter dieser Annahme Schwankungen des Gesamteinkommens hervorgerufen werden. Beide Modelle stellen das Zusammenspiel zwischen Güter- und Geldmarkt in den Vordergrund. Der wesentliche Unterschied zwischen IS/LM-Modell und Mundell-Fleming-Modell besteht darin, daß das IS/LM-Modell von einer geschlossenen Volkswirtschaft ausgeht, während das Mundell-Fleming-Modell eine kleine offene Volkswirtschaft beschreiben soll. Das Mundell-Fleming-Modell ergänzt das kurzfristige Modell der Einkommensbestimmung, das wir in den Kapiteln 9 und 10 entwickelt haben, um die internationalen Aspekte, die in Kapitel 7 diskutiert wurden.

Eine der Lehren, die man aus dem Mundell-Fleming-Modell ziehen kann, ist die, daß das Verhalten der Wirtschaft von dem Wechselkurssystem abhängt, für das ein Land sich entschieden hat. Zunächst werden wir von flexiblem Wechselkurs ausgehen. Wir nehmen also an, daß die Zentralbank der betrachteten Wirtschaft es dem Wechselkurs erlaubt, sich an veränderte ökonomische Bedingungen anzupassen. Danach

13.1 Das Mundell-Fleming-Modell

In diesem Abschnitt entwickeln wir das Mundell-Fleming-Modell[1]. In den darauffolgenden Abschnitten werden wir das Modell verwenden, um die Wirkung verschiedener wirtschaftspolitischer Maßnahmen bei flexiblen und festen Wechselkursen zu analysieren.

Die Bestandteile des Modells

Die einzelnen Bestandteile des Mundell-Fleming-Modell sollten aus den früheren Kapiteln vertraut sein. Daher stellen wir nun die drei Gleichungen dar, aus denen das Modell besteht. Es gilt:

$$Y = C(Y - T) + I(r) + G + NX(e) \quad\quad IS$$
$$M/P = L(r, Y) \quad\quad LM$$
$$r = r^*.$$

Bevor diese Gleichungen im Zusammenhang betrachtet und dann als kurzfristiges Modell einer kleinen offenen Volkswirtschaft interpretiert werden, wollen wir sie uns noch einmal der Reihe nach ansehen.

Die erste Gleichung beschreibt den Gütermarkt. Sie besagt, daß das Gesamteinkommen (Y) die Summe aus Konsum (C), Investitionen (I), Staatsausgaben (G) und Nettoexport (NX) ist. Der Konsum hängt positiv vom verfügbaren Einkommen ($Y - T$) ab. Die Investitionen hängen negativ vom Zinssatz (r) ab. Der Nettoexport hängt negativ vom Wechselkurs (e) ab.

An dieser Stelle ist es wichtig, sich ins Gedächtnis zu rufen, daß wir den Wechselkurs (e) als die Menge fremder Währung definiert haben, die man für eine Einheit der heimischen Währung kaufen kann (also z.B. 0,50 US-Dollar für eine DM). In Kapitel 7 haben wir den Nettoexport mit dem realen Wechselkurs ε in Beziehung gesetzt. Es gilt $\varepsilon = eP/P^*$, wobei P das inländische und P^* das ausländische Preisniveau bezeichnet. Weil das Mundell-Fleming-Modell von starren Preisen ausgeht, verhalten sich Änderungen des realen und des nominalen Wechselkurses proportional zueinander. Ein

---

[1] Das Mundell-Fleming-Modell wurde in den frühen sechziger Jahren entwickelt. Mundells Beiträge sind zusammengefaßt in: Robert A. Mundell, International Economics (New York, 1968). Für den Beitrag Flemings vgl. J. Marcus Fleming, "Domestic Financial Policies under Fixed and under Floating Exchange Rates", IMF Staff Papers 9 (November 1962): 369-379.

gilt $\varepsilon = eP/P^*$, wobei P das inländische und P^* das ausländische Preisniveau bezeichnet. Weil das Mundell-Fleming-Modell von starren Preisen ausgeht, verhalten sich Änderungen des realen und des nominalen Wechselkurses proportional zueinander. Ein höherer nominaler Wechselkurs verbilligt also die ausländischen Güter gegenüber den inländischen, dämpft somit den Export und stimuliert den Import.

Die zweite Gleichung beschreibt den Geldmarkt. Sie besagt, daß das Angebot an Realkasse M/P mit der Nachfrage nach Realkasse $L(r, Y)$ übereinstimmt. Die Nachfrage nach Realkasse hängt negativ vom Zinssatz und positiv vom Einkommen ab. Das Geldangebot M wird exogen durch die Zentralbank bestimmt. Genau wie im IS/LM-Modell, so ist auch im Mundell-Fleming-Modell das Preisniveau eine exogene Variable.

Die dritte Gleichung besagt, daß der Zinssatz in dieser Volkswirtschaft durch den Weltmarktzinssatz r^* bestimmt wird. Dies bedeutet, daß es sich bei der betrachteten Volkswirtschaft um eine kleine offene Volkswirtschaft mit Zugang zu den Weltfinanzmärkten handelt. Sie kann jeden beliebigen Betrag leihen oder verleihen, ohne den Weltzinssatz dadurch zu beeinflussen.

Diese drei Gleichungen beschreiben das Mundell-Fleming-Modell vollständig. Im vorliegenden Kapitel wollen wir nun die Implikationen dieser Gleichungen für kurzfristige Schwankungen in einer kleinen offenen Volkswirtschaft untersuchen. Falls mit der Bedeutung der Gleichungen noch Schwierigkeiten bestehen, wäre es sinnvoll, sich nochmals die Kapitel 7 und 9 anzusehen.

Am einfachsten läßt sich das Mundell-Fleming-Modell graphisch analysieren. Weil es jedoch drei endogene Variablen enthält (Y, r und e), gibt es mehr als einen Weg, um das Modell in einer zweidimensionalen Abbildung darzustellen. Wir werden daher im weiteren zwei verschiedene graphische Darstellungen diskutieren. In beiden Fällen setzen wir jeweils eine der Variablen konstant und untersuchen die Beziehung zwischen den beiden anderen. Beide Darstellungsweisen beschreiben dasselbe Modell. Es handelt sich also nicht um verschiedene Theorien, sondern lediglich um zwei Betrachtungsweisen derselben Theorie.

Das Modell in einer (Y, r)-Darstellung

Eine Möglichkeit, das Mundell-Fleming-Modell darzustellen, besteht darin, das Einkommen an der Abszisse und den Zinssatz an der Ordinate abzutragen. Wie Abbildung 13-1 zeigt, verläuft die IS-Kurve abwärts und die LM-Kurve aufwärts. Neu in Abbildung 13-1 ist die horizontal verlaufende Linie, die den Weltmarktzinssatz beschreibt.

Figure 13-1

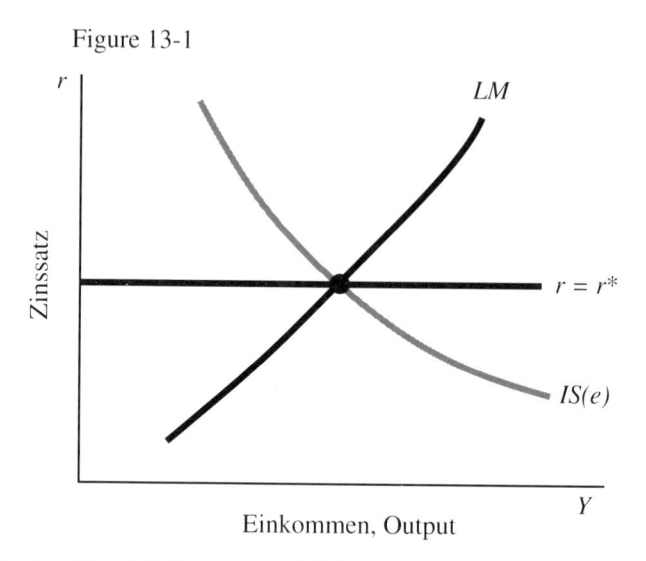

Abbildung 13-1: **Das Mundell-Fleming-Modell in einer *(Y, r)*-Darstellung.** Diese Darstellung des Mundell-Fleming-Modells ist der Darstellung des IS/LM-Modells für die geschlossene Volkswirtschaft vergleichbar. In der kleinen offenen Volkswirtschaft hängt die Lage der IS-Kurve jedoch vom Wechselkurs ab. Der Wechselkurs paßt sich so an, daß die IS-Kurve durch den Punkt läuft, bei dem die LM-Kurve die horizontale Linie schneidet, die den Weltmarktzinssatz (r^*) repräsentiert.

Zwei Eigenschaften dieser Abbildung verdienen besondere Beachtung. Erstens ist die IS-Kurve für einen gegebenen Wert des Wechselkurses gezeichnet (z.B. 0,5 US-Dollar pro DM), weil der Wechselkurs die Güternachfrage beeinflußt. Eine Erhöhung des Wechselkurses (z.B. auf 0,60 US-Dollar pro DM) verteuert die Produkte der Bundesrepublik relativ zu den ausländischen Gütern. Dadurch verringert sich der Nettoexport. Folglich verschiebt eine Zunahme des Wechselkurses die IS-Kurve nach links. Um sichtbar zu machen, daß die Lage der IS-Kurve vom Wechselkurs abhängt, wird die IS-Kurve als IS(e) bezeichnet.

Zweitens schneiden sich alle drei Kurven der Abbildung 13-1 im selben Punkt. Das sieht vielleicht nach einem sehr unwahrscheinlichen zufälligen Zusammentreffen aus, tatsächlich paßt sich der Wechselkurs jedoch so an, daß alle drei Kurven durch denselben Punkt laufen müssen.

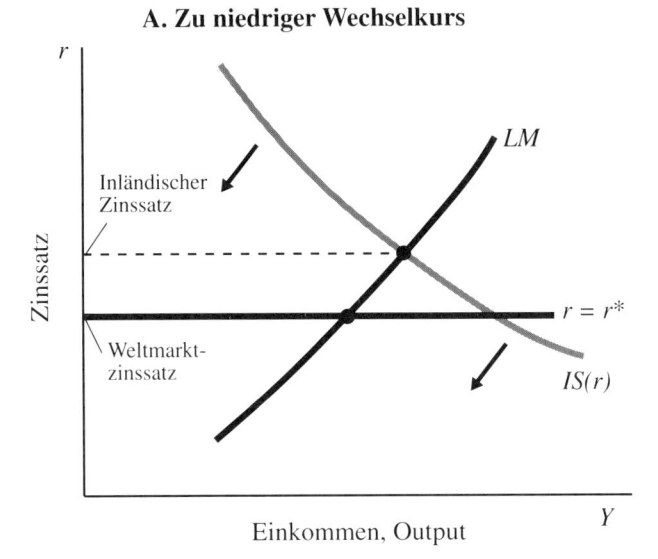

Kapitel 13   Die offene Volkswirtschaft in kurzfristiger Betrachtung   457

A. Zu niedriger Wechselkurs

B. Zu hoher Wechselkurs

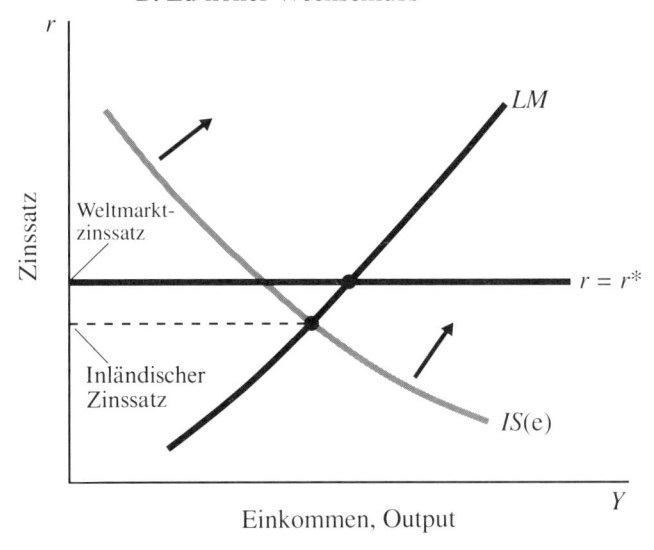

Abbildung 13-2: **Das Mundell-Fleming-Modell mit einem falschen Wechselkurs.** Diese Darstellung zeigt, warum die IS-Kurve durch den gleichen Punkt laufen muß wie die LM-Kurve und die ($r = r^*$)-Linie. In Teil A übersteigt der heimische Zinssatz den Weltzinssatz. Ausländische Investoren werden versuchen, Vermögen in Deutschland anzulegen. Dadurch treiben sie den Wechselkurs der D-Mark in die Höhe, und die IS-Kurve verschiebt sich nach unten. In Teil B liegt der heimische Zinssatz unter dem Weltzinssatz. Deutsche Investoren werden versuchen, Vermögen im Ausland anzulegen. Dadurch treiben sie den Wechselkurs der D-Mark nach unten, und die IS-Kurve verschiebt sich nach oben.

Warum sich alle Kurven im selben Punkt schneiden müssen, wird am einfachsten deutlich, wenn man sich eine Situation anschaut, in der das nicht passiert (vgl. Abbildung 13-2A). In diesem Fall ist der inländische Zinssatz – der Punkt, in dem sich IS- und LM-Kurve schneiden - höher als der Weltmarktzinssatz. Weil in Deutschland höhere Ertragsraten zu erzielen sind als auf den Weltfinanzmärkten, werden Investoren rund um die Welt deutsche Wertpapiere kaufen wollen. Zunächst aber müssen diese ausländischen Investoren ihre Anlagebeträge in D-Mark umtauschen. Die Nachfrage nach D-Mark steigt, und damit wird auch der Wechselkurs in die Höhe getrieben. Die Erhöhung des Wechselkurses bedingt eine Verschiebung der IS-Kurve nach unten, bis der inländische Zinssatz mit dem Weltzinssatz übereinstimmt.

Nun sei angenommen, daß die IS- und die LM-Kurve sich in einem Punkt schneiden, in dem der inländische Zinssatz unterhalb des Weltzinssatzes liegt (vgl. Abbildung 13-2B). Da Deutschland niedrigere Ertragsraten bietet, werden deutsche Investoren auf den Weltfinanzmärkten investieren wollen. Um jedoch ausländische Vermögenstitel erwerben zu können, müssen sie ihre D-Mark in ausländische Währung umtauschen. Dadurch sinkt der Wert der D-Mark. Der Rückgang des Wechselkurses verschiebt die IS-Kurve solange nach oben, bis der inländische Zinssatz mit dem Weltzinssatz übereinstimmt.

Zusammenfassend läßt sich also sagen, daß das Gleichgewicht in dieser Abbildung dort liegt, wo die LM-Kurve die Linie des Weltzinssatzes schneidet. Der Wechselkurs paßt sich daran an und die IS-Kurve verschiebt sich so, daß sie ebenfalls durch diesen Punkt verläuft.

Das Modell in einer (Y, e)-Darstellung

Die zweite Möglichkeit, das Mundell-Fleming-Modell darzustellen, ist eine Abbildung, in der das Einkommen an der Abszisse und der Wechselkurs an der Ordinate abgetragen wird (vgl. Abbildung 13-3). In diesem Fall erfolgt die Darstellung unter der Annahme eines konstanten Weltzinssatzes. Die beiden zugrundeliegenden Gleichungen lauten nun:

$$Y = C(Y - T) + I(r^*) + G + NX(e) \qquad IS^*$$
$$M/P = L(r^*, Y) \qquad LM^*.$$

Wir bezeichnen diese Kurven mit IS* und LM*, um daran zu erinnern, daß sie unter der Annahme eines bei r^* konstanten Weltzinssatzes gezeichnet sind.

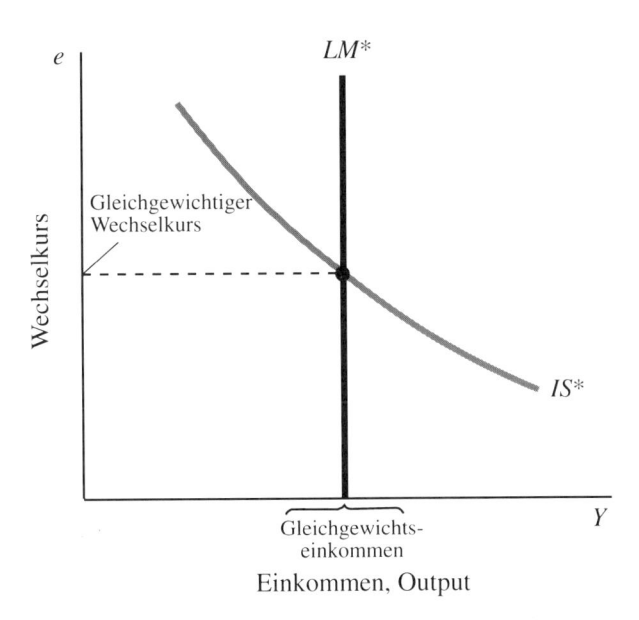

Kapitel 13 Die offene Volkswirtschaft in kurzfristiger Betrachtung

Abbildung 13-3: **Das Mundell-Fleming-Modell in einer (Y, e)-Darstellung.** Bei dieser alternativen Darstellung des Mundell-Fleming-Modells werden die Gleichgewichtsbedingung für den Gütermarkt IS* und die Gleichgewichtsbedingung für den Geldmarkt LM* unter Konstanthaltung des Weltzinssatzes gezeichnet. Gezeigt wird das gleichgewichtige Einkommensniveau und der gleichgewichtige Wechselkurs.

Das Gleichgewicht der Wirtschaft wird durch den Punkt bestimmt, in dem sich IS*- und LM*-Kurve schneiden. Dieser Schnittpunkt bestimmt den Wechselkurs und das Einkommensniveau.

Die LM*-Kurve verläuft senkrecht, weil der Wechselkurs in der LM*-Funktion nicht als Argument auftritt. Für einen gegebenen Weltzinssatz bestimmt die LM*-Funktion das Gesamteinkommen unabhängig vom Wechselkurs. Abbildung 13-4 zeigt, wie sich die LM*-Funktion aus dem Weltzinssatz und aus der LM-Kurve ergibt, die Zinssatz und Einkommen miteinander in Beziehung setzt. Durch den Weltzinssatz wird die Umlaufgeschwindigkeit des Geldes festgelegt, das Angebot an Realkasse bestimmt daher das Einkommensniveau.

A. Die *LM*-Kurve

Zinssatz (r) — *Einkommen, Output* (Y)

LM, $r = r^*$

B. Die *LM**-Kurve

Wechselkurs (e) — *Einkommen, Output* (Y)

LM*

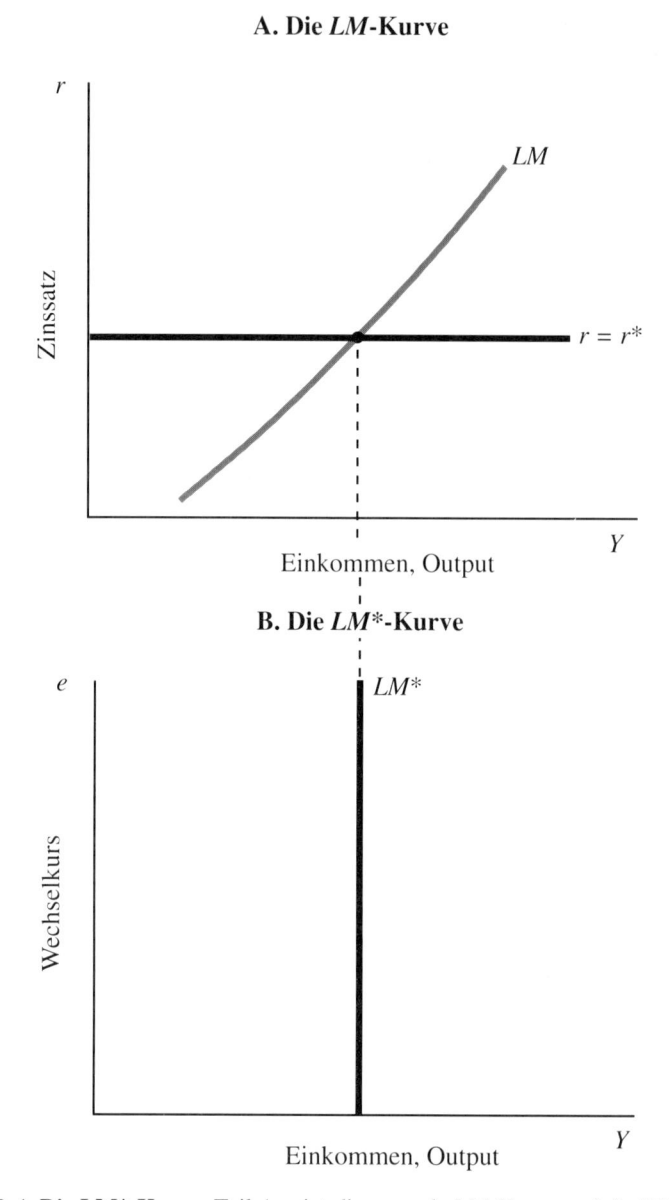

Abbildung 13-4: **Die LM*-Kurve.** Teil A zeigt die normale LM-Kurve und die Waagerechte, die den Weltzinssatz (r^*) wiedergibt. Beide zusammen bestimmen das Einkommensniveau, das vom Wechselkurs völlig unabhängig ist. Daher verläuft die LM*-Kurve senkrecht, wie in Teil B gezeigt.

Die IS*-Kurve verläuft mit negativer Steigung, weil ein höherer Wechselkurs den Nettoexport und damit das Einkommen vermindert. Um den dahinter stehenden Mechanismus deutlich zu machen, verbindet Abbildung 13-5 die Nettoexportkurve und das

Keynesianische Kreuz bei der Ableitung der IS*-Kurve. Ein Anstieg des Wechselkurses von e_1 auf e_2 vermindert den Nettoexport von $NX(e_1)$ auf $NX(e_2)$. Die Verringerung des Nettoexports reduziert die geplanten Ausgaben und damit das Einkommen. Genau wie die normale IS-Kurve das Keynesianische Kreuz mit der Investitionskurve kombiniert, verbindet die IS*-Kurve das Keynesianische Kreuz mit der Nettoexportkurve.

A. Die Nettoexport-Kurve

B. Das keynesianische Kreuz

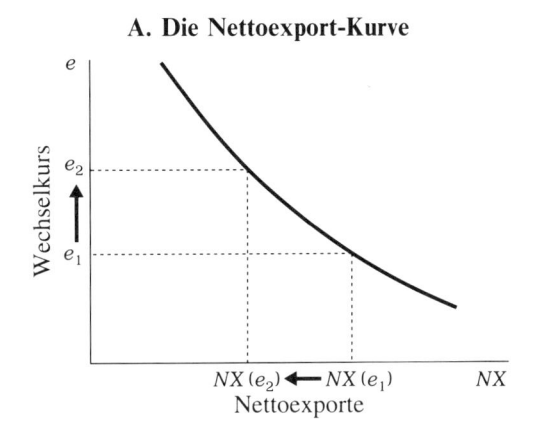

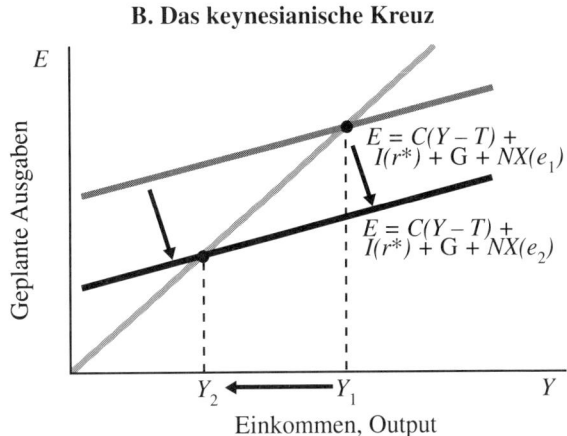

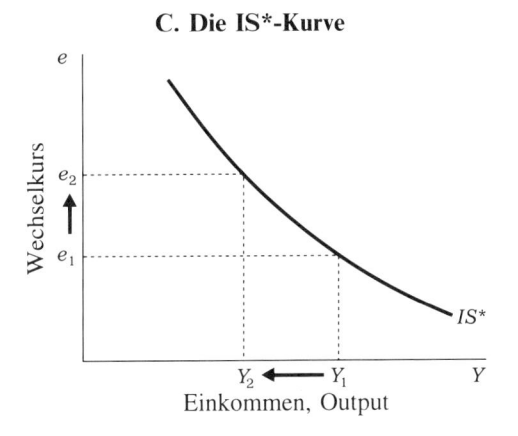

$$E = C(Y-T) + I(r^*) + G + NX(e_1)$$

$$E = C(Y-T) + I(r^*) + G + NX(e_2)$$

C. Die IS*-Kurve

Abbildung 13-5: **Die IS*-Kurve.** Die IS*-Kurve wird aus der Nettoexportkurve und aus dem Keynesianischen Kreuz abgeleitet. Teil A stellt die Nettoexportkurve dar: Eine Zunahme des Wechselkurses von e_1 auf e_2 vermindert den Nettoexport von $NX(e_1)$ auf $NX(e_2)$. Teil B zeigt das Keynesianische Kreuz: Eine Abnahme des Nettoexports von $NX(e_1)$ auf $NX(e_2)$ reduziert das Einkommen von Y_1 auf Y_1. Teil C enthält die IS*-Kurve, die diese Beziehung zwischen Wechselkurs und Einkommen zusammenfaßt: je höher der Wechselkurs, desto geringer ist das Einkommensniveau.

Für den Rest dieses Kapitels verwenden wir das (Y,e)-Diagramm, weil es direkt zeigt, wie der Wechselkurs auf Veränderungen der Wirtschaftspolitik reagiert. Selbstverständlich könnten wir genauso gut auch das (Y,r)-Diagramm verwenden und würden zu denselben Ergebnissen gelangen.

13.2 Die kleine offene Volkswirtschaft bei flexiblen Wechselkursen

Bevor wir das Modell verwenden, um die Wirkungen der Wirtschaftspolitik in einer kleinen offenen Volkswirtschaft zu analysieren, muß spezifiziert werden, in welcher Art von Währungssystem sich diese Wirtschaft befindet. Wir beginnen mit dem System, das heute für die meisten größeren Vokswirtschaften relevant ist: **flexible Wechselkurse**. Bei einem solchen System kann sich der Wechselkurs in Reaktion auf eine Veränderung der wirtschaftlichen Situation frei bewegen.

Fiskalpolitik

Nehmen wir einmal an, daß die Regierung die inländischen Ausgaben über eine Erhöhung der Staatsausgaben oder über eine Steuersenkung erhöht. Eine solche expansive fiskalpolitische Maßnahme verschiebt die IS*-Kurve nach außen (vgl. Abbildung 13-6). Der Wechselkurs steigt, aber das Einkommensniveau bleibt konstant.

Dieses Ergebnis in bezug auf die Wirkungen der Fiskalpolitik steht in deutlichem Kontrast zu der Folgerung, die sich aus dem IS/LM-Modell für eine geschlossene Volkswirtschaft ergibt. In einer geschlossenen Volkswirtschaft erhöht eine fiskalpolitische Expansion den Zinssatz und das Einkommen. In einer kleinen offenen Volkswirtschaft mit flexiblen Wechselkursen läßt eine fiskalpolitische Expansion das Einkommen unverändert. Der Grund für diesen Unterschied besteht darin, daß in einer offenen Volkswirtschaft die Zinserhöhungstendenz einen Kapitalzufluß, eine Erhöhung des Wechselkurses und einen Rückgang des Nettoexports bewirkt. Der Rückgang des Nettoexports hebt die expansive Wirkung auf die Nachfrage nach Waren und Dienstleistungen gerade auf, so daß das Gleichgewichtseinkommen konstant bleibt.

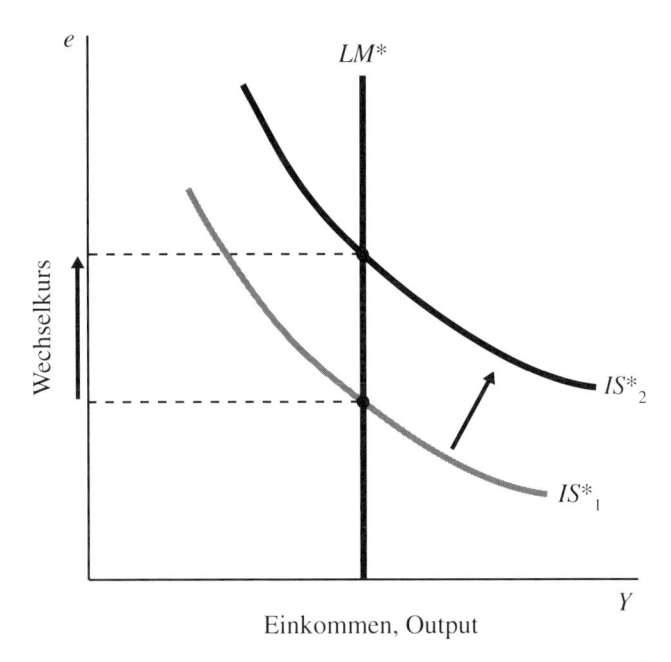

Abbildung 13-6: **Fiskalpolitische Expansion bei flexiblen Wechselkursen.** Eine Zunahme der Staatsausgaben oder eine Steuersenkung führen zu einer Rechtsverschiebung der IS*-Kurve. Dies verursacht einen Anstieg des Wechselkurses, das Gleichgewichtseinkommen bleibt jedoch konstant.

Geldpolitik

Wir betrachten nun den Fall, daß die Zentralbank das Geldangebot erhöht. Weil das Preisniveau als konstant angenommen wird, bedeutet die Zunahme des Geldangebots eine Zunahme der Realkasse. Die Erhöhung der Realkasse verschiebt die LM*-Kurve nach rechts (vgl. Abbildung 13-7). Folglich vergrößert eine Zunahme des Geldangebots das Einkommen und verringert den Wechselkurs.

Obwohl die Geldpolitik in einer offenen Volkswirtschaft das Einkommen in die gleiche Richtung verändert wie in einer geschlossenen, ist der monetäre Transmissionsmechanismus ein anderer. In einer geschlossenen Volkswirtschaft läßt eine Zunahme des Geldangebots den Zinssatz sinken und erhöht damit die Investitionen. In einer kleinen offenen Volkswirtschaft ist dagegen der Zinssatz durch den Weltzinssatz festgelegt. Die durch eine Zunahme des Geldangebots hervorgerufene Zinssenkungstendenz führt zu Kapitalabflüssen ins Ausland, wo höhere Erträge erzielt werden können. Dieser Kapitalabfluß erhöht das Angebot an D-Mark auf dem Devisenmarkt. Der Wechselkurs sinkt, und der Nettoexport steigt. Folglich beeinflußt in einer kleinen offenen Volkswirtschaft die Geldpolitik das Einkommen über Änderungen des Wechselkurses und nicht über eine Änderung des Zinssatzes.

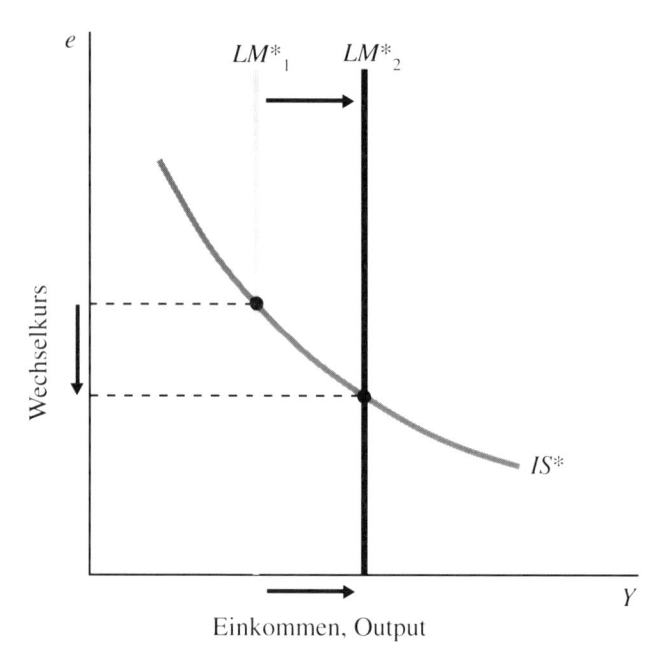

Abbildung 13-7: **Monetäre Expansion bei flexiblen Wechselkursen.** Eine Zunahme des Geldangebots bewirkt ein Rechtsverschiebung der LM*-Kurve. Der Wechselkurs sinkt, und das Einkommen steigt.

Fallstudie 13-1: Die Aufwertung des US-Dollars von 1979 bis 1982

In den frühen achtziger Jahren sahen sich die Vereinigten Staaten einer ungewöhnlichen Kombination aus restriktiver Geldpolitik und expansiver Fiskalpolitik gegenüber. Das wichtigste Ziel des Vorsitzenden des amerikanischen Zentralbanksystems, Paul Volcker, war die Senkung der hohen Inflationsrate, ein Erbe der siebziger Jahre. Zur gleichen Zeit wollte der amerikanische Präsident Ronald Reagan seine Wahlversprechungen erfüllen, nämlich die Steuern zu senken und die Verteidigungsausgaben zu erhöhen.

Das Mundell-Fleming-Modell läßt vermuten, daß beide Politiken zu einem Anstieg des Außenwerts des Dollars führen. Tatsächlich stieg der Dollarkurs in Relation zu allen wichtigen Währungen. Im Jahr 1979 erhielt man für einen Dollar 218 Yen oder 1,83 DM. Im Jahr 1982 war ein Dollar 248 Yen oder 2,42 DM wert. Diese Wertsteigerung des Dollars verbilligte die Importe. Amerikanische Industrien, die in Konkurrenz zu vergleichbaren Importgüterindustrien stehen, wie z.B. die Automobilindustrie, verloren an Wettbewerbsfähigkeit. Urlaubsreisen nach Europa wurden billiger – eine Gelegenheit, die viele Amerikaner wahrnahmen.

Handelspolitik

Wir nehmen nun an, daß die Regierung die Nachfrage nach Importgütern durch eine Importquote oder einen Importzoll senken möchte. Welche Folgen ergeben sich für Einkommen, Wechselkurs und Leistungsbilanz?

Da der Nettoexport gleich der Differenz aus Export und Import ist, impliziert eine Verringerung der Importnachfrage eine Erhöhung der Nettoexportnachfrage. Das bedeutet, daß sich die Nettoexportkurve, wie in Abbildung 13-8 gezeigt, nach außen verschiebt. Die Verschiebung der Nettoexportkurve läßt die IS*-Kurve nach rechts wandern. Folglich hat die Handelsbeschränkung eine Erhöhung des Wechselkurses zur Konsequenz, beeinflußt aber nicht das Gleichgewichtseinkommen.

Als Ziel handelsbeschränkender Maßnahmen wird häufig eine Änderung des Leistungsbilanzsaldos genannt. Wie wir jedoch bereits in Kapitel 7 gesehen haben, muß eine solche Politik nicht zu diesem Ergebnis führen. Dieselbe Schlußfolgerung gilt für das Mundell-Fleming-Modell bei flexiblen Wechselkursen. Wir erinnern an die Beziehung:

$$NX(e) = Y - C(Y - T) - I(r) - G.$$

Durch eine Handelsbeschränkung werden weder Einkommen, noch Konsum, noch Investitionen, noch Staatsausgaben berührt. Daher kann es auch zu keiner Änderung der Leistungsbilanz kommen. Zwar wird durch die Verschiebung der Nettoexportkurve für sich genommen der Nettoexport erhöht, dem steht aber ein durch die Erhöhung des Wechselkurses bedingter, genau gleich großer Rückgang des Nettoexports gegenüber.

A. Die Verschiebung der Nettoexport-Kurve

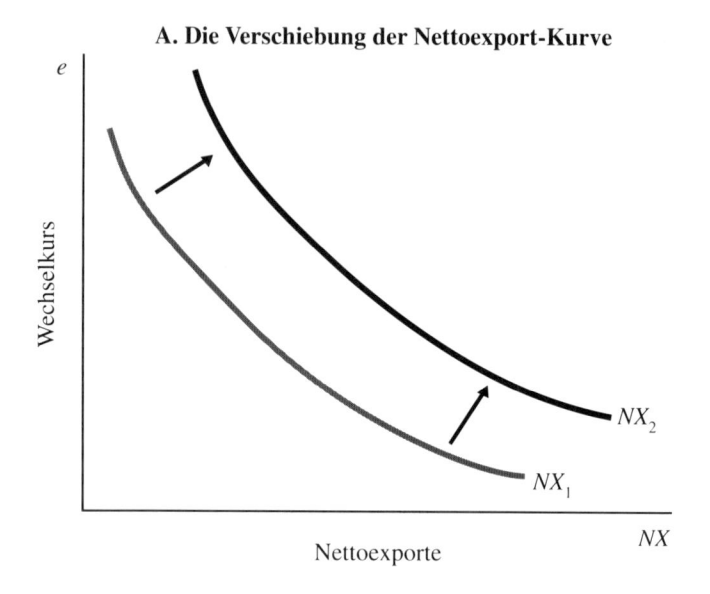

B. Die Veränderung des wirtschaftlichen Gleichgewichts

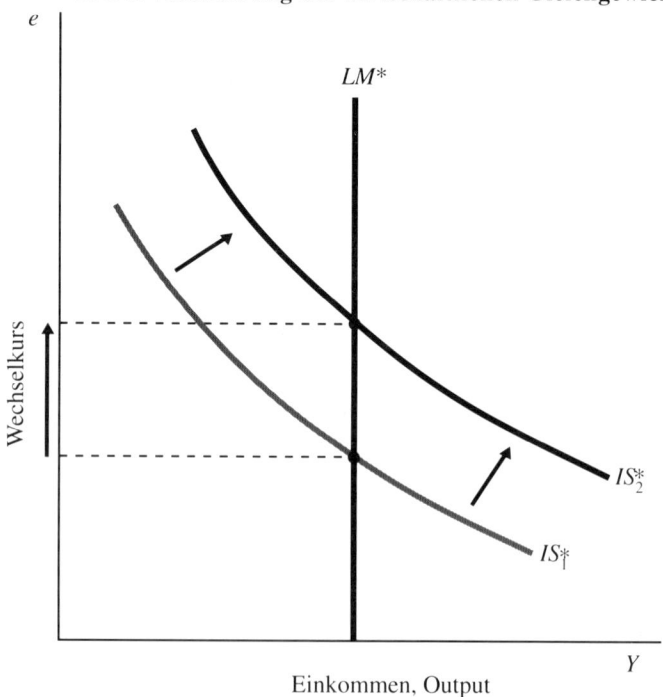

Abbildung 13-8: **Eine Handelsbeschränkung bei flexiblen Wechselkursen.** Ein Zoll oder eine Importquote verschiebt die Nettoexportkurve nach außen. Dadurch verschiebt sich auch die IS*-Kurve nach außen. Der Wechselkurs steigt, das Gleichgewichtseinkommen bleibt unverändert.

13.3 Die kleine offene Vokswirtschaft bei festen Wechselkursen

Wir wenden uns nun dem zweiten Typ von Wechselkurssystem zu: **festen Wechselkursen.** Während der fünfziger und sechziger Jahre gehörten die meisten großen Industrieländer, einschließlich der Vereinigten Staaten, dem sogenannten Bretton-Woods-System an, einem auf festen Wechselkursen basierenden Währungssystem. In den frühen siebziger Jahren wurde das System abgeschafft, und es begann eine Zeit frei schwankender Wechselkurse. In dieser neuen Zeit haben eine Reihe europäischer Länder im Rahmen des Europäischen Währungssystems (EWS) untereinander wieder feste Wechselkurse vereinbart. Einige Wirtschaftswissenschaftler sprechen sich auch für die Rückkehr zu einem weltweiten System fester Wechselkurse aus. In diesem Abschnitt wollen wir diskutieren, wie ein System fester Wechselkurse funktioniert und dann untersuchen, wie sich wirtschaftspolitische Maßnahmen auf eine Wirtschaft mit festen Wechselkursen auswirken.

Die Funktionsweise eines Systems fester Wechselkurse

In einem System fester Wechselkurse ist die Zentralbank bereit, heimische Währung gegen fremde Währung nur zu einem bestimmten Preis zu kaufen oder zu verkaufen. Nehmen wir beispielsweise einmal an, daß die Zentralbank den Wechselkurs bei 0,50 Dollar pro D-Mark festlegt. Sie ist dann bereit, eine D-Mark gegen einen halben Dollar oder einen halben Dollar gegen eine D-Mark zu tauschen. Um diese Politik durchführen zu können, muß die Zentralbank selbst über einen Bestand an D-Mark und Dollar verfügen. Den Bestand an D-Mark kann sie selbst drucken, den Bestand an Dollar muß sie in der Vergangenheit aufgebaut haben.

Durch die Festlegung des Wechselkurses muß sich die Geldpolitik ganz dem Ziel unterordnen, den Wechselkurs auf dem angekündigten Niveau zu halten. Anders ausgedrückt liegt der Kern eines Systems fester Wechselkurse in der Verpflichtung der Zentralbank, das Geldangebot sich stets an das Niveau anpassen zu lassen, das die Übereinstimmung von gleichgewichtigem und angekündigtem Wechselkurs sicherstellt. Die Anpassung des Geldangebots an das notwendige Niveau erfolgt automatisch, solange die Zentralbank bereit ist, ausländische Währung zu einem festen Kurs zu kaufen oder zu verkaufen.

A. Der gleichgewichtige Wechselkurs ist größer als der festgelegte

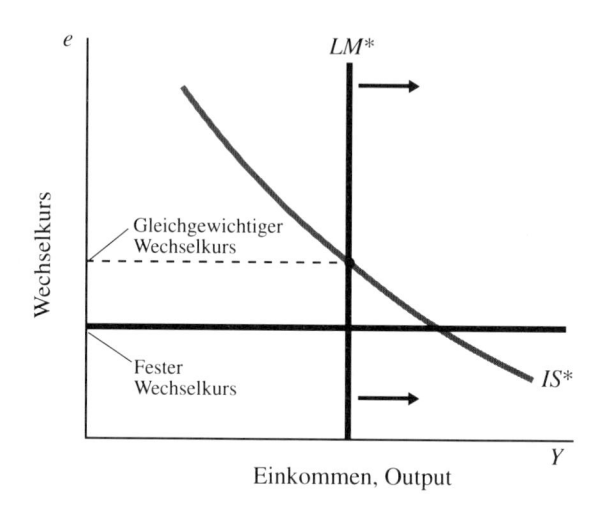

B. Der gleichgewichtige Wechselkurs ist kleiner als der festgelegte

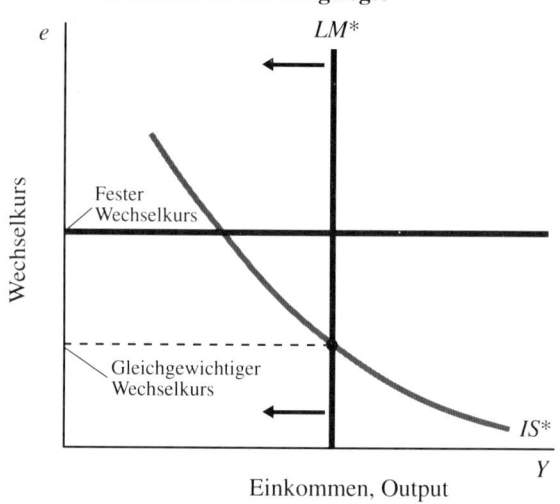

Abbildung 13-9: **Bestimmung des Geldangebots durch den festen Wechselkurs.** In Teil A übersteigt der gleichgewichtige Wechselkurs das festgelegte Niveau. Arbitrageure kaufen ausländische Währung auf dem Devisenmarkt und verkaufen sie mit Gewinn an die Zentralbank. Dadurch steigt automatisch das Geldangebot. Die LM*-Kurve verschiebt sich nach rechts und der Wechselkurs sinkt. In Teil B liegt der gleichgewichtige Wechselkurs unterhalb des festgelegten Niveaus. Arbitrageure kaufen inländische Währung auf dem Devisenmarkt und verkaufen sie gegen ausländische Währung mit Gewinn an die Zentralbank. Dadurch sinkt automatisch das Geldangebot. Die LM*-Kurve verschiebt sich nach links, und der Wechselkurs steigt.

Um zu verstehen, wie die Festlegung des Wechselkurses das Geldangebot bestimmt, sei folgendes Beispiel betrachtet. Wir nehmen an, daß die Zentralbank einen festen Wechselkurs von 0,50 Dollar pro DM ankündigt. In der augenblicklichen Gleichgewichtssituation mit dem augenblicklichen Geldangebot liegt der Wechselkurs bei 0,60 Dollar pro DM und damit über dem angekündigten Kurs. Diese Situation wird in Abbildung 13-9A illustriert. Man beachte, daß jetzt eine unausgenutzte Gewinnsituation besteht: ein Arbitrageur könnte auf dem Markt 3 Dollar für 5 DM kaufen, die 3 Dollar anschließend der Zentralbank für 6 DM verkaufen und so einen Gewinn von 1 DM machen. Kauft die Zentralbank die Dollar von dem Arbitrageur, erhöhten die DM, mit der sie bezahlt, automatisch das Geldangebot. Die Zunahme des Geldangebots verschiebt die LM*-Kurve nach außen und vermindert so den gleichgewichtigen Wechselkurs. Auf diese Weise steigt das Geldangebot so lange, bis der gleichgewichtige Wechselkurs auf das angekündigte Niveau gesunken ist.

Nun sei umgekehrt angenommen, daß die Zentralbank einen festen Wechselkurs von 0,50 Dollar pro DM nennt, das augenblickliche Gleichgewicht aber bei 0,40 Dollar pro DM liegt (vgl. Abbildung 13-9B). In diesem Fall könnte ein Arbitrageur dadurch einen Gewinn erzielen, daß er von der Zentralbank 2 Dollar für 4 DM kauft und sie anschließend auf dem Markt für 5 DM verkauft. Beim Verkauf der Dollar durch die Zentralbank sinkt durch die Hereinnahme von D-Mark automatisch das Geldangebot. Der Rückgang des Geldangebots verschiebt die LM*-Kurve nach links und erhöht den gleichgewichtigen Wechselkurs. Das Geldangebot geht so lange zurück, bis der gleichgewichtige Wechselkurs auf das angekündigte Niveau gestiegen ist.

Es ist wichtig, sich klar zu machen, daß dieses Wechselkurssystem den nominalen Wechselkurs festlegt. Ob dadurch auch der reale Wechselkurs fixiert ist, hängt vom zugrundegelegten Zeithorizont ab. Sind die Preise flexibel, so wie es bei einer langfristigen Betrachtung der Fall ist, kann sich der reale Wechselkurs auch dann ändern, wenn der nominale fixiert ist. Bei der in Kapitel 7 beschriebenen langfristigen Betrachtung hätte eine Politik, die den nominalen Wechselkurs festlegt, keinen Einfluß auf irgendeine reale Variable – und das gilt insbesondere auch für den realen Wechselkurs. Ein fester nominaler Wechselkurs würde nur das Geldangebot und das Preisniveau beeinflussen. In der kurzen Frist, die durch das Mundell-Fleming-Modell beschrieben wird, sind die Preise jedoch starr, so daß ein fester nominaler Wechselkurs auch einen festen realen Wechselkurs impliziert.

Fallstudie 13-2: Der internationale Goldstandard

Während des größten Teils des 19. Jahrhunderts folgten alle größeren Volkswirtschaften einem Goldstandard. Jedes Land verfügte über einen Goldbestand und verpflichtete sich, eine Einheit seiner Währung gegen eine festgelegte Menge Gold zu tauschen. Über diese Golddeckung ergab sich für die Wirtschaften ein System fester Wechselkurse.

Um deutlich zu machen, wie ein internationaler Goldstandard die Festlegung der Wechselkurse bewirkt, sei angenommen, daß die Zentralbank der Vereinigten Staaten bereit ist, eine Unze Gold für 100 Dollar zu kaufen oder zu verkaufen. Die Bank von England sei bereit, eine Unze Gold für 100 Pfund zu kaufen oder zu verkaufen. Beide Politiken zusammen legen den Wechselkurs zwischen Pfund und Dollar fest: ein Dollar wird gegen ein Pfund getauscht. Andernfalls wäre das Gesetz von der Einheitlichkeit der Preise verletzt. Durch den Kauf von Gold in dem einem Land und den Verkauf in dem anderen ließen sich Gewinne erzielen.

Nehmen wir beispielsweise an, daß der Wechselkurs zwei Pfund pro Dollar betrage. In diesem Fall könnte ein Arbitrageur 200 Pfund für 100 Dollar kaufen, die 200 Pfund dazu benutzen, bei der Bank von England 2 Unzen Gold zu kaufen, diese in die Vereinigten Staaten zu bringen und dort für 200 Dollar an die Zentralbank zu verkaufen. Der Arbitrageur könnte auf diese Weise einen Gewinn von 100 Dollar erzielen. Darüber hinaus würde der Arbitrageur durch den Transport des Goldes von England in die Vereinigten Staaten das Geldangebot in den USA erhöhen und das Geldangebot in England vermindern.

In der Ära des Goldstandards stellte also der internationale Transport des Goldes durch Arbitrageure sicher, daß das Geldangebot sich so anpaßte, daß das System fester Wechselkurse funktionierte. Die Wechselkursfixierung war jedoch nicht vollständig, weil der Transport des Goldes mit Kosten verbunden war. Der internationale Goldstandard hielt den Wechselkurs jedoch innerhalb eines Bereichs, der durch die Transportkosten vorgegeben war, und verhinderte so große und dauerhafte Veränderungen des Wechselkurses.[2]

---

2 Für eine genauere Darstellung des Goldstandards vgl. Barry Eichengreen, Hrsg., The Gold Standard in Theory and Practice (New York, 1985).

Kapitel 13   Die offene Volkswirtschaft in kurzfristiger Betrachtung   471

Fiskalpolitik

Wir wollen nun überlegen, wie die Wirtschaftspolitik in einer kleinen offenen Volkswirtschaft bei festen Wechselkursen wirkt. Es sei angenommen, daß die Regierung die inländischen Ausgaben durch erhöhte Staatsausgaben oder eine Steuersenkung anregt. Diese Politik führt zu einer Verschiebung der IS*-Kurve nach außen, wie sie in Abbildung 13-10 dargestellt ist, und übt damit einen Aufwertungsdruck auf den Wechselkurs aus. Da sich das Geldangebot so anpassen muß, daß der Wechselkurs konstant bleibt, muß es zu einer Erhöhung des Geldangebots kommen, welche die LM*-Kurve nach rechts verschiebt. Im Gegensatz zu der Situation mit flexiblen Wechselkursen erhöht also eine expansive Fiskalpolitik bei festen Wechselkursen das Einkommen. Diese Einkommenserhöhung tritt deshalb ein, weil die fiskalpolitische Expansion automatisch eine monetäre Expansion verursacht.

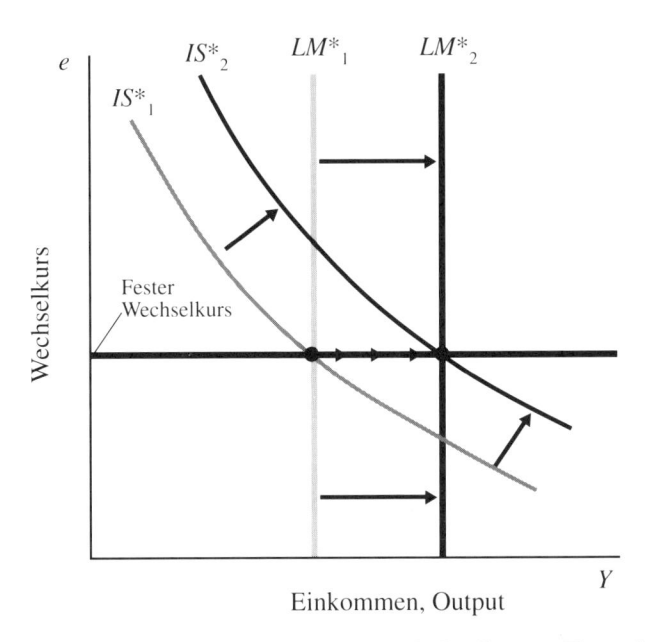

Abbildung 13-10: **Expansive Fiskalpolitik bei festen Wechselkursen.** Expansive Fiskalpolitik verschiebt die IS*-Kurve nach rechts. Um den festen Wechselkurs halten zu können, muß die Zentralbank das Geldangebot erhöhen. Damit verschiebt sich auch die LM*-Kurve nach rechts. Im Unterschied zum Fall flexibler Wechselkurse erhöht also eine fiskalpolitische Expansion bei festen Wechselkursen das Einkommen.

Geldpolitik

Was geschieht, wenn die Zentralbank versucht, das Geldangebot zu erhöhen – beispielsweise durch den Ankauf von Wertpapieren beim Publikum? Zunächst einmal besteht die Wirkung dieser Politik in einer Rechtsverschiebung der LM*-Kurve und einer damit verbundenen Verringerung des Wechselkurses (vgl. Abbildung 13-11). Da sich die Zentralbank jedoch verpflichtet hat, ausländische Währung zu einem festen Kurs zu kaufen und zu verkaufen, werden schnell Arbitrageure erscheinen und der Zentralbank D-Mark verkaufen. Dadurch kehren Geldangebot und LM*-Kurve auf ihre Ausgangspositionen zurück. Eine Geldpolitik, wie sie üblicherweise durchgeführt wird, ist also bei festen Wechselkursen nicht möglich. Durch ihre Zusage, den Wechselkurs konstant zu halten, verliert die Zentralbank die Kontrolle über das Geldangebot.

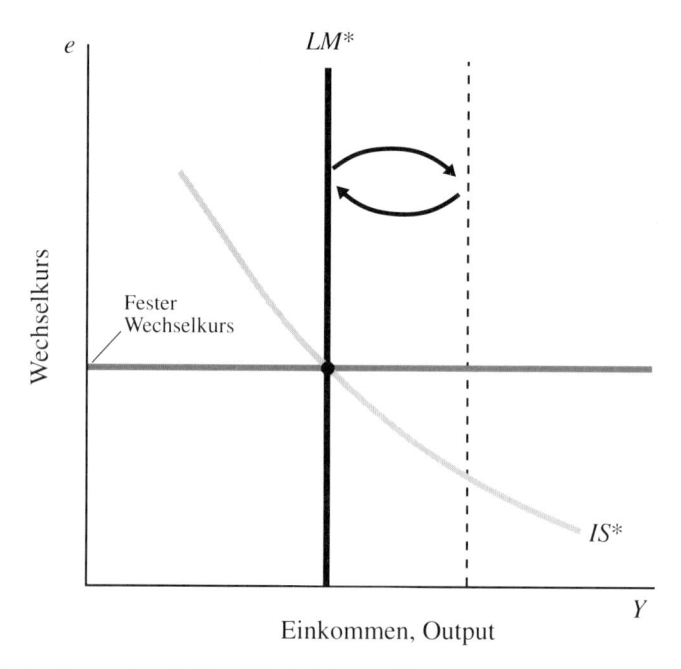

Abbildung 13-11: **Expansive Geldpolitik bei festen Wechselkursen.** Versucht die Zentralbank, das Geldangebot beispielsweise durch den Ankauf von Wertpapieren beim Publikum zu erhöhen, übt sie einen Abwärtsdruck auf den Wechselkurs aus. Um den festen Wechselkurs halten zu können, müssen Geldangebot und LM*-Kurve auf ihre Ausgangspositionen zurückkehren. Bei festen Wechselkursen ist also eine normale Geldpolitik nicht möglich.

Es besteht jedoch bei festen Wechselkursen die Möglichkeit, das Niveau zu ändern, auf dem der Wechselkurs festgeschrieben ist. Eine Verminderung des Wertes einer Währung bezeichnet man als Abwertung, eine Zunahme des Wertes als Aufwertung. Im

Kapitel 13   Die offene Volkswirtschaft in kurzfristiger Betrachtung   473

Mundell-Fleming-Modell verschiebt eine Abwertung die LM*-Kurve nach rechts. Die Wirkung entspricht einer Zunahme des Geldangebots bei flexiblen Wechselkursen. Eine Abwertung vergrößert daher den Nettoexport und erhöht das Gesamteinkommen. Umgekehrt schlägt sich eine Aufwertung in einer Verschiebung der LM*-Kurve nach links nieder, verringert den Nettoexport und vermindert das Gesamteinkommen.

Handelspolitik

Nun sei angenommen, daß die Regierung die Nachfrage nach importierten Gütern durch die Erhebung von Zöllen oder die Einführung von Importquoten vermindert. Diese Politik verschiebt die Nettoexportkurve nach außen und damit auch die IS*-Kurve (vgl. Abbildung 13-12). Die Verschiebung der IS*-Kurve führt tendenziell zu einer Erhöhung des Wechselkurses. Um den Wechselkurs auf seinem festen Niveau zu halten, muß das Geldangebot steigen und die LM*-Kurve verschiebt sich nach außen.

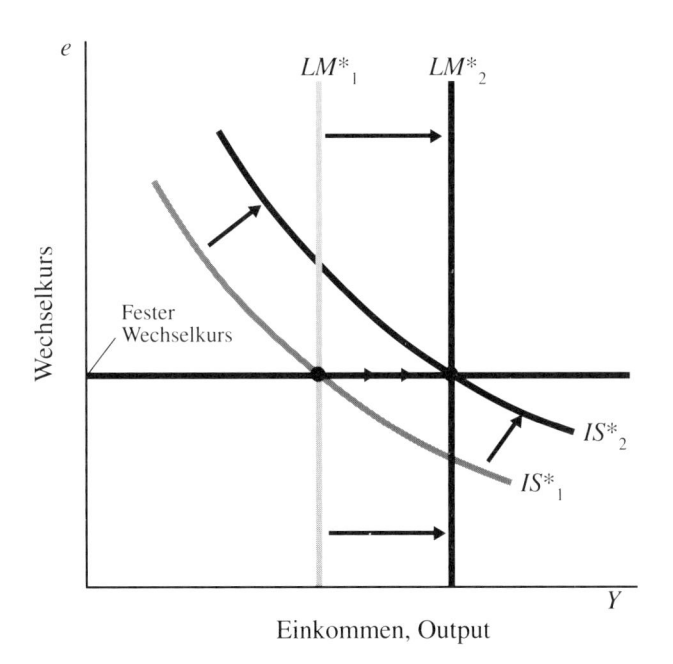

Abbildung 13-12: **Eine Handelsbeschränkung bei festen Wechselkursen.** Ein Zoll oder eine Importquote verschieben die IS*-Kurve nach rechts. Damit der Wechselkurs auf seinem festgelegten Niveau bleibt, muß das Geldangebot steigen. Daher steigt auch das Einkommen.

Die Wirkung einer Handelsbeschränkung bei festen Wechselkursen unterscheidet sich sehr deutlich von der Wirkung im Fall flexibler Wechselkurse. Bei festen Wechselkursen führt eine Handelsbeschränkung zu einer Vergrößerung des Gesamteinkommens. Darüber hinaus erhöht sich durch die Handelsbeschränkung auch der Leistungsbilanzsaldo *NX*. Weil der Wechselkurs fest ist, impliziert eine Rechtsverschiebung der Nettoexportkurve auch eine Zunahme des Nettoexports. Dieses Ergebnis läßt sich auch auf andere Weise durch Verwendung der Beziehung

$$NX = S - I$$

darstellen. Die Einkommensexpansion führt zu einer Zunahme der Ersparnis, was eine Zunahme des Nettoexports impliziert.

Zusammenfassung des Mundell-Fleming-Modell

Das wichtigste Einzelergebnis des Mundell-Fleming-Modells ist die Feststellung, daß die Wirkung fast jeder wirtschaftspolitischen Maßnahme ganz entscheidend vom Wechselkursregime abhängt. Tabelle 13-1 faßt die Ergebnisse unserer Analyse von Geld-, Fiskal- und Handelspolitik für Einkommen und Wechselkurs zusammen. Sie zeigt auch die Wirkung auf die Leistungsbilanz. Besonders auffällig ist die Beobachtung, daß sich die Ergebnisse bei flexiblen Wechselkursen von denen bei festen Wechselkursen unterscheiden.

Genauer gesagt zeigt das Mundell-Fleming-Modell, daß die Möglichkeit der Geld- und Fiskalpolitik, das Gesamteinkommen zu beeinflussen, vom Wechselkursregime abhängt. Bei flexiblen Wechselkursen kann nur die Geldpolitik das Einkommen ändern. Die normale expansive Wirkung der Fiskalpolitik wird durch eine Erhöhung des Werts der Währung genau aufgehoben. Bei festen Wechselkursen kann nur die Fiskalpolitik das Einkommen verändern. Die Kraft der Geldpolitik geht verloren, weil das Geldangebot immer so angepaßt werden muß, daß der Wechselkurs auf dem festgelegten Niveau gehalten werden kann.

Tabelle 13-1 **Das Mundell-Fleming-Modell: Zusammenfassung**

	Wechselkursregime					
	Flexibel			Fest		
	Wirkung auf:					
Politik	Y	e	NX	Y	e	NX
Expansive Fiskalpolitik	0	↑	↓	↑	0	0
Expansive Geldpolitik	↑	↓	↑	0	0	0
Einfuhrbeschränkung	0	↑	0	↑	0	↑

Anmerkung: Diese Tabelle zeigt die Richtung der Wirkung verschiedener Politiken auf Einkommen Y, Wechselkurs e und Leistungsbilanzsaldo NX. Ein „↑" zeigt, daß die entsprechende Größe zunimmt, ein „↓" zeigt, daß sie abnimmt, und eine „0" zeigt, daß sie sich nicht ändert. Es ist zu beachten, daß der Wechselkurs definiert ist als Menge der ausländischen Währung pro Einheit der inländischen Währung (z.B. 0,50 Dollar/DM).

13.4 Feste oder flexible Wechselkurse?

Nachdem wir uns mit der Frage auseinandergesetzt haben, wie eine kleine offene Volkswirtschaft bei flexiblen und bei festen Wechselkursen funktioniert, wenden wir uns nunmehr der Frage zu, welches Wechselkursregime vorzuziehen ist. Das internationale monetäre System ist oft Gegenstand hitziger Debatten zwischen Außenwirtschaftstheoretikern und Wirtschaftspolitikern. In der Vergangenheit haben die meisten Ökonomen ein System flexibler Wechselkurse favorisiert. Seit einigen Jahren hat sich jedoch eine Anzahl von Ökonomen für die Rückkehr zu einem System fester Wechelkurse ausgesprochen.

Das Hauptargument für einen flexiblen Wechselkurs ist darin zu sehen, daß er es der Geldpolitik erlaubt, für andere Zwecke eingesetzt zu werden. Bei festen Wechselkursen ist die Geldpolitik vollständig dem einen Ziel untergeordnet, den Wechselkurs auf dem festgelegten Niveau zu halten. Der Wechselkurs ist jedoch nur eine unter vielen makroökonomischen Variablen, die die Geldpolitik beeinflussen kann und über die sich die Wirtschaftspolitiker Gedanken machen. Ein System flexibler Wechselkurse läßt den geldpolitischen Entscheidungsträgern die Freiheit, wichtigere Ziele als die Konstanthaltung des Wechselkurses zu verfolgen, so. z.B. die Stabilisierung von Beschäftigung und Preisen.

Befürworter fester Wechselkurse argumentieren, daß Wechselkursunsicherheiten den internationalen Handel erschweren. Nachdem in den frühen siebziger Jahren das Bretton-Woods-System fester Wechselkurse abgeschafft worden war, waren sowohl reale als auch nominale Wechselkurse stärkeren Schwankungen unterworfen als das irgend jemand erwartet hätte. Einige Ökonomen führen diese Bewegungen auf irrationale und destabilisierende Spekulationen von internationalen Anlegern zurück. Von Unternehmen wird behauptet, daß diese starke Beweglichkeit schädlich ist, weil sie die Unsicherheit vergrößert, mit der internationale geschäftliche Transaktionen verbunden sind. Trotz der großen Wechselkursausschläge hat das Volumen des Welthandels unter dem Regime freier Wechselkurse jedoch weiter zugenommen.

Befürworter fester Wechselkurse vertreten manchmal auch die Auffassung, daß eine Verpflichtung auf feste Wechselkurse eine Möglichkeit darstellt, die für die Geldpolitik Verantwortlichen zu disziplinieren und übermäßiges Wachstum des Geldangebots zu verhindern. Es gibt jedoch genügend andere Politikregeln, auf die man die Zentralbank verpflichten könnte. Ein System fester Wechselkurse sollte daher mit den in Kapitel 11 diskutierten Politikregeln verglichen werden, wie z.B. die Festlegung eines bestimmten Wachstums des nominalen BSP. Als Vorteil für eine Fixierung des Wechselkurses läßt sich die einfachere Implementierung nennen, vermutlich wird die Entwicklung von Einkommen und Beschäftigung dadurch jedoch instabiler.

Letztlich ist die Enscheidung für ein System flexibler oder fester Wechselkurse von nicht so großer Bedeutung, wie es zunächst scheint. In Zeiten fester Wechselkurse können Länder den Wert ihrer Währung ändern, wenn die Zielkonflikte zwischen der Aufrechterhaltung des festen Wechselkurses und anderen wirtschaftspolitischen Zielen zu groß wird. In Zeiten flexibler Wechselkurse verwenden Länder häufig offiziell oder inoffiziell Wechselkursziele, wenn sie darüber entscheiden, ob das Geldangebot verringert oder vergrößert werden soll. Infolgedessen lassen sich kaum Wechselkurse beobachten, die völlig fest oder völlig flexibel sind. Vielmehr ist die Wechselkursstabilität meist eines von vielen Zielen der Geldpolitik.[3]

---

[3] Mehr zur Debatte um feste oder flexible Wechselkurse findet sich in Kapitel 19 von Paul R. Krugman und Maurice Obstfeld, International Economics: Theory and Policy (Glenview Illinois, 1988).

Kapitel 13   Die offene Volkswirtschaft in kurzfristiger Betrachtung   477

Fallstudie 13-3: Das Europäische Währungssystem

Im März 1979 bildeten acht europäische Staaten – Belgien, Dänemark, Deutschland, Frankreich, Irland, Italien, Luxemburg und die Niederlande – das *Europäische Währungssystem (EWS)*. Das Ziel des Europäischen Währungssystems ist die Begrenzung der Wechselkursschwankungen zwischen den Währungen der Mitgliedsländer. Gegenüber den Währungen von Ländern, die nicht dem EWS angehören – wie z.B. der amerikanische Dollar –, fluktuieren diese europäischen Währungen gemeinsam. Eine Organisation von Ländern wie das EWS nennt man eine **Wechselkursunion**.

Das EWS legt die Wechselkurse nicht völlig fest. Die Zentralbanken können Schwankungen ihrer Währungen in einem schmalen Band um das Wechselkursziel zulassen. Darüber hinaus werden die Wechselkursziele geändert, wenn die Beibehaltung des ursprünglichen Zielwerts andere ökonomische Probleme hervorruft. Diese Änderungen der Wechselkursziele erfolgen typischerweise im Abstand von wenigen Jahren.

Befürworter des EWS argumentieren, daß das System einen wichtigen Schritt in Richtung auf eine stärkere ökonomische Integration Europas darstellt, weil es die Wechselkursschwankungen reduziert. Das EWS bedeutet daher ein Komplement zur Verringerung der Handelsschranken im Rahmen des europäischen Binnenmarktes. Gleichzeitig büßen die EWS-Länder einen Teil ihrer Möglichkeiten ein, eine unabhängige Geldpolitik zu verfolgen. Tatsächlich sehen einige Politiker das EWS als ersten Schritt auf dem Weg zum Endziel einer einheitlichen europäischen Währung an.

13.5 Ein abschließender Hinweis

In diesem Kapitel haben wir überlegt, wie eine kleine offene Volkswirtschaft in der kurzen Frist, d.h. bei starren Preisen funktioniert. Wir haben gesehen, wie Geld- und Fiskalpolitik das Einkommen und den Wechselkurs beeinflussen und wie das Verhalten der Wirtschaft davon abhängt, ob der Wechselkurs fest ist oder flexibel. Zum Abschluß ist es sinnvoll, noch einmal auf einen Punkt aus Kapitel 7 hinzuweisen. Die Volkswirtschaft der Vereinigten Staaten ist weder eine geschlossene noch eine kleine offene Volkswirtschaft: sie ist irgendetwas dazwischen.

Eine große offene Volkswirtschaft, wie die Vereinigten Staaten, verbindet das Verhalten einer geschlossenen mit dem Verhalten einer kleinen offenen Volkswirtschaft.

Bei der Analyse der Wirtschaftspolitik einer großen offenen Volkswirtschaft muß man sowohl die Überlegungen für die geschlossene Volkswirtschaft aus Kapitel 10 heranziehen als auch die Überlegungen für die offene Volkswirtschaft, die in diesem Kapitel entwickelt wurden. Der Anhang dieses Kapitels enthält ein Modell für den dazwischenliegenden Fall einer großen offenen Volkswirtschaft. Die Ergebnisse dieses Modells stellen – wie man vermutlich erwartet hätte – eine Kombination der beiden Extremfälle dar, die wir bereits betrachtet haben.

Um zu zeigen, wie man von der Logik der Modelle sowohl für die geschlossene als auch für die kleine offene Volkswirtschaft Gebrauch machen und sie auf die Wirtschaft der Vereinigten Staaten anwenden kann, wollen wir überlegen, wie sich eine monetäre Kontraktion kurzfristig auf die Wirtschaft auswirkt. In einer geschlossenen Volkswirtschaft erhöht eine monetäre Kontraktion den Zinssatz, verringert die Investitionen und damit auch das Einkommen. In einer kleinen offenen Volkswirtschaft mit flexiblen Wechselkursen erhöht eine monetäre Kontraktion den Wechselkurs, verringert den Export und damit das Einkommen. Der Zinssatz bleibt jedoch unverändert, weil er auf den Weltfinanzmärkten bestimmt wird.

Die Vereinigten Staaten stellen eine Kombination der beiden Fälle dar. Weil die Wirtschaft der Vereinigten Staaten groß genug ist, um den Weltzinssatz zu beeinflussen, und weil das Kapital zwischen den einzelnen Ländern nicht völlig mobil ist, erhöht eine monetäre Kontraktion den Zinssatz und verringert die Investitionen. Gleichzeitig erhöht eine monetäre Kontraktion den Wert der heimischen Währung und übt somit einen Druck auf den Nettoexport aus. Obwohl also das Mundell-Fleming-Modell eine Wirtschaft wie die der Vereinigten Staaten nicht völlig präzise beschreibt, läßt es sich doch zu korrekten Vorhersagen über die Entwicklung internationaler Variablen wie den Wechselkurs heranziehen und zeigt, wie internationale Beziehungen die Wirkungen von Geld- und Fiskalpolitik ändern.

Zusammenfassung

1. Das Mundell-Fleming-Modell ist das IS/LM-Modell für die kleine offene Volkswirtschaft. Es geht von einem gegebenen Preisniveau aus und zeigt dann, wodurch Schwankungen in Einkommen und Wechselkurs hervorgerufen werden.

2. Das Mundell-Fleming-Modell zeigt, daß die Fiskalpolitik das Einkommen im Fall flexibler Wechselkurse nicht beeinflussen kann. Eine expansive Fiskalpolitik führt zu einer Aufwertung der Währung, wodurch der Nettoexport vermindert wird. Dadurch

wird der expansive Effekt auf das Einkommen gerade aufgehoben. Bei festen Wechselkursen beeinflußt die Fiskalpolitik das Einkommen in die normale Richtung.

3. Das Mundell-Fleming-Modell zeigt, daß die Geldpolitik bei festen Wechselkursen das Einkommen nicht beeinflussen kann. Jeder Versuch, das Geldangebot auszudehnen, ist fruchtlos, weil sich das Geldangebot stets so anpassen muß, daß der Wechselkurs auf dem bekanntgegebenen Niveau bleibt. Bei flexiblen Wechselkursen beeinflußt die Geldpolitik das Einkommen in die normale Richtung.

4. Sowohl flexible als auch feste Wechselkurse haben spezifische Vorteile. Flexible Wechselkurse ermöglichen es der Geldpolitik, nicht ausschließlich den Wechselkurs zu fixieren, sondern auch andere Ziele zu verfolgen. Feste Wechselkurse vermindern die Unsicherheit bei internationalen Transaktionen.

Schlüsselbegriffe

Mundell-Fleming-Modell
Flexible Wechselkurse
Feste Wechselkurse

Abwertung
Aufwertung
Wechselkursunion

Wiederholungsfragen

1. Welche Wirkungen hat eine Steuererhöhung im Mundell-Fleming-Modell mit flexiblen Wechselkursen auf Gesamteinkommen, Wechselkurs und Leistungsbilanz? Welche Wirkungen würden sich bei festen Wechselkursen ergeben?

2. Welche Wirkungen hat eine Senkung des Geldangebots im Mundell-Fleming-Modell mit flexiblen Wechselkursen auf Gesamteinkommen, Wechselkurs und Leistungsbilanz? Welche Wirkungen würden sich bei festen Wechselkursen ergeben?

3. Welche Wirkungen hat die Abschaffung einer Importquote für Autos im Mundell-Fleming-Modell mit flexiblen Wechselkursen auf Gesamteinkommen, Wechselkurs und Leistungsbilanz? Welche Wirkungen würden sich bei festen Wechselkursen ergeben?

4. Erläutern Sie die Vor- und Nachteile von flexiblen und festen Wechselkursen.

Aufgaben und Anwendungen

1. Verwenden Sie das Mundell-Fleming-Modell, um sowohl bei flexiblen als auch bei festen Wechselkursen die Reaktionen des Gesamteinkommens, des Wechselkurses und der Leistungsbilanz auf die folgenden Schocks zu analysieren:

    a. Die Konsumenten blicken skeptischer in die Zukunft. Daher kommt es zu einem Rückgang der Ausgaben und einer Erhöhung der Ersparnis.

    b. Die Einführung einer stilistisch besonders gelungenen Toyota-Serie führt dazu, daß sich mehr Konsumenten für ausländische Autos entscheiden.

    c. Die Einführung von Geldautomaten vermindert die Geldnachfrage.

2. Im Mundell-Fleming-Modell wird der Weltzinssatz r^* als exogene Variable betrachtet. Wir wollen die Wirkungen einer Änderung dieser Variablen betrachten.

    a. Aus welchen Gründen könnte sich der Weltzinssatz ändern?

    b. Welche Wirkungen hat eine Erhöhung des Weltzinssatzes im Mundell-Fleming-Modell mit flexiblen Wechselkursen auf Gesamteinkommen, Wechselkurs und Leistungsbilanz?

    c. Welche Wirkungen hat eine Erhöhung des Weltzinssatzes im Mundell-Fleming-Modell mit festen Wechselkursen auf Gesamteinkommen, Wechselkurs und Leistungsbilanz?

3. Wirtschaftspolitiker und Manager machen sich häufig Gedanken um die Wettbewerbsfähigkeit der deutschen Industrie. (Gemeint ist die Fähigkeit der deutschen Industrie, ihre Produkte mit Gewinn auf dem Weltmarkt zu verkaufen.)

    a. Welchen Einfluß auf die Wettbewerbsfähigkeit hat eine Änderung des Wechselkurses?

    b. Nehmen Sie an, daß Sie die Wettbewerbsfähigkeit der deutschen Industrie erhöhen wollen, ohne das Gesamteinkommen zu ändern. Welche Kombination aus Geld- und Fiskalpolitik würden Sie verfolgen?

4. Nehmen Sie an, daß höhere Einkommen mit höheren Importen und daher mit geringeren Nettoexporten verbunden sind. Die Nettoexportfunktion soll also folgendes Aussehen aufweisen:

$$NX = NX(e, Y).$$

Analysieren Sie die Auswirkungen einer expansiven Fiskalpolitik auf Produktion und Leistungsbilanz bei

    a. flexiblen Wechselkursen und

    b. festen Wechselkursen.

Vergleichen Sie Ihre Antwort mit Tabelle 13-1.

Kapitel 13   Die offene Volkswirtschaft in kurzfristiger Betrachtung   481

5. Nehmen Sie an, daß die Geldnachfrage vom Konsum und nicht vom Einkommen abhängt, so daß die Geldmarktgleichung folgendes Aussehen gewinnt:

$$M/P = L[r, C(Y - T)].$$

Analysieren Sie die Wirkungen einer Steuersenkung auf Wechselkurs und Einkommen sowohl für flexible als auch für feste Wechselkurse.

6. Nehmen Sie an, daß in das für die Geldnachfrage relevante Peisniveau auch der Preis für Importgüter eingeht, der seinerseits vom Wechselkurs abhängt. Der Geldmarkt soll also durch folgende Gleichung beschrieben werden:

$$M/P = L(r, Y),$$

wobei

$$P = \lambda P_d + (1 - \lambda)P_f/e.$$

Der Parameter λ gibt das Gewicht der heimischen Güter im Preisindex P wieder. Nehmen Sie an, daß der Preis der heimischen Güter P_d und der Preis der ausländischen Güter gemessen in ausländischer Währung P_f konstant sind.

   a. Erläutern Sie, warum in diesem Modell die LM*-Kurve mit endlich positiver Steigung verläuft und nicht senkrecht.

   b. Welche Wirkungen weist in diesem Modell eine expansive Fiskalpolitik bei flexiblen Wechselkursen auf? Erläutern Sie Ihre Antwort. Vergleichen Sie Ihr Ergebnis mit dem der Standardversion des Mundell-Fleming-Modells.

   c. Die Wirkung des Wechselkurses auf das Preisniveau wird manchmal als „endogener Angebotsschock" bezeichnet. Warum wohl?

Anhang

Ein kurzfristiges Modell der großen offenen Volkswirtschaft

Im Anhang zu Kapitel 7 haben wir ein Modell der großen offenen Volkswirtschaft vorgestellt. Dieses Modell unterschied sich vom Modell der kleinen offenen Volkswirtschaft, weil nicht angenommen wurde, daß das betrachtete Land in unbegrenztem Umfang zum Weltzinssatz Kredite aufnehmen oder gewähren könne. Vielmehr sind wir davon ausgegangen, daß der Zinssatz, den das Land bezahlen muß, um so höher liegt, je höher seine Kreditaufnahme ist. Im folgenden skizzieren wir das analoge Modell für die kurzfristige Betrachtung, d.h. bei konstanten Preisen.

Die drei Gleichungen des Modells lauten:

$$Y = C(Y - T) + I(r) + G + NX(e)$$
$$M/P = L(r, Y)$$
$$NX(e) = -CF(r).$$

Die ersten beiden Gleichungen sind dieselben, die wir im Mundell-Fleming-Modell dieses Kapitels verwendet haben. Die dritte Gleichung, aus dem Anhang zu Kapitel 7 übernommen, besagt, daß der Leistungsbilanzsaldo NX immer dem Kapitalbilanzsaldo CF entspricht und daß der Kapitalstrom vom inländischen Zinssatz abhängt.

Um die Implikationen dieses Modells erkennen zu können, setzen wir die dritte Gleichung in die erste ein. Es folgt:

$$Y = C(Y - T) + I(r) + G - CF(r) \qquad \text{IS}$$
$$M/P = L(r, Y). \qquad \text{LM}$$

Diese beiden Gleichungen entsprechen weitgehend den beiden Gleichungen des IS/LM-Modells für die geschlossene Volkswirtschaft. Der einzige Unterschied besteht darin, daß die Ausgaben nun aus zwei Gründen vom Zinssatz abhängen. Wie zuvor führt ein steigender Zinssatz zu sinkenden Investitionen. Jetzt kommt aber hinzu, daß ein steigender Zinssatz auch einen höheren Kapitalzufluß und damit geringere Nettoexporte impliziert.

Kapitel 13   Die offene Volkswirtschaft in kurzfristiger Betrachtung

A. Das *IS/LM*-Modell

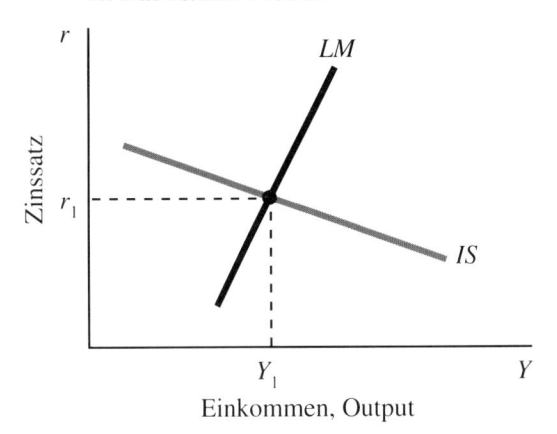

B. Der Kapitalstrom aus dem Ausland

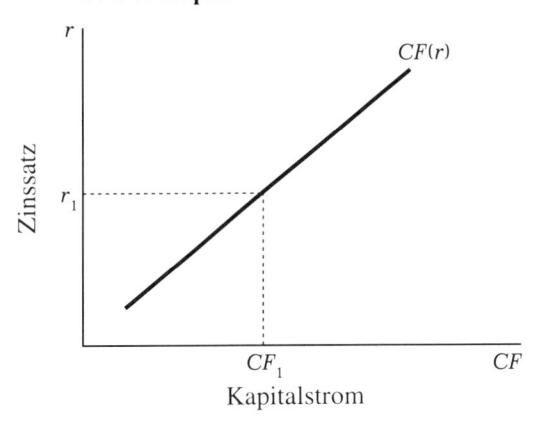

C. Der Devisenmarkt

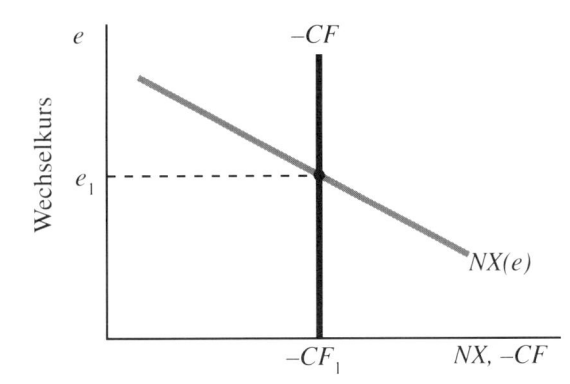

Abbildung 13-13: **Ein kurzfristiges Modell der großen offenen Volkswirtschaft.** Teil A zeigt, daß IS- und LM-Kurve zusammen den Zinssatz r_1 und das Einkommen Y_1 bestimmen. Teil B zeigt, daß r_1 den Kapitalzufluß CF_1 determiniert. Teil C zeigt, daß CF_1 zusammen mit der Nettoexportkurve den Wechselkurs e_1 bestimmt.

Das Modell läßt sich mit Hilfe der drei in Abbildung 13-13 gezeigten Darstellungen analysieren. Teil A enthält das IS/LM-Modell. Wie in der geschlossenen Volkswirtschaft der Kapitel 9 und 10 ist der Zinssatz r an der Ordinate und das Einkommen Y an der Abszisse abgetragen. Die IS- und die LM-Kurve bestimmen zusammen Gleichgewichtseinkommen und Gleichgewichtszinssatz.

Wegen des neuen Terms $-CF(r)$ verläuft diese IS-Kurve flacher als es in einer geschlossenen Volkswirtschaft der Fall wäre. Und zwar verläuft sie um so flacher, je stärker der Kapitalzufluß auf den Zinssatz reagiert. Der Leser erinnert sich vielleicht aus dem Anhang zu Kapitel 7 daran, daß die kleine offene Volkswirtschaft den Extremfall darstellt, in dem der Kapitalzufluß beim Weltzinssatz unendlich elastisch ist. In diesem Extremfall verläuft die IS-Kurve mit einer Steigung von null. Der Fall einer kleinen offenen Volkswirtschaft ließe sich in Abbildung 13-13A also durch eine horizontal verlaufende IS-Kurve darstellen.[4]

Die Teile B und C zeigen, wie das Gleichgewicht des IS/LM-Modells den Kapitalbilanzsaldo, den Leistungsbilanzsaldo und den Wechselkurs bestimmt. In Teil B wird deutlich, wie der Zinssatz den Kapitalzufluß aus dem Ausland determiniert. Die Kurve verläuft mit positiver Steigung, weil mit steigendem Zinssatz mehr ausländische Investoren angelockt werden. In Teil C kann man erkennen, daß sich der Wechselkurs so anpaßt, daß die Nettoexporte gerade den Kapitalzufluß ausgleichen. Der Wechselkurs sorgt also dafür, daß Kapitalbilanzsaldo und Leistungsbilanzsaldo absolut gleich groß sind.

Nun wollen wir das eben skizzierte Modell verwenden, um die Wirkungen der Wirtschaftspolitik bei flexiblen Wechselkursen zu analysieren.

Fiskalpolitik

In Abbildung 13-14 wird die Wirkung einer expansiven Fiskalpolitik untersucht. Eine Staatsausgabenerhöhung oder eine Steuersenkung bewirken eine Verschiebung der IS-Kurve nach außen. Wie Teil A illustriert, führt diese Verschiebung der IS-Kurve zu

---

4 Ein warnender Hinweis ist angebracht: Die hier in Abbildung 13-13 gezeigte IS-Kurve darf nicht mit der in Abbildung 13-1 verwendeten IS-Kurve verwechselt werden. In Abbildung 13-1 wurde die IS-Kurve unter der Annahme *konstanter* Wechselkurse und *konstanter* Nettoexporte gezeichnet. Im Gegensatz hierzu ist die IS-Kurve in Abbildung 13-13A unter Verwendung der Bedingung $NX(e) = -CF(r)$ gezeichnet, was bedeutet, daß Nettoexporte und Wechselkurs auf Änderungen des Zinssatzes reagieren. Weil diese IS-Kurve nicht unter der Annahme eines gegebenen Wechselkurses konstruiert wurde, führen Wechselkursänderungen auch nicht zu Verschiebungen der Kurve.

einer Erhöhung des Einkommens und des Zinssatzes. Diese beiden Effekte haben Ähnlichkeit mit denWirkungen, die in einer geschlossenen Volkswirtschaft zu beobachten sind. In der großen offenen Volkswirtschaft induziert die Zinssatzerhöhung jedoch eine Erhöhung des Kapitalzustroms aus dem Ausland, wie in Teil B deutlich wird. Da *CF* steigt, muß *NX* sinken. Damit die Gleichheit von Kapitalbilanzsaldo und Leistungsbilanzsaldo gewahrt bleibt, kommt es, wie in Teil C gezeigt, zu einer Aufwertung.

Geldpolitik

In Abbildung 13-15 werden die Auswirkungen einer expansiven Geldpolitik demonstriert. Eine Erhöhung des Geldangebots verschiebt, wie in Teil A gezeigt, die LM-Kurve nach außen. Das Einkommen steigt, und der Zinssatz sinkt. In Teil B wird deutlich, daß der niedrigere Zinssatz zu einem Rückgang des Kapitalzustroms aus dem Ausland führt. Weil Kapitalbilanzsaldo und Leistungsbilanzsaldo absolut gleich groß sein müssen, impliziert die Abnahme von *CF* eine Zunahme von *NX*. Teil C zeigt, daß die Erhöhung der Nettoexporte auf die Abwertung der heimischen Währung zurückzuführen ist.

Eine Daumenregel

Dieses Modell einer großen offenen Volkswirtschaft mit flexiblen Wechselkursen stellt eine ganz brauchbare Beschreibung der heutigen Wirtschaft der Vereinigten Staaten dar. Es ist jedoch komplizierter und unhandlicher als das in den Kapiteln 9 und 10 entwickelte Modell der geschlossenen Volkswirtschaft und das in diesem Kapitel entwickelte Modell der kleinen offenen Volkswirtschaft. Glücklicherweise gibt es eine einfache Daumenregel, mit deren Hilfe wir sagen können, welche Wirkungen die Wirtschaftspolitik auf die große offene Volkswirtschaft hat, ohne uns an die Einzelheiten des Modells erinnern zu müssen: *Die große offene Volkswirtschaft ist der Durchschnitt der geschlossenen und der kleinen offenen Volkswirtschaft. Um herauszufinden, welchen Einfluß eine wirtschaftspolitische Maßnahme auf eine beliebige Variable hat, müssen die beiden Extremfälle betrachtet und dann der Durchschnitt ermittelt werden.*

Wie wirkt beispielsweise eine kontraktive Geldpolitik kurzfristig auf Zinssatz und Investitionen? In der geschlossenen Volkswirtschaft steigt der Zinssatz und die Investitionen sinken. In der kleinen offenen Volkswirtschaft ändert sich weder der Zinssatz noch die Investitionen. Die Wirkungen, die in der großen offenen Volkswirtschaft auftreten, ergeben sich als Durchschnitt aus diesen beiden Fällen: eine kontraktive Geldpolitik erhöht den Zinssatz und verringert die Investitionen, aber nur in eingeschränktem Maße. Der Zufluß ausländischen Kapitals schwächt den Zinssatzanstieg und damit den Investitionsrückgang ab, der in einer geschlossenen Volkswirtschaft zu beobachten wäre. Der Kapitalzufluß reicht jedoch nicht aus, um diesen Effekt vollständig zu verhindern.

Diese Faustregel macht unsere einfachen Modelle noch wertvoller. Obwohl diese Modelle keine vollständige Beschreibung der Realität liefern, erweisen sie sich als nützliche Leitlinien bei der Beurteilung wirtschaftspolitischer Fragen.

Kapitel 13 Die offene Volkswirtschaft in kurzfristiger Betrachtung

A. Das *IS-LM* Modell

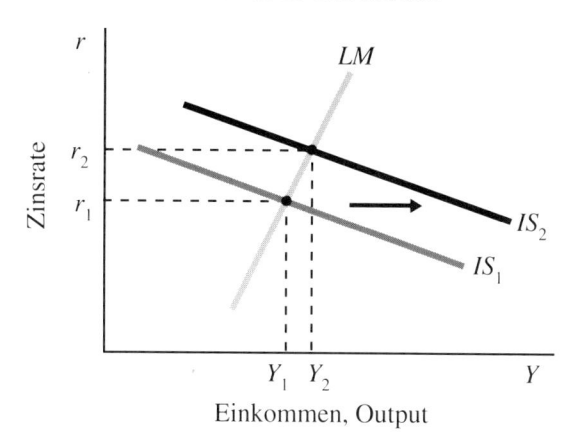

B. Der Kapitalstrom aus dem Ausland

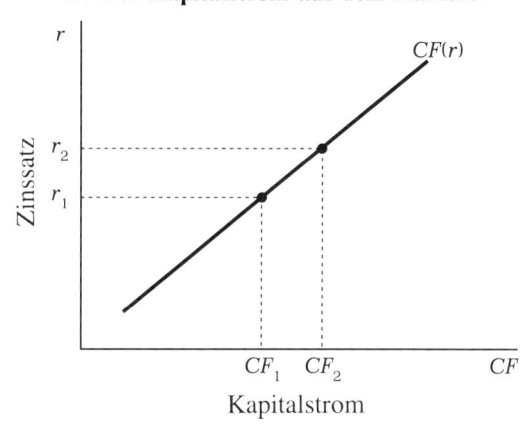

C. Der Devisenmarkt

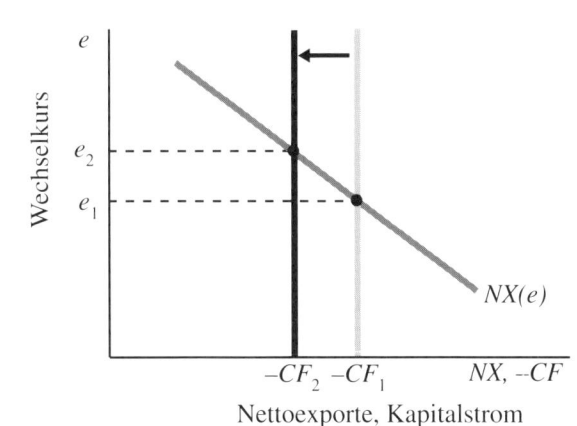

Abbildung 13-14: **Expansive Fiskalpolitik in der großen offenen Volkswirtschaft.** Teil A zeigt, daß eine expansive Fiskalpolitik die IS-Kurve nach außen verschiebt. Das Einkommen steigt von Y_1 auf Y_2 und der Zinssatz von r_1 auf r_2. Teil B zeigt, daß der Anstieg des Zinssatzes eine Erhöhung des Kapitalzustroms aus dem Ausland von CF_1 auf CF_2 zur Folge hat. Teil C zeigt, daß die Zunahme des Kapitalzuflusses das Nettoangebot an D-Mark für Leistungsbilanztransaktionen reduziert, wodurch eine Aufwertung von e_1 auf e_2 ausgelöst wird.

A. Das *IS-LM* Modell

Zinsrate / r / LM_1 / LM_2 / r_1 / r_2 / IS / Y_1 / Y_2 / Y

Einkommen, Output

B. Der Kapitalstrom aus dem Ausland

Zinssatz / r / $CF(r)$ / r_1 / r_2 / CF_2 / CF_1 / CF

Kapitalstrom

C. Der Devisenmarkt

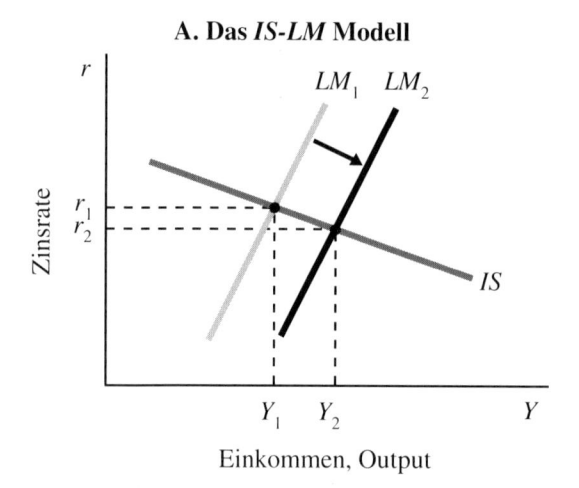

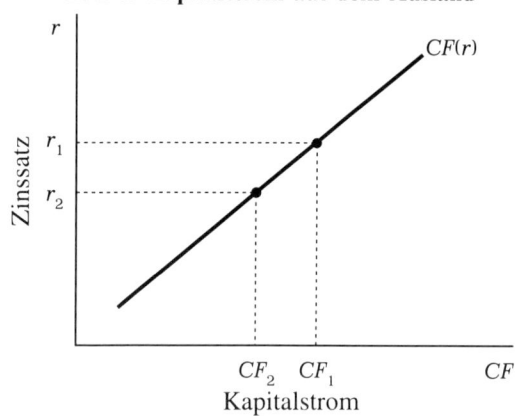

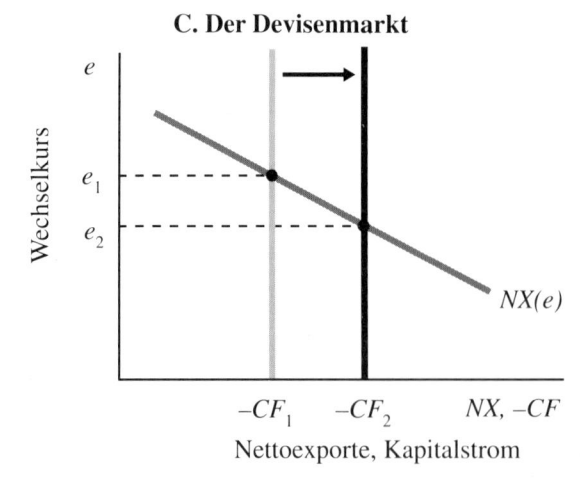

Wechselkurs / e / e_1 / e_2 / $NX(e)$ / $-CF_1$ / $-CF_2$ / $NX, -CF$

Nettoexporte, Kapitalstrom

Abbildung 13-15: **Expansive Geldpolitik in der großen offenen Volkswirtschaft.** Teil A zeigt, daß eine expansive Geldpolitik die LM-Kurve nach außen verschiebt. Das Einkommen steigt von Y_1 auf Y_2, und der Zinssatz sinkt von r_1 auf r_2. Teil B zeigt, daß die Senkung des Zinssatzes eine Verminderung des Kapitalzustroms aus dem Ausland von CF_1 auf CF^2 zur Folge hat. Teil C zeigt, daß der Rückgang des Kapitalzuflusses das Nettoangebot an D-Mark für Leistungsbilanztransaktionen erhöht, wodurch eine Abwertung von e_1 auf e_2 hervorgerufen wird.

Kapitel 14

Die Theorie realer Konjunkturzyklen

Bei der theoretischen Erklärung kurzfristiger ökonomischer Schwankungen lassen sich zwei Schulen unterscheiden. Die meisten Ökonomen schließen sich dem Ansatz an, den wir in den vorhergehenden Kapiteln erläutert haben. Sie sind davon überzeugt, daß das klassische Modell ökonomische Schwankungen nicht erklären kann und daß eine Theorie der Wirtschaft in kurzer Frist auf einem Modell aufbauen muß, in dem die Preise starr sind.

Andere Ökonomen stellen diese Position jedoch in Frage. Eine kleine, aber wichtige Gruppe, die **Neuklassiker**, meint, daß sich kurzfristige Schwankungen der Wirtschaft erklären lassen, ohne die Annahmen des klassischen Modells aufgeben zu müssen. Sie glauben, daß es das vernünftigste ist, auch in kurzfristiger Betrachtung voll flexible Preise anzunehmen. Fast die gesamte mikroökonomische Analyse basiert auf der Annahme, daß Preise sich markträumend anpassen. Die Vertreter der Neuen Klassik argumentieren, daß man die gleiche Annahme auch für die makroökonomische Analyse verwenden sollte.

Die führende neuklassische Theorie ökonomischer Schwankungen wird als **Theorie realer Konjunkturzyklen** bezeichnet. Dieser Theorie zufolge treffen die Annahmen, die wir für unsere langfristige Analyse verwendet haben, auch für kurzfristige Betrachtungen zu. Von größter Bedeutung ist die Annahme, daß für die Wirtschaft die klassische Dichotomie gilt: nominale Variablen (wie z.B. das Geldangebot oder das Preisniveau) haben keinen Einfluß auf reale Variablen (wie z.B. Beschäftigung und reales BSP). Um Schwankungen in realen Variablen zu erklären, betont dieser Ansatz realwirtschaftliche Veränderungen wie etwa fiskalpolitische Maßnahmen oder einen Wandel in der Produktionstechnologie. Das Wort „real" in der Theorie realer Konjunkturzyklen bezieht sich also darauf, daß nominale Variablen aus der Erklärung wirtschaftlicher Schwankungen ausgeschlossen werden.

In diesem Kapitel befassen wir uns mit der Theorie realer Konjunkturzyklen. Obgleich wir für eine vollständige Darstellung dieser Theorie viele Kapitel benötigen würden, läßt sich in diesem einen Kapitel doch ein vereinfachtes Modell entwickeln, das die zentralen Elemente deutlich macht. Danach sind wir in der Lage, Vor- und Nachteile dieses alternativen Ansatzes zu diskutieren.

14.1 Ein Rückblick auf die Wirtschaft bei flexiblen Preisen

Um zu sehen, wie die Theorie realer Konjunkturzyklen wirtschaftliche Schwankungen erklärt, greifen wir auf einige der Beziehungen aus früheren Kapiteln zurück. Diese spielen in der Theorie realer Konjunkturzyklen eine Rolle, werden allerdings oft anders bezeichnet. Um ein Modell realer Konjunkturzyklen zu entwickeln, gehen wir vom IS/LM-Modell aus und rufen uns zunächst nochmals ins Gedächtnis, wie sich das Modell bei flexiblen Preisen verhält. Danach modifizieren wir es, um ein „reales" Modell wirtschaftlicher Schwankungen zu konstruieren.

Das IS/LM-Modell beschreibt die Wirtschaft mit folgenden Gleichungen für den Güter- und Geldmarkt:

$$Y = C(Y - T) + I(r) + G \qquad IS$$
$$M/P = L(r, Y) \qquad LM.$$

Die erste Gleichung besagt, daß der Output Y die Summe aus Konsum C, Investitionen I und staatlichen Güterkäufen G ist. Der Konsum hängt vom verfügbaren Einkommen $Y - T$ ab und die Investitionen vom Zinssatz r. Die zweite Gleichung besagt, daß das Angebot an Realkasse M/P gleich der realen Geldnachfrage ist, die ihrerseits eine Funktion des Zinssatzes und des Outputniveaus ist. Zur Vereinfachung nehmen wir an, daß die erwartete Inflation gleich null ist, so daß der nominale Zinssatz – er bestimmt die Geldnachfrage – mit dem realen übereinstimmt. Beide Gleichungen sollten aus den Kapiteln 9 und 10 vertraut sein.

Um mit dem IS/LM-Modell kurzfristige Schwankungen analysieren zu können, nehmen wir normalerweise an, daß das Preisniveau konstant ist. Sind die Preise jedoch flexibel, dann paßt sich das Preisniveau so an, daß der Output auf seinem natürlichen Niveau liegt:

$$Y = \bar{Y} = F(\bar{K},\bar{L}).$$

Diese drei Gleichungen bestimmen zusammen drei endogene Variablen: den Output Y, den Zinssatz r und das Preisniveau P.

Abbildung 14-1 zeigt das Gleichgewicht der Wirtschaft unter der Annahme flexibler Preise. Der Output befindet sich auf seinem natürlichen Niveau $\overline{Y}$. Der Zinssatz wird durch den Schnittpunkt der IS-Kurve mit dem natürlichen Outputniveau bestimmt. Das Preisniveau paßt sich so an, daß die LM-Kurve ebenfalls durch diesen Punkt verläuft.

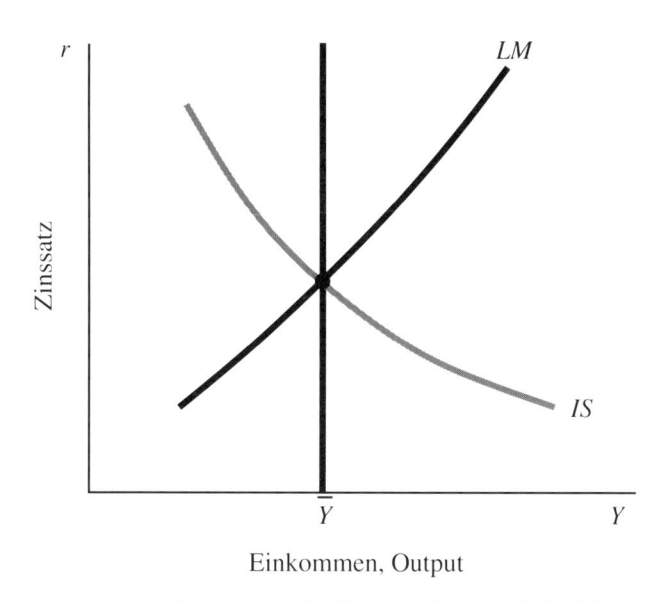

Abbildung 14-1: **Das IS/LM-Modell bei flexiblen Preisen.** Bei flexiblen Preisen wird das Outputniveau Y durch das Faktorangebot und durch die Produktionsfunktion bestimmt. Der Zinssatz ergibt sich aus dem Schnittpunkt der IS-Kurve mit der zum natürlichen Outputniveau $\overline{Y}$ gehörenden Senkrechten. Das Preisniveau paßt sich so an, daß die LM-Kurve ebenfalls durch den Schnittpunkt der beiden anderen Kurven verläuft.

Der LM-Kurve kommt hier keine große Bedeutung zu. Weil die Preise völlig flexibel sind, paßt sich das Preisniveau so an, daß stets Gleichgewicht auf dem Geldmarkt herrscht. Dies impliziert, daß die LM-Kurve immer durch den Punkt verläuft, in dem sich die beiden anderen Kurven schneiden. Um das Verhalten der realen Variablen, wie z.B. Output und realer Zinssatz, zu analysieren, kann der Geldmarkt ignoriert werden.

Eine Wirtschaft mit flexiblen Preisen läßt sich daher unter Verwendung der beiden in Abbildung 14-2 gezeigten Beziehungen untersuchen. Die erste, die IS-Kurve, zeigt uns, wie die Nachfrage nach Waren und Dienstleistungen vom Zinssatz abhängt. Für den Rest dieses Kapitels werden wir die IS-Kurve als **reale Gesamtnachfragekurve** bezeichnen. Die zweite Beziehung, die Senkrechte über dem natürlichen Outputniveau, gibt das Güterangebot wieder. Wir werden sie **reale Gesamtangebotsfunktion** nennen.

Der reale Zinssatz paßt sich so an, daß Güterangebot und Güternachfrage ins Gleichgewicht geraten.

Bislang haben wir nichts Neues gesagt. Wir haben lediglich einen weiteren Weg beschrieben, um das Einkommensmodell, dem wir zum erstenmal in Kapitel 3 begegnet sind, darzustellen. In dem Modell aus Kapitel 3 wird das Angebot durch die Produktionsfaktoren sowie durch die Produktionstechnologie bestimmt, und der Zinssatz paßt sich so an, daß die Nachfrage nach Waren und Dienstleistungen mit dem Angebot übereinstimmt.

Bei der Interpretation von Abbildung 14-2 dürfen reale Gesamtnachfragekurve und reale Gesamtangebotskurve nicht mit den Gesamtnachfrage- und Gesamtangebotskurven verwechselt werden, die wir in früheren Kapiteln analysiert haben. In früheren Kapiteln stellte das Preisniveau die Achsenbezeichnung der Ordinate dar. In der Theorie realer Konjunkturzyklen ist das Preisniveau nicht von zentraler Bedeutung. Es ist vielmehr eine nominale Variable und hat somit keinen Einfluß auf die realen Variablen. Was wir hier entwickeln, ist eine völlig andere Theorie ökonomischer Schwankungen.

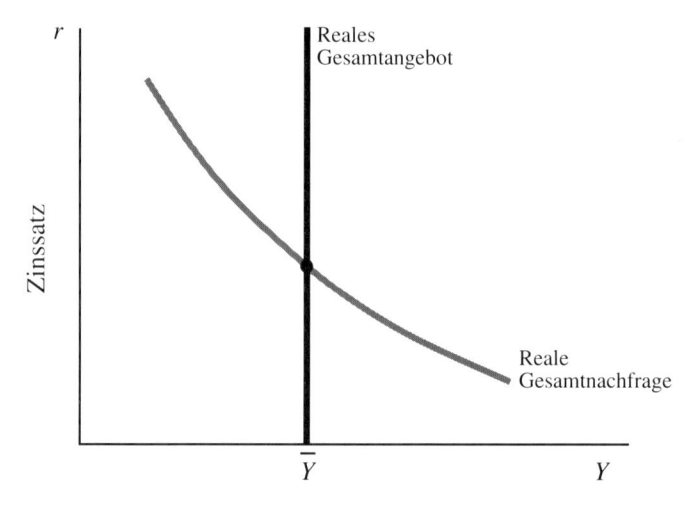

Abbildung 14-2: **Die beiden Schlüsselbeziehungen bei flexiblen Preisen.** Unter der Annahme flexibler Preise sind reale Gesamtnachfrage und reales Gesamtangebot die beiden Schlüsselbeziehungen. Die reale Gesamtnachfrage beschreibt die Nachfrage nach Waren und Dienstleistungen als Funktion des Zinssatzes: es handelt sich um einen anderen Namen für die IS-Kurve. Das reale Gesamtangebot beschreibt das Güterangebot, das durch das Angebot an Kapital und Arbeit sowie durch die verfügbare Technologie bestimmt wird.

14.2 Ein Modell realer Konjukturzyklen

In dem vorliegenden Abschnitt modifizieren wir dieses Modell einer Wirtschaft mit flexiblen Preisen so, daß es zu einem Modell wirtschaftlicher Schwankungen wird. Die wesentliche Veränderung betrifft das Verhalten des Arbeitsangebots. Im klassischen Modell, das wir bislang diskutiert haben, gibt es ein festes Arbeitsangebot, und dieses feste Angebot bestimmt das Beschäftigungsvolumen. Im Verlauf eines Konjunkturzyklus schwankt die Beschäftigung jedoch signifikant. Aus diesem Grund muß untersucht werden, was die Schwankungen des Arbeitsangebots verursacht.

Nach der Diskussion der Bestimmungsgründe des Arbeitsangebots modifizieren wir unser klassisches Gesamteinkommensmodell dergestalt, daß Änderungen des Arbeitsangebots berücksichtigt werden können. Das Güterangebot hängt zum Teil vom Arbeitsangebot ab. Je mehr Stunden die Menschen arbeiten möchten, desto mehr Output kann die Wirtschaft produzieren. Wir untersuchen nun, wie nach der Theorie realer Konjunkturzyklen verschiedene Ereignisse das Arbeitsangebot und das Gesamteinkommen beeinflussen.

Intertemporale Substitution und Arbeitsangebot

Wesentlicher Gegenstand der Theorie realer Konjunkturzyklen ist die Auffassung, daß das angebotene Arbeitsvolumen zu jedem Zeitpunkt von den wirtschaftlichen Anreizen abhängt, die den Arbeitnehmern geboten werden. Ist die Entlohnung gut, sind sie bereit, viele Arbeitsstunden anzubieten, ist die Entlohnung schlecht, sind sie nur bereit, wenige Arbeitsstunden anzubieten. Ist die Arbeitsentlohnung hinreichend klein, dann werden Arbeitnehmer – zumindest temporär – gänzlich auf Arbeit verzichten. Diese Bereitschaft zur zeitlichen Reallokation von Arbeit bezeichnet man als **intertemporale Substitution der Arbeit**.

Um zu verstehen, wie sich die intertemporale Substitution auf das Arbeitsangebot auswirkt, wollen wir das folgende Beispiel betrachten. Ein Volkswirtschaftsstudent, der im letzten Semester die Zwischenprüfung abgelegt hat, will in zwei Jahren in sein Examen gehen. Bis zu diesem Zeitpunkt hat er noch zweimal Sommersemesterferien. In einem der beiden Sommer will er während der Semesterferien arbeiten. Dann kann er sich nach dem Examen ein Auto kaufen und die Semesterferien des anderen Sommers für einen langen Urlaub nutzen. In welchem der beiden Sommer sollte er arbeiten? Um diese Entscheidung rational treffen zu können, vergleicht der Student das jeweilige Entgelt, das er für seine Arbeit in den beiden Perioden bekommen würde. Wir wollen den Reallohn, den er im ersten Sommer bekommt, mit W_1 bezeichnen und den Reallohn, den er für den zweiten Sommer erwartet, mit W_2. Die Entscheidung darüber, in welchem Sommer er arbeiten will, hängt von dem Vergleich dieser beiden Reallohnsätze ab. Es ist jedoch zu berücksichtigen, daß der Student mit dem früher verdienten Geld Zinsen erzielen kann: eine D-Mark, die im ersten Sommer verdient wird, ist wertvoller als eine D-Mark, die im zweiten Sommer verdient wird. Wenn der Student im ersten Sommer arbeitet und das verdiente Geld zum Realzinssatz r anlegt, dann kann er im nächsten Jahr über einen Betrag von $(1+r)W_1$ verfügen. Arbeitet er im zweiten Sommer, bekommt er W_2. Folglich gilt für den intertemporalen relativen Preis, also der Verdienst für die Arbeit im ersten Sommer relativ zum Verdienst für die Arbeit im zweiten Sommer:

$$\text{Intertemporaler relativer Preis} = \frac{(1+r)W_1}{W_2}.$$

Das Arbeiten im ersten Sommer ist dann attraktiver, wenn der Zinssatz hoch ist oder wenn der gegenwärtige Lohnsatz im Vergleich zu dem für die Zukunft erwarteten Lohnsatz hoch ist.

Der Theorie realer Konjunkturzyklen zufolge führen alle Arbeitnehmer eine Kosten-Nutzen-Analyse durch, um zu entscheiden, wann sie arbeiten und wann sie sich frei nehmen. Ein günstiger Zeitpunkt zum Arbeiten liegt also dann vor, wenn der Lohnsatz vorübergehend hoch ist oder wenn ein hoher Zinssatz herrscht. Ist der Lohnsatz vorübergehend gering oder gilt ein niedriger Zinssatz, dann bietet es sich an, Freizeit zu genießen.

Die intertemporale Substitution der Arbeit kann möglicherweise erklären, warum Beschäftigung und Output schwanken. Schocks, die die Wirtschaft treffen und die zu einer Erhöhung des Zinssatzes oder zu einer vorübergehenden Erhöhung des Lohnsatzes führen, erwirken, daß die Menschen mehr arbeiten wollen. Der vermehrte Arbeitseinsatz erhöht den Output der Wirtschaft.[1]

---

[1] Der klassische Beitrag über die Bedeutung der Rolle intertemporaler Substitution für den Arbeitsmarkt ist Robert E. Lucas und Leonard A. Rapping, "Real Wages, Employment and Inflation", Journal of Political Economy 77 (September/Oktober 1969): 721-754.

Reales Gesamtangebot und reale Gesamtnachfrage

Um ein Modell realer Konjunkturzyklen zu konstruieren, müssen wir die intertemporale Substitution in unser klassisches Modell der Wirtschaft einbauen. Das zentrale Ergebnis unserer Analyse des Arbeitsangebots besteht darin, daß der Zinssatz die Attraktivität der heutigen Arbeit beeinflußt. Je höher der Zinssatz, desto größer ist das Arbeitsangebot und desto größer ist der produzierte Güterberg.

Abbildung 14-3 zeigt das Modell realer Konjunkturzyklen. Wegen der intertemporalen Substitution verläuft die reale Gesamtangebotsfunktion nun mit endlicher positiver Steigung und nicht senkrecht, das heißt ein höherer Zinssatz erhöht das Arbeitsangebot, was wiederum zu einer Erhöhung des angebotenen Outputs führt. Der reale Zinssatz paßt sich, genau wie früher, so an, daß Güterangebot und -nachfrage ins Gleichgewicht kommen.

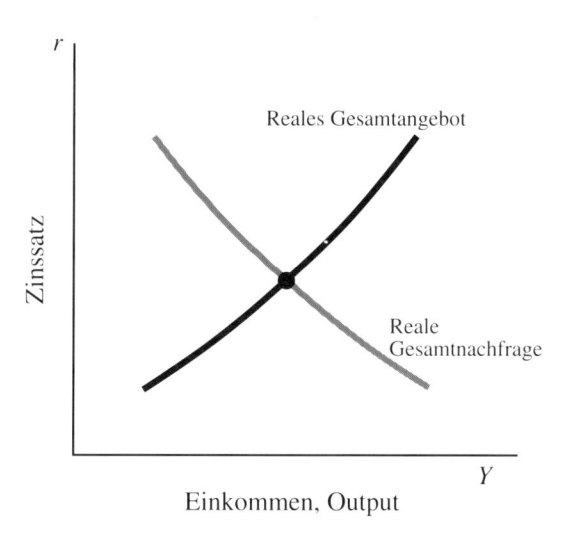

Abbildung 14-3: **Reale Gesamtnachfrage und reales Gesamtangebot.** Wegen der intertemporalen Substitution verläuft die reale Gesamtangebotsfunktion von links unten nach rechts oben: ein höherer Zinssatz erhöht die Attraktivität heute zu arbeiten, daher steigen Arbeitsangebot und Output. Der Realzinssatz paßt sich so an, daß reales Gesamtangebot und reale Gesamtnachfrage ins Gleichgewicht kommen.

Durch Anwendung dieses Modells der Wirtschaft sind wir nun in der Lage, Schwankungen des Outputs zu erklären. Jede Verschiebung der realen Gesamtnachfrage oder des realen Gesamtangebots wird den gleichgewichtigen Output verändern. Wegen der intertemporalen Substitutionsvorgänge wird sich darüber hinaus die Beschäftigung ebenfalls ändern.

Bei der Erklärung von Verschiebungen der realen Gesamtnachfrage und des realen Gesamtangebots betonen die Vertreter der Theorie realer Konjunkturzyklen die Bedeutung von Änderungen der Fiskalpolitik und technologischen Schocks. Diese Quellen kurzfristiger Schwankungen wollen wir nun analysieren.

Änderungen der Fiskalpolitik

Nehmen wir einmal an, daß der Staat seine Güterkäufe ausdehnt, wie es z.B. in einem Krieg der Fall ist. Abbildung 14-4 macht deutlich, was geschieht. Für jeden gegebenen Zinssatz ist die Güternachfrage gestiegen. Die Erhöhung der Staatsausgaben bewirkt daher die Verschiebung der realen Gesamtnachfragekurve nach außen. Sowohl Output als auch Zinssatz steigen.

Man beachte die Ähnlichkeiten zwischen dieser Erklärung der Wirkungen eines fiskalpolitischen Impulses und der Erklärung, die wir gesehen haben, als wir das IS/LM-Modell in Kapitel 10 analysiert haben. Eine Zunahme der staatlichen Güterkäufe verschiebt die reale Gesamtnachfragekurve aus demselben Grund nach außen, aus dem die IS-Kurve im IS/LM-Modell nach außen verschoben wird. In beiden Fällen ergibt sich ein größerer Output und ein höherer Zinssatz. Beide Modelle führen also zu ähnlichen Voraussagen.

Kapitel 14   Die Theorie realer Konjunkturzyklen   497

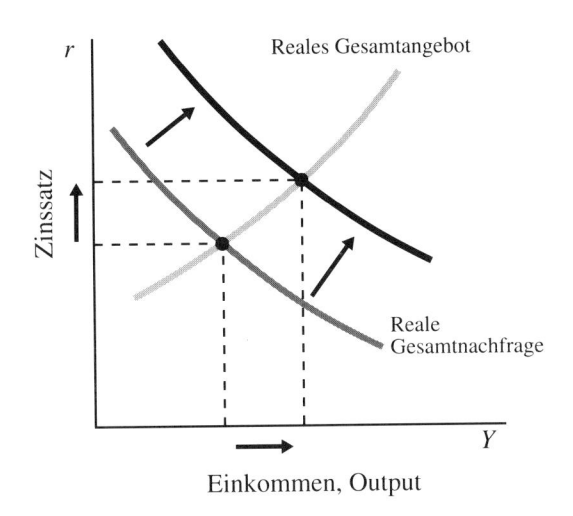

Abbildung 14-4: **Eine Zunahme der staatlichen Güterkäufe im Modell realer Konjunkturzyklen.** Eine Zunahme der Staatsausgaben verschiebt die reale Gesamtnachfragekurve nach außen. Dies führt zu einem größeren Output und zu einem höheren Realzinssatz.

Es gibt jedoch wichtige Unterschiede zwischen beiden Erklärungsansätzen. Im IS/LM-Modell sind die Preise starr, und die Gesamtnachfrage bestimmt die Höhe von Einkommen und Beschäftigung. Arbeitsangebot und intertemporale Substitutionsvorgänge spielen keine Rolle bei der Erklärung, wie die Fiskalpolitik auf den Output wirkt. Im Modell realer Konjunkturzyklen sind die Preise flexibel, und die Arbeitnehmer substituieren intertemporal. Die Zunahme der Produktion ergibt sich aus einer Zunahme des Arbeitsangebots: die Arbeitsanbieter reagieren auf den höheren Zinssatz, indem sie sich für eine Verlagerung der Freizeit in die Zukunft und eine Vergrößerung des gegenwärtigen Arbeitsangebots entscheiden.[2]

---

2   Weitere Informationen über die Interpretation der Wirkungen einer Änderung der Staatsausgaben auf die Wirtschaft aus Sicht der Theorie realer Konjunkturzyklen finden sich bei Robert J. Barro, "Output Effects of Government Purchases", Journal of Political Economy 89 (Dezember 1981): 1086-1121.

Technologische Schocks

Wir wollen nun annehmen, daß sich die verfügbare Technologie der Wirtschaft verbessert, vielleicht, weil gerade ein neuer Produktionsprozeß erfunden worden ist. Diese Veränderung tangiert nach Ansicht der Vertreter der Theorie realer Konjunkturzyklen die Wirtschaft auf zweierlei Weise.

Erstens vergrößert die verbesserte Technologie das Angebot an Waren und Dienstleistungen. Anders ausgedrückt wird bei jedem gegebenen Zinssatz ein höherer Output produziert, weil sich die Produktionsfunktion verbessert hat. Die reale Gesamtangebotskurve verschiebt sich daher nach außen.

Zweitens erhöht die Verfügbarkeit der neuen Technologie die Güternachfrage. So erhöht beispielsweise die Erfindung eines schnelleren Computers die Investitionsnachfrage der Unternehmen, die Computer kaufen wollen. Die reale Gesamtnachfragekurve verschiebt sich daher ebenfalls nach außen.

Abbildung 14-5 zeigt diese beiden Effekte. In Teil A ist die Wirkung des technologischen Schocks auf die Nachfrage größer als auf das Angebot, so daß sowohl Output als auch Zinssatz steigen. In Teil B ist die Wirkung auf die Nachfrage kleiner als auf das Angebot, so daß der Output steigt und der Zinssatz sinkt. (Welcher Fall auftritt, hängt davon ab, ob der Schock als permanent oder als transitorisch angesehen wird. Vgl. Aufgabe 1 am Ende dieses Kapitels.) Das zentrale Ergebnis dieser Überlegungen besteht darin, daß technologische Schocks Output und Zinssatz verändern. Wegen der intertemporalen Substitution beeinflussen diese Schocks darüber hinaus auch die Beschäftigung.

Kapitel 14 Die Theorie realer Konjunkturzyklen

A. Die reale Gesamtnachfrage verschiebt sich stärker als das reale Gesamtangebot

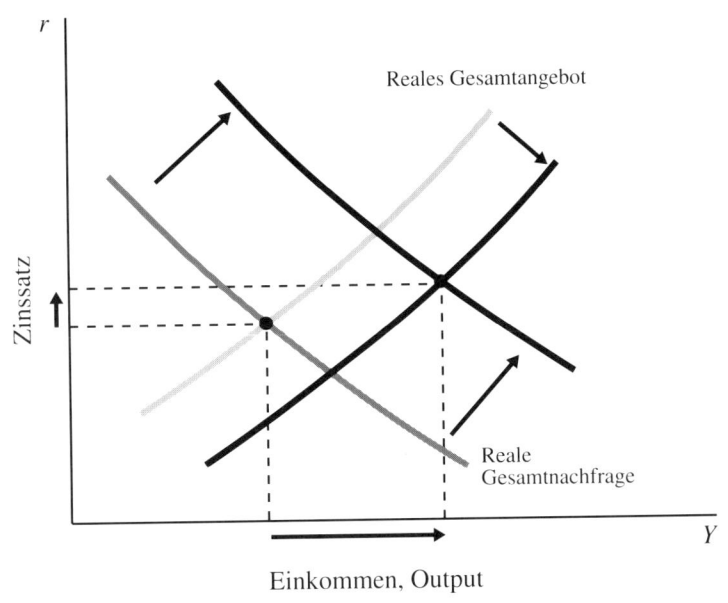

B. Das reale Gesamtangebot verschiebt sich stärker als die reale Gesamtnachfrage

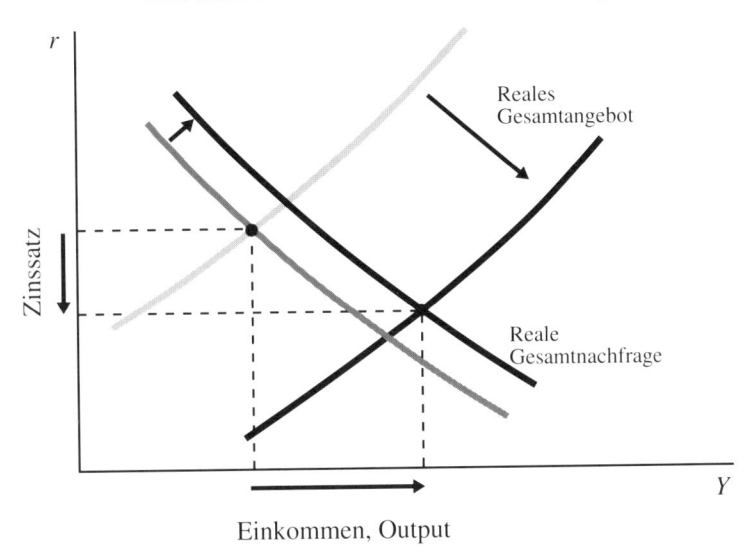

Abbildung 14-5: **Eine technologische Verbesserung im Modell realer Konjunkturzyklen.** Ein vorteilhafter technologischer Schock erhöht sowohl das reale Gesamtangebot als auch die reale Gesamtnachfrage. In Teil A verschiebt sich die Nachfrage stärker als das Angebot. In Teil B verschiebt sich die Nachfrage schwächer als das Angebot.

14.3 Die Debatte um die Theorie realer Konjunkturzyklen

Die Meinungen der Ökonomen über die Gültigkeit der Theorie realer Konjunkturzyklen sind geteilt. Im Zentrum der Uneinigkeit stehen vier grundlegende Punkte: die Bedeutung technologischer Schocks, die Interpretation der Arbeitslosigkeit, die Neutralität des Geldes und die Flexibilität von Löhnen und Preisen.

Die Bedeutung technologischer Schocks

Eine wesentliche Rolle für die Theorie realer Konjunkturzyklen spielt die Annahme, daß die Wirtschaft Schwankungen hinsichtlich ihrer Fähigkeit ausgesetzt ist, Inputs (Kapital und Arbeit) in Outputs (Waren und Dienstleistungen) zu transformieren. Weiterhin wird angenommen, daß diese Schwankungen in der Produktionstechnologie Einkommens- und Beschäftigungsschwankungen hervorrufen. Verbessert sich die verfügbare Technologie, dann produziert die Wirtschaft mehr Output. Wegen der intertemporalen Substitution führt die verbesserte Technologie auch zu höherer Beschäftigung. Viele Modelle des realen Konjunkturzyklus lassen eine Rückführung von Rezessionen auf Perioden technologischen Rückschritts zu. Diesen Ansätzen zufolge gehen Output und Beschäftigung in einer Rezession zurück, weil sich die verfügbare Produktionstechnologie verschlechtert und daher der Output und der Ertrag der Arbeit sinken.

Kritiker der Theorie realer Konjunkturzyklen bezweifeln, daß die Wirtschaft von großen technologischen Schocks getroffen wird. Für gewöhnlich sollte man eher annehmen, daß der technologische Fortschritt allmählich eintritt. Insbesondere, so argumentieren Kritiker, sei technologischer Rückschritt unplausibel: die Akkumulation des technischen Wissens mag sich verlangsamen, aber es ist schwer vorstellbar, daß sie plötzlich in umgekehrter Richtung verläuft.

Befürworter der Theorie realer Konjunkturzyklen gehen von einer breiten Definition des Begriffs „technologischer Schock" aus. Sie argumentieren, daß es viele Ereignisse geben kann, die wie ein technologischer Schock wirken. Schlechtes Wetter, die Einführung von Umweltschutzbestimmungen oder eine Zunahme der Weltölpreise wirken wie nachteilige Veränderungen der Technologie. All diese Ereignisse vermindern unsere Fähigkeit, Kapital und Arbeit in Waren und Dienstleistungen umzuwandeln. Ob solche Ereignisse häufig genug auftreten, um tatsächliche Konjunkturzyklen erklären zu können, bleibt eine offene Frage.

Kapitel 14   Die Theorie realer Konjunkturzyklen   501

Fallstudie 14-1: Technologische Schocks und Konjunkturzyklen

Um die Bedeutung technologischer Schocks zu demonstrieren, betrachtete der neuklassische Wirtschaftswissenschaftler Edward Prescott empirische Daten über die Inputs (Kapital und Arbeit) und über den Output der Wirtschaft. Er ermittelte für jedes Jahr das **Solow-Residuum** – die prozentuale Änderung des Outputs abzüglich der prozentualen Änderung der Inputs, wobei die Inputs mit ihren Faktoreinkommensanteilen gewichtet werden. Das Solow-Residuum mißt die Änderung der produzierten Gütermenge einer Volkswirtschaft, die nicht durch Änderungen der eingesetzten Mengen an Arbeit und Kapital erklärt werden kann. Prescott interpretiert es als Maß für die Rate des technologischen Fortschritts.[3]

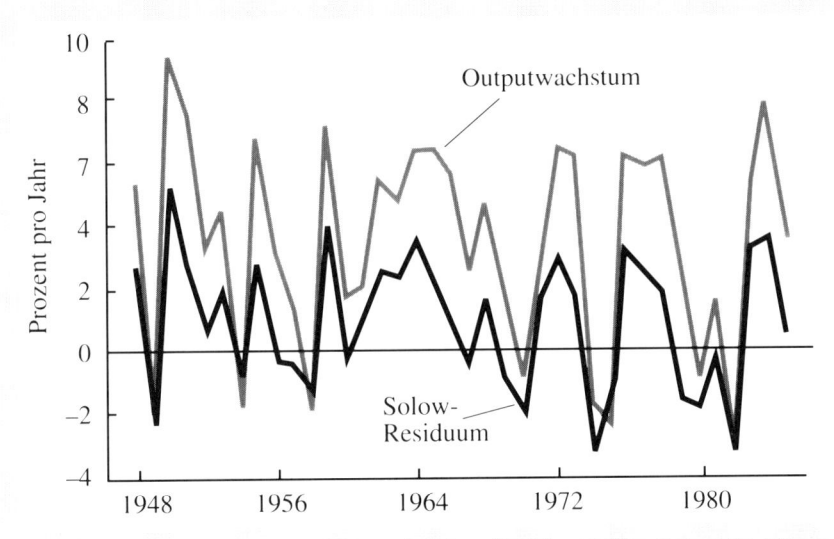

Abbildung 14-6: **Output-Wachstum und Solow-Residuum.** Das Solow-Residuum, das von einigen Ökonomen als Maß für technologische Schocks interpretiert wird, schwankt zusammen mit der Güter- und Dienstleistungsproduktion der Wirtschaft.

Abbildung 14-6 zeigt das Solow-Residuum und das Output-Wachstum für die Zeit von 1948 bis 1985. Man beachte, daß das Solow-Residuum deutlich schwankt. Nach dem Solow-Residuum hat sich die Technologie beispielsweise

---

3   Der Anhang zu Kapitel 4 zeigt, daß für das Solow-Residuum

$$\frac{\Delta A}{A} = \frac{\Delta Y}{Y} - \alpha \frac{\Delta K}{K} - (1 - \alpha)\frac{\Delta L}{L}$$

gilt. In dieser Gleichung bezeichnet A die totale Faktorproduktivität, Y den Output, K den Kapitaleinsatz, L den Arbeitseinsatz und α den Einkommensanteil des Kapitals.

1982 um 3,5 Prozent verschlechtert und 1984 um 3,4 Prozent verbessert. Darüber hinaus folgt die Bewegung des Solow-Residuums eng der des Outputs: in jedem Jahr, in dem der Output sank, verschlechterte sich die Technologie. Prescott zufolge zeigen diese starken Schwankungen des Solow-Residuums, daß technologische Schocks eine wichtige Ursache für wirtschaftliche Schwankungen sind.

Prescotts Interpretation dieser Zahl ist jedoch nicht unumstritten. Viele Ökonomen vertreten die Auffassung, daß das Solow-Residuum, über eine kurze Zeitspanne betrachtet, technologische Veränderungen nicht akkurat wiedergibt. Die Standarderklärung für das zyklische Verhalten des Solow-Residuums geht davon aus, daß Inputs und Output nicht richtig gemessen werden.

Erstens könnte es sein, daß Unternehmen während einer Rezession auch Arbeitskräfte beschäftigen, die sie im Augenblick nicht benötigen, damit die Arbeitsplätze nach Ende der Rezession nicht erst neu besetzt werden müssen. Dieses Phänomen wird als **Arbeitskräftehortung** bezeichnet. Falls Unternehmen Arbeitskräfte horten, dann wird der Arbeitseinsatz in Rezessionen überschätzt, weil die gehorteten Arbeitskräfte vermutlich nicht so intensiv arbeiten wie gewöhnlich. Das Horten von Arbeitskräften hat zur Folge, daß das Solow-Residuum eine deutlichere zyklische Entwicklung aufweist als die verfügbare Produktionstechnologie.

Zweitens könnte es sein, daß die Unternehmen in Zeiten geringer Nachfrage nach ihren Produkten Güter produzieren, die im volkswirtschaftlichen Rechnungswesen nicht erfaßt werden. So könnten die Beschäftigten in Rezessionen beispielsweise die Produktionsstätten reinigen, Lagerbestände ordnen oder andere nützliche Aufgaben erledigen, die in den üblichen Outputmaßen nicht erfaßt werden. Sollte dies zutreffen, dann wird der Output in Rezessionen unterschätzt, und das gemessene Solow-Residuum zeigt auch aus diesem Grund eine ausgeprägtere zyklische Entwicklung als die Technologie.

Das zyklische Verhalten des Solow-Residuums läßt sich also auf verschiedene Weise interpretieren. Die Vertreter der Theorie realer Konjunkturzyklen verweisen auf die in Rezessionen zu beobachtende niedrige Produktivität als Beleg für das Auftreten von ungünstigen technologischen Schocks. Andere Ökonomen vertreten dagegen die Auffassung, daß die empirisch gemessene Arbeitsproduktivität in Rezessionen deswegen niedrig ist, weil die Arbeitnehmer nicht so intensiv wie sonst arbeiten und außerdem ein größerer Teil des von ihnen erzeugten Outputs statistisch nicht erfaßt wird. Es gibt keine eindeutigen Belege für die Bedeutung der Hortung von Arbeitskräften und die zyklisch fehlerhafte Erfassung des Outputs. Aus diesem Grund können unterschiedliche Interpretationen von Abbildung 14-6 weiterbestehen. Diese Meinungsverschiedenheiten machen einen Teil der

Debatte zwischen Vertretern und Kritikern der Theorie realer Konjunkturzyklen aus.[4]

Die Interpretation der Arbeitslosigkeit

Die Theorie realer Konjunkturzyklen geht davon aus, daß Beschäftigungsschwankungen Ausdruck für die Veränderung des von den Arbeitnehmern gewünschten Arbeitsvolumens sind. Mit anderen Worten wird also angenommen, daß sich die Wirtschaft permanent auf der Arbeitsangebotskurve befindet: jeder, der bereit ist zum herrschenden Reallohn zu arbeiten, kann auch eine Arbeit finden. Um Beschäftigungsschwankungen erklären zu können, argumentieren die Protagonisten dieses Ansatzes, daß Lohn- und Zinssatzveränderungen zu intertemporalen Substitutionsprozessen beim Arbeitsangebot führen.

Kritiker der Theorie glauben, daß Beschäftigungsschwankungen keine Veränderung des gewünschten Arbeitsvolumens widerspiegeln. Sie sind der Ansicht, daß das gewünschte Arbeitsvolumen nur wenig auf den Reallohn und den Realzinssatz reagiert. Sie weisen darauf hin, daß die Arbeitslosenquote im Konjunkturverlauf deutlichen Schwankungen unterworfen ist. Die in Rezessionsphasen zu beobachtende hohe Arbeitslosigkeit läßt vermuten, daß der Arbeitsmarkt nicht geräumt wird: wollten Menschen in Rezessionsphasen freiwillig nicht arbeiten, würden sie sich nicht als arbeitslos bezeichnen. Im Gegensatz zu den Modellannahmen der Theorie realer Konjunkturzyklen kommen die Kritiker zu dem Ergebnis, daß es keinen Lohnanpassungsprozeß gibt, der Arbeitsangebot und Arbeitsnachfrage ständig ins Gleichgewicht bringt.

Befürworter der Theorie realer Konjunkturzyklen verweisen darauf, daß die Interpretation von Arbeitsmarktstatistiken problematisch ist. Der bloße Umstand, daß die Arbeitslosenquote hoch ist, besagt noch nicht, daß intertemporalen Substitutionsprozessen keine Bedeutung zukommt. So könnten Wirtschaftssubjekte, die sich freiwillig dafür entscheiden, nicht zu arbeiten, sich als arbeitslos bezeichnen, weil sie Arbeitslosengeld beziehen wollen. Sie könnten sich auch als arbeitslos bezeichnen, weil sie bereit wären eine Beschäftigung anzunehmen, wenn ihnen der Lohnsatz geboten würde, den sie in der Vergangenheit erhalten haben.

---

4 Für eine Gegenüberstellung beider Standpunkte vgl. Edward C. Prescott, "Theory Ahead of Business Cycle Measurement", und Lawrence H. Summers, "Some Skeptical Observations on Real Business Cycle Theory". Beide Aufsätze finden sich in Quarterly Review, Federal Reserve Bank of Minneapolis (Herbst 1986).

Fallstudie 14-2: Zur Relevanz der intertemporalen Substitution

Weil die intertemporale Substitution der Arbeit ein zentrales Element der Theorie realer Konjunkturzyklen darstellt, wurden viele Anstrengungen darauf verwendet, zu überprüfen, ob derartige Substitutionsprozesse einen wichtigen Beitrag zur Erklärung des Arbeitsangebots leisten. Dabei wurden Lohn- und Arbeitszeitdaten untersucht, um festzustellen, ob die Menschen mit Veränderung ihres Arbeitsvolumens auf kleine Veränderungen des Reallohns reagieren. Wäre Freizeit in hohem Maße intertemporal substituierbar, dann müßten Arbeitnehmer, die mit einer Zunahme ihres Reallohns rechnen, heute wenig und in der Zukunft viel arbeiten. Die Menschen, die mit einem Rückgang ihres Reallohns rechnen, müßten dagegen heute viel arbeiten und in der Zukunft ihre Freizeit ausdehnen.

Untersuchungen zum Arbeitsangebot gelangen zu dem Ergebnis, daß erwartete Veränderungen des Reallohns nur zu geringfügigen Veränderungen des Arbeitsvolumens führen. Es sieht so aus, als ob die Wirtschaftssubjekte auf erwartete Reallohnveränderungen nicht mit einer deutlichen intertemporalen Reallokation ihrer Freizeit reagieren. Diese Beobachtung läßt vermuten, daß intertemporale Substitutionsprozesse im Gegensatz zu den Behauptungen der Theorie realer Konjunkturzyklen unbedeutend sind.

Nicht alle lassen sich jedoch von diesen empirischen Ergebnissen überzeugen. Ein Grund hierfür ist darin zu sehen, daß das verfügbare Datenmaterial oft alles andere als vollkommen ist. Um beispielsweise das Arbeitsangebot zu analysieren, benötigt man Lohndaten. Ist eine Person jedoch arbeitslos, gibt es keinen Weg, den Lohn zu beobachten, den sie bei Annahme einer Beschäftigung hätte erhalten können. Obwohl also diese empirischen Untersuchungen zum Arbeitsangebot kaum Anhaltspunkte für die Relevanz intertemporaler Substitutionsprozesse geben, können sie keinen Schlußpunkt unter die Debatte um die Theorie realer Konjunkturzyklen setzen.[5]

---

[5] Joseph G. Altonji, "Intertemporal Substitution in Labor Supply: Evidence from Micro Data", Journal of Political Economy 94 (Juni 1986, Teil 2): 176-215; Laurence Ball, "Intertemporal Substitution and Constraints on Labor Supply: Evidence from Panel Data", Economic Inquiry 28 (Oktober 1990): 706-724.

Die Neutralität des Geldes

Die Theorie realer Konjunkturzyklen geht von der Neutralität des Geldes aus. Es wird also angenommen, daß die Geldpolitik keinen Einfluß auf reale Variablen wie Output oder Beschäftigung hat. Die Neutralität des Geldes gibt nicht nur der Theorie realer Konjunkturzyklen ihren Namen, sie stellt gleichzeitig auch das radikalste Merkmal dieser Theorie dar.

Kritiker wenden ein, daß die Neutralitätsannahme nicht durch die empirischen Beobachtungen gestützt wird. Sie verweisen darauf, daß ein Rückgang von Geldmengenwachstum und Inflation fast immer mit hoher Arbeitslosigkeit einhergeht. Es scheint daher so, daß die Geldpolitik einen starken Einfluß auf den realen Teil der Wirtschaft ausübt.

Die Vertreter der Theorie realer Konjunkturzyklen kontern dieses Argument mit dem Hinweis darauf, daß die Anhänger der Nicht-Neutralitätsthese die Ursache-Wirkungs-Beziehung zwischen Geld und Output durcheinander bringen. Aus der Sicht der Theorie realer Konjunkturzyklen ist das Geldangebot endogen. Outputschwankungen können Schwankungen des Geldangebots erzeugen, was den Anschein der Nicht-Neutralität des Geldes hervorruft. Nimmt beispielsweise die volkswirtschaftliche Produktion aufgrund eines günstigen technologischen Schocks zu, dann steigt die nachgefragte Geldmenge. Die Zentralbank mag daraufhin das Geldangebot erhöhen, um die zusätzliche Nachfrage zu befriedigen. Die Ursache-Wirkungs-Richtung ist schwer festzustellen, da in der Makroökonomik keine kontrollierten Experimente durchgeführt werden können.[6]

Lohn- und Preisflexibilität

In der Theorie realer Konjunkturzyklen wird angenommen, daß Löhne und Preise sich so anpassen, daß die Märkte geräumt werden. Die Befürworter dieses Ansatzes vertreten die Meinung, daß Lohn- und Preisinflexibilitäten für die Erklärung der gesamtwirtschaftlichen Schwankungen unwichtig sind. Sie sind ferner davon überzeugt, daß die Annahme flexibler Preise der Annahme starrer Preise unter methodischen Gesichtspunkten überlegen ist, weil sie die makroökonomische enger mit der mikroökonomischen Theorie verbindet. Die mikroökonomische Analyse basiert größtenteils auf der Annahme, daß Angebot und Nachfrage durch eine entsprechende Anpassung der Preise ins Gleichgewicht gebracht werden. Die Protagonisten der Theorie realer Konjunkturzy-

---

6 Robert G. King und Charles I. Plosser, "Money, Credit, and Prices in a Real Business Cycle", American Economic Review 74 (Juni 1984): 363-380.

klen glauben, daß die Analyse der gesamtwirtschaftlichen Schwankungen auf dieselbe Grundlage gestellt werden sollte.

Die Kritiker verweisen darauf, daß viele Löhne und Preise nicht flexibel sind. Sie sind überzeugt, daß sowohl die Existenz von Arbeitslosigkeit als auch die Nicht-Neutralität des Geldes durch diese Inflexibilität erklärt werden können. Bei der Begründung, warum Preise starr sein können, beziehen sie sich auf die verschiedenen neukeynesianischen Theorien, die wir in Kapitel 11 diskutiert haben.

Zusatzinformation: Was ist neuklassische Lehre?

Die Theorie realer Konjunkturzyklen wird als neuklassisch bezeichnet, weil sie auf die Annahmen des klassischen Modells – insbesondere Preisflexibilität und Neutralität des Geldes – zurückgreift, um die Ursachen der kurzfristigen gesamtwirtschaftlichen Schwankungen zu erforschen. Die Theorie realer Konjunkturzyklen ist jedoch nicht der einzige Ansatz in der Makroökonomik, der mit dem Etikett „neuklassisch" versehen wird. Die meisten Ökonomen verwenden diesen Begriff in einem weiteren Sinne, um die Kritik zu beschreiben, die sich an der in den sechziger Jahren vorherrschenden keynesianischen Orthodoxie entzündete.

Folgt man dieser breiteren Definition, kann die Bezeichnung „neuklassisch" auch auf eine Reihe von Ansätzen angewendet werden, die wir in früheren Kapiteln diskutiert haben. Hierzu gehören etwa die rationalen Erwartungen (Kapitel 11), die Lucas-Kritik (Kapitel 12) und das Problem der Zeitinkonsistenz (Kapitel 12). Darüber hinaus kann, wie wir sehen werden, auch die Ricardianische Sicht der Staatsverschuldung als „neuklassisch" bezeichnet werden. Einige Ökonomen verwenden den Terminus „neuklassisch" für jedes Modell, das in der kurzen Frist völlig flexible Preise aufweist. Nach dieser Definition sind auch das Arbeitnehmer-Fehleinschätzungs-Modell und das Modell unvollkommener Informationen (Kapitel 11) vom neuklassischen Typ, obwohl sie die klassische Dichotomie verletzen.

Obgleich die Theorie realer Konjunkturzyklen im allgemeinen als neuklassisch bezeichnet wird, ist dieser Begriff in gewisser Hinsicht falsch. Die Klassiker selbst haben nämlich niemals behauptet, daß das Geld in der kurzen Frist neutral sei. So hat beispielsweise David Hume in seinem "Essay Of Money" (1752) betont, daß die Neutralität des Geldes lediglich bei langfristiger Betrachtung gilt:

> „In my opinion, it is only in the interval or intermediate situation, between the acquisition of money and the rise in prices, that the increasing quantity of gold or silver is favourable to industry... The farmer or gardener, finding that their commo-

> dities are taken off, apply themselves with alacrity to the raising of more... It is easy to trace the money in its progress through the whole commonwealth; where we shall find that it must first quicken the diligence of every individual, before it increases the price of labour."

Mit der Behauptung, das Geld sei auch kurzfristig neutral, nimmt die Theorie realer Konjunkturzyklen die Annahmen der klassischen Ökonomie ernster als die Klassiker selbst.[7]

14.4 Schlußfolgerungen

Die Theorie realer Konjunkturzyklen macht uns bewußt, daß wir das Wesen gesamtwirtschaftlicher Schwankungen nicht so gut verstehen, wie wir uns wünschen. Fundamentale Fragen bezüglich der Wirtschaft bleiben umstritten. Sind Lohn- und Preisstarrheiten ein Schlüssel für das Verstehen der Ursachen der gesamtwirtschaftlichen Schwankungen? Weist die Geldpolitik reale Wirkungen auf?

Die Antwort, die ein Ökonom auf diese Frage gibt, beeinflußt seine Sicht der Rolle, die die Wirtschaftspolitik spielt. Diejenigen, die glauben, daß Löhne und Preise inflexibel sind, vertreten häufig die Auffassung, daß Geld- und Fiskalpolitik zur Stabilisierung der Wirtschaft eingesetzt werden sollten. Preisstarrheiten stellen eine Form der Marktunvollkommenheit dar. Diese Marktunvollkommenheit läßt Raum für die Möglichkeit, daß durch Eingreifen des Staates die ökonomische Wohlfahrt erhöht werden kann.

Im Gegensatz hierzu steht die Auffassung der Vertreter der Theorie realer Konjunkturzyklen, die davon ausgehen, daß die Möglichkeiten staatlicher Politik zur Beeinflussung der Wirtschaft begrenzt sind. Selbst wenn diese Möglichkeiten gegeben wären, sollte der Staat nicht versuchen, sie wahrzunehmen. Sie betrachten den Konjunkturzyklus als natürliche und effiziente Reaktion der Wirtschaft auf Veränderungen der technologischen Rahmenbedingungen. Die meisten Modelle realer Konjunkturzyklen enthalten keinerlei Form von Marktunvollkommenheit. Daher leitet in diesen Modellen die unsichtbare Hand des Marktes die Volkswirtschaft zu einer optimalen Allokation der Ressourcen.

---

7 Ein Lehrbuch, das auf dem neuklassischen Ansatz basiert, ist Robert J. Barro, "Macroeconomics", 3. Auflage (New York 1990). Dieses Buch empfiehlt sich für Veranstaltungen des Hauptstudiums. Das in diesem Kapitel diskutierte Modell realer Konjunkturzyklen stellt eine stark vereinfachte Version des bei Barro zu findenden Ansatzes dar.

Diese beiden Sichtweisen der gesamtwirtschaftlichen Schwankungen sind eine Quelle für häufige und hitzige Auseinandersetzungen zwischen Wirtschaftswissenschaftlern. Genau diese Art Diskussion ist es, die die Makroökonomik zu einem aufregenden und attraktiven Arbeitsgebiet macht.[8]

Zusammenfassung

1. Die Theorie realer Konjunkturzyklen liefert eine alternative Erklärung für die gesamtwirtschaftlichen Schwankungen. Sie wendet die Annahmen des klassischen Modells, einschließlich der Flexibilität von Löhnen und Preisen, auf die kurze Frist an.

2. Für die Modelle realer Konjunkturzyklen ist die intertemporale Substitution von Arbeit ein zentrales Element. Bei temporär hohem Lohn oder hohem Zinssatz ist es attraktiver, heute zu arbeiten als in Zukunft. Die Wirtschaftssubjekte reagieren auf diese Anreize, indem sie ihr Arbeitsangebot ändern.

3. Modelle realer Konjunkturzyklen zeigen, auf welche Weise fiskalpolitische Maßnahmen oder technologische Schocks intertemporale Substitutionsvorgänge auslösen und den Output sowie den realen Zinssatz beeinflussen.

4. Befürworter und Kritiker der Theorie realer Konjunkturzyklen sind sich uneinig darüber, ob der größte Teil der gesamtwirtschaftlichen Schwankungen durch technologische Schocks hervorgerufen wird, ob hohe Arbeitslosigkeit bedeutet, daß der Arbeitsmarkt nicht geräumt wird, ob die Geldpolitik Wirkungen auf die realen Größen hat und ob die kurzfristige Starrheit von Löhnen und Preisen für das Verstehen von Konjunkturschwankungen wichtig ist.

---

8 Weitere Informationen zur Theorie realer Konjunkturzyklen liefert N. Gregory Mankiw, "Real Business Cycles: A New Keynesian Perspective", Journal of Economic Perspectives 3 (Sommer 1989): 79-90; Bennett T. McCallum, "Real Business Cycle Models", in R. Barro (Hrsg.), Modern Business Cycle Theory (Cambridge, Mass. 1989): 16-50; Charles I. Plosser, "Understanding Real Business Cycles", Journal of Economic Perspectives 3 (Sommer 1989): 51-77.

Kapitel 14   Die Theorie realer Konjunkturzyklen

Schlüsselbegriffe

Neuklassische Lehre
Theorie realer Konjunkturzyklen
Reale Gesamtnachfragekurve
Reale Gesamtangebotskurve

Intertemporale Substitution der Arbeit
Solow-Residuum
Arbeitshortung

Wiederholungsfragen

1. Wie lassen sich mit Hilfe der Theorie realer Konjunkturzyklen Beschäftigungsschwankungen erklären?

2. Welche Wirkungen auf die Wirtschaft hat eine Erhöhung der Staatsausgaben, folgt man der Theorie realer Konjunkturzyklen?

3. Welche vier zentralen Punkte stehen im Mittelpunkt der Diskussion um die Theorie realer Konjunkturzyklen?

Aufgaben und Anwendungen

1. Der Theorie realer Konjunkturzyklen zufolge sollten permanente und transitorische Schocks sehr unterschiedliche Wirkungen aufweisen. Wir wollen daher die Wirkungen eines transitorischen Schocks (z.B. außergewöhnlich gutes Wetter) und die Wirkungen eines permanenten Schocks (z.B. die Erfindung eines neuartigen Produktionsprozesses) miteinander vergleichen.

   a. Welcher der beiden Schocks hätte die stärkere Wirkung auf die Nachfrage nach Investitionsgütern? Welcher der beiden Schocks würde die stärkere Verschiebung der Gesamtnachfrage hervorrufen?

   b. Welcher der beiden Schocks würde einen Anstieg des laufenden Reallohns über das für die Zukunft erwartete Reallohnniveau hervorrufen? Welcher der beiden Schocks würde die stärkere Verschiebung der Gesamtangebotskurve bewirken?

   c. Vergleichen Sie die Wirkungen der beiden Schocks auf die Produktion und den realen Zinssatz.

2. Gehen Sie von vollständiger Preisflexibilität aus, und nehmen Sie an, daß es aufgrund von technologischen Schocks zu wirtschaftlichen Schwankungen kommt, so wie es in der Theorie realer Konjunkturzyklen behauptet wird.

   a. Welche Konsequenzen haben die Produktionsschwankungen auf das Preisniveau, wenn die Zentralbank das Geldangebot konstant hält?

b. Welche Konsequenzen haben die Produktionsschwankungen auf das Geldangebot, wenn die Zentralbank das Geldangebot anpaßt, um das Preisniveau zu stabilisieren?

c. Bei vielen Untersuchungen hat sich gezeigt, daß die Schwankungen des Geldangebots positiv mit den Schwankungen der Produktion korreliert sind. Spricht diese Beobachtung gegen die Theorie realer Konjunkturzyklen?

Teil IV:

Mehr zu den mikroökonomischen
Grundlagen der Makroökonomik

# Kapitel 15

Konsum

Wie entscheiden Haushalte, welchen Teil ihres Einkommens sie heute konsumieren und welchen Teil sie für die Zukunft sparen? Dies ist eine mikroökonomische Frage, weil sie sich auf das Verhalten individueller Entscheidungsträger bezieht. Ihre Beantwortung ist jedoch für die Makroökonomik von zentraler Bedeutung, weil diese Konsumentscheidung das gesamtwirtschaftliche Geschehen sowohl lang- als auch kurzfristig berührt.

Bei unseren Überlegungen zum ökonomischen Wachstum haben wir gesehen, daß die Konsumentscheidung für die langfristige Analyse wichtig ist. Das Solow-Wachstumsmodell aus Kapitel 4 zeigt, daß die Sparquote eine Schlüsselgröße für den Steady state- Kapitalstock und damit für das Niveau der ökonomischen Wohlfahrt darstellt. Die Sparquote gibt an, welchen Teil ihres Einkommens die gegenwärtig lebende Generation für ihre eigene Zukunft und für künftige Generationen zurücklegt. Daß die Konsumentscheidung zentral für die kurzfristige Analyse ist, wurde deutlich, als wir uns mit der gesamtwirtschaftlichen Nachfrage beschäftigt haben. Weil der Konsum ca. zwei Drittel des Bruttosozialprodukts ausmacht, stellen die Schwankungen der Konsumausgaben einen wichtigen Faktor für die konjunkturelle Entwicklung dar. Das IS/LM-Modell aus den Kapiteln 9 und 10 zeigt, daß Veränderungen der Konsumausgaben Schocks, die die Wirtschaft treffen, verstärken können. Das IS/LM-Modell zeigt weiter, daß die marginale Konsumquote einen bestimmenden Einfluß auf die Größe der fiskalpolitischen Multiplikatoren hat.

In früheren Kapiteln erklärten wir den Konsum durch eine Funktion, die den Konsum zu dem verfügbaren Einkommen in Beziehung setzt: $C = C(Y - T)$. Diese Annahme erlaubt es uns, einfache Modelle für die lang- und kurzfristige Analyse zu entwickeln. Die diskutierte Konsumfunktion ist jedoch zu restriktiv, als daß sie das Konsumverhalten vollständig erklären könnte. Wir benötigen eine komplexere Theorie des Haushalts, um unsere Analyse zu präzisieren. In diesem Kapitel werden wir die Konsumfunktion genauer betrachten und eine umfassendere Erklärung für die Determinanten der gesamtwirtschaftlichen Konsumnachfrage entwickeln.

Seit die Makroökonomik zu einem Feld wissenschaftlicher Überlegungen wurde, haben viele Wirtschaftswissenschaftler über die Theorie des Konsumentenverhaltens geschrieben und verschiedene Ideen entwickelt, wie sich die empirischen Konsum- und Einkommensdaten interpretieren lassen. Dieses Kapitel stellt die Überlegungen vier bedeutender Ökonomen vor. Im großen und ganzen folgt die Darstellung der historischen Entwicklung. Mit der Betrachtung der Konsumtheorien, die von John Maynard Keynes, Irving Fisher, Franco Modigliani und Milton Friedman entwickelt wurden, liefert dieses Kapitel einen Überblick über die verschiedenen Ansätze der Konsumerklärung.

15.1 John Maynard Keynes und die Konsumfunktion

Wir beginnen unsere Analyse des Konsums mit der *Allgemeinen Theorie* von John Maynard Keynes, die im Jahre 1936 veröffentlicht wurde. Keynes stellte die Konsumfunktion in den Mittelpunkt seiner Theorie wirtschaftlicher Schwankungen. Seitdem hat die Konsumfunktion immer eine zentrale Rolle in der makroökonomischen Theorie gespielt. Alwin Hansen, einer der frühen Nachfolger von Keynes, schrieb, daß der „große Beitrag der Keynesschen *Allgemeinen Theorie* die klare und genaue Formulierung der Konsumfunktion war. Dies ist ein epochaler Beitrag zum Handwerkszeug der ökonomischen Analyse, analog zu, aber sogar noch bedeutender als Marshalls Entdeckung der Nachfragefunktion".

Wir wollen uns nun den Gedanken von Keynes über die Konsumfunktion zuwenden und dann sehen, welche Probleme auftraten, als seine Überlegungen mit der Empirie konfrontiert wurden.

Die Keynesschen Vermutungen

Heute verwenden Wirtschaftswissenschaftler, die sich mit Konsumfragen beschäftigen, komplexe Techniken der Datenanalyse. Unter Zuhilfenahme von Computern analysieren sie gesamtwirtschaftliche Daten aus der Sozialproduktsberechnung und einzelwirtschaftliches Material über das Verhalten individueller Haushalte, das aus Befragungen stammt. Weil Keynes in den dreißiger Jahren schrieb, hatte er weder den Vorteil, auf derartige Daten zurückgreifen zu können, noch verfügte er über die Computer, die für die Analyse solch großer Datenmengen notwendig sind. Statt auf statistische Analyse-

Kapitel 15   Konsum

methoden zurückgreifen zu können, stellte Keynes seine Vermutungen bezüglich der Konsumfunktion auf der Basis von Introspektion und persönlicher Erfahrung an.

Erstens, und das ist der wichtigste Punkt, vermutete Keynes, daß die **marginale Konsumneigung** – der zusätzliche Konsum, der sich aus einer zusätzlichen Mark Einkommen ergibt – zwischen null und eins liegt. Er schrieb, daß das „... fundamentale psychologische Gesetz, auf das wir uns mit großem Vertrauen stützen dürfen, ... besagt, daß die Menschen im großen und ganzen so veranlagt sind, daß sie mit steigendem Einkommen ihren Konsum ausdehnen, aber nicht um soviel, wie ihr Einkommen wächst." Die marginale Konsumneigung war von zentraler Bedeutung für Keynes' wirtschaftspolitische Empfehlungen hinsichtlich der Maßnahmen, mit denen man einer Massenarbeitslosigkeit begegnen kann. Die Stärke, mit der die Fiskalpolitik die Wirtschaft beeinflußt – ausgedrückt durch die fiskalpolitischen Multiplikatoren – ergibt sich aus der Rückkopplung zwischen Einkommen und Konsum.

Zweitens vermutete Keynes, daß das Verhältnis von Konsum zu Einkommen, die sogenannte **durchschnittliche Konsumneigung**, mit steigendem Einkommen sinkt. Er glaubte, daß Ersparnisbildung ein Luxus sei und erwartete daher, daß die Reichen einen größeren Teil ihres Einkommens sparen als die Armen. Obwohl das Postulat einer fallenden durchschnittlichen Konsumneigung für Keynes' eigene Analyse nicht essentiell ist, wurde es ein zentrales Element der frühen keynesianischen Lehre.

Drittens ging Keynes davon aus, daß das Einkommen die wichtigste Determinante des Konsums sei. Er glaubte, daß der Zinssatz diesbezüglich keine bedeutende Rolle spiele. Diese Vorstellung stand in deutlichem Kontrast zu den Ansichten der klassischen Ökonomen, die vor ihm lebten. Die klassischen Ökonomen argumentierten, daß ein höherer Zinssatz die Ersparnis stimuliert und den Konsum dämpft. Keynes gestand zu, daß der Zinssatz aus ökonomisch- theoretischen Gründen den Konsum beeinflussen könnte. Aber er schrieb: „Die Hauptschlußfolgerung, die die Erfahrung nahelegt, denke ich, ist die, daß der kurzfristige Einfluß des Zinssatzes auf die individuellen Ausgaben aus einem gegebenen Einkommen sekundär und relativ unwichtig ist."

Auf der Basis dieser drei Überlegungen wird die keynesianische Konsumfunktion oft geschrieben als

$$C = \overline{C} + cY, \qquad \overline{C} > 0, \ 0 < c < 1.$$

Hierin steht C für Konsum, Y für das verfügbare Einkommen, $\overline{C}$ ist eine Konstante, die manchmal als autonomer Konsum bezeichnet wird und c ist die marginale Konsumneigung. Diese Konsumfunktion ist in Abbildung 15-1 dargestellt, sie verläuft als Gerade.

Man beachte, daß diese Konsumfunktion die drei Eigenschaften aufweist, die Keynes herausgearbeitet hat. Sie erfüllt Keynes' erste Vermutung, weil die marginale Konsumneigung c zwischen null und eins liegt, so daß ein höheres Einkommen zu einem höheren Konsum und zu einer höheren Ersparnis führt. Sie erfüllt Keynes zweite Vermutung, weil für die durchschnittliche Konsumneigung gilt:

$$APC = \frac{C}{Y} = \frac{\overline{C}}{Y} + c.$$

Mit steigendem Y sinkt $\overline{C}/Y$ und somit auch die durchschnittliche Konsumneigung C/Y. (Weil die durchschnittliche Konsumneigung C/Y beträgt, entspricht sie der Steigung einer Geraden, die vom Ursprung aus an einen Punkt der Konsumfunktion gezeichnet wird. Daher kann man in Abbildung 15-1 direkt erkennen, wie die durchschnittliche Konsumneigung mit steigendem Einkommen sinkt.) Schließlich erfüllt diese Konsumfunktion auch Keynes' dritte Vermutung, weil der Zinssatz in dieser Funktion nicht als Determinante des Konsums auftritt.

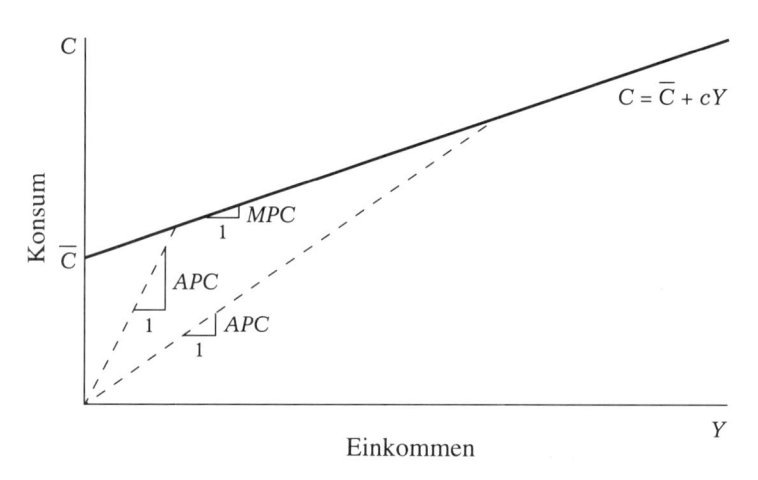

Abbildung 15-1: **Die keynesianische Konsumfunktion.** Diese Abbildung zeigt eine Konsumfunktion mit den drei Eigenschaften, die Keynes vermutete. Erstens liegt die marginale Konsumneigung c zwischen null und eins. Zweitens nimmt die durchschnittliche Konsumneigung mit steigendem Einkommen ab. Drittens wird der Konsum durch das laufende Einkommen bestimmt.

Frühe empirische Erfolge

Bald nachdem Keynes die Konsumfunktion eingeführt hatte, begannen Wirtschaftswissenschaftler damit, Daten zu sammeln und zu analysieren, um seine Behauptungen zu überprüfen. Die frühesten Studien wiesen darauf hin, daß die keynesianische Konsumfunktion eine gute Approximation des Konsumentenverhaltens darstellt.

Bei einigen dieser Studien befragten Forscher Haushalte und sammelten so Daten über Konsum und Einkommen. Es zeigte sich, daß Haushalte mit höherem Einkommen mehr konsumieren, was impliziert, daß die marginale Konsumneigung größer ist als null. Es zeigte sich auch, daß Haushalte mit höherem Einkommen mehr sparen. Dies impliziert, daß die marginale Konsumneigung kleiner ist als eins. Diese empirischen Ergebnisse stützten Keynes' Vermutung, daß die marginale Konsumneigung zwischen null und eins liegt. Darüber hinaus wurde bei diesen empirischen Untersuchungen festgestellt, daß Haushalte mit höherem Einkommen einen größeren Anteil ihrer Einkommen sparen. Das bestätigte Keynes' Hypothese, daß die durchschnittliche Konsumneigung mit steigendem Einkommen sinkt.

In anderen Studien analysierten Forscher aggregierte Konsum- und Einkommensdaten für die Zeit zwischen den beiden Weltkriegen. Diese Daten stützen ebenfalls die keynesianische Version der Konsumfunktion. In Jahren mit ungewöhnlich niedrigem Einkommen, wie etwa in den konjunkturellen Tiefen der Weltwirtschaftskrise, waren sowohl Konsum als auch Ersparnis gering. Dies weist darauf hin, daß die marginale Konsumquote zwischen null und eins liegt. Darüber hinaus zeigte sich, daß in den Jahren mit niedrigem Einkommen das Verhältnis von Konsum zu Einkommen groß war, was Keynes' zweite Vermutung bestätigt. Weil schließlich die Korrelation zwischen Einkommen und Konsum sehr stark war, sah es so aus, als ob keine andere Variable für die Erklärung des Konsums bedeutsam wäre. Damit bestätigten die Daten also auch Keynes' dritte Hypothese, daß das Einkommen die wichtigste Determinante des Konsums sei.

Säkulare Stagnation, Simon Kuznets und das Konsumrätsel

Obwohl der keynesianischen Konsumfunktion frühe Erfolge beschieden waren, zeigten sich bald zwei Anomalien. Beide betreffen Keynes' Überlegung, daß die durchschnittliche Konsumneigung mit steigendem Einkommen sinkt.

Die erste Anomalie ergab sich aus einer Vermutung, die einige Ökonomen während des zweiten Weltkrieges äußerten. Auf der Grundlage der keynesianischen Konsumfunktion überlegten diese Ökonomen, daß mit über die Zeit steigendem Einkommen die

Haushalte einen immer kleineren Teil ihres Einkommens konsumieren würden. Sie befürchteten, daß es nicht genug profitable Investitionsprojekte geben könnte, die diese zunehmende Ersparnis absorbieren. Wäre diese Überlegung richtig, würde der niedrige Konsum zu einer unzureichenden Güternachfrage und im Ergebnis zu einer Depression führen, wenn einmal die kriegsbedingte Nachfrage der Regierung wegfiele. Mit anderen Worten stellten diese Ökonomen auf der Grundlage der keynesianischen Konsumfunktion die Hypothese auf, daß die Wirtschaft in einen Zustand der säkularen Stagnation gelangen könnte – eine lang anhaltende Depression ohne absehbares Ende. Glück für die Wirtschaft, Pech für die Vertreter der keynesianischen Konsumfunktion: das Ende des zweiten Weltkrieges führte in den USA nicht zu einer erneuten Depression. Obwohl die Einkommen nach dem Krieg sehr viel höher waren als zuvor, hatte dies keine große Zunahme der Sparquote zur Folge. Keynes' Hypothese, daß die durchschnittliche Konsumquote mit steigendem Einkommen sinkt, schien widerlegt.

Die zweite Anomalie ergab sich aus neuen Konsum- und Einkommensdaten, die bis 1869 zurückreichten. Diese Daten wurden in den vierziger Jahren von Simon Kuznets konstruiert, der später für diese Arbeit den Nobelpreis erhielt. Kuznets fand heraus, daß das Verhältnis von Konsum zu Einkommen von Dekade zu Dekade bemerkenswert stabil war, trotz der großen Einkommenszuwächse während der von ihm betrachteten Zeitspanne. Wiederum sah es so aus, als ob Keynes' Überlegung, daß die durchschnittliche Konsumneigung mit steigendem Einkommen sinkt, falsch sei.

Die Beobachtung, daß die durchschnittliche Konsumneigung über lange Zeiträume betrachtet konstant ist, war ein Rätsel, das einen großen Teil der nachfolgenden Arbeiten über den Konsum motivierte. Die Wissenschaftler wollten wissen, warum einige Untersuchungen Keynes' Überlegungen bestätigten und andere sie widerlegten. Anders formuliert, warum paßten Keynes' Hypothesen so gut bei der Betrachtung von Haushaltsdaten und von kurzen Zeitreihen, versagten aber so eklatant, wenn lange Zeitreihen analysiert wurden?

Abbildung 15-2 illustriert dieses Rätsel. Es sah so aus, als ob es zwei Konsumfunktionen gäbe. Für die Haushaltsdaten und für die kurzen Zeitreihen schien die keynesianische Konsumfunktion eine gute Erklärung zu liefern. Die langen Zeitreihen ließen jedoch eine Konsumfunktion mit einer konstanten durchschnittlichen Konsumneigung erwarten. In Abbildung 15-2 werden diese beiden Beziehungen zwischen Konsum und Einkommen als kurzfristige und langfristige Konsumfunktion bezeichnet. Die Wissenschaftler mußten erklären, wie diese beiden Konsumfunktionen miteinander vereinbar sein konnten.

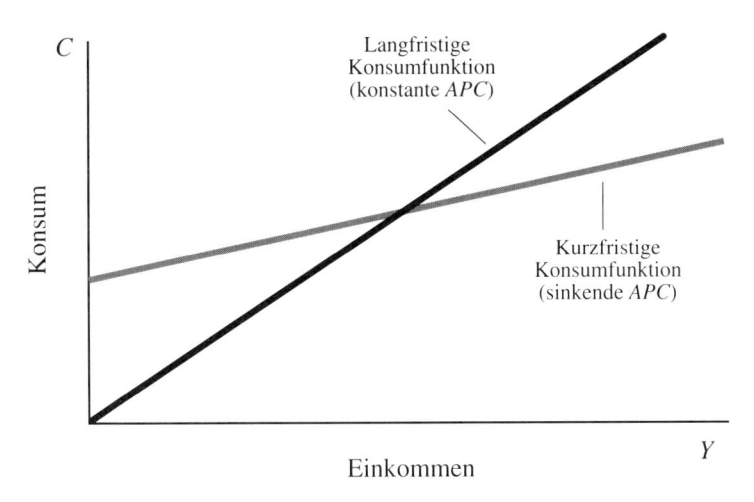

Abbildung 15-2: **Das Konsumrätsel.** Untersuchungen von Haushaltsdaten und kurzen Zeitreihen ergaben eine Beziehung zwischen Konsum und Einkommen, ähnlich der, die Keynes vermutet hatte. In der Abbildung wird diese Beziehung als kurzfristige Konsumfunktion bezeichnet. Untersuchungen von langen Zeitreihen ergaben jedoch, daß die durchschnittliche Konsumneigung sich nicht systematisch mit dem Einkommen verändert. Diese Beziehung wird als langfristige Konsumfunktion bezeichnet. Es sei darauf hingewiesen, daß die kurzfristige Konsumfunktion eine sinkende durchschnittliche Konsumneigung aufweist, während die langfristige Konsumfunktion durch eine konstante durchschnittliche Konsumneigung gekennzeichnet ist.

In den fünfziger Jahren schlugen Franco Modigliani und Milton Friedman Erklärungen für diese scheinbar widersprüchlichen Untersuchungsergebnisse vor. Beiden Ökonomen wurden später Nobelpreise zuerkannt, unter anderem wegen ihrer Arbeiten zum Konsum. Bevor wir uns jedoch damit befassen können, wie Modigliani und Friedman versuchten, das Konsumrätsel zu lösen, müssen wir den Beitrag Irving Fishers zur Konsumtheorie diskutieren. Sowohl Modiglianis Lebenszyklushypothese als auch Friedmans Hypothese des permanenten Einkommens basieren auf der Theorie des Konsumentenverhaltens, die viel früher von Irving Fisher eingeführt wurde.

15.2 Irving Fisher und die intertemporale Wahl

Wenn Menschen darüber entscheiden, wieviel sie konsumieren und wieviel sie sparen wollen, dann müssen sie ihre gegenwärtigen mit ihren zukünftigen Interessen ausbalancieren. Je mehr sie heute konsumieren, desto weniger werden sie in der Zukunft konsumieren können. Bei diesem Tradeoff müssen die Haushalte nach vorn auf das Einkommen schauen, das sie in der Zukunft erwarten, und auf den Waren- und Dienstleistungskonsum, von dem sie hoffen, daß sie ihn sich werden leisten können.

Der Ökonom Irving Fisher ist der Vater des Modells, mit dem Wirtschaftswissenschaftler untersuchen, wie rationale, zukunftsorientierte Konsumenten intertemporale Entscheidungen treffen, also Entscheidungen, die unterschiedliche Zeitperioden umfassen. Fishers Modell macht die Randbedingungen deutlich, denen sich die Konsumenten gegenübersehen, und zeigt, wie sie ihre Entscheidung bezüglich Konsum und Sparen treffen.

Die intertemporale Budgetbeschränkung

Fast jeder würde es vorziehen, die Menge oder Qualität der Waren und Dienstleistungen, die er konsumiert, zu vergrößern – schönere Kleidung, bessere Restaurants und mehr Kinobesuche. Der Grund, warum Menschen weniger konsumieren als sie möchten, liegt schlicht und einfach darin, daß ihre Konsummöglichkeiten durch ihr Einkommen begrenzt werden. Mit anderen Worten sehen sich Konsumenten einer Grenze ihrer Ausgabemöglichkeiten gegenüber, die als *Budgetbeschränkung* bezeichnet wird. Wenn sie bei ihrer Entscheidung abwägen, wieviel sie heute konsumieren und wieviel sie für die Zukunft sparen sollen, dann stehen sie einer **intertemporalen Budgetbeschränkung** gegenüber. Damit wir verstehen können, wie Haushalte ihr Konsumniveau bestimmen, müssen wir uns diese intertemporale Budgetbeschränkung näher ansehen.

Um die Dinge zu vereinfachen, betrachten wir die Entscheidung, der sich ein Konsument gegenübersieht, der für zwei Perioden lebt. Periode eins repräsentiert die Jugend des Konsumenten und Periode zwei sein Alter. Der Konsument erhält in Periode eins das Einkommen Y_1 und konsumiert C_1. In Periode zwei erhält er das Einkommen Y_2 und konsumiert C_2. (Bei allen Variablen handelt es sich um reale Größen, d.h., sie sind inflationsbereinigt.) Weil der Konsument die Möglichkeit hat, zu borgen und zu sparen, kann der Konsum in jeder der beiden Perioden größer oder kleiner sein als das jeweilige Einkommen.

Wir wollen überlegen, wie das Einkommen des Konsumenten in den beiden Perioden seinen Konsum in diesen beiden Perioden beschränkt. Wir müssen dabei beachten, daß die Ersparnis der ersten Periode der Differenz aus Einkommen und Konsum entspricht. Folglich gilt:

$$S = Y_1 - C_1,$$

wobei S die Ersparnis darstellt. In der zweiten Periode ergibt sich der Konsum aus der akkumulierten Ersparnis, einschließlich der durch diese Ersparnis erzielten Verzinsung, und dem Einkommen der zweiten Periode:

$$C_2 = (1 + r)S + Y_2,$$

wobei r den realen Zinssatz bezeichnet. Beträgt der Zinssatz beispielsweise 5 Prozent, dann kann der Konsument für jede Mark, die er in der ersten Periode spart, seinen Konsum in der zweiten Periode um 1,05 DM ausdehnen. Weil er ja nur zwei Perioden lebt, es für ihn also keine dritte gibt, bildet der Konsument in der zweiten Periode keine Ersparnis.

Diese beiden Gleichungen gelten auch dann, wenn die Ersparnis in der ersten Periode negativ ist, er also entspart. Die Variable S repräsentiert sowohl Ersparnis als auch Verschuldung. Wenn der Konsum der ersten Periode kleiner ist als das Einkommen der ersten Periode, dann spart der Konsument, und S ist größer als null. Wenn der Konsum in der ersten Periode das Einkommen übersteigt, dann verschuldet sich der Konsument, und S ist kleiner als null. Zur Vereinfachung wollen wir annehmen, daß Soll- und Habenzinssatz gleich sind.

Um die Budgetbeschränkung des Konsumenten abzuleiten, kombinieren wir die beiden obigen Gleichungen. Wir setzen die erste Gleichung in die zweite Gleichung ein und erhalten

$$C_2 = (1 + r)(Y_1 - C_1) + Y_2.$$

Um die Gleichung einfacher interpretieren zu können, müssen wir sie ein wenig umformen. Damit alle Ausdrücke, die den Konsum enthalten, auf einer Seite stehen, bringen wir $(1 + r)C_1$ von der rechten Seite der Gleichung auf die linke und erhalten

$$(1 + r)C_1 + C_2 = (1 + r)Y_1 + Y_2.$$

Nun dividieren wir beide Seiten durch $(1 + r)$ und erhalten

$$C_1 + \frac{C_2}{1 + r} = Y_1 + \frac{Y_2}{1 + r}.$$

Diese Gleichung stellt eine Verbindung zwischen dem Konsum und dem Einkommen der beiden Perioden her. Es handelt sich dabei um die übliche Darstellung, die intertemporale Budgetbeschränkung eines Konsumenten auszudrücken.

Diese Budgetbeschränkung läßt sich auf einfache Weise interpretieren. Ist der Zinssatz null, dann stimmt der gesamte Konsum in den beiden Perioden mit dem gesamten Einkommen in den beiden Perioden überein. Im Normalfall, bei einem Zinssatz größer als null, werden der zukünftige Konsum und das zukünftige Einkommen mit einem Faktor $1 + r$ abdiskontiert. Die Diskontierung ergibt sich aus dem Zinssatz, der durch die Ersparnis erzielt wird. Die Kernidee ist folgende: Weil die Konsumenten mit dem gegenwärtigen Einkommen, das gespart wird, Zinserträge erzielen können, ist zukünftiges Einkommen weniger wert als gegenwärtiges Einkommen. Analog gilt, daß zukünftiger Konsum weniger kostet als gegenwärtiger Konsum, weil der zukünftige Konsum aus Ersparnissen finanziert wird, die Zinserträge erzielt haben. Der Faktor $1/(1+r)$ ist der Preis des Konsums in der zweiten Periode, ausgedrückt in Einheiten des Konsums der ersten Periode: es ist die Menge an Konsum, auf die der Konsument in der ersten Periode verzichten muß, um eine Einheit Konsum in der zweiten Periode erhalten zu können.

Abbildung 15-3 zeigt die Budgetbeschränkung des Konsumenten. Drei Punkte sind in dieser Abbildung hervorgehoben. Im Punkt A beträgt der Konsum der ersten Periode Y_1 und der Konsum der zweiten Periode Y_2, so daß sich zwischen den beiden Perioden weder eine Spar- noch eine Kreditbeziehung ergibt. Im Punkt B wird in der ersten Periode überhaupt nicht konsumiert und das gesamte Einkommen gespart. Daher beträgt der Konsum in der zweiten Periode $[(1+r)\, Y_1] + Y_2$. Im Punkt C plant der Konsument für die zweite Periode einen Konsum von null und leiht daher soviel, wie sein Einkommen in der zweiten Periode zuläßt. Somit beträgt der Konsum in der ersten Periode $Y_1 + [Y_2/(1+r)]$. Dies sind natürlich nur drei aller möglichen Kombinationen von Konsum in der ersten und der zweiten Periode, die der Konsument wählen kann: alle Punkte auf der Geraden von B nach C sind zulässig.

Die schattierte Fläche unter der Budgetgeraden zeigt weitere Kombinationen von Konsum in der ersten und in der zweiten Periode, die für den Konsumenten erreichbar sind. Der Konsument kann Punkte unterhalb der Budgetgeraden wählen, wenn er einen Teil seines Einkommens ungenutzt lassen will. Die relevanten Punkte sind jedoch jene, die auf der Budgetgeraden liegen. Solange ein höherer Konsum einem niedrigeren vorgezogen wird, solange wird sich ein Konsument auch immer für einen Punkt auf und nicht unterhalb der Budgetgeraden entscheiden.

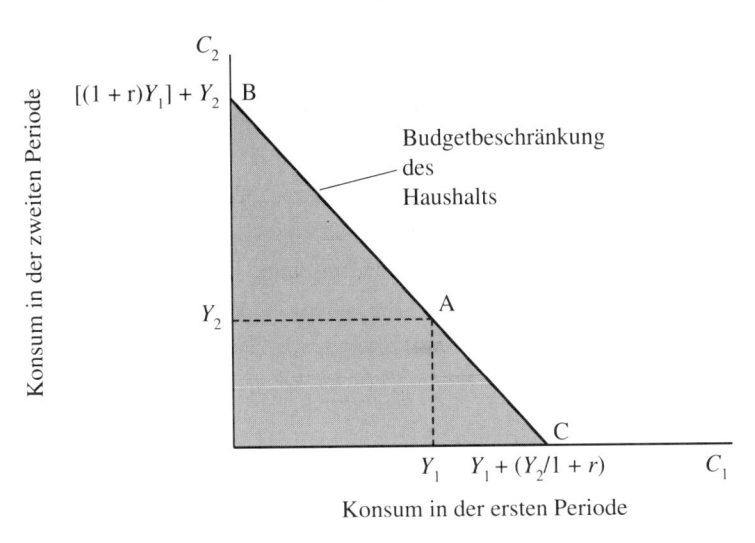

Abbildung 15-3: **Die Budgetbeschränkung des Konsumenten.** Diese Abbildung zeigt die Kombinationen von Konsum der ersten Periode und Konsum der zweiten Periode, für die sich der Konsument entscheiden kann. Wählt er Punkte zwischen A und B, dann konsumiert er nur einen Teil seines Einkommens in der ersten Periode und spart den Rest für die zweite. Wählt er Punkte zwischen A und C, konsumiert er in der ersten Periode mehr als sein Einkommen zuläßt und verschuldet sich in Höhe der Differenz.

Präferenzen

Die Präferenzen des Konsumenten bezüglich der Höhe des Konsums in den beiden Perioden lassen sich durch **Indifferenzkurven** darstellen. Eine Indifferenzkurve zeigt die Kombinationen aus Konsum der ersten und zweiten Periode, die in den Augen des Konsumenten gleichwertig sind. Abbildung 15-4 zeigt zwei mögliche Indifferenzkurven. Der Konsument ist indifferent zwischen den Kombinationen W, X und Y. Wird der Konsum in der ersten Periode vermindert, bspw. von Punkt W nach Punkt X, muß der Konsum in der zweiten Periode zunehmen, damit der Konsument die neue Situation als gleichwertig betrachtet. Wird der Konsum der ersten Periode abermals vermindert, bspw. von Punkt X nach Punkt Y, dann nimmt der Umfang zusätzlichen Konsums zu, der in der zweiten Periode erforderlich ist, damit der Konsument gleichgestellt bleibt.

Die Steigung in jedem beliebigen Punkt der Indifferenzkurve zeigt, welche Menge an Konsum in der zweiten Periode erforderlich ist, wenn der Konsum in der ersten Periode um eine Einheit sinkt und der Konsument gleichgestellt bleiben soll. Wir bezeichnen diese Steigung als **Grenzrate der Substitution** (MRS – marginal rate of substitution) zwischen dem Konsum der ersten und dem Konsum der zweiten Periode.

Sie zeigt uns die Rate, zu der der Konsument bereit ist, Konsum der zweiten Periode gegen Konsum der ersten Periode auszutauschen. Man kann aus Abbildung 15-4 erkennen, daß die Grenzrate der Substitution vom Niveau des Konsums in den beiden Perioden abhängt. Ist der Konsum in der ersten Periode hoch und in der zweiten Periode niedrig, so wie z.B. im Punkt W, dann ist die Grenzrate der Substitution klein: der Konsument ist schon für eine geringe zusätzliche Konsummenge in der zweiten Periode bereit, eine Einheit Konsum in der ersten Periode aufzugeben. Ist dagegen der Konsum in der ersten Periode gering, in der zweiten Periode aber hoch, so wie in Punkt Y, dann ist die Grenzrate der Substitution groß: der Konsument verlangt ein hohes Maß an zusätzlichem Konsum in der zweiten Periode, wenn er auf eine Einheit Konsum in der ersten Periode verzichten soll.

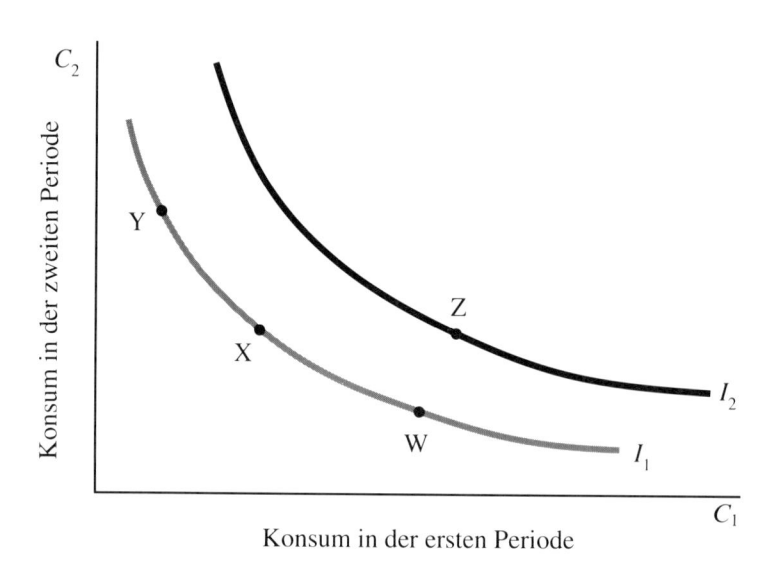

Abbildung 15-4: **Präferenzen.** Die Präferenzen des Konsumenten in bezug auf den Konsum in der ersten und in der zweiten Periode werden durch Indifferenzkurven dargestellt. Eine Indifferenzkurve zeigt alle Konsumkombinationen in den beiden Perioden, die in den Augen des Konsumenten gleichwertig sind. Höhere Indifferenzkurven werden niedrigeren Indifferenzkurven vorgezogen. Die Abbildung zeigt zwei aus der Vielzahl aller möglichen Indifferenzkurven. Der Konsument betrachtet die Punkte W, X und Y als gleichwertig, aber er zieht Punkt Z den Punkten W, X oder Y vor.

Für den Konsumenten sind alle Punkte auf einer gegebenen Indifferenzkurve gleichwertig. Weil er jedoch größeren Konsum höher einschätzt als geringeren, werden höhere Indifferenzkurven gegenüber niedrigeren bevorzugt. In Abbildung 15-4 werden die Punkte auf der Kurve I_2 den Punkten auf der Kurve I_1 vorgezogen.

Die Menge aller Indifferenzkurven ergibt eine vollständige Reihung der Präferenzen des Konsumenten. Die Indifferenzkurven zeigen uns, daß Punkt Z gegenüber Punkt W vorgezogen wird. Dies mag trivial erscheinen, weil Punkt Z in beiden Perioden mit größeren Konsummöglichkeiten verbunden ist. Man vergleiche jedoch Punkt Z und Punkt Y: Punkt Z ist mit größerem Konsum in Periode eins und geringerem Konsum in Periode zwei verbunden. Welcher der beiden Punkte wird vorgezogen, Z oder Y? Da Z auf jeden Fall besser ist als W, W andererseits genauso eingeschätzt wird wie Y, zeigt uns die Indifferenzkurve, daß Punkt Z gegenüber Punkt Y vorgezogen wird. Folglich können wir die Menge aller Indifferenzkurven verwenden, um jede Kombination aus Konsum der ersten und Konsum der zweiten Periode einzuordnen.

Optimierung

Nachdem wir die Budgetbeschränkung und die Präferenzen eines Konsumenten bzw. eines Haushalts diskutiert haben, können wir uns der Entscheidung zuwenden, wie hoch der Konsum sein wird. Der Haushalt strebt danach, die bestmögliche Kombination von Konsum in Periode eins und Konsum in Periode zwei zu erreichen, d.h., er will einen Punkt auf der höchstmöglichen Indifferenzkurve realisieren. Wegen der Budgetbeschränkung muß der Haushalt aber einen Punkt auf oder unter der Budgetgeraden wählen, weil sie die maximalen Konsummöglichkeiten vorgibt.

Abbildung 15-5 zeigt, daß viele Indifferenzkurven die Budgetgerade schneiden. Die höchste Indifferenzkurve, die der Haushalt erreichen kann, ohne die Budgetbeschränkung zu verletzen, ist die Indifferenzkurve, die die Budgetgerade eben noch berührt. In Abbildung 15-5 ist diese Indifferenzkurve mit I_3 gekennzeichnet. Der Punkt, in dem sich Indifferenzkurve und Budgetgerade berühren – Punkt O – beschreibt die beste Konsumkombination, die für den Haushalt in den beiden Perioden erreichbar ist.

Wir wollen hervorheben, daß im Optimum die Steigungen von Indifferenzkurve und Budgetgerade gleich sind. Man sagt, die Budgetgerade bildet eine *Tangente* an die Indifferenzkurve. Die Steigung der Indifferenzkurve gibt die Grenzrate der Substitution wieder. Die Steigung der Budgetgerade ist 1 plus dem realen Zinssatz. Daraus folgt, daß im Punkt O gilt

$$MRS = 1 + r.$$

Der Haushalt wählt seinen Konsum in den beiden Perioden so, daß die Grenzrate der Substitution gleich 1 plus dem realen Zinssatz ist.

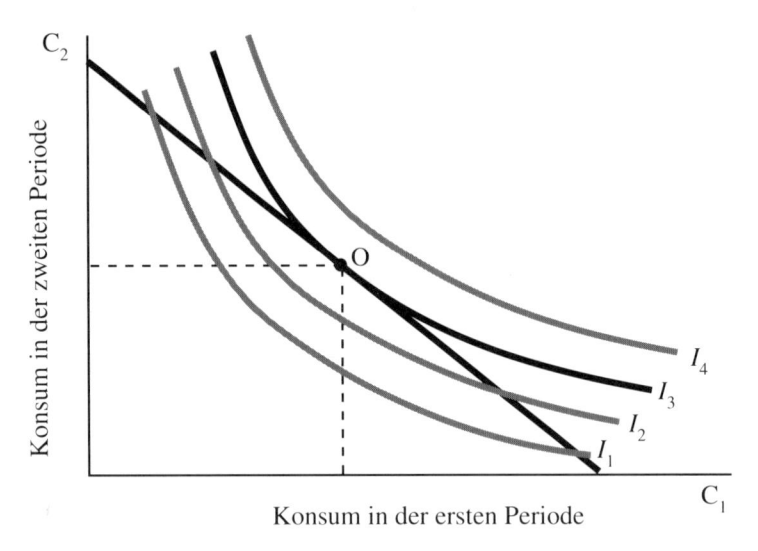

Abbildung 15-5: **Das Haushaltsoptimum.** Der Haushalt erreicht das höchste Niveau an Bedürfnisbefriedigung durch die Wahl des Punktes auf der Budgetgerade, der gleichzeitig auf der höchstmöglichen Indifferenzkurve liegt. Im Optimum tangieren sich Indifferenzkurve und Budgetbeschränkung.

Die Wirkung von Einkommensänderungen auf den Konsum

Nachdem wir überlegt haben, wie der Haushalt seine Konsumentscheidung trifft, wollen wir untersuchen, wie der Konsum auf eine Erhöhung des Einkommens reagiert. Eine Zunahme sowohl von Y_1 als auch von Y_2 verschiebt die Budgetgerade nach außen, so wie in Abbildung 15-6 dargestellt. Die weiter außen liegende Budgetgerade erlaubt dem Haushalt, eine quantitativ größere und damit bessere Kombination aus Konsum der ersten und Konsum der zweiten Periode zu wählen. Der Haushalt kann nun also eine höherliegende Indifferenzkurve erreichen.

Man beachte, daß der Haushalt sich in Abbildung 15-6 dafür entscheidet, in *beiden* Perioden mehr zu konsumieren. Obwohl das nicht zwingend aus dem Modell allein folgt, wird man diese Reaktion im allgemeinen erwarten können. Möchte ein Haushalt mehr von einem Gut konsumieren, wenn sein Einkommen steigt, dann bezeichnen Ökonomen dieses Gut als **normales Gut**. Die Indifferenzkurven in Abbildung 15-6 implizieren die Annahme, daß sowohl der Konsum in Periode eins als auch der Konsum in Periode zwei normale Güter sind.

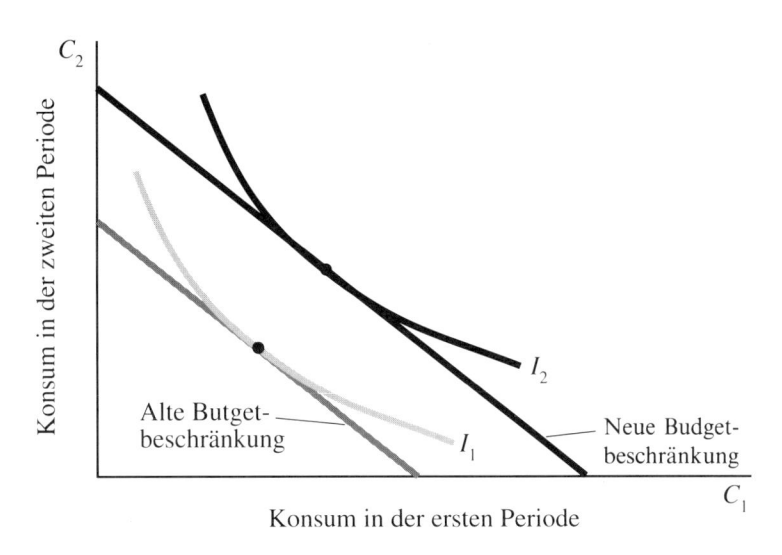

Abbildung 15-6: **Eine Erhöhung des Einkommens.** Erhöht sich entweder das Einkommen der ersten oder das Einkommen der zweiten Periode, verschiebt sich die Budgetgerade nach außen. Sind sowohl der Konsum in der ersten als auch der Konsum in der zweiten Periode normale Güter, dann führt die Einkommenszunahme zu einer Erhöhung des Konsums in beiden Perioden.

Die zentrale Folgerung aus Abbildung 15-6 ist die, daß der Haushalt die Einkommenserhöhung auf den Konsum in beiden Perioden verteilt, und zwar unabhängig davon, ob die Erhöhung in Periode eins oder zwei erfolgt. Weil der Konsument zwischen beiden Perioden Kredite aufnehmen oder gewähren kann, ist der genaue Zeitpunkt der Einkommenserhöhung im Hinblick auf die Frage, wieviel in der Gegenwart konsumiert werden soll, irrelevant. (Dabei ist natürlich zu beachten, daß das zukünftige Einkommen mit dem Zinssatz abdiskontiert wird.) Wir schließen daraus, daß der Konsum vom Gegenwartswert des laufenden und des künftigen Einkommens abhängt, d.h. von

$$\text{Gegenwartswert des Einkommens} = Y_1 + \frac{Y_2}{1+r}.$$

Im Gegensatz zu Keynes' Konsumfunktion besagt Fishers Modell, daß der Konsum nicht primär vom laufenden Einkommen abhängt. Vielmehr hängt der Konsum von den Einkommen ab, die der Konsument über sein gesamtes Leben erwartet.

Die Wirkungen von Änderungen des realen Zinssatzes auf den Konsum

Wir wollen nun das Modell von Fisher verwenden, um zu überlegen, wie sich eine Änderung des realen Zinssatzes auf die Konsumentscheidung des Haushaltes auswirkt. Im allgemeinen sind zwei Fälle zu unterscheiden: der Fall, in dem der Haushalt zunächst spart, und der Fall, in dem er sich zunächst verschuldet. Wir beschränken uns hier auf den ersten Fall und überlassen die Analyse des zweiten Falls dem Leser (Aufgabe 1 am Ende dieses Kapitels).

Abbildung 15-7 zeigt, daß eine Erhöhung des realen Zinssatzes die Budgetgerade um den Punkt (Y_1, Y_2) dreht. Daher führt diese Erhöhung zu einer Änderung der vom Haushalt gewählten Konsummengen in beiden Perioden. Man sieht, daß für die in Abbildung 15-7 gezeichneten Indifferenzkurven der Konsum der ersten Periode sinkt und der Konsum der zweiten Periode steigt.

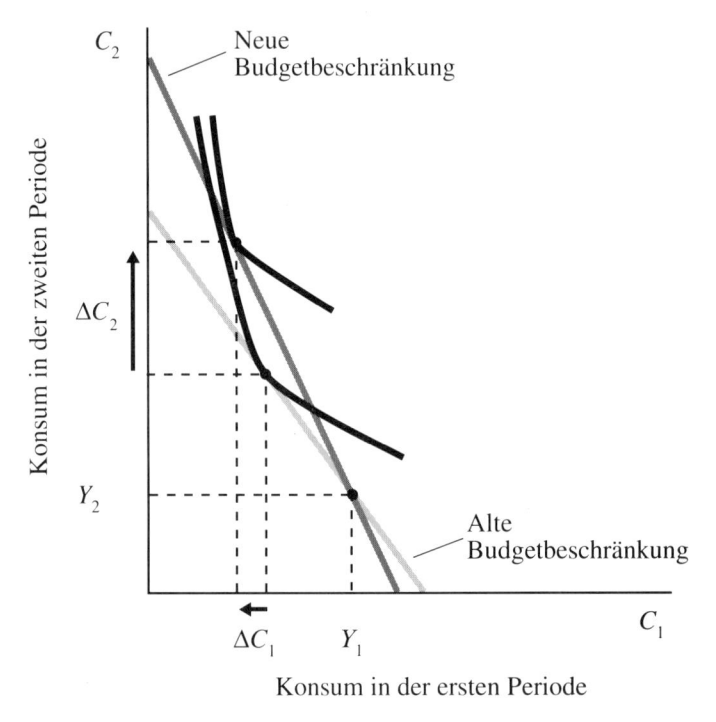

Abbildung 15-7: **Eine Erhöhung des Zinssatzes.** Eine Erhöhung des Zinssatzes dreht die Budgetgerade im Punkt (Y_1, Y_2). In dieser Abbildung vermindert die Zinserhöhung den Konsum der ersten Periode und vergrößert den Konsum der zweiten.

Man kann die Wirkungen einer Erhöhung des realen Zinssatzes auf den Konsum in zwei Teileffekte zerlegen: in einen **Einkommenseffekt** und einen **Substitutionseffekt**.

In mikroökonomischen Lehrbüchern werden diese beiden Effekte genauer diskutiert. Wir beschränken uns hier auf eine kurze Zusammenfassung.

Der Einkommenseffekt beschreibt die Veränderung des Konsums aufgrund der Bewegung hin zu einer höheren Indifferenzkurve. Weil der Haushalt hier als Darlehensgeber und nicht als Darlehensnehmer auftritt, stellt er sich durch die Erhöhung des Zinssatzes besser. Wenn der Konsum in beiden Perioden jeweils als normales Gut aufgefaßt werden kann, dann wird der Haushalt diese Verbesserung seiner Wohlfahrtssituation über beide Perioden verteilen wollen. Der Einkommenseffekt führt daher tendenziell dazu, daß sich der Haushalt für eine Konsumerhöhung in *beiden* Perioden entscheidet.

Der Substitutionseffekt beschreibt die Reaktion, die sich aus der Veränderung des relativen Preises des Konsums in den beiden Perioden ergibt. Wenn der Zinssatz steigt, wird der Konsum in Periode zwei gegenüber dem Konsum in Periode eins relativ billiger. Weil nämlich die realen Zinseinnahmen aus der Ersparnis höher sind, muß der Haushalt auf weniger Konsum in der ersten Periode verzichten, um eine zusätzliche Einheit Konsum in der zweiten Periode realisieren zu können. Der Substitutionseffekt führt daher tendenziell dazu, daß der Haushalt in der zweiten Periode mehr und in der ersten Periode weniger konsumiert.

Die Wahl des Haushaltes hängt sowohl vom Einkommens- als auch vom Substitutionseffekt ab. Beide Effekte wirken dahingehend, daß die Menge steigt, die in der zweiten Periode konsumiert wird. Daher läßt sich mit Bestimmtheit sagen, daß eine Erhöhung des realen Zinssatzes eine Zunahme des Konsums in der zweiten Periode bewirkt. Beide Effekte haben jedoch unterschiedliche Wirkungen auf den Konsum in der ersten Periode. Daher kann eine Erhöhung des Zinssatzes sowohl zu einer Verminderung als auch zu einer Erhöhung des Konsums in der ersten Periode führen.

Fallstudie 15-1: Konsum und realer Zinssatz

Irving Fishers Modell zeigt, daß in Abhängigkeit von den Präferenzen des Haushaltes Veränderungen des realen Zinssatzes den Konsum sowohl erhöhen als auch verringern können. Anders ausgedrückt kann die ökonomische Theorie allein keine Vorhersage darüber machen, wie der Zinssatz auf den Konsum wirkt. Aus diesem Grunde haben Ökonomen viel Mühe darauf verwandt, empirisch zu untersuchen, wie der Zinssatz Konsum und Ersparnis beeinflußt.

Abbildung 15-8 zeigt ein Streudiagramm, in dem für die Vereinigten Staaten die Ersparnis der Haushalte und der reale Zinssatz abgetragen sind. Die Abbildung zeigt, daß es keine deutliche Beziehung zwischen diesen beiden Variablen gibt. Diese Beobachtung läßt vermuten, daß die Ersparnis nicht vom Zinssatz abhängt.

Mit anderen Worten scheint es so zu sein, daß der Einkommens- und der Substitutionseffekt von Zinssatzerhöhungen sich in etwa gegenseitig aufheben.

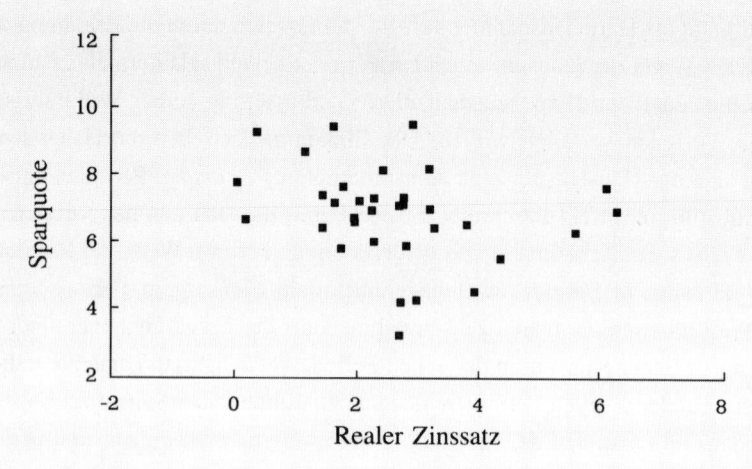

Abbildung 15-8: **Ersparnis und Zinssatz in den Vereinigten Staaten - Ein Streudiagramm.** Diese Abbildung wurde unter Verwendung von Jahresdaten aus der Zeit von 1954 bis 1988 erstellt, um zu überprüfen, ob es einen Zusammenhang zwischen persönlicher Sparquote und realem Zinssatz gibt. Aus der Darstellung läßt sich keine Beziehung erkennen.
Quelle: Die persönliche Sparquote ergibt sich als persönliches verfügbares Einkommen abzüglich der Konsumausgaben im Verhältnis zum persönlichen verfügbaren Einkommen. Die Rohdaten stammen vom U.S. Department of Commerce. Der reale Zinssatz wurde als Zinssatz nach Steuern auf einjährige Schatzanweisungen abzüglich der Inflationserwartungen berechnet. Die Zinsdaten stammen vom Department of Treasury. Bei der Berechnung wurde ein Steuersatz von 30 Prozent angenommen. Die Daten für die Inflationserwartungen stammen aus der Livingston-Befragung.

Ein Beweis ist dieser optische Eindruck natürlich nicht. Die Aufgabe, die Zinsabhängigkeit der Ersparnis zu schätzen, wird durch das Identifikationsproblem erschwert, das wir in Kapitel 3 diskutiert haben. Nichtsdestoweniger kommen auch methodisch anspruchsvollere Untersuchungen im allgemeinen zu dem Ergebnis, daß der reale Zinssatz Konsum und Ersparnis nur wenig beeinflußt. Keynes Vermutung, daß der Konsum in erster Linie vom Einkommen und nicht vom Zinssatz abhängt, hat sich im Lichte einer großen Zahl von empirischen Untersuchungen bestätigt.[1]

---

[1] Für einige neuere Untersuchungen zum Zusammenhang zwischen Konsum und realem Zinssatz vgl. Robert E. Hall, "Intertemporal Substitution and Consumption", Journal of Political Economy 96 (April 1988): 339 - 357 sowie John Y. Campbell und N. Gregory Mankiw,

Kreditbeschränkungen

Fishers Modell geht davon aus, daß der Haushalt sowohl Darlehen geben als auch gewähren kann. Die Aufnahme von Krediten läßt es zu, daß der gegenwärtige Konsum größer sein kann als das gegenwärtige Einkommen. Letztlich bedeutet dies, daß der Haushalt, der sich verschuldet, einen Teil seines zukünftigen Einkommens bereits heute konsumiert. Vielen Leuten ist die Möglichkeit einer Kreditaufnahme jedoch verwehrt. So dürfte es beispielsweise einem Studenten, der in den Semesterferien Urlaub in den Vereinigten Staaten machen möchte, kaum möglich sein, diesen Urlaub über einen Bankkredit zu finanzieren. Wir wollen daher im folgenden überlegen, wie sich Fishers Analyse verändert, wenn der Konsument keine Kredite aufnehmen kann. Ist eine Verschuldung nicht möglich, dann kann der gegenwärtige Konsum auch nicht das gegenwärtige Einkommen übersteigen. Eine solche Beschränkung läßt sich daher ausdrücken als

$$C_1 \leq Y_1.$$

Der Konsum in Periode eins muß also kleiner oder gleich dem Einkommen in Periode eins sein. Diese zusätzliche Beschränkung des Haushaltes wird als **Kreditbeschränkung** oder als *Liquiditätsbeschränkung* bezeichnet.

Abbildung 15-9 zeigt, wie diese Kreditbeschränkung die Menge der Wahlmöglichkeiten des Haushaltes einengt. Die Entscheidung des Haushaltes muß sowohl der intertemporalen Budgetbeschränkung als auch der Kreditbeschränkung genügen. Die schattierte Fläche beschreibt die Kombinationen aus Konsum der ersten Periode und Konsum der zweiten Periode, die beide Beschränkungen erfüllt.

Abbildung 15-10 veranschaulicht, wie die Kreditbeschränkung die Konsumentscheidung beeinflußt. Es gibt zwei Möglichkeiten. Teil A beschreibt die Situation, in der der Haushalt in Periode eins weniger konsumieren möchte als er verdient. Die Kreditbeschränkung bindet in diesem Fall nicht und beeinflußt daher auch nicht den Konsum. Teil B beschreibt die Situation, in der der Haushalt in Periode eins mehr konsumieren möchte als er verdient. In diesem Fall konsumiert der Haushalt sein gesamtes Einkommen der ersten Periode, und die Kreditbeschränkung verhindert einen darüber hinausgehenden Konsum.

"Consumption, Income, and Interest Rates: Reinterpreting the Time-Series Evidence", NBER Macroeconomics Annual 1989: 185 - 216.

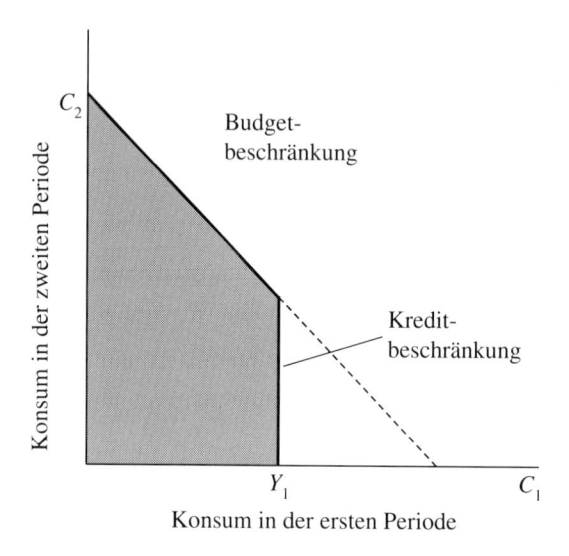

Abbildung 15-9: **Eine Kreditbeschränkung.** Falls der Haushalt keine Kredite aufnehmen kann, sieht er sich der zusätzlichen Beschränkung gegenüber, daß der Konsum der ersten Periode das Einkommen der ersten Periode nicht übersteigen darf. Die schattierte Fläche gibt die Kombinationen aus Konsum der ersten und Konsum der zweiten Periode wieder, die der Haushalt wählen kann.

Die Analyse von Kreditbeschränkungen führt uns zu der Schlußfolgerung, daß es zwei Konsumfunktionen gibt. Für einige Haushalte wirkt die Kreditbeschränkung nicht bindend, und der Konsum hängt vom Gegenwartswert des Lebenszeiteinkommens $Y_1 + [Y_2/(1 + r)]$ ab. Für andere Haushalte wirkt die Kreditbeschränkung bindend, und die Konsumfunktion lautet $C_1 = Y_1$. Folglich hängt der Konsum für Haushalte, die gerne Kredite aufnehmen würden, es aber nicht können, nur vom gegenwärtigen Einkommen ab.

Kapitel 15 Konsum

A. Die Kreditbeschränkung bindet nicht

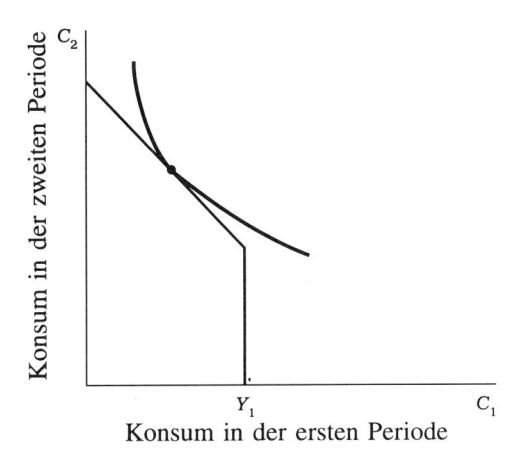

Konsum in der zweiten Periode — C_2

Y_1 — C_1
Konsum in der ersten Periode

B. Die Kreditbeschränkung bindet

Konsum in der zweiten Periode — C_2

E   D

Y_1 — C_1
Konsum in der ersten Periode

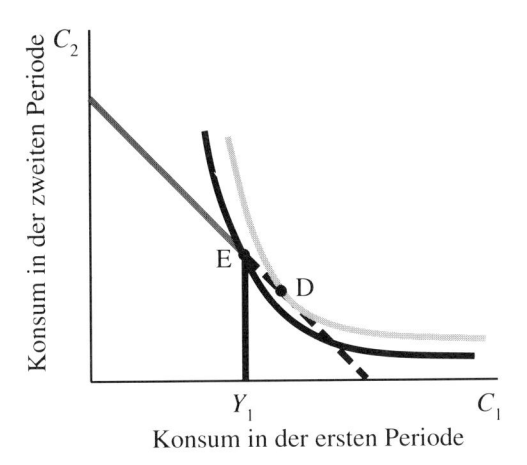

Abbildung 15-10: **Das Haushaltsoptimum bei Kreditbeschränkung.** Sieht sich der Haushalt einer Kreditbeschränkung gegenüber, dann gibt es zwei Möglichkeiten. In Teil A wählt der Haushalt in der ersten Periode einen Konsum, der geringer ist als das Einkommen dieser Periode. Die Kreditbeschränkung bindet nicht und hat daher keinen Einfluß auf den Konsum. In Teil B bindet die Kreditbeschränkung. Der Haushalt würde gerne Kredite aufnehmen und den Punkt D wählen. Weil die Aufnahme von Krediten jedoch nicht möglich ist, ergibt sich als beste der möglichen Wahlhandlungen E. Wirkt die Kreditbeschränkung bindend, stimmen Konsum und Einkommen der ersten Periode überein.

Fallstudie 15-2: Eine Erklärung für die hohe japanische Sparquote

Japan hat eine der höchsten Sparquoten der Welt. Viele Ökonomen sind der Auffassung, daß dies der Schlüssel für den ökonomischen Erfolg diese Landes ist. In den letzten 20 Jahren war die gesamtwirtschaftliche Nettosparquote in Japan durchschnittlich etwa zweimal so hoch wie in den Vereinigten Staaten. Das Solow-Wachstumsmodell aus Kapitel 4 zeigt, daß langfristig die Sparquote eine zentrale Bestimmungsgröße für das Einkommen eines Landes ist. Weil die Ersparnis so wichtig für die langfristige ökonomische Leistungsfähigkeit ist, haben sich Wirtschaftswissenschaftler gründlich mit den internationalen Unterschieden in der Ersparnis beschäftigt.

Warum konsumieren die Japaner einen viel kleineren Teil ihres Einkommens als beispielsweise die Amerikaner? Ein Grund dafür ist, daß es in Japan schwieriger ist, Kredite aufzunehmen. Als Beispiel soll die Kreditaufnahme bei der Eigenheimfinanzierung dienen. In den Vereinigten Staaten kann man im allgemeinen ein Haus kaufen, wenn ein Eigenkapital von 10 Prozent vorhanden ist. Ein Hauskäufer in Japan kann dagegen nur in viel geringerem Umfang Kredite aufnehmen. Es ist nicht unüblich, daß ein Eigenkapital von 40 Prozent verlangt wird. Darüber hinaus sind die Immobilienpreise in Japan sehr hoch, vor allem, weil die Grundstückspreise sehr hoch sind. Folglich ist eine hohe Ersparnisbildung erforderlich, wenn sich eine japanische Familie irgendwann ein eigenes Haus leisten möchte.

Obwohl Kreditbeschränkungen eine Teilerklärung für die hohe japanische Ersparnis darstellen, gibt es noch eine ganze Reihe anderer Unterschiede zwischen Japan und den Vereinigten Staaten, die ebenfalls zur Erklärung der Differenz zwischen den beiden Sparquoten beitragen könnten. So fördert beispielsweise das japanische Steuersystem die Ersparnis dadurch, daß Kapitaleinkommen nur sehr gering besteuert werden. Darüber hinaus könnten auch kulturelle Unterschiede zu Unterschieden in den Präferenzen der Haushalte bezüglich gegenwärtigen und zukünftigen Konsums führen. Ein bedeutender japanischer Wirtschaftswissenschaftler schreibt: „Die Japaner sind einfach anders. Sie sind risikoscheuer und geduldiger. Wenn das stimmt, ergibt sich die langfristige Implikation, daß die Japaner die gesamten Vermögen der Welt absorbieren werden. Ich möchte keinen Kommentar zu dieser Erklärung abgeben."[2]

Viele Wirtschaftswissenschaftler vertreten die Auffassung, daß die niedrige Sparquote eines der größten ökonomischen Probleme der Vereinigten Staaten

---

2 Fumio Hayashi, "Why Is Japan's Saving Rate So Apparently High?", NBER Macroeconomics Annual 1986: 147 - 210.

> darstellt. Wie wir in Kapitel 4 diskutiert haben, ist die Erhöhung der gesamtwirtschaftlichen Ersparnis häufig ein explizites Ziel der Wirtschaftspolitik. Es sei jedoch daran erinnert, daß eine Politik der Sparquotenerhöhung ihren Preis hat. So wären beispielsweise die Käufer von Eigenheimen in den Vereinigten Staaten vermutlich nicht gerade glücklich, wenn sie sich auf einmal Kreditbeschränkungen der Art gegenüber sähen, wie sie in Japan völlig üblich sind.

15.3 Franco Modigliani und die Lebenszyklus-Hypothese

In einer Reihe von Aufsätzen, die in den fünfziger Jahren entstanden, verwendeten Franco Modigliani und seine Mitarbeiter Albert Ando und Richard Brumberg das Modell des Haushaltverhaltens von Irving Fisher, um die Konsumfunktion zu untersuchen. Eines ihrer Ziele war es, das Konsumrätsel zu lösen, d.h. die sich anscheinend widersprechenden Teilbeobachtungen zu erklären, die sich zeigten, als Keynes' Konsumfunktion mit den empirischen Daten konfrontiert wurde. Fishers Modell zufolge hängt der Konsum einer Person von ihrem Lebenszeiteinkommen ab. Modigliani hob den Aspekt hervor, daß das Einkommen während der Lebensspanne einer Person variiert und daß die Ersparnis es dem Haushalt erlaubt, Einkommen aus den Zeitabschnitten des Lebens, in denen das Einkommen hoch ist, in die Lebensabschnitte zu verschieben, in denen es niedrig ist. Diese Interpretation des Konsumentenverhaltens bildet die Basis für seine Lebenszyklus-Hypothese.[3]

Die Hypothese

Von den vielen Gründen dafür, daß sich das Einkommen im Laufe des Lebens einer Person ändert, ist das Ausscheiden aus dem aktiven Arbeitsleben sicherlich einer der wichtigsten. Die meisten Menschen gehen davon aus, daß sie in einem Alter von 60 bis 65 Jahren aus dem Erwerbsleben ausscheiden. Sie rechnen mit einem starken Rückgang ihres Einkommens, wollen jedoch keinen entsprechend starken Rückgang ihres Konsums. Die meisten Menschen sorgen daher für das Rentenalter in irgendeiner Form

---

3 Als Einstieg in die Arbeiten zur Lebenszyklus-Hypothese bietet sich die Rede von Modigliani an, die er nach der Entgegennahme des Nobelpreises hielt. Franco Modigliani, "Life Cycle Individual Thrift, and the Wealth of Nations", American Economic Review 76 (Juni 1986): 297 - 313.

durch Ersparnis vor. Wir wollen nun überlegen, welche Implikationen dieses Sparmotiv für die Konsumfunktion hat.

Zu diesem Zweck soll ein Konsument betrachtet werden, der damit rechnet, noch weitere T Jahre zu leben, ein Vermögen in Höhe von W hat und noch ein Einkommen Y erwartet, bis er in R Jahren, von heute an gerechnet, aus dem Erwerbsleben ausscheidet. Welches Konsumniveau wird dieser Konsument wählen, wenn er über sein gesamtes Leben ein gleichmäßiges Konsumniveau aufrechterhalten will?

Über die gesamte Lebensspanne betrachtet ergibt sich der zur Verfügung stehende Gesamtbetrag aus dem Anfangsvermögen W und dem Lebenszeiteinkommen *(R mal Y)*. (Der Einfachheit halber gehen wir von einem Zinssatz von null aus. Wäre der Zinssatz größer als null, dann müßten wir auch die Zinserträge aus den Ersparnissen berücksichtigen.) Der Konsument kann diesen Gesamtbetrag auf die noch verbleibenden T Jahre seines Lebens aufteilen. Wir nehmen an, daß er einen möglichst glatten Konsumpfad über diese Zeitspanne erreichen möchte. Daher teilt er die Gesamtsumme $W + RY$ gleichmäßig auf die T Jahre auf und konsumiert in jedem Jahr

$$C = \frac{(W + RY)}{T}.$$

Die Konsumfunktion dieser Person läßt sich schreiben als

$$C = \left(\frac{1}{T}\right)W + \left(\frac{R}{T}\right)Y.$$

Rechnet der Konsument beispielsweise damit, noch weitere 50 Jahre zu leben und weitere 30 Jahre zu arbeiten, d.h. $T = 50$ und $R = 30$, so lautet seine Konsumfunktion

$$C = 0{,}02W + 0{,}6Y.$$

Diese Gleichung besagt, daß der Konsum sowohl vom Einkommen als auch vom Vermögen abhängt. Eine zusätzliche Mark Jahreseinkommen erhöht den Konsum um 60 Pfennig pro Jahr, und eine zusätzliche Mark Vermögen erhöht den Konsum um 2 Pfennig pro Jahr.

Falls jedes Individuum in der Wirtschaft seinen Konsum auf diese Weise plant, weist die aggregierte Konsumfunktion ein ganz ähnliches Aussehen auf wie die individuelle. Insbesondere hängt der gesamtwirtschaftliche Konsum sowohl vom Vermögen als auch vom Einkommen ab. Die makroökonomische Konsumfunktion läßt sich somit folgendermaßen schreiben:

$$C = \alpha W + \beta Y.$$

Hierin bezeichnet der Parameter α die marginale Konsumneigung aus Vermögen und der Parameter β die marginale Konsumneigung aus Einkommen.

Implikationen

Abbildung 15-11 zeigt die Beziehung zwischen Konsum und Einkommen, die sich aus dem Lebenszyklus-Modell ergibt. Für jedes gegebene Niveau des Vermögens liefert das Modell die herkömmliche Konsumfunktion. Man beachte jedoch, daß der Ordinatenabschnitt der Konsumfunktion (αW) kein fester Wert ist, sondern von der Höhe des Vermögens abhängt.

Dieses Lebenszyklus-Modell des Konsumentenverhaltens kann das Konsumrätsel lösen. Die Lebenszyklus-Konsumfunktion impliziert, daß für die durchschnittliche Konsumquote gilt:

$$\frac{C}{Y} = \alpha \left(\frac{W}{Y} \right) + \beta$$

Weil sich das Vermögen von Person zu Person oder von Jahr zu Jahr nicht proportional zum Einkommen ändert, sollte sich in den Daten zeigen, daß hohe Einkommen mit einer niedrigen durchschnittlichen Konsumquote verbunden sind, wenn man eine Querschnittsanalyse anstellt oder kurze Zeiträume betrachtet. Über lange Zeiträume hingegen wachsen Vermögen und Einkommen proportional, woraus sich ein konstantes Verhältnis W/Y und daher eine konstante durchschnittliche Konsumquote ergibt.

Um diesen Punkt noch aus einer etwas anderen Perspektive zu beleuchten, wollen wir überlegen, wie sich die Konsumfunktion im Zeitverlauf ändert. Abbildung 15-11 zeigt, daß die Lebenszyklus-Konsumfunktion für jedes gegebene Vermögensniveau so aussieht, wie Keynes es vermutet hat, aber diese Funktion gilt nur kurzfristig, solange das Vermögen sich nicht ändert. Langfristig verschiebt sich die Konsumfunktion mit der Zunahme des Vermögens nach oben (vgl. Abbildung 15-12). Diese Aufwärtsverschiebung verhindert, daß die durchschnittliche Konsumquote mit steigendem Einkommen sinkt. Auf diese Weise brachte Modigliani die anscheinend widersprüchlichen Untersuchungen zur Konsumfunktion in Einklang.

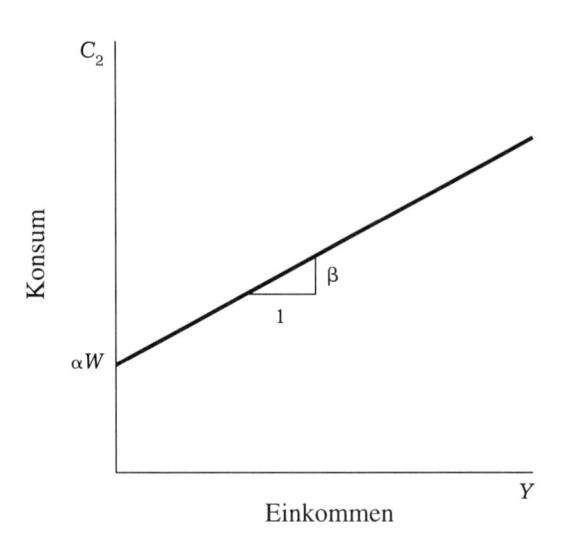

Abbildung 15-11: **Die Lebenszyklus-Konsumfunktion.** Das Lebenszyklus-Modell vertritt die Annahme, daß der Konsum sowohl vom Vermögen als auch vom Einkommen abhängt. Anders ausgedrückt wird die Höhe des Ordinatenabschnittes der Konsumfunktion durch das Vermögen bestimmt.

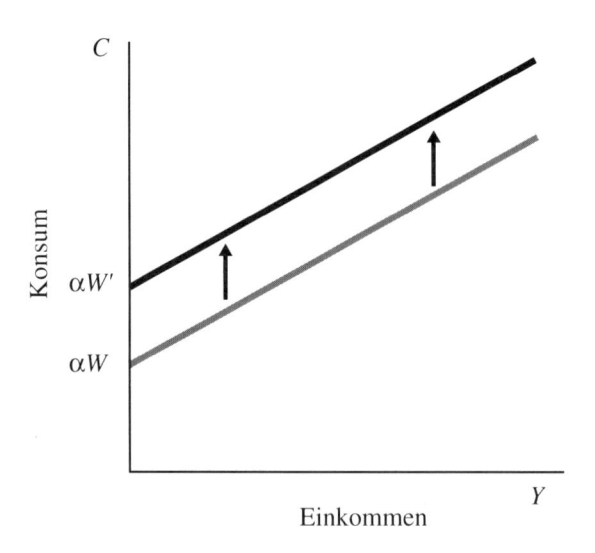

Abbildung 15-12: **Verschiebungen der Konsumfunktion aufgrund von Vermögensänderungen.** Falls der Konsum vom Vermögen abhängt, verschiebt eine Zunahme des Vermögens die Konsumfunktion aufwärts.

Das Lebenszyklus-Modell läßt noch eine Reihe anderer Aussagen zu. Vielleicht die wichtigste Implikation ist die, daß sich die Höhe der Ersparnis über das Leben einer

Person hinweg betrachtet auf voraussagbare Weise ändert. Verfügt eine Person, wenn sie erwachsen wird, über kein Vermögen, dann wird sie während ihres Arbeitslebens Vermögen ansammeln und dieses Vermögen während ihres Ruhestandes wieder abbauen. Abbildung 15-13 zeigt den Verlauf von Einkommen, Konsum und Vermögen während des Lebens eines Erwachsenen. Ein zentrales Ergebnis des Modells lautet: Die im Arbeitsleben Stehenden sparen, die im Ruhestand Lebenden entsparen.

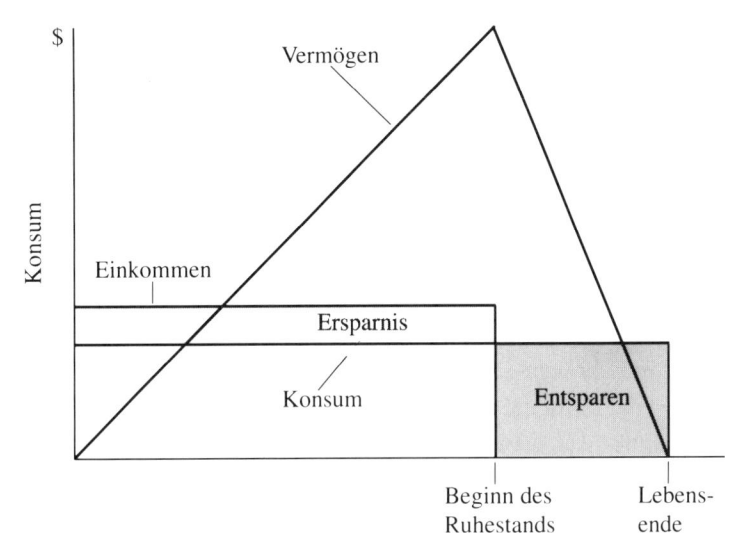

Abbildung 15-13: **Konsum, Einkommen und Vermögen während des Lebenszyklus.** Glättet eine Person ihren Konsum über ihre Lebensspanne, dann wird sie während ihres Arbeitslebens sparen und Vermögen bilden und im Ruhestand entsparen und das Vermögen abbauen.

Fallstudie 15-3: Konsum und Ersparnis älterer Personen

Eine zentrale Behauptung des Lebenszyklus-Modells ist die, daß ältere Personen entsparen. Um diese Behauptung zu überprüfen, haben viele Wirtschaftswissenschaftler den Konsum und die Ersparnis älterer Personen untersucht. Die Ergebnisse dieser Untersuchungen stellen ein Problem für die Vertreter des Lebenszyklus-Modells dar. Es scheint, als ob ältere Personen ihr Vermögen nicht so schnell abbauen, wie man es erwarten würde, wenn sie tatsächlich versuchten, ihren Konsum über die noch verbleibende Lebensspanne zu glätten.[4]

Es gibt zwei Haupterklärungen dafür, warum ältere Personen nicht in dem Ausmaß entsparen, wie es das Modell erwarten läßt. Jede dieser Erklärungen weist in eine Richtung für zukünftige Forschungsarbeiten im Bereich des Konsums.

Die erste Erklärung besagt, daß ältere Personen die Möglichkeit von unvorhersehbaren und teuren Ereignissen in ihre Überlegungen einbeziehen. Zusätzliche Ersparnis, die sich aus Unsicherheit ergibt, wird als **Vorsichtssparen** bezeichnet. Eine Ursache für das Vorsichtssparen durch ältere Menschen könnte darin liegen, daß sie die Möglichkeit ins Kalkül ziehen, länger zu leben als erwartet. Sie müssen dann für einen längeren Zeitraum als die durchschnittliche Rentendauer Vorsorge treiben. Eine weitere Ursache könnte darin bestehen, daß sie mit Krankheiten rechnen, die zu großen Ausgaben führen. Falls ältere Menschen sich gegen die Risiken nicht versichern können, mag es sein, daß sie mit einer erhöhten Ersparnis reagieren, um für diese Unwägbarkeiten besser vorbereitet zu sein.

Die zweite Erklärung dafür, warum ältere Menschen nicht im prognostizierten Umfang entsparen, besteht darin, daß sie für ihre Kinder, andere Verwandte oder wohltätige Zwecke Erbschaften hinterlassen möchten. Wirtschaftswissenschaftler haben sich ausführlich mit dem Problem von Erbschaften beschäftigt und eine Reihe verschiedener Theorien zur Erklärung des Erbschaftsmotivs vorgeschlagen. Mit einigen dieser Überlegungen beschäftigen wir uns in Kapitel 16.

Insgesamt lassen die Untersuchungen zum Verhalten älterer Menschen vermuten, daß das Lebenszyklusmodell in seiner einfachsten Form das Haushaltsverhalten nicht vollständig erklären kann. Es besteht kein Zweifel darüber, daß die Vorsorge für den Ruhestand ein wichtiges Sparmotiv ist, andere Motive, wie etwa Vorsichtssparen und Erbschaften, erscheinen jedoch ebenfalls wichtig.

Fallstudie 15-4: Ersparnis und die Angst vor einem atomaren Krieg

Eine der stärker umstrittenen Hypothesen über die Determinanten der Ersparnis besagt, daß die Ersparnis schwankt, weil sich die Einschätzung der Öffentlichkeit bezüglich der Wahrscheinlichkeit eines Atomkrieges im Zeitverlauf ändert. Die Menschen sparen, um Vorsorge für den zukünftigen Konsum zu treiben. Nimmt

---

4 Albert Ando und Arthur Kennickell, "How Much (or Little) Life Cycle Saving Is There in Micro Data?" in Rudiger Dornbusch, Stanley Fischer, John Bossons, Hrsg., Macroeconomics and Finance: Essays in Honor of Franco Modigliani (Cambrigde, Mass.: MIT-Press, 1986).

die Wahrscheinlichkeit eines atomaren Krieges zu und folglich die Wahrscheinlichkeit, die Zukunft noch zu erleben, ab, dann sollte sich die Höhe der Ersparnis vermindern.

Meinungsumfragen zeigen, daß die Öffentlichkeit eine atomare Auseinandersetzung zu bestimmten Zeiten als ernste Gefahr betrachtet hat. Im Juni 1981 wurde beispielsweise in einer Gallup-Untersuchung gefragt: „Für wie wahrscheinlich halten sie es, daß wir innerhalb der nächsten 10 Jahre in einen Atomkrieg verwickelt werden?". Von den Befragten antworteten 19 Prozent, daß ein atomarer Krieg „sehr wahrscheinlich" ist. Weitere 28 Prozent antworteten, daß ein solcher Krieg „ziemlich wahrscheinlich" ist.

Zwei Beobachtungen legen die Vermutung nahe, daß es eine Verbindung zwischen der nuklearen Bedrohung und der Ersparnis gibt. Die erste Beobachtung ergibt sich aus Zeitreihenmaterial. Bis vor kurzem gab das „Bulletin of Atomic Scientists" regelmäßig seine Einschätzung eines atomaren Kriegs durch eine Uhr wieder, auf der die „Minuten bis Mitternacht" angezeigt wurden. Je höher das Bulletin das Risiko eines Atomkriegs einschätzte, desto näher wurde die Uhr auf Mitternacht gestellt. Abbildung 15-14 zeigt, daß die private Sparquote mit der Anzahl der „Minuten bis Mitternacht" schwankt. Wenn die Gefahr eines Krieges groß ist, ist die Sparquote gering.

Die zweite Beobachtung ergibt sich aus Reihen mit internationalen Daten. Bei Umfragen, die in verschiedenen Ländern durchgeführt wurden, wurden die Befragten gebeten, die Wahrscheinlichkeit eines atomaren Krieges einzuschätzen. Länder, in denen die Wahrscheinlichkeit eines Atomkrieges relativ hoch eingeschätzt wird, so wie z.B. in den Vereinigten Staaten, weisen tendenziell niedrige Sparquoten auf. Länder, in denen die Wahrscheinlichkeit relativ gering eingeschätzt wird, wie beispielsweise in Japan, weisen tendenziell hohe Sparquoten auf.

Die Wissenschaftler sind sich nicht einig darüber, ob die Einschätzung der Gefahr eines Atomkrieges eine wichtige bzw. überhaupt eine plausible Determinante der volkswirtschaftlichen Ersparnis ist. Sicherlich gehört der vermutete Zusammenhang zwischen atomarem Krieg und Ersparnis zu den ungewöhnlichsten Verbindungen zwischen Politik und Ökonomie.[5]

---

5 Joel Stemrod, "Saving and the Fear of Nuclear War", Journal of Conflict Resolution 30 (September 1986): 403-419; Joel Slemrod, "Fear of Nuclear War and Intercountry Differences in the Rate of Saving", Economic Inquiry 28 (Oktober 1990): 647-657.

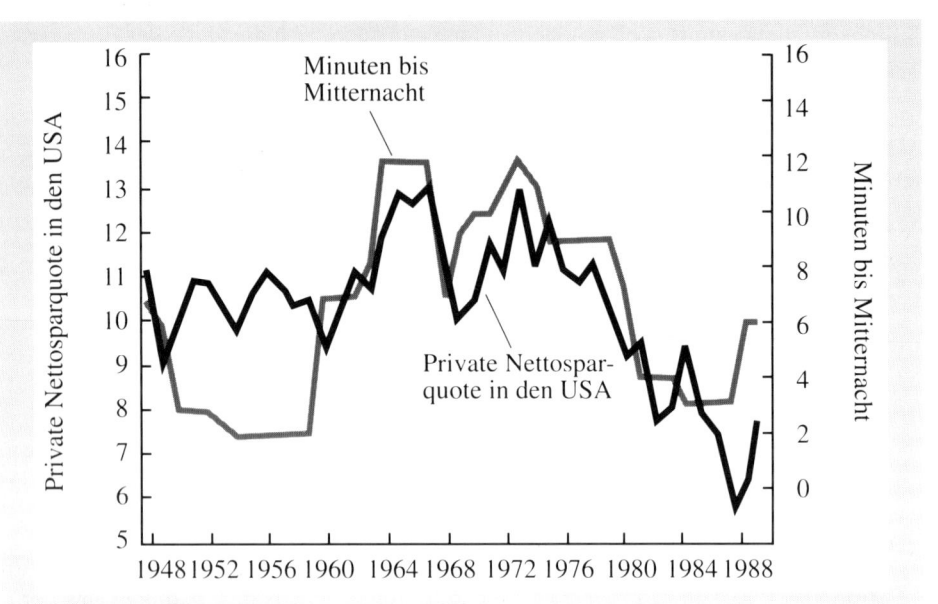

Abbildung 15-14: **Ersparnis und die Gefahr eines atomaren Kriegs.** Diese Abbildung zeigt, daß die private Nettosparquote im Gleichklang mit der Gefahr eines atomaren Krieges schwankt. Die Gefahr eines Atomkrieges wird durch das „Bulletin of Atomic Scientists" eingeschätzt. Je weiter die Zeiger ihrer Uhr auf Mitternacht zugerückt sind, desto größer ist in ihrer Einschätzung die Gefahr eines Atomkrieges.

15.4 Milton Friedman und die Hypothese des permanenten Einkommens

In einem 1957 veröffentlichten Buch stellte Milton Friedman die **Permanente-Einkommens-Hypothese** vor, um das Konsumentenverhalten zu erklären. Friedmans Permanente-Einkommens-Hypothese ergänzt Modiglianis Lebenszyklus-Hypothese: beide verwenden Irving Fishers Theorie des Haushaltes, um zu begründen, daß der Konsum nicht allein vom gegenwärtigen Einkommen abhängt. Im Gegensatz zur Lebenszyklus-Hypothese, die hervorhebt, daß das Einkommen über die Lebensspanne eines Wirtschaftssubjektes betrachtet einem regelmäßigen Muster folgt, stellt die

Permanente-Einkommens-Hypothese die Erfahrung in den Vordergrund, daß das Einkommen von Jahr zu Jahr zufälligen und temporären Veränderungen unterworfen ist.[6]

Die Hypothese

Friedman schlug vor, daß man das gegenwärtige Einkommen Y als Summe aus zwei Komponenten betrachten soll, dem **permanenten Einkommen Y^P** und dem **transitorischen Einkommen Y^T**, also

$$Y = Y^P + Y^T.$$

Das permanente Einkommen ist der Teil des Einkommens, von dem die Wirtschaftssubjekte meinen, daß sie ihn auch in der Zukunft erhalten werden. Das transitorische Einkommen ist der Teil des Einkommens, von dem die Wirtschaftssubjekte nicht glauben, daß er dauerhaft ist. Anders ausgedrückt entspricht das permanente Einkommen dem durchschnittlichen Einkommen und das transitorische Einkommen der zufälligen Abweichung von diesem Durchschnitt.

Um zu verstehen, wie man das Gesamteinkommen in diese beiden Teile zerlegen kann, wollen wir die folgenden Beispiele betrachten:

- Maria, die ihr Studium mit einem Diplom abgeschlossen hat, verdient in diesem Jahr mehr als der Studienabbrecher Johannes. Das höhere Einkommen von Maria ist permanenter Natur, weil ihre Ausbildung ihr auch in Zukunft ein höheres Einkommen sichern wird.

- Sue, die in Florida eine Orangenplantage betreibt, verdient in diesem Jahr weniger als üblich, weil eine Frostperiode die Ernte zerstört hat. Bill, der in Californien eine Orangenplantage betreibt, verdient mehr als üblich, weil der Frost in Florida die Preise für Orangen in die Höhe getrieben hat. Das höhere Einkommen von Bill ist transitorischer Natur, weil er nicht damit rechnen kann, daß sich die ihm begünstigende Wetterkonstellation im nächsten Jahr wiederholt.

Diese beiden Beispiele zeigen, daß unterschiedliche Einkommensformen unterschiedliche Dauerhaftigkeit aufweisen. Eine gute Ausbildung sorgt für ein permanent höheres Einkommen, während gutes Wetter lediglich für ein transitorisch höheres Ein-

---

6 Milton Friedman: A Theory of the Consumption Function (Princeton, N.J.: Princeton University Press, 1957).

kommen sorgt. Obwohl man sich auch dazwischenliegende Fälle vorstellen kann, ist es aus Vereinfachungsgründen nützlich, anzunehmen, daß es nur zwei Arten des Einkommens gibt: permanentes und transitorisches.

Friedman ging davon aus, daß der Konsum in erster Linie vom permanenten Einkommen abhängt. Die Haushalte nutzen nämlich die Möglichkeit des Sparens und der Kreditaufnahme, um den Zeitpfad des Konsums zu glätten, wenn es zu transitorischen Veränderungen des Einkommens kommt. Erhält beispielsweise jemand eine permanente Einkommenserhöhung um 10.000,- DM, erhöht sich sein Konsum in derselben Größenordnung. Gewinnt jedoch jemand beim Lotto 10.000,- DM, wird er diesen Betrag nicht in einem Jahr vollständig konsumieren. Vielmehr werden die zusätzlichen Konsummöglichkeiten über den Rest des Lebens verteilt. Geht man einmal von einem Zinssatz von null und einer noch verbleibenden Lebensspanne von 50 Jahren aus, dann erhöht sich der Konsum als Reaktion auf den Lottogewinn von 10.000,- DM lediglich um 200,- DM pro Jahr. Es gilt also, das Haushalte ihr permanentes Einkommen ausgeben, den größten Teil ihres transitorischen Einkommens jedoch sparen.

Friedman folgerte, daß sich die Konsumfunktion ungefähr folgendermaßen ausdrücken läßt:

$$C = \alpha Y^P.$$

Hierin ist α eine Konstante. Die durch diese Gleichung beschriebene Permanente-Einkommens-Hypothese besagt, daß der Konsum sich proportional zum dauerhaften Einkommen verhält.

Implikationen

Die Hypothese des permanenten Einkommens löst das Konsumrätsel durch die Annahme, daß die normale keynesianische Konsumfunktion auf die falsche Variable zurückgreift. Nach Friedmans Hypothese hängt der Konsum vom permanenten Einkommen ab. Viele Untersuchungen zur Konsumfunktion versuchen jedoch, den Konsum zum laufenden Einkommen in Beziehung zu setzen. Friedman argumentierte, daß dieses „Fehler-in-den-Variablen"-Problem die scheinbar widersprüchlichen Ergebnisse erklärt.

Wir wollen einmal überlegen, welche Implikationen Friedmans Hypothese für die durchschnittliche Konsumneigung hat. Wir dividieren beide Seiten seiner Konsumfunktion durch Y und erhalten

$$APC = C/Y = \alpha \, Y^P/Y.$$

Nach der Permanenten-Einkommens-Hypothese hängt die durchschnittliche Konsumneigung vom Verhältnis des Dauereinkommens zum laufenden Einkommen ab. Übersteigt das laufende Einkommen temporär das permanente Einkommen, dann sinkt die durchschnittliche Konsumneigung vorübergehend. Sinkt das laufende Einkommen temporär unter das permanente Einkommen, dann erhöht sich die durchschnittliche Konsumneigung vorübergehend.

Nun wollen wir diese Beobachtung auf die Untersuchungen von Haushaltsdaten anwenden. Friedman überlegte, daß diese Daten eine Kombination aus permanentem und transitorischem Einkommen wiedergeben. Haushalte mit einem hohen permanenten Einkommen müßten einen proportional höheren Konsum aufweisen. Wenn alle Unterschiede in den laufenden Einkommen ausschließlich auf die permanente Komponente zurückzuführen wären, dürfte man bei einer Querschnittsbetrachtung über die Haushalte keine Unterschiede in der durchschnittlichen Konsumneigung beobachten. Ein Teil der Einkommensunterschiede resultiert jedoch aus der transitorischen Komponente. Haushalte mit einem hohen transitorischen Einkommen weisen aber keinen höheren Konsum auf. Aus diesem Grund müßte sich bei den Untersuchungen zeigen, daß Haushalte mit hohem Einkommen im Durchschnitt niedrigere durchschnittliche Konsumneigungen aufweisen.

In analoger Weise kann man auch die Untersuchungen von Zeitreihendaten betrachten. Friedman überlegte, daß die von Jahr zu Jahr zu beobachtenden Einkommensschwankungen in erster Linie transitorischer Natur sein müssen. Aus diesem Grunde müßten Jahre mit einem hohen Einkommen gleichzeitig Jahre mit einer niedrigen durchschnittlichen Konsumneigung sein. Über einen langen Zeitraum betrachtet – etwa von Dekade zu Dekade – sind die Einkommensveränderungen Ergebnis der permanenten Komponente. Daher sollte man erwarten, daß sich bei langen Zeitreihen eine konstante durchschnittliche Konsumneigung zeigt.

Fallstudie 15-5: Die Steuersenkung von 1964 und der Steuerzuschlag von 1968

Die Permanente-Einkommens-Hypothese ist nützlich, um zu erklären, wie die Wirtschaft auf Änderungen der Fiskalpolitik reagiert. Dem IS/LM-Modell aus den Kapiteln 9 und 10 zufolge stimulieren Steuersenkungen den Konsum und erhöhen die Gesamtnachfrage. Steuererhöhungen dämpfen den Konsum und vermindern die Gesamtnachfrage. Die Permanente-Einkommens-Hypothese behauptet jedoch, daß der Konsum nur auf Veränderungen des dauerhaften Einkommens reagiert. Daher werden zeitlich begrenzte Steueränderungen den Konsum kaum beeinflussen und nur eine geringe Wirkung auf die Gesamtnachfrage zeigen. Soll eine Steueränderung die Gesamtnachfrage nachhaltig beeinflussen, dann muß sie dauerhaft sein.

Zwei Veränderungen in der Fiskalpolitik der Vereinigten Staaten – die Steuersenkung von 1964 und der Steuerzuschlag von 1968 – verdeutlichen dieses Prinzip. Die Steuersenkung von 1964 war eine populäre Maßnahme. Sie wurde der Öffentlichkeit als eine größere und dauerhafte Verminderung der Steuersätze angekündigt. Bei unserer Diskussion in Kapitel 9 haben wir gesehen, daß diese wirtschaftspolitische Maßnahme den beabsichtigten Effekt einer Stimulierung der Wirtschaft hatte.

Der Steuerzuschlag von 1968 entsprang einem ganz anderen politischen Umfeld. Er wurde Gesetz, weil die wirtschaftspolitischen Berater von Präsident Lyndon Johnson fürchteten, daß die im Zusammenhang mit dem Vietnamkrieg gestiegenen Staatsausgaben die Gesamtnachfrage übermäßig stimuliert hätten. Um diesen Effekt zu neutralisieren, empfahlen sie Steuererhöhungen. Johnson aber, der wußte, daß der Krieg unpopulär war, fürchtete die politischen Folgen einer Steuererhöhung. Er stimmte schließlich einem vorübergehenden Steuerzuschlag zu – im Ergebnis handelte es sich um eine einjährige Erhöhung der Steuern. Der Steuerzuschlag zeigte nicht den erhofften Effekt einer Verminderung der Gesamtnachfrage. Die Arbeitslosigkeit sank, die Inflationsrate stieg weiterhin.

Als Folgerung aus diesen beiden Episoden ergibt sich, daß eine vollständige Analyse der Steuerpolitik über die einfache keynesianische Konsumfunktion hinausgehen muß. Sie muß den Unterschied zwischen permanentem und transitorischem Einkommen in ihr Kalkül einbeziehen. Erwarten die Konsumenten, daß eine Steueränderung nur temporär ist, dann wird diese eine vergleichsweise geringere Wirkung auf Konsum und Gesamtnachfrage haben.

Rationale Erwartungen und Konsum

Die Hypothese des permanenten Einkommens basiert auf Fishers Modell der intertemporalen Entscheidung. Sie baut auf der Idee auf, daß zukunftsorientierte Konsumenten ihre Konsumentscheidung nicht nur von ihrem gegenwärtigen, sondern auch von ihrem für die Zukunft erwarteten Einkommen abhängig machen. Die Permanente-Einkommens-Hypothese hebt also hervor, daß der Konsum von den Erwartungen der Wirtschaftssubjekte abhängt.

Neuere Arbeiten aus dem Bereich der Konsumforschung haben diese Sicht des Konsumenten mit der Annahme rationaler Erwartungen kombiniert. Die Annahme rationaler Erwartungen besagt, daß die Wirtschaftssubjekte bei Prognosen alle verfügbaren Informationen optimal nutzen. In Kapitel 11 haben wir gesehen, daß diese Annahme möglicherweise bedeutsame Implikationen für die Kosten der Inflationsbekämpfung hat. Sie kann auch bedeutsame Implikationen für den Konsum aufweisen.

Der Wirtschaftswissenschaftler Robert Hall machte als erster auf die Implikationen der rationalen Erwartungen für den Konsum aufmerksam. Er zeigte, daß bei Gültigkeit der Permanenten-Einkommens-Hypothese und bei Vorliegen von rationalen Erwartungen Veränderungen des Konsums im Zeitablauf nicht prognostizierbar sind. Ökonomen verwenden den Begriff **Random walk**, um den Pfad einer Variablen zu beschreiben, deren Änderungen nicht prognostizierbar sind. Nach Hall impliziert die Kombination von Permanenter-Einkommens-Hypothese und rationalen Erwartungen, daß der Konsum einem Random walk folgt.

Hall argumentierte wie folgt. Nach der Permanenten-Einkommens-Hypothese sehen sich Konsumenten einem schwankenden Einkommen gegenüber und versuchen auf bestmögliche Weise, ihren Konsum über die Zeit zu glätten. Zu jedem Zeitpunkt treffen die Haushalte ihre Konsumentscheidung auf der Basis ihrer gegenwärtigen Erwartungen bezüglich ihres Lebenseinkommens. Im Zeitverlauf ändern sie ihren Konsum, weil sie neue Informationen erhalten, die sie zu Erwartungsrevisionen veranlassen. So wird beispielsweise jemand, der unerwartet eine Gehaltserhöhung erhält, seinen Konsum ausdehnen. Hingegen wird jemand, der sich unerwartet einer Gehaltskürzung gegenübersieht, seinen Konsum vermindern. Nutzen die Haushalte alle verfügbaren Informationen optimal, dann sollten die Erwartungsrevisionen bezüglich ihres Lebenszeiteinkommens nicht prognostizierbar sein. Veränderungen in der Konsumhöhe sollten dann folglich ebenfalls nicht prognostizierbar sein.

Die Empirie zeigt, daß das Random walk-Theorem die Realität nicht exakt beschreibt, d.h. Veränderungen des Gesamtkonsums sind zumindest einschränkt vorhersagbar. Weil jedoch der Grad der Prognostizierbarkeit gering ist, betrachten einige Ökonomen das Random walk-Theorem – und damit die Annahme rationaler Erwartungen – als gute Approximation an die Realität.[7]

Rationale Erwartungen im Konsum weisen nicht nur Implikationen für die Prognosen auf, sondern auch für die Frage, auf welche Weise Wirtschaftspolitik die Wirtschaft beeinflußt. *Folgen die Haushalte der Permanenten-Einkommens-Hypothese und haben sie rationale Erwartungen, dann beeinflussen lediglich nicht erwartete wirtschaftspolitische Maßnahmen den Konsum und diese Maßnahmen wirken dann, wenn sie die Erwartungen verändern.* Als Beispiel wollen wir annehmen, daß der Bundestag heute

---

7 Robert E. Hall, "Stochastic Implications of the Life Cycle-Permanent Income Hypothesis: Theory and Evidence", Journal of Political Economy 86 (April 1978): 971 - 987.

ein Steuererhöhungsgesetz verabschiedet, das im nächsten Jahr in Kraft treten soll. In diesem Fall erhalten die Haushalte in dem Zeitpunkt Informationen über ihr Lebenszeiteinkommen, in dem der Bundestag das Gesetz verabschiedet (vielleicht sogar früher, wenn die Verabschiedung des Gesetzes vorhersehbar ist). Diese Neuigkeiten führen bei den Konsumenten zu einer Erwartungsrevision und vermindern ihren Konsum. Wenn im folgenden Jahr die Steuererhöhung wirksam wird, bleibt der Konsum unverändert, weil keine neuen Informationen hinzukommen.

Besitzen die Haushalte rationale Erwartungen, beeinflussen die Wirtschaftspolitiker das ökonomische Geschehen folglich nicht nur durch ihre Maßnahmen, sondern auch durch die Erwartungen der Öffentlichkeit bezüglich dieser Maßnahmen. Erwartungen können aber nicht direkt beobachtet werden. Aus diesem Grunde ist es schwierig zu sagen, wie und wann fiskalpolitische Maßnahmen die Gesamtnachfrage verändern.

Fallstudie 15-6: Antizipieren die Haushalte künftiges Einkommen?

Der Kern von Fishers Modell des Haushaltsverhaltens – und fast aller folgenden Arbeiten, die sich mit dem Konsum beschäftigen – ist der, daß der heutige Konsum nicht einfach nur vom heutigen, sondern auch vom zukünftigen Einkommen abhängt. Je größer das Einkommen ist, das die Haushalte für die Zukunft erwarten, desto mehr werden sie heute konsumieren.

Das Modell behauptet daher, daß sich mit Hilfe der Sparquoten Vorhersagen über das zukünftige Einkommenswachstum machen lassen. Sparen die Haushalte einen geringen Teil ihres laufenden Einkommens, dann müssen sie optimistisch in die Zukunft blicken. Umgekehrt gilt: Wenn die Haushalte einen großen Teil ihres gegenwärtigen Einkommens sparen, dann müssen sie im Hinblick auf die zukünftige Entwicklung ihres Einkommens pessimistisch sein. Sollte diese Aussage zutreffen, müßte sich bei der Analyse von empirischen Daten zeigen, daß typischerweise auf Zeiträume mit niedrigen Sparquoten Zeiträume mit hohem Einkommenswachstum folgen.[8] Diese Hypothese wird durch Zeitreihenuntersuchungen von Konsum- und Einkommensdaten gestützt. Die Sparquote steigt tendenziell, wenn sich die Wirtschaft auf eine Rezession zubewegt. Hochkonjunktur-

---

8 *Mathematischer Hinweis:* Um den Hintergrund dieser Aussage zu verstehen, wollen wir unser Zwei-Perioden-Beispiel betrachten. Wir nehmen an, daß der Zinssatz null ist und der Haushalt seine insgesamt zur Verfügung stehenden Mittel zwischen den beiden Perioden aufteilt, so daß $C_1 = (Y_1 + Y_2)/2$. Mit Hilfe einfacher algebraischer Umformung läßt sich zeigen, daß $g = -2s$ gilt, wobei $g = (Y_2 - Y_1)/Y_1$ die Wachstumsrate des Einkommens zwischen den beiden Perioden und $s = (Y_1 - C_1)/Y_1$ die Sparquote der ersten Periode ist. Folglich stehen Ersparnis einer Periode und das nachfolgende Wachstum in negativem Zusammenhang.

phasen gehen oft niedrige Sparquoten voraus. Es scheint so, als ob Haushalte ihr zukünftiges Einkommen ins Kalkül ziehen, wenn sie ihre Konsumentscheidungen treffen.

Die empirischen Beobachtungen stimmen jedoch nicht vollständig mit der Theorie überein. Insbesondere ändert sich die Ersparnis weniger als nach der Theorie zu erwarten wäre. Mit anderen Worten sieht es so aus, als ob das zukünftige Einkommen einen schwächeren und das gegenwärtige Einkommen einen stärkeren Einfluß auf den Konsum hat als die Permanente-Einkommens-Hypothese behauptet. Eine mögliche Ursache hierfür könnte darin liegen, daß einige Haushalte sich Kreditbeschränkungen gegenübersehen und ihren Konsum daher allein vom gegenwärtigen Einkommen abhängig machen.[9]

15.5 Schlußfolgerungen

Betrachtet man die Arbeiten von Keynes, Fisher, Modigliani und Friedman, so läßt sich ein Fortschritt in der Analyse des Konsumentenverhaltens erkennen. Keynes ging davon aus, daß der Konsum im wesentlichen vom gegenwärtigen Einkommen abhängt. In der Folgezeit haben Wirtschaftswissenschaftler die Ansicht vertreten, daß Haushalte den intertemporalen Charakter des Entscheidungsproblems erkennen, dem sie gegenüberstehen. Sie schauen nach vorn und beziehen die ihnen in Zukunft zur Verfügung stehenden Mittel ebenso in ihre Entscheidung ein wie ihren zukünftigen Bedarf. Dies impliziert eine komplexere Konsumfunktion als die von Keynes formulierte. Keynes schlug eine Konsumfunktion der Form

$$\text{Konsum} = f(\text{gegenwärtiges Einkommen})$$

vor. Der gegenwärtige Stand der Forschung geht dagegen davon aus, daß gilt:

$$\text{Konsum} = f(\text{gegenwärtiges Einkommen, Vermögen, erwartetes zukünftiges Einkommen, Zinssätze}).$$

---

9 John Y. Campbell, "Does Saving Anticipate Declining Labor Income?", Econometrica 55 (November 1982): 1249 - 1273; John Y. Campbell und N. Gregory Mankiw, "Consumption, Income and Interest Rates: Reinterpreting the Time-Series Evidence", NBER Macroeconomics Annual (1989): 185- 216.

Das aktuelle Einkommen ist also nur eine unter mehreren Determinanten des gesamtwirtschaftlichen Konsums.

Die relative Bedeutung dieser Konsumdeterminanten wird zwischen Ökonomen weiterhin diskutiert. So besteht beispielsweise keine Einigkeit hinsichtlich der Wirkung der Zinssätze und der Bedeutung von Kreditbeschränkungen. Ein Grund dafür, daß manchmal die Ansichten von Ökonomen bezüglich der Wirkungen der Wirtschaftspolitik auseinandergehen, besteht darin, daß von unterschiedlichen Konsumfunktionen ausgegangen wird. Im nächsten Kapitel beschäftigen wir uns mit der Diskussion über die Auswirkungen der Staatsverschuldung, die letztlich eine Diskussion über unterschiedliche Sichtweisen des Konsumentenverhaltens ist.

Zusammenfassung

1. Keynes vermutete, daß die marginale Konsumneigung zwischen null und eins liegt, die durchschnittliche Konsumneigung mit steigendem Einkommen sinkt und daß das gegenwärtige Einkommen die wichtigste Determinante des Konsums ist. Untersuchungen von Haushaltsdaten und kurzen Zeitreihen bestätigten Keynes Vermutungen. Untersuchungen von langen Zeitreihen ergaben jedoch keinen Hinweis darauf, daß die durchschnittliche Konsumneigung im Zeitverlauf mit steigendem Einkommen sinkt.

2. Neuere Arbeiten zur Konsumfunktion bauen auf Irving Fishers Modell des Haushaltes auf. In diesem Modell sieht sich der Haushalt einer intertemporalen Budgetbeschränkung gegenüber und wählt seinen gegenwärtigen und zukünftigen Konsum so, daß er über seine gesamte Lebenszeit betrachtet ein Höchstmaß an Bedürfnisbefriedigung erreicht. Solange der Haushalt sparen und Kredite aufnehmen kann, hängt der Konsum von den dem Haushalt über seinen gesamtes Leben zur Verfügung stehenden Mitteln ab.

3. Die Lebenszyklus-Hypothese betont, daß die Einkommensveränderungen während des Lebens einer Person zumindestens eingeschränkt vorhersehbar sind und die Haushalte die Möglichkeit zum Sparen und zur Kreditaufnahme nutzen, um den Konsum über die Lebensspanne zu glätten. Diese Hypothese impliziert, daß der Konsum sowohl vom Einkommen als auch vom Vermögen abhängt.

4. Die Permanente-Einkommens-Hypothese stellt in den Vordergrund, daß Individuen sich sowohl permanenten als auch transitorischen Schwankungen ihres Einkommens gegenübersehen. Weil sie Ersparnis bilden und Kredite aufnehmen können und weil sie

ihren Konsum glätten wollen, reagiert der Konsum nur unwesentlich auf transitorisches Einkommen. Der Konsum hängt in erster Linie vom permanenten Einkommen ab.

Schlüsselbegriffe

Marginale Konsumneigung
Durchschnittliche Konsumneigung
Intertemporale Budgetbeschränkung
Diskontierung
Indifferenzkurven
Grenzrate der Substitution
Normales Gut
Einkommenseffekt

Substitutionseffekt
Kreditbeschränkung
Lebenszyklus-Hypothese
Vorsichtssparen
Permanente-Einkommens-Hypothese
Permanentes Einkommen
Transitorisches Einkommen
Random walk.

Wiederholungsfragen

1. Welche drei Vermutungen hatte Keynes bezüglich der Konsumfunktion?
2. Welche Beobachtungen stimmen mit Keynes Vermutungen überein, welche nicht?
3. Auf welche Weise bringen die Lebenszyklus-Hypothese und die Permanente-Einkommens-Hypothese die scheinbar widersprüchlichen Beobachtungen bezüglich des Konsumverhaltens in Einklang?

4. Verwenden Sie Fishers Konsummodell, um eine Zunahme des Einkommens in der zweiten Periode zu analysieren. Vergleichen Sie den Fall, in dem sich der Konsument einer bindenden Kreditbeschränkung gegenübersieht, mit dem Fall, in dem keine Beschränkung auftritt.

Aufgaben und Anwendungen

1. Im Text wird das Fisher-Modell verwendet, um die Wirkungen einer Zinssatzveränderung für einen Konsumenten zu diskutieren, der einen Teil seines Einkommens der ersten Periode spart. Nehmen Sie stattdessen an, daß der Konsument ein Kreditnehmer ist. Wie verändert sich dadurch die Analyse? Diskutieren Sie die Einkommens- und Substitutionseffekte bezüglich des Konsums in beiden Perioden.

2. Im Text wird das Fisher-Modell für den Fall betrachtet, daß der Konsument zum Zinssatz r sparen und Kredite aufnehmen kann. Weiter wird der Fall betrachtet, daß der Konsument zu diesem Zinssatz zwar sparen kann, aber überhaupt keine Kredite erhält. Betrachten Sie nun den dazwischen liegenden Fall, in dem der Konsument zu einem Zinssatz r_s sparen und zu einem Zinssatz r_b Kredite aufnehmen kann, wobei $r_s < r_b$.

    a. Wie sieht die Budgetbeschränkung des Konsumenten für den Fall aus, daß er in Periode 1 weniger als sein Einkommen konsumiert?

b. Wie sieht die Budgetbeschränkung des Konsumenten für den Fall aus, daß er in Periode 1 mehr als sein Einkommen konsumiert?

c. Stellen Sie die beiden Budgetbeschränkungen graphisch dar und schraffieren Sie die Fläche, die die Kombinationen aus Konsum der ersten Periode und Konsum der zweiten Periode repräsentiert, die für den Konsumenten wählbar sind.

d. Fügen Sie zu Ihrer Darstellung nun die Indifferenzkurven des Konsumenten hinzu. Zeigen Sie die drei möglichen Gleichgewichtsvarianten, in denen der Konsument spart, sich verschuldet bzw. weder das eine noch das andere tut.

e. Wodurch wird der Konsum der ersten Periode in jedem dieser drei Fälle bestimmt?

3. Klären Sie für die beiden folgenden Fälle, ob Kreditbeschränkungen die Wirksamkeit der Fiskalpolitik auf die gesamtwirtschaftliche Nachfrage vergrößern oder vermindern:

a. eine temporäre Steuersenkung,

b. eine angekündigte zukünftige Steuersenkung.

4. Bei der Diskussion der Lebenszyklus-Hypothese wurde im Text angenommen, daß das Einkommen im Zeitabschnitt vor dem Ruhestand konstant ist. Bei den meisten Menschen wächst das Einkommen jedoch während ihres Lebens. Wie beeinflußt dieses Einkommenswachstum das in Abbildung 15-13 gezeigte Muster von Konsum und Vermögensbildung über die Lebensspanne unter den folgenden Bedingungen?

a. Die Haushalte können Kredite aufnehmen, so daß ihr Vermögen negativ sein kann.

b. Die Haushalte sehen sich Kreditbeschränkungen gegenüber, die verhindern, daß ihr Vermögen kleiner wird als null.

Ist Fall a. oder Fall b. realisitischer? Warum?

5. Demographen prognostizieren, daß im Laufe der nächsten 20 Jahre der Anteil von älteren Personen an der Bevölkerung zunehmen wird. Welche Voraussagen macht das Lebenszyklus-Modell bezüglich des Einflusses dieser demographischen Veränderung auf die gesamtwirtschaftliche Sparquote?

6. Eine Untersuchung stellte fest, daß ältere Menschen ohne Kinder ungefähr im gleichen Maße entsparen wie ältere Menschen mit Kindern. Welchen Beitrag könnte dieses Ergebnis für die Erklärung der Beobachtung leisten, daß ältere Menschen nicht soviel entsparen wie es das Lebenszyklus-Modell vormuten läßt?

Kapitel 16

Zwei Sichtweisen der Staatsverschuldung

A billion here, a billion there, and pretty soon you're talking big money.

Senator Everett Dirksen

Während der gesamten achtziger Jahre hat sich die Regierung der Vereinigten Staaten regelmäßig in großem Umfang verschuldet. Die Regierung finanzierte diesen Überschuß der Ausgaben über die Einnahmen durch Kreditaufnahme an den Finanzmärkten. Die Staatsverschuldung stieg um 1,97 Billionen Dollar – von 33 Prozent des BSP im Jahr 1980 auf 55 % im Jahr 1989. Eine derartig große Zunahme der Staatsverschuldung in Friedenszeiten ist in der gesamten Geschichte der Vereinigten Staaten ohne Beispiel.

Die Erfahrungen der achtziger Jahre entfachten bei Wirtschaftswissenschaftlern und Politikern erneutes Interesse an den ökonomischen Wirkungen der Staatsverschuldung. Einige betrachten die Budgetdefizite der achtziger Jahre als den schlimmsten Fehler der Wirtschaftspolitik seit der Weltwirtschaftskrise. Andere vertreten die Auffassung, die Defizite seien weitgehend unerheblich.

Dieses Kapitel stellt die Argumente beider Seiten dieser Diskussion vor. Wir beginnen mit einer Erläuterung der traditionellen Sicht der Staatsverschuldung, derzufolge die Kreditaufnahme des Staates die gesamtwirtschaftliche Ersparnis vermindert und Investitionen verdrängt. Diese Sichtweise wird von den meisten Wirtschaftswissenschaftlern geteilt und war implizit in unserer gesamten bisherigen Diskussion der Fiskalpolitik enthalten. Im Anschluß daran stellen wir eine alternative Sichtweise vor, die sogenannte ricardianische Äquivalenz, die von einer kleinen, aber einflußreichen Minderheit von Wirtschaftswissenschaftlern geteilt wird. Nach der ricardianischen Sicht hat die Staatsverschuldung keinen Einfluß auf die Ersparnis und die Kapitalakkumulation.

Es wird sich zeigen, daß die Debatte über die Staatsverschuldung im wesentlichen eine Debatte über die Konsumtheorie ist. Bei der Einschätzung, ob die traditionelle oder die ricardianische Sicht der Staatsverschuldung zutrifft, ist die Schlüsselfrage, wie die Fiskalpolitik die Konsumausgaben beeinflußt. Um die Wirkung von Haushaltsdefiziten auf die Wirtschaft analysieren zu können, muß man von bestimmten Grundannahmen bezüglich des Haushaltsverhaltens ausgehen. Insbesondere muß man die Frage beantworten, ob sich Haushalte kurzfristig oder langfristig orientieren und ob sie sich Kreditbeschränkungen gegenübersehen oder nicht.

16.1 Die traditionelle Sicht der Staatsverschuldung

Stellen Sie sich vor, Sie arbeiten im wissenschaftlichen Stab des Bundestages. Sie erhalten folgenden Brief vom Vorsitzenden des Finanzausschusses:

Sehr geehrter Herr Mitarbeiter,
der Bundestag will sich mit dem Vorschlag der Bundesregierung beschäftigen, alle Steuern um 20 % zu senken. Vor unserer Zustimmung in dieser Angelegenheit möchte unser Ausschuß Sie um eine Analyse bitten. Wir sehen wenig Möglichkeiten zur Verminderung der Staatsausgaben, so daß die Steuersenkung eine Erhöhung des Budgetdefizites bedeuten würde. Welche Auswirkungen hätten die Steuersenkung und das Budgetdefizit auf die Wirtschaft und den wirtschaftlichen Wohlstand unseres Landes?
Mit freundlichen Grüßen

Volker Vorsitzender

Bevor Sie dem Abgeordneten antworten, schlagen Sie Ihr Lieblingslehrbuch auf – dieses natürlich –, um zu sehen, welche Vorhersagen sich aus den Modellen für eine solche Änderung der Fiskalpolitik ergeben.

Um die langfristigen Wirkungen zu analysieren, wenden Sie sich den Modellen aus den Kapiteln 3 und 4 zu. Das Modell in Kapitel 3 zeigt, daß eine Steuersenkung die Konsumausgaben stimuliert und die gesamtwirtschaftliche Ersparnis vermindert. Die Verminderung der Ersparnis führt zu einer Erhöhung des Zinssatzes, die ihrerseits private Investitionen verdrängt. Das Solow-Wachstumsmodell aus Kapitel 4 zeigt, daß niedrigere Investitionen schließlich zu einem niedrigeren Steady state-Kapitalstock und zu einem geringeren Niveau des Outputs führen. Weil im Ausgangszeitpunkt der Kapitalstock kleiner ist als im Steady state der Goldenen Regel, impliziert die Verminderung des Steady state-Kapitalstocks einen niedrigeren Konsum und ein geringeres Wohlfahrtsniveau.

Kapitel 16   Zwei Sichtweisen der Staatsverschuldung   555

Um die kurzfristigen Effekte zu analysieren, wenden Sie sich dem IS/LM-Modell aus den Kapiteln 9 und 10 zu. Dieses Modell zeigt, daß eine Steuersenkung die Konsumausgaben stimuliert, was eine expansive Verschiebung der IS-Kurve bedeutet. Die Verschiebung der IS-Kurve führt zu einer expansiven Verschiebung der Gesamtnachfragekurve. Bei kurzfristiger Betrachtung, solange die Preise also starr sind, hat die Erhöhung der Gesamtnachfrage einen höheren Output und eine niedrigere Arbeitslosigkeit zur Folge. Im Laufe der Zeit passen sich die Preise an, die Wirtschaft kehrt zur natürlichen Höhe des Outputs zurück, und die gestiegene gesamtwirtschaftliche Nachfrage führt letztlich zu einem höheren Preisniveau.

Um zu sehen, wie der internationale Handel ihre Analyse beeinflußt, wenden Sie sich den Modellen der offenen Volkswirtschaft aus den Kapiteln 7 und 13 zu. Das Modell in Kapitel 7 zeigt, daß eine verminderte gesamtwirtschaftliche Ersparnis einen Kapitalbilanzüberschuß und ein Leistungsbilanzdefizit hervorruft. Obwohl der Zustrom ausländischen Kapitals die Wirkung der fiskalpolitischen Änderung auf die Kapitalbildung abschwächt, impliziert er, daß sich die Bundesrepublik im Ausland verschuldet. Die geplante fiskalpolitische Maßnahme führt auch zu einer Aufwertung der DM, wodurch ausländische Güter in der Bundesrepublik billiger und heimische Güter im Ausland teurer werden. Das Mundel-Flemming-Modell aus Kapitel 13 zeigt, daß diese Aufwertung der D-Mark und der Rückgang der Nettoexporte die kurzfristige expansive Wirkung der Fiskalpolitik auf Output und Beschäftigung vermindert.

Mit all diesen Modellen im Hinterkopf entwerfen Sie eine Antwort:

Sehr geehrter Herr Vorsitzender,
eine durch Kreditaufnahme finanzierte Steuersenkung würde vielfältige Wirkungen auf die Wirtschaft haben. Die unmittelbare Konsequenz der Steuersenkung wäre eine Stimulation des Konsums. Höhere Konsumausgaben beeinflussen das Wirtschaftsgeschehen sowohl kurz- als auch langfristig.

Kurzfristig würden höhere Konsumausgaben die Nachfrage nach Waren und Dienstleistungen vergrößern und damit Einkommen und Beschäftigung erhöhen. Die Zinssätze würden jedoch ebenfalls steigen, weil die Investoren um einen kleiner gewordenen Strom von Ersparnissen konkurrieren. Höhere Zinssätze würden die Investitionen behindern und den Zustrom von Kapital aus dem Ausland fördern. Der Wert der D-Mark würde in Relation zu ausländischen Währungen ansteigen, wodurch die Wettbewerbskraft deutscher Unternehmen auf den Weltmärkten geschwächt würde.

Langfristig betrachtet würde die durch die Steuersenkung hervorgerufene Verringerung der gesamtwirtschaftlichen Ersparnis einen kleineren Kapitalstock und ein höheres Niveau der Auslandsverschuldung bedeuten. Das Produktionsniveau unserer

Volkswirtschaft wäre somit kleiner, und ein größerer Teil der bei dieser Produktion entstehenden Einkommen würde Ausländern zufließen.

Der Gesamteffekt der Steuersenkung auf die ökonomische Wohlfahrt ist schwer zu beurteilen. Die gegenwärtige Generation könnte von dem höheren Einkommen und der höheren Beschäftigung profitieren, obwohl die Inflationsraten vermutlich ebenfalls höher wären. Ein großer Teil der Last des heutigen Budgetdefizits würde von künftigen Generationen getragen werden. Sie würden in einer Gesellschaft geboren werden, die über einen kleineren Kapitalstock verfügt und eine höhere Auslandsverschuldung hat.
Mit freundlichen Grüßen

Max Mitarbeiter

Der Abgeordnete antwortet:

Sehr geehrter Herr Mitarbeiter,
herzlichen Dank für Ihren Brief. Er leuchtet mir ein. Unser Ausschuß hat jedoch gestern einen prominenten Wirtschaftswissenschaftler befragt, der sich selbst als „Ricardianer" bezeichnet und zu einem völlig anderen Ergebnis gekommen ist. Er sagte, daß die Steuersenkung für sich betrachtet die Konsumausgaben nicht stimulieren würde. Er kam zu dem Ergebnis, daß das Budgetdefizit daher nicht die von Ihnen genannten Wirkungen aufweisen würde. Wie ist das zu verstehen?
Mit freundlichen Grüßen

Volker Vorsitzender

Nachdem Sie den nächsten Abschnitt dieses Buches gelesen haben, schreiben Sie dem Abgeordneten eine Erwiderung, in der Sie ihm im Detail die Diskussion um die ricardianische Äquivalenz erklären.

16.2 Die ricardianische Sicht der Staatsverschuldung

Moderne Theorien des Konsumentenverhaltens betonen, daß der Konsum nicht allein vom gegenwärtigen Einkommen abhängt, weil die Haushalte zukunftsorientiert planen und handeln. Der vorausschauende Konsument bildet den Kern von Franco Modiglianis Lebenszyklus-Hypothese und von Milton Friedmans Permanenter-Einkommens-Hypothese. Die ricardianische Sicht der Staatsverschuldung benutzt die Logik des vorausschauenden Konsumenten, um die Auswirkungen der Fiskalpolitik zu analysieren.

Der Grundgedanke der ricardianischen Äquivalenz

Wir wollen einmal betrachten, wie ein vorausschauender Konsument auf die Steuersenkung reagiert, mit der sich der Finanzausschuß des Bundestages beschäftigt. Der Konsument könnte folgendermaßen überlegen:

Die Regierung senkt die Steuern, denkt aber nicht daran, die Staatsausgaben zu vermindern. Wird durch diese Politik die Menge meiner Wahlmöglichkeiten beeinflußt? Werde ich durch die Steuersenkung reicher? Sollte ich mehr konsumieren?

Vielleicht besser nicht. Die Regierung finanziert die Steuersenkung durch zusätzliche Staatsverschuldung. Irgendwann in der Zukunft wird die Regierung die Steuern erhöhen müssen, um die Schulden und die bis dahin angefallenen Zinsen zurückzuzahlen. In Wirklichkeit bedeutet diese Politik also eine Steuersenkung heute, verbunden mit einer Steuererhöhung in der Zukunft. Die Steuersenkung beschert mir lediglich transitorisches Einkommen, das schließlich zurückgefordert wird. Insgesamt hat sich meine Lage also nicht verbessert, daher werde ich auch meinen Konsum unverändert lassen. Dem vorausschauenden Konsumenten ist klar, daß staatliche Kreditaufnahme heute höhere Steuern in der Zukunft bedeutet. Eine durch Kreditaufnahme finanzierte Steuersenkung vermindert die Steuerlast nicht; sie führt lediglich zu einer zeitlichen Umschichtung. Das permanente Einkommen des Haushaltes steigt nicht, und daher kommt es auch zu keiner Erhöhung des Konsums.

Man kann dieses Argument noch auf eine andere Weise betrachten. Dazu wollen wir annehmen, daß die Regierung sich 1.000 DM von einem Durchschnittsbürger leiht, um die Steuern dieses Bürgers um 1.000 DM zu senken. Letztlich bedeutet diese Politik nichts anderes, als diesem Bürger ein staatliches Wertpapier über 1.000 DM zu schenken. Auf einer Seite des Wertpapiers steht: „Die Regierung schuldet Ihnen, dem Inhaber dieses Wertpapiers, 1.000 DM plus Zinsen." Auf der anderen Seite steht: „Sie, der Steuerzahler, schulden der Regierung 1.000 DM plus Verzinsung." Insgesamt betrachtet wird der repräsentative Konsument durch die Schenkung eines Wertpapiers von der Regierung weder reicher noch ärmer, weil der Wert des Papiers und der Wert der zukünftigen Steuerschuld sich gerade aufheben. Das grundlegende Prinzip ist folgendes: Die Staatsverschuldung ist äquivalent zu künftigen Steuern, und wenn die Haushalte weit genug nach vorn schauen, dann sind zukünftige Steuern äquivalent zu heutigen Steuern. Folglich ist die Finanzierung von Staatsausgaben durch Kredite äquivalent zur Finanzierung durch Steuern. Diese Sichtweise, die als **ricardianische Äquivalenz** bezeichnet wird, ist nach David Ricardo, dem berühmten Ökonomen des 19. Jahrhunderts, benannt, weil er als erster auf dieses theoretische Argument hinwies.[1]

Die ricardianische Äquivalenz impliziert, daß eine kreditfinanzierte Steuerkürzung den Konsum nicht beeinflußt. Die Haushalte sparen das zusätzliche verfügbare Einkommen, um ihren in der Zukunft entstehenden Steuerverpflichtungen nachkommen zu können, die die heutige Steuersenkung impliziert. Diese Zunahme der privaten Ersparnis gleicht die Verringerung der öffentlichen Ersparnis gerade aus. Die gesamtwirtschaftliche Ersparnis – die Summe aus privater und öffentlicher Ersparnis – bleibt unverändert. Eine Steuersenkung zeigt daher nicht all jene Effekte, die sich nach der traditionellen Analyse eigentlich ergeben müßten.

Es ist zu beachten, daß die Logik der ricardianischen Äquivalenz nicht beinhaltet, daß alle fiskalpolitischen Maßnahmen irrelevant wären. Änderungen in der Fiskalpolitik wirken auf die Konsumausgaben, wenn sie die gegenwärtigen oder zukünftigen Ausgaben des Staates für Güter beeinflussen. Nehmen wir beispielsweise einmal an, daß der Staat heute die Steuern senkt, weil er plant, in Zukunft seine Güterkäufe zu vermindern. Wenn der Haushalt realisiert, daß diese Steuersenkung zu keiner Steuererhöhung in der Zukunft führt, dann fühlt er sich reicher und erhöht seinen Konsum. Man beachte jedoch, daß es die Verminderung der staatlichen Käufe ist, die den Konsum stimuliert, und nicht die Senkung der Steuern: die Ankündigung einer zukünftigen Verminderung der staatlichen Käufe würde den heutigen Konsum selbst dann erhöhen, wenn die heutigen Steuern unverändert blieben, weil diese Ankündigung impliziert, daß die Steuern irgendwann in der Zukunft niedriger sein werden.

Die Budgetbeschränkung des Staates

Um die Verbindung zwischen Staatsverschuldung und zukünftigen Steuern besser verstehen zu können, ist es sinnvoll, sich vorzustellen, daß eine Wirtschaft nur für zwei Perioden besteht. Periode eins repräsentiert die Gegenwart und Periode zwei die Zukunft. In Periode eins nimmt der Staat Steuern in Höhe von T_1 ein und kauft Güter im Umfang von G_1. In Periode zwei nimmt er Steuern in Höhe von T_2 ein und kauft Güter im Umfang von G_2. Weil das Budget ein Defizit oder einen Überschuß aufweisen kann, muß zwischen Steuern und Ausgaben in einer einzelnen Periode kein enger Zusammenhang bestehen.

---

1 Ironischerweise war Ricardo kein Ricardianer. Er betrachtete die Theorie, die nun seinen Namen trägt, mit Skepsis.

Wir wollen nun überlegen, in welcher Beziehung die Steuereinnahme des Staates in den beiden Perioden mit seinen Käufen in diesen beiden Perioden steht. Das Budgetdefizit der ersten Periode ist gleich den staatlichen Käufen minus den Steuern

$$D = G_1 - T_1,$$

wobei D das Defizit bezeichnet. Der Staat finanziert dieses Defizit durch den Verkauf einer entsprechend großen Menge von staatlichen Wertpapieren. In der zweiten Periode muß der Staat genug Steuern einnehmen, um die Schulden einschließlich der aufgelaufenen Zinsen zurückzahlen zu können und um seine Ausgaben in der zweiten Periode tätigen zu können. Daher gilt:

$$T_2 = (1 + r) D + G_2,$$

wobei r den Zinssatz bezeichnet.

Um die Beziehung abzuleiten, die eine Verbindung zwischen Steuern und Käufen herstellt, werden die beiden obigen Gleichungen zusammengefaßt. Einsetzen der ersten Gleichung für D in die zweite Gleichung liefert

$$T_2 = (1 + r)(G_1 - T_1) + G_2.$$

Diese Gleichung stellt eine Beziehung zwischen den Käufen in den beiden Perioden und den Steuern in den beiden Perioden her. Damit sich die Gleichung leichter interpretieren läßt, wollen wir sie noch ein wenig umformen. Einfache algebraische Umformung liefert:

$$T_1 + \frac{T_2}{1 + r} = G_1 + \frac{G_2}{1 + r}.$$

Diese Gleichung ist die **staatliche Budgetbeschränkung.** Sie besagt, daß der Gegenwartswert der Staatsausgaben dem Gegenwartswert der Steuern entspricht. Die staatliche Budgetbeschränkung zeigt, wie fiskalpolitische Maßnahmen heute mit fiskalpolitischen Maßnahmen in der Zukunft verbunden sind. Falls der Staat in der ersten Periode Steuern senkt, ohne gleichzeitig die Käufe in der ersten Periode zu verringern, dann hat er zu Beginn der zweiten Periode Schulden bei den Eigentümern der staatlichen Wertpapiere. Diese Schulden zwingen den Staat, sich zwischen einer Verringerung der Ausgaben und einer Erhöhung der Steuern zu entscheiden.

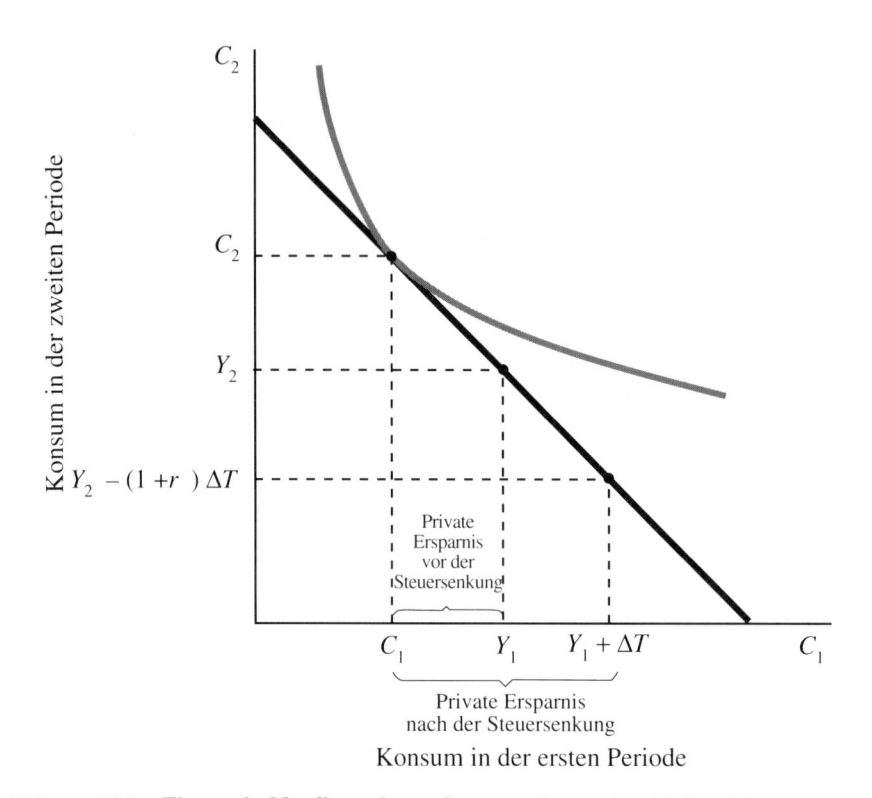

Abbildung 16-1: **Eine schuldenfinanzierte Steuersenkung im Fisher-Diagramm.** Eine schuldenfinanzierte Steuersenkung um ΔT erhöht das Einkommen in der ersten Periode. Bleiben jedoch die staatlichen Käufe unverändert, dann zwingt die staatliche Budgetbeschränkung dazu, daß in der zweiten Periode die Steuern um $(1 + r)\Delta T$ erhöht werden. Weil der Gegenwartswert des Einkommens sich nicht ändert, ändert sich auch die Budgetbeschränkung nicht, und der Haushalt wählt denselben Konsum wie vor der Steuersenkung. Folglich gilt die ricardianische Äquivalenz.

Abbildung 16-1 verwendet das Fisher-Diagramm aus Kapitel 15, um zu zeigen, wie eine Steuersenkung in Periode eins die Haushalte unter der Annahme beeinflußt, daß der Staat seine Käufe in der zweiten Periode unverändert läßt. In Periode eins verringert der Staat die Steuern um ΔT und finanziert diese Steuersenkung durch Verschuldung. In Periode zwei muß der Staat die Steuern um $(1 + r)\Delta T$ erhöhen, um seine Schulden und die angefallenen Zinsen zurückzahlen zu können. Diese Änderung der Fiskalpolitik erhöht folglich das Einkommen des Haushaltes um ΔT in Periode eins und vermindert es um $(1 + r)\Delta T$ in Periode zwei. Die Menge der Wahlmöglichkeiten des Haushaltes bleibt jedoch unverändert, weil der Gegenwartswert des Lebenszeiteinkommens des Haushaltes der gleiche ist wie vor der fiskalpolitischen Änderung. Daher wählt der Haushalt das gleiche Konsumniveau, das er ohne die Steuersenkung gewählt haben würde. Dies impliziert, daß die private Ersparnis um den Betrag der Steuersenkung ansteigt. Aus der Kombination von staatlicher Budgetbeschränkung und dem Fisher-Modell der intertemporalen Wahl erhalten wir folglich das ricardianische Ergebnis, daß eine schuldenfinanzierte Steuersenkung keine Wirkung auf den Konsum zeigt.

16.3 Haushalte und zukünftige Steuern

Wenn Haushalte ihre Konsumentscheidung treffen, dann schauen sie rational nach vorn auf die zukünftigen Steuern, die aus der Staatsverschuldung resultieren. Dies ist der Kern der ricardianischen Sicht. Aber wie weit sehen Haushalte tatsächlich nach vorn? Viele derjenigen, die die traditionelle Sicht der Staatsverschuldung verteidigen, sind der Auffassung, daß zukünftige Steuern bei weitem keinen so starken Einfluß auf den gegenwärtigen Konsum haben, wie die ricardianische Sicht annimmt. Im folgenden nennen wir einige ihrer Argumente.[2]

Kurzsichtigkeit

Vertreter der ricardianischen Sicht der Fiskalpolitik nehmen an, daß sich Wirtschaftssubjekte bei wichtigen Entscheidungen, wie der Wahl der Einkommensanteile, die konsumiert und gespart werden, rational verhalten. Rationale Haushalte schauen nach vorn und sehen die zukünftigen Steuern, die sich aus der Staatsverschuldung ergeben. Folglich setzt die ricardianische Sicht voraus, daß die Haushalte über umfangreiches Wissen und Voraussicht verfügen.

Ein mögliches Argument, mit dem sich die traditionelle Sicht von Steuersenkungen verteidigen läßt, geht davon aus, daß Menschen sich kurzsichtig verhalten. Möglicherweise begreifen sie die ökonomischen Implikationen von staatlichen Budgetdefiziten nicht vollständig. Es ist denkbar, daß einige Menschen einfachen, nicht völlig rationalen Daumenregeln folgen, wenn sie ihre Sparentscheidung treffen. Als Beispiel hierfür kann man eine Person betrachten, die unter der Annahme handelt, daß die zukünftigen Steuern die gleichen sein werden wie die gegenwärtigen. Diese Person wird zukünftige Veränderungen unberücksichtigt lassen, die sich aus der gegenwärtigen Politik des Staates ergeben. Eine schuldenfinanzierte Steuersenkung wird diese Person glauben

---

2 Für einen gründlichen Überblick über die Debatte um die ricardianische Äquivalenz vgl. Douglas Bernheim, "Ricardian Equivalence: An Evaluation of Theory and Evidence", NBER Macroeconomics Annual (1987): 263 - 303.

machen, daß ihr permanentes Einkommen gestiegen ist, obwohl dies nicht stimmt. Die Steuersenkung wird daher zu höherem Konsum und geringerer Ersparnis führen.

Kreditrestriktionen

Die ricardianische Sicht der Staatsverschuldung basiert auf der Permanenten-Einkommens-Hypothese. Diese geht davon aus, daß der Konsum nicht allein vom gegenwärtigen, sondern vom permanenten Einkommen abhängt, das sowohl das gegenwärtige als auch das für die Zukunft erwartete Einkommen umfaßt. Nach der ricardianischen Sicht erhöht eine schuldenfinanzierte Steuersenkung das gegenwärtige Einkommen, läßt aber das permanente Einkommen und den Konsum unverändert.

Vertreter der traditionellen Sicht der Staatsverschuldung argumentieren, daß die Permanente-Einkommens-Hypothese keine volle Gültigkeit besitzt, weil sich einige Haushalte Kreditbeschränkungen gegenübersehen. Wie wir in Kapitel 15 diskutiert haben, kann ein Haushalt, der sich einer bindenden Kreditbeschränkung gegenübersieht, nur sein gegenwärtiges Einkommen konsumieren. Für diesen Haushalt bestimmt das gegenwärtige und nicht das permanente Einkommen den Konsum. Eine kreditfinanzierte Steuersenkung erhöht das gegenwärtige Einkommen und führt zu einer Konsumsteigerung, selbst wenn das zukünftige Einkommen niedriger ist. Im Prinzip stellt die Regierung dem Steuerzahler einen Kredit zur Verfügung, wenn sie die gegenwärtigen Steuern senkt und die zukünftigen erhöht. Bei denjenigen, die einen Kredit aufnehmen wollten, ihn aber nicht bekamen, führt die Steuersenkung zu einer Erhöhung des Konsums.

Abbildung 16-2 entstand unter Verwendung des Fisher-Diagramms, um zu illustrieren, wie eine kreditfinanzierte Steuersenkung den Konsum eines Haushaltes erhöht, der sich einer Budgetbeschränkung gegenübersieht. Wie wir weiter oben überlegt haben, erhöht diese Änderung der Fiskalpolitik das Einkommen der ersten Periode um ΔT und vermindert das Einkommen der zweiten Periode um $(1 + r)\Delta T$. Nun sieht das Ergebnis jedoch anders aus. Obgleich der Gegenwartswert des Einkommens der gleiche ist, hat sich die Menge der Wahlmöglichkeiten des Konsumenten vergrößert: die Steuersenkung hat die Kreditbeschränkung gelockert, die verhinderte, daß der Konsum der ersten Periode das Einkommen der ersten Periode übersteigt. Der Haushalt kann nun Punkt B statt Punkt A wählen.

Es wird deutlich, daß sich die Debatte über die Staatsverschuldung schnell zu einer Debatte über das Konsumentenverhalten entwickelt. Falls viele Haushalte gerne Konsumkredite aufnehmen würden, dies aber nicht können, dann wird eine kreditfinanzierte Steuersenkung den Konsum anregen, so wie es die traditionelle Sicht der Staatsverschuldung annimmt. Sollten Kreditbeschränkungen für die meisten Haushalte jedoch unbedeutend sein und sollte die Permanente-Einkommens-Hypothese Gültigkeit haben, dann wird es wahrscheinlicher, daß die Haushalte die zukünftigen Steuern antizipieren, die von der Staatsverschuldung impliziert werden.

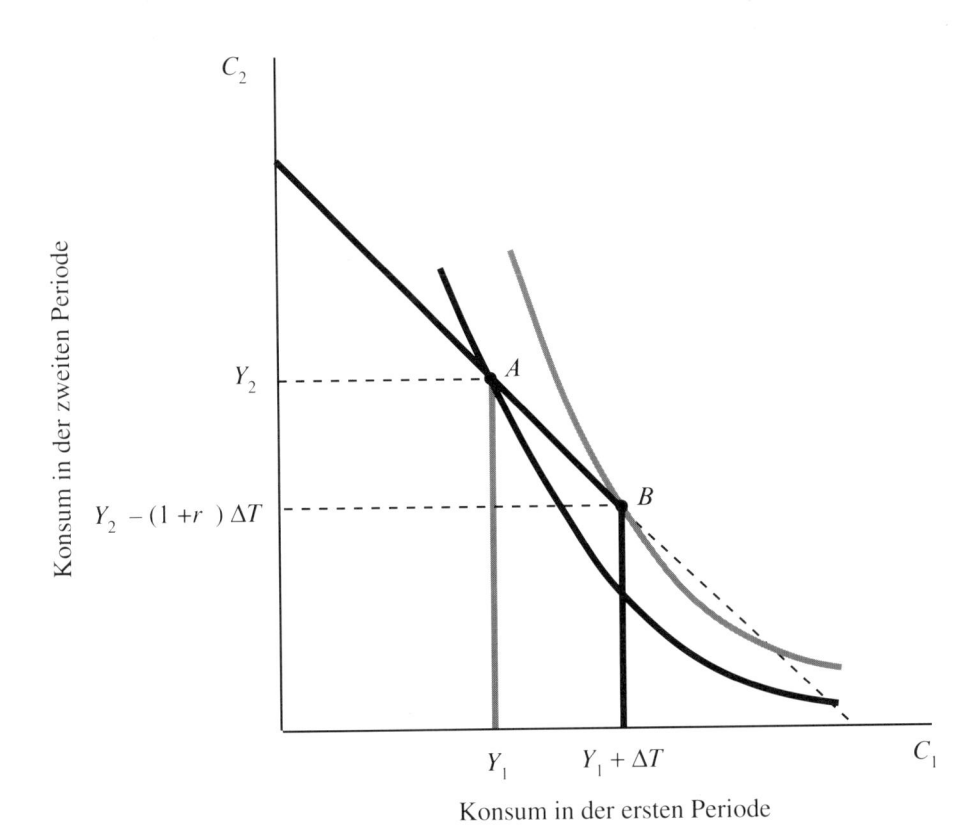

Abbildung 16-2: **Wie eine schuldenfinanzierte Steuersenkung die Kreditbeschränkung lockert.** Der Haushalt sieht sich hier zwei Beschränkungen gegenüber. Die Budgetbeschränkung besagt, daß der Gegenwartswert des Konsums den Gegenwartswert des Einkommens nicht übersteigen darf. Die Kreditbeschränkung besagt, daß der Konsum der ersten Periode das Einkommen der ersten Periode nicht übersteigen darf. Eine kreditfinanzierte Steuersenkung in Höhe von ΔT erhöht das Einkommen der ersten Periode um ΔT und vermindert das Einkommen der zweiten Periode um $(1 + r)\Delta T$. Da der Gegenwartswert des Einkommens gleich bleibt, bleibt auch die Budgetbeschränkung unverändert. Weil jedoch das Einkommen der ersten Periode nun höher ist, erlaubt die Kreditbeschränkung der ersten Periode ein höheres Konsumniveau. Der Haushalt entscheidet sich nun für Punkt B statt für Punkt A. Folglich gilt in diesem Fall die ricardianische Äquivalenz nicht.

Künftige Generationen

Ein drittes Argument für die traditionelle Sicht der Staatsverschuldung besagt, daß die Haushalte davon ausgehen, die implizierten künftigen Steuern nicht selbst, sondern künftige Generationen tragen zu lassen. Nehmen wir beispielsweise einmal an, daß die Regierung heute die Steuern senkt, eine Anleihe mit 30 Jahren Laufzeit auflegt, um das Budgetdefizit zu finanzieren, und dann in 30 Jahren die Steuern erhöht, um die Anleihe zurückzuzahlen. In diesem Fall bedeutet die Staatsverschuldung einen Vermögenstransfer von der nächsten Steuerzahlergeneration (die sich einer Steuererhöhung gegenübersieht) zu der gegenwärtigen Steuerzahlergeneration (die eine Steuersenkung erhält). Dieser Transfer vergrößert das verfügbare Lebenseinkommen der gegenwärtigen Generation und erhöht daher ihren Konsum. Im Kern stimuliert eine kreditfinanzierte Steuersenkung den Konsum deswegen, weil er der gegenwärtigen Generation die Möglichkeit einräumt, auf Kosten der nächsten Generation zu konsumieren.

Der Wirtschaftswissenschaftler Robert Barro hat zur Unterstützung der ricardianischen Sicht eine geschickte Erwiderung auf dieses Argument geliefert. Weil die künftigen Generationen die Kinder und Kindeskinder der gegenwärtigen Generation sind, so argumentiert Barro, sollten wir sie nicht als unabhängige wirtschaftliche Entscheidungseinheiten betrachten. Stattdessen, so führt er sein Argument fort, ist es vernünftig, davon auszugehen, daß die gegenwärtige Generation sich für künftige Generationen verantwortlich fühlt. Dieser intergenerative Altruismus wird durch die Geschenke belegt, die viele Menschen ihren Kindern machen, oftmals in Form von Erbschaften zum Zeitpunkt ihres Todes. Die Existenz von Erbschaften läßt vermuten, daß viele Menschen nicht willens sind, die Möglichkeit auszunutzen, auf Kosten ihrer Kinder zu konsumieren.

Nach Barros Analyse ist die relevante Entscheidungseinheit nicht das Individuum, das nur eine begrenzte Anzahl von Jahren lebt, sondern die Familie, die unbeschränkt weiterlebt. Anders ausgedrückt begründet ein Haushalt die Entscheidung über seine Konsumhöhe nicht nur auf seinem eigenen Einkommen, sondern auch auf dem Einkommen künftiger Familienangehöriger. Eine kreditfinanzierte Steuersenkung mag das Einkommen erhöhen, das ein Individuum in seiner Lebensspanne erhält, aber es erhöht nicht das permanente Einkommen der intergenerativ betrachteten Familie. Das Individuum spart das aus der Steuersenkung stammende zusätzliche Einkommen, anstatt es zu konsumieren, und hinterläßt es seinen Kindern, die die steuerliche Belastung in der Zukunft tragen müssen, als Erbschaft.

Wieder zeigt sich, daß die Debatte über die Staatsverschuldung in Wirklichkeit eine Debatte über das Konsumentenverhalten ist. Die ricardianische Sicht nimmt an, daß Konsumenten einen langen Zeithorizont haben. Barros Analyse der Familie beinhaltet, daß der Zeithorizont der Konsumenten ebenso wie der der Regierung letztlich unendlich groß ist. Es ist jedoch möglich, daß Konsumenten sich nicht um die Steuerverpflichtungen künftiger Generationen kümmern, vielleicht weil ihre Kinder ihnen nicht wichtig genug sind, um ihnen eine Erbschaft zu hinterlassen. In diesem Fall kann eine kreditfinanzierte Steuersenkung den Konsum über eine Umverteilung des Vermögens zwischen den Generationen verändern.[3]

Fallstudie 16-1: Warum hinterlassen Eltern Erbschaften?

Die Auseinandersetzung um die ricardianische Äquivalenz ist teilweise eine Auseinandersetzung um die Frage, auf welche Weise unterschiedliche Generationen miteinander verbunden sind. Robert Barros Verteidigung der ricardianischen Sicht basiert auf der Annahme, daß Eltern ihren Kindern Erbschaften hinterlassen, weil sie Zuneigung zu ihnen empfinden. Ist aber Altruismus tatsächlich der Grund, warum Eltern Erbschaften hinterlassen?

Eine Gruppe von Wirtschaftswissenschaftlern hat vermutet, daß Eltern Erbschaften benutzen, um ihre Kinder zu steuern. Eltern möchten oft, daß ihre Kinder bestimmte Dinge tun. Sie möchten z.B. , daß sie sie regelmäßig zu Hause anrufen und sie in den Ferien besuchen. Möglicherweise benutzen Eltern die implizite Drohung einer Enterbung, um ihre Kinder zu veranlassen, sich mehr um sie zu kümmern.

Um dieses „strategische Erbschaftsmotiv" zu testen, untersuchten diese Wirtschaftswissenschaftler Daten über die Häufigkeit von Besuchen von Kindern bei ihren Eltern. Sie fanden heraus, daß Kinder ihre Eltern um so häufiger besuchen, je reicher diese sind. Darüber hinaus zeigte sich, daß nur vererbbares Vermögen häufigere Besuche induzierte. Nicht vererbbares Vermögen, wie etwa Rentenansprüche, förderte die Besuchshäufigkeit der Kinder nicht. Diese Ergebnisse legen den Schluß nahe, daß es bei der Beziehung zwischen den Generationen nicht nur um reinen Altruismus geht.[4]

---

3 Robert J. Barro, "Are Government Bonds Net Wealth?", Journal of Political Economy 81 (1974): 1095 - 1117.

4 B. Douglas Bernheim, Andrei Shleifer, Lawrence H. Summers, "The Strategic Bequest Motive", Journal of Political Economy 93 (1985): 1045 - 1076.

16.4 Schlußfolgerung

Welche Sicht ist richtig? Nachdem Sie nun die beiden alternativen Betrachtungsweisen der Staatsverschuldung gesehen haben, sollten Sie sich selbst eine Reihe von Fragen stellen, die sich auf zwei Bereiche beziehen.

Erstens, mit welcher Betrachtungsweise stimmen Sie überein? Falls der Staat heute die Steuern senkt, ein Budgetdefizit in Kauf nimmt und die Steuern in der Zukunft erhöht, wird dann diese Politik die Volkswirtschaft beeinflussen? Wird sie den Konsum stimulieren, so wie es der traditionellen Betrachtungsweise entspricht? Oder werden die Konsumenten begreifen, daß ihr permanentes Einkommen sich nicht verändert hat und daher das Budgetdefizit mit höherer privater Ersparnis kompensieren?

Zweitens, warum haben Sie sich für Ihre Sichtweise entschieden? Wenn Sie mit der traditionellen Betrachtungsweise der Staatsverschuldung übereinstimmen, aus welchem Grund? Sind die Haushalte nicht in der Lage zu begreifen, daß eine höhere staatliche Kreditaufnahme heute höhere Steuern morgen bedeutet? Oder ignorieren Sie die zukünftigen Steuern, sei es, weil Sie einer Kreditbeschränkung unterliegen, sei es, weil die zukünftigen Steuern erst künftige Generationen belasten, denen Sie sich ökonomisch nicht verbunden fühlen? Wenn Sie der ricardianischen Sichtweise folgen, glauben Sie dann, daß die Haushalte voraussehen, daß die Staatsverschuldung heute Steuern in der Zukunft impliziert, die Ihnen oder Ihren Nachkommen auferlegt werden? Sind Sie der Meinung, daß die Haushalte das Zusatzeinkommen sparen werden, um die künftige Steuerverpflichtung auszugleichen?

Man könnte hoffen, daß empirische Beobachtungen uns bei der Entscheidung zwischen diesen beiden Betrachtungsweisen der Staatsverschuldung weiterhelfen. Leider sind die Anhaltspunkte, die man aus der Analyse von zurückliegenden Perioden mit großen Budgetdefiziten gewinnen kann, nicht eindeutig. Die Geschichte läßt sich auf verschiedene Weisen interpretieren.

Als Beispiel hierfür kann man die Erfahrung der achtziger Jahre anführen. Die großen Budgetdefizite, im wesentlichen hervorgerufen durch die Reagansche Steuersenkung von 1981, liefern anscheinend ein natürliches Experiment, um die beiden alternativen Sichtweisen der Staatsverschuldung zu überprüfen. Auf den ersten Blick sieht es so aus, als ob diese Episode die traditionelle Sichtweise entscheidend unterstützt. Die großen Budgetdefizite fielen mit geringer gesamtwirtschaftlicher Ersparnis, hohen realen Zinssätzen und einem großen Leistungsbilanzdefizit zusammen.

Diejenigen jedoch, die der ricardianischen Sicht folgen, interpretieren die Ereignisse der achtziger Jahre völlig anders. Möglicherweise war die Ersparnis in dieser Zeit deswegen so niedrig, weil die Menschen optimistische Wachstumserwartungen hatten – ein Optimismus, der auch von dem boomenden Aktienmarkt widergespiegelt wurde.

Vielleicht war sie aber auch so niedrig, weil die Menschen davon ausgingen, daß die Steuersenkung letztlich nicht zu höheren Steuern führen würde, sondern, so wie Reagan es versprochen hatte, zu niedrigeren Staatsausgaben.

Weil es kaum möglich ist, eine dieser Interpretationen mit Sicherheit auszuschließen, stehen beide Sichtweisen der Staatsverschuldung weiterhin nebeneinander. Es ist unklar, welche der beiden Sichtweisen die richtige ist, es ist aber klar, daß die Debatte solange andauern wird, solange die Staatsverschuldung ein zentraler Punkt der Politik bleibt.

Zusammenfassung

1. Der traditionellen Sicht der Staatsverschuldung gemäß stimuliert eine kreditfinanzierte Steuersenkung die Konsumausgaben und reduziert die gesamtwirtschaftliche Ersparnis. Diese Zunahme der Konsumausgaben erhöht kurzfristig die gesamtwirtschaftliche Nachfrage und das Einkommen, führt langfristig aber zu einem niedrigeren Kapitalstock und zu einem geringeren Einkommen.

2. Entsprechend der ricardianischen Sicht der Staatsverschuldung führt eine kreditfinanzierte Steuersenkung zu keiner Stimulierung der Konsumausgaben, weil sie das permanente Einkommen nicht erhöht – sie führt lediglich zu einer Umschichtung von Steuern zwischen der Gegenwart und der Zukunft.

3. Die Debatte zwischen diesen beiden Betrachtungsweisen der Staatsverschuldung ist letztlich eine Debatte über das Konsumentenverhalten. Verhalten sich Konsumenten rational oder kurzsichtig? Sehen sie sich bindenden Kreditbeschränkungen gegenüber? Bestehen über altruistisch motivierte Erbschaften ökonomische Verbindungen zwischen den gegenwärtig lebenden Konsumenten und künftigen Generationen? Die Einschätzung der Wirkungen der Staatsverschuldung hängt von den Antworten auf diese Fragen ab.

Schlüsselbegriffe

Ricardianische Äquivalenz
Staatliche Budgetbeschränkung

Wiederholungsfragen

1. Wie beeinflußt in der traditionellen Betrachtungsweise eine kreditfinanzierte Steuersenkung staatliche Ersparnis, private Ersparnis und gesamtwirtschaftliche Ersparnis?

2. Wie beeinflußt nach der ricardianischer Betrachtungsweise eine kreditfinanzierte Steuersenkung staatliche Ersparnis, private Ersparnis und gesamtwirtschaftliche Ersparnis?

3. Welche Betrachtungsweise der Staatsverschuldung halten Sie für richtig? Warum?

Aufgaben und Anwendungen

1. Entwerfen Sie einen Brief an den Bundestagsabgeordneten aus Abschnitt 16.1, in dem Sie die ricardianische Sicht der Staatsverschuldung erklären und bewerten.

2. Kapitel 15 diskutiert verschiedene Sichtweisen der Konsumfunktion: die drei Keynesschen Vermutungen, die Lebenszyklus-Hypothese und die Permanente-Einkommens-Hypothese. Welche Implikationen für die Debatte über die Staatsverschuldung haben diese unterschiedlichen Konsumhypothesen?

3. Das Sozialversicherungssystem belastet die Arbeitnehmer mit Abgaben, aus denen Leistungen an die Rentner finanziert werden. Nehmen Sie an, daß der Bundestag die Sozialversicherungsabgaben und die Renten erhöht. Nehmen Sie aus Vereinfachungsgründen weiter an, daß der Bundestag ankündigt, daß die Erhöhung nur für ein Jahr gilt.

    a. Welche Wirkungen hat diese Änderung auf die Wirtschaft?

    b. Hängt Ihre Antwort davon ab, ob zwischen den Generationen eine altruistische Verbindung besteht?

Anhang

Wird das staatliche Budgetdefizit richtig gemessen?

Dieses Kapitel diskutierte die traditionelle und die ricardianische Sicht von staatlichen Budgetdefiziten. Die Auseinandersetzung zwischen diesen beiden in Konkurrenz stehenden Betrachtungsweisen ist von zentraler Bedeutung für die Meinungsverschiedenheiten zwischen Wirtschaftswissenschaftlern bezüglich der Fiskalpolitik. Es ist jedoch nicht die einzige Quelle für Auffassungsunterschiede. Sogar Wirtschaftswissenschaftler, die die traditionelle Auffassung vertreten, daß die Staatsverschuldung bedeutsame Auswirkungen auf die Wirtschaft hat, streiten sich untereinander darüber, wie man fiskalpolitische Maßnahmen am besten erfassen kann.

Ein großer Teil der Argumente bezieht sich auf die Frage, wie das Budgetdefizit gemessen werden sollte. Einige Ökonomen vertreten die Ansicht, daß das gegenwärtige Verfahren zur Messung des Defizits keinen guten Indikator für die Ausrichtung der Fiskalpolitik liefert. Sie glauben, das Budgetdefizit messe weder die Wirkung der Fiskalpolitik auf die heutige Wirtschaft exakt noch die Belastung, die künftigen Generationen von Steuerzahlern auferlegt wird. In diesem Anhang wollen wir drei Probleme diskutieren, die bei der üblichen Erfassung des Budgetdefizits auftreten.

Als Grundprinzip gilt, *daß das staatliche Budgetdefizit präzise die Änderung der staatlichen Gesamtverschuldung wiedergeben sollte*. Dieses Prinzip erscheint sehr einfach. Es läßt sich jedoch nicht so ohne weiteres umsetzen, wie man vielleicht glaubt.

Meßproblem Nr. 1: Inflation

Am wenigsten umstritten bei den Meßproblemen ist die Korrektur der Inflationsrate. Nahezu alle Ökonomen sind sich darüber einig, daß die Staatsverschuldung in realen und nicht in nominalen Größen gemessen werden sollte. Das gemessene Defizit einer Periode sollte gleich der Veränderung des realen staatlichen Schuldenstandes sein und nicht gleich der Veränderung des nominalen.

Das Budgetdefizit, so wie es üblicherweise erfaßt wird, berücksichtigt die Inflationsrate nicht. Um zu zeigen, wie groß der dadurch hervorgerufene Fehler sein kann, wollen wir das folgende Beispiel betrachten. Wir nehmen an, daß die reale Staatsverschuldung sich nicht ändert. Anders ausgedrückt: das Budget in realen Größen ist ausgeglichen. In diesem Fall muß die nominale Staatsverschuldung mit der Inflationsrate steigen. Das bedeutet $\Delta T/T = \pi$, wobei π die Inflationsrate und T den staatlichen Schuldenstand bezeichnet. Der Staat würde auf die Veränderung der nominalen Staatsverschuldung ΔT

schauen und ein Budgetdefizit von πT melden. Daher sind die meisten Wirtschaftswissenschaftler der Auffassung, daß das veröffentlichte Defizit um einen Betrag πT überzeichnet ist.

Das gleiche Argument läßt sich auch noch auf eine andere Weise darstellen. Das Defizit ergibt sich als Differenz von Staatsausgaben und Staatseinnahmen. Ein Teil der Ausgaben sind die Zinsen, die für die Staatsverschuldung gezahlt werden. Die Ausgaben sollten nur die realen Zinsen auf die Staatsverschuldung enthalten (rT), nicht die nominalen Zinsen (iT). Weil die Differenz zwischen nominalem Zinssatz i und realem Zinssatz r die Inflationsrate π ist, wird das Budgetdefizit um den Betrag πT überzeichnet.

Besonders bei hohen Inflationsraten kann das Ausmaß dieser Korrektur groß sein und die Einschätzung der fiskalpolitischen Effekte verändern. So bezifferte beispielsweise im Jahr 1979 die amerikanische Bundesregierung ihr Haushaltsdefizit auf 28 Mrd. Dollar. Die Inflationsrate betrug 8,6 Prozent, und der Schuldenstand gegenüber dem Publikum (ohne Zentralbank) wies zu Jahresanfang eine Höhe von 495 Mrd. Dollar auf. Im vorstehenden Sinne wurde das Defizit also um einen Betrag von

$$\pi D = 0{,}086 \times 495 \text{ Mrd. Dollar}$$
$$= 43 \text{ Mrd. Dollar}$$

überzeichnet. Nach der Korrektur um die Inflation verwandelt sich also ein veröffentlichtes Haushaltsdefizit von 28 Mrd. Dollar in einen Haushaltsüberschuß von 15 Mrd. Dollar! Anders gewendet: Obwohl die nominale Staatsverschuldung zugenommen hat, ist also die reale Staatsverschuldung gesunken.

Meßproblem Nr. 2: Vermögensbestände

Viele Ökonomen vertreten die Ansicht, daß eine präzise Einordnung des öffentlichen Haushaltsdefizits nur möglich ist, wenn neben den Verbindlichkeiten des Staates auch seine Vermögenswerte berücksichtigt werden. Insbesondere sollten bei der Erfassung der gesamten Schuldensituation die staatlichen Vermögenswerte von den staatlichen Schulden subtrahiert werden. Das Haushaltsdefizit sollte daher gemessen werden als Veränderung des Schuldenstandes abzüglich der Veränderung des Vermögensbestandes.

Für Haushalte und Unternehmen ist es selbstverständlich, Forderungen und Verbindlichkeiten symmetrisch zu betrachten. Nimmt ein Haushalt ein Darlehen auf, um den Kauf eines Hauses zu finanzieren, würde man nicht sagen, daß dieser Haushalt ein Budgetdefizit aufweist. Stattdessen stellt man dem Zuwachs der Passiva (die Hypothek) den Zuwachs an Aktiva (das Haus) gegenüber und registriert keine Veränderung des Nettovermögens. Vielleicht sollten die Finanzen des Staates analog behandelt werden.

Eine Methode zur Haushaltserstellung, die sowohl Aktiva als auch Passiva berücksichtigt, wird manchmal als *Kapitalbudgetierung* bezeichnet, weil sie Kapitalveränderungen berücksichtigt. Nehmen wir beispielsweise an, daß der Staat eines seiner Gebäude oder ein Grundstück verkauft. Nach dem üblichen Verfahren der Haushaltserstellung würde sich das ausgewiesene staatliche Defizit verringern. Bei einer Kapitalbudgetierung hingegen würde das Defizit durch die Verkaufserlöse nicht reduziert werden, weil die Verringerung des Schuldenstandes durch eine Verringerung des Vermögens kompensiert würde. In analoger Weise würde bei Kapitalbudgetierung das Defizit nicht steigen, wenn der Staat Kredite aufnimmt, um den Kauf von Kapitalgütern zu finanzieren.

Das große Problem der Kapitalbudgetierung besteht darin, daß es schwierig ist, zu entscheiden, welche Staatsausgaben im einzelnen als Ausgaben für Kapitalgüter angesehen werden sollen. Sollten beispielsweise die Autobahnen als Bestandteil des Staatsvermögens gezählt werden? Wenn ja, mit welchem Wert? Wie sieht es mit den Waffen der Bundeswehr aus? Sollte man die Bildungsausgaben als Ausgaben für Humankapital ansehen? All diese schwierigen Fragen müßten beantwortet werden, wollte man ein Verfahren der Kapitalbudgetierung einführen.

Ökonomen und Wirtschaftspolitiker sind sich nicht einig darüber, ob eine derartige Form der staatlichen Vermögensrechnung eingeführt werden sollte. (In vielen Staaten der USA wird diese Rechnung jedoch schon praktiziert.) Obwohl es dem gegenwärtigen Verfahren prinzipiell überlegen ist, so argumentieren die Gegner des Systems, sei die praktische Implementierung viel zu schwierig. Die Befürworter vertreten demgegenüber die Auffassung, daß selbst eine nur fragmentarische Berücksichtigung der Kapitalgüter besser sei als gar keine.

Meßproblem Nr. 3: Unberücksichtigte Verbindlichkeiten

Eine Reihe von Wirtschaftswissenschaftlern vertritt die Auffassung, daß das ausgewiesene Haushaltsdefizit irreführend ist, weil einige bedeutende Verbindlichkeiten des Staates nicht berücksichtigt werden. Als Beispiel lassen sich hier die Beamtenpensionen anführen. Die Beamten erbringen heute Leistungen für den Staat, ein Teil des Entgelts, das sie hierfür erhalten, wird jedoch erst in der Zukunft gezahlt. Aus diesem Blickwinkel betrachtet stellen die Beamten dem Staat einen Kredit zur Verfügung. Die Pensionsansprüche sind eine Verpflichtung des Staates, die sich nicht nennenswert von der

„normalen" Staatsverschuldung unterscheidet. Die Zunahme dieser Verpflichtung wird jedoch nicht als Teil des Haushaltsdefizits berücksichtigt.

Ganz ähnlich kann man das Sozialversicherungssystem betrachten. In mancher Hinsicht entspricht dieses System den eben besprochenen Pensionen. Solange sie jung sind, zahlen die Menschen einen Teil ihres Einkommens in das System ein und erwarten dafür im Alter entsprechende Rentenleistungen. Möglicherweise sollten daher die akkumulierten künftigen Leistungen des Sozialversicherungssystems als staatliche Verbindlichkeiten gezählt werden.

Man könnte nun argumentieren, daß sich diese Verbindlichkeiten der Sozialversicherung von der Staatsverschuldung unterscheiden, weil der Staat die Gesetze ändern kann, die die Leistungen der Sozialversicherung regeln. Der Staat könnte sich aber prinzipiell immer dafür entscheiden, seine Schulden nicht zurückzuzahlen: er begleicht die Schulden nur, weil er sich dafür entschieden hat. Das Versprechen, Zahlungen an die Besitzer von Staatsschuldtiteln zu leisten, unterscheidet sich vielleicht nicht besonders von dem Versprechen, Zahlungen an die Sozialversicherten zu leisten.

Eine Form der staatlichen Verbindlichkeiten, die besonders schwierig zu erfassen ist, sind die *bedingten Verbindlichkeiten*, das heißt Verbindlichkeiten, die nur beim Eintritt eines bestimmten Ereignisses wirksam werden. Der Staat garantiert eine ganze Anzahl von privaten Krediten, insbesondere etwa in Form von Bürgschaften bei Auslandsgeschäften. Wird der Kredit zurückgezahlt, entstehen für den Staat keine zusätzlichen Ausgaben, ist der Schuldner jedoch zahlungsunfähig, muß der Staat einspringen. Mit der Gewährung der Bürgschaft übernimmt der Staat eine Verbindlichkeit, die von der Zahlungsunfähigkeit des Schuldners abhängt. Diese bedingte Verbindlichkeit wird jedoch nicht durch das Haushaltsdefizit reflektiert, zum Teil deswegen, weil nicht klar ist, mit welchem D-Mark Betrag man sie bewerten soll.

Das Haushaltsdefizit: Was nun?

Unter den Ökonomen besteht keine Einigkeit darüber, welche Bedeutung diesen Meßproblemen zuerkannt werden muß. Die Probleme seien so gravierend, sagen einige, daß das ausgewiesene Haushaltsdefizit praktisch keine Informationen enthält. Die Mehrheit nimmt die beschriebenen Meßprobleme ernst, sieht das ermittelte Haushaltsdefizit aber immer noch als einen nützlichen Indikator der Fiskalpolitik an.

Unbestritten ist jedoch die Feststellung, daß Ökonomen und Wirtschaftspolitiker noch andere Größen als das ausgewiesene Budgetdefizit im Auge behalten müssen, um den fiskalpolitischen Kurs umfassend beurteilen zu können. Und in der Tat tun sie das ja auch. Neben den reinen Haushaltszahlen werden noch viele andere präzise Informationen herangezogen, unter anderem etwa Angaben über Ausgaben für Kapitalgüter.

Keine Wirtschaftsstatistik ist vollkommen. Wann immer man in den Medien eine Zahl sieht, ist es wichtig zu wissen, was sie mißt und was nicht. Dies gilt ganz besonders für das staatliche Haushaltsdefizit.[5]

---

[5] Weitere Informationen über die Probleme bei der Erfassung des staatlichen Haushaltsdefizits finden sich bei Robert Eisner und Paul J. Pieper, "How to Make Sense of the Deficit", The Public Interest (Winter 1985): 101-118; sowie bei Laurence J. Kotlikoff, "Deficit Delusion", The Public Interest (Sommer 1986): 53-65.

Kapitel 17

Investitionen

Die Investitionen stellen die Komponente des BSP dar, die den stärksten Schwankungen unterworfen ist. Wenn die Ausgaben für Waren und Dienstleistungen während einer Rezession zurückgehen, dann ist ein großer Teil des Rückgangs gewöhnlich auf ein Absinken der Investitionsausgaben zurückzuführen. So sank beispielsweise in der tiefen Rezession von 1982 in den Vereinigten Staaten das reale BSP von seinem Höchstwert im III. Quartal 1981 um 105 Mrd. Dollar auf seinen Tiefstwert im IV. Quartal 1982. Die Investitionsausgaben sanken im gleichen Zeitraum um 152 Mrd. Dollar, also um mehr als den Rückgang der Gesamtausgaben.

Die Wissenschaftler beschäftigen sich mit den Investitionen, um die Schwankungen der gesamtwirtschaftlichen Güterproduktion besser verstehen zu lernen. In den vorhergehenden Kapiteln benutzten wir bei unseren Modellen des BSP eine einfache Investitionsfunktion, die die Investitionen mit dem realen Zinssatz in Beziehung setzt: $I = I(r)$. Diese Funktion impliziert, daß eine Zunahme des realen Zinssatzes die Investitionen vermindert. In diesem Kapitel wollen wir uns etwas genauer mit der Theorie beschäftigen, die hinter dieser Investitionsfunktion steht.

Das Statistische Bundesamt unterscheidet drei Kategorien von Investitionsausgaben. Die **Ausrüstungsinvestitionen** umfassen Maschinen, Kraftfahrzeuge usw., die von den Unternehmen gekauft oder auch selbst erstellt werden, um mit ihnen Produktionsleistungen zu erbringen. Die **Bauinvestitionen** umfassen alle Käufe von neuen Bauten (einschließlich selbsterstellten Bauten), also Fabrik- und Verwaltungsgebäude, Miethäuser, Eigenheime usw. Zu den **Vorratsinvestitionen** gehören alle Güter, die auf Lager genommen werden, also alle Vorräte an Vor-, Zwischen- und Fertigprodukten. Wir hatten bereits weiter oben darauf hingewiesen, daß die Kategorien des gesamtwirtschaftlichen Rechnungssystems international verschieden abgegrenzt sein können. So unterscheidet man beispielsweise in den Vereinigten Staaten ebenfalls zwischen drei Arten von Investitionsausgaben, diese werden allerdings anders abgegrenzt als in der Bundesrepublik. So umfaßt das „Business fixed investment" neben den Ausrüstungen auch noch alle Nicht-Wohnbauten, also beispielsweise Fabrik- und Verwaltungsgebäude. Das „Residential investment" umfaßt alle neuen Wohnbauten, also den Eigenheim- und

Mietwohnungsbau. Letztere Abgrenzung entspricht weitestgehend den vom Statistischen Bundesamt als Teil der Bauinvestitionen ausgewiesenen Wohnbauten. Auch die Abgrenzung des „Inventory investment" entspricht fast völlig der Abgrenzung der Vorratsveränderungen durch das Statistische Bundesamt.

Beim Vergleich der amerikanischen mit den deutschen Kategorien der Investitionsausgaben ist ferner, wie in Kapitel 2 bereits besprochen, zu beachten, daß es im amerikanischen System keine Investitionstätigkeit des Staates gibt. Um die Zahlen vergleichbar zu machen, muß man also bei der Ermittlung des Business fixed investment von den gesamten Ausrüstungsinvestitionen die staatlichen abziehen und die Nicht-Wohnbauten des Unternehmenssektors hinzuzählen. Das Residential investment entspricht den vom Statistischen Bundesamt gesondert ausgewiesenen Wohnbauten. Inventory investment und Vorratsinvestitionen sind, wie eben besprochen, praktisch identisch, weil der öffentliche Sektor nur in vernachlässigbarem Umfang Vorratsinvestitionen tätigt.

Wenn man die unterschiedlichen Abgrenzungen in den Vereinigten Staaten und in der Bundesrepublik Deutschland betrachtet, stellt sich die Frage, ob es Gründe gibt, die für die Verwendung der einen oder anderen Variante sprechen. Die Herausrechnung der staatlichen Investitionen läßt sich damit begründen, daß die staatlichen Investitionsentscheidungen vermutlich von ganz anderen Faktoren abhängen als die privaten. So haben wir bei unserer Diskussion des IS/LM-Modells gesehen, daß die staatlichen Investitionen gerade dann hoch sein sollten, wenn die privaten Investitionen niedrig sind, um die Nachfragelücke zu schließen. Andererseits ist die Unterscheidung zwischen staatlichem Konsum und staatlichen Investitionen z.B. deshalb wichtig, weil sich unterschiedliche langfristige Wirkungen ergeben können. Auf längere Sicht können staatliche Investitionen, etwa im Infrastrukturbereich, wachstumsfördernd wirken, während dies für den staatlichen Konsum nicht gilt. Aus diesem Grund gibt es in den Vereinigten Staaten Bestrebungen, das Gesamtrechnungssystem entsprechend zu ändern. Für die amerikanische Abgrenzung des Business fixed investment spricht die Überlegung, daß die Entscheidung, ob eine neue Maschine oder ein neues Fabrikgebäude angeschafft werden soll, von den gleichen Bestimmungsgründen abhängen könnte. Andererseits zeichnen sich Bauinvestitionen generell typischerweise durch ihre sehr lange Lebensdauer aus und unterscheiden sich insofern von anderen Anlageinvestitionen. Aus dieser Perspektive könnten die Entscheidungsgründe für die Errichtung von Wohnbauten und Nicht-Wohnbauten die gleichen sein. Wir wollen in den folgenden Unterabschnitten die Determinanten für Ausrüstungs-, Wohnungsbau- und Vorratsinvestitionen näher betrachten. Dabei ist zu beachten, daß sich unsere Überlegungen nur auf private Investitionen beziehen und Nicht-Wohnbauten analog zu den Ausrüstungsinvestitionen behandelt werden können.

Abbildung 17-1 zeigt die Gesamtinvestitionen und ihre drei Komponenten für die Bundesrepublik Deutschland seit 1960. Es wird deutlich, daß der Umfang aller drei Investitionstypen in rezessiven Phasen, die in der Abbildung grau unterlegt sind, deutlich zurückgeht.

Um die Ursachen für diese Schwankungen zu verstehen, wollen wir in diesem Kapitel Modelle entwickeln, mit deren Hilfe sich die einzelnen Investitionskategorien erklären lassen. Bei der Konstruktion dieser Modelle ist es nützlich, sich immer die drei folgenden Fragen vor Augen zu halten:

- Warum besteht zwischen Investitionen und Zinssatz eine negative Beziehung?
- Wodurch kommt es zu Verschiebungen der Investitionsfunktion?
- Warum steigt das Investitionsvolumen in Zeiten des Aufschwungs, während es in Rezessionen zurückgeht?

Am Ende des Kapitels kommen wir auf diese Fragen zurück und fassen das zusammen, was wir aus den verschiedenen Modellen lernen können.

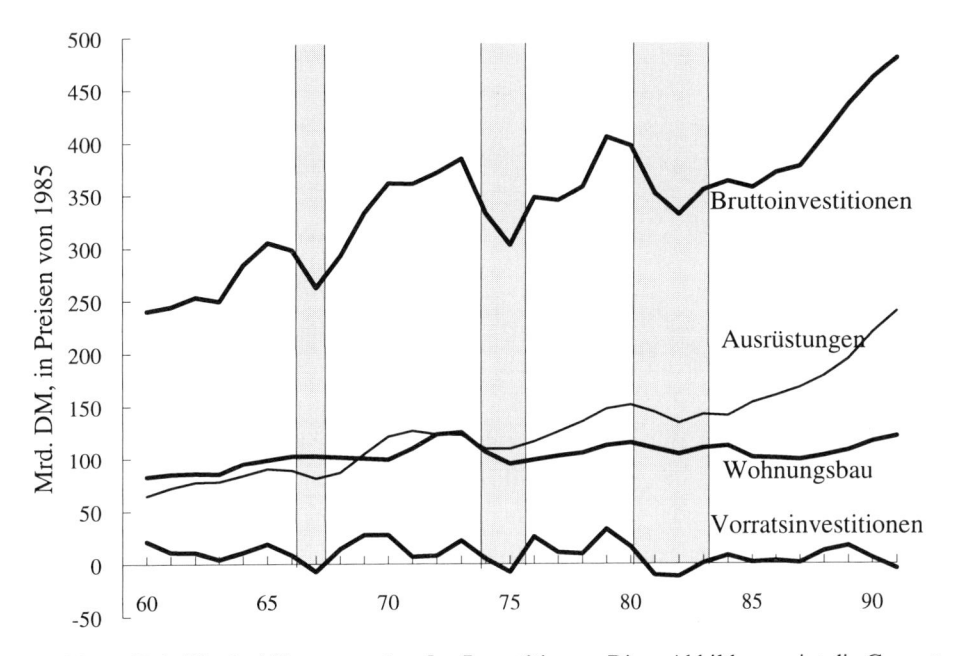

Abbildung 17-1: **Die drei Komponenten der Investitionen.** Diese Abbildung zeigt die Gesamtinvestitionen, die Ausrüstungsinvestitionen, die Wohnungsbauinvestitionen und die Vorratsinvestitionen für die Bundesrepublik Deutschland von 1960 bis 1991. In Rezessionsphasen, die hier durch schattierte Flächen angedeutet werden, geht das Volumen aller drei Investitionsarten deutlich zurück.

17.1 Ausrüstungsinvestitionen

Das Standardmodell für Ausrüstungsinvestitionen wird als **neoklassisches Investitionsmodell** bezeichnet. Das neoklassische Modell untersucht die Nutzen und Kosten, die Unternehmen aus dem Besitz von Kapitalgütern entstehen. Das Modell zeigt, in welcher Beziehung die Investitionen – die Vergrößerung des Kapitalstocks – zum Grenzprodukt des Kapitals, zum Zinssatz und zu den unternehmensrelevanten Steuervorschriften stehen.

Um das Modell zu entwickeln, wollen wir uns vorstellen, daß es in der Wirtschaft zwei Arten von Unternehmen gibt. Produktionsunternehmen produzieren Waren und Dienstleistungen unter Verwendung von Kapital, das sie ausleihen. Verleihunternehmen tätigen alle Investitionen in der Wirtschaft. Sie kaufen Kapital und verleihen es an die Produktionsunternehmen. Natürlich üben die meisten Unternehmen in tatsächlichen Volkswirtschaften beide Funktionen aus: sie produzieren Waren und Dienstleistungen, und sie investieren in Kapital für die zukünftige Produktion. Für unsere Analyse ist es jedoch hilfreich, beide Aktivitäten zu trennen und sich vorzustellen, daß sie von verschiedenen Unternehmen durchgeführt werden.

Der Mietzins des Kapitals

Wir wollen uns zunächst mit den Produktionsunternehmen beschäftigen. In Kapitel 3 wurde die Nachfrage dieser Unternehmen nach Produktionsfaktoren diskutiert. Wir erinnern uns an die Regel, nach der ein typisches Unternehmen entscheidet, in welchem Umfang es Kapital mieten möchte: es vergleicht die Kosten und Nutzen jeder Kapitaleinheit. Das Unternehmen mietet Kapital zu einem Mietzins R und verkauft seinen Output zu einem Preis P. Für das Produktionsunternehmen haben die realen Kosten einer Kapitaleinheit die Höhe R/P. Die realen Nutzen einer Kapitaleinheit ergeben sich aus dem Grenzprodukt des Kapitals (MPK), der zusätzlichen Output-Menge, die mit einer zusätzlichen Kapitaleinheit produziert werden kann. Das Grenzprodukt des Kapitals nimmt mit steigendem Kapitalstock ab: je mehr Kapital das Unternehmen bereits einsetzt, desto weniger zusätzlicher Output läßt sich mit einer zusätzlichen Kapitaleinheit erzielen. Wir kamen zu dem Ergebnis, daß ein Unternehmen, das seinen Gewinn maximieren will, soviel Kapital mietet, bis das Grenzprodukt des Kapitals mit dem realen Mietzins übereinstimmt. Das abnehmende Grenzprodukt bestimmt daher die Kapitalnachfragekurve.

Abbildung 17-2 zeigt das Gleichgewicht auf dem Markt für Kapitalvermietung. Das Grenzprodukt des Kapitals bestimmt die Kapitalnachfragekurve. Die Nachfragekurve

Kapitel 17 Investitionen

verläuft von links oben nach rechts unten, weil das Grenzprodukt des Kapitals niedrig ist, wenn die Menge des eingesetzten Kapitals hoch ist. Zu jedem gegebenen Zeitpunkt ist das Kapitalvolumen einer Volkswirtschaft konstant, so daß die Angebotskurve senkrecht verläuft. Der reale Mietzins des Kapitals paßt sich so an, daß Angebot und Nachfrage ins Gleichgewicht kommen.

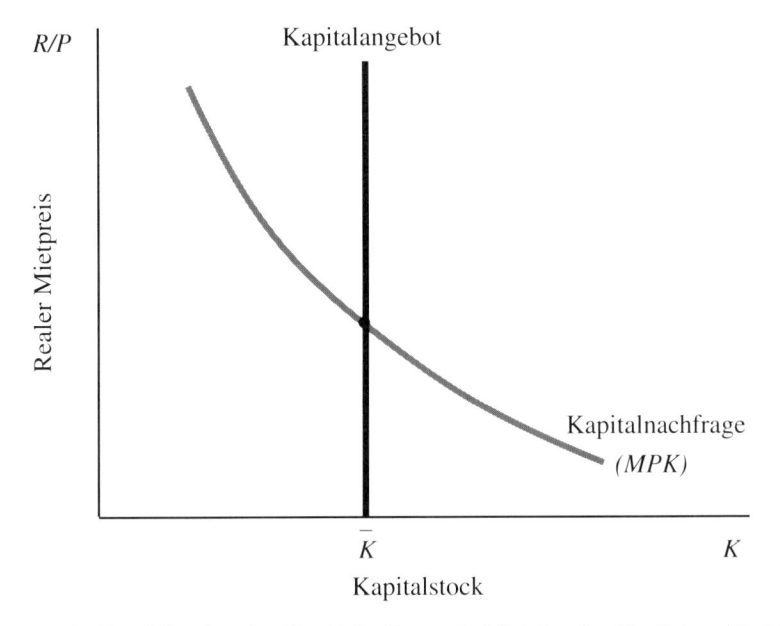

Abbildung 17-2: **Der Mietzins des Kapitals.** Der reale Mietzins des Kapitals paßt sich so an, daß die Nachfrage nach Kapital (in Abhängigkeit vom Grenzprodukt des Kapitals) und das gegebene Angebot ins Gleichgewicht kommen.

Um zu verstehen, welche Variablen den gleichgewichtigen Mietzins beeinflussen, wollen wir den Fall einer Cobb-Douglas-Produktionsfunktion betrachten. Viele Wissenschaftler sehen in der Cobb-Douglas-Funktion eine brauchbare approximative Beschreibung, wie in einer realen Volkswirtschaft Kapital und Arbeit in Waren und Dienstleistungen transformiert werden. Wir haben die Cobb-Douglas-Produktionsfunktion in Kapitel 3 kennengelernt:

$$Y = AK^{\alpha}L^{1-\alpha}.$$

Für die Cobb-Douglas-Produktionsfunktion ergibt sich als Grenzprodukt des Kapitals:

$$MPK = \alpha A(L/K)^{1-\alpha}.$$

Hierin steht K für Kapital und L für Arbeit. Der Buchstabe A bezeichnet einen Koeffizienten, der das Niveau der verwendeten Produktionstechnologie erfaßt, und α ist ein Parameter zwischen null und eins, der den Anteil des Kapitals am Output mißt. Weil der reale Mietzins im Gleichgewicht mit dem Grenzprodukt des Kapitals übereinstimmt, können wir schreiben:

$$R/P = \alpha A(L/K)^{1-\alpha}.$$

Dieser Ausdruck macht deutlich, welche Variablen den realen Mietzins bestimmen. Er zeigt:

- Je geringer der Kapitalstock, desto höher ist der reale Mietzins des Kapitals.
- Je größer das eingesetzte Arbeitsvolumen, desto höher ist der reale Mietzins des Kapitals.
- Je besser die verwendete Technologie, desto höher ist der reale Mietzins des Kapitals.

Ereignisse, die den Kapitalstock vermindern (ein Erdbeben), die Beschäftigung erhöhen (eine Erhöhung der Gesamtnachfrage) oder die Technologie verbessern (eine wissenschaftliche Entdeckung), erhöhen den gleichgewichtigen realen Mietzins des Kapitals.

Die Kosten des Kapitals

Als nächstes wollen wir die Verleihunternehmen betrachten. Genau wie bei Autoverleihern besteht ihre einzige unternehmerische Aktivität darin, Kapitalgüter zu kaufen und sie zu verleihen. Wir möchten wissen, aus welchen Gründen diese Unternehmen ihren Kapitalstock erhöhen oder vermindern. Daher beginnen wir mit einer Betrachtung der Nutzen und Kosten des Kapitalbesitzes.

Der Nutzen, der sich aus dem Besitz von Kapital ergibt, besteht in den Erlösen, die sich mit dem Verleih von Kapital an die Produktionsunternehmen erzielen lassen. Das Verleihunternehmen erhält für jede Einheit Kapital, die es besitzt und verleiht, den realen Mietzins des Kapitals (R/P).

Die Kosten des Kapitalbesitzes sind komplexer. In jeder Periode, in der es eine Einheit Kapital verleiht, hat das Verleihunternehmen drei Arten von Kosten zu tragen:

Kapitel 17 Investitionen

1. Wenn ein Verleihunternehmen eine Kapitaleinheit kauft und verleiht, dann entgeht ihm der Zinssatz, den es hätte erzielen können, wenn es den Kaufpreis des Kapitalguts bei einer Bank angelegt hätte. Man kann diesen Sachverhalt auch von der anderen Seite betrachten. Würde das Unternehmen einen Kredit aufnehmen, um das Kapitalgut zu kaufen, dann müßte es den Zins für den Kredit bezahlen. Beide Betrachtungen sind natürlich völlig äquivalent. Bezeichnet man mit P_K den Kaufpreis einer Kapitaleinheit und mit i den nominalen Zinssatz, dann beschreibt iP_K die Zinskosten.

2. In der Zeit, in der das Verleihunternehmen Kapital vermietet, kann sich der Preis des Kapitals ändern. Sinkt der Preis des Kapitalguts, dann macht das Unternehmen einen Verlust, weil das Vermögen des Unternehmens im Wert gesunken ist. Steigt der Preis des Kapitalguts, dann macht das Unternehmen einen Gewinn, weil sein Vermögen im Wert gestiegen ist. Die Kosten dieses Verlusts oder Gewinns betragen $-\Delta P_K$.

3. Während das Kapitalgut vermietet ist, unterliegt es einem gewissen Verschleiß, der **Abschreibung**. Bezeichnet δ die Abschreibungsrate – der Teil seines Wertes, der in der betrachteten Periode aufgrund des Verschleißes verlorengeht –, dann betragen die DM-Kosten der Abschreibung δP_K.

Die Gesamtkosten, die entstehen, wenn eine Einheit Kapital für eine Periode verliehen wird, betragen daher

$$\text{Kapitalkosten} = iP_K - \Delta P_K + \delta P_K$$
$$= P_K(i - \Delta P_K/P_K + \delta).$$

Die Kapitalkosten hängen ab vom Preis des Kapitals, vom Zinssatz, von der Veränderungsrate des Kapitalpreises sowie vom Abschreibungssatz.

Als Beispiel wollen wir die Kapitalkosten eines Autoverleihunternehmens betrachten. Das Unternehmen kauft Autos zum Stückpreis von 10.000 DM und verleiht diese an andere Firmen. Das Verleihunternehmen sieht sich einem Zinssatz i von 10 Prozent p.a. gegenüber, so daß die Zinskosten iP_K für jedes Auto, das dem Unternehmen gehört, pro Jahr 1.000 DM betragen. Die Autopreise steigen mit einer Rate von 6 Prozent p.a., so daß dem Verleihunternehmen – ohne Berücksichtigung von Abnutzung – ein Kapitalgewinn ΔP_K in Höhe von 600 DM p.a. entsteht. Aufgrund von Abnutzung verlieren die Autos jedes Jahr 20 Prozent ihres Wertes, die Abschreibungskosten δP_K betragen also 2.000 DM p.a. Als Kapitalkosten des Autoverleihunternehmens ergeben sich somit:

$$\text{Kapitalkosten} = 1.000 \text{ DM} - 600 \text{ DM} + 2.000 \text{ DM}$$
$$= 2.400 \text{ DM}.$$

Folglich betragen die Kosten, die der Autoverleihunternehmung dadurch entstehen, daß sie ein Auto in ihrem Kapitalstock behält, 2.400 DM pro Jahr.

Um den Ausdruck für die Kapitalkosten zu vereinfachen und um ihn leichter interpretieren zu können, wollen wir annehmen, daß der Preis des Kapitalguts im gleichen Ausmaß steigt wie die Preise der anderen Güter. In diesem Fall entspricht $\Delta P_K/P_K$ der allgemeinen Inflationsrate π. Weil die Differenz $i - \pi$ gleich dem realen Zinssatz r ist, können wir für die Kapitalkosten schreiben:

$$\text{Kapitalkosten} = P_K(r + \delta).$$

Diese Gleichung besagt, daß die Kapitalkosten vom Preis des Kapitals, vom realen Zinssatz und vom Abschreibungssatz abhängen.

Schließlich wollen wir die Kapitalkosten relativ zu den Kosten der anderen Gütern der Wirtschaft ausdrücken. Die **realen Kapitalkosten** – die Kosten des Kaufs und Verleihens einer Kapitaleinheit, ausgedrückt in Gütereinheiten – betragen:

$$\text{Reale Kapitalkosten} = (P_K/P)(r + \delta).$$

Diese Gleichung besagt, daß die realen Kapitalkosten vom relativen Preis eines Kapitalgutes P_K/P, vom realen Zinssatz r und vom Abschreibungssatz δ abhängen.

Die Determinanten der Investitionen

Nun wollen wir die Entscheidung eines Verleihunternehmens betrachten, das wissen möchte, ob es seinen Kapitalstock erhöhen oder vermindern soll. Für jede Kapitaleinheit erhält das Unternehmen einen realen Erlös von R/P, und es entstehen ihm reale Kosten in Höhe von $(P_K/P)(r + \delta)$. Der reale Gewinn pro Kapitaleinheit setzt sich wie folgt zusammen:

$$\text{Stückgewinn} = \text{Stückerlös} - \text{Stückkosten} = R/P - (P_K/P)(r + \delta).$$

Da der reale Mietpreis im Gleichgewicht dem Grenzprodukt des Kapitals entspricht, können wir für den Stückgewinn schreiben:

$$\text{Stückgewinn} = MPK - (P_K/P)(r + \delta).$$

Das Verleihunternehmen macht einen Gewinn, wenn das Grenzprodukt des Kapitals größer ist als der reale Kapitalkostensatz. Ist umgekehrt der Kapitalkostensatz größer als das Grenzprodukt, dann entsteht dem Unternehmen ein Verlust.

Nun werden die ökonomischen Anreize deutlich, die hinter der Investitionsentscheidung des Verleihunternehmens stehen. Die Entscheidung des Unternehmens, ob es seinen Kapitalstock vergrößert oder verringert, hängt davon ab, ob der Besitz und das Verleihen von Kapital profitabel ist. Die Änderung des Kapitalstocks, die **Nettoinvestition,** hängt von der Differenz zwischen Grenzprodukt des Kapitals und Kapitalkostensatz ab. *Falls das Grenzprodukt des Kapitals den Kapitalkostensatz übersteigt, ist es für die Unternehmen profitabel, ihren Kapitalstock zu vergrößern. Falls das Grenzprodukt des Kapitals geringer ist als der Kapitalkostensatz, lassen sie ihren Kapitalstock schrumpfen.*

Es wird nun auch deutlich, daß die Trennung zwischen den ökonomischen Aktivitäten von Produktionsunternehmen und Verleihunternehmen, obgleich hilfreich für die Strukturierung unseres Denkens, nicht notwendig ist, um zu dem Ergebnis zu gelangen, wie Unternehmen ihre Investitionsentscheidung fällen. Für ein Unternehmen, das sowohl Kapital einsetzt als auch besitzt, entspricht der Nutzen einer zusätzlichen Kapitaleinheit dem Grenzprodukt des Kapitals, und die Kosten entsprechen dem Kapitalkostensatz. Genau wie ein Unternehmen, das Kapital besitzt und verleiht, wird dieses Unternehmen seinen Kapitalstock vergrößern, wenn das Grenzprodukt den Kapitalkostensatz übersteigt. Daher können wir schreiben:

$$\Delta K = I_n [MPK - (P_K/P)(r + \delta)].$$

Hierbei ist $I_n[\ ]$ eine Funktion, die zeigt, wie die Nettoinvestitionen auf die Investitionsanreize reagieren.

Wir können nun die Investitionsfunktion ableiten. Die gesamten Ausgaben für Anlageinvestitionen ergeben sich aus der Summe von Nettoinvestitionen und dem Ersatz verschlissenen Kapitals. Die Investitionsfunktion lautet daher:

$$I = I_n [MPK - (P_K/P)(r + \delta)] + \delta K.$$

Die Anlageinvestitionen des Unternehmenssektors hängen ab vom Grenzprodukt des Kapitals, dem Kapitalkostensatz und dem Abschreibungsvolumen.

Dieses Modell zeigt, warum die Investitionen vom Zinssatz bestimmt werden. Eine Zunahme des realen Zinssatzes erhöht die Kapitalkosten. Sie vermindert damit den Gewinn, der sich mit dem Besitz von Kapital erzielen läßt, und verringert somit den Anreiz, zusätzliches Kapital zu bilden. In analoger Weise vermindert eine Abnahme des Realzinssatzes die Kapitalkosten und stimuliert die Investitionen. Aus diesem Grund verläuft die Investitionsfunktion, die Investitionen und Zinssatz in Beziehung setzt, von links oben nach rechts unten (vgl. Abbildung 17-3).

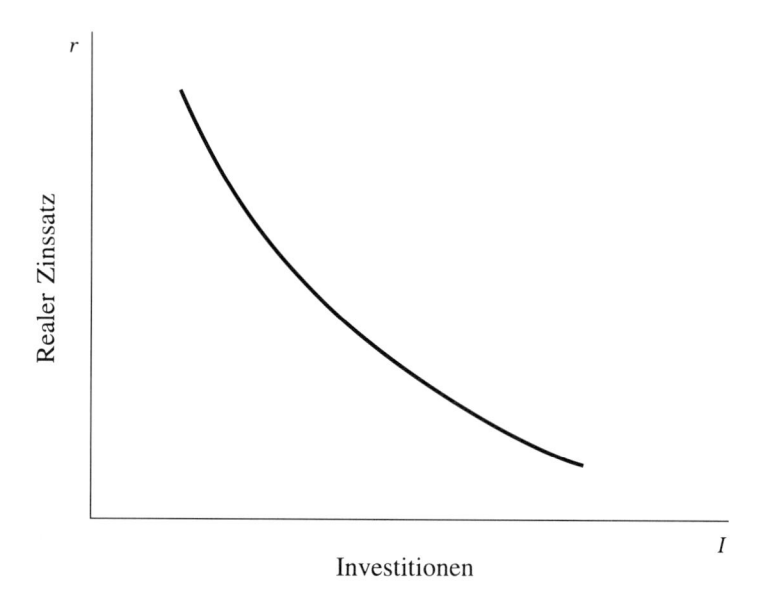

Abbildung 17-3: **Die Investitionsfunktion.** Die Anlageinvestitionen des Unternehmenssektors nehmen mit sinkendem Zinssatz zu, weil ein geringerer Zinssatz die Kapitalkosten vermindert und somit den Besitz von Kapital profitabler macht.

Das Modell macht auch deutlich, welche Ursachen zu einer Verschiebung der Investitionsfunktion führen. Alle Einflüsse, die zu einer Erhöhung der Grenzproduktivität des Kapitals führen, erhöhen die Profitabilität der Investitionen und führen zu einer Verschiebung der Investitionsfunktion nach außen (vgl. Abbildung 17-4). So hat beispielsweise eine technologische Neuerung, die den Parameter A der Produktionsfunktion vergrößert, eine Erhöhung des Grenzprodukts des Kapitals zur Folge und führt für jeden gegebenen Zinssatz zu einer Zunahme der Menge an Kapitalgütern, die die Verleihunternehmen kaufen möchten.

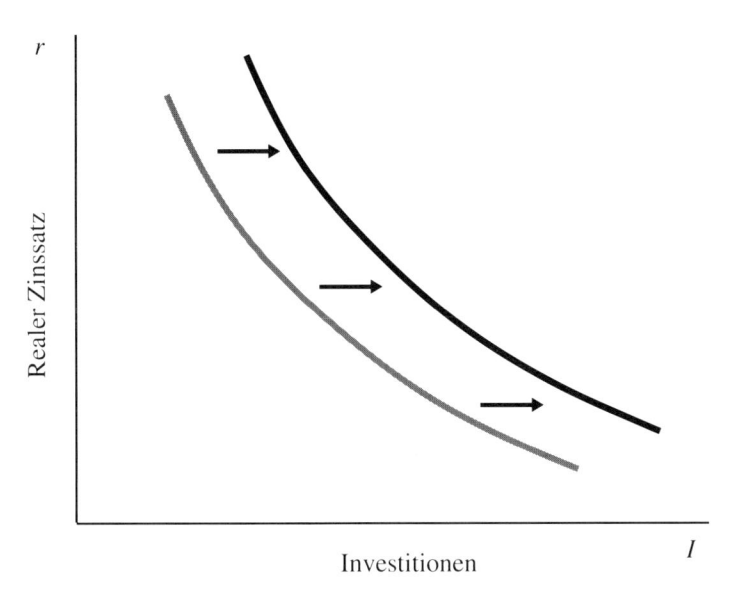

Abbildung 17-4: **Verschiebungen der Investitionsfunktion.** Eine Zunahme des Grenzprodukts des Kapitals verschiebt die Investitionsfunktion nach außen.

Schließlich wollen wir überlegen, welche Konsequenzen diese Anpassung des Kapitalstocks im Zeitverlauf hat. Wenn in der Ausgangssituation das Grenzprodukt des Kapitals größer ist als der Kapitalkostensatz, wird der Kapitalstock steigen, und das Grenzprodukt wird sinken. Liegt das Grenzprodukt des Kapitals in der Ausgangssituation unterhalb des Kapitalkostensatzes, wird der Kapitalstock sinken, und das Grenzprodukt wird zunehmen. Die Anpassung des Kapitalstocks führt letztlich dazu, daß das Grenzprodukt des Kapitals sich dem Kapitalkostensatz immer weiter nähert. Erreicht der Kapitalstock ein Steady state-Niveau, können wir schreiben:

$$MPK = (P_K/P)(r + \delta).$$

Auf lange Sicht stimmen also Grenzprodukt des Kapitals und realer Kapitalkostensatz überein. Die Anpassungsgeschwindigkeit an den Steady state hängt davon ab, wie schnell die Unternehmen ihren Kapitalstock anpassen. Dies wiederum wird dadurch bestimmt, wie kostenträchtig es ist, neues Kapital zu produzieren, auszuliefern und zu installieren.[1]

Steuern und Investitionen

Viele Vorschriften der Steuergesetzgebung beeinflussen die Kapitalbildung von Unternehmen. Manchmal ändern die wirtschaftspolitischen Entscheidungsträger diese Vorschriften, um die Investitionsfunktion zu verschieben und die Gesamtnachfrage zu beeinflussen. Obwohl Steuern die Investitionsanreize auf vielfältige Weise beeinflussen, wollen wir uns hier als Beispiel auf die beiden wichtigsten Vorschriften der Unternehmensbesteuerung in den Vereinigten Staaten beschränken: die Körperschaftssteuer und die Steuergutschrift für Investitionen. Die **Körperschaftssteuer** ist eine Steuer auf Gewinne von Kapitalgesellschaften. Während des größten Teils der letzten 40 Jahre betrug der Körperschaftssteuersatz in den Vereinigten Staaten 46 Prozent. Durch die Steuerreform von 1986 wurde dieser Satz auf 34 Prozent vermindert. Die Wirkung einer Körperschaftsteuer auf die Investitionen hängt davon ab, wie das Gesetz den Begriff „Gewinn" im Hinblick auf die Besteuerung definiert. Nehmen wir zunächst einmal an, das Gesetz würde Gewinn so definieren, wie wir es oben getan haben, nämlich als Mietpreis des Kapitals abzüglich des Kapitalkostensatzes. Obgleich die Unternehmen in diesem Fall einen Teil ihrer Gewinne mit dem Staat teilen müßten, wäre es für sie immer noch rational, zu investieren, falls der Mietpreis des Kapitals den Kapitalkostensatz übersteigt, und zu desinvestieren, falls der Mietpreis geringer ist als der Kapitalkostensatz. Eine Steuer auf einen in dieser Art gemessenen Gewinn würde die Investitionsanreize nicht ändern.

Wegen der Gewinndefinition des Steuergesetzes beeinflußt die Körperschaftssteuer dennoch die Investitionen. Es gibt eine Vielzahl von Unterschieden zwischen der gesetzlichen Definition des Gewinns und unserer. Einer der größeren Unterschiede ist die Behandlung der Abschreibungen. Unsere Definition des Gewinns zieht die Abschreibungen zu Wiederbeschaffungspreisen als Kosten ab. Die Abschreibungen erfolgen also auf der Grundlage der Kosten, die heute entstehen würden, wenn man verschlissenes Kapital ersetzt. Bei der amerikanischen Körperschaftsbesteuerung werden die Ab-

---

[1] Häufig werden die Einheiten, in denen Kapitalgüter gemessen werden, so normiert, daß der Preis einer Kapitaleinheit gerade dem Preis einer Einheit der anderen Güter entspricht ($P_K = P$). Diesem Ansatz sind wir implizit beispielsweise in Kapitel 4 gefolgt. In diesem Fall besagt die Steady state-Bedingung, daß das Grenzprodukt des Kapitals abzüglich des Abschreibungssatzes ($MPK - \delta$) gleich dem realen Zinssatz (r) sein muß.

schreibungen aber zu Anschaffungspreisen bewertet, also einem Wert, der auf dem Preis des Kapitals zum ursprünglichen Anschaffungszeitpunkt basiert. In Zeiten der Inflation sind die Wiederbeschaffungskosten größer als die ursprünglichen Anschaffungskosten, so daß die Körperschaftsteuer tendenziell den Wert der Abschreibungen zu gering und den Gewinn zu hoch ansetzt. Im Ergebnis registriert die Steuergesetzgebung also einen Gewinn und belegt diesen mit einer Steuer, sogar dann, wenn der ökonomische Gewinn gleich null ist. Dies macht den Besitz von Kapital weniger attraktiv. Aus diesen und anderen Gründen vertreten viele Wissenschaftler die Ansicht, daß die Körperschaftsteuer Investitionen behindert.

Die **Steuergutschrift** für Investitionen ist eine Steuervorschrift, die die Kapitalbildung fördert. Die Steuergutschrift für Investitionen vermindert die Unternehmenssteuern um einen bestimmten Betrag für jeden Dollar, der für Kapitalgüter ausgegeben wird. Weil ein Unternehmen einen Teil seiner Ausgaben für neues Kapital in Form von niedrigeren Steuern zurückerhält, vermindert die Gutschrift den effektiven Kaufpreis einer Kapitaleinheit. Das bedeutet, die Steuergutschrift für Investitionen vermindert P_K. Folglich senkt die Steuergutschrift die Kapitalkosten und erhöht die Investitionen.

Viele Ökonomen vertreten die Ansicht, daß solche Steuergutschriften zu den effektivsten Methoden gehören, um die Investitionen zu stimulieren. Im Jahre 1985 betrug in den Vereinigten Staaten der Satz der Steuergutschrift 10 Prozent. Im Zuge der Steuerreform von 1986, bei der der Körperschaftssteuersatz verringert wurde, wurde jedoch auch die Steuergutschrift abgeschafft.[2]

Fallstudie 17-1: Das schwedische Investitionsfonds-System

Steuerliche Investitionsanreize stellen ein Instrument dar, das Wirtschaftspolitiker zur Steuerung der Gesamtnachfrage nutzen können. So führt beispielsweise eine Erhöhung der Steuergutschrift für Investitionen zu einer Verminderung der Kapitalkosten. Damit verschiebt sich die Investitionsfunktion nach außen, und die Gesamtnachfrage steigt. Analog führt eine Verminderung der Steuergutschrift über eine Verteuerung der Investitionen zu einer Reduzierung der Gesamtnachfrage.

Von Mitte der fünfziger bis Mitte der siebziger Jahre versuchte die schwedische Regierung durch Förderung oder Behinderung der Investitionen die Gesamtnachfrage zu steuern. Durch ein System von sogenannten *Investitionsfonds* wurden die Investitionen in Rezessionsphasen ganz ähnlich wie mit einer Steuergutschrift

---

2 Für mehr Informationen zum Einfluß der Steuern auf die Investitionen vgl. Robert E. Hall und Dale W. Jorgenson, "Tax Policy and Investment Behavior", American Economic Review 57 (Juni 1967): 391-414.

subventioniert. Stellten die Behörden eine Verlangsamung des Wirtschaftswachstums fest, dann wurde eine temporäre Subventionierung der Investitionen in Kraft gesetzt. Hatte sich die Wirtschaft nach Auffassung der Behörden hinreichend erholt, wurde die Subventionierung wieder außer Kraft gesetzt. Schließlich verzichtete Schweden jedoch auf die Verwendung von temporären Maßnahmen der Investitionsförderung zur Konjunktursteuerung, und die Subventionierung der Investitionen wurde ein dauerhafter Bestandteil der schwedischen Steuerpolitik.

Sollte nun diese Form der Investitionsförderung als Mittel zur Bekämpfung von konjunkturellen Schwankungen eingesetzt werden? Einige Wirtschaftswissenschaftler glauben, daß die schwedische Investitionspolitik in den beiden Dekaden, in denen sie betrieben wurde, die Amplitude der Konjunkturzyklen verringert hat. Andere sind der Auffassung, daß diese Politik unerwünschte und sogar gegenteilige Wirkungen zeigen kann. So mag es beispielsweise sein, daß im beginnenden Abschwung Unternehmen die zukünftigen Subventionen antizipieren und Investitionen zeitlich hinauszögern, wodurch der Abschwung verstärkt wird. Die Implikationen dieser Politik sind also recht komplex, wodurch es schwierig wird, ihre Auswirkungen auf die wirtschaftliche Situation zu beurteilen.[3]

Der Aktienmarkt und Tobins q

Viele Ökonomen sehen eine Verbindung zwischen Investitionsschwankungen und den Schwankungen am Aktienmarkt. Der Begriff *Aktie* bezieht sich auf Eigentumsanteile an Unternehmen, und der **Aktienmarkt** ist der Markt, auf dem diese Anteile gehandelt werden. Der Wert von Unternehmen ist höher, wenn sich ihnen reichlich Möglichkeiten für gewinnträchtige Investitionen bieten. Daher spiegelt der Aktienkurs die Investitionsanreize wider, die ein Unternehmen hat.

Der Nobelpreisträger James Tobin stellte die Hypothese auf, daß Unternehmen ihre Investitionsentscheidungen auf der folgenden Verhältniszahl basieren, die jetzt als **Tobins q** bezeichnet wird:

---

3 John B. Taylor, "The Swedish Investment Funds System as a Stabilization Rule", Brookings Papers on Economic Activity, Nr. 1 (1982): 57-106.

$$q = \frac{\text{Marktwert des Kapitalbestandes}}{\text{Wiederbeschaffungskosten des Kapitalbestandes}}.$$

Der Zähler dieses Ausdrucks gibt den Wert des Kapitals wieder, so wie er auf dem Aktienmarkt eingeschätzt wird. Der Nenner beschreibt, welchen Betrag man aufwenden müßte, um den Kapitalbestand heute zu kaufen.

Tobin überlegte, daß die Nettoinvestitionen davon abhängen müßten, ob q größer oder kleiner ist als eins. Ist q größer als eins, dann bewertet der Aktienmarkt den Kapitalbestand höher als seine Wiederbeschaffungskosten. In diesem Fall kann die Unternehmensführung den Marktwert ihres Unternehmens durch den Kauf von weiteren Kapitalgütern erhöhen. Umgekehrt bewertet der Aktienmarkt das Kapital geringer als die Wiederbeschaffungskosten, falls q kleiner ist als eins. In diesem Fall wird die Unternehmensführung verschlissene Kapitalbestände nicht ersetzen.

Obgleich sich die q-Investitionstheorie auf den ersten Blick recht deutlich vom oben entwickelten neoklassischen Modell zu unterscheiden scheint, sind beide Theorien eng miteinander verwandt. Die Verbindung ergibt sich aus der Beobachtung, daß Tobins q von den gegenwärtigen und für die Zukunft erwarteten Gewinnen aus vorhandenem Kapitalbestand abhängt. Falls das Grenzprodukt des Kapitals die Kapitalkosten übersteigt, dann lassen sich mit dem vorhandenen Kapital Gewinne erzielen. Diese Gewinne stellen einen Anreiz dar, die Kapitalverleihunternehmen zu besitzen. Dadurch steigt der Marktwert der Aktien dieser Unternehmen, was einen hohen Wert von q impliziert. Analog bedeutet eine Konstellation, in der das Grenzprodukt des Kapitals kleiner ist als die Kapitalkosten, daß das vorhandene Kapital Verluste hinnehmen muß. Daraus ergibt sich ein geringer Marktwert und ein kleiner Wert von q.

Der Vorteil von Tobins q als Maß für die Investitionsfreudigkeit der Unternehmen liegt darin, daß es sowohl die für die Zukunft erwartete als auch die gegenwärtige Profitabilität des Kapitals wiedergibt. Als Beispiel wollen wir den Fall betrachten, daß der Bundestag eine Senkung der Körperschaftssteuer beschließt, die im folgenden Jahr in Kraft treten soll. Die erwartete Senkung der Körperschaftssteuer bedeutet höhere Gewinne für die Kapitaleigentümer. Diese Zunahme der erwarteten Gewinne schlägt sich in einer höheren Bewertung durch den Aktienmarkt nieder. Dadurch steigt Tobins q, und es ergibt sich ein Anreiz, die gegenwärtigen Investitionen zu erhöhen. Tobins q-Investitionstheorie betont also, daß Investitionsentscheidungen nicht nur von der gegenwärtigen Wirtschaftspolitik abhängen, sondern auch von der, die für die Zukunft erwartet wird.

Tobins q-Theorie ist außerdem nützlich, weil sie es auf einfache Weise erlaubt, die Rolle des Aktienmarktes in einer Volkswirtschaft zu interpretieren. Nehmen wir einmal an, daß wir einen Rückgang der Aktienkurse beobachten. Weil die Wiederbeschaffungskosten des Kapitalbestandes sich im Zeitverlauf nur wenig ändern, impliziert ein Rückgang der Aktienkurse normalerweise eine Verminderung von Tobins q. Ein Rückgang von q reflektiert den Pessimismus der Investoren in bezug auf die gegenwärtige oder zukünftige Profitabilität des Kapitals. Nach der q-Theorie führt der Rückgang von q zu einer Verminderung der Investitionen, wodurch die Gesamtnachfrage sinken könnte. Im Kern weist uns die q-Theorie darauf hin, daß wir eine enge Verbindung zwischen Schwankungen auf dem Aktienmarkt und Schwankungen bei Produktion und Beschäftigung erwarten sollten. Daher ist es auch nicht verwunderlich, daß der Aktienmarkt als einer der wichtigsten Indikatoren für die Entwicklung der ökonomischen Aktivitäten angesehen wird.[4]

Finanzierungsbeschränkungen

Wenn ein Unternehmen in neues Kapital, wie beispielsweise in den Bau einer neuen Fabrik, investiert, beschafft es sich oft die dafür erforderlichen Mittel auf den Finanzmärkten. Dabei kann die Finanzierung unterschiedliche Formen aufweisen: Bankkredite, Anleihen beim Publikum oder Emission von Aktien, also Anteilen an zukünftigen Gewinnen. Das neoklassische Modell geht davon aus, daß die Finanzmärkte die notwendigen Mittel bereitstellen, wenn ein Unternehmen bereit ist, die Kapitalkosten zu bezahlen.

Manchmal sehen sich Unternehmen jedoch **Finanzierungsbeschränkungen** gegenüber, also Beschränkungen hinsichtlich der Höhe der Mittel, die sie von den Finanzmärkten erhalten können. Finanzierungsbeschränkungen können Unternehmen daran hindern, profitable Investitionen zu tätigen. Falls ein Unternehmen an den Finanzmärkten keine Mittel aufnehmen kann, dann ist der Betrag, den es für neue Kapitalgüter verwenden kann, durch seine gegenwärtigen Erträge begrenzt. Finanzierungsbeschränkungen beeinflussen das Investitionsverhalten von Unternehmen genauso wie Kreditbeschränkungen das Konsumverhalten von Haushalten. Kreditrestriktionen führen dazu, daß Haushalte ihre Konsumentscheidung auf dem gegenwärtigen und nicht auf dem permanenten Einkommen basieren. Finanzierungsrestriktionen führen dazu, daß Unternehmen ihre Investitionsentscheidungen auf dem gegenwärtigen Cash-flow und nicht auf der erwarteten Profitabilität gründen.

---

4 Für weitere Informationen über die Beziehung zwischen der neoklassischen und der q-Theorie der Investitionen vgl. Fumio Hayashi, "Tobin's Marginal q and Average q: A Neoclassical Approach", Econometrica 50 (Januar 1982): 213-224; Lawrence H. Summers, "Taxation and Corporate Investment: A q-theory Approach", Brookings Papers on Economic Activity 1 (1981): 67-140.

Um die Auswirkungen von Finanzierungsrestriktionen zu verstehen, wollen wir die Konsequenzen einer kurzen Rezession für die Investitionsausgaben betrachten. Eine Rezession vermindert die Beschäftigung, den Mietzins des Kapitals und die Gewinne. Erwarten Unternehmen jedoch, daß die Rezession nur von kurzer Dauer ist, dann werden sie ihre Investitionstätigkeit weiterführen wollen, weil sie von deren zukünftiger Gewinnträchtigkeit überzeugt sind. Eine kurze Rezession wird daher nur geringe Auswirkungen auf Tobins q haben. Die Auswirkungen der Rezession auf die Investitionen sollten bei Unternehmen, die Mittel an den Finanzmärkten aufnehmen können, daher gering sein.

Genau das Gegenteil gilt für Unternehmen, die sich Finanzierungsrestriktionen gegenübersehen. Der Rückgang der gegenwärtigen Gewinne begrenzt den Betrag, den diese Unternehmen für neue Kapitalgüter verwenden können, und hindert sie möglicherweise an profitablen Investitionen. Finanzierungsrestriktionen erhöhen die Abhängigkeit der Investitionen von den gegenwärtig herrschenden wirtschaftlichen Bedingungen.

17.2 Wohnungsbauinvestitionen

Wir wenden uns nunmehr einer weiteren Komponente der Investitionsausgaben zu, den Wohnungsbauinvestitionen. In diesem Abschnitt stellen wir ein einfaches Modell vor, um zu zeigen, durch welche Faktoren der Umfang der Wohnungsbauinvestitionen bestimmt wird. Wohnungsbauinvestitionen umfassen die Käufe neuer Häuser sowohl von Leuten, die darin selbst wohnen wollen, als auch von Leuten, die sie an andere vermieten wollen. Aus Vereinfachungsgründen wollen wir in unserem Modell annehmen, daß nur der erste Fall auftritt.

Das Bestandsgleichgewicht und das Stromangebot

Unser Modell besteht aus zwei Teilen. Erstens bestimmt der Markt für den bestehenden Wohnungsbestand den gleichgewichtigen Wohnungspreis. Zweitens bestimmt der Wohnungspreis den Strom an Wohnungsbauinvestitionen.

Abbildung 17-5A zeigt, wie der relative Wohnungspreis P_H/P durch Angebot und Nachfrage nach dem existierenden Bestand an Wohnungen bestimmt wird. Zu jedem Zeitpunkt ist das Wohnungsangebot gegeben. Wir stellen diesen Bestand durch eine senkrechte Angebotskurve dar. Die Nachfragekurve nach Wohnungen verläuft fallend, weil hohe Preise dazu führen, daß Leute in kleineren Wohnungen leben, sich Wohnungen teilen oder unter Umständen sogar obdachlos werden. Der Preis für Wohnungen paßt sich so an, daß Angebot und Nachfrage ins Gleichgewicht kommen.

Abbildung 17-5B zeigt, wie der relative Wohnungspreis das Angebot an neuen Wohnungen bestimmt. Bauunternehmen kaufen Material und stellen Arbeitskräfte ein, um Häuser zu bauen, und verkaufen dann die Häuser oder Wohnungen zum Marktpreis. Ihre Kosten hängen vom allgemeinen Preisniveau P und ihre Erträge vom Preis der Wohnungen P_H ab. Je höher der relative Wohnungspreis, desto größer ist der Anreiz zum Wohnungsbau und desto mehr Wohnungen werden auch erstellt. Der Strom an neuen Wohnungen – die Wohnungsbauinvestitionen – hängt daher vom Gleichgewichtspreis ab, der sich am Markt für bestehende Wohnungen ergibt.

A. Der Wohnungsmarkt   **B. Das Angebot an neuen Wohnbauten**

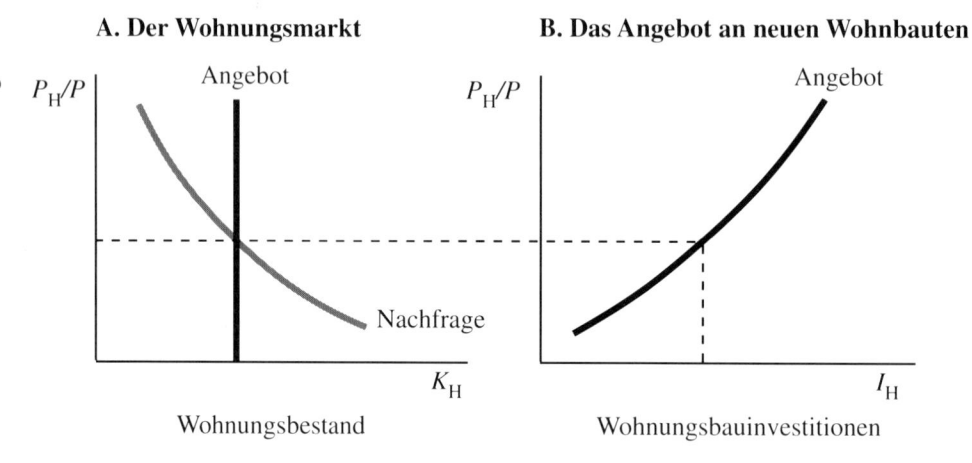

Abb 17-5: **Die Bestimmung der Wohnungsbauinvestitionen.** Der relative Preis für Wohnungen paßt sich so an, daß Wohnungsangebot und Wohnungsnachfrage ins Gleichgewicht kommen. Der relative Preis bestimmt dann den Strom an neuen Wohnungen, die gebaut werden.

Dieses Modell der Wohnungsbauinvestitionen ist eng mit der q-Theorie der Anlageinvestitionen verwandt. Nach der q-Theorie hängen die Anlageinvestitionen von dem Verhältnis des Marktpreises für vorhandenes Kapital zu den Kapitalwiederbeschaffungskosten ab. Dieser relative Preis wird seinerseits durch die erwarteten Gewinne aus dem Besitz von vorhandenem Kapital bestimmt. Nach dem eben vorgestellten Modell des Wohnungsmarktes hängen die Wohnungsbauinvestitionen vom relativen Wohnungspreis ab. Der relative Wohnungspreis wiederum wird durch die Nachfrage nach Wohnraum bestimmt. Diese hängt schließlich von dem kalkulatorischen Mieteinkommen ab, das die Eigentümer für ihre Wohnungen erwarten. Folglich spielt der relative Wohnungspreis ziemlich genau die gleiche Rolle für die Wohnungsbauinvestitionen wie Tobins q für die Anlageinvestitionen.

Veränderungen der Wohnungsnachfrage

Wenn sich die Nachfrage nach Wohnungen verschiebt, dann ändert sich der Gleichgewichtspreis für Wohnungen, was wiederum Auswirkungen auf die Wohnungsbauinvestitionen hat. Die Lage der Wohnungsnachfragekurve kann sich aus unterschiedlichen Gründen ändern. Ein wirtschaftlicher Aufschwung erhöht das Volkseinkommen und damit die Nachfrage nach Wohnraum. Eine Bevölkerungszunahme, etwa aufgrund des Zuzugs von Aus- und Übersiedlern, erhöht ebenfalls die Nachfrage nach Wohnraum. Abbildung 17-6A zeigt, daß eine expansive Verschiebung der Nachfrage zu einem Anstieg des Gleichgewichtspreises führt. Abbildung 17-6B macht deutlich, daß die Zunahme des Wohnungspreises eine Erhöhung der Wohnungsbauinvestitionen hervorruft.

Eine der wichtigsten Determinanten für die Wohnungsnachfrage ist der reale Zinssatz. Viele Menschen nehmen Kredite auf – Hypotheken –, um Wohnungen zu kaufen. Der Zinssatz stellt die Kosten dieser Kredite dar. Selbst die wenigen Menschen, die sich nicht verschulden müssen, um ein Haus oder eine Wohnung zu kaufen, werden auf Zinssatzänderungen reagieren. Der Zinssatz stellt nämlich die Opportunitätskosten dafür dar, daß sie ihr Vermögen in Form von Häusern oder Wohnungen halten und es nicht bei einer Bank anlegen. Eine Verminderung des Zinssatzes erhöht daher die Nachfrage nach Wohnraum, die Wohnungspreise und die Wohnungsbauinvestitionen.

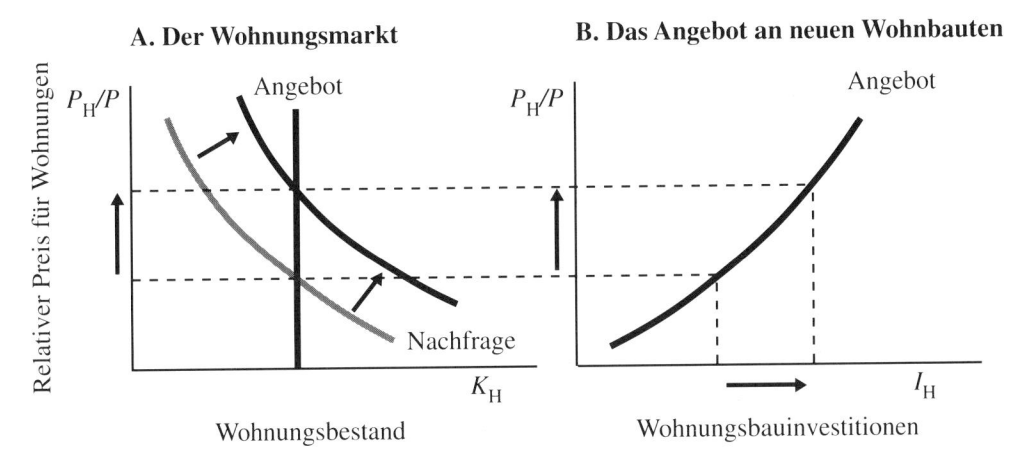

Abbildung 17-6: **Ein Anstieg der Wohnungsnachfrage.** Eine gestiegene Wohnungsnachfrage, vielleicht aufgrund eines Zinsrückganges, erhöht die Wohnungspreise und vergrößert das Volumen an Wohnungsbauinvestitionen.

Zusatzinformation: Welchen Preis für eine Wohnung können Sie sich leisten?

Wenn jemand für den Kauf einer Wohnung eine Hypothek aufnimmt, wird die Höhe des Krediets oft durch die Bank begrenzt. Die Grenze hängt im wesentlichen vom Einkommen des Betreffenden sowie vom Marktzins ab. Eine in den USA typische Bankregel besagt, daß die monatliche Belastung – bestehend aus Zins und Tilgung – nicht mehr als 28 Prozent des Einkommens des Darlehensnehmers betragen darf.

Tabelle 17-1 zeigt, welchen Einfluß der Zinssatz auf die Kreditgrenze hat. Der Wohnungskäufer unseres Beispiels verfügt über ein Einkommen von 30.000 DM und möchte eine Hypothek mit einer Laufzeit von 30 Jahren aufnehmen. Die Bank soll die eben erwähnte 28-Prozent-Regel für die Bestimmung der maximalen Kredithöhe anwenden.

Tabelle 17-1 **Der Einfluß von Zinssätzen auf die Kreditwürdigkeit und die Immobiliennachfrage.**

Annahmen:
30jährige Hypothek, DM 30.000 jährliches Einkommen, 28-Prozent-Grenze für die Belastung

Zinssatz in Prozent	maximaler Kreditbetrag in DM
5	130.397
6	116.754
7	105.215
8	95.398
9	86.997
10	79.766
11	73.504
12	68.053
13	63.280
14	59.078
15	55.360

Bewegt sich der Wohnungskäufer, so wie es meist der Fall ist, in der Nähe seines Kreditrahmens, so zeigt sich, daß kleine Veränderungen des Zinssatzes einen großen Einfluß auf den Betrag haben können, der maximal für eine Wohnung ausgegeben werden kann. Eine Zunahme des Zinssatzes von 8 auf 10 Prozent verringert den maximalen Kreditbetrag von DM 95.398 auf 79.766 – ein Rückgang um 16 Prozent. Eine Zunahme des Zinssatzes vermindert daher die

Wohnungsnachfrage. Dies wiederum drückt die Wohnungspreise und die Wohnungsbauinvestitionen.

Es ist bemerkenswert – und auch ein bißchen seltsam –, daß Banken diese Berechnung unter Verwendung des nominalen und nicht des realen Zinssatzes durchführen. Es ist nämlich der reale Zinssatz, der die wahren Kosten eines Kredites wiedergibt, der für den Kauf eines Hauses oder einer Wohnung aufgenommen wird, weil der Preis von Immobilien normalerweise mit der allgemeinen Inflationsrate steigt. Bankregeln werden bei der Kreditwürdigkeitsberechnung im allgemeinen jedoch unter Verwendung nominaler Zinssätze aufgestellt. Wegen dieser Bankregel hängen die Ausgaben für Wohnungsbauinvestitionen sowohl von nominalen als auch von realen Zinssätzen ab.

Fallstudie 17-2: Steuern, Babys und der Wohnungsbau-Boom in den 70er Jahren

Während der siebziger Jahre erlebten die Vereinigten Staaten einen Boom im Wohnungsbereich, der sich über das ganze Land erstreckte. Der Preis eines neuen Einfamilienhauses stieg relativ zum Preisindex der Lebenshaltung (CPI) zwischen 1970 und 1980 um 30 Prozent. Den Wirtschaftswissenschaftlern ist nicht mit letzter Sicherheit klar, wodurch der Anstieg der Immobilienpreise in dieser Periode hervorgerufen wurde, es stehen jedoch zwei Hypothesen im Raum.

Eine Hypothese besagt, daß die Zunahme der Immobiliennachfrage auf dem Anstieg der Inflationsrate basiert, die nicht von einer entsprechenden Indexierung des Steuersystems begleitet wurde. Das Einkommensteuersystem der Vereinigten Staaten fördert das Wohnungseigentum auf zwei Wegen: erstens müssen die Haus- oder Wohnungseigentümer keine Steuern auf die kalkulatorischen Mieteinnahmen bezahlen; zweitens dürfen Haus- oder Wohnungseigentümer die Hypothekenzinsen bei der Berechnung des zu versteuernden Einkommens abziehen. Weil bei steigender Inflation die nominalen Zinssätze für Hypotheken ebenfalls zunehmen, ist der Wert dieser Begünstigung bei höheren Inflationsraten größer. Inflation und nominale Zinssätze stiegen in den siebziger Jahren deutlich an, wodurch sich die steuerlichen Vergünstigungen für Wohnungseigentümer erhöhten.

Eine zweite Hypothese besagt, daß die Zunahme der Immobiliennachfrage in den siebziger Jahren auf den Baby-Boom der fünfziger Jahre zurückzuführen ist. Abbildung 17-7 zeigt für die Vereinigten Staaten die Zahl der Geburten pro Jahr von 1910 bis 1989. Man beachte, daß die Anzahl der Geburten nach dem zweiten

Weltkrieg deutlich zunahm – von 2,86 Mio. im Jahr 1945 auf einen Höchstwert von 4,30 Mio. im Jahre 1957. In den siebziger Jahren wurden die zur Baby-Boom-Generation Gehörenden volljährig und gründeten ihre eigenen Haushalte. Dies hatte einen raschen Anstieg der Immobiliennachfrage und Immobilienpreise zur Folge.

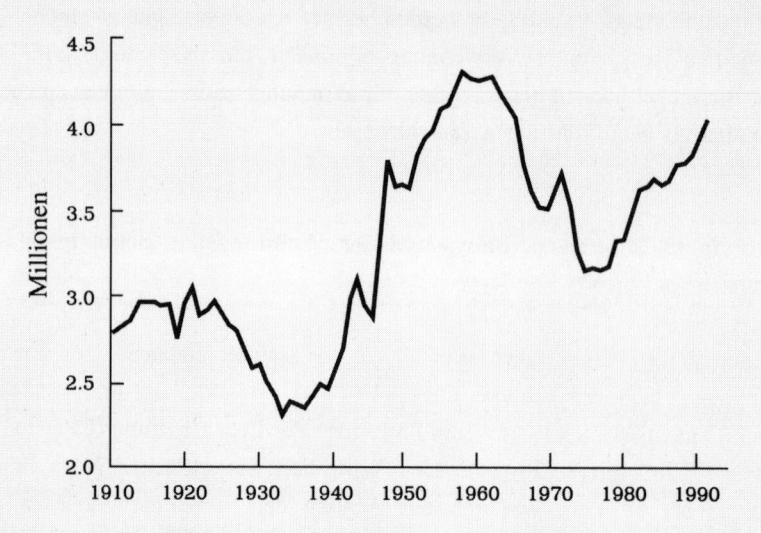

Abbildung 17-7: **Die Zahl der Geburten in den Vereinigten Staaten.** Die Zahl der Geburten schwankt im Zeitverlauf deutlich. Diese demographischen Schwankungen sind eine Quelle für die Schwankungen in der Immobiliennachfrage.

Die Baby-Boom-Hypothese läßt vermuten, daß die Nachfrage nach neuen Wohnungsbauten im Laufe der neunziger Jahre zurückgehen wird. In den siebziger Jahren sank nämlich die Anzahl der Geburten deutlich – der niedrigste Wert wurde 1973 erreicht und betrug 3,14 Mio. In den neunziger Jahren wird diese Generation die Volljährigkeit erreichen. Einige Ökonomen prognostizieren aufgrund dieser Verlangsamung des Wachstums der volljährigen Bevölkerung einen Rückgang der realen Immobilienpreise in den neunziger Jahren.[5]

---

5 James M. Poterba, "Tax Subsidies to Owner-Occupied Housing: An Asset market Approach", Quarterly Journal of Economics 99 (1984): 729-752; N. Gregory Mankiw und David N. Weil, "The Baby Boom, the Baby Bust, and the Housing Market", Regional Science und Urban Economics 19 (Mai 1989): 235-258.

17.3 Lagerinvestitionen

Lagerinvestitionen stellen eine der kleinsten Ausgabenkomponenten dar. Sie bewegen sich im Durchschnitt bei etwa einem Prozent des gesamten BSP. Sie weisen jedoch bemerkenswert große Schwankungen auf und sind aus diesem Grunde wichtig. In einer durchschnittlichen Rezession ist über die Hälfte des Ausgabenrückgangs auf ein Absinken der Lagerinvestitionen zurückzuführen.

Gründe für die Lagerhaltung

Lagerbestände dienen vielen Zwecken. Bevor wir ein Modell vorstellen, das die Schwankungen der Lagerinvestitionen erklären soll, wollen wir einige der Gründe diskutieren, warum Unternehmen Lagerbestände halten.

Ein Zweck der Lagerbestände besteht in der Glättung des Niveaus der Produktion im Zeitverlauf. Man stelle sich ein Unternehmen vor, das sich starken temporären Verkaufsschwankungen gegenübersieht. Anstatt sich permanent mit der Produktion an die Verkaufsschwankungen anzupassen, kann es günstiger sein, die Güterproduktion auf einem gleichbleibendem Niveau zu halten. Sind die Verkaufszahlen niedrig, dann produziert das Unternehmen mehr als es verkauft und nimmt die überschüssigen Güter auf Lager. Sind die Verkaufszahlen hoch, produziert das Unternehmen weniger als es verkauft und baut Lagerbestände ab. Dieses Motiv für die Lagerhaltung bezeichnet man als **Produktionsglättung.**

Ein zweiter Grund für das Halten von Lägern besteht darin, daß hierdurch das Unternehmen effizienter arbeiten kann. So können beispielsweise Einzelhandelsgeschäfte ihre Ware besser verkaufen, wenn sie die entsprechenden Güter zur Hand haben, um sie ihren Kunden vorzuführen. Produktionsunternehmen halten Ersatzteile auf Lager, um die Stillstandszeiten zu reduzieren, die bei einem Maschinenschaden auftreten. In gewisser Weise kann man Lagerbestände als einen Produktionsfaktor betrachten: je größere Läger ein Unternehmen hält, desto mehr Output kann es produzieren.

Ein dritter Grund für das Halten von Lagerbeständen besteht darin, daß ein Unternehmen auf diese Weise Lieferschwierigkeiten im Falle unerwartet hoher Verkaufszahlen vermeiden kann. Unternehmen müssen häufig ihre Produktionsentscheidungen treffen, bevor sie wissen, wie groß die Nachfrage ist. So muß beispielsweise ein Verleger bei einem neuen Buch über die Auflagenhöhe entscheiden, bevor er weiß, wie populär das Buch sein wird. Falls die Nachfrage die Produktion übersteigt und es keine Lagerbestände gibt, wird das Gut für eine gewisse Zeit ausverkauft sein, und das Unternehmen wird Einbußen an Verkäufen und Gewinnen erleiden. Durch die Haltung von Lagerbeständen kann dies verhindert werden. Hier liegt das Motiv für die Lagerhaltung in der **Vermeidung von Lieferschwierigkeiten**.

Eine vierte Erklärung für die Lagerhaltung ergibt sich aus den Zwangsläufigkeiten des Produktionsprozesses. Viele Güter durchlaufen bei der Produktion eine Reihe von Stufen, die oft nicht ohne Zeitverzug aneinander anschließen. Ist ein Produkt nur teilweise fertiggestellt, wird es als Teil des Lagerbestandes des Unternehmens angesehen. Diese Lagerbestände bezeichnet man als Pufferlager.

Fallstudie 17-3: Saisonale Schwankungen und Produktionsglättung

Wirtschaftswissenschaftler haben viel Zeit für die Analyse von Produktions-, Verkaufs- und Lagerhaltungszahlen aufgebracht, um alternative Lagerhaltungstheorien zu überprüfen. Viele dieser Forschungsarbeiten beschäftigen sich mit der Frage, ob die Produktionsglättungstheorie das Verhalten von Unternehmen akkurat beschreibt. Im Gegensatz zu den Erwartungen vieler Ökonomen weisen die meisten Ergebnisse darauf hin, daß Unternehmen Lagerbestände nicht zur zeitlichen Glättung der Produktion verwenden.

Der deutlichste Hinweis darauf, daß die Hypothese von der Produktionsglättung falsch ist, stammt aus Industriezweigen, die sich saisonalen Nachfrageschwankungen gegenübersehen. In vielen Industrien ergibt sich für das Schwanken der Verkaufszahlen im Verlaufe eines Jahres ein regelmäßiges Muster. So verkauft beispielsweise die Spielwarenindustrie im Dezember mehr als im Januar. Man könnte erwarten, daß die Unternehmen in Zeiten niedriger Verkaufszahlen Lagerbestände aufbauen, die sie dann in Zeiten hoher Verkaufszahlen wieder abbauen.

In den meisten Industrien verwenden die Unternehmen die Lagerbestände jedoch nicht, um die Produktion über das Jahr zu glätten. Statt dessen entspricht das saisonale Muster der Produktion weitgehend dem saisonalen Muster der Verkäufe. Die Analyse von saisonalen Schwankungen läßt vermuten, daß in den meisten Industrien die Unternehmen sich von der Produktionsglättung nur wenig versprechen.[6]

---

6 Jeffrey A. Miron und Stephen P. Zeldes, "Seasonality, Cost Shocks, and the Production Smoothing Model of Inventories", Econometrica 56 (Juli 1988): 877-908.

Das Akzelerator-Modell der Lagerbestände

Weil viele Motive für die Lagerhaltung existieren, gibt es auch viele Modelle für die Lagerinvestitionen. Ein einfaches Modell, das die Daten gut erklärt, ohne sich auf ein spezifisches Motiv zu beziehen, ist das **Akzelerator-Modell**. Dieses Modell wurde vor etwa einem halben Jahrhundert entwickelt und wird manchmal auf alle Investitionsarten angewandt. Hier verwenden wir es für die Investitionsart, für die es die überzeugendsten Ergebnisse liefert, für die Lagerinvestitionen.

Das Akzelerator-Modell der Lagerhaltung geht davon aus, daß ein Unternehmen einen Lagerbestand hält, der proportional zum Outputniveau ist. Bezeichnet man den Lagerbestand mit N und den Output mit Y, dann gilt:

$$N = \beta Y.$$

Hierbei ist β ein Parameter, der wiedergibt, in welchem Verhältnis der Lagerbestand einer Unternehmung zum Output stehen soll. Es gibt viele Gründe dafür, das Niveau der Lagerhaltung auf diese Weise zu bestimmen. Bewegt sich die Produktion auf hohem Niveau, dann wartet bei den Herstellern auch mehr Material darauf, genutzt zu werden, und es befinden sich mehr Güter auf den verschiedenen Stufen des Produktionsprozesses. In einer boomenden Wirtschaft wird auch der Einzelhandel mehr Waren in seinen Regalen haben, die er seinen Kunden vorführen kann.

Lagerinvestitionen I sind die Veränderung der Lagerbestände ΔN. Daher gilt:

$$I = \Delta N = \beta \Delta Y.$$

Das Akzelerator-Modell prognostiziert, daß sich die Lagerinvestitionen proportional zur Änderung des Outputs entwickeln werden. Steigt die Produktion, möchten Unternehmen größere Läger halten, folglich tätigen sie Lagerinvestitionen. Geht die Produktion zurück, möchten Unternehmen kleinere Lager halten, also desinvestieren sie, d.h. sie lassen ihre Bestände abschmelzen.

Es wird nun deutlich, wie das Akzelerator-Modell zu seinem Namen kam. Weil die Variable Y die Geschwindigkeit beschreibt, mit der die Unternehmen Güter produzieren, stellt ΔY die „Beschleunigung" der Produktion dar. Das Modell kommt also zu der Feststellung, daß der Umfang der Lagerinvestitionen davon abhängt, ob sich die ökonomische Entwicklung beschleunigt oder verlangsamt.

Fallstudie 17-4: Die empirische Relevanz des Akzelerator-Modells

Um zu sehen, wie gut das Akzelerator-Modell mit den Daten übereinstimmt, wollen wir Abbildung 17-8 betrachten. Bei dieser Abbildung handelt es sich um ein Streudiagramm mit Jahresdaten aus der Sozialproduktsberechnung der Vereinigten Staaten. An der horizontalen Achse sind die Veränderungen des realen BSP abgetragen. An der vertikalen Achse werden die realen Lagerinvestitionen dargestellt. Der positive Zusammenhang zwischen den Veränderungen des BSP und den Lagerinvestitionen bestätigt die Aussagen, die sich aus dem Akzelerator-Modell ableiten lassen. Die durch die Datenpunkte gezogene Gerade ist die graphische Darstellung der folgenden Beziehung:

$$I = 0{,}2\Delta Y.$$

Für jeden Dollar, um den das BSP steigt, werden Lagerinvestitionen im Wert von 20 Cents getätigt.

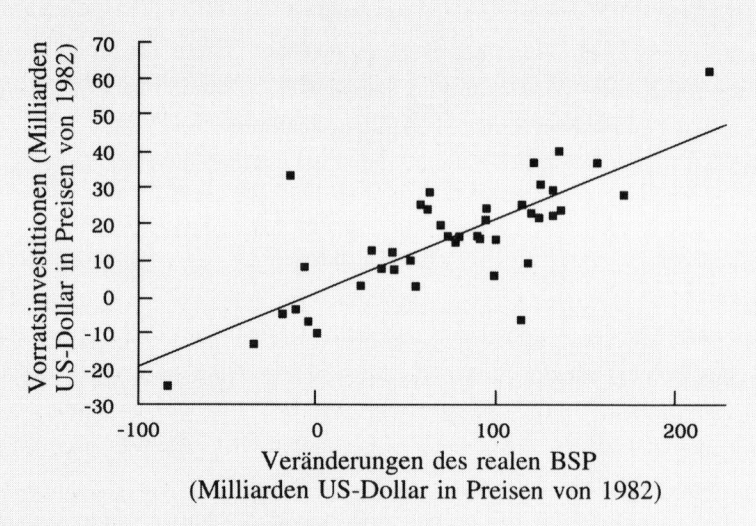

Abbildung 17-8: **Die Güte des Akzelerator-Modells.** Dieses Streudiagramm zeigt, daß die Lagerinvestitionen in Jahren mit steigendem BSP hoch, in Jahren mit sinkendem BSP niedrig sind.
Quelle: U.S. Department of Commerce.

Lagerbestände und der reale Zinssatz

Wie andere Investitionsarten hängen auch die Lagerinvestitionen vom realen Zinssatz ab. Nimmt ein Unternehmen ein Gut auf Lager und verkauft es morgen statt heute, dann verzichtet es auf den Zinssatz, den es in der Zwischenzeit hätte erzielen können. Daher mißt der reale Zinssatz die Opportunitätskosten der Lagerhaltung.

Steigt der reale Zinssatz an, dann wird die Lagerhaltung teurer, so daß rationale Unternehmen versuchen, ihre Lagerbestände zu vermindern. Aus diesem Grund führt eine Zunahme des realen Zinssatzes zu einem Druck auf die Lagerinvestitionen. So entschieden sich beispielsweise in den achtziger Jahren viele Unternehmen für das „just in time"-Konzept, mit dem Lagerbestände dadurch verringert werden sollen, daß die Güter erst kurz vor dem Verkauf produziert werden. Die hohen realen Zinssätze, die während des größten Teils dieser Dekade zu beobachten waren, liefern eine mögliche Erklärung für diese Änderung der Unternehmensstrategie.

17.4 Schlußfolgerungen

In diesem Kapitel haben wir uns genauer mit den Determinanten der Investitionen beschäftigt. Blickt man auf die verschiedenen Modelle zurück, die wir betrachtet haben, dann verdienen es drei Punkte, festgehalten zu werden.

Erstens wurde deutlich, daß bei allen drei von uns unterschiedenen Investitionsarten die Investitionsausgaben in inverser Beziehung zum realen Zinssatz stehen. Ein Anstieg des Zinssatzes erhöht für Unternehmen, die in Anlagen investieren wollen, die Kapitalkosten, er erhöht die Kreditkosten für Immobilienkäufer, und er erhöht die Lagerhaltungskosten. Die betrachteten Investitionsmodelle rechtfertigen daher die zinsabhängige Investitionsfunktion, die wir im Rahmen dieses Buches verwendet haben.

Zweitens haben wir mögliche Ursachen für eine Verschiebung der Investitionsfunktion kennengelernt. Eine Verbesserung der verfügbaren Technologie erhöht das Grenzprodukt des Kapitals und führt zu einem Anstieg der Anlageinvestitionen. Ein Bevölkerungsanstieg erhöht die Immobiliennachfrage und hat eine Zunahme der Wohnungsbauinvestitionen zur Folge. Vor allem aber beeinflussen wirtschaftspolitische Maßnahmen, wie z.B. Änderungen der Steuerbegünstigung von Investitionen oder Änderungen im Bereich der Körperschaftssteuer, die Investitionsfreudigkeit und bewirken damit eine Verschiebung der Investitionsfunktion.

Drittens wurde deutlich, warum die Investitionen im Verlauf eines Konjunkturzyklus so stark schwanken: die Investitionsausgaben hängen nicht nur vom Zinssatz, sondern auch von der Höhe der volkswirtschaftlichen Produktion ab. Im neoklassischen Investitionsmodell erhöht eine Zunahme der Beschäftigung das Grenzprodukt des Kapitals und gibt somit einen zusätzlichen Anreiz zum Investieren. Eine Zunahme der Einkommen erhöht auch die Nachfrage nach Wohnraum mit der Konsequenz, daß Immobilienpreise und Wohnungsbauinvestitionen steigen. Eine höhere Produktion führt zu einer Zunahme der von den Unternehmen gewünschten Lagerhaltung und stimuliert somit die Lagerinvestitionen. Aus unseren Modellen ergibt sich, daß ein Wirtschaftsaufschwung die Investitionen stimulieren und eine Rezession sie dämpfen sollte. Dieses Ergebnis ist genau das, was wir beobachten.

Zusammenfassung

1. Das Grenzprodukt des Kapitals bestimmt den realen Mietzins des Kapitals. Der reale Zinssatz, die Abschreibungsrate und der relative Kapitalgüterpreis bestimmen die Kapitalkosten. Gemäß dem neoklassischen Modell investieren Unternehmen, wenn der Mietzins höher ist als die Kosten des Kapitals und sie desinvestieren im umgekehrten Fall.

2. Zahlreiche Steuergesetze haben Einfluß auf die Investitionsbereitschaft. Die Körperschaftssteuer bremst die Investitionstätigkeit, während bestimmte Begünstigungen, wie z.B. Steuergutschriften, Abschreibungserleichterungen oder Investitionsbeihilfen, die Investitionstätigkeit stimulieren.

3. Eine alternative Darstellung des neoklassischen Modells ist die Aussage, daß die Investitionen von Tobins q abhängen, also vom Verhältnis aus dem Marktwert des existierenden Kapitalbestandes und seinen Wiederbeschaffungskosten. Dieses Verhältnis spiegelt die gegenwärtige und für die Zukunft erwartete Profitabilität des Kapitals wider.

4. Im Gegensatz zu den Annahmen des neoklassischen Modells sind Unternehmen nicht immer in der Lage, die für die Investitionen notwendigen Mittel aufnehmen zu können. Aufgrund solcher Finanzierungsrestriktionen ergibt sich eine Abhängigkeit der Investitionen vom gegenwärtigen Cash-flow der Unternehmen.

5. Wohnungsbauinvestitionen hängen vom relativen Preis des Wohnens ab. Dieser wiederum wird durch die Nachfrage und das gegebene Angebot am Wohnungsmarkt be-

Kapitel 17 Investitionen

stimmt. Eine Zunahme der Wohnraumnachfrage, möglicherweise wegen eines Zinsrückganges, erhöht den Preis für Wohnraum und die Wohnrauminvestitionen.

6. Unternehmen haben eine Reihe von Gründen für das Halten von Lagerbeständen: Glättung der Produktion, Nutzung als Produktionsfaktor, Vermeidung von Lieferschwierigkeiten und die Aufbewahrung von halbfertigen Produkten. Ein Modell für Lagerinvestitionen, das sich gut bewährt hat, ohne einem spezifischen Investitionsmotiv verpflichtet zu sein, ist das Akzeleratormodell. Nach dem Akzeleratormodell verändert sich der Lagerbestand proportional zum BSP. Es impliziert damit, daß die Lagerinvestitionen von der Veränderung des BSP abhängen.

Schlüsselbegriffe

Anlageinvestitionen
Ausrüstungsinvestitionen
Bauinvestitionen
Wohnungsbauinvestitionen
Lagerinvestitionen
Abschreibungen
Reale Kapitalkosten
Nettoinvestitionen
Körperschaftssteuer

Steuergutschrift
Aktienmarkt
Tobins q
Finanzierungsrestriktionen
Produktionsglättung
Lagerbestände als Produktionsfaktor
Halbfertige Erzeugnisse
Akzeleratormodell

Wiederholungsfragen

1. Unter welchen Umständen ist es für Unternehmen im neoklassischen Investitionsmodell profitabel, ihren Kapitalstock zu vergrößern?

2. Was versteht man unter Tobins q? Welcher Zusammenhang besteht zwischen Tobins q und Investitionen?

3. Erläutern Sie, warum ein Anstieg des Zinssatzes das Volumen der Wohnungsbauinvestitionen verringert.

4. Nennen Sie vier Gründe, aus denen Unternehmen Lagerbestände halten könnten.

Aufgaben und Anwendungen

1. Verwenden Sie das neoklassische Investitionsmodell, um die Auswirkungen jedes der folgenden Ereignisse auf den Mietzins des Kapitals, die Kapitalkosten und die Investitionen zu erklären:

   a. Eine auf Inflationsbekämpfung gerichtete Geldpolitik erhöht den realen Zinssatz.

b. Ein Erdbeben zerstört einen Teil des Kapitalbestandes.

c. Die Zuwanderung von ausländischen Arbeitnehmern erhöht die Zahl der Erwerbspersonen.

2. Nehmen Sie an, daß der Staat Ölgesellschaften mit einer Steuer belastet, die proportional zum Wert der Ölreserven des jeweiligen Unternehmens sind. (Der Staat macht den Unternehmen glaubhaft, daß es sich um eine einmalige Steuer handelt.) Welche Auswirkungen wird diese Steuer nach dem neoklassischen Modell auf die Anlageinvestitionen dieser Unternehmen haben? Was passiert, wenn sich diese Unternehmen Finanzierungsrestriktionen gegenübersehen?

3. Das in den Kapiteln 9 und 10 entwickelte IS/LM-Modell geht davon aus, daß Investitionen nur vom Zinssatz abhängen. Unsere Investitionstheorien lassen jedoch vermuten, daß Investitionen auch vom Sozialprodukt abhängen können: höhere Einkommen könnten die Unternehmen dazu veranlassen, mehr zu investieren.

a. Erklären Sie, warum Investitionen vom Sozialprodukt abhängen können.

b. Nehmen Sie an, daß die Investitionen durch die Beziehung

$$I = \bar{I} + aY$$

bestimmt werden, wobei a eine Konstante zwischen null und eins ist. Wie lauten unter Zugrundelegung dieser Investitionshypothese die fiskalpolitischen Multiplikatoren im einfachen keynesianischen Gütermarktmodell (keynesianisches Kreuz)? Erläuterung!

c. Nehmen Sie an, daß die Investitionen sowohl vom Einkommen als auch vom Zinssatz abhängen. Für die Investitionsfunktion läßt sich dann schreiben:

$$I = \bar{I} + aY - br.$$

Hierin ist a eine Konstante, die zwischen null und eins liegt, und b ist eine Konstante, die größer ist als null. Verwenden Sie das IS/LM-Modell, um die kurzfristigen Auswirkungen einer Erhöhung der staatlichen Güterkäufe auf Volkseinkommen Y, Zinssatz r, Konsum C und Investitionen I zu überprüfen. Wie könnten sich aufgrund dieser Investitionsfunktion die Folgerungen ändern, die sich aus dem IS/LM-Grundmodell ergeben?

Kapitel 18

Geldangebot und Geldnachfrage

Geldangebot und Geldnachfrage sind für weite Bereiche der makroökonomischen Analyse von zentraler Bedeutung. In Kapitel 6 haben wir überlegt, wie Wirtschaftswissenschaftler den Begriff „Geld" verwenden, und gezeigt, wie das Geldangebot Preise und Zinssätze langfristig (d.h. bei flexiblen Preisen) beeinflußt. In den Kapiteln 9 und 10 haben wir gesehen, daß das Geldangebot und die Geldnachfrage Schlüsselelemente des IS/LM-Modells darstellen, das die kurze Frist, in der die Preise starr sind, beschreibt.

In diesem Kapitel betrachten wir das Geldangebot und die Geldnachfrage genauer. Dabei werden wir sehen, daß das Bankensystem eine wichtige Rolle bei der Bestimmung des Geldangebots spielt. Wir werden verschiedene wirtschaftspolitische Instrumente diskutieren, mit denen die Bundesbank das Geldangebot beeinflussen kann. Schließlich werden wir auch über die Bestimmungsgründe der Geldnachfrage sprechen und in diesem Zusammenhang die einzelwirtschaftliche Entscheidung bezüglich der Höhe der Geldhaltung analysieren.

18.1 Geldangebot

Kapitel 6 diente der Einführung des Konzepts des „Geldangebots" in stark vereinfachter Form. Dort haben wir die Geldmenge als den Betrag an D-Mark definiert, der vom Publikum gehalten wird. Weiter haben wir angenommen, daß die Bundesbank über Offenmarktpolitik das Geldangebot durch Erhöhung oder Verminderung des im Umlauf befindlichen DM-Volumens steuern kann. Als erste Näherung mag diese Erklärung akzeptabel sein, sie ist jedoch unvollständig, weil sie die Rolle des Bankensystems bei der Bestimmung des Geldangebots vernachlässigt. Wir stellen nun eine vollständigere Erklärung vor.

In diesem Abschnitt werden wir sehen, daß das Geldangebot nicht nur durch die Politik der Bundesbank bestimmt wird, sondern auch durch das Verhalten der Individuen, die Geld halten, und der Banken, wo das Geld gehalten wird. An dieser Stelle wollen wir daran erinnern, daß das Geldangebot sowohl das Bargeld in den Händen des Publikums als auch diejenigen Einlagen bei Banken umfaßt, die im Bedarfsfall für Transaktionen verwendet werden können, wie beispielsweise Girokonten. Bezeichnet man das Geldangebot mit M, den Bargeldbestand mit C und den Bestand an Sichteinlagen mit D, läßt sich schreiben:

$$\text{Geldangebot} = \text{Bargeldbestand} + \text{Sichteinlagen}$$
$$M = C + D.$$

Um die Bestimmungsgründe des Geldangebots verstehen zu können, muß man sich die wechselseitige Beziehung zwischen Bargeldbestand und Sichteinlagen vor Augen führen und sich verdeutlichen, wie die Bundesbankpolitik diese beiden Komponenten des Geldangebots beeinflußt.

Ein Bankensystem mit hundertprozentiger Reservehaltung

Als Ausgangspunkt unserer Überlegungen wollen wir uns eine Welt ohne Banken vorstellen. In einer solchen Welt gibt es Geld nur in Form von Bargeld, und die Geldmenge besteht einfach aus der Anzahl von D-Mark in den Händen des Publikums. Zur Vereinfachung wollen wir annehmen, daß der Bargeldbestand der betrachteten Volkswirtschaft 1.000 DM beträgt.

Nun sollen Banken eingeführt werden. Zunächst sei angenommen, daß Banken Einlagen hereinnehmen, aber keine Kredite vergeben. Die von den Banken hereingenommenen, aber nicht für die Kreditvergabe genutzten Einlagen bezeichnet man als **Reserven**. Ein Teil der Reserven wird von den örtlichen Banken in ihren Tresorräumen aufbewahrt, der größte Teil wird jedoch bei einer Zentralbank, wie der Bundesbank, gehalten. In unserer hypothetischen Wirtschaft werden die gesamten Einlagen als Reserven gehalten: die Banken akzeptieren schlicht und einfach die Einlagen, legen das Geld auf Reserve und lassen es dort, bis der Einleger es wieder abhebt oder einen Scheck über sein Guthaben ausstellt. Wir sprechen in diesem Fall von einem Bankensystem mit hundertprozentiger Reservehaltung.

Es sei angenommen, daß die gesamten 1.000 DM der betrachteten Wirtschaft bei der Bank I eingezahlt werden. Abbildung 18-1 zeigt die Bilanz – die Gegenüberstellung von Aktiva und Passiva – der Bank I. Die Aktiva der Bank sind die 1.000 DM, die sie als Reserven hält. Die Passiva der Bank sind die 1.000 DM, die sie den Einlegern schuldet. Im Unterschied zu den normalen Banken einer Volkswirtschaft vergibt Bank I keine

Kredite, so daß sie mit ihren Aktiva keine Erträge erzielen kann. Vermutlich erhebt die Bank bei den Einlegern eine kleine Gebühr, um ihre Kosten zu decken. Der Vorteil für die Einleger besteht darin, daß die Geldhaltung bei der Bank sicherer ist als die Geldhaltung in der eigenen Brieftasche.

Bilanz Bank I

Aktiva		Passiva	
Reserven	1.000	Einlagen	1.000

Abbildung 18-1: **Eine Bilanz bei einem Bankensystem mit hundertprozentiger Reservehaltung.** Die Bilanz einer Bank zeigt ihre Aktiva und Passiva. Bei einem Bankensystem mit hundertprozentiger Reservehaltung werden alle Einlagen als Reserven gehalten.

Wie groß ist das Geldangebot in dieser Volkswirtschaft? Vor der Einbeziehung der Bank I bestand das Geldangebot aus den 1.000 DM Bargeld. Nach der Einbeziehung der Bank I besteht das Geldangebot aus den 1.000 DM Sichteinlagen. Eine D-Mark, die bei der Bank angelegt wird, vermindert den Bargeldbestand um eine D-Mark und erhöht die Sichteinlagen um eine D-Mark, so daß das Geldangebot insgesamt unverändert bleibt. *Wenn Banken 100 Prozent ihrer Einlagen als Reserven halten, hat das Bankensystem keinen Einfluß auf das Geldangebot.*

Ein Bankensystem mit anteiliger Reservehaltung

Wir wollen nun davon ausgehen, daß Banken einen Teil ihrer Einlagen zur Vergabe von Krediten verwenden, z.B. an Familien, die sich ein Haus kaufen wollen, oder an Unternehmen, die in neue Gebäude oder Ausrüstungen investieren wollen. Dies ist für Banken vorteilhaft, da sie mit den Krediten Zinseinnahmen erzielen können. Die Banken müssen einen Teil der Einlagen als Reserven zurückhalten, damit freie Mittel verfügbar sind, falls Einleger Geld abheben wollen. Solange jedoch der Umfang der neuen Einlagen ungefähr dem Umfang der Abhebungen entspricht, ist es für eine Bank nicht notwendig, die gesamten Einlagen als Reserve zu halten. Für Banken ergibt sich daher ein Anreiz, Kredite zu vergeben. In diesem Fall kann man von einem **Bankensystem mit anteiliger Reservehaltung** sprechen, einem System, in dem Banken nur einen gewissen Anteil ihrer Einlagen als Reserve halten. Abbildung 18-2 (a) zeigt die Bilanz der Bank I, nachdem diese einen Kredit vergeben hat. In dieser Bilanz wird angenommen, daß das *Reserve-Einlage-Verhältnis* - der Anteil der Einlagen, der als Reserve gehalten wird - 20 Prozent beträgt. Daher behält Bank I von den 1.000 DM Einlagen 200 DM als Reserve und verleiht die Differenz von 800 DM.

A. Bilanz Bank I

Aktiva		Passiva	
Reserven	200	Einlagen	1.000
Kredite	800		

B. Bilanz Bank II

Aktiva		Passiva	
Reserven	160	Einlagen	800
Kredite	640		

C. Bilanz Bank III

Aktiva		Passiva	
Reserven	128	Einlagen	640
Kredite	512		

Abbildung 18-2: **Bilanzen bei anteiliger Reservehaltung.** Diese Abbildung zeigt, wie 1.000 DM Reserve zu einem wesentlich höherem Einlagevolumen führen. Bei einem System mit anteiliger Reservehaltung sind Banken daher in der Lage, Geld zu schaffen.

Es ist hervorzuheben, daß Bank I durch die Kreditvergabe das Geldangebot um 800 DM erhöht. Vorher betrug das Geldangebot 1.000 DM und entsprach genau den Einlagen bei Bank I. Danach beträgt das Geldangebot 1.800 DM: der Einleger bei Bank I hat immer noch ein Sichtguthaben von 1.000 DM, der Kreditnehmer von Bank I hält jetzt jedoch noch ein Sichtguthaben von 1.000 DM, der Kreditnehmer von Bank I hält jetzt jedoch zusätzlich 800 DM in Geld. *In einem System mit anteiliger Reservehaltung können Banken daher Geld schöpfen.*

Die Geldschöpfung ist jedoch nicht auf Bank I beschränkt. Wenn der Kreditnehmer seine 800 DM bei einer anderen Bank deponiert (oder wenn er mit den 800 DM jemanden anderen bezahlt, der diese Summe dann deponiert), wird der Geldschöpfungsprozeß fortgesetzt. Abbildung 18-2 B zeigt die Bilanz der Bank II. Bank II erhält die 800 DM als Einlage, hält davon 20 Prozent (gleich 160 DM) als Reserve und verleiht 640 DM. Bank II schafft somit 640 DM Geld. Werden diese 640 DM dann bei einer dritten Bank (Bank III) deponiert, behält diese Bank wiederum 20 Prozent (gleich 128 DM) als Reserve und verleiht 512 DM usw. Mit jeder Einlage und jedem Kredit wird mehr Geld geschaffen. Obwohl sich dieser Prozeß der Geldschöpfung über eine unbeschränkte Zahl von Banken fortsetzen kann, wird dadurch nicht eine unbeschränkte Menge an Geld geschaffen. Bezeichnet *rr* das Reserve-Einlage-Verhältnis (für unser Beispiel: $rr = 0{,}2$), dann läßt sich die Menge an Geld, die mit den ursprünglichen 1.000 DM geschaffen werden kann, folgendermaßen ermitteln:

Ursprüngliche Einlage = 1.000   1.000
Kreditbank A = $(1 - rr)$ × 1.000
Kreditbank B = $(1 - rr)^2$ × 1.000
Kreditbank C = $(1 - rr)^3$ × 1.000
.
.
.

gesamtes Geldangebot = $[1 + (1 - rr) + (1 - rr)^2 + (1 - rr)^3 + ...] \times 1.000$
= $(1/rr) \times 1.000$

Jede D-Mark der ursprünglichen Einlage schafft somit $(1/rr)$ DM Geld. In unserem Beispiel gilt *rr* gleich 0,2, so daß aus dem ursprünglichen Betrag von 1.000 DM durch den Geldschöpfungsprozeß 5.000 DM Geld werden.[1] Die Geldschöpfungsfähigkeit des

---

1 *Mathematischer Hinweis:* Im letzten Schritt der Ableitung des gesamten Geldangebotes greifen wir auf das algebraische Ergebnis der Summe einer unendlichen geometrischen Reihe zurück. Dieses Ergebnis besagt: Ist x eine Zahl zwischen minus eins und eins, dann gilt
$$1 + x + x^2 + x^3 ... = 1/(1 - x).$$
Für den hier betrachteten Zusammenhang gilt $x = (1 - rr)$.

Bankensystems ist der wichtigste Unterschied zwischen Banken und anderen finanziellen Institutionen. Wie wir erstmalig in Kapitel 3 besprochen haben, wird den Finanzmärkten die wichtige Aufgabe zuteil, die Ressourcen der Wirtschaft von denjenigen Wirtschaftssubjekten, die einen Teil ihres Einkommens für zukünftige Verwendungen sparen wollen, auf diejenigen zu übertragen, die Kredite aufnehmen wollen, um Investitionsgüter zu kaufen. Diesen Prozeß bezeichnet man als finanzielle Intermediation. Viele verschiedene Institutionen einer Volkswirtschaft wirken als Finanzintermediäre: die bekanntesten Beispiele sind der Aktienmarkt, der Rentenmarkt und das Bankensystem. Von diesen finanziellen Institutionen haben jedoch nur die Banken das Recht, Vermögensobjekte zu schaffen, die Teil des Geldangebotes sind, wie z.B. Sichtguthaben. Daher sind Banken die einzigen finanziellen Institutionen, die direkt das Geldangebot beeinflussen.

Es sei darauf hingewiesen, daß ein Bankensystem mit anteiliger Reservehaltung zwar Geld schafft, aber kein Vermögen. Wenn eine Bank aus ihren Reserven Kredite vergibt, ermöglicht sie es den Kreditnehmern, Transaktionen durchzuführen, und erhöht daher das Geldangebot. Die Kreditnehmer verschulden sich jedoch gleichzeitig gegenüber der Bank, so daß der Kredit sie nicht vermögender macht. Anders ausgedrückt erhöht die Geldschöpfung durch das Bankensystem die Liquidität der Wirtschaft, nicht jedoch ihr Vermögen.

Ein Modell des Geldangebots

Nachdem wir gesehen haben, auf welche Weise die Banken Geld schöpfen, wollen wir nun genauer untersuchen, wodurch das Geldangebot bestimmt wird. Dazu stellen wir ein Modell des Geldangebots bei anteiliger Reservehaltung vor. Dieses Modell enthält drei exogene Variablen:

- Die **monetäre Basis** B bezeichnet den gesamten DM-Betrag, der vom Publikum als Bargeld C und von den Geschäftsbanken als Reserve R gehalten wird. Sie wird direkt von der Zentralbank kontrolliert.

- Das **Reserve-Einlage-Verhältnis** rr ist der Anteil der Einlagen, den die Banken als Reserve halten. Es wird durch die Geschäftspolitik der Banken und durch die die Banken regulierende Gesetzgebung bestimmt.

- Das **Bargeld-Einlage-Verhältnis** cr beschreibt die Präferenzen des Publikums in Hinblick darauf, wieviel Geld in Form von Bargeld C und wieviel in Form von Sichteinlagen D gehalten werden soll.

Unser Modell zeigt, in welcher Weise das Geldangebot von der monetären Basis, dem Reserve-Einlage-Verhältnis und dem Bargeld-Einlage-Verhältnis abhängt. Es erlaubt uns, zu untersuchen, wie die Politik der Zentralbank sowie das Verhalten der Banken und des Publikums das Geldangebot beeinflussen.

Wir beginnen mit der Definition des Geldangebots:

$$M = C + D.$$

Das Bargeld-Einlage-Verhältnis cr zeigt uns, welcher Zusammenhang zwischen Bargeldhaltung und Sichteinlagen besteht:

$$C = cr \times D.$$

Einsetzen in die erste Gleichung liefert:

$$M = (cr \times D) + D$$
$$= (cr + 1)D.$$

Durch Umformung erhält man:

$$D = M/(cr + 1).$$

Diese Gleichung zeigt, daß das Volumen der Sichteinlagen proportional zum Geldangebot ist.

Als nächstes ist zu berücksichtigen, daß sich die monetäre Basis definitionsgemäß als Summe aus Bargeld und Reserve der Banken ergibt:

$$B = C + R.$$

Das Reserve-Einlage-Verhältnis rr zeigt uns, welcher Teil der Einlagen von den Banken als Reserve gehalten wird. Daher gilt:

$$R = rr \times D.$$

Setzt man diesen Ausdruck und die Beziehung für die Bargeldhaltung in die Gleichung für die monetäre Basis ein, erhält man:

$$B = (cr \times D) + (rr \times D)$$
$$= (cr + rr)D.$$

Umformung liefert:

$$D = B/(cr + rr).$$

Diese Gleichung zeigt, daß das Volumen der Sichteinlagen proportional zur monetären Basis ist.

Um nach dem Geldangebot aufzulösen, werden die beiden Gleichungen für die Sichteinlagen zusammengefaßt:

$$M/(cr + 1) = D = B/(cr + rr).$$

Hierfür kann man schreiben:

$$M = \frac{cr + 1}{cr + rr} \times B.$$

Diese Gleichung zeigt, wie das Geldangebot von den drei exogenen Variablen abhängt. Man beachte, daß das Geldangebot proportional zur monetären Basis ist. Den Proportionalitätsfaktor $(cr + 1)/(cr + rr)$, den wir mit m bezeichnen wollen, nennt man **Geldangebotsmultiplikator**. Wir können schreiben:

$$M = m \times B.$$

Jede D-Mark der monetären Basis führt zu einem Geldangebot von m D-Mark. Weil die monetäre Basis eine vielfach verstärkte Wirkung auf das Geldangebot hat, wird sie gelegentlich auch mit dem englischen Begriff **high-powered money** bezeichnet.

Wir wollen uns ein numerisches Beispiel ansehen, das näherungsweise die Situation in den Vereinigten Staaten im Jahr 1990 beschreibt. Dazu sei angenommen, daß die monetäre Basis 300 Mrd. Dollar beträgt. Das Reserve-Einlage-Verhältnis rr betrage 0,1 und das Bargeld-Einlage-Verhältnis cr betrage 0,4. Für dieses Beispiel ergibt sich der Wert des Geldangebotsmultiplikators als:

$$m = \frac{0{,}4 + 1}{0{,}4 + 0{,}1} = 2{,}8.$$

Das Geldangebot beträgt entsprechend

$$M = 2{,}8 \times 300 = 840.$$

Jeder Dollar der monetären Basis erzeugt also 2,8 Dollar Geld, so daß das gesamte Geldangebot folglich 840 Mrd. Dollar beträgt.

Wir können nun sehen, wie Änderungen der drei exogenen Variablen B, rr und cr das Geldangebot beeinflussen:

1. Das Geldangebot ist proportional zur monetären Basis. Folglich führt eine Zunahme der monetären Basis zu der gleichen prozentualen Zunahme des Geldangebots.

2. Je kleiner das Reserve-Einlage-Verhältnis ist, desto mehr Kredite vergeben die Banken und desto mehr Geld wird aus jeder D-Mark der Reserven geschöpft. Folglich vergrößert eine Abnahme des Reserve-Einlage-Verhältnisses den Geldangebotsmultiplikator und damit das Geldangebot.

3. Je geringer das Bargeld-Einlage-Verhältnis ist, desto weniger D-Mark der monetären Basis hält das Publikum als Bargeld, desto mehr D-Mark der monetären Basis halten die Banken als Reserve und desto mehr Geld können sie schöpfen. Folglich vergrößert eine Abnahme des Bargeld-Einlage-Verhältnisses den Geldangebotsmultiplikator und damit das Geldangebot.

Vor dem Hintergrund dieses Modells können wir die Möglichkeiten diskutieren, die der Zentralbank zur Beeinflussung des Geldangebots offenstehen.

Drei Instrumente der Geldpolitik

In vorhergehenden Kapiteln trafen wir die vereinfachende Annahme, daß die Zentralbank das Geldangebot direkt kontrolliert. Tatsächlich kann die Zentralbank das Geldangebot nur indirekt durch Beeinflussung der monetären Basis oder des Reserve-Einlage-Verhältnisses steuern. Hierzu stehen ihr eine Reihe von Instrumenten der Geldpolitik zur Verfügung, von denen wir drei kurz ansprechen wollen: Offenmarktoperationen, Reserveverpflichtungen und Diskontsatz.

Als **Offenmarktoperation** bezeichnet man die Käufe und Verkäufe von Staatspapieren durch die Zentralbank. Kauft die Zentralbank Wertpapiere vom Publikum, erhöht das Geld, mit dem sie die Papiere bezahlt, die monetäre Basis und damit das Geldangebot. Verkauft die Zentralbank Wertpapiere an das Publikum, verringert das Geld, das sie für die Papiere erhält, die monetäre Basis und damit auch das Geldangebot. Offenmarktoperationen sind das geldpolitische Instrument, das die amerikanische Zentralbank am häufigsten einsetzt. Sie führt solche Offenmarktoperationen täglich an der New Yorker Wertpapierbörse durch.

Als **Reserveverpflichtungen** bezeichnet man Vorschriften, die von den Geschäftsbanken das Einhalten einer Mindestgröße des Reserve-Einlage-Verhältnisses verlangen, das durch den **Mindestreservesatz** bestimmt wird. Das Heraufsetzen des Mindestreservesatzes erhöht das Reserve-Einlage-Verhältnis und vermindert dadurch den Geldangebotsmultiplikator und das Geldangebot. Veränderungen der Mindestreservesätze werden von den Zentralbanken relativ selten vorgenommen.

Der **Diskontsatz** ist der Zinssatz, den die Zentralbank verlangt, wenn sie an die Geschäftsbanken gegen Hereinnahme von Wechseln Kredite vergibt. Geschäftsbanken nehmen bei der Zentralbank Kredite auf, wenn sie feststellen, daß ihre Reserven zu klein sind, um der Mindestreservepflicht zu genügen. Je geringer der Diskontsatz ist, desto billiger sind die geliehenen Reserven und desto mehr Kredite werden die Geschäftsbanken bei der Zentralbank im Rahmen des verfügbaren Kontingents aufnehmen. Folglich führt eine Verminderung des Diskontsatzes zu einer Erhöhung der monetären Basis und des Geldangebots.

Obwohl diese drei Instrumente – Offenmarktgeschäfte, Reserveverpflichtungen und Diskontsatz – der Zentralbank einen erheblichen Einfluß auf das Geldangebot verschaffen, ist die Kontrolle der Zentralbank nicht vollständig. Die Entscheidungsspielräume, die die Banken bei der Durchführung ihrer Geschäfte haben, können dazu führen, daß das Geldangebot sich auf eine Weise ändert, die von der Zentralbank nicht vorhersehbar war. So können sich die Geschäftsbanken beispielsweise dafür entscheiden, **Überschußreserven** zu halten, also Reserven, die über die Mindestreserveverpflichtung hinausgehen. Je höher der Umfang der Überschußreserven ist, desto höher ist das Reserve-Einlage-Verhältnis und desto geringer ist das Geldangebot. Ferner kann die Zentralbank den Umfang, in dem die Geschäftsbanken ihre Rediskontkontingente in Anspruch nehmen, nicht präzise steuern. Je weniger Zentralbankkredite die Geschäftsbanken beanspruchen, desto kleiner ist die monetäre Basis und desto geringer ist das Geldangebot. Das Geldangebot kann sich daher manchmal in eine von der Zentralbank nicht angestrebte Richtung entwickeln.

Fallstudie 18-1: Bankzusammenbrüche und das Geldangebot in den Vereinigten Staaten in den dreißiger Jahren

In der Zeit von August 1929 bis März 1933 ging das Geldangebot in den Vereinigten Staaten um 28 Prozent zurück. Wie wir in Kapitel 10 gesehen haben, vertreten einige Ökonomen die Ansicht, daß dieser starke Rückgang des Geldangebots die primäre Ursache für die Weltwirtschaftskrise war. Die Gründe für den dramatischen Rückgang haben wir dort jedoch nicht besprochen.

Die Werte für die drei Variablen, die das Geldangebot bestimmen – monetäre Basis, Reserve-Einlage-Verhältnis und Bargeld-Einlage-Verhältnis –, sind für die Jahre 1929 und 1933 in Tabelle 18-1 gezeigt. Es wird deutlich, daß der Rückgang des Geldangebots nicht auf einen Rückgang der monetären Basis zurückgeführt werden kann. Im Gegenteil, die monetäre Basis vergrößerte sich in diesem Zeitraum um 18 Prozent. Vielmehr reduzierte sich das Geldangebot, weil der Geldangebotsmultiplikator um 38 Prozent sank. Der Multiplikator sank, weil sowohl das Bargeld-Einlage-Verhältnis als auch das Reserve-Einlage-Verhältnis deutlich zunahmen.

Tabelle 18-1 Das Geldangebot und seine Determinanten in den Vereinigten Staaten von 1929 bis 1933

	August 1929	März 1933
Geldangebot	26,5	19,0
Bargeld	3,9	5,5
Sichteinlagen	22,6	13,5
Monetäre Basis	7,1	8,4
Bargeld	3,9	5,5
Reserven	3,2	2,9
Geldangebotsmultiplikator	3,7	2,3
Reserve-Einlage-Verhältnis	0,14	0,21
Bargeld-Einlage-Verhältnis	0,17	0,41

Quelle: Umgerechnet aus Milton Friedman und Anna Schwartz, A Monetary History of the United States, 1867 - 1960 (Princeton, N.J., 1963), Anhang A.

Die meisten Wirtschaftswissenschaftler führen den Rückgang des Geldschöpfungsmultiplikators auf die große Zahl von Bankzusammenbrüchen in den frühen dreißiger Jahren zurück. Von 1930 bis 1933 stellten mehr als 9000 Banken ihr Geschäft ein, wobei in vielen Fällen die Einleger geschädigt wurden. Die Bankzusammenbrüche führten via Verhaltensänderungen von Einlegern und Banken zu einem Rückgang des Geldangebots.

Weil das Vertrauen des Publikums in das Bankensystem sank, kam es durch die Zusammenbrüche zu einer Erhöhung des Bargeld-Einlage-Quotienten. Die

Menschen befürchteten weitere Bankzusammenbrüche und begannen, Bargeld im Vergleich zu Sichteinlagen als günstigere Form der Geldhaltung anzusehen. Durch das Abheben ihrer Sichteinlagen entzogen sie den Banken Reserven. Als die Banken auf die niedrigeren Reserven mit einem Abbau ihrer ausstehenden Kredite reagierten, kehrte sich der Geldschöpfungsprozeß um.

Weil die Banken vorsichtiger wurden, hatten die Bankzusammenbrüche darüber hinaus einen Anstieg des Reserve-Einlage-Quotienten zur Folge. Nachdem sie beobachtet hatten, wie Einleger Banken gestürmt hatten, um ihre Einlagen zu retten, scheuten sich die Bankiers, mit kleinem Reservevolumen zu arbeiten. Sie erhöhten ihre Reservehaltung daher deutlich über das gesetzlich vorgeschriebene Minimum. Genau wie das Publikum auf die Bankenkrise mit einer erhöhten Bargeldhaltung in Relation zu den Sichteinlagen reagierte, reagierten die Banken mit einer Erhöhung der Reservehaltung relativ zum Kreditvolumen. Diese Verhaltensänderungen führten zu einem starken Rückgang des Geldschöpfungsmultiplikators.

Obwohl es einfach ist, die Ursache für den Rückgang des Geldangebots zu erklären, ist schwer zu entscheiden, ob die Zentralbank dafür verantwortlich zu machen ist. Man könnte argumentieren, daß sich die monetäre Basis schließlich nicht verändert hat und der Zentralbank folglich keine Schuld zugewiesen werden kann. Kritiker der in dieser Periode verfolgten Zentralbankpolitik verweisen jedoch auf die beiden folgenden Punkte: Erstens, so wird gesagt, hätte die Zentralbank bei der Verhinderung von Bankzusammenbrüchen eine aktivere Rolle spielen und beim Sturm auf die Banken diesen im Notfall Bargeld zur Verfügung stellen müssen. Dies hätte dazu beigetragen, das Vertrauen in das Bankensystem zu bewahren und den starken Rückgang des Geldschöpfungsmultiplikators zu verhindern. Zweitens wird darauf verwiesen, daß die Zentralbank auf den Rückgang des Geldschöpfungsmultiplikators mit einer noch stärkeren Erhöhung der monetären Basis hätte reagieren können als tatsächlich zu beobachten war. Jede dieser beiden Maßnahmen hätte wahrscheinlich einen derart starken Rückgang des Geldangebots verhindert und damit voraussichtlich auch das Ausmaß der Weltwirtschaftskrise vermindert.

Seit den dreißiger Jahren wurden eine Reihe von Maßnahmen in Kraft gesetzt, die eine derartig große und plötzliche Senkung des Geldschöpfungsmultiplikators heute wenig wahrscheinlich machen. Die größte Bedeutung hat wohl der Einlagensicherungsfonds, der das Vertrauen der Öffentlichkeit in das Bankensystem bewahrt und damit große Ausschläge im Bargeld-Einlage-Verhältnis verhindert. Die Einlagensicherung kann sich jedoch als kostenträchtige Politik erweisen: in den späten achtziger und den frühen neunziger Jahren nahm die Regierung der Vereinigten Staaten große Ausgaben auf sich, um eine beträchtliche Anzahl insolventer Sparkassen zu retten. Nichtsdestoweniger trägt das Instrument der

Einlagensicherung dazu bei, das Bankensystem und das Geldangebot zu stabilisieren.

18.2 Geldnachfrage

Nun wollen wir uns der anderen Seite des Geldmarktes zuwenden und untersuchen, welche Einflußgrößen für die Geldnachfrage bestimmend sind. In vorangehenden Kapiteln verwendeten wir recht einfache Geldnachfragefunktionen. Wir begannen mit der Quantitätstheorie, die davon ausgeht, daß die Nachfrage nach Realkasse proportional zum Einkommen ist. Im Rahmen der Quantitätstheorie gilt also:

$$(M/P)^d = kY,$$

wobei k eine Konstante ist. Später betrachteten wir eine allgemeinere und realistischere Geldnachfragefunktion, die davon ausgeht, daß die Nachfrage nach realer Kasse sowohl vom Einkommen als auch vom Zinssatz abhängt:

$$(M/P)^d = L(i, Y).$$

Wir benutzten diese Geldnachfragefunktion in Kapitel 6, als wir überlegten, wie eine Hyperinflation beendet werden kann, und in den Kapiteln 9 und 10, als wir das IS/LM-Modell entwickelten.

Der Sinn einer detaillierteren Beschäftigung mit der Geldnachfrage besteht darin, ein tieferes Verständnis für das Wesen der Geldnachfragefunktion zu erlangen. Genau wie Untersuchungen zur Konsumfunktion sich auf mikroökonomische Modelle der Konsumentscheidung stützen, bauen Untersuchungen zur Geldnachfragefunktion auf mikroökonomischen Modellen der Geldnachfrageentscheidung auf. In diesem Abschnitt wollen wir zunächst in groben Zügen die verschiedenen Wege diskutieren, die man bei der Modellierung der Geldnachfrage einschlagen kann. Anschließend werden wir ein wichtiges Modell der Geldnachfrage entwickeln.

Als wir in Kapitel 6 den Begriff „Geld" zum ersten Mal einführten, wiesen wir darauf hin, daß Geld drei Funktionen erfüllt: es dient als Recheneinheit, zur Wertaufbewahrung und als Tauschmittel. Die erste, nämlich die Recheneinheitsfunktion erzeugt aus sich heraus keine Nachfrage nach Geld, weil man die Preise in D-Mark angeben kann, ohne auch nur eine einzige D-Mark zu halten. Die beiden anderen Funktionen kann das Geld jedoch nur erfüllen, wenn es tatsächlich gehalten wird. Daher steht in Theorien der Geldnachfrage entweder die Rolle des Geldes als Wertaufbewahrungsmittel oder als Tauschmittel im Vordergrund.

Portfolio-Theorien der Geldnachfrage

Geldnachfragetheorien, die die Rolle des Geldes als Wertaufbewahrungsmittel in den Vordergrund stellen, bezeichnet man als **Portfolio-Theorien**. Diese Theorien heben den Aspekt hervor, daß Geld als Teil eines Vermögensportfolios gehalten wird. Entscheidend bei diesen Ansätzen ist die Einsicht, daß Geld eine von anderen Vermögensobjekten verschiedene Kombination aus Ertrag und Risiko liefert. Insbesondere erbringt Geld einen sicheren (nominalen) Ertrag, während die Kurse von Aktien oder Renten sinken können. Aus diesem Grund wurde von einigen Ökonomen die Hypothese aufgestellt, daß Geld als Bestandteil eines optimalen Vermögensportfolios gehalten wird.[2]

Portfolio-Theorien gehen davon aus, daß die Nachfrage nach Geld von den Erträgen und den Risiken abhängt, die mit der Haltung von Geld bzw. der Haltung alternativer Vermögensformen verbunden sind. Darüber hinaus sollte die Geldnachfrage auch vom Gesamtvermögen abhängen, da das Gesamtvermögen die Größe des Portfolios beschreibt, das auf Geld und alternative Anlageformen aufgeteilt werden kann. Somit könnte man beispielsweise folgende Geldnachfragefunktion formulieren:

$$(M/P)^d = L(r_s, r_b, \pi^e, W).$$

Hierin bezeichnen r_s den erwarteten realen Ertrag von Aktien, r_b den erwarteten realen Ertrag von Renten, π^e die erwartete Inflationsrate und W das reale Vermögen. Eine Zunahme von rs oder rb verringert die Geldnachfrage, weil andere Vermögensformen attraktiver werden. Eine Zunahme von r_s oder r_b führt ebenfalls zu einer geringeren Geldnachfrage, weil Geld an Attraktivität verliert. (Es sei daran erinnert, daß $-\pi^e$ der erwartete Ertrag der Geldhaltung ist.) Eine Zunahme von W schließlich läßt die Geldnachfrage steigen, weil ein größeres Vermögen ein größeres Portfolio bedeutet, das auf die verschiedenen Anlageformen aufzuteilen ist.

Vom Standpunkt der Portfolio-Theorien aus betrachtet, stellt sich unsere Geldnachfragefunktion $L(i, Y)$ als nützliche Vereinfachung dar. Erstens verwendet sie das Realeinkommen Y als Proxivariable für das reale Vermögen W. Zweitens bezieht sie als einzige Ertragsgröße den nominalen Zinssatz ein, der sich als Summe des realen Ertrags von Renten und der erwarteten Inflationsrate auffassen läßt (d.h., $i = r_b + \pi^e$). Gemäß

---

[2] James Tobin, "Liquidity Preference as Behavior Toward Risk", Review of Economic Studies 25 (Februar 1958): 65-86.

den Portfolio-Theorien sollte die Geldnachfragefunktion jedoch auch die erwarteten Erträge der anderen Vermögensobjekte enthalten.

Unter Wirtschaftswissenschaftlern besteht keine Einigkeit darüber, ob Portfolio-Theorien tatsächlich für die Analyse der Geldnachfrage geeignet sind. Die Gültigkeit von Portfolio-Theorien hängt wahrscheinlich davon ab, welches Geldmengenkonzept zugrunde gelegt wird. Die engsten Konzepte, wie z.B. $M1$, umfassen nur Bargeld und Sichteinlagen. Diese Geldformen bringen entweder keine oder allenfalls sehr geringe Zinserträge. Es existieren andere Vermögensformen, wie z.B. Spareinlagen und Termingelder, mit denen sich höhere Zinserträge erzielen lassen, die aber gleichzeitig eine ähnliche Risikocharakteristik aufweisen wie Bargeld oder Sichteinlagen. Ökonomen sagen daher, daß Geld ($M1$) ein **dominiertes Vermögensobjekt** ist: zur Erfüllung der Wertaufbewahrungsfunktion gibt es andere Vermögensformen, die immer besser sind als Geld. Es kann daher niemals optimal sein, Geld als Komponente eines Portfolios zu halten. Aus dieser Überlegung folgt, daß Portfolio-Theorien nicht in der Lage sind, die Nachfrage nach diesen dominierten Geldformen zu erklären.

Portfolio-Theorien sind als Theorien der Geldnachfrage überzeugender, wenn man sich auf ein relativ breites Geldkonzept bezieht. Breitere Konzepte umfassen viele der Vermögensformen, die Bargeld und Sichteinlagen dominieren. So enthält die Geldmenge $M2$ neben Bargeld und Sichteinlagen auch noch Termingelder mit einer Laufzeit unter vier Jahren. Untersucht man die Frage, warum Vermögen in Form von $M2$ und nicht in Form von Aktien oder Renten gehalten wird, dann kann man zu dem Ergebnis kommen, daß Portfolio-Überlegungen in bezug auf Ertrag und Risiko die größte Bedeutung haben. Obwohl der Portfolio-Ansatz zur Erklärung der Geldnachfrage also unplausibel sein mag, wenn man ihn auf $M1$ anwendet, kann er doch die richtige Theorie zur Erklärung der Nachfrage nach $M2$ oder $M3$ sein.

Fallstudie 18-2: Bargeld und die Schattenwirtschaft

Wieviel Geld befindet sich gerade in Ihrer Brieftasche? Wieviele 100 DM-Scheine sind es?

Im Jahr 1990 betrug in der Bundesrepublik Deutschland der Bargeldbestand knapp 2.000 DM pro Einwohner. In den Vereinigten Staaten waren es etwa 1.000 Dollar pro Kopf, die Hälfte davon in 100 Dollar-Scheinen. Die meisten Menschen sind überrascht, wenn sie diese Zahlen hören, denn sie selbst halten geringere Summen in kleineren Scheinen.

Ein Teil des Bargeldumlaufs wird im Bereich der Untergrund- oder Schattenwirtschaft verwendet, also dort, wo ungesetzlichen Tätigkeiten wie dem Drogenhandel nachgegangen wird, oder wo Einkommensteile versteckt werden, um sie der Besteuerung zu entziehen. Denjenigen, die ihre Vermögen illegal erzielt haben, stehen möglicherweise weniger Optionen offen, ihr Portfolio zu investieren. Sie müssen mit einem höheren Risiko rechnen, entdeckt zu werden, wenn sie ihr Vermögen bei Banken, in Aktien oder in Renten halten. Für Kriminelle ist Bargeld vielleicht kein dominiertes Vermögensobjekt: es könnte sogar die beste verfügbare Anlageform sein.

Transaktionstheorien der Geldnachfrage

Theorien der Geldnachfrage, in deren Mittelpunkt die Rolle des Geldes als Tauschmittel steht, werden als **Transaktionstheorien** bezeichnet. Diese Theorien gehen davon aus, daß Geld ein dominiertes Vermögensobjekt ist und heben hervor, daß Geld im Unterschied zu anderen Vermögensformen gehalten wird, um Käufe tätigen zu können. Sie liefern eine gute Erklärung, warum enge Geldformen, wie z.B. Bargeld oder Sichteinlagen, anstelle von dominierenden Vermögenswerten, wie z.B. Spareinlagen oder Sparbriefen, gehalten werden.

In Abhängigkeit davon, wie man den Prozeß des Geldzuflusses und der Transaktionsdurchführung modelliert, treten Transaktionstheorien der Geldnachfrage in vielfältiger Erscheinungsweise auf. Alle diese Theorien gehen jedoch davon aus, daß Geld durch die Kosten einer niedrigen Ertragsrate und den Nutzen größerer Bequemlichkeit bei der Durchführung von Transaktionen gekennzeichnet ist. Bei der Entscheidung über die Höhe der Geldhaltung wägen die Wirtschaftssubjekte diese Kosten und Nutzen gegeneinander ab.

Um zu sehen, auf welche Weise Transaktionstheorien die Geldnachfragefunktion erklären, wollen wir ein bekanntes Modell dieser Klasse ausführlicher betrachten. Bei diesem Modell handelt es sich um das **Baumol-Tobin-Modell**, das in den fünfziger Jahren von den beiden Wirtschaftswissenschaftlern William Baumol und James Tobin entwickelt wurde.[3] Das Baumol-Tobin-Modell ist bis heute einer der führenden Ansätze zur Erklärung der Geldnachfrage geblieben.

---

3 William Baumol, "The Transactions Demand for Cash: An Inventory Theoretic Approach", *Quarterly Journal of Economics* 66 (November 1952): 545-556; James Tobin, "The Interest Elasticity of the Transactions Demand for Cash", Review of Economics and Statistics (August 1956): 241-247.

Das Baumol-Tobin-Modell der Kassenhaltung

Das Baumol-Tobin-Modell dient der Analyse von Kosten und Nutzen der Geldhaltung. Der Nutzen der Geldhaltung besteht in Bequemlichkeit: die Menschen halten Geld, um zu vermeiden, daß sie vor jedem einzelnen Kauf zunächst einen Weg zur Bank unternehmen müssen. Diese Bequemlichkeit ist jedoch mit Kosten verbunden: sie müssen auf den Zinsertrag verzichten, der ihnen zugeflossen wäre, wenn sie das Geld auf einem zinstragenden Sparkonto gelassen hätten.

Um zu verstehen, wie Wirtschaftssubjekte diese Nutzen und Kosten gegeneinander abwägen, wollen wir einen Menschen betrachten, der plant, einen Betrag von Y D-Mark gleichmäßig über das Jahr verteilt auszugeben. (Zur Vereinfachung sei angenommen, daß das Preisniveau konstant ist, so daß die realen Ausgaben im Verlauf des Jahres gleich groß bleiben.) Wieviel Geld sollte dieser Mensch sinnvollerweise halten? Anders ausgedrückt: Wie groß ist die optimale durchschnittliche Kassenhaltung?

Schauen wir uns einmal die verschiedenen Möglichkeiten an: Er könnte am Anfang des Jahres die gesamten Y D-Mark abheben und das Geld gleichmäßig ausgeben. Abbildung 18-3A zeigt seine Geldhaltung bei Realisierung dieser Variante. Am Jahresanfang beträgt die Geldhaltung Y und am Jahresende null, im Jahresdurchschnitt also $Y/2$.

Eine zweite Möglichkeit besteht darin, innerhalb des betrachteten Zeitraums zwei Wege zur Bank in Kauf zu nehmen. In diesem Fall werden am Jahresanfang $Y/2$ D-Mark abgehoben und gleichmäßig über das erste Halbjahr verteilt ausgegeben. Dann erfolgt ein zweiter Gang zur Bank, um den Betrag von $Y/2$ für das zweite Halbjahr abzuheben. Abbildung 18-3B zeigt, daß sich die Geldhaltung im Verlauf des Jahres zwischen $Y/2$ und null bewegt und durchschnittlich $Y/4$ beträgt. Diese Variante hat den Vorteil, daß im Durchschnitt weniger Geld gehalten wird und daher geringere Zinsverluste entstehen. Sie hat den Nachteil, daß nun anstelle eines Ganges zur Bank zwei erforderlich sind.

Allgemeiner soll nun von N Gängen zur Bank ausgegangen werden. Bei jedem Gang werden Y/N D-Mark abgehoben, die dann gleichmäßig während des folgenden N-tels des Jahres ausgegeben werden. Abbildung 18-3C zeigt, daß sich die Geldhaltung zwischen Y/N und null bewegt und im Durchschnitt einen Wert von $Y/(2N)$ aufweist.

Die Frage lautet nun: Wie sieht die optimale Wahl von N aus? Je größer N ist, desto weniger Geld wird im Durchschnitt gehalten und desto geringer ist der Verlust aus entgangenen Zinserträgen. Aber mit zunehmendem N nimmt auch die Unbequemlichkeit zu, die aus den Wegen zur Bank resultiert.

Wir wollen annehmen, daß für einen Weg zur Bank Kosten in Höhe des festen Betrags F anfallen. F repräsentiert den Wert der Zeit, die benötigt wird, um zur Bank und wieder zurück zu gelangen und in der Bank die Transaktion abzuwickeln. Benötigt jemand beispielsweise insgesamt 15 Minuten und beträgt der Stundenlohn dieser Person 12 DM, so ist F gleich 3 DM. Der Zinssatz sei mit i bezeichnet. Weil Geld keine Zinserträge abwirft, mißt i die Opportunitätskosten der Geldhaltung.

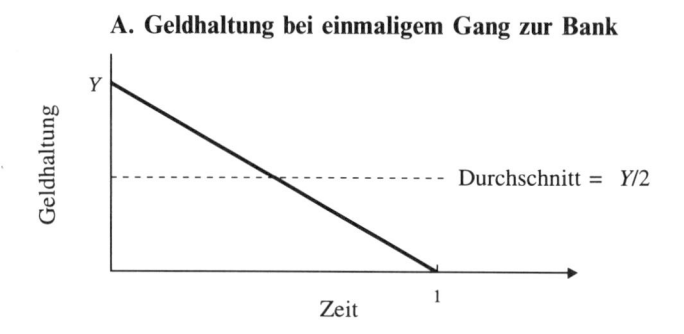

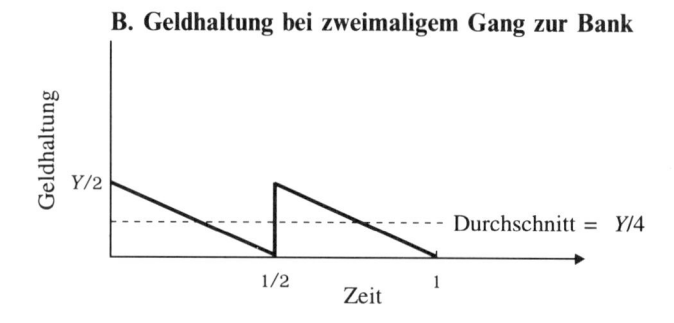

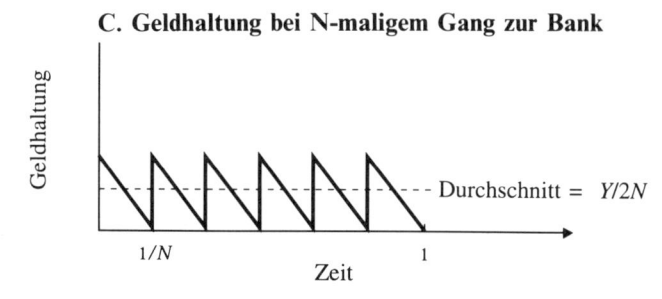

Abbildung 18-3: **Geldhaltung während eines Jahres.** Diese Abbildung zeigt, in welcher Weise die durchschnittliche Kassenhaltung von der Anzahl der Wege abhängt, die eine Person in jedem Jahr zur Bank unternimmt.

Nun können wir die optimale Wahl von N und die optimale Höhe der Geldhaltung explizit analysieren. Für jedes beliebige N beträgt die durchschnittliche Geldhaltung $Y/(2N)$. Der entgangene Zinsertrag ist daher $iY/(2N)$. Weil F die Kosten einer Abhebung

Kapitel 18   Geldangebot und Geldnachfrage

mißt, betragen die gesamten Kosten bei *N* Abhebungen *FN*. Die Gesamtkosten, die dem betrachteten Individuum entstehen, ergeben sich als Summe aus den entgangenen Zinserträgen und den Kosten für die Wege zur Bank:

$$\begin{aligned}\text{Gesamtkosten} &= \text{entgangener Zins} + \text{Wege zur Bank}\\ &= iY/(2N) + FN.\end{aligned}$$

Je größer die Zahl der Wege *N*, desto geringer sind die entgangenen Zinsen und desto größer sind die Wegekosten.

Abbildung 18-4 zeigt, wie die Gesamtkosten von *N* abhängen. Es gibt genau einen Wert von *N*, der die Gesamtkosten minimiert. Dieser optimale Wert von *N* ist[4]

$$N^* = \sqrt{\frac{iY}{2F}}.$$

Für diesen Wert von *N* beträgt die durchschnittliche Geldhaltung

$$\begin{aligned}\text{Durchschnittliche Geldhaltung} &= Y/(2N^*)\\ &= \sqrt{\frac{YF}{2i}}.\end{aligned}$$

Dieser Ausdruck zeigt, daß die Geldhaltung eines Individuums steigt, falls die festen Wegekosten *F* steigen, falls die Ausgaben *Y* steigen und falls der Zinssatz *i* sinkt.

Bislang haben wir das Baumol-Tobin-Modell als ein Modell für die Nachfrage nach Bargeld interpretiert. Das heißt, wir haben es benutzt, um das Geldvolumen zu erklären, das außerhalb des Bankensektors gehalten wird. Man kann das Modell jedoch auch breiter interpretieren. Dazu wollen wir uns ein Wirtschaftssubjekt vorstellen, das ein Portfolio von monetären Vermögensobjekten (Bargeld, Sichteinlagen) und nichtmonetären Vermögensobjekten (Aktien, Renten) hält. Monetäre Vermögensobjekte werden zur Durchführung von Transaktionen verwendet, erbringen jedoch nur einen geringen Ertrag. Bezeichne nun *i* die Ertragsdifferenz zwischen monetären und nichtmonetären Vermögensobjekten und *F* die Kosten, die entstehen, um nichtmonetäre in monetäre Anlageformen zu transformieren (z.B. Maklergebühren). Die Entscheidung darüber, wie oft die Maklergebühr bezahlt werden sollte, ist analog zu der Entscheidung, wie oft in

---

4 *Mathematischer Hinweis*: Dieser Ausdruck läßt sich mit Hilfe einfacher Differentialrechnung schnell herleiten. Ableitung der Gesamtkosten C nach der Anzahl der Wege liefert
$$dC/dN = -iYN^{-2}/2 + F.$$
Im Optimum gilt *dC/dN* = 0. Hieraus folgt die Formel für N^*.

einer Periode der Weg zur Bank gegangen werden sollte. Daher beschreibt das Baumol-Tobin-Modell die Nachfrage dieses Wirtschaftssubjekts nach monetären Vermögensobjekten. Durch den Nachweis, daß die Geldnachfrage positiv von den Ausgaben Y und negativ vom Zinssatz i abhängt, liefert das Modell eine mikroökonomische Fundierung für die Geldnachfragefunktion $L(i, Y)$, die wir in diesem Buch verwendet haben.

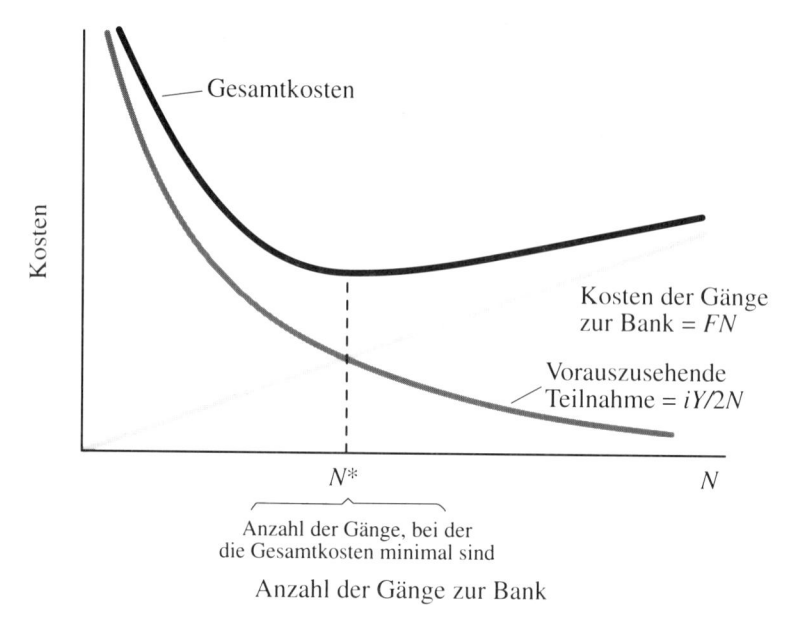

Abbildung 18-4: **Die Kosten der Geldhaltung.** Diese Abbildung zeigt, wie entgangene Zinserträge, die Kosten der Wege zur Bank und die Gesamtkosten von der Anzahl der Wege N abhängen. Es gibt einen Wert von N, hier als N^* bezeichnet, der die Gesamtkosten minimiert.

Fallstudie 18-3: Empirische Untersuchungen zur Geldnachfrage

Es gibt eine große Anzahl empirischer Untersuchungen, die sich mit Geld, Einkommen und Zinssätzen beschäftigen, um weitere Erkenntnisse bezüglich der Geldnachfragefunktion zu gewinnen. Ein Ziel dieser Arbeiten besteht darin, abzuschätzen, wie die Geldnachfrage auf Veränderungen von Einkommen und Zinssatz reagiert. Die Sensitivität der Geldnachfrage in bezug auf diese beiden Größen bestimmt die Steigung der LM-Funktion; sie beeinflußt somit die Wirksamkeit von Geld- und Fiskalpolitik.

Ein anderes Ziel der empirischen Studien besteht darin, die Theorien der Geldnachfrage zu überprüfen. So macht zum Beispiel das Baumol-Tobin-Modell präzise Aussagen darüber, wie Einkommen und Zinssätze die Geldnachfrage beeinflussen. Die Quadratwurzel-Formel des Modells impliziert eine Einkommenselastizität der Geldnachfrage von ein halb: eine zehnprozentige Zunahme des Einkommens müßte zu einer fünfprozentigen Zunahme der Nachfrage nach Realkasse führen. Sie impliziert ebenfalls eine Zinselastizität der Geldnachfrage von ein halb: ein zehnprozentiger Anstieg des Zinssatzes (beispielsweise von zehn Prozent auf elf Prozent) müßte einen fünfprozentigen Rückgang der Nachfrage nach Realkasse zur Folge haben.

Die meisten empirischen Untersuchungen zur Geldnachfrage bestätigen diese Aussagen nicht. Sie kommen vielmehr zu dem Ergebnis, daß die Einkommenselastizität der Geldnachfrage größer, die Zinselastizität aber kleiner ist als ein halb. Obwohl also das Baumol-Tobin-Modell einen Teil der hinter der Geldnachfragefunktion stehenden Zusammenhänge richtig erfaßt haben mag, liefert es kein vollständiges Bild.

Eine denkbare Erklärung für das Versagen des Baumol-Tobin-Modells besteht darin, daß einige Menschen möglicherweise eine geringere Entscheidungsfreiheit in bezug auf ihre Geldhaltung haben als das Modell annimmt. So ist es zum Beispiel in den Vereinigten Staaten durchaus üblich, daß ein Arbeitnehmer seinen Wochenlohn in Form eines Schecks erhält. Der Betreffende muß dann wöchentlich zu seiner Bank gehen, um den Scheck einzulösen. Bei dieser Gelegenheit kann er gleich den Bargeldbetrag abheben, den er für die kommende Woche benötigt. In diesem Fall reagiert die Zahl der Wege zur Bank N nicht auf Veränderungen der Ausgaben oder des Zinssatzes. Weil N eine feste Größe ist, verhält sich die durchschnittliche Kassenhaltung, $Y/(2N)$, proportional zu den Ausgaben, ist aber nicht sensitiv in bezug auf den Zinssatz.

Nun wollen wir uns vorstellen, daß die Welt mit zwei Sorten Menschen bevölkert ist. Einige verhalten sich gemäß dem Baumol-Tobin-Modell, so daß ihre Einkommens- und Zinselastizitäten ein halb betragen. Für die anderen ist N eine feste Zahl, so daß ihre Einkommenselastizität eins beträgt, während die Zinselastizität einen Wert von null aufweist. In diesem Fall ergibt sich die aggregierte Geldnachfragefunktion als gewichtetes Mittel der beiden Gruppen. Die Einkommenselastizität wird dann zwischen ein halb und eins liegen und die Zinselastizität zwischen ein halb und null – genau wie es sich bei den empirischen Untersuchungen gezeigt hat.[5]

18.3 Schlußfolgerung: Mikroökonomische Modelle und Makroökonomik

Nachdem wir nun unsere Überlegungen zu Geldangebot und Geldnachfrage beendet haben, wollen wir noch einmal den Blick zurück auf die Gesamtthematik der letzten Kapitel werfen. Wir haben uns mit einer Reihe von mikroökonomischen Modellen beschäftigt, so etwa mit der Konsumtheorie des permanenten Einkommens, der neoklassischen Investitionstheorie und dem Baumol-Tobin-Modell der Kassenhaltung. Der Sinn dieser Modelle besteht darin, mit Hilfe der Analyse individuellen Verhaltens Licht auf makroökonomische Phänomene zu werfen.

Diese Kapitel sollten einen Eindruck von der modernen makroökonomischen Forschung vermitteln. Während der letzten beiden Jahrzehnte entsprang ein großer Teil des Fortschritts in der Makroökonomik der Entwicklung und Überprüfung von mikroökonomischen Modellen. In den allermeisten Fällen sollen diese Modelle die makroökonomische Theorie nicht umstürzen, sondern verfeinern. Die meisten Makroökonomen sehen in einer Weiterführung der Integration von Mikro- und Makroökonomik den vielversprechendsten Ansatz zur Erzielung von Erkenntnisfortschritten.

Zusammenfassung

1. In einem System mit anteiliger Reservehaltung können Geschäftsbanken Geld schöpfen, weil jede D-Mark Reserve ein Vielfaches an D-Mark in Form von Sichteinlagen erzeugt.

2. Die Höhe des Geldangebots hängt ab von der monetären Basis, dem Reserve-Einlage-Verhältnis und dem Bargeld-Einlage-Verhältnis. Eine Zunahme der monetären Basis

---

5 Für weitere Informationen über empirische Untersuchungen zur Geldnachfrage vgl. Stephen M. Goldfeld, "The Demand for Money Revisited", Brookings Papers on Economic Activity, Nr. 1 (1973): 577-638; David Laidler, The Demand for Money: Theories and Evidence, 3. Auflage (New York: Harper and Row, 1985).

führt zu einem proportionalen Wachstum des Geldangebots. Eine Abnahme des Reserve-Einlage-Verhältnisses oder des Bargeld-Einlage-Verhältnisses vergrößert den Geldschöpfungsmultiplikator und damit das Geldangebot.

3. Die Zentralbank kann das Geldangebot durch den Einsatz dreier Instrumenten ändern. Sie kann die monetäre Basis durch den Ankauf von Wertpapieren im Rahmen von Offenmarktoperationen oder durch eine Senkung des Diskontsatzes vergrößern. Ferner kann sie das Reserve-Einlage-Verhältnis durch Lockerung der Mindestreservevorschriften verringern.

4. Portfolio-Theorien der Geldnachfrage stellen auf die Wertaufbewahrungsfunktion des Geldes ab. Die Grundaussage dieser Theorie lautet, daß die Geldnachfrage von Risiken und Erträgen des Geldes und alternativer Vermögensobjekte abhängt.

5. Transaktions-Theorien der Geldnachfrage, wie das Baumol-Tobin-Modell, heben die Tauschmittelfunktion des Geldes hervor. Ihre Vertreter behaupten, daß die Geldnachfrage positiv von den Ausgaben und negativ vom Zinssatz abhängt.

Schlüsselbegriffe

Reserven	High-powered money
Hundertprozentige Reservehaltung	Offenmarktoperation
Bankbilanz	Reservevorschriften
Anteilige Reservehaltung	Diskontsatz
Finanzintermediation	Überschußreserven
Monetäre Basis	Portfolio-Theorien
Reserve-Einlage-Verhältnis	Dominierte Vermögensobjekte
Bargeld-Einlage-Verhältnis	Transaktions-Theorien
Geldschöpfungsmultiplikator	Baumol-Tobin-Modell

Wiederholungsfragen

1. Erläutern Sie, wie Geschäftsbanken Geld schöpfen.

2. Erläutern Sie drei Handlungsalternativen, mittels derer die Zentralbank das Geldangebot beeinflussen kann.

3. Warum könnte eine Bankenkrise zu einem Rückgang des Geldangebots führen?

4. Erläutern Sie den Unterschied zwischen Portfolio- und Transaktions-Theorien der Geldnachfrage.

5. Woraus erklärt sich nach dem Baumol-Tobin-Modell die Entscheidung eines Wirtschaftssubjekts über die Anzahl seiner Wege zur Bank? In welchem Zusammenhang steht diese Entscheidung mit der Geldnachfrage?

Aufgaben und Anwendungen

1. Das Geldangebot fiel in den Vereinigten Staaten in den Jahren 1929 bis 1933, weil sowohl das Bargeld-Einlage-Verhältnis als auch das Reserve-Einlage-Verhältnis zunahm. Verwenden Sie das Geldangebotsmodell und die Daten aus Tabelle 18-1, um die folgenden hypothetischen Fragen bezüglich dieses Zeitraums zu beantworten.

   a. Wie hätte sich das Geldangebot verändert, wenn das Bargeld-Einlage-Verhältnis gestiegen, das Reserve-Einlage-Verhältnis jedoch unverändert geblieben wäre?

   b. Wie hätte sich das Geldangebot verändert, wenn das Reserve-Einlage-Verhältnis gestiegen, das Bargeld-Einlage-Verhältnis jedoch gleich geblieben wäre?

   c. Welche der beiden Änderungen war in stärkerem Maße für den Rückgang des Geldangebots verantwortlich?

2. In dieser Aufgabe sollen Sie überlegen, welche Empfehlung Sie aus dem Baumol-Tobin-Modell bezüglich der Häufigkeit, mit der Sie Ihre Bank aufsuchen sollten, um Bargeld abzuheben, ableiten können.

   a. Wie groß ist das Volumen Ihrer jährlichen Käufe, die Sie bar bezahlen (im Unterschied zur Zahlung mit Schecks oder Kreditkarten)? Dies ist der Wert Ihres Y.

   b. Wieviel Zeit benötigen Sie für den Weg zur Bank? Wie hoch ist Ihr Stundenlohn? Benutzen Sie die beiden Zahlen, um Ihren Wert von F zu berechnen.

   c. Welchen Zinssatz erzielen Sie, wenn Sie Ihr Geld auf dem Konto lassen? Dies ist Ihr Wert von i. (Achten Sie darauf, i in Dezimalform zu schreiben, das heißt sechs Prozent sollte als 0,06 geschrieben werden.)

   d. Wie häufig sollten Sie unter Anwendung des Baumol-Tobin-Modells jährlich zur Bank gehen und welchen Betrag sollten Sie jedesmal abheben?

   e. Wie oft gehen Sie tatsächlich zu Ihrer Bank und wieviel heben Sie ab?

3. In Kapitel 6 definierten wir die Kreislaufgeschwindigkeit des Geldes als Verhältnis von nominalen Ausgaben zur Geldmenge. Wir wollen nun das Baumol-Tobin-Modell benutzen, um zu untersuchen, wodurch die Kreislaufgeschwindigkeit bestimmt wird.

   a. Schreiben Sie unter Verwendung der Formel für die durchschnittliche Kassenhaltung $Y/(2N)$ die Kreislaufgeschwindigkeit als Funktion der Anzahl der Wege zur Bank. Erläutern Sie Ihr Ergebnis.

   b. Verwenden Sie die Formel für die optimale Anzahl von Wegen, um die Kreislaufgeschwindigkeit als Funktion von Ausgaben Y, Zinssatz i und Wegekosten F auszudrücken.

c. Wie ändert sich die Kreislaufgeschwindigkeit, wenn der Zinssatz steigt? Erläutern Sie!

d. Wie ändert sich die Kreislaufgeschwindigkeit, wenn das Preisniveau steigt? Erläutern Sie!

e. Was wird mit der Kreislaufgeschwindigkeit geschehen, wenn die Wirtschaft wächst? (*Hinweis*: Überlegen Sie, wie das wirtschaftliche Wachstum Y und F beeinflußt.)

f. Nehmen Sie nun an, daß die Anzahl der Wege zur Bank feststeht und keine Entscheidungsgröße darstellt. Welche Implikationen ergeben sich aus dieser Annahme für die Kreislaufgeschwindigkeit?

Epilog

Was wir wissen, was wir nicht wissen

Im ersten Kapitel dieses Buches wird behauptet, daß die Aufgabe der Makroökonomik darin besteht, das ökonomische Geschehen zu erhellen und zur Verbesserung der Wirtschaftspolitik beizutragen. Nachdem wir nun viele der wichtigsten makroökonomischen Modelle entwickelt und verwendet haben, können wir abschätzen, ob die Wirtschaftswissenschaftler diese Ziele auch erreicht haben.

Bei jeder fairen Beurteilung des heutigen Stands der Makroökonomik muß man zugeben, daß das Wissen unvollständig ist. Es gibt einige Prinzipien, die von nahezu allen Makroökonomen akzeptiert werden und auf die wir uns bei dem Versuch der Analyse des Geschehens und der Formulierung von wirtschaftspolitischen Empfehlungen verlassen können. Viele Fragen bezüglich der Wirtschaft bleiben jedoch auch offen. In diesem letzten Kapitel wollen wir uns nochmals kurz die wichtigsten Ergebnisse unserer Überlegungen zur Makroökonomik zusammenfassen und die drängendsten ungelösten Fragen besprechen.

Die vier wichtigsten Erkenntnisse der Makroökonomik

Wir beginnen mit vier Ergebnissen, die sich durch das Buch ziehen und heute von den meisten Wirtschaftswissenschaftlern unterschrieben würden. Jedes dieser Ergebnisse sagt uns etwas darüber, wie die Wirtschaftspolitik eine ökonomische Schlüsselvariable - Output, Inflation oder Arbeitslosigkeit - entweder lang- oder kurzfristig beeinflussen kann.

Ergebnis Nr. 1: Langfristig bestimmt die Produktionskapazität eines Landes den Lebensstandard seiner Bürger.

Von allen Maßen zur Erfassung der wirtschaftlichen Lage, die in Kapitel 2 eingeführt und im ganzen Buch verwendet wurden, ist das BSP dasjenige, das die ökonomische Wohlfahrt am besten mißt. Das reale BSP beschreibt den gesamten Output einer Volkswirtschaft und mißt daher die Fähigkeit eines Landes, die Bedürfnisse und Wünsche seiner Bürger zu befriedigen. Die vielleicht wichtigste Frage in der Makroökonomik lautet daher: "Wodurch werden Niveau und Wachstum des BSP bestimmt?".

Die von uns in den Kapiteln 3 und 4 entwickelten Modelle identifizieren die langfristigen Determinanten des BSP. Langfristig wird das BSP durch die Produktionsfaktoren - Kapital und Arbeit - und durch die Technologie der Verwandlung von Kapital und Arbeit in Output bestimmt. Das BSP wächst, wenn das Volumen der Produktionsfaktoren zunimmt oder sich die verfügbare Technologie verbessert.

Dieses Ergebnis hat ein offenkundiges, aber wichtiges Korollar: Bei langfristiger Betrachtung kann staatliche Wirtschaftspolitik das BSP nur durch eine Verbesserung der Produktionskapazitäten einer Volkswirtschaft erhöhen. Es gibt viele Wege, auf denen Wirtschaftspolitiker versuchen können, dieses Ziel zu erreichen. Maßnahmen, die die volkswirtschaftliche Ersparnis erhöhen - entweder durch Zunahme der öffentlichen oder aber der privaten Ersparnis -, führen letztendlich zu einem größeren Kapitalstock. Maßnahmen, die die Arbeitseffizienz erhöhen - etwa durch Verbesserung der Ausbildung oder Beschleunigung des technischen Fortschritts -, führen zu einer produktiveren Verwendung von Kapital und Arbeit. Jede dieser Maßnahmen erhöht den Güter-Output einer Volkswirtschaft und damit den Lebensstandard. Es besteht unter Wirtschaftswissenschaftlern jedoch Uneinigkeit darüber, auf welche Weise sich am besten eine Erhöhung der volkswirtschaftlichen Produktionskapazitäten erreichen läßt.

Ergebnis Nr. 2: Kurzfristig beeinflußt die Gesamtnachfrage das von einem Land produzierte Volumen an Waren und Dienstleistungen.

Langfristig wird die Höhe des Sozialprodukts allein durch die Möglichkeiten der Wirtschaft bestimmt, Waren- und Dienstleistungen *anzubieten*. Kurzfristig hängt die Höhe des Sozialprodukts dagegen auch von der gesamtwirtschaftlichen *Nachfrage* nach Waren und Dienstleistungen ab. Die Gesamtnachfrage ist deshalb von zentraler Bedeutung, weil die Preise kurzfristig inflexibel sind. Aus dem in den Kapiteln 9 und 10 entwickelten IS/LM-Modell geht hervor, wodurch Änderungen der Gesamtnachfrage und damit auch Schwankungen des Sozialprodukts ausgelöst werden.

Weil die Gesamtnachfrage kurzfristig die Höhe des Outputs beeinflußt, können sich alle Variablen, die auf die Gesamtnachfrage Einfluß nehmen, auf die Schwankungen des Sozialprodukts auswirken. Geld- und fiskalpolitische Maßnahmen sowie Schocks, die die Geld- oder Gütermärkte treffen, tragen oft die Verantwortung für die von Jahr zu Jahr zu beobachtenden Änderungen von Produktion und Beschäftigung. Wegen der zentralen Bedeutung der Gesamtnachfrage für die kurzfristigen Schwankungen des Sozialprodukts überwachen die Wirtschaftspolitiker das Wirtschaftsgeschehen genau. Bevor Änderungen in der Geld- oder Fiskalpolitik eingeleitet werden, wollen sie wissen, ob sich die Wirtschaft in einem Boom oder in einer Rezession befindet.

Ergebnis Nr. 3: Langfristig bestimmt die Höhe des Geldmengenwachstums die Höhe der Inflationsrate, hat aber keinen Einfluß auf die Höhe der Arbeitslosenquote.

Neben dem BSP stellen Inflationsrate und Arbeitslosenquote die beiden am genauesten überwachten Maße der wirtschaftlichen Lage dar. In Kapitel 2 haben wir diskutiert, wie diese beiden Variablen gemessen werden, und in den nachfolgenden Kapiteln haben wir Modelle entwickelt, mit denen sich zeigen läßt, wie sie bestimmt werden.

Die langfristige Analyse in Kapitel 6 hat insbesondere deutlich gemacht, daß das Geldangebot die letzte Ursache für die Inflation darstellt. Langfristig verliert eine Währung im Zeitablauf dann und nur dann real an Wert, wenn die Zentralbank immer mehr Geld in Umlauf bringt. Mit diesem Ergebnis lassen sich sowohl die von Dekade zu Dekade zu verzeichnenden Änderungen der Inflationsrate erklären, wie sie etwa für die Vereinigten Staaten zu beobachten sind, als auch die wesentlich dramatischeren Hyperinflationen, die in verschiedenen anderen Ländern aufgetreten sind.

Wir haben auch etliche der langfristigen Konsequenzen hohen Geldmengenwachstums und hoher Inflationsraten kennengelernt. In Kapitel 6 wurde gezeigt, daß dem Fisher-Effekt zufolge hohe Inflationsraten zu hohen nominalen Zinssätzen führen, so daß der reale Zinssatz unverändert bleibt. In Kapitel 7 wurde gezeigt, daß hohe Inflationsraten zu einer Abwertung der betreffenden Währung führen.

Die langfristigen Bestimmungsgründe der Arbeitslosigkeit sind ganz anderer Natur. Die klassische Dichotomie, die Irrelevanz von nominalen Variablen bei der Bestimmung realer Variablen, impliziert, daß das Wachstum des Geldangebots langfristig keine Auswirkungen auf die Höhe der Arbeitslosigkeit hat. Wie wir in Kapitel 5 gesehen haben, wird die Höhe der natürlichen Arbeitslosenquote durch die Raten der Auflösung bzw. des Neuabschlusses von Arbeitsverhältnissen bestimmt, die ihrerseits von dem Arbeitssuchprozeß und der Rigidität des Reallohns abhängen.

Aus diesen Schlußfolgerungen ergibt sich, daß dauerhafte Inflation und dauerhafte Arbeitslosigkeit in keiner Beziehung zueinander stehen. Um langfristig die Inflation zu bekämpfen, müssen die Wirtschaftspolitiker das Geldangebotswachstum verringern. Um die Arbeitslosigkeit zu bekämpfen, müssen sie die Arbeitsmarktstrukturen verändern. Langfristig existiert also kein Tradeoff zwischen Inflation und Arbeitslosigkeit.

Ergebnis Nr. 4: Kurzfristig sehen sich die Entscheidungsträger der Geld- und Fiskalpolitik einem Tradeoff zwischen Inflation und Arbeitslosigkeit gegenüber.

Obwohl zwischen Inflation und Arbeitslosigkeit langfristig keine Beziehung besteht, ergibt sich ein kurzfristiger Tradeoff zwischen diesen beiden Variablen, der durch die kurzfristige Phillips-Kurve beschrieben wird. Wie wir in Kapitel 11 gesehen haben, können die Wirtschaftspolitiker durch den Einsatz von Geld- und Fiskalpolitik die Gesamtnachfrage ausdehnen. Dies führt zu einer Verringerung der Arbeitslosigkeit und zu einer Erhöhung der Inflationsrate. Sie können Geld- und Fiskalpolitik auch einsetzen, um die Gesamtnachfrage zu verringern. In diesem Fall kommt es zu einer Erhöhung der Arbeitslosigkeit und zu einer Verringerung der Inflationsrate.

Diese feste Beziehung zwischen Inflation und Arbeitslosigkeit gilt allerdings nur kurzfristig. Im Zeitablauf verschiebt sich die Phillips-Kurve aus zwei Gründen. Erstens ändert sich der kurzfristige Tradeoff aufgrund von Angebotsschocks, wie beispielsweise einer Erhöhung oder Senkung der Weltölpreise. Ein ungünstiger Angebotsschock stellt die Wirtschaftspolitiker vor die unangenehme Wahl zwischen höherer Inflation oder höherer Arbeitslosigkeit. Zweitens ändert sich der kurzfristige Tradeoff zwischen Inflation und Arbeitslosigkeit auch dann, wenn sich die Inflationserwartungen ändern. Die Erwartungsanpassung führt dazu, daß der Tradeoff nur kurzfristig existiert. Das bedeutet, daß die Arbeitslosigkeit nur kurzfristig von ihrem natürlichen Niveau abweicht und daß die Geldpolitik nur kurzfristig reale Effekte aufweist. Langfristig gilt das klassische Modell aus den Kapiteln 3 bis 7.

Die vier wichtigsten ungeklärten Fragen der Makroökonomik

Bislang haben wir uns mit einigen grundlegenden Ergebnissen der Makroökonomik beschäftigt, denen die meisten Ökonomen zustimmen würden. Nun wollen wir uns vier Fragen zuwenden, die nach wie vor Gegenstand der Diskussion sind. Ein Teil der Diskussion dreht sich um die Gültigkeit alternativer ökonomischer Theorien. Zu den umstrittenen Punkten gehört aber auch die Frage, wie die ökonomische Theorie wirtschaftspolitisch umgesetzt werden sollte.

Epilog 635

Frage Nr. 1: Auf welche Weise sollten die Wirtschaftspolitiker versuchen, das natürliche Outputniveau einer Volkswirtschaft zu erhöhen?

Das natürliche Outputniveau einer Volkswirtschaft hängt von dem vorhandenen Kapital- und Arbeitsvolumen sowie von der verfügbaren Produktionstechnologie ab. Jede Politik, die darauf abzielt, das Produktionsniveau langfristig zu erhöhen, muß daher den Kapitalstock erhöhen, die Nutzung der Arbeit verbessern oder einen Fortschritt in der Produktionstechnologie herbeiführen. Keines dieser drei Zwischenziele läßt sich jedoch leicht und kostenlos erreichen.

Aus dem in Kapitel 4 diskutierten Solow-Modell geht hervor, daß für die Erhöhung des Kapitalstocks eine Zunahme der Ersparnis und der Investitionen notwendig ist. Aus diesem Grund sprechen sich viele Wirtschaftswissenschaftler für eine Politik der Erhöhung der volkswirtschaftlichen Ersparnis aus. Das Solow-Modell zeigt aber auch, daß eine Erhöhung des Kapitalstocks nur möglich ist, wenn die gegenwärtige Generation für eine bestimmte Zeit bereit ist, ein niedrigeres Konsumniveau zu akzeptieren. Eine Anzahl von Wirtschaftswissenschaftlern vertritt den Standpunkt, daß die Wirtschaftspolitik die gegenwärtigen Generationen nicht zu diesem Opfer ermuntern sollte, weil die künftigen Generationen aufgrund des technologischen Fortschritts ohnehin günstigere Bedingungen vorfinden werden. Darüber hinaus sind sich selbst diejenigen, die sich für erhöhte Ersparnis und erhöhte Investitionen aussprechen, uneinig, wie man die zusätzliche Bildung von Ersparnis am besten anregen könne und ob es sich bei den Investitionen eher um private Anlageinvestitionen oder aber um öffentliche Infrastrukturinvestitionen wie Straßen und Schulen handeln sollte.

Um die Nutzung des Erwerbspersonenpotentials zu verbessern, würden die meisten Wirtschaftspolitiker gerne die natürliche Arbeitslosenquote senken. Wie wir in Kapitel 5 gesehen haben, läßt sich dieses Ziel jedoch nicht ohne weiteres erreichen. Natürlich ließe sich durch eine Senkung der Arbeitslosenunterstützung das Ausmaß der friktionellen Arbeitslosigkeit vermindern, und eine Senkung der Mindestlöhne würde zu einer Verringerung der Wartearbeitslosigkeit führen. Diese politischen Maßnahmen würden aber auch Mitglieder unserer Gesellschaft treffen, die im besonderen Maße auf die Hilfe angewiesen sind. Viele der auf eine Senkung der Arbeitslosigkeit gerichteten politischen Maßnahmen erzielen eine größere ökonomische Effizienz zu Lasten einer größeren ökonomischen Ungleichheit.

Einigen Ökonomen zufolge ist die Erhöhung der Rate des technologischen Fortschritts die wichtigste Aufgabe der Wirtschaftspolitik. Aus dem Solow-Modell ergibt sich, daß dauerhaftes Wachstum des Lebensstandards letzlich dauerhaften technologischen Fortschritt erfordert. Diese Folgerung läßt befürchten, daß die weltweite Verlangsamung des Produktivitätswachstums, die in den frühen siebziger Jahren begann, die nachteiligste ökonomische Entwicklung des letzten halben Jahrhunderts sein könnte. Die Wirtschaftswissenschaftler hatten bislang keinen Erfolg bei der Erklärung dieser Wachstumsverlangsamung, und den Wirtschaftspolitiker war bislang kein Erfolg bei der Umkehr dieser Entwicklung beschieden.

Frage Nr. 2: Sollten die Wirtschaftspolitiker versuchen, die Wirtschaft zu stabilisieren?

Mit dem in den Kapiteln 8 bis 11 entwickelten Modell des Gesamtangebots und der Gesamtnachfrage läßt sich zeigen, wie verschiedene wirtschaftliche Schocks zu gesamtwirtschaftlichen Schwankungen führen und wie mit Hilfe von Geld- und Fiskalpolitik diese Schwankungen beeinflußt werden können. Einige Ökonomen vertreten die Auffassung, daß die Wirtschaftspolitiker diese analytischen Erkenntnisse für den Versuch einer Stabilisierung der Wirtschaft nutzen sollten. Sie glauben, daß Geld- und Fiskalpolitik versuchen sollten, die Volkswirtschaft treffende Schocks zu neutralisieren, um Produktion und Beschäftigung möglichst in der Nähe ihrer natürlichen Niveaus zu halten.

Wie wir jedoch in Kapitel 12 gesehen haben, betrachten andere Wirtschaftswissenschaftler die Möglichkeiten zur Stabilisierung der Wirtschaft mit viel Skepsis. Sie verweisen auf die großen und in ihrer Länge stark schwankenden zeitlichen Verzögerungen der Wirtschaftspolitik hin. Ferner erinnern sie an die großen Prognosefehler und unser immer noch eingeschränktes Verständnis der wirtschaftlichen Vorgänge. Aus diesen Kritikpunkten folgern sie, daß die beste Form der Wirtschaftspolitik eine passive ist. Darüber hinaus vertreten diese Ökonomen die Ansicht, daß die Wirtschaftspolitiker sich allzu oft opportunistisch verhalten oder sich zeitinkonsistent verhalten. Aus all diesen Überlegungen ergibt sich für sie die Konsequenz, daß den Wirtschaftspolitikern kein diskretionärer Entscheidungsspielraum bezüglich Geld- oder Fiskalpolitik eingeräumt werden sollte. Stattdessen sollten sie auf das Befolgen fester wirtschaftspolitischer Regeln verpflichtet werden.

In diesem Zusammenhang ergibt sich die Frage, ob der Nutzen der ökonomischen Stabilisierung – einmal angenommen, sie läßt sich realisieren – groß oder klein ist. Der Hypothese der natürlichen Rate zufolge ist die Stabilisierungspolitik nicht in der Lage, das durchschnittliche Niveau von Produktion und Beschäftigung zu beeinflussen. Mit Hilfe der Stabilisierungspolitik läßt sich lediglich das Ausmaß der Schwankungen um die natürliche Rate vermindern. Aus diesem Grund führt eine erfolgreiche Stabilisierungspolitik im Ergebnis dazu, daß sowohl Booms als auch Rezessionen verhindert werden. Einige Wirtschaftswissenschaftler vertreten daher die Auffassung, daß der durchschnittliche Wohlfahrtsgewinn der Stabilisierung eher gering sei.

Schließlich muß auch darauf hingewiesen werden, daß nicht alle Wirtschaftswissenschaftler das in den Kapiteln 8 bis 11 entwickelte Modell akzeptieren, das auf der Annahme von Preisstarrheiten und der Nichtneutralität des Geldes basiert. Der in Kapitel 14 diskutierten Theorie realer Konjunkturzyklen zufolge stellen gesamtwirtschaftliche Schwankungen die optimale Reaktion der Wirtschaft auf technologische Veränderungen dar. Die Vertreter dieses Ansatzes glauben daher, daß die Wirtschaftspolitiker auf die Stabilisierung der Wirtschaft verzichten sollten, selbst wenn sie möglich wäre.

Frage Nr. 3: Wie hoch sind die Kosten der Inflation und wie hoch sind die Kosten der Inflationsbekämpfung?

Wann immer es zu einem Anstieg des Preisniveaus kommt, sehen sich die Wirtschaftspolitiker der Frage gegenüber, ob sie Maßnahmen zur Verringerung der Inflationsrate ergreifen sollten. Bei dieser Entscheidung müssen die Kosten eines sich selbst überlassenen Inflationsprozesses mit den Kosten der Inflationsbekämpfung verglichen werden. Die Wirtschaftswissenschaftler sehen sich jedoch nicht in der Lage, für diese Kosten präzise Schätzungen zu liefern.

Bei den Kosten der Inflation handelt es sich um einen Punkt, der von Ökonomen und dem Mann auf der Straße häufig unterschiedlich gesehen wird. Als die Inflation in den Vereinigten Staaten in den späten siebziger Jahren eine Höhe von zehn Prozent erreichte, ergab sich aus Meinungsumfragen, daß die Öffentlichkeit die Inflation als großes wirtschaftliches Problem betrachtete. Wie wir jedoch in Kapitel 6 gesehen haben, können die Ökonomen bei dem Versuch, die Kosten der Inflation zu identifizieren, nur auf zusätzliche Wegekosten, Menu-Costs, die Kosten eines nichtindizierten Steuersystems usw. verweisen. Wenn ein Land eine Hyperinflation erleidet, können diese Kosten sehr groß werden, bei den moderaten Inflationsraten, die in den Vereinigten Staaten zu verzeichnen waren, erscheinen sie jedoch eher gering. Einige Wirtschaftswissenschaftler vertreten die Auffassung, daß in der Öffentlichkeit die Kosten der Inflation mit den Kosten anderer ökonomischer Probleme verwechselt werden, die mit der Inflation koinzidieren. So verlangsamte sich beispielsweise in den späten siebziger Jahren das Wachstum der Produktivität und der Reallöhne. Von dem Mann auf der Straße könnte die Inflation als Ursache des verlangsamten Reallohnwachstums angesehen worden sein. Es ist aber auch denkbar, daß die Ökonomen falsch liegen: Möglicherweise sind die Kosten der Inflation sehr hoch, und wir müssen erst noch herausfinden, warum.

Bei den Kosten der Inflationsverminderung handelt es sich um ein Problem, bei dem auch unter Ökonomen oft Uneinigkeit herrscht. Wie wir in Kapitel 11 gesehen haben, geht die traditionelle Auffassung, die durch die kurzfristige Phillips-Kurve beschrieben wird, davon aus, daß eine Inflationssenkung eine bestimmte Zeit geringer Produktion und hoher Arbeitslosigkeit erfordert. Dieser Sicht zufolge lassen sich die Kosten der Inflationssenkung durch das Opferverhältnis beschreiben, das die Zahl der Prozentpunkte des BSP eines Jahres angibt, auf verzichtet werden muß, wenn die Inflationsrate um einen Prozentpunkt gesenkt werden soll.

Einige Ökonomen sind davon überzeugt, daß die Kosten der Inflationssenkung viel geringer sein können, als die üblichen Schätzungen des Opferverhältnisses vermuten lassen. Dem in Kapitel 11 diskutierten Ansatz rationaler Erwartungen zufolge werden die Menschen ihre Erwartungen schnell anpassen, wenn die Disinflationspolitik im vorhinein angekündigt wird und glaubwürdig ist. In diesem Fall muß die Disinflation keine Rezession hervorrufen. Nach der in Kapitel 14 diskutierten Theorie realer Konjunkturzyklen sind die Preise völlig flexibel und das Geld ist neutral, so daß eine disinflationäre Geldpolitik keinen Einfluß auf die Höhe der Produktion und der Beschäftigung einer Volkswirtschaft hat.

Andere Ökonomen vertreten die Auffassung, daß die Kosten der Inflationssenkung viel höher sind als die üblichen Schätzungen des Opferverhältnisses vermuten lassen. Die in Kapitel 11 diskutierten Hysteresis-Theorien kommen zu dem Ergebnis, daß eine durch Disinflationspolitik hervorgerufene Rezession die natürliche Arbeitslosenquote erhöhen könnte. In diesem Fall bestünden die Kosten der Inflationssenkung nicht nur in einer zeitlich begrenzten Rezession sondern auch in einem dauerhaft höheren Niveau der Arbeitslosigkeit.

Weil die Kosten der Inflation und der Disinflation umstritten bleiben, geben die Wirtschaftswissenschaftlern den Wirtschaftspolitikern in diesem Bereich häufig widersprüchliche Ratschläge. Vielleicht läßt sich mit weiterer Forschungsarbeit ein Konsens bezüglich der Vorteile niedriger Inflationsraten erzielen und Einigkeit darüber herstellen, wie man dieses Ziel am besten erreichen kann.

Frage Nr. 4: Welche Konsequenzen ergeben sich aus den staatlichen Haushaltsdefiziten?

Während der gesamten achtziger und der frühen neunziger Jahre stellten die großen Haushaltsdefizite der amerikanischen Bundesregierung einen zentralen Punkt der wirtschaftspolitischen Diskussion dar. Wie wir in Kapitel 16 gesehen haben, handelt es sich um eine unter Ökonomen umstrittene Frage.

Die meisten Modelle dieses Buches gehen genau wie die meisten Wirtschaftswissenschaftler von der traditionellen Sicht der Staatsverschuldung aus. Dieser Sichtweise zufolge führt ein staatliches Haushaltsdefizit zu einer Verringerung der gesamtwirtschaftlichen Ersparnis, zu niedrigeren Investitionen und zu einem Leistungsbilanzdefizit. Langfristig führt es zu einem geringeren stationären Kapitalstock und einer größeren Auslandsverschuldung. Die Vertreter der traditionellen Sicht kommen zu dem Ergebnis, daß ein Haushaltsdefizit künftige Generationen belastet.

Die Protagonisten der ricardianischen Sicht der Staatsverschuldung betrachten diese Schlußfolgerungen mit Skepsis. Sie verweisen darauf, daß ein Budgetdefizit lediglich eine Substitution gegenwärtiger durch zukünftige Steuern darstellt. Solange sich die Haushalte zukunftsorientiert verhalten, wie in den in Kapitel 15 diskutierten Konsumtheorien angenommen, werden sie heute ihre Ersparnis erhöhen, um für ihre zukünftigen Steuerlasten (oder die ihrer Kinder) gewappnet zu sein. Daher glauben diese Ökonomen, daß Haushaltsdefizite nur geringe Wirkungen auf die Wirtschaft zeigen.

Schlußfolgerungen

Wirtschaftswissenschaftler und Wirtschaftspolitiker müssen sich mit Uneindeutigkeiten herumschlagen. Der gegenwärtige Stand der Makroökonomik liefert viele Erkenntnisse, läßt aber auch viele Fragen offen. Die Herausforderung für die Wirtschaftswissenschaftler besteht darin, Antworten auf diese Fragen zu finden und unser Wissen zu erweitern. Die Herausforderung für die Wirtschaftspolitiker besteht darin, das Wissen, über das wir heute verfügen, zu nutzen und die wirtschaftliche Leistungsfähigkeit zu verbessern. Beide Herausforderungen sind groß, aber nicht unüberwindbar.

Glossar

abnehmendes Grenzprodukt: Eigenschaft einer Produktionsfunktion, die vorliegt, wenn das Grenzprodukt eines Faktors bei Konstanthaltung der anderen Faktoren mit steigendem Faktoreinsatz abnimmt.
Diminishing marginal product.

Abschreibung: im Zeitablauf auftretende Verringerung des Kapitalstocks aufgrund von Verschleiß und Alterung.
Depreciation.

Abwertung: Maßnahme der Zentralbank, mit der der Wert einer Währung bei einem System fester Wechselkurse verringert wird. (Vgl. Aufwertung.)
Devaluation.

adverse Selektion: Informationsasymmetrie zwischen Verkäufer und Käufer; ungünstige Gruppierung von Individuen aufgrund ihrer eigenen Wahl; beispielsweise in der Effizienzlohn-Theorie, in der eine Lohnsenkung dazu führt, daß die guten Arbeiter kündigen, während die schlechten im Unternehmen bleiben.
Adverse selection.

akkomodierende Politik: Politik, die auf die Wirkungen eines Schocks reagiert und dadurch einen wirtschaftlichen Einbruch verhindert; beispielsweise eine Politik, die als Reaktion auf einen ungünstigen Angebotsschock die Gesamtnachfrage erhöht, den Effekt des Schocks auf die Preise hinnimmt und den Output auf seinem natürlichen Niveau hält.
Accomodating policy.

Aktie: Eigentumsanteil an einer Aktiengesellschaft.
Stock.

Aktienmarkt: Markt, auf dem die Eigentumsanteile von Aktiengesellschaften gehandelt werden.
Stock market.

Akzelerator-Modell: Modell, demzufolge die Investitionen von der Änderung des Outputs abhängen.
Accelerator model.

allgemeines Gleichgewicht: simultanes Gleichgewicht auf allen Märkten einer Volkswirtschaft.
General equilibrium.

Animal spirits: exogene und sich möglicherweise selbsterfüllende Wellen von Optimismus und Pessimismus bezüglich der wirtschaftlichen Lage, die nach Ansicht einiger Ökonomen das Investitionsniveau beeinflussen.

antizyklisch: Bewegung entgegen der Richtung von Produktion, Einkommen und Beschäftigung; Zunahme bei Abschwung, Abnahme bei Aufschwung. (Vgl. azyklisch, prozyklisch.)
Countercyclical.

Arbeitnehmer-Fehleinschätzungs-Modell: Gesamtangebotsmodell, das auf der Hypothese basiert, daß Arbeitnehmer die Höhe des allgemeinen Preisniveaus nicht immer richtig einschätzen.
Worker-misperception model.

Arbeitseffizienz: Variable des Solow-Wachstumsmodells, die das Wissen, die Gesundheit, die Ausbildung und die Fähigkeiten der Arbeitskräfte erfaßt.
Efficiency of labor.

Arbeitskräftehortung: Bezeichnung für das Phänomen, daß Unternehmen in Zeiten geringer Nachfrage Arbeitnehmer beschäftigen, die sie nicht benötigen, damit diese verfügbar sind, wenn die Nachfrage wieder steigt.
Labor hoarding.

Arbeitslosenquote: Anteil der Arbeitslosen an den abhängigen oder den gesamten Erwerbspersonen.
Unemployment rate.

Arbeitslosenversicherung: Teil des Systems der sozialen Sicherung, das Arbeitnehmern nach Verlust ihres Arbeitsplatzes für eine gewisse Zeit die Zahlung von Arbeitslosengeld garantiert.
Unemployment insurance.

arbeitsvermehrender technologischer Fortschritt: Verbesserungen der Produktionsbedingungen, die die Arbeitseffizienz erhöhen.
Labor-augmenting technological progress.

Arbitrage: Bezeichnung für den Kauf eines Gutes auf einem Markt und dem Verkauf dieses Gutes auf einem anderen Markt, um von einem bestehenden Preisdifferential zwischen diesen beiden Märkten zu profitieren.

Aufwertung: Maßnahme der Zentralbank, mit der der Wert einer Währung bei einem System fester Wechselkurse erhöht wird. (Vgl. Abwertung.)
Revaluation.

ausgeglichenes Budget: Budget, bei dem Einnahmen und Ausgaben übereinstimmen.
Balanced budget.

Ausrüstungsinvestitionen: Maschinen u.ä., die von Unternehmen für den Einsatz bei der zukünftigen Produktion gekauft werden.
Investment on equipment.

automatischer Stabilisator: Politik, mit der die Amplitude wirtschaftlicher Schwankungen verringert wird, ohne daß besondere Maßnahmen ergriffen werden müssen; beispielsweise ein Einkommensteuersystem, bei dem sich mit sinkendem Einkommen automatisch die Steuern vermindern.
Automatic stabilizer.

azyklisch: Bewegung, die in keinem sichtbaren Zusammenhang zum Verlauf eines Konjunkturzyklusses steht. (Vgl. antizyklisch, prozyklisch.)
Acyclical.

Bankensystem mit hundertprozentiger Reservehaltung: System, bei dem die Banken die gesamten Einlagen als Reserve halten. (Vgl. Bankensystem mit anteiliger Reservehaltung.)
100-percent reserve banking.

Bankensystem mit anteiliger Reservehaltung: System, bei dem Banken nur einen Teil ihrer Einlagen als Reserven halten. (Vgl. Bankensystem mit hundertprozentiger Reservehaltung.)
Fractional-reserve banking.

Bargeld: Summe von im Umlauf befindlichen Papiergeld und Münzen.
Currency.

Baumol-Tobin-Modell: Modell der Geldnachfrage, das davon ausgeht, daß die optimale Kassenhaltung durch den Vergleich der Opportunitätskosten aus entgangenen Zinserträgen mit dem Nutzen einer geringeren Zahl von Wegen zur Bank bestimmt wird.
Baumol-Tobin model.

Bestand: Variable, die als Menge zu einem bestimmten Zeitpunkt gemessen wird. (Vgl. Strom.)
Stock.

BIP: siehe Bruttoinlandsprodukt.

Bruttoinlandsprodukt(BIP): Gesamteinkommen, das im Inland entstanden ist, einschließlich des Einkommens von Produktionsfaktoren im Inland, die im Besitz von Ausländern sind; die Gesamtausgaben für im Inland erzeugte Waren und Dienstleistungen.
Gross domestic product (GDP).

Bruttosozialprodukt (BSP): Gesamteinkommen aller Inländer einschließlich des Einkommens der im Besitz von Inländern befindlichen Produktionsfaktoren im Ausland; die Gesamtausgaben für die nationale Güterproduktion.
Gross national product (GNP).

BSP: siehe Bruttosozialprodukt.

BSP-Deflator: Verhältnis von nominalem BSP zu realem BSP; Maß für das allgemeine Preisniveau, das den Preis des gegenwärtig erzeugten Warenkorbs in Relation zum Preis des gleichen Warenkorbs in einem Basisjahr zeigt.
GNP deflator.

buchhalterischer Gewinn: Erlös, der den Eigentümern eines Unternehmens nach Entlohnung aller Produktionsfaktoren – mit Ausnahme des Kapitals – verbleibt. (Vgl. ökonomischer Gewinn.)
Accounting profit.

Budgetbeschränkung: Begrenzung der Ausgaben durch das Einkommen.
Budget constraint.

Budgetdefizit: Zurückbleiben der Einnahmen hinter den Ausgaben.
Budget deficit.

Budgetüberschuß: Überschuß der Einnahmen über die Ausgaben.
Budget surplus.

Cobb-Douglas-Produktionsfunktion: Produktionsfunktion der Form $F(K, L) = AK^{\alpha}L^{1-\alpha}$, worin K das Kapital, L die Arbeit und A und α Parameter bezeichnen.
Cobb-Douglas production function.

Crowding out: Investitionverdrängung wegen einer Zinserhöhung aufgrund expansiver Fiskalpolitik.

Deflation: Rückgang des allgemeinen Preisniveaus. (Vgl. Disinflation, Inflation.)
Deflation.

Deflator: siehe BSP-Deflator.
Deflator.

Deutsche Bundesbank: Zentralbank der Bundesrepublik Deutschland; die Zentralbank der Vereinigten Staaten ist das *Federal Reserve System (Fed)*.

Disinflation: Verringerung der Preissteigerungsgeschwindigkeit. (Vgl. Deflation, Inflation.)
Disinflation.

Diskontierung: Verringerung des Wertes von künftigen Ausgaben und Einnahmen im Vergleich zu gegenwärtigen aufgrund der Existenz eines positiven Zinssatzes.
Discounting.

Diskontsatz: Zinssatz, den die Zentralbank von den Geschäftsbanken bei der Hereinnahme von Wechseln verlangt.
Discount rate.

dominiertes Vermögensobjekt: Vermögensobjekt, das im Vergleich zu einem anderen Vermögensobjekt bei Berücksichtigung der Unsicherheiten der Zukunft in jedem Fall einen geringeren Ertrag bringt.
Dominated asset.

Doppelkoinzidenz von Bedürfnissen: Situation, in der zwei Wirtschaftssubjekte jeweils genau über das Gut verfügen, das das andere haben möchte.
Double coincidence of wants.

durchschnittliche Konsumneigung: Verhältnis von Konsum und Einkommen (C/Y); wird auch als durchschnittliche Konsumquote bezeichnet.
Average propensity to consume (APC).

Effizienzeinheiten der Arbeit: Maß für den Faktor Arbeit, das sowohl die Zahl der Arbeiter als auch ihre Effizienz umfaßt.
Efficiency units of labor.

Effizienzlohntheorien: Theorien der Reallohnstarrheit und der Arbeitslosigkeit, nach denen Unternehmen die Arbeitsproduktivität und ihre Gewinne dadurch erhöhen, daß sie die Reallöhne über ihrem Gleichgewichtsniveau halten.
Efficiency-wage theories.

Einkommenseffekt: Änderung des Konsums eines Gutes, die sich aus der Bewegung zu einer höher oder niedriger liegenden Indifferenzkurve bei Konstanthaltung des relativen Preises ergibt. (Vgl. Substitutionseffekt.)
Income effect.

Elastizität: die prozentuale Änderung einer Variablen aufgrund einer einprozentigen Änderung einer anderen Variablen.
Elasticity.

endogene Variable: Variable, die durch ein bestimmtes Modell erklärt wird; Variable, deren Wert durch die Lösung des Modells bestimmt wird. (Vgl. exogene Variable.)
Endogenous variable.

Ersparnis: vgl. gesamtwirtschaftliche Ersparnis, öffentliche Ersparnis und private Ersparnis.
Saving.

Eulersches Theorem: mathematisches Theorem, das Ökonomen verwenden, um zu zeigen, daß der ökonomische Gewinn null sein muß, falls die Produktionsfunktion konstante Skalenerträge aufweist und die

Faktoren mit ihrem Grenzprodukt entlohnt werden.

ex ante Realzinssatz: Realzinssatz, der bei Abschluß eines Kreditvertrages antizipiert wird; nominaler Zinssatz abzüglich erwarteter Inflationsrate. (Vgl. ex post Realzinssatz.)
Ex ante real interest rate.

ex post Realzinssatz: Tatsächlich realisierter Realzinssatz; nominaler Zinssatz abzüglich tatsächlicher Inflationsrate. (Vgl. ex ante Realzinssatz.)
Ex post real interest rate.

exogene Variable: Variable, die in einem bestimmten Modell als gegeben betrachtet wird; Variable, die von der Lösung des Modells unabhängig ist. (Vgl. endogene Variable.)
Exogenous variable.

expansive Politik: Wirtschaftspolitik, die auf eine Erhöhung der Gesamtnachfrage, des Realeinkommens und der Beschäftigung abzielt. (Vgl. kontraktive Politik.)
Expansionary policy.

Exporte: Waren und Dienstleistungen, die an andere Länder verkauft werden.
Exports.

Faktoranteil: Anteil des Gesamteinkommens, der einem Produktionsfaktor zufließt; funktionale Verteilungsquote.
Factor share.

Faktorpreis: Betrag, der für eine Einheit eines Produktionsfaktors, bezahlt wird.
Factor price.

fester Wechselkurs: Wechselkurs, der sich aus der Bereitschaft der Zentralbank ergibt, die heimische Währung zu einem vorher festgelegten Preis gegen ausländische Währungen zu tauschen. (Vgl. flexibler Wechselkurs.)
Fixed exchange rate.

Finanz-Intermediation: Prozeß der Umverteilung finanzieller Ressourcen von denjenigen, die einen Teil ihres Einkommens für zukünftigen Konsum aufbewahren wollen, zu denjenigen, die Kredite aufnehmen wollen, um Investitionsgüter für die zukünftige Produktion zu kaufen.
Financial intermediation.

Finanzierungsbeschränkung: Begrenzung des Umfangs an Mitteln, die ein Unternehmen – etwa durch Kreditaufnahme – aufbringen kann, um Kapitalgüter zu kaufen.
Financing constraint.

Fisher-Effekt: Die Eins-zu-Eins-Beziehung zwischen erwarteter Inflation und nominalen Zinssatz.
Fisher effect.

Fisher-Gleichung: Gleichung, derzufolge der nominale Zinssatz sich als Summe aus realem Zinssatz und Inflationserwartung ergibt.
Fisher equation.

Fiskalpolitik: Wirtschaftspolitische Strategie des Staates in bezug auf die Höhe der Ausgaben und der Steuern.
Fiscal policy.

flexible Preise: Preise, die sich schnell anpassen, um Angebot und Nachfrage ins

Gleichgewicht zu bringen. (Vgl. starre Preise.)
Flexible prices.

flexibler Wechselkurs: Wechselkurs, den die Zentralbank frei auf Veränderungen der ökonomischen Bedingungen und der Wirtschaftspolitik reagieren läßt. (Vgl. fester Wechselkurs.)
Floating exchange rate.

friktionelle Arbeitslosigkeit: Arbeitslosigkeit die daraus resultiert, daß Arbeitnehmer Zeit brauchen, um den Arbeitsplatz zu suchen, der am besten zu ihren Fähigkeiten und ihren Vorstellungen paßt. (Vgl. Wartearbeitslosigkeit.)
Frictional unemployment.

Frühindikatoren: ökonomische Variablen, deren Bewegung den Schwankungen der volkswirtschaftlichen Produktion vorhereilt und die daher die Richtung der gesamtwirtschaftlichen Schwankungen anzeigen.
Leading indicators.

Gegenwartswert: heutiges Äquivalent eines in der Zukunft zur Verfügung stehenden Betrags unter Berücksichtigung des Zinsertrags, der in dem betreffenden Zeitraum anfallen würde.
Present value.

Geld: Bestand an Vermögensobjekten, der für Transaktionen verwendet wird. (Vgl. Warengeld, Nominalgeld.)
Money.

Geldangebotsmultiplikator: Zunahme des Geldangebots aufgrund einer Erhöhung der monetären Basis um eine D-Mark.
Money multiplier.

Geldnachfragefunktion: Funktion, die die Determinanten der Nachfrage nach Realkasse zeigt.
Money demand function.

Geldpolitik oder **monetäre Politik:** wirtschaftspolitische Strategie der Zentralbank in bezug auf das Geldangebot.
Monetary policy.

Gesamtangebotskurve: Beziehung zwischen dem Preisniveau und dem gesamten Outputvolumen, das von den Unternehmen produziert wird.
Aggregate supply curve.

Gesamtnachfrage-Externalität: makroökonomische Auswirkung der Preisanpassung eines Unternehmens auf die Nachfrage nach den Produkten aller anderen Unternehmen.
Aggregate demand externality.

Gesamtnachfragekurve: negative Beziehung zwischen Preisniveau und nachgefragtem Outputvolumen, die sich aus dem Zusammenspiel von Güter- und Geldmarkt ergibt.
Aggregate demand curve.

Gesamtwirtschaftliche Ersparnis: Einkommen einer Volkswirtschaft abzüglich Konsum der privaten Haushalte und des Staates; Summe aus privater und öffentlicher Ersparnis.
National saving.

geschlossene Volkswirtschaft: Volkswirtschaft, die sich nicht am internationalen Handel beteiligt.
Closed economy.

Gewinn: Einkommen der Unternehmenseigentümer; Erlös der Unternehmen abzüglich Kosten. (Vgl. buchhalterischer Gewinn, ökonomischer Gewinn.)
Profit.

Gleichgewicht: Zustand, in dem entgegengerichtete Kräfte austariert sind, beispielsweise Angebot und Nachfrage auf einem Markt.
Equilibrium.

goldene Regel: Die Sparquote im Solow-Wachstumsmodell, die zu dem stationären Zustand führt, in dem der Pro-Kopf-Konsum (oder der Konsum je Effizienzeinheit der Arbeit) ein Maximum erreicht.
Golden rule.

Goldstandard: Monetäres System, bei dem Gold als Geld dient oder Geld jederzeit in Gold eintauschbar ist.
Gold standard.

Grenzneigung zum Konsum: Erhöhung des Konsums, die sich aus der Zunahme des verfügbaren Einkommens um eine D-Mark ergibt.
Marginal propensity to consume (MPC).

Grenzprodukt des Kapitals: zusätzliches Outputvolumen, das produziert werden kann, wenn der Kapitaleinsatz um eine Einheit erhöht wird.
Marginal product of capital (MPK).

Grenzprodukt der Arbeit: zusätzliches Outputvolumen, das produziert werden kann, wenn der Arbeitseinsatz um eine Einheit erhöht wird.
Marginal product of labor (MPL).

Grenzrate der Substitution: Verhältnis, zu dem ein Konsument bereit ist, ein Gut gegen ein anderes Gut zu tauschen; Steigung der Indifferenzkurve.
Marginal rate of substitution (MRS).

große offene Volkswirtschaft: offene Volkswirtschaft, die Einfluß auf den inländischen Zinssatz hat; Volkswirtschaft, die aufgrund ihrer Größe Einfluß auf die Weltmärkte und insbesondere auf den Weltzinssatz hat. (Vgl. kleine offene Volkswirtschaft.)
Large open economy.

Halbfertigerzeugnisse: noch im Produktionsprozeß gebundene Erzeugnisse.
Work in progress.

Hyperinflation: extrem hohe Inflation.
Hyperinflation.

Hypothese der natürlichen Rate: Annahme, daß Schwankungen der gesamtwirtschaftlichen Nachfrage Produktion, Beschäftigung und Arbeitslosigkeit nur kurzfristig beeinflussen und diese Variablen langfristig zu den Niveaus zurückfinden, die sich aus dem klassischen Modell der Volkswirtschaft ergeben.
Natural-rate hypothesis.

Hypothese des permanenten Einkommens: Konsumtheorie, nach der die Wirtschaftssubjekte ihre Konsumentscheidungen auf der Basis des permanenten Einkommens treffen und durch Ersparnisbildung bzw. Kreditaufnahme das Konsumprofil bei transitorischen Änderungen des Einkommens glätten.
Permanent-income hypothesis.

Hysteresis: lang andauernder Einfluß der Vergangenheit, etwa auf die natürliche Arbeitslosenquote.
Hysteresis.

Identifikationsproblem: das Problem, aus Daten eine bestimmte Beziehung zu isolieren, wenn zwei oder mehr Variablen in mehr als einer Weise verbunden sind.
Identification problem.

Importe: Güter, die aus anderen Ländern in das Inland eingeführt werden.
Imports.

Importquote: gesetzliche Beschränkung des Gütervolumens, das importiert werden darf.
Import quota.

Indifferenzkurve: graphische Darstellung von Präferenzen, die alle Güterkombinationen zeigt, die mit dem gleichen Nutzenindexniveau verbunden sind.
Indifference curve.

Inflation: Anstieg des allgemeinen Preisniveaus.
Inflation.

Inflationssteuer: Ertrag, der dem Staat aus der Geldschöpfung zufließt. (Vgl. Seigniorage.)
Inflation tax.

Inside lag: Zeit, die zwischen dem Auftreten eines ökonomischen Schocks und dem Ergreifen von reaktiven wirtschaftspolitischen Maßnahmen vergeht. (Vgl. Outside lag.)
Inside lag.

Insider: Arbeitnehmer, die eine Beschäftigung haben und daher Einfluß auf die Lohnverhandlungen haben. (Vgl. Outsider.)
Insiders.

intertemporale Budgetbeschränkung: Budgetbeschränkung, die für Ausgaben und Einkommen in mehr als einer Zeitperiode relevant ist.
Intertemporal budget constraint.

intertemporale Substitution der Arbeit: die Bereitschaft von Menschen, Arbeit in einer Periode gegen Arbeit in zukünftigen Perioden einzutauschen.
Intertemporal substitution of labor.

Investitionen: Güter, die gekauft werden, um den Kapitalbestand zu vergrößern.
Investment.

IS/LM-Modell: Modell der Gesamtnachfrage, das durch Analyse des Zusammenwirkens von Güter- und Geldmarkt die Bestimmung des Gesamteinkommens bei gegebenem Preisniveau zeigt.
IS-LM model.

IS-Kurve: die negative Beziehung zwischen Zinssatz und Einkommensniveau, die sich auf dem Gütermarkt ergibt. (Vgl. IS/LM-Modell, LM-Kurve.)
IS curve.

Kapital: 1. Der Bestand an Anlagen, die für die Produktion genutzt werden. 2. Die Mittel, mit denen die Akkumulation der Anlagen finanziert werden.
Capital.

Kapitalbilanzsaldo: vom Ausland finanziertes Volumen der Kapitalakkumulation;

inländische Investitionen abzüglich inländischer Ersparnis.
Capital account.

Kapitalkosten: Betrag, auf den für die Haltung von einer Einheit Kapital verzichtet werden muß; umfassen Zinsen, Abschreibungen und Gewinn oder Verlust aufgrund einer Änderung des Kapitalpreises.
Cost of capital.

Kaufkraftparität: Theorem, nach dem Güter in allen Ländern gemessen an der Kaufkraft zum selben Preis gehandelt werden; impliziert, daß der nominale Wechselkurs internationale Preisdifferenzen widerspiegelt.
Purchasing-power parity.

keynesianisches Kreuz: einfaches, auf den Gedanken der Keynesschen *Allgemeinen Theorie* basierendes Einkommensmodell, aus dem hervorgeht, wie Ausgabenänderungen eine vervielfachte Wirkung auf das Gesamteinkommen haben können.
Keynesian cross.

keynesianisches Modell: Aus den Gedanken der *Allgemeinen Theorie* von Keynes abgeleitetes Modell; auf der Annahme nicht markträumender Löhne und Preise basierendes Modell, das davon ausgeht, daß die Gesamtnachfrage die Höhe der Produktion und der Beschäftigung einer Volkswirtschaft bestimmt. (Vgl. klassisches Modell.)
Keynesian model.

klassische Dichotomie: theoretische Trennung von realen und nominalen Variablen im klassischen Modell, wodurch impliziert wird, daß die nominalen Variablen keinen Einfluß auf die realen haben. (Vgl. Neutralität des Geldes.)
Classical dichotomy.

klassisches Modell: aus den Vorstellungen der klassischen oder vorkeynesianischen Ökonomen abgeleitetes Modell der Wirtschaft, das auf der Annahme markträumender Löhne und Preise basiert und impliziert, daß die Geldpolitik keinen Einfluß auf die realen Variablen hat. (Vgl. keynesianisches Modell.)
Classical model.

kleine offene Volkswirtschaft: offene Volkswirtschaft, deren Zinssatz durch die Weltfinanzmärkte bestimmt wird; Wirtschaft, die aufgrund ihrer Größe einen vernachlässigbaren Einfluß auf die Weltmärkte und insbesondere auf den Weltzinssatz aufweist.
Small open economy.

Konjunkturzyklus: gesamtwirtschaftliche Schwankungen von Produktion, Einkommen und Beschäftigung.
Business cycle.

konstante Skalenerträge: Eigenschaft einer Produktionsfunktion, bei deren Vorliegen eine proportionale Zunahme aller Produktionsfaktoreinsatzmengen zu einem gleich großen prozentualen Anstieg des Produktionsvolumens führt.
Constant returns to scale.

Konsum: Waren und Dienstleistungen, die von den Konsumenten gekauft werden.
Consumption.

Konsumfunktion: Beziehung, die die Bestimmungsgründe des Konsums zeigt; beispielsweise eine Beziehung zwischen Konsum und verfügbarem Einkommen.
Consumption function.

kontraktive Politik: Wirtschaftspolitik, die die Gesamtnachfrage, das Realeinkommen und die Beschäftigung verringert. (Vgl. expansive Politik.)
Contractionary policy.

Koordinationsversagen: Situation, in der Entscheidungsträger zu einem für alle Beteiligten schlechteren Ergebnis gelangen, weil sie nicht in der Lage sind, gemeinsam Strategien zu wählen, die zu einem besseren Ergebnis führen.
Coordination failure.

Kostendruckinflation: Inflation aufgrund von Angebotsschocks. (Vgl. Nachfragesoginflation.)
Cost-push inflation.

Kreditbeschränkung: Begrenzung des Umfangs, in dem eine Person bei finanziellen Institutionen Kredite aufnehmen kann, wodurch die Möglichkeit, zukünftiges Einkommen schon heute auszugeben, eingeschränkt wird; wird auch als Liquiditätsbeschränkung bezeichnet.
Borrowing constraint.

Lagerinvestitionen: Änderung der Gütermengen, die Unternehmen auf Lager halten.
Inventory investment.

Laspeyres-Preisindex: Maß für das Preisniveau, das auf einem festen Warenkorb beruht. (Vgl. Paasche-Preisindex.)
Laspeyres price index.

Lebenszyklus-Hypothese: Konsumtheorie, welche die Bedeutung von Ersparnis und Kreditaufnahme für den Transfer von Ressourcen von den Zeiten im Leben mit hohem Einkommen zu den Zeiten im Leben mit niedrigen Einkommen betont, beispielsweise von der Zeit der Berufstätigkeit in die Zeit des Ruhestands.
Life-cycle hypothesis.

Leistungsbilanzsaldo: Einnahmen für Exporte abzüglich Ausgaben für Importe (einschließlich Exporte und Importe von Leistungen von Produktionsfaktoren).
Current account.

liquide: sofort in das Tauschmittel verwandelbar; leicht für Transaktionen zu verwenden.
Liquid.

Liquiditätsbeschränkung: Begrenzung des Umfangs, in dem eine Person bei finanziellen Institutionen Kredite aufnehmen kann, wodurch die Möglichkeit, zukünftiges Einkommen schon heute auszugeben, eingeschränkt wird; wird auch als Kreditbeschränkung bezeichnet.
Liquidity constraint.

Liquiditätspräferenz-Theorie: einfaches, auf den Gedanken der *Allgemeinen Theorie* von Keynes basierendes Modell des Zinssatzes, das besagt, daß sich der Zinssatz so anpaßt, daß das Angebot und die Nachfrage für Realkasse ins Gleichgewicht kommen.
Liquidity-preference theory.

LM-Kurve: die positive Beziehung zwischen Zinssatz und Einkommensniveau, die sich auf dem Gütermarkt ergibt. (Vgl.

IS/LM-Modell, IS-Kurve.)
LM curve.

Lohnsatz: Betrag, der für eine Arbeitseinheit bezahlt wird.
Wage.

Lohnstarrheit: geringe Anpassungsgeschwindigkeit der Löhne mit der Konsequenz, daß es nicht zum Gleichgewicht von Arbeitsangebot und Arbeitsnachfrage kommt.
Wage rigidity.

Lohnstarrheiten-Modell: Modell des Gesamtangebots, das die Bedeutung der langsamen Anpassung der Nominallöhne hervorhebt.
Sticky-wage model.

Lucas-Kritik: Argument, daß die herkömmliche wirtschaftspolitische Analyse die Wirkungen von wirtschaftspolitischen Maßnahmen auf die Erwartungen der Menschen nicht adäquat berücksichtigt.
Lucas critique.

M1, M2, M3: verschiedene Maße für die Geldmenge, wobei größere Zahlen eine breitere Definition der Geldmenge anzeigen.

makroökonometrisches Modell: Modell, in dem Daten und statistische Verfahren eingesetzt werden, um die Volkswirtschaft quantitativ und nicht nur qualitativ zu beschreiben.
Macroeconometric model.

Makroökonomik: Analyse der Gesamtwirtschaft. (Vgl. Mikroökonomik.)
Macroeconomics.

Markträumungsmodell: Modell, bei dem angenommen wird, daß sich die Preise frei anpassen, so daß Angebot und Nachfrage ins Gleichgewicht kommen.
Market clearing model.

Menu cost, Speisekartenkosten: Kosten einer Preisänderung.

Mietzins des Kapitals: Betrag, der für das Mieten einer Kapitaleinheit entrichtet werden muß.
Rental price of capital.

Mikroökonomik: Analyse einzelner Märkte und des Verhaltens einzelner Entscheidungseinheiten. (Vgl. Makroökonomik.)
Microeconomics.

Modell unvollkommener Informationen: Modell des Gesamtangebots, das darauf basiert, daß den Wirtschaftssubjekten das allgemeine Preisniveau manchmal unbekannt ist, weil sie nicht alle Güterpreise der Volkswirtschaft beobachten können.
Imperfect-information model.

Modell: vereinfachte Abbildung der Wirklichkeit, häufig in Form von graphischen Darstellungen oder Gleichungen, die das Zusammenspiel der Modellvariablen zeigen.
Model.

monetäre Basis: Summe aus Bargeld und Reserven der Geschäftsbanken.
Monetary base.

monetäre Neutralität: siehe Neutralität des Geldes.
Monetary neutrality.

monetärer Transmissionsmechanismus: Prozeß, durch den Änderungen des Geldangebots die geplanten Ausgaben der Haushalte und Unternehmen beeinflussen.
Monetary transmission mechanism.

Monetarismus: Lehre, derzufolge Änderungen des Geldangebots die zentrale Ursache für gesamtwirtschaftliche Schwankungen darstellen; impliziert, daß ein stabiles Geldangebot zu einer stabilen Volkswirtschaft führt.
Monetarism.

Moral hazard: Möglichkeit unehrlichen Verhaltens in Situationen, in denen das Verhalten nur unvollkommen kontrolliert wird; beispielsweise in der Effizienzlohntheorie die Möglichkeit, daß schlecht bezahlte Arbeitnehmer sich vor ihrer Verantwortung drücken und das Risiko auf sich nehmen, erwischt und entlassen zu werden.

Multiplikator: siehe Staatsausgaben-Multiplikator, Geldangebotsmultiplikator oder Steuermultiplikator.
Multiplier.

Mundell-Fleming-Modell: das IS/LM-Modell für eine kleine offene Volkswirtschaft.
Mundell-Fleming model.

Mundell-Tobin-Effekt: Rückgang des Realzinssatzes, der sich ergibt, wenn eine Zunahme der Inflationserwartungen den nominalen Zinssatz erhöht, die Realkasse und das Realvermögen verringert und dadurch den Konsum verringert und die Ersparnis erhöht.
Mundell-Tobin effect.

Nachfragesoginflation: Inflation aufgrund von Nachfrageschocks. (Vgl. Kostendruckinflation.)
Demand-pull inflation.

Natürliche Arbeitslosenquote: stationäre Arbeitslosenquote; Arbeitslosenquote, der sich die Volkswirtschaft langfristig nähert.
Natural rate of unemployment.

Neoklassisches Investitionsmodell: Theorie, derzufolge die Investitionen von der Abweichung des Grenzprodukts des Kapitals von den Kapitalkosten abhängen.
Neoclassical model of investment.

Nettoexporte: Exporte minus Importe.
Net exports.

Nettoinvestitionen: Bruttoinvestitionen abzüglich Abschreibungen; Änderung des Kapitalstocks.
Net investment.

neukeynesianische Lehre: ökonomische Lehrmeinung, derzufolge gesamtwirtschaftliche Schwankungen sich nur bei Vorliegen von mikroökonomischen Unvollkommenheiten erklären lassen, wie z.B. Preisstarrheiten. (Vgl. neuklassische Lehre.)
New Keynesian economics.

neuklassische Lehre: ökonomische Lehrmeinung, derzufolge sich gesamtwirtschaftliche Schwankungen unter Beibehaltung der Annahmen des klassischen Modells erklären lassen. (Vgl. neukeynesianische Lehre.)
New classical economics.

Neutralität des Geldes: die Eigenschaft, daß eine Änderung des Geldangebots keinen Einfluß auf die realen Variablen hat.

(Vgl. klassische Dichotomie.)
Neutrality of money.

nominal: zu laufenden Preisen gemessen; nicht inflationsbereinigt. (Vgl. real.)
Nominal.

nominaler Wechselkurs: Verhältnis, in dem die Währung eines Landes in die Währung eines anderen Landes getauscht wird. (Vgl. realer Wechselkurs.)
Nominal exchange rate.

nominaler Zinssatz: nicht um die Inflation bereinigter Ertrag der Ersparnis bzw. nicht um die Inflation bereinigte Kosten der Kreditaufnahme. (Vgl. realer Zinssatz.)
Nominal interest rate.

Nominalgeld: Geld, das keinen inneren Wert besitzt, sondern seinen Wert nur deswegen hat, weil es als Geld benutzt wird. (Vgl. Warengeld.)
Fiat money.

normales Gut: Gut, dessen Nachfrage mit zunehmendem Einkommen steigt.
Normal good.

Offene Volkswirtschaft: Volkswirtschaft, die sich am internationalen Handel von Waren, Dienstleistungen und Kapital beteiligt.
Open economy.

Offenmarktgeschäfte: Ankauf oder Verkauf von festverzinslichen Wertpapieren durch die Zentralbank für eigene Rechnung auf dem offenen Markt mit dem Ziel, das Geldangebot zu vergrößern oder zu verringern.
Open-market operations.

Öffentliche Ersparnis: öffentliche Einnahmen abzüglich öffentlicher Ausgaben; Budgetsaldo; nach der deutschen Systematik der VGR öffentliche Einnahmen abzüglich laufender öffentlicher Ausgaben.
Public saving.

Ökonomischer Gewinn: Erlös, der den Eigentümer eines Unternehmens nach der Entlohnung aller Produktionsfaktoren verbleibt. (Vgl. buchhalterischer Gewinn.)
Economic profit.

Okuns Gesetz: negative Beziehung zwischen Arbeitslosigkeit und realem BSP, nach der eine Abnahme der Arbeitslosigkeit um einen Prozentpunkt mit einem zusätzlichen Wachstum des realen BSP um ca. 2,5 Prozent verbunden ist.
Okun's law.

Opferverhältnis: Anzahl der Prozentpunkte des realen BSP eines Jahres, die aufgegeben werden muß, um die Inflationsrate um einen Prozentpunkt zu senken.
Sacrifice ratio.

Outside lag: Zeit, die zwischen Ergreifen einer wirtschaftspolitischen Maßnahme und ihrer Wirkung auf die Volkswirtschaft vergeht. (Vgl. Inside lag.)

Outsider: Arbeitnehmer, die ohne Beschäftigung sind und daher keinen Einfluß auf die Lohnverhandlungen haben. (Vgl. Insider.)

Paasche-Preisindex: Maß für das Preisniveau, das auf einem veränderlichen Warenkorb beruht. (Vgl. Laspeyres-Preisindex.)
Paasche price index.

permanentes Einkommen: dauerhaftes Einkommen, das von den Wirtschaftssubjekten auch für die Zukunft erwartet wird; normales Einkommen. (Vgl. transitorisches Einkommen.)
Permanent income.

Phillips Kurve: negative Beziehung zwischen Inflation und Arbeitslosigkeit; in ihrer modernen Form eine Beziehung zwischen Inflation, zyklischer Arbeitslosigkeit, erwarteter Inflation und Angebotsschocks, die sich aus der kurzfristigen Angebotskurve ableiten läßt.
Phillips curve.

Pigou-Effekt: Zunahme der Konsumausgaben aufgrund eines Vermögensanstiegs der Konsumenten, der aus dem Rückgang des Preisniveaus und des damit verbundenen Anstiegs der Realkasse resultiert.
Pigou effect.

Politischer Konjunkturzyklus: Produktions- und Beschäftigungsschwankungen, die aus wahlstrategisch motivierten wirtschaftspoli-tischen Eingriffen resultieren.
Political business cycle.

Portfolio-Theorien der Geldnachfrage: Theorien zur Erklärung der gewünschten Geldhaltung, die die Rolle des Geldes als Wertaufbewahrungsmittel hervorheben. (Vgl. Transaktions-Theorien der Geldnachfrage.)
Portfolio theories of money demand.

Preisindex der Lebenshaltung: Maß für das allgemeine Preisniveau, das die Kosten eines festen Warenkorbs im Vergleich zu den Kosten desselben Warenkorbs in einem Basisjahr angibt; amerikanisches Analogon ist der
Consumer price index (CPI).

Preisstarrheiten-Modell: Modell des Gesamtangebots, das die Bedeutung der langsamen Anpassung der Preise von Waren und Dienstleistungen hervorhebt.
Sticky-price model.

Private Ersparnis: verfügbares Einkommen abzüglich Konsum.
Private saving.

Produktionsfaktor: Input, der für die Produktion von Waren und Dienstleistungen verwandt wird, beispielsweise Kapital oder Arbeit.
Factor of production.

Produktionsfunktion: mathematische Beziehung, die zeigt, in welcher Weise der Faktoreinsatz das Produktionsvolumen bestimmt; z.B. $Y = F(K, L)$.
Production function.

Produktionsglättung: Ansatz zur Erklärung der Lagerhaltung, der darauf basiert, daß die Unternehmen ihre Kosten senken können, wenn sie ihr Produktionsvolumen verstetigen und auf Absatzschwankungen mit Änderungen der Lagerhaltung reagieren.
Production smoothing.

prozyklisch: Bewegung in derselben Richtung wie Produktion, Einkommen und Beschäftigung; Abnahme bei Abschwung,

Zunahme bei Aufschwung. (Vgl. azyklisch, antizyklisch.)
Procyclical.

q-Investitionstheorie: Theorie, nach der die Ausgaben für Kapitalgüter vom Verhältnis des Marktwertes des Kapitalbestandes zu seinen Wiederbeschaffungskosten abhängen.
q-theory of investment.

Quantitätsgleichung: Identität, die besagt, daß das Produkt aus Geldangebot und Umlaufgeschwindigkeit gleich den nominalen Ausgaben ist ($MV = PY$); in Verbindung mit der Annahme einer stabilen Umlaufgeschwindigkeit wird daraus ein Ansatz zur Erklärung des Nominaleinkommens, der als Quantitätstheorie des Geldes bezeichnet wird.
Quantity equation.

Quantitätstheorie des Geldes: Theorie, in deren Mittelpunkt die Hypothese steht, daß Änderungen der Geldmenge zu Änderungen des Nominaleinkommens führen.
Quantity theory of money.

Random walk: Pfad einer Variablen, deren Änderungen im Zeitablauf nicht vorhersehbar sind.

rationale Erwartungen: Ansatz, der davon ausgeht, daß die Wirtschaftssubjekte bei der Prognose zukünftiger Entwicklungen alle verfügbaren Informationen – einschließlich solcher über die gegenwärtige und zukünftige Wirtschaftspolitik – optimal nutzen.
Rational expectations.

real: in konstanten Geldeinheiten gemessen; inflationsbereinigt.
Real.

reale Gesamtangebotskurve: positive Beziehung zwischen realem Zinssatz und nachgefragtem Gesamtoutput, die sich in der Theorie realer Konjunkturzyklen auf dem Gütermarkt ergibt.
Real aggregate supply curve.

reale Gesamtnachfragekurve: negative Beziehung zwischen realem Zinssatz und nachgefragtem Gesamtoutput, die sich in der Theorie realer Konjunkturzyklen auf dem Gütermarkt ergibt.
Real aggregate demand curve.

realer Wechselkurs: Kurs, zu dem die Güter eines Landes gegen die Güter eines anderen Landes getauscht werden. (Vgl. nominaler Wechselkurs.)
Real exchange rate.

realer Zinssatz: inflationsbereinigter Ertrag der Ersparnis bzw. die inflationsbereinigten Kosten der Kreditaufnahme.
Real interest rate.

Realkasse: in Gütereinheiten ausgedrückte Geldmenge; Geldmenge dividiert durch Preisniveau (M/P).
Real money balances.

Recheneinheit: Maß, in dem Preise ausgedrückt werden; eine der Geldfunktionen. (Vgl. Tauschmittel, Wertaufbewahrungsmittel.)
Unit of account.

Rentenpapier: Verkörperung einer zinstragenden Schuld des Emittenten, in der Regel eines Unternehmens oder eines öffentlichen Haushalts.
Bond.

Reserven: Betrag, den Banken von Einlegern erhalten, aber nicht als Kredit vergeben haben.
Reserves.

Reservepflicht: Vorschrift, mit der die Banken von der Zentralbank dazu verpflichtet werden, ein bestimmtes Reserve-Einlage-Verhältnis nicht zu unterschreiten.
Reserve requirements.

Rezession: Periode sinkenden Realeinkommens.
Recession.

ricardianische Äquivalenz: Theorie, derzufolge vorausschauende Haushalte die durch die Staatsverschuldung implizierten zukünftigen Steuern antizipieren, so daß eine heutige staatliche Kreditaufnahme, die mit einer für die Rückzahlung der Schuld erforderlichen künftigen Steuererhöhung verbunden ist, die gleiche Wirkung auf die Volkswirtschaft aufweist wie eine heutige Steuererhöhung.
Ricardian equivalence.

Saisonbereinigung: Elimination der regelmäßigen Fluktuationen einer ökonomischen Variablen, die als Funktion der Jahreszeiten aufgefaßt werden können.
Seasonal adjustment.

Schattenwirtschaft: ökonomische Transaktionen, die im Verborgenen stattfinden, um Steuern zu vermeiden oder weil die Transaktion illegal ist.
Underground economy.

Schock: exogen bedingte Änderung in einer ökonomischen Beziehung, wie z.B. der Gesamtnachfrage- oder der Gesamtangebotskurve.
Shock.

Schulden-Deflation: Theorie, derzufolge ein unerwarteter Rückgang des Preisniveaus zu einer Vermögensumverteilung von Schuldnern zu Gläubigern und damit zu einer Verminderung der Gesamtausgaben einer Wirtschaft führt.
Debt-deflation.

Seigniorage: Ertrag, den der Staat mit der Geldschöpfung erzielt; Inflationssteuer.

Sektoraler Wandel: Wandel der Nachfragestruktur zwischen verschiedenen Industrien.
Sectoral shift.

Sichteinlagen: Bankeinlagen, die bei Bedarf zur Durchführung von Transaktionen verwendet werden können.
Demand deposit.

Solow-Residuum: Änderung der totalen Faktorproduktivität, gemessen als prozentuale Änderung des Outputs abzüglich der prozentualen Änderung der Inputs, wobei die Inputs mit ihren Faktoranteilen gewichtet sind.
Solow residual.

Solow-Wachstumsmodell: Modell, das zeigt, wie Ersparnis, Bevölkerungswachstum und technologischer Fortschritt das

Niveau und das Wachstum des Lebensstandards bestimmen.
Solow growth model.

Staatsausgaben: Ausgaben des Staates für Güterkäufe und Transfers. Da bei den in diesem Buch diskutierten Modellen die Transferausgaben mit den Steuereinnahmen des Staates saldiert werden, können hier die Begriffe Staatsausgaben und Ausgaben für staatliche Güterkäufe synonym verwendet werden. (Vgl. Transferausgaben.)
Government purchases.

Staatsausgabenmultiplikator: Änderung des Gesamteinkommens, die sich aus der Änderung der Staatsausgaben um eine D-Mark ergibt.
Government-purchases multiplier.

Stabilisierungspolitik: Wirtschaftspolitik, die darauf abzielt, Produktion und Beschäftigung auf ihrem natürlichen Niveau zu halten.
Stabilization policy.

Stagflation: Situation mit sinkender Produktion und steigenden Preisen; Kombination aus Stagnation und Inflation.
Stagflation.

Starre Preise: Preise, die sich nur langsam anpassen und daher Angebot und Nachfrage nicht immer ins Gleichgewicht bringen. (Vgl. flexible Preise.)
Sticky prices.

Steady state: Situation, in der sich zentrale Variablen eines Modells nicht ändern; Wachstumsgleichgewicht.

Steuermultiplikator: Änderung des Gesamteinkommens aufgrund einer Änderung der Steuern um eine D-Mark.
Tax multiplier.

stille Reserve: Personen, die aus dem Kreis der Erwerbspersonen ausgeschieden sind, weil sie sich keine Hoffnung darauf machen, einen Arbeitsplatz zu finden.
Discouraged workers.

Stromgröße: Variable, die die Dimension Menge pro Zeiteinheit aufweist.
Flow.

Substitutionseffekt: Konsumänderung bezüglich eines Gutes, die sich aus der Bewegung entlang einer Indifferenzkurve aufgrund einer Änderung des relativen Preises ergibt. (Vgl. Einkommenseffekt.)
Substitution effect.

Tauschmittel: Objekt, das im Tausch gegen Waren und Dienstleistungen allgemein akzeptiert wird; eine der Funktionen des Geldes. (Vgl. Wertaufbewahrungsmittel, Recheneinheit.)
Medium of exchange.

Theorie realer Konjunkturzyklen: Theorie, nach der sich gesamtwirtschaftliche Schwankungen allein durch reale (z.B. technologische) Veränderungen in der Volkswirtschaft erklären lassen und nominale Variablen (wie etwa das Geldangebot) keine Rolle spielen.
Real-business-cycle theory.

Tobins q: Verhältnis des Marktwertes des Kapitalbestandes zu seinen Wiederbeschaffungskosten.

Totale Faktorproduktivität: Maß für das technologische Niveau einer Volkswirtschaft; Produktionsvolumen je Inputeinheit, wobei die verschiedenen Inputs mit ihren Faktoranteilen gewichtet werden. (Vgl. Solow-Residuum.)
Total factor productivity.

Transaktions-Theorien der Geldnachfrage: Theorien zur Erklärung der gewünschten Geldhaltung, die die Rolle des Geldes als Tauschmittel hervorheben. (Vgl. Portfolio-Theorien der Geldnachfrage.)
Transactions theories of money demand.

Transferzahlungen: Zahlungen des Staates an Wirtschaftssubjekte, die nicht im Tausch gegen Güter erfolgen, z.B. Sozialversicherungsleistungen. (Vgl. Staatsausgaben.)
Transfer payments.

transitorisches Einkommen: Einkommen, von dem die Wirtschaftssubjekte nicht erwarten, daß es auch in Zukunft anfällt; laufendes Einkommen abzüglich normales Einkommen. (Vgl. permanentes Einkommen.)
Transitory income.

Überschußreserven: Reserven der Geschäftsbanken, die über das vorgeschriebene Maß hinausgehen.
Excess reserves.

Umlaufgeschwindigkeit des Geldes: Verhältnis von nominalen Ausgaben zu Geldangebot; Geschwindigkeit, mit der das Geld in der Wirtschaft zirkuliert.
Velocity of money.

unterstellter Wert: Schätzung für den Wert eines Gutes, das nicht über den Markt verkauft wird und daher auch keinen Marktpreis aufweist.
Imputed value.

verfügbares Einkommen: Einkommen nach Steuern.
Disposable income.

Volkswirtschaftliche Gesamtrechnung: Rechnungssystem, das das Bruttosozialprodukt und viele damit in Beziehung stehende Statistiken erfaßt.
National income accounting.

Vorsichtssparen: Komponente der Ersparnis, die sich aus der Unsicherheit beispielsweise über die Länge des Lebens oder die Höhe des künftigen Einkommens ergibt.
Precautionary saving.

Warengeld: Geld, das aus sich heraus nützlich ist und dem auch dann ein Wert zugemessen würde, wenn es nicht als Geld dient. (Vgl. Nominalgeld.)
Commodity money.

Wartearbeitslosigkeit: Arbeitslosigkeit, die durch Lohnstarrheit und Arbeitsplatzrationierung hervorgerufen wird. (Vgl. friktionelle Arbeitslosigkeit.)
Wait unemployment.

Wechselkurs: Kurs, zu dem ein Land an den Weltmärkten tauscht. (Vgl. nominaler Wechselkurs, realer Wechselkurs.)
Exchange rate.

Wechselkursunion: Gruppe von Ländern, die eine Begrenzung der Wechselkursschwankungen ihrer Währungen vereinbaren.
Exchange-rate union.

Weltzinssatz: auf den Weltfinanzmärkten herrschender Zinssatz.
World interest rate.

Wertaufbewahrungsmittel: Weg, auf dem sich Kaufkraft von der Gegenwart in die Zukunft transferieren läßt; eine der Geldfunktionen. (Vgl. Tauschmittel, Recheneinheit.)
Store of value.

Wertschöpfung: Wert des Outputs eines Unternehmens abzüglich der eingesetzten Vorleistungen.
Value-added.

Wettbewerb: Situation mit vielen Individuen oder Unternehmen, so daß die Handlungen einzelner nicht die Marktpreise beeinflußt.
Competition.

Wohnungsbauinvestitionen: neue Wohnungen, die gekauft wurden, um darin zu wohnen oder um sie zu vermieten.
Residental investment.

Zeitinkonsistenz: Tendenz politischer Entscheidungsträger, wirtschaftspolitische Maßnahmen im voraus bekanntzugeben, um die Erwartungen der privaten Entscheidungsträger zu beeinflussen, nachdem die Erwartungen sich gebildet und zu entsprechenden Aktionen geführt haben jedoch einem anderen Kurs zu folgen.
Time inconsistency.

Zentralbank: für die Durchführung der Geldpolitik verantwortliche Institution; beispielweise in Deutschland die Deutsche Bundesbank.
Central bank.

Zinssatz: Marktpreis, zu dem Ressourcen zwischen Gegenwart und Zukunft transferiert werden; Ertrag des Sparens und Kosten der Kreditaufnahme.
Interest rate.

Zoll: Abgabe auf importierte Güter.
Tariff.

zyklische Arbeitslosigkeit: die mit kurzfristigen ökonomischen Schwankungen verbundene Arbeitslosigkeit; Abweichung der Arbeitslosenquote von ihrem natürlichen Niveau.
Cyclical unemployment.

Personenverzeichnis

Akerlof, George A., 411
Alesina, Alberto, 437
Altonji, Joseph G., 504
Ando, Albert, 535, 540
Angell, Norman, 195
Austen, Jane, 55
Ball, Laurence, 392, 393, 415, 504
Barro, Robert J., 89, 90, 144, 440, 497, 507, 508, 565
Barsky, Robert B., 37, 211
Battalio, Raymond C., 416
Baum, Frank, 224-225
Baumol, William 620
Becker, Gary S., 144
Beil, Richard O., 416
Benjamin, Daniel K., 89, 166, 167
Bernanke, Ben, 367
Bernheim, B. Douglas, 561, 565
Berry, T. S., 445
Bils, Mark J., 387
Blanchard, Olivier Jean, 144, 411, 413, 418
Blinder, Alan, 219, 286
Bordo, Michael D., 89
Boskin, Michael J., 144
Bossons, John, 540
Brown, Charles, 171
Brown, E. Cary, 367
Brumberg, Richard, 535
Brunner, Karl, 365
Bruno, Michael, 173
Bryan, William Jennings, 224
Bulow, Jeremy I., 177
Bush, George, 103
Campbell, John Y., 530, 549
Cecchetti, Stephen G., 287
Cipolla, Carlo M., 71
Clark, John Bates, 283
Clark, Kim B., 178
Cobb, Charles, 71
Cooper, Russell, 415, 416
DeJong, Douglas V., 416

Dirksen, Everett, 553
Dominguez, Kathryn, 430
Dornbusch, Rudiger, 216, 413, 540
Douglas, Paul, 71
Eckstein, Otto, 354
Eichengreen, Barry, 470
Einstein, Albert, 3
Eisner, Robert, 573
Fair, Ray C., 6-7, 430
Feldstein, Martin S., 141
Fischer, Stanley, 144, 206, 216, 382, 540
Fisher, Irving, 208, 211, 430
Fleming, J. Marcus, 45
Ford, Gerald, 190
Ford, Henry, 176
Forsythe, Robert, 416
Franklin, Benjamin, 234
Friedman, Benjamin M., 302, 444
Friedman, Milton, 204, 365, 368, 377, 384, 399, 423, 441, 519, 615
Geary, Patrick I., 387
Goldfeld, Stephen M., 626
Gordon, David, 440
Gordon, Robert J., 405
Gray, JoAnna, 382
Griliches, Zvi, 144
Grubel, Herbert G., 174
Hall, Robert E., 161, 216, 217, 218, 407, 530, 547, 587
Hamilton, Alexander, 440
Hamilton, James D., 306
Hansen, Alvin, 514
Hayashi, Fumio, 534, 590
Heller, Walter W., 323
Heston, Alan, 118
Hicks, John R., 313
Holmes, Sherlock, 19
Hume, David, 506
John, Andrew, 415
Johnson, Lyndon, 546
Jorgenson, Dale W., 144, 587

Katz, Lawrence F., 168, 176
Kennan, John, 387
Kennedy, John F., 322, 323
Kennickell, Arthur, 540
Keynes, John Maynard, 189, 323, 331, 348, 355, 385, 433, 446, 311-312
King, Robert G., 505
King, Stephen R., 405
Kiyotaki, Nobuhiro, 411
Kochin, Levis A., 89, 166, 167
Krugman, Paul R., 476
Kuznets, Simon, 517
Kydland, Finn E., 440
Laidler, David, 626
Leimer, Dean R., 141
Lesnoy, Selig S., 141
Lilien, David M., 182
Littlefield, Henry M., 225
Lucas, Robert E., Jr., 145, 389 392-393, 431, 494
McCallum, Bennett T., 508
McKinley, William, 224-225
Mankiw, N. Gregory, 145, 392, 393, 411, 413, 415, 508, 530, 549
Martin, William McChesney, 423
Marx, Karl, 61, 138
Meyer, Bruce D., 168
Miron, Jeffrey A., 37, 598
Modigliani, Franco, 519, 535-542, 550, 556
Mundell, Robert A., 454
Murphy, Kevin, 182
Mussa, Michael, 217
Nevins, Alan, 177
Nordhaus, William, 435
Obstfeld, Maurice, 476
Okun, Arthur M., 46, 323, 405
Olson, Mancur, 144
Phelps, Edmund, 120, 399
Phillips, A. W., 399
Pieper, Paul J., 573
Pigou, Arthur, 369
Plosser, Charles J., 505, 508
Poole, William, 302
Poterba, James M., 596
Prescott, Edward C., 440, 501-503

Radford, R. A., 193
Raff, Daniel M. G., 177
Rapping, Leonard A., 494
Reagan, Ronald, 91, 190, 464, 566
Ricardo, David, 558
Rockoff, Hugh, 225
Romer, Christina, 434
Romer, David, 145, 392, 393, 411, 413, 415
Romer, Paul, 145
Ross, Thomas W., 416
Rotemberg, Julio, 392
Sachs, Jeffrey, 173
Samuelson, Paul, 347
Sargent, Thomas J., 216, 217, 218, 407
Schwartz, Anna J., 89, 204, 365, 368, 615
Shapiro, Matthew D., 430
Shleifer, Andrei, 565
Silver, Stephen, 387
Simonsen, Mario H., 413
Slemrod, Joel, 541
Solow, Robert M., 104-105, 156, 400
Spiegelman, Robert G., 169
Summers, Lawrence H., 173, 418, 503 565, 590
Summers, Robert, 118, 133
Sumner, Scott, 387
Taylor, John B., 413, 588
Temin, Peter, 365
Tobin, James, 588, 618, 621
Topel, Robert H., 182
Tufte, Edward, 435
Van Huyck, John B., 416
Volcker, Paul, 335, 402, 408-409, 464
Weil, David N., 145, 596
Weitzman, Martin L., 428
Woodbury, Stephen, 169
Yellen, Janet, 176, 411
Zeldes, Stephen P., 598

Stichwortverzeichnis

abnehmendes Grenzprodukt, 64-65
Abschreibungen, 109-112, 116, 581-582
Abwertung und Aufwertung, 472-473
adverse Selektion, 175-176
akkomodierende Politik, 305
Akzelerator-Modell der Lagerinvestitionen, 599-600, 603
allgemeines Gleichgewichtsmodell, 98
Angebot
    an Realkasse, 201
    Beziehung zur Produktionsfunktion, 105-106
Angebotskurve
    für Kapital, 579
    in Wirtschaftsmodellen, 8-10
Animal spirits, 355
anteilige Reservehaltung, 607-609
Arbeit
    als Produktionsfaktor, 58
    Wirkungen einer Vermehrung auf, 152-154
Arbeitnehmer-Fehleinschätzungs-Modell, 382-387
Arbeitseffizienz, 134
    Modelle zur Erklärung von Niveau und Wachstum der, 145
    totale Faktorproduktivität und, 142, 155
Arbeitskräftehortung, 502
Arbeitslosenquote
    Aufwärtstrend, 180-183
    Definition, 20, 43-46
    Modell der natürlichen, 161-163
Arbeitslosenversicherung
    friktionelle Arbeitslosigkeit und, 165-166
    Wirkungen auf Neuabschlüsse von Arbeitsverhältnissen, 167-169
Arbeitslosigkeit, 159-184
    Beziehung zum BSP, 46-48
    Dauer, 177-178
    Determinanten, 161-177
    Interpretation durch Theorie der realen Konjunkturzyklen, 503-504

natürliche Quote, 159-163, 293, 400
    Wirkungen auf Inflationsrate, 399-400
    Wirkungen der Lohnstarrheit, 169-170
    Wirtschaftspolitik und, 159
    zyklische, 397, 399-400
Arbeitsnachfrage, 66-67, 380-381
Arbeitsplatzrationierung, 169-171
arbeitsvermehrender technologischer Fortschritt, 134
Arbitrage, 265-266
Ausrüstungsinvestitionen, 578-591
automatische Stabilisatoren, 426-428
autonomer Konsum, 515

Bargeld, 196
    als Wertaufbewahrungsmittel, 619-620
Bargeld-Einlage-Verhältnis, 610-616
Baumol-Tobin-Modell, 621-624
Beschäftigung
    natürliches Niveau, 297, 300
    Theorie realer Konjunkturzyklen und, 503
Bestandsgrößen versus Stromgrößen, 22-23
Bruttoinlandsprodukt, 238-239
Bruttosozialprodukt
    als Maß der wirtschaftlichen Leistung, 20-22
    Ausgaben, 31-33
    Behandlung von Lagerinvestitionen, 24-25
    Behandlung von Zwischenprodukten, 25-26
    Behandlung von unterstellten Transaktionen, 26-27
    Berechnung, 24-27
    Definition, 20, 238-239
    Determinanten des realen und nominalen, 202-203
    Investitionen als Komponente, 575
    Komponenten, 31-33, 74
    nominales, 27-31
    reales, 27-31, 37-38
    versus nominales, 27-29, 39
    Wachstum des realen, 103

BSP-Deflator, 30-31, 39-42
    versus Preisindex der Lebenshaltung, 39-42
buchhalterischer Gewinn, 70

Budgetbeschränkung
    Konsumenten, 520-523
    Staat, 558-561
Budgetbeschränkung des Staates, 558-561
Budgetdefizit, 56, 82
    Erfassung, 569-573
    Vollbeschäftigungs-, 448
Budgetüberschuß, 82

Cobb-Douglas-Produktionsfunktion, 71-74, 124, 579

Disinflation, 405-409
Diskontierung, 521-522
dominiertes Vermögensobjekt, 619
Doppelkoinzidenz von Bedürfnissen, 191
DRI-Modell, 354
durchschnittliche Konsumneigung, 514-519
    im Lebenszyklus-Modell, 537
    in der Hypothese des permanenten Einkommens, 544-545

Effizienzeinheiten, 134-137
Effizienzlohntheorien, 175-177
Einkommen
    in der Hypothese des permanenten Einkommens, 534-545
    in der Theorie der keynesianischen Konsumfunktion, 514-517
    Maße, 35-37
    Wirkungen sinkender Preise, 369-371
Einkommenseffekt, 528-529
Einkommenskreislaufgeschwindigkeit des Geldes, 200
endogene Variablen, 7-11
Entsparen, 539-540
Ersparnis
    Bedeutung für Wirtschaftswachstum, 140
    im Fisher-Modell, 521-522

in der Volkswirtschaftlichen Gesamtrechnung, 84-85
    in der keynesianischen Konsumfunktion, 515
    Lebenszyklus-Modell und, 539-540
    Wirkungen des Sozialversicherungssystems, 141
    Wirkungen der Wirtschaftspolitik, 140-141

Ersparnis, gesamtwirtschaftliche
    Definition, 84
    Wirkungen der Wirtschaftspolitik, 140
Erwartungsbildung, 406-408, 431
Erwerbspersonenvolumen
    Definition, 44
    Insider und Outsider, 173, 417
    stille Reserve im, 183-184
Eulersches Theorem, 69, 154
ex ante Realzinssatz, 210
ex post Realzinssatz, 210
exogene Variable
    Abhängigkeit des Geldangebots, 612-613
    Endogenisierung, 144-145
    in ökonomischen Modellen, 7-11
    IS/LM-Modell, 347
    Mundell-Fleming-Modell, 454-455
    Rolle bei Prognosen, 428
    technologischer Fortschritt als, 142
    Wirkungen auf Preis und Menge, 286
Exporte, 233-234, 262

Faktornachfrage, 64-68
Faktorpreise
    Definition, 61
    Determinanten der realen, 68
    technologischer Fortschritt und, 137-138
fester Wechselkurs, 4, 453, 467-478
Finanzierungsbeschränkungen, 590
Fisher-Effekt, 208-211
Fisher-Gleichung, 208-210
Fiskalpolitik
    als Determinante der Gesamtnachfrage, 361
    alternative Regeln, 443-444
    bei flexiblen Wechselkursen, 462-463

bei Beendigung einer Hyperinflation,
  216-217
Defizit und, 443-445
im keynesianischen Kreuz, 318-322
in der offenen Volkswirtschaft, 462-463,
  471, 484-487
Interdependenz mit Geldpolitik, 350-353
Theorie realer Konjunkturzyklen, 496-497
Wirkungen auf gesamtwirtschaftliche Ersparnis, 83-92
Wirkungen in der großen offenen Volkswirtschaft, 484-487
Wirkungen auf IS-Kurve, 325-327,
  348-349
Wirkungen von Lags, 425-426
fiskalpolitische Multiplikatoren, 353-354
flexible versus starre Preise, 14-15, 285,
  295-297
flexible Wechselkurse, 453-466, 475-478,
  482-487
friktionelle Arbeitslosigkeit, 163-166, 175, 417

Geld
  Formen, 191-195
  Funktionen, 191-192
  Maße, 196-197
  Neutralität, 505
  Recheneinheit, 191
  Schöpfung, 607-609
  Tauschmittel, 191
  Wertaufbewahrungsmittel, 191
Geldangebot
  Abhängigkeit von exogenen Variablen,
    612-616
  Definition, 610-611
  Determinanten, 606, 610-613
  Komponenten, 606
  Maße, 196-197
  Modelle, 610-613
  Steuerung, 195-196
  Wirkungen einer Änderung, 202-203, 351
  Wirkungen auf LM-Kurve, 340
  Wirkungen auf Gesamtnachfrage,
    288-291, 297-298

Wirkungen des Wachstums auf Inflation,
  202-205
Geldangebotsmultiplikator, 615-616
Geldnachfragefunktion, 200-201
  Determinanten, 617
  nominaler Zinssatz und, 212-213
  Portfolio-Theorien, 618-619
  Transaktionstheorien, 620
Geldpolitik
  als Komponente der Stabilisierungspolitik,
    298-300
  alternative Regeln, 441-444
  bei festen Wechselkursen, 472-473
  bei flexiblen Wechselkursen, 463-464
  bei offener Volkswirtschaft, 463-464, 485
  Definition, 195
  Instrumente der Zentralbank, 613-614
  Interdependenz mit Fiskalpolitik, 351-353
  kurz- und langfristige Wirkungen, 285-286
  Wirkungen auf die LM-Kurve, 373
  Wirkungen von Änderungen, 350-351
  Wirkungen von Lags, 425
  Wirkungen auf die Inflationsrate, 401-402
  Wirkungen in der großen offenen Volkswirtschaft, 485, 488
Gesamtangebot
  Definition, 291
  Schocks und, 302-306
  und Phillips-Kurve, 419
  vier Modelle der, 378-396, 419
Gesamtangebots-Gesamtnachfrage-Modell, 286
Gesamtangebotskurve
  lang- und kurzfristige, 296-297
  Unterschied zur realen Gesamtangebotskurve, 492
Gesamtnachfrage
  Definition, 287
  exogene Schocks und, 297-300
  Geld- und Fiskalpolitik als Bestimmungsgründe der, 361
  Wirkungen einer Verschiebung, 293-295
Gesamtnachfrage-Externalität, 411
Gesamtnachfragekurve
  bei lang- und kurzfristigen Gleichgewichten, 295-296

Definition und Ableitung, 356-359
IS/LM-Modell und, 314
lineare Version, 359-360
Unterschied zur realen Gesamtnachfrage-
   kurve, 492
geschlossene und offene Volkswirtschaft
   Vergleich der Wirkungen der Fiskalpolitik,
      462-463
   Vergleich der Wirkungen der Geldpolitik,
      463-464
Gesetz von der Unterschiedslosigkeit der
   Preise, 265
Gewerkschaften und Lohnstarrheiten, 172-173
Golden Rule, siehe Steady state
Golden Rule-Niveau der Kapitalakkumulation
   bei steady-state Konsum, 120-122, 554
   Definition, 130, 136-137
   Weg zum, 124-128
   Wirkungen des Bevölkerungswachstums,
      131
Goldstandard, 192, 211, 224-225, 297-298,
   470
Grenzneigung zum Konsum, 76, 315, 515-516
Grenzprodukt der Arbeit, 64-67, 71-74
Grenzprodukt des Bodens, 71
Grenzprodukt des Kapitals, 67-68, 122-124,
   131-132, 137, 151-154
   bei Cobb-Douglas-Produktionsfunktion,
      71-74
   Bestimmung des realen Mietzinses des
      Kapitals, 154, 578
   Beziehung zu den Kapitalkosten, 583
   in der Investitionsfunktion, 583-584
Grenzrate der Substitution, 523-525

Handel, internationaler, 233
Handelspolitik
   bei festen Wechselkursen, 473-474
   bei flexiblen Wechselkursen, 465-466
   protektionistische, 236, 261-262
Haushalt
   bei ricardianischer Sicht der Staatsver-
      schuldung, 556-561
   Budgetbeschränkung, 520-523
   Präferenzen, 523-525

Wahlmöglichkeiten, 523-526
Zeithorizont, 564-565
high-powered money, 612
Humankapital, 145
Hyperinflation
   Definition, 190
   Methode zur Beendigung, 214-218
Hypothese des permanenten Einkommens,
   542-545
Hysteresis-Theorie, 416-417

Identifikations-Problem, 95-97
Importe, 4, 233-234, 261-262
Importquote, 261, 465-466, 473
Indifferenzkurve, 523-526
Inflation
   Beharrungsvermögen, 399-400, 407
   Bestimmung durch Änderung des Geld-
      angebots, 203
   Messung, 38-39
   Senkung, 405-409
   soziale Kosten erwarteter, 19-222
   soziale Kosten unerwarteter, 222-223
   Wirkungen des Geldmengenwachstums
      auf, 210
   Wirkungen auf nominalen Zinssatz, 210
   Wirkungen der, 190, 263-264
Inflation, erwartet
   Determinanten, 399-400
   IS-Kurve und, 370
   lang- und kurzfristig, 403-404
   Phillips-Kurve, 419
Inflationsindexierung, 223
Inflationssteuer, 190, 205-207
Inside lag, 425
Insider, 173
internationaler Güter- und Kapitalverkehr
   Kapital- und Güterströme, 242-251
   Rolle der Nettoexporte, 236-238
   Wechselkurse und, 251-269, 462-477
intertemporale Budgetbeschränkung, 520-523
intertemporale Substitution der Arbeit,
   493-494, 498, 504

Investitionen
　　als Ausgabenkomponenten des BSP, 31-35, 79-81
　　Beziehung zum realen Zinssatz, 80-81, 95-97
　　Definition, 32, 79-81
　　Determinanten, 582-585
　　geplante, 324-325
　　Komponenten, 575
Investitionsfunktion, 80-81
IS-Kurve
　　Ableitung, 324-325
　　als reale Gesamtnachfragekurve, 491
　　bei festen Wechselkursen, 467-475
　　Definition, 313
　　Faktoren, die zur Verschiebung führen, 325-327
　　Fiskalpolitik und, 325-327
　　im Mundell-Fleming-Modell, 454-462
　　kredittheoretische Interpretation, 327-329
　　lineare Version, 329-331
　　Schocks, 355-356
IS/LM-Modell
　　Definition, 312-313
　　Gleichgewicht, 373
　　Mundell-Fleming-Modell, 453-475, 478
　　Wirkungen der Wirtschaftspolitik, 347-354, 555

Kapital
　　Abschreibungen, 109-116, 581-582
　　als Produktionsfaktor, 58
　　Bestandsänderung (Nettoinvestitionen), 583
　　internationaler Strom, 240-241, 274-275
　　Kosten, 580-582
　　Mietzins, 578-580
　　Wirkungen einer Erhöhung, 151-154
Kapitalakkumulation
　　Golden Rule-Niveau, 119-128
　　Güterangebot und -nachfrage als Bestimmungsgrund, 105-119
　　volkswirtschaftliche Rate der, 138-139
Kapitalbilanz
　　Definition, 240-241
　　in einem Modell der offenen Volkswirtschaft, 242-245
　　Wirkungen protektionistischer Handelspolitik, 261-262
　　Wirkungen der Wirtschaftspolitik, 245-251
Kapitalkosten, reale, 582-586
Kapitalstock
　　stationäres Niveau, 109-112, 116-122
Kaufkraftparität, 265-269
keynesianische Konsumfunktion, 515
keynesianisches Kreuz, 314-327
klassische Dichotomie, 225-226, 285, 489
klassische Lehre, 311-312
Konjunkturzyklus, 283
konstante Skalenerträge, 59, 70-74
Konsum
　　als Ausgabenkomponente des BSP, 31-35
　　Definition, 120
　　Fishers Theorie, 519-535
　　Keynes' Theorie, 514-519, 549-550
　　Random walk, 546-548
　　und realer Zinssatz, 529-531
Konsument, siehe Haushalt
Konsumfunktion
　　Definition, 76-77
　　Fishers Theorie, 519-535
　　im Solow-Modell, 108
　　im keynesianischen Kreuz, 314-315
　　kurz- und langfristig, 518-519
　　und Hypothese des permanenten Einkommens, 544
　　und Lebenszyklus-Hypothese, 536
Koordinationsversagen, 413-416
Kostendruckinflation, 400-401
Kreditbeschränkung
　　Konsumenten, 531-533, 590
　　Staat, 562-563
kurz- versus langfristige Betrachtung, siehe lang- versus kurzfristige Betrachtung

Lagerbestände
　　als Produktionsfaktor, 597
　　bei der Sozialproduktsberechnung, 24-25
　　Gründe für die Haltung von, 597-598

Wirkungen auf das ökonomische Gleichgewicht, 314-315
Lagerinvestitionen, 575, 597-601
lang- versus kurzfristige Betrachtung, 14-15, 295-297, 285-286, 362-364
Laspeyres-Preisindex, 40
Lebenszyklus-Hypothese, 535-539
Leistungsbilanz
    Definition, 240-241
    in einem Modell der offenen Volkswirtschaft, 242-245
    protektionistische Handelspolitik und, 261-262
    realer Wechselkurs und 257-258
    Wirkungen der Wirtschaftspolitik auf, 245-251
liquides Vermögensobjekt, 212, 332
Liquiditätsbeschränkung, 531
Liquiditätspräferenztheorie, 331-335
LM-Kurve
    Ableitung, 336-337
    bei festen Wechselkursen, 462-466
    Definition, 313, 331
    Faktoren, die zu einer Verschiebung führen, 338-339
    im Mundell-Fleming-Modell, 454-462
    lineare Version, 340-341
    quantitätstheoretische Interpretation, 339-340
    Schocks, 355
Löhne
    starre, 413
    verzögerte Anpassung, 412-413
Löhne, nominale
    im Arbeitnehmer-Fehleinschätzungs-Modell, 382-385
    Setzung, 379-381
    Wirkungen von Starrheiten der, 379-381
Lohnstarrheit
    Effizienzlohntheorien und, 175-177
    Ursachen, 170-177
    Wirkungen der Gewerkschaften auf, 172-174
    Wirkungen auf Arbeitslosigkeit, 169-170

Wirkungen von Mindestlohnvorschriften auf, 170-172
Lohnstarrheiten-Modell, 379-382, 385-387

M1, 197, 619
M2, 197
M3, 197
Makroökonomik
    Definition, 3-5, 13-15
    Rolle der Mikroökonomik für die, 13
makroökonomische Modelle
    Akzelerator-Modell der Lagerinvestitionen, 599
    allgemeines Gleichgewichtmodell, 98
    Arbeitnehmer-Fehleinschätzungs-Modell, 382-385
    Geldangebots-Modell, 610-613
    Gesamtangebots-Gesamtnachfrage-Modell, 285-307
    Gesamtangebots-Modelle, 378-396
    Gesamtnachfrage-Modell, 312
    IS/LM-Modell, 341-342, 347-356, 453-475, 555
    Lebenszyklus-Modell, 535-539
    Lohnstarrheiten-Modell, 379-382
    Modell der großen offenen Volkswirtschaft bei kurzfristiger Betrachtung, 482-488
    Modell unvollkommener Informationen, 387-389, 393
    Modell realer Konjunkturzyklen, 493-499
    Modell der kleinen offenen Volkswirtschaft, 242-245
    Modell der großen offenen Volkswirtschaft, 274-279, 555
    Modell der intertemporalen Wahl, 519-535
    Mundell-Fleming-Modell, 453-475, 555
    neoklassisches Investitionsmodell, 578-591
    Preisstarrheiten-Modell, 389-393
    Solow-Modell, 104-145, 534, 555
Marktraümung, 14-15
Menu costs, 220, 410-411
Mietzins des Kapitals, 62-68
    Grenzprodukt des Kapitals und, 154
    realer, 68, 137-138, 154, 578-579, 583
Mindestlohnvorschriften, 170-172

Mindestreserven, 614
Modell der intertemporalen Wahl, 519-535, 547
Modell unvollkommener Informationen, 387-389, 393
Modelle
  Definition, 7-11
  Verwendung, 14-15
monetäre Basis, 610-615
monetärer Transmissionsmechanismus, 351, 463-464
monetaristische Theorie, 441
Moral hazard, 176
Mundell-Fleming-Modell, 453-475
Mundell-Tobin-Effekt, 229

Nachfrage
  Konsumfunktion und, 108
  nach Realkasse, 200-201
Nachfragesoginflation, 401, 403
Naturaltauschwirtschaft, 191-192

natürliche Arbeitslosenquote, 293, 400, 408
  Definition, 160
  Modell, 161
  Veränderung durch Rezession, 416-417
  Wirkungen der Arbeitslosenversicherung, 165
neoklassische Verteilungstheorie, 61
neoklassisches Investitionsmodell, 578-591
Nettoexporte, 236-242
  als Ausgabenkomponente des BSP, 31-35
  bei Zöllen, 261-262
  Beziehung zum realen Wechselkurs, 255-256
  in der Volkswirtschaftlichen Gesamtrechnung, 236-242
  in der geschlossenen Volkswirtschaft, 74
Nettoinvestitionen, 583-584
Nettosozialprodukt, 36
neukeynesianische Lehre, 410, 506
neuklassische Lehre, 409, 489, 501, 506-507
Neutralität des Geldes, 226
Nominalgeld, 192, 193-195, 206, 298

offene Volkswirtschaft, große
  Modell, 274-277, 482-488, 455
  Wirkungen der Wirtschaftspolitik, 277-279
offene Volkswirtschaft, kleine
  bei flexiblen Wechselkursen, 462-466
  bei festen Wechselkursen, 467-475
  Modell, 242-246
  Mundell-Fleming-Modell, 453-475
  Wirkungen der Fiskalpolitik, 462-463
  Wirkungen der Geldpolitik, 463-464
ökonomischer Gewinn, 69-70
Okunsches Gesetz, 46-48, 309,398, 408
Opferverhältnis, 405-407
  Schätzungen, 408-409, 431
  Wirkungen der Hysteresis, 417
Output
  Bestimmungsgründe, 60
  Gesamtnachfrage und, 287-291
  langfristiges Niveau, 293
Output, Vollbeschäftigungsniveau, 293, 296, 300
Outside lag, 425
Outsider, 173

Paasche-Preisindex, 40
permanentes Einkommen, 542-545
Phillips-Kurve, 396-400
  Gesamtangebot und, 418
  kurzfristige, 403-407
Pigou-Effekt, 369
Politikirrelevanzeigenschaft, 421
politischer Konjunkturzyklus, 435
Portfoliotheorien der Geldnachfrage, 618-619
Preise
  flexible und starre, 14-15, 363
  gestaffelte Anpassung, 412-413
  kurzfristige Starrheit, 285-286, 410-411
  relative, 226, 412, 592
Preisindex der Lebenshaltung, 38-39
  versus BSP-Deflator, 39-42
  Wirkungen einer Änderung, 223
Preisindizes, 38-43
Preisniveau
  Bestimmung, 230-232
  Definition, 202-203

Gesamtnachfrage und, 287-291
    im IS/LM-Modell, 347
    Wirkungen einer Senkung, 368-371
    Wirkungen auf Gesamtnachfrage, 308
    Wirkungen einer unerwarteten Änderung,
        380-382
    Wirkungen des Geldes auf, 213-214
Preisstarrheiten
    bei Erwartung von, 415
    im kurzfristigen Gleichgewicht,
        285-287
Preisstarrheiten-Modell, 389-393
Produktionsfaktoren
    als Determinanten des Produktionsniveaus,
        58, 202
    Definition, 58
    Einkommen der, 68-74
    Nachfrage nach, 64-68
    Wirkungen einer Erhöhung des Einsatzes,
        151-154
Produktionsfunktion, 58-60
    als Determinante des Outputniveaus, 58,
        202
    im Solow-Modell, 106-108
    Skalenerträge und, 59-60
    Wirkungen des technologischen Fort-
        schritts auf, 154-156

Quantitätsgleichung, 198-200, 202, 212
Quantitätstheorie des Geldes, 198-205
    Gleichung, 288, 340
    Wirkungen des monetären Wachstums,
        208

rationale Erwartungen
    Konsequenzen für Konsumfunktion,
        546-548
    Theorie, 406-408
    Wirkungen, 431
reale Gesamtangebotskurve, 491
reale Gesamtnachfragekurve, 491
reale Konjunkturzyklen, Theorie, 409, 493-508
Realkasse, 200-201
    Angebot und Nachfrage, 332, 340
    in der Quantitätsgleichung, 288

Nachfrage nach Liquidität, 212
    Wirkungen einer Erhöhung, 350
Renten, 618-619
Rentenmarkt, 610
Reserve-Einlage-Verhältnis, 608-616
Rezession, 283, 298, 301-302
    als Koordinationsversagen, 413-415
    mögliche Wirkungen, 416-417
ricardianische Äquivalenz, 556-558
ricardianische Sicht der Staatsverschuldung,
    506, 553, 556-561
Schocks
    akkomodierende Politik, 305
    den technologischen Fortschritt treffende,
        498-499
    exogene Variablen als, 355-356
    Gesamtangebots- und Gesamtnachfrage-,
        299-306
Schulden-BSP-Verhältnis, 444-445
Schulden-Deflations-Theorie, 369-371
Seigniorage, 205-207, 216
Sichteinlagen, 196
Solow-Modell
    Aussagen bei Bevölkerungswachstum,
        128-133
    Aussagen bei technologischem Fortschritt,
        133-138
    Aussagen über Faktorpreise, 137-138
    Entwicklung, 105-119
Solow-Residuum, 156, 501-503
Sparquote, 116-119, 122-123, 534
Staatsausgaben
    als Ausgabenkomponente des BSP, 31-34,
        81-82,87-90
    Finanzierung, 205-207
    Transferausgaben, 81-82
    Verteidigungsausgaben, 89-90
    Wirkungen einer Erhöhung, 88-90
Staatsausgabenmultiplikator, 318-321, 353-354
Staatsverschuldung
    Fiskalpolitik und, 443-445
    Haushaltsdefizit und, 23
    ricardianische Sicht der, 506, 556-561
    traditionelle Sicht der 554-556

Stabilisierungspolitik, 299-306
    Argumente gegen, 424-425
    Inside lag und Outside lag, 425
Stagflation, 303-306
starre versus flexible Preise, 14-15, 285, 295-297
stationärer Zustand, siehe Steady state
Steady state
    bei Bevölkerungswachstum, 128-133
    bei technologischem Fortschritt, 133-138
    Definition, 112
    des Kapitalstocks, 109-122
    und Konsum, 119-128
    Wahl des, 119-122
Steuerglättung, 443
Steuermultiplikator, 321
Steuersenkung, 91-92
stille Reserve, 183-184
Stromgrößen, 20-24
Substitutionseffekt, 528-529

technologischer Fortschritt
    in der Theorie realer Konjunkturzyklen, 498-499
    Solow-Residuum als Maß des, 156
    Wirkung auf Produktionsfunktion, 155, 203
    Wirkung auf Arbeitseffizienz, 133
Tobins q, 588-590
totale Faktorproduktivität
    Einflußfaktoren, 156
    Erfassung, 156
    geringes Wachstum, 142-143, 157
    Wirkungen auf Produktion, 156
Transaktionsgeschwindigkeit des Geldes, 198
Transaktionstheorien der Geldnachfrage, 620
transitorisches Einkommen, 543-546

Überschußreserven, 614
Umlaufgeschwindigkeit des Geldes
    Annahme einer konstanten, 201-202, 339
    Einkommenskreislauf- und Transaktionsgeschwindigkeit, 199-200
    Reaktion der Geldpolitik auf, 299-302
    Wirkungen einer Änderung, 203

Unternehmung, wettbewerbliche
    Faktornachfrage, 64-68
    Gewinnmaximierung, 62-64
    ökonomischer Gewinn, 68-70
    unterstellte Größe, 26-27

Variablen
    nominale, 226
    reale, 226
Verdrängungseffekt bei Investitionen, 91, 350, 360
verfügbares Einkommen, 75-78
Volkseinkommen, Sozialprodukt
    Definition, 36-37
    Determinanten, 348, 355
Volkswirtschaftliche Gesamtrechnung, 20-24, 31-18

Warengeld, 192-195
Wartearbeitslosigkeit, 169-170
Wechselkurs, nominaler
    Definition, 252
    Determinanten, 263-264
    realer Wechselkurs und, 253-254
    System fester Wechselkurse und, 469
Wechselkurs, realer
    Berechnung, 253-254
    Definition, 253
    Determinanten, 257-258
    protektionistische Handelspolitik und, 261-262
    Wirtschaftspolitik und, 258-259
    Nettoexporte und, 255-256
Wechselkurssystem, 453-476
Wechselkursunion, 477
Weltwirtschaftskrise, 311, 364-372, 430, 432, 614-617
Weltzinssatz, 243-245, 454-463
Wettbewerb, 62-71
Wirtschaftspolitik
    aktive oder passive, 424-434
    diskretionäre, 434-445, 449-451
    Lags in der, 426-428
    regelgebundene, 434-445, 449-451

stabilisierungsorientierte, 424-425
Ziele, 396
Wirtschaftsprognosen, 428-430
Wirtschaftsschwankungen, 283-284
saisonaler Anteil, 37-38
Theorie realer Konjunkturzyklen zur Erklärung von, 489-508
Unterschiede bei lang- und kurzfristiger Betrachtung, 285-286
Ursachen, 298
Wohnungsbauinvestitionen, 575, 591-596

Zeitinkonsistenz, 437-441, 449-451
und neuklassische Lehre, 506
Zentralbank
akkomodierende Politik, 305
Geldangebot und, 195-196, 614-615
Offenmarktpolitik, 195-196, 614-615
Zentralbank, 195-196, 202-203, 214-216, 467

Zinssatz
Abhängigkeit der Investitionen vom, 92-97
Rolle beim Ausgleich von Angebot und Nachfrage, 83-87
Zinssatz, nominaler
Definition, 79, 208
Kosten der Geldhaltung, 227
Wirkungen des Geldmengenwachstums, 209
Zinssatz, realer
Abhängigkeit der Lagerinvestitionen, 601
als Bestimmungsgrund für die Wohnungsnachfrage, 593
Definition, 79, 208
ex ante und ex post, 210
Wirkungen auf den Konsum, 528-529
Zölle, 261, 465
zyklische Arbeitslosigkeit, 400

GABLER-Fachliteratur zur Einführung in die Betriebswirtschaftslehre

Horst Albach / Renate Albach
Das Unternehmen als Institution
Eine Einführung
1989, XVI, 279 Seiten,
Broschur, 52,– DM
ISBN 3-409-13920-6

Erich Gutenberg
Einführung in die Betriebswirtschaftslehre
1958, Nachdruck 1990, 216 Seiten,
gebunden 49,80 DM
ISBN 3-409-88011-9

Edmund Heinen
Einführung in die Betriebswirtschaftslehre
9. Auflage 1985, 285 Seiten,
gebunden 74,– DM
ISBN 3-409-32750-9

Edmund Heinen
Schriftleitung: Arnold Picot
Industriebetriebslehre
Entscheidungen im Industriebetrieb
9., vollständig überarbeitete und erweiterte Auflage
1991, XII, 1.604 Seiten,
gebunden, 148,– DM
ISBN 3-409-33152-2

Herbert Jacob
Allgemeine Betriebswirtschaftslehre
5., überarbeitete Auflage 1988,
Nachdruck 1993, VI, 1.277 Seiten,
gebunden, 148,– DM
ISBN 3-409-32734-7

Herbert Jacob
Industriebetriebslehre
Handbuch für Studium und Praxis
4., überarbeitete und erweiterte Auflage
1990, 956 Seiten,
gebunden, 118,– DM
ISBN 3-409-33036-4

Peter Mertens / Hans D. Plötzeneder / Freimut Bodendorf
Programmierte Einführung in die Betriebswirtschaftslehre
Institutionenlehre
8., überarbeitete und erweiterte Auflage
1993, 368 Seiten,
Broschur, 44,– DM
ISBN 3-409-32085-7

Jean-Paul Thommen
Allgemeine Betriebswirtschaftslehre
Umfassende Einführung
aus managementorientierter Sicht
1991, 837 Seiten,
gebunden, 98,– DM
ISBN 3-409-13016-0

Wolfgang Weber
Einführung in die Betriebswirtschaftslehre
2., aktualisierte und überarbeitete
Auflage 1993, XVI, 264 Seiten,
Broschur, 48,– DM
ISBN 3-409-23011-4

Zu beziehen über den Buchhandel oder den Verlag.
Stand der Angaben und Preise:
1.7.1994
Änderungen vorbehalten.

GABLER
BETRIEBSWIRTSCHAFTLICHER VERLAG DR. TH. GABLER, TAUNUSSTRASSE 52-54, 65183 WIESBADEN